U0482220

新—新贸易理论视角下的中国外贸结构转型升级研究

Study on the Transferring and Upgrading of
China's Trade Structure: Based on New-new Trade Theory

项松林 著

中国社会科学出版社

图书在版编目（CIP）数据

新—新贸易理论视角下的中国外贸结构转型升级研究 / 项松林著．—北京：中国社会科学出版社，2022.7
（中国社会科学博士后文库）
ISBN 978-7-5227-0447-0

Ⅰ.①新… Ⅱ.①项… Ⅲ.①对外贸易—产业结构升级—研究—中国 Ⅳ.①F752

中国版本图书馆 CIP 数据核字（2022）第 117870 号

出 版 人	赵剑英	
责任编辑	张玉霞　刘晓红	
责任校对	周晓东	
责任印制	李寡寡	
出　　版	中国社会科学出版社	
社　　址	北京鼓楼西大街甲 158 号	
邮　　编	100720	
网　　址	http://www.csspw.cn	
发 行 部	010-84083685	
门 市 部	010-84029450	
经　　销	新华书店及其他书店	
印　　刷	北京君升印刷有限公司	
装　　订	廊坊市广阳区广增装订厂	
版　　次	2022 年 7 月第 1 版	
印　　次	2022 年 7 月第 1 次印刷	
开　　本	710×1000　1/16	
印　　张	32.25	
插　　页	2	
字　　数	545 千字	
定　　价	186.00 元	

凡购买中国社会科学出版社图书，如有质量问题请与本社营销中心联系调换
电话：010-84083683
版权所有　侵权必究

第十批《中国社会科学博士后文库》编委会及编辑部成员名单

(一) 编委会
主　任：王京清
副主任：崔建民　马　援　俞家栋　夏文峰
秘书长：邱春雷
成　员（按姓氏笔画排序）：
　　　卜宪群　王立胜　王建朗　方　勇　史　丹
　　　邢广程　朱恒鹏　刘丹青　刘跃进　孙壮志
　　　李　平　李向阳　李新烽　杨世伟　杨伯江
　　　吴白乙　何德旭　汪朝光　张车伟　张宇燕
　　　张树华　张　翼　陈众议　陈星灿　陈　甦
　　　武　力　郑筱筠　赵天晓　赵剑英　胡　滨
　　　袁东振　黄　平　朝戈金　谢寿光　樊建新
　　　潘家华　冀祥德　穆林霞　魏后凯

(二) 编辑部（按姓氏笔画排序）：
主　任：崔建民
副主任：曲建君　李晓琳　陈　颖　薛万里
成　员：王　芳　王　琪　刘　杰　孙大伟　宋　娜
　　　　张　昊　苑淑娅　姚冬梅　梅　玫　黎　元

序 言

　　博士后制度在我国落地生根已逾30年,已经成为国家人才体系建设中的重要一环。30多年来,博士后制度对推动我国人事人才体制机制改革、促进科技创新和经济社会发展发挥了重要的作用,也培养了一批国家急需的高层次创新型人才。

　　自1986年1月开始招收第一名博士后研究人员起,截至目前,国家已累计招收14万余名博士后研究人员,已经出站的博士后大多成为各领域的科研骨干和学术带头人。这其中,已有50余位博士后当选两院院士;众多博士后入选各类人才计划,其中,国家百千万人才工程年入选率达34.36%,国家杰出青年科学基金入选率平均达21.04%,教育部"长江学者"入选率平均达10%左右。

　　2015年底,国务院办公厅出台《关于改革完善博士后制度的意见》,要求各地各部门各设站单位按照党中央、国务院决策部署,牢固树立并切实贯彻创新、协调、绿色、开放、共享的发展理念,深入实施创新驱动发展战略和人才优先发展战略,完善体制机制,健全服务体系,推动博士后事业科学发展。这为我国博士后事业的进一步发展指明了方向,也为哲学社会科学领域博士后工作提出了新的研究方向。

　　习近平总书记在2016年5月17日全国哲学社会科学工作座谈会上发表重要讲话指出:一个国家的发展水平,既取决于自然科学发展水平,也取决于哲学社会科学发展水平。一个没有发达的自然科学的国家不可能走在世界前列，一个没有繁荣的哲学社会科学的国家也不可能走在世界前列。坚持和发展中国特色社会主义，需要不断在实践和理论上进行探索、用发展着的理论指导发展着的实践。在这个过程中，哲学社会科学具有不可替代的重要地位，哲学社会科学工作者具有不可替代的重要作用。这是党和国家领导人对包括哲学社会科学博士后在内的所有哲学社会科学领域的研究者、工作者提出的殷切希望！

中国社会科学院是中央直属的国家哲学社会科学研究机构，在哲学社会科学博士后工作领域处于领军地位。为充分调动哲学社会科学博士后研究人员科研创新积极性，展示哲学社会科学领域博士后优秀成果，提高我国哲学社会科学发展整体水平，中国社会科学院和全国博士后管理委员会于2012年联合推出了《中国社会科学博士后文库》（以下简称《文库》），每年在全国范围内择优出版博士后成果。经过多年的发展，《文库》已经成为集中、系统、全面反映我国哲学社会科学博士后优秀成果的高端学术平台，学术影响力和社会影响力逐年提高。

下一步，做好哲学社会科学博士后工作，做好《文库》工作，要认真学习领会习近平总书记系列重要讲话精神，自觉肩负起新的时代使命，锐意创新、发奋进取。为此，需做到以下几点：

第一，始终坚持马克思主义的指导地位。 哲学社会科学研究离不开正确的世界观、方法论的指导。习近平总书记深刻指出：坚持以马克思主义为指导，是当代中国哲学社会科学区别于其他哲学社会科学的根本标志，必须旗帜鲜明加以坚持。马克思主义揭示了事物的本质、内在联系及发展规律，是"伟大的认识工具"，是人们观察世界、分析问题的有力思想武器。马克思主义尽管诞生在一个半多世纪之前，但在当今时代，马克思主义与新的时代实践结合起来，越来越显示出更加强大的生命力。哲学社会科学博士后研究人员应该更加自觉坚持马克思主义在科研工作中的指导地位，继续推进马克思主义中国化、时代化、大众化,继续发展21世纪马克思主义、当代中国马克思主义。要继续把《文库》建设成为马克思主义中国化最新理论成果的宣传、展示、交流的平台,为中国特色社会主义建设提供强有力的理论支撑。

第二,逐步树立智库意识和品牌意识。哲学社会科学肩负着回答时代命题、规划未来道路的使命。当前中央对哲学社会科学越发重视,尤其是提出要发挥哲学社会科学在治国理政、提高改革决策水平、推进国家治理体系和治理能力现代化中的作用。从2015年开始,中央已启动了国家高端智库的建设,这对哲学社会科学博士后工作提出了更高的针对性要求,也为哲学社会科学博士后研究提供了更为广阔的应用空间。《文库》依托中国社会科学院,面向全国哲学社会科学领域博士后科研流动站、工作站的博士后征集优秀成果,入选出版的著作也代表了哲学社会科学博士后最高的学术研究水平。因此,要善于把中国社会科学院服务党和国家决策的大智库功能与《文库》的小智库功能结合起来,进而以智库意识推动品牌意识建设,最终树立《文库》的智库意识和品牌意识。

第三,积极推动中国特色哲学社会科学学术体系和话语体系建设。改革开放30多年来,我国在经济建设、政治建设、文化建设、社会建设、生态文明建设和党的建设各个领域都取得了举世瞩目的成就,比历史上任何时期都更接近中华民族伟大复兴的目标。但正如习近平总书记所指出的那样:在解读中国实践、构建中国理论上,我们应该最有发言权,但实际上我国哲学社会科学在国际上的声音还比较小,还处于有理说不出、说了传不开的境地。这里问题的实质,就是中国特色、中国特质的哲学社会科学学术体系和话语体系的缺失和建设问题。具有中国特色、中国特质的学术体系和话语体系必然是由具有中国特色、中国特质的概念、范畴和学科等组成。这一切不是凭空想象得来的,而是在中国化的马克思主义指导下,在参考我们民族特质、历史智慧的基础上再创造出来的。在这一过程中，积极吸纳儒、释、道、墨、名、法、农、杂、兵等各家学说的精髓，无疑是保持中国特色、中国特质的重要保证。换言之，不能站在历史、文化虚无主义立场搞研究。要通过《文库》积极引导哲学社会科学博士后研究人员：一方面，要积极吸收古今中外各种学术资源，坚持古为今用、洋为中用。另一方面，要以中国自己的实践为研究定位，围绕中国自己的问题，坚持问题导向，努力探索具备中国特色、中国特质的概念、范畴与理论体系，在体现继承性和民族性，体现原创性和时代性，体现系统性和专业性方面，不断加强和深化中国特色学术体系和话语体系建设。

新形势下，我国哲学社会科学地位更加重要、任务更加繁重。衷心希望广大哲学社会科学博士后工作者和博士后们，以《文库》系列著作的出版为契机，以习近平总书记在全国哲学社会科学座谈会上的讲话为根本遵循，将自身的研究工作与时代的需求结合起来，将自身的研究工作与国家和人民的召唤结合起来，以深厚的学识修养赢得尊重，以高尚的人格魅力引领风气，在为祖国、为人民立德立功立言中，在实现中华民族伟大复兴中国梦征程中，成就自我、实现价值。

是为序。

中国社会科学院副院长
中国社会科学院博士后管理委员会主任
2016 年 12 月 1 日

摘 要

贸易开放对中国经济发展的重要意义不言而喻。然而，随着中国经济进入新常态，外贸增长也进入新常态，其固有特征不仅极易遭受外部需求冲击出现大幅波动，更面临主要发达国家逆全球化的新挑战，稳出口成为当前及未来一段时间内国家宏观经济调控的重要内容之一。中国外贸增长存在哪些结构性特征？是什么原因造成了出口增长的波动？外贸增长抗外部冲击的脆弱性又表现在哪些方面？该采取哪些有效措施实现我国对外贸易的可持续发展？对这些问题的研究，不仅是理解不同产品相对出口存在差异的关键，也是当前制定稳定出口、促进对外贸易可持续发展有益且适合我国国情的政策关键。2015年我们申请的国家社会科学基金一般项目"新—新贸易理论视角下的中国外贸结构转型升级研究（15BJL086）"获得立项。本书就是这一研究项目的最终成果。实际研究中，我们力求在以下几个方面做出一些具有理论创新价值和实践价值的有益探讨。

第一，为解释包括中国在内的众多发展中经济体出口增长主要以传统产品为主的原因，本书使用农业剩余劳动力非农转移作为结构转型变量，对单要素产品结构新—新贸易理论模型进行拓展，结果显示：农业剩余劳动力的非农就业有利于已有传统产品生产企业的扩张，不利于新产品生产企业的成长，是导致发展中经济体出口增长以少数传统产品为主的重要原因之一。使用1998—2013年中国微观企业数据和1995—2017年HS-6位码数据进行多种实证检验后，农业剩余劳动力非农转移的确具有促进"老"企业传统产品出口增长，而不利于潜在生产者进入市场成立"新"企业，研发和出口新产品扩张的作用。

第二，使用经济结构转型变量对新—新贸易理论出口增长国别（或地区）结构模型进行拓展后，本书发现处于经济结构转型过程中的发展中经济体，农业剩余劳动力相对越多，出口增长的扩展边际越小、集约边际越大，即存在以少数传统产品向少数国家（或地区）大量出口的现象，从而不利于出口增长国别（或地区）多元化的顺利实施。使用1995—2017年中国出口到209个国家或地区的二元边际数据进行实证检验后，农业剩余劳动力非农转移有利于集约边际出口增长，不利于扩展边际提升的结论确实成立，表明我国过去以少数传统产品向少数发达国家（或地区）大量出口的增长模式应该与当时所处的经济结构转型相关。

第三，将单要素模型拓展为偏向性技术进步的双要素（劳动、资本）模型后，本书发现偏向于密集使用要素的技术进步与比较优势一起使本国（或地区）不同行业的企业相对销售收入更大，相反偏向于原本稀缺要素的技术进步可能带来比较优势的升级。使用1995—2017年中国出口的HS-6位码商品贸易数据、2000—2013年中国工业企业数据库与海关统计数据库的匹配数据以及细分行业数据进行实证检验后，偏向资本的技术进步对资本技术密集型产品出口增长有利，而对劳动密集型产品出口增长构成"负担"，或许可以解释中国劳动密集型产品出口增长放缓、资本技术密集型产品出口不断"扩张"这一现象。

第四，将双要素拓展为三要素（劳动、资本、中间产品）新—新贸易理论模型后，理论上由于存在进口贸易成本，为获取非负利润，应该只有生产率高的企业才能把进口的中间产品作为生产最终产品的中间投入。倘若把进口中间产品并出口最终产品的企业界定为加工贸易企业，则零利润条件要求其生产率水平更高；相反，如果加工贸易企业追寻的是生产成本最低而非生产率水平更高，极容易出现"生产率悖论"问题。再次使用上述匹配数据进行实证检验后，"生产率悖论"的确容易出现在加工贸易上。

第五，将三要素拓展为四要素（劳动、内资、外资、中间产品）的新—新贸易理论模型后，理论上外资加工贸易类企业如果"追求"成本"更低"而非生产率更高的"洼地"效应，也会出现"生产率悖论问题"。同样使用工业企业与海关统计匹配数据进行实证检验后，虽然样本期内的外资企业总体上并没有表现出明显的"生产率悖论"，但外资加工贸易企业很容易出现"生产率悖论"，尤其是进料、来料与出料加工的外资企业更是如此。

第六，从制成品贸易和服务贸易分类视角出发，本书还拓展了一个人力资本潜在优势的服务贸易出口增长模型，理论上能够出现"人力资本越多的国家（或地区），服务出口越大"的结论。使用1997—2018年中国分行业服务贸易出口数据进行实证检验后，人力资本促进我国服务贸易出口的显著作用确实存在，但是区分生产性与非生产性服务业后，人力资本促进生产性服务出口的显著作用明显低于非生产性服务出口，似乎意味着中国服务贸易部门的人力资本或有错配可能。

第七，将"一带一路"融入新—新贸易理论出口增长模型后，本书发现：随着中国和沿线国家（或地区）经贸合作逐渐走向深入，出口增长的扩展边际作用将逐渐体现，集约边际作用也将逐渐体现。使用中国和沿线国家（或地区）的92136个数据作为样本进行实证分析后，"一带一路"建设的确有利于中国和沿线国家（或地区）出口增长，但具有差异性，即更有利于沿线国家（或地区）出口增长的集约边际而非扩展边际。

第八，进一步将自贸区制度质量纳入到新—新贸易理论框架后，本书能够得出"高标准经济合作具有贸易增长效应，提升自贸协定制度质量可以起到繁荣出口增长二元边际"的初步结论。使用全球188个经济体相互间贸易增长的二元边际数据进行实证检验后，自贸区战略确实有利于各国（或地区）出口增长。只是交叉项的进一步检验结果表明，自贸区质量对高收入国家（或地区）外贸增长的拉动作用没有发展中国家（或地区）理想，对欧美国家（或地区）的效果也没有亚非国家（或地区）明显，似乎表明高收入国家（或地区）在签订高标准自贸区可能具有"保守性"和"局限性"，尤其表现在"抢占"高标准国际经贸规则制度性话语权的同时，要求其他国家（或地区）必须让渡部分主权，以获取更多的制度红利。

最后，结合上述理论和实证分析结论，本书给出了相关政策建议和未来研究展望。

关键词：中国　外贸结构　转型　升级　新—新贸易理论

Abstract

It is important of trade opening to China's economic development. However, with China's economy entering the new normalcy, the growth of foreign trade has also entered the new normalcy. Its inherent characteristics not onlyare larger fluctuations under – by the external demand shocks, but also are facing the new challenges of major developed countries against globalization. Stabilizing exports has become one of the important works of the country's macroeconomic regulation. What are the structural characteristics of China's trade growth? What causes the fluctuation of the trade? What effective measures should be taken to realize the sustainable development of export growth? The study of these problems is the key to not onlyunderstand the differences in the relative exports of different products, but also take policies that are beneficial to stabilize exports and promote the sustainable development of foreign trade. In 2015, we applied for the general project of the National Social Science Foundation of China, which name is "Study on the Transferring and Upgrading of China's Trade Structure: Based on New – new Trade Theory". This book is the final result of the research project. In the book, we try to make some useful discussions with the theoretical and practical value in the following aspects.

First, in order to explain why many developing countries' (or regions') export growth mainly depends on traditional products, this book used the agricultural surplus labor as a structural transformation. After expanding the new – new trade theory model of single factor, we found that the agricultural surplus labor is more benefit to the traditional product enterprises than the new product firms, which is one of the important reasons for the developing countries' (or regions') export growth dominated by a small number of old products. Based on the data of China's micro enterprises from 1998 to 2013 and the HS – 6 data from 1995 to 2017, we also found the above conclusions should be right in the samples.

Second, using the variables of economic structure transformation to analyze the structure of trading partner countries(or regions), this book found that the developing countries(or regions) have the larger the intensive margin and the smaller the extensive margin of export growth when they have the more agricultural surplus labor, i. e. there was a phenomenon of a large number of traditional products exported to a few partners of these developing countries(or regions). Using the dual marginal data of China's export to the 209 partners from 1995 to 2017, the above conclusions should be existed which indicates that the growth of China export a few traditional products to a few developed countries(or regions) in the past should be consistent with the economic structure transformation at that time.

Third, expanding the single factor model to the two factors (i. e. labor and capital) with biased technological progress, this book found that the biased technological progress make the larger revenue with the comparative advantage. On the contrary, if the country (or regions) took technological progress with biased scarce factor, which may lead to the upgrading of comparative advantage. Using the HS – 6 data of China from 1995 to 2017, the matching data of China's industrial enterprise database and custom statistical data from 2000 to 2013, and the data of different industries in China, we found that the biased technological progress with capital is benefit to the export growth of capital – intensive products, while is not benefit to the export growth of labor – intensive products, which may be explained that China has less export growth of the labor – intensive products and more of the capital – intensive ones.

Abstract

Fourth, expanding the two factors into the three factors (i. e. labor, capital and intermediate products), this book found that due to the existence of import trade costs, in order to obtain non negative profits, only the enterprises with higher productivity can take the imported products as the intermediate input to produce the final products. If an enterprise which import intermediate products and export final products is defined as a processing trade firm, the zero profit condition requires a higher level of productivity. On the contrary, if the processing trade enterprise pursues the lowest production cost rather than a higher level of productivity, it should be prone to "productivity paradox". After using the above matching data for empirical test, the phenomenon of productivity paradoxis easier to appear in processing trade.

Fifth, after expanding the three factors into the four factors (i. e. labor, domestic capital, foreign capital and intermediate products), this book found that if processing trade enterprises of the foreign firms pursue the lower cost rather than the higher productivity, they would also appear "productivity paradox". Similarly, after using the matching data of China's industrial enterprises and custom statistical data from 2000 to 2013, the result should be that although the foreign − capital enterprises generally do not show obvious productivity paradox, the processing trade of foreign − capital firms are prone to the paradox, especially for the imported, incoming and outgoing materials firms.

Sixth, differing the goods trade from the service, this book also expanded a service trade export growth model with the potential advantages of human capital. Theoretically, the more human capital countriescould appear the greater service export. Using the export data of China's industrial service trade from 1997 to 2018, we found that there are the significant role of human capital in promoting the service export. But when we differentiated produce and non − produce services, the human capital had a significant role in the former other than the latter, which meant that China's service trade sector may be a mismatch of the human capital.

Seventh, taking the Belt and Road into the new – new trade theory, this book found that the marginal role of export growth will gradually be reflectedwith the gradual deepen cooperation between China and the other countries(or regions). Using the 92136 data of China and the other countries(or regions), there also had a significant role in trade growth of both countries(or regions), but it might be more benefit to the intensive margin than the extensive.

Eighth, further incorporating the quality of free trade areas (i. e. FTAs) into the new – new trade theoretical framework, this book could draw a conclusion that the higher standard FTA has trade growth effect, and improving the institutional quality of FTAs might play a role in promoting the dual marginal export growth. Using the data of 188 countries(or regions) in the world, we found that the FTAs should be conducive to the export growth of all countries(or regions). However, the further test results of the cross items showed that the quality of FTAs has no effect of the high – income countries trade growth, and also no effect of the European and American countries(or regions). It seemed that the high – income countries(or regions) may have conservatism and limitations in signing high – standard FTAs. These conclusions might explain some reasons of the high – income countries often requires other countries(or regions) to transfer part of their sovereignty in FTAs negotiation.

Final, combining with the above theoretical and empirical analysis, this book gave the relevant policy recommendations and future study prospects.

Key words: China; Trade Structure; Transferring; Upgrading; New – new Trade Theory

目 录

导 论 ……………………………………………………… (1)

    第一节　问题的提出 ………………………………… (1)

        一　现实背景 ……………………………………… (1)

        二　理论背景 ……………………………………… (3)

    第二节　研究现状与文献评述 ……………………… (5)

        一　新—新贸易理论研究 ………………………… (5)

        二　应用新—新贸易理论的实证研究 …………… (9)

        三　简要评述 ……………………………………… (13)

    第三节　研究意义 …………………………………… (15)

        一　实践意义 ……………………………………… (16)

        二　理论意义 ……………………………………… (17)

    第四节　研究思路与研究内容 ……………………… (17)

        一　研究思路 ……………………………………… (17)

        二　研究内容 ……………………………………… (17)

    第五节　研究方法 …………………………………… (20)

        一　理论研究方面 ………………………………… (20)

        二　实证研究方面 ………………………………… (20)

        三　比较研究方面 ………………………………… (20)

    第六节　可能创新和不足 …………………………… (21)

        一　可能创新 ……………………………………… (21)

        二　研究不足 ……………………………………… (21)

第一章　中国外贸增长的结构与特征 ………………… (23)

第一节 产品结构 (23)
一 出口产品结构分解与统计方法 (23)
二 中国出口产品结构的集中度 (26)
三 历年出口产品结构的环比变化趋势 (28)
四 H-K指数分解 (29)
五 传统产品与新产品"定基"动态比较 (30)
六 国际比较 (31)

第二节 国别(或地区)结构 (36)
一 中国出口贸易国别(或地区)结构发展趋势 (36)
二 中国出口增长国别(或地区)结构的H-K指数分解与国际比较 (36)
三 国别(地区)结构二元边际的国际再比较 (46)

第三节 比较优势结构 (49)
一 比较优势的测算方法 (49)
二 中国出口贸易分要素密集度总体发展态势 (50)
三 出口产品要素密集度的比较优势 (53)
四 出口产品显示性技术复杂度 (55)
五 两分位行业的显示性技术复杂度比较 (57)

第四节 贸易方式与主体结构 (61)
一 三分类方法的比较 (61)
二 加工贸易及其具体组成形式的差异 (63)
三 "三料"加工贸易及其分解 (67)
四 企业主体结构 (68)
五 国有企业与民营企业的再比较 (70)
六 外资企业不同形式的外贸增长比较 (72)

第五节 服务贸易结构 (75)
一 货物贸易与服务贸易增长的对比 (75)
二 生产性服务贸易与非生产性服务贸易的比较 (77)
三 生产性服务贸易细分行业的发展趋势 (80)
四 非生产性服务贸易细分行业的发展趋势 (85)

第六节 本章主要结论 (91)

第二章　产品多样化与出口产品结构优化升级 ……… (93)

第一节　结构转型的出口产品模型拓展 ……………… (93)
　　一　消费者的效用函数 ……………………………… (93)
　　二　制造业生产者和企业行为 ……………………… (94)
　　三　农业剩余劳动力非农转移对制成品部门的影响 …… (96)
　　四　贸易开放的影响 ………………………………… (97)

第二节　微观企业数据的检验 ………………………… (102)
　　一　实证模型 ………………………………………… (102)
　　二　变量选择、数据处理与预期符号 ……………… (102)
　　三　全部样本企业的实证结果 ……………………… (106)
　　四　改变估计方法的稳健性再检验 ………………… (110)

第三节　分行业、所有制和地区子样本再估计 ……… (112)

第四节　反设事实法与二分位行业出口数据检验 …… (117)
　　一　实证模型 ………………………………………… (117)
　　二　变量选择与数据处理 …………………………… (118)
　　三　二分位行业出口数据的实证结果 ……………… (121)

第五节　三分位行业出口数据的稳健性再检验 ……… (125)

第六节　本章主要结论 ………………………………… (127)

第三章　二元边际与出口国别（地区）结构转型升级 …… (129)

第一节　结构转型的出口二元边际模型拓展 ………… (129)
　　一　消费者偏好 ……………………………………… (129)
　　二　生产技术 ………………………………………… (130)
　　三　贸易开放的影响 ………………………………… (131)
　　四　潜在生产者自由进入市场 ……………………… (132)
　　五　农业剩余劳动力工业部门转移对零利润条件的
　　　　影响 ……………………………………………… (135)
　　六　经济结构转型对出口增长二元边际的作用 …… (136)

第二节　HS-6位码贸易数据的检验 …………………… (138)
　　一　实证模型 ………………………………………… (138)

二　变量选择、数据来源与处理 ……………………………（138）
　　三　全部二元边际样本的实证结果 …………………………（143）
　　四　改变估计方法的稳健性检验 ……………………………（148）
第三节　分贸易对象收入水平高低的稳健性检验 ………………（152）
第四节　全球数据的 Tobit 检验 ……………………………………（158）
　　一　全部样本国家 ……………………………………………（158）
　　二　分收入等级的对比 ………………………………………（161）
　　三　分地区的再检验 …………………………………………（163）
　　四　加入交互项的进一步讨论 ………………………………（163）
第五节　面板模型的稳健性再检验 ………………………………（171）
第六节　本章主要结论 ……………………………………………（177）

第四章　偏向性技术进步与出口贸易比较优势变迁 ……（179）

第一节　偏向性技术进步的比较优势模型拓展 …………………（179）
　　一　消费者偏好 ………………………………………………（179）
　　二　生产技术 …………………………………………………（180）
　　三　出口决定 …………………………………………………（181）
　　四　行业平均 …………………………………………………（182）
　　五　偏向性技术进步对动态比较优势的影响 ………………（183）
　　六　出口方程的比较 …………………………………………（185）
第二节　微观企业数据的检验 ……………………………………（186）
　　一　实证模型 …………………………………………………（186）
　　二　数据来源、变量选择与处理 ……………………………（187）
　　三　初步回归及分析 …………………………………………（189）
　　四　按比较优势与比较劣势行业的稳健性再检验 …………（193）
第三节　企业出口扩张稳健性检验 ………………………………（196）
　　一　实证模型 …………………………………………………（196）
　　二　实证结果及分析 …………………………………………（197）
　　三　细分行业的稳健性再检验 ………………………………（200）
第四节　细分行业数据的再检验 …………………………………（201）
　　一　实证模型、数据来源与处理 ……………………………（201）

  二 二分位行业初步回归及分析 …………………………… (202)
  三 三分位行业的稳健性再检验 …………………………… (205)
 第五节 偏向性技术进步对出口显示性技术复杂度的
    影响 ……………………………………………………… (207)
  一 实证模型 ………………………………………………… (207)
  二 实证结果及其分析 ……………………………………… (207)
 第六节 本章主要结论 …………………………………………… (211)

第五章 加工贸易出口与外贸方式结构优化升级 ………… (213)

 第一节 进口中间产品的贸易方式模型拓展 …………………… (213)
  一 消费者行为 ……………………………………………… (213)
  二 生产者行为 ……………………………………………… (214)
  三 开放条件下企业收入与利润 …………………………… (217)
  四 企业进入或退出市场的决定 …………………………… (218)
 第二节 分贸易方式的微观企业数据检验 ……………………… (220)
  一 实证模型 ………………………………………………… (220)
  二 预期符号 ………………………………………………… (220)
  三 数据来源 ………………………………………………… (221)
  四 初步回归及分析 ………………………………………… (223)
 第三节 从事一种贸易方式与从事多种贸易方式的比较 …… (228)
  一 全部样本回归及其分析 ………………………………… (228)
  二 东中西区域子样本稳健性再检验 ……………………… (233)
  三 一种贸易方式同多种贸易方式的分地区再比较 …… (236)
 第四节 区分加工贸易方式的再比较 …………………………… (241)
  一 细分加工贸易全部样本的初步回归及分析 ………… (241)
  二 进料加工与来料加工的比较 …………………………… (246)
 第五节 分地区加工贸易企业稳健性再检验 …………………… (249)
  一 分地区加工贸易企业子样本回归及分析 …………… (249)
  二 分地区进料加工与来料加工企业出口的比较 ……… (253)
 第六节 本章主要结论 …………………………………………… (257)

第六章 内外资企业出口与外贸主体结构优化升级 ……（259）

第一节 FDI 与中间产品进口的贸易主体模型拓展 …………（259）
  一　消费者行为 ………………………………………………（259）
  二　生产者行为 ………………………………………………（260）
  三　企业市场行为的决定 ……………………………………（263）

第二节 分企业主体的微观企业检验 …………………………（265）
  一　实证模型 …………………………………………………（265）
  二　数据来源、变量选择与处理 ……………………………（266）
  三　初步回归及分析 …………………………………………（267）
  四　一种贸易方式与多种贸易方式按主要贸易方式的
    内外资比较 ………………………………………………（272）
  五　内资民营企业与国有企业的进一步比较 ………………（274）

第三节 内外资加工贸易方式的比较 …………………………（279）
  一　内外资三大类加工贸易方式的比较 ……………………（279）
  二　内外资进料加工与来料加工的进一步比较 ……………（283）

第四节 分区域内外资企业的比较 ……………………………（286）
  一　东中西区域内外资企业全部贸易方式的回归
    及其分析 …………………………………………………（286）
  二　东中西地区内外资加工贸易企业的再比较 ……………（298）

第五节 出口学习效应的内外资企业讨论 ……………………（305）
  一　实证模型 …………………………………………………（305）
  二　变量的选择和数据处理 …………………………………（305）
  三　全部样本的初步回归 ……………………………………（306）
  四　分内外资企业的检验 ……………………………………（308）
  五　进一步比较国有企业与民营企业 ………………………（308）
  六　分区域分贸易方式出口学习效应再检验 ………………（312）
  七　分区域分贸易方式分内外资的再比较 …………………（312）
  八　分区域分贸易方式的内资国有企业与民营企业
    再检验 ……………………………………………………（314）

第六节 本章主要结论 …………………………………………（316）

第七章　人力资本潜在优势与服务贸易出口结构优化升级 …… (317)

第一节　人力资本的贸易类型模型拓展 …… (317)
一　消费者偏好 …… (317)
二　生产技术 …… (318)
三　服务部门出口决定 …… (321)
四　人力资本对服务行业出口的影响 …… (322)
五　服务贸易的行业出口简化方程 …… (323)

第二节　服务贸易出口的检验 …… (324)
一　实证模型 …… (324)
二　变量选择、数据来源与处理 …… (325)
三　初步回归及分析 …… (329)
四　改变估计方法的稳健性再检验 …… (334)

第三节　生产性与非生产性服务贸易出口的比较 …… (336)
一　全部样本实证结果及其分析 …… (336)
二　生产性与非生产性服务出口的改变估计方法再检验 …… (341)

第四节　服务贸易生产率内生增长的面板向量自回归 …… (343)
一　实证模型的设计 …… (343)
二　变量选择、数据来源与处理 …… (344)
三　三变量回归结果及分析 …… (345)
四　增加变量的回归结果及分析 …… (348)

第五节　生产性与非生产性服务的脉冲响应函数对比 …… (349)

第六节　本章主要结论 …… (352)

第八章　"一带一路"与货物贸易结构转型升级 …… (354)

第一节　经贸合作影响贸易增长的模型拓展 …… (354)

第二节　中国与沿线国家（或地区）货物出口的检验 …… (357)
一　实证模型 …… (357)
二　变量选择、数据来源与处理 …… (357)

三　初步回归及分析 …………………………………………（360）
第三节　扩展样本范围的稳健性检验 ……………………………（370）
第四节　双重差分法的再检验 ……………………………………（377）
　　一　双重差分模型 …………………………………………（377）
　　二　实证模型 ………………………………………………（378）
　　三　变量选择 ………………………………………………（379）
　　四　初步回归 ………………………………………………（380）
第五节　PSM 稳健性再分析 ………………………………………（385）
　　一　PSM 倾向因子匹配处理 ………………………………（385）
　　二　样本匹配的稳健性再检验 ……………………………（386）
第六节　本章主要结论 ……………………………………………（394）

第九章　自贸区质量与外贸结构转型升级的全球经验 ……（396）
第一节　自贸区战略对贸易增长的影响 …………………………（396）
第二节　自贸区质量影响出口的模型拓展 ………………………（402）
第三节　全球贸易数据检验 ………………………………………（406）
　　一　实证模型 ………………………………………………（406）
　　二　变量选择、数据来源与处理 …………………………（406）
　　三　初步回归及结果分析 …………………………………（408）
第四节　分收入等级和地区的稳健性再检验 ……………………（414）
　　一　分收入等级 ……………………………………………（414）
　　二　分地区的再检验 ………………………………………（415）
第五节　交叉项的可能影响 ………………………………………（418）
第六节　本章主要结论 ……………………………………………（421）

第十章　优化外贸结构的主要结论与政策启示 ……………（423）
第一节　稳外贸依然是未来一段时间对外开放的重点 …………（423）
　　一　对外开放的重要性 ……………………………………（423）
　　二　外需萎缩是当前我国对外开放面临的较大
　　　　难题之一 ………………………………………………（425）
第二节　中国外贸结构的自身特征 ………………………………（426）

一　产品结构 …………………………………………………(426)
　　二　国别(或地区)结构 ………………………………………(427)
　　三　比较优势结构 ……………………………………………(428)
　　四　贸易方式结构 ……………………………………………(429)
　　五　贸易主体结构 ……………………………………………(430)
　　六　贸易类型结构 ……………………………………………(431)
　第三节　本书主要结论 …………………………………………(432)
　　一　产品多样化与出口产品结构 ……………………………(432)
　　二　市场多元化与出口国别(或地区)结构 …………………(433)
　　三　要素密集度与比较优势结构 ……………………………(434)
　　四　加工贸易与贸易方式结构 ………………………………(435)
　　五　内外资企业与贸易主体结构 ……………………………(436)
　　六　人力资本与贸易类型结构 ………………………………(437)
　　七　"一带一路"与货物贸易出口结构 ………………………(437)
　　八　自贸区质量与全球外贸结构转型升级 …………………(438)
　第四节　促进外贸结构转型升级的政策建议与启示 …………(439)
　　一　对外应以"一带一路"建设为重点,构建辐射全球的
　　　　高标准自贸区网络 ………………………………………(439)
　　二　对内应以供给侧结构改革为主线,推动外贸高质量
　　　　发展 ………………………………………………………(446)
　第五节　未来研究展望 …………………………………………(451)
　　一　理论模型分析方面 ………………………………………(451)
　　二　实证方面 …………………………………………………(452)

参考文献 ……………………………………………………………(453)

索　引 ………………………………………………………………(474)

Contents

Introduction ··· (1)

0.1 Questions ··· (1)
0.1.1 Practical Background ·· (1)
0.1.2 Theoretical Background ··· (3)
0.2 Literature Review ·· (5)
0.2.1 Research of the New – new Trade Theory ························· (5)
0.2.2 Empirical Analysis of the New – new Trade Theory ············ (9)
0.2.3 Review of the Past Studis ·· (13)
0.3 Objectives ·· (15)
0.3.1 Practical Objectives ·· (16)
0.3.2 Theoretical Objectivesd ··· (17)
0.4 Ideas and Contents ·· (17)
0.4.1 Ideas ··· (17)
0.4.2 Contents ·· (17)
0.5 Methods ··· (20)
0.5.1 Theoretical Methods ··· (20)
0.5.2 Empirical Methods ··· (20)
0.5.3 Comparative Methods ··· (20)
0.6 Innovations and Deficiencies ·· (21)
0.6.1 Innovations ·· (21)
0.6.2 Deficiencies ··· (21)

Chapter 1 Structures and Characteristics of China's

Export Growth ………………………………………………… (23)

1.1 Products ……………………………………………………… (23)
  1.1.1 Structure Decomposition and Statistical Method of
        Export Products ……………………………………… (23)
  1.1.2 Concentration of China's Export Product Structure ………… (26)
  1.1.3 Change of Export Product Structure Over the Years ………… (28)
  1.1.4 Decomposition of H – K Index ……………………………… (29)
  1.1.5 Dynamic Comparison between Traditional and
        New Products ………………………………………………… (30)
  1.1.6 International Comparison …………………………………… (31)
1.2 Parnters ……………………………………………………… (36)
  1.2.1 Country (or Region) Structure of China's Export …………… (36)
  1.2.2 Decomposition of H – K Index and International Comparison
        in Parnters …………………………………………………… (36)
  1.2.3 Comparison of Intensive and Extensive Margin ……………… (46)
1.3 Comparative Advantages ……………………………………… (49)
  1.3.1 Method of comparative advantages ………………………… (49)
  1.3.2 Overall Trend of Factor Intensity in China ………………… (50)
  1.3.3 Comparative Advantage of Factor Intensity …………………… (53)
  1.3.4 RCA of Export Products ……………………………………… (55)
  1.3.5 RCA in the 2nd Industry ……………………………………… (57)
1.4 Modes and Firms ……………………………………………… (61)
  1.4.1 Comparison of Three Classification Methods ……………… (61)
  1.4.2 Differences in Processing Trade and Its Specific Forms ……… (63)
  1.4.3 "Three sources" Processing Trade and Its Decompositiont …… (67)
  1.4.4 Firms Structure ……………………………………………… (68)
  1.4.5 Comparison between State – owned and Private Enterprises … (70)
  1.4.6 Comparison of Fdi in Ddifferent Trade Forms ……………… (72)
1.5 Services ……………………………………………………… (75)
  1.5.1 Comparison between the Goods and Service Trade …………… (75)

Contents

1.5.2　Comparison between Productive and Non-productive
　　　　Service Trade ………………………………………………… (77)
1.5.3　Ttrend of Sub Sectors in Producer Services Trade …………… (80)
1.5.4　Ttrend of Sub Sectors in Non-producer Services Trade …… (85)
1.6　Main Conclusions ………………………………………………… (91)

Chapter 2　Product Diversification and
　　　　Export Product Structure ………………………………… (93)

2.1　Expansion of Product Model ……………………………………… (93)
2.1.1　Consumer Utility Function ………………………………… (93)
2.1.2　Behavior of Manufacturing Producer and Enterprises ………… (94)
2.1.3　Impact of the Agricultural Surplus Labor on Manufacture …… (96)
2.1.4　Impact of Trade Liberalization ……………………………… (97)
2.2　Test of Micro-enterprise Data ………………………………… (102)
2.2.1　Empirical model ……………………………………………… (102)
2.2.2　Data …………………………………………………………… (102)
2.2.3　Empirical results …………………………………………… (106)
2.2.4　Robustness of Changing Estimation Method ………………… (110)
2.3　Retest of Industry, Ownership and Region Data …………… (112)
2.4　Retest of the 2nd Industry Data ……………………………… (117)
2.4.1　Empirical model ……………………………………………… (117)
2.4.2　Data …………………………………………………………… (118)
2.4.3　Empirical results …………………………………………… (121)
2.5　Robustness of the 3nd Industry Data ………………………… (125)
2.6　Main Conclusions ………………………………………………… (127)

Chapter 3　Dual Margin and Parnter Structure ………………… (129)

3.1　Expansion of Dual Margin Model ……………………………… (129)
3.1.1　Consumer Utility Function ………………………………… (129)
3.1.2　Technology …………………………………………………… (130)
3.1.3　Impact of Trade Open ……………………………………… (131)

· 3 ·

3.1.4	Free Access for Potential Producers	(132)
3.1.5	Impact of the Agricultural Surplus Labor	(135)
3.1.6	Economic Structure Transformation Affect the Dual Margin	(136)
3.2	Test of HS-6 Data	(138)
3.2.1	Empirical model	(138)
3.2.2	Data	(138)
3.2.3	Empirical results	(143)
3.2.4	Robustness of Changing Estimation Method	(148)
3.3	Robustness Test of Parnter Income Level	(152)
3.4	Tobit Test of Global Data	(158)
3.4.1	All Sample	(158)
3.4.2	Comparison of Income Levels	(161)
3.4.3	Robustness of Region	(163)
3.4.4	Robustness of Interactive Items	(163)
3.5	Retest of Panel Data	(171)
3.6	Main Conclusions	(177)

Chapter 4 Biased Technological Progress and Comparative Advantage (179)

4.1	Expansion of Comparative Advantage Model	(179)
4.1.1	Consumer Utility Function	(179)
4.1.2	Technology	(180)
4.1.3	Export	(181)
4.1.4	Industry Average	(182)
4.1.5	Influence of Biased technology on Dynamic Comparative Advantage	(183)
4.1.6	Comparison of Export Equation	(185)
4.2	Test of Micro-firm Data	(186)
4.2.1	Empirical model	(186)
4.2.2	Data	(187)

4.2.3	Empirical results	(189)
4.2.4	Robustness of Comparative Advantage and Disadvantage	(193)
4.3	Robustness Test of Export Expansion	(196)
4.3.1	Empirical model	(196)
4.3.2	Empirical results	(197)
4.3.3	Robustness of Sub – industries	(200)
4.4	Retest of Subdivided Industries Data	(201)
4.4.1	Data	(201)
4.4.2	Empirical results of the 2nd Industry	(202)
4.4.3	Robustness of the 2nd Industry	(205)
4.5	Impact of Biased Technological Progress on Export Complexity	(207)
4.5.1	Empirical model	(207)
4.5.2	Empirical results	(207)
4.6	Main Conclusions	(211)

Chapter 5 Processing Trade and Export Mode Structure (213)

5.1	Expansion of Import Intermediate Model	(213)
5.1.1	Consumer Behavior	(213)
5.1.2	Producer Behavior	(214)
5.1.3	Income and Profit of Enterprises under Open Condition	(217)
5.1.4	Decision to Enter or Exit Market	(218)
5.2	Test Micro – enterprise Data by Trade Mode	(220)
5.2.1	Empirical model	(220)
5.2.2	Sign	(220)
5.2.3	Data	(221)
5.2.4	Empirical results	(223)
5.3	Comparison Between Engaging in One mode and Multiples	(228)
5.3.1	All Sample	(228)
5.3.2	Robustness of Sub – region	(233)

5.3.3　Robustness of One Trade Mode with Multiples ……… (236)
5.4　Recomparison of Processing Trade ……………………… (241)
5.4.1　All Sample of Processing Trade ……………………… (241)
5.4.2　Processing with Supplied and Imported Materials ……… (246)
5.5　Robustness Test of Processing Firms
　　　in Different Region ………………………………………… (249)
5.5.1　Empirical results of Sub-region ………………………… (249)
5.5.2　Processing with Supplied and Imported Materials of
　　　　Sub-region ………………………………………………… (253)
5.6　Main Conclusions …………………………………………… (257)

**Chapter 6　Domestic and Foreign-capital
　　　　　　Export Firms Structure** ………………………… (259)

6.1　Expansion of Firms Model with FDI and
　　　Import Intermediate ………………………………………… (259)
6.1.1　Consumer Behavior ……………………………………… (259)
6.1.2　Producer Behavior ……………………………………… (260)
6.1.3　Decision to Export ……………………………………… (263)
6.2　Test of the Micro-firm Data ……………………………… (265)
6.2.1　Empirical model ………………………………………… (265)
6.2.2　Data ……………………………………………………… (266)
6.2.3　Empirical results ………………………………………… (267)
6.2.4　Comparison of One Trade Mode with Multiples ……… (272)
6.2.5　Robustness of State-owned and Private Enterprises ……… (274)
6.3　Comparison of Domestic and Foreign-capital Firms …… (279)
6.3.1　Empirical results of "Three sources" Processing Trade …… (279)
6.3.2　Robustness of Supplied and Imported Materials ……… (283)
6.4　Comparison of Enterprises in Different Regions ………… (286)
6.4.1　All Sample of Processing Trade in Sub-region ………… (286)
6.4.2　Processing Trade in Sub-region ………………………… (298)
6.5　Discussion of the Export Learning Effect ………………… (305)

Contents

6.5.1	Empirical model	(305)
6.5.2	Data	(305)
6.5.3	Empirical model	(306)
6.5.4	Test of Domestic and Foreign – capital Firms	(308)
6.5.5	Comparison of State – owned and Private Enterprises	(308)
6.5.6	Robustness of Diffent Trade Mode	(312)
6.5.7	Re – test of Sub – region	(312)
6.5.8	Re – robustness of Diffent Trade Mode in Sub – region	(314)
6.6	Main Conclusions	(316)

Chapter 7 Human Capital and Service Export Structure (317)

7.1	Expansion of human capital Model	(317)
7.1.1	Consumer Utility Function	(317)
7.1.2	Technology	(318)
7.1.3	Export Decision	(321)
7.1.4	Influence of Human Capital on Service Export	(322)
7.1.5	Simplified equation of service Export	(323)
7.2	Test of Service Trade	(324)
7.2.1	Empirical model	(324)
7.2.2	Data	(325)
7.2.3	Empirical results	(329)
7.2.4	Robustness of Changing Estimation Method	(334)
7.3	Comparison of Produce and Non – produce	(336)
7.3.1	Empirical results of All Sample	(336)
7.3.2	Robustness of Productive and Non – productive Service	(341)
7.4	Retest of Service Productivity Growth by PVAR	(343)
7.4.1	Empirical Design	(343)
7.4.2	Data	(344)
7.4.3	Empirical results of Three Variables	(345)
7.4.4	Robustness of Adding Variables	(348)
7.5	Comparison of Impulse Effect Function between Produce	

  and Non – produce ……………………………………… (349)

7.6 Main Conclusions ……………………………………… (352)

Chapter 8 B&R and Goods Trade Structure ……………… (354)

8.1 Expansion of Economic and Cooperation Model ………… (354)

8.2 Test of Goods export in the Belt and Road Countries …… (357)

8.2.1 Empirical model ……………………………………… (357)

8.2.2 Data ……………………………………………………… (357)

8.2.3 Empirical results ……………………………………… (360)

8.3 Robustness test of countries sample …………………… (370)

8.4 Retest by DID Method …………………………………… (377)

8.4.1 DID Design …………………………………………… (377)

8.4.2 Empirical model ……………………………………… (378)

8.4.3 Variable Chioce ……………………………………… (379)

8.4.4 Empirical results ……………………………………… (380)

8.5 Reanalysis by PSM Method ……………………………… (385)

8.5.1 Matching ……………………………………………… (385)

8.5.2 Robustness of Matching Data ……………………… (386)

8.6 Main Conclusions ………………………………………… (394)

Chapter 9 FTAs and Trade Structure Transformation
     in the World …………………………………………… (396)

9.1 Impact of FTAs Strategy …………………………………… (396)

9.2 Expansion of FTAs Model ………………………………… (402)

9.3 Test OF Global Data ……………………………………… (406)

9.3.1 Empirical model ……………………………………… (406)

9.3.2 Data …………………………………………………… (406)

9.3.3 Empirical results ……………………………………… (408)

9.4 Robustness of Different income levels and regions ……… (414)

9.4.1 Robustness of Diffent Income Level ………………… (414)

9.4.2 Re – test of Sub – regionl …………………………… (415)

9.5	Effects of Cross Terms	(418)
9.6	Main Conclusions	(421)

Chapter 10 Policy Implications (423)

10.1	Stabilizing Trade Growth Should still be Important of China in Future	(423)
10.1.1	Importance of Opening Economy	(423)
10.1.2	Major Problem of Shrinking External Demand in China	(425)
10.2	Characteristics of Chinese Exprt Structure	(426)
10.2.1	Structure of Products	(426)
10.2.2	Structure of Countries (or Regiones)	(427)
10.2.3	Structure of Comparative Advantages	(428)
10.2.4	Structure of Modes	(429)
10.2.5	Structure of Firms	(430)
10.2.6	Structure of Types	(431)
10.3	Main Conclusions of the Book	(432)
10.3.1	Product Diversification and Export Product Structure	(432)
10.3.2	Market Diversification and Export Country (or Region) Structure	(433)
10.3.3	Factor Density and Comparative Advantage Structure	(434)
10.3.4	ProcessingTtrade and Export Mode Structure	(435)
10.3.5	Domestic or Foreign capital Firms and Export Structure	(436)
10.3.6	Human Capital and Export Type Structure	(437)
10.3.7	B&R and Goods Export Structure	(437)
10.3.8	FTAs and global Export Structure	(438)
10.4	Policy Suggestions and Enlightenmentes	(439)
10.4.1	Building High Standard FTAs Based on B&R	(439)
10.4.2	Promoting high – quality development based on supply – side structural reforms	(446)
10.5	Future Study Prospects	(451)
10.5.1	Ttheoretical Model	(451)

10.5.2 Empirical Research …………………………………（452）

References …………………………………………………（453）

Index …………………………………………………………（474）

导　论

第一节　问题的提出

一　现实背景

外贸对中国经济发展的意义不言而喻，进出口贸易既是对外开放的重要载体，也是体制机制改革的前沿领域。改革开放以来，中国仅货物贸易就从1978年的206亿美元扩大到2019年的4.58万亿美元，增长了约224倍，年均增长14.1%。① 出口贸易的持续繁荣不仅让中国成为全球第一大货物贸易国，成为引领世界经济增长的重要力量，而且对国内经济增长、增加就业、推动产业升级、增加财政收入、防范国际金融风险、促进国民经济体制改革和创新等方面发挥着重要作用，为我国经济社会发展做出巨大贡献。

然而，在外贸增长强劲和出口规模不断扩大的背后是我国外贸环境的逐渐趋紧，贸易摩擦不断蔓延和升级。仅以美国为例，2016—2020年美国对中国产品发起"337"调查就高达577起，"双反"贸易救济调查也达到81起，明显高于2010—2015年的60起。② 贸易摩擦的不断激化，使中国原有贸易增长方式难以持续，也难以实现出口增长的平稳发展。

---

① 历年《中国统计年鉴》。
② 中国贸易救济网，截止时间2020年2月2日。

后危机时期，中国出口增长抗外部冲击的脆弱性越发明显。相对于20世纪80年代以来15.3%的出口增速，尤其是加入世贸组织后十年来高达21.7%的增长速度而言，2012年之后随着中国经济整体进入"新常态"，外贸也进入"新常态"，连续多年出现外贸低于GDP增速的个位数增长情况，发展压力持续扩大，直到2017年中国外贸增长开始出现"转机"，出口贸易终于从连续多年"下降"趋势改为"上升"通道，成为恢复外贸企业信心的关键年份，但2018年中美经贸摩擦又开始显现，持续至今。国家也接连召开中央政治局会议，把"稳外贸"作为稳定当前国民经济六项重点工作之一，并延伸到2020年中央经济工作会议之中，要求"引导企业开拓多元化出口市场"。

中国出口增长波动的深层次原因或与外贸增长结构有关。按照传统产品、新产品对HS-6位码的微观出口产品进行分类，传统产品占中国总出口的98.92%，新产品仅占1.08%，中国出口增长主要以传统产品大量出口为主。按国别（或地区）分，我国出口的国别（或地区）分布较为集中，主要出口到欧美日等发达国家（或地区），其中仅出口到美国的产品占中国总出口的比重高达19.90%，出口到前二十位国家或地区的比重超过81.34%。① 按要素密集度分，我国出口增长从劳动密集型产品为主逐渐转变为资本技术密集型产品为主，2003年以前的劳动密集型产品出口占比超过50%，2019年降到23.20%。按贸易方式分，中国出口增长从加工贸易为主逐步过渡到一般贸易为主，但加工贸易至少贡献了62%的平均贸易顺差。按贸易主体分，中国的出口增长曾主要以外资为主，直到近来外资与内资企业才基本实现平衡，但外资企业出口年均增速要比内资企业高出1.85%。按贸易类型分，中国外贸顺差以制成品为主，服务贸易总体呈逆差态势，2018年的服务逆差额高达2581.99亿美元，占货物贸易总顺差的73.57%。②

这些问题的存在一方面导致我国出口增长受制于发达国家（或地区）经济增长，易遭受外部冲击出现增长波动（本轮全球金融危机就是一个典型例证）；另一方面也加大了国家稳定出口的宏观政策调控难度。于是，

---

① 前20位的国家或地区为中国香港地区、美国、日本、德国、韩国、法国、意大利、新加坡、加拿大、英国、其他亚洲地区、澳大利亚、荷兰、西班牙、泰国、俄罗斯、印度尼西亚、马来西亚、比利时、阿联酋。

② 上述数据来源：联合国贸易统计数据库、中国海关统计数据库和国家统计局。

我们不禁要问：为什么中国外贸结构存在这些特征？这是本书力求从产品结构、国别（或地区）结构、要素密集度结构、企业结构、贸易方式结构、贸易类型结构等方面探求实现我国外贸结构转型升级的重要原因之一。

二 理论背景

除了现实意义外，关于这一论题在学术界的研究现状也是本书选择以新—新贸易理论分析框架探寻中国外贸结构转型升级的重要原因。

改革开放以来，随着对外贸易的快速发展，多年经济高速增长为中国进一步扩大开放奠定物质基础的同时，更面临迈入中高收入国家行列后劳动、土地等生产要素成本的集中上升，以及资源、能源、环境约束问题的日益突出，从而出口企业的传统低成本竞争优势正不断被销蚀。再加上外需减弱、国际经贸摩擦加剧、贸易保护主义升温、区域经济合作蓬勃发展、主要发达国家"逆全球化"和"民粹现实主义"不断回归等外部条件的巨大变化，如何实现新常态下出口贸易可持续增长和对外贸易转型升级，正成为政策制定者、学术研究者、实体企业经营者关注的热点话题之一。基于此，有研究指出：尽管中国正逐步跨入全球制造强国行列，但探索经济发展新动力、塑造对外贸易新优势，已经成为经济结构转型与外贸升级亟待解决的重要课题（邱斌等，2015）。

目前来看，以创新驱动突破长期以来中国出口增长的低成本路径依赖，在学术界基本达成共识（孙玉琴、郭惠君，2018；王正新、朱洪涛，2017）。也只有大力实施创新驱动战略，我国才能继续保持外贸持续增长，促进外贸转型升级、提质增效。鉴于此，人们预期：2020年及之后一段时间内，对外贸易平稳发展只有靠质量的"进"方能实现长期的"稳"。

就创新的来源，可以是制度创新，提升贸易便利化水平；也可以是管理方式和思路创新，让更多行业企业感受到看得见、摸得着、有获得感的新红利；还可以是贸易方式创新，让更多企业"走出去"，促进国内产能与东道国优势资源要素密切结合，主动布局自身全球分工体系，实现融入全球价值链向主动布局全球创新链转变。当然，更可以是贸易模式创新，积极推动跨境电子商务健康有序发展，采取有效措施推进边境贸易转型升级，以此带动中国特色商品的进出口。

不过，宏观体制机制创新或是"表象"，微观企业才应该是创新外贸发展方式的"实质"，是实现中国外贸稳定发展的前提，否则可能会是无源之水、无本之木。与以往以产业（行业）为研究对象的传统贸易理论和新贸易理论不同，新—新贸易理论更强调企业生产率的异质性，应该更符合发挥企业创新的稳出口要求，毕竟相对于竞争对手，本国企业如果从事研发新材料、开发新产品、构建新工艺、开拓新市场等创新行为，都可促进其占领更大海外市场，获取更多利润。

微观数据的实证文献也证明了这一点，如Yang和Huang（2005）对中国台湾地区电子产业企业、Falk（2012）对奥地利企业的研究等。这些文献的一个显著特点是在贸易政策不确定条件下，外国消费者更喜爱企业创新后的产品，研发能力更强的企业既可以获得更大国际市场份额，又可以提高资源配置效率，从而销售更多种类的创新产品，这为我国企稳外贸增长提供了较好的经验启示。

与此同时，中国经济经过多年发展，原本"相对稀缺"的资本要素逐渐演变为"相对丰裕"，多年来高等教育持续发展带来的人力资本储配较为完善，具备了由"低成本生产"向"低成本研发、低成本复杂制造"的潜在竞争新优势。只要政策得当，应该可以实现由低劳动成本制造的国际竞争"旧"优势向资本密集、技术领先的"新"优势华丽转变。问题的关键是如何通过微观企业将这些潜在优势充分发挥出来。

尽管企业创新是形成技术领先优势并转化为新国际竞争力的基础，也是应对低成本竞争手段日渐削弱的重要途径之一，但其影响外贸结构转型升级的具体理论机制是什么？发挥企业生产率异质性以稳定中国出口增长又有哪些障碍？该如何化解？新—新贸易理论兴起后，国内研究已经取得了丰硕成果（李坤望等，2015；佟家栋等，2014；高凌云等，2014；毛其淋、盛斌，2013；杨汝岱、李艳，2013），比如安志等（2018）利用江苏苏州2017年企业调查问卷数据，实证研究的结论表明技术创新与企业出口之间的相互关系存在"拐点"效应，本土企业自主品牌的建立，会显著地促进其出口参与。

应该说，上述文献对于正确理解企业异质性与实现出口贸易稳定发展具有重要意义，再次说明积极应对传统低成本优势不断弱化和国际经贸复杂格局带来的新挑战，还是需要发挥企业的主观能动性，以实现对外贸易的平稳发展。只是现有研究可能还存在一些改进之处，突出表现在：①直接套用新—新贸易理论解释中国出口是否适用的问题；②分析角度单一，缺乏全面论证这一理论与中国出口的关系；③分析方法较为粗放，仅简单使用微观数据验证理论的适用性；④结论不一致，有的认为理论适合于中国，而有的认为不适合；⑤更为重要的是，鲜有文献将新—新贸易理论分析框架与中国实际结合起来，分析我国对外贸易的结构优化与转型升级问题。尽管简单的"拿来主义"可以解释一些外贸现象和问题，但研究结论是否可信应该值得"怀疑"。因此，在新—新贸易理论基础上，融入一些中国特有因素，分析我国外贸增长结构优化的方向和演进路径，以及提出实现外贸稳定增长的相关对策，应该值得我们去分析和解答，这也是本书选择以"新—新贸易理论拓展模型"为分析框架的重要原因之一。

第二节 研究现状与文献评述

结合"新—新贸易理论促进中国外贸结构转型升级"这一研究主题，本书从"理论研究进展"与"现实应用"两个方面，梳理现有国内外文献取得的重要成果，并进行简要评述。

一 新—新贸易理论研究

新—新贸易理论主要沿企业出口选择和生产选择两条主线展开（Baldwim and Robert – Nicound，2004），前者也被称为异质性企业贸易理论，以Melitz（2003）、Amiti 和 Davis（2008）、Bernard 等（2006）、Kasahara 和 Lapham（2008）、Melitz 和 Ottaviano（2008）、Eckel 和 Neary（2010）等为代表，认为企业出口与其生产率的异质性密切相关，且大量实证文献向我们展示出提高企业生产率的稳定出口作用（Redding，2010）；后者又被称为企业内生边界理论（Dasgupta，2010），以 Antràs（2003）、Antràs 和 Helpman（2004，2006）、Antràs（2005）、Yeaple（2005）、Antràs 等（2006）、Ohnsorge 和 Trefler（2007）、Antràs 和 Rossi – Hansberg（2009）、Burstein 和 Monge – Naranjo（2009）等为代表，认为企业选择一体化还是外包发展战略，也与其生产率的异质性密切相关。考虑本书以外贸发展

（企业的进出口贸易）而非企业生产选择为主要研究对象，相关文献梳理主要介绍异质性贸易理论。

应该说，新—新贸易理论兴起的背景与微观数据可获得性增强直接相关。长期以来，国际贸易理论主要是以产业或行业为研究对象，基本假定是产业（行业）内所有企业都是同质的（Homogeneous）。这种假定隐含着只要产业或行业存在出口，则该产业内或行业内全部企业都将出口。显然，这种假定距离现实经济活动相对较远，因为即使我们将一国的产业或行业划分得非常细，也不可能得出产业或行业内所有企业都出口的结论。于是，从20世纪90年代中期开始，随着微观数据可获得性增强，学术界发现产业或行业内企业的生产效率、经济规模等都表现出巨大差异，而这些差异性（Heterogeneous）恰好同其是否出口密切相关，并据此提出企业存在生产率等多个方面的异质性问题（Lopez，2005；Helpman，2006；Bernard et al.，2007；Antrás and Rossi - Hansberg，2009）。

有关贸易自由化的实证检验进一步给出了"生产率异质性"证据。与传统贸易理论仅强调资源的产业或行业间分配不同，现有经验研究大多发现：无论是发达国家还是发展中国家，贸易自由化带来的一国资源再分配常常发生在划分非常细的行业内，且随着低生产效率企业的市场退出，改变了行业内生产率构成，从而该国总生产率得到了提高（Pavcnik，2002；Trefler，2004；Bernard et al.，2006）。更有甚者，已有研究还发现：即便不存在贸易自由化效应，上述资源再分配效应和进出市场的自我选择机制同样存在（Dunne et al.，1989）。显然，微观企业数据表现出的上述特征，无论是新古典贸易理论还是新贸易理论，其解释力似乎都不强，以至于Krugman（2009）称其新贸易理论为"旧的新贸易理论"。

新—新贸易理论基本分析范式的突破首先来自Melitz（2003）的经典文献。为解释企业异质性与出口正相关，Melitz开创性地假定生产固定成本为企业进入国内市场的前提，而贸易固定成本为企业进入国际市场的条件。进一步将消费者偏好多样化与垄断竞争的规模经济效应结合起来后，其推理过程不仅可以得到一般均衡解，更可以满足企业自我选择出口的达尔文进化要求，即企业出口与其生产率的异质性直接相关，生产率越高的企业，越容易参与国际竞争，企业海外市场规模和利润也越高。而在贸易开放中，由于存在大量潜在生产者涌入国际市场，满足最低生产条件要求的零利润生产率随之提高，一国贸易开放的企业间资源再分配效应随之出现，即低生产率企业"被迫"从国际市场中退出，资源向高生产率的外贸企业集中，该国行业内企业整体生产率水平不断提高。

应该说，Melitz（2003）的经典文献不仅较好地诠释了企业存在自我选择效应的经验研究客观事实，更在分析框架上将企业生产率、规模经济报酬、不完全市场竞争、产品多样化等结合起来，成为"新—新贸易理论"核心构成之一（Baldwim and Robert – Nicound，2004）。Melitz 也因为其奠基人的作用，获得了科睿维安"引文桂冠奖"（方虹、王旭，2018）。但是，其局限性也不言而喻，表现在：第一，过分强调自我选择而完全排除竞争，极有可能形成垄断，而垄断比竞争的效率更差（Tybout，2003）；第二，企业生产率的外生既定与微观事实不符，实际上企业生产率是内生变化的（Del Gatto et al.，2007；Lopez，2005）；第三，CES 效用函数只能说明企业数量、差异化产品种类，但无法表示生产率同市场规模之间的联系，而市场规模优势也是影响企业生产效率的重要因素（Campbell and Hopenhayn，2005；Syverson，2004）；第四，只分析一种最终产品而忽视了多种最终产品，尤其是中间产品的企业进出口贸易行为；第五，为确保市场均衡，模型给出了企业成功进入市场后面临外生死亡率的奇怪假定。于是，相关学者也就上述问题做了多层次、多维度、多方面的拓展。

拟线性和二次效用函数的拓展。与 CES 函数相比，拟线性和二次效用函数的优点是每一种差异化产品的边际效应都是有限的，从而可以让各种产品的实际消费量趋近于零，避免所有产品的需求都为正。使用拟线性和二次效用函数，Melitz 和 Ottaviano（2008）首先能够得出差异化产品的反需求函数与竞争直接相关，从而让贸易促进竞争的市场效应得以存在；其次能够推理出企业边际生产成本与市场规模反向变化关系，再根据生产率与生产成本的反向变化关系，可以得出市场规模也会影响企业生产率大小的这一结论，从而解决上述第一和第三个问题。

中间产品的拓展。为将中间产品纳入新—新贸易理论模型中，Amiti 和 Konings（2007）、Halpern 等（2009）、Amiti 和 Davis（2008）、Kasahara 和 Lapham（2008）进行了探索。尽管他们的实际模型存在细微差异，但其结论基本相同，即进口可变贸易成本和进口固定贸易成本的存在，要求进口中间产品的企业生产效率更高，随着贸易自由化的资源再分配效应向高生产率企业集中，出现进口中间产品、出口最终产品的企业，其规模和市场份额更大的结论，从而可以解释规模越大、生产率越高的出口企业，越是大量使用进口中间产品的客观事实,从而部分解决了第四个问题。当然,进口中间产品可以是外包,也可以是一体化,再次涉及企业内生边界问题,详见 Antràs 和 Helpman(2004)、Antràs(2005)、Antràs 和 Helpman(2006)、Yeaple(2005)、Antràs 等(2006)、Antràs 和 Rossi-Hansberg(2009)、Ohnsorge 和 Trefler(2007)、Burstein 和 Monge-Naranjo(2009)、Dasgupta(2010)等相关文献。

多种最终产品拓展。Bernard 等(2006)及 Eckel 和 Neary(2010)率先将一种最终产品拓展为多种最终产品后,不仅能得出企业自我选择出口的结论,而且能够得出企业自我选择产品的结论,即高生产效率企业越可能选择对生产效率要求更高的出口产品进行生产。这一结论较为符合大多数企业同时出口多种产品而非单一产品的经济事实(Bernard et al.,2006;2010)。更为重要的是,自我选择出口和自我选择产品的结合,使企业既可能选择老产品出口,也有可能选择新产品出口,或者同时选择新老产品出口,从而出现外贸增长的集约边际和扩展边际共生这一情形,而这是新—新贸易理论多种最终产品数理模型的最大亮点之一。此外,Eckel 和 Neary(2010)还从拟线性和二次效用函数角度对现有多种最终产品模型进行推广。结合上述中间产品,包括最终产品的理论拓展模型,现有研究基本解决了第四个问题。

生产率内生化拓展。为将生产率内生化,Constantini 和 Melitz(2007)率先从"使用新技术"的角度出发,将微观企业划分为四种类型,能够得出:越是生产率高的企业,越会采取新技术以巩固其出口市场份额,从而推动企业生产率内生增长。这一理论拓展模型基本符合 Lileeva 和 Trefler(2010)、Constantini 和 Melitz(2007)等的新技术使用与企业生产率内生增长实证结论。Atkeson 和 Burstein(2010)进一步将技术创新细分为工艺创新和产品创新后,也能够得出企业生产率内生增长的结论。在工艺与产品创新关系上,Atkeson 和 Burstein(2010)的一个特点是:认为两者可能存在反向变化关系,因为工艺创新后的实际生产成本增加,企业产品创新的动力可能不足,从而暗示着生产率内生增长的新—新贸易理论所表示的福利改善要比基本理论模型小。即便如此,上述理论拓展模型还是解决了原本的第二个问题。

尽管我们所接触的文献都没有在根本上解决第五个问题,但现有研究还是做出了许多重要推广,比如 Bernard 等(2007)的要素禀赋和比较优势拓展等。新近的研究更从企业贸易模式与行为选择、贸易行为的经济效应、关税变动的多重影响等方面，对新—新贸易理论进行了深化与拓展（东艳等，2019）。

贸易动态与行为选择方面。Li（2018）将供给和需求与出口动态结构模型相结合，发现企业异质性同时表现在生产率和需求端两个方面，生产率是经验丰富企业出口参与的主要推动力。Bernard等（2018）构建了一个多样化出口和进口决定模型，发现企业获得供应商的机会对企业绩效和边际成本影响较大，进而决定了企业进出口贸易的路径选择。Fieler（2018）将国际贸易与质量、技术、技能相联系后构建的模型，发现消除贸易壁垒会促使低质量企业技术降级，高质量企业技术升级。Davies等（2018）建立一个包含企业内部价格和公平交易出口价格的企业—产品—目的地数据库，发现外国税收是影响企业内部价格的重要因素。

贸易行为的经济效应方面。McCalman（2018）分析了特定假设下收入分配、福利与全球化之间的关系，发现贸易可以减少国内收入分配扭曲国际收入分配的程度；而Lyon和Waugh（2018）发现受市场不完全和工人保险不完善等因素影响，比较劣势行业大量进口贸易会导致与进口竞争相关行业的工人劳动收入损失。

关税变动的影响方面。Fitzgerald和Haller（2018）利用实证方法分析微观企业进入国际市场的行为及其收入份额对从价关税和实际汇率变化的影响。他们发现企业对关税和汇率的反应模式存在很大差异，并建议决策者谨慎使用汇率工具。Crowley等（2018）也分析了关税税率不确定性对出口企业进入或退出外国市场的影响和作用机制，认为关税不确定性会从遭受新关税的企业逐步扩散到将同一产品出口到其他目的地的相关企业。

二 应用新—新贸易理论的实证研究

这类文献主要集中在新—新贸易理论的适用性检验和利用新—新贸易理论解释不同国家（或地区）外贸增长的情况，其中不乏使用中国微观数据进行的实证分析。

1. 新—新贸易理论的适应性检验

适应性检验就是利用微观企业数据验证新—新贸易理论生产率异质性是否存在的问题，主要是检验出口自我选择效应和出口学习效应是否存在。自我选择效应本质就是出口企业的生产率应该比非出口企业高，而出口学习效应就是企业出口以后，能从国际市场上获得相应的技术溢出，从而促进自身生产率水平的内生增长。客观来看，无论是自我选择效应还是出口学习效应，应该是新—新贸易理论能否成立的前提和基础（Melitz，2003；Melitz and Ottaviano，2008；Halpern et al.，2009；Bernard et al.，2007），但现有经验研究文献却存在较大分歧。

自我选择效应上，一些实证文献支持发达国家和部分发展中国家企业出口存在自我选择效应，比如 Barnard 和 Jenson（2004）使用美国企业数据、Greenaway 和 Kneller（2004）使用英国数据、Arnold 和 Hussinger（2005）使用意大利数据、Kimura 和 Kiyota（2006）使用日本数据、Alvarez 和 López（2004）使用智利和墨西哥数据、Aw 等（2000）使用韩国数据等。但是应用中国数据进行实证检验时，却存在大的分歧，比如唐宜红与林发勤（2009）使用2005年中国工业普查的企业数据，认为中国生产率越高的企业更容易出口，符合新—新贸易理论的自我选择效应；但张杰等（2008）、易靖韬（2009）、李春顶等（2009）、李春顶（2010，2015）、易靖韬等（2011）等认为存在生产率悖论。

出口学习效应也是如此。一些国外经验研究结论显示，部分发达国家和发展中经济体的企业，在其出口过程中获得了生产率水平的增长，而企业创新、产品交流、规模经济、出口回报是出口学习效应传播的主要渠道（易靖韬、傅佳莎，2011），比如 Lileeva 和 Trefler（2010）使用加拿大企业数据、Blalock 和 Gertler（2004）使用印度尼西亚企业数据、Mengistae 和 Pattillo（2004）使用非洲共同体数据、Tucci（2005）使用印度数据、Bustos（2011）使用阿根廷企业数据等。但是，也有文献指出：出口导致生产率增长的效应与一国经济的发展水平相关，在不发达国家（包括发展中国家）较为显著，而在发达国家却不明显（史青，2012），如 VanBiesebroeck（2005）对非洲国家企业的分析等。使用中国数据进行检验后，同样出现了较大分歧，比如张杰等（2009）、钱学锋等（2010）、余淼杰（2010）等认为出口学习效应都是存在的；但张礼卿与孙俊新（2010）、李春顶与唐丁祥（2010）、戴觅与余淼杰（2011）对中国企业存在出口学习效应表示怀疑。

是什么原因引起了针对中国具体情况的上述分歧？进入2013年后，国内文献开始了深入细致的分析。在自我选择效应方面，一些研究指出：

也许是计算企业 TFP 的方法存在差异（柳荻、尹恒，2015），以及分析对象过于"笼统"，从而导致国内研究自我选择效应时存在了"生产率悖论"，其结论或许并不准确（霍伟东、王明彬，2015；叶宁华等，2017）。大规模的细致分析和多种方法再检验，大体可以划分为四类：一是整体上中国可能并不存在生产率悖论（阮文婧、韩玉军，2016），但分贸易方式后，加工贸易或许是生产率悖论存在的重要原因，比如陶攀等（2014）基于中国 2000—2006 年制造业企业数据、戴觅与余淼杰（2014）通过对 2000—2006 年企业—海关数据、王永进与冯笑（2019）对中国混合出口企业的经验分析等；二是因为加工贸易大多是由外资企业主导，从而猜测生产率悖论与外资企业相关，比如盛丹（2013）、赵鹏豪与王保双（2016）等研究；三是从经济规模和市场进入成本分析生产率悖论产生的机制，比如安虎森等（2013）、余壮雄等（2015）文献；四是从市场分割和要素价格扭曲探讨生产率悖论产生的原因，比如毛其淋（2013）、赵玉奇与柯善咨（2016）、刘竹青与佟家栋（2017）等。此外，还有刘晴与张源媛（2014）、梁会君与史长宽（2014）、叶宁华等（2015）、李军与刘海云（2015）、曹驰（2015）、宫旭红与蒋殿春（2015）、金秀燕与许培源（2016）、丁一兵与刘紫薇（2018）、黄新飞等（2018）的类似研究。

出口学习效应细分领域研究也主要集中在以下四个方面：一是细分出口密集度、贸易方式、所有制差异可能带来的影响，包括范剑勇与冯猛（2013）、荆逢春等（2013）、张杰等（2016）的分析；二是中间品进口是否对出口学习效应产生影响，比如毛其淋与许家云（2015）、张杰等（2015）、刘海洋等（2016）、李淑云与慕绣如（2017）分析等；三是讨论融资约束的作用，比如孙浦阳与彭伟瑶（2014）、徐榕与赵勇（2015）、樊娜娜与李荣林（2017）等；四是分析制度化因素带来的影响，例如聂文星与朱丽霞（2013）、佟家栋等（2014）、刘斌等（2015）等。此外，还有逯宇铎等（2013）、孙浦阳等（2013）、项松林与马卫红（2013）的分析等。

由此可见，上述文献一个总体的感觉是：中国出口企业是否存在"生产率悖论"，或许仍需具体问题具体对待，不应一概而论（张坤等，2016）。

2. 二元边际及其应用

尽管新—新贸易理论是以企业为主要研究对象，但利用生产率的 Pareto 分布后，Chaney（2008）、Arkolakis 等（2008）还是可以建立起一个包括经济规模、国家距离在内的引力模型，其显著特点是一国宏观贸易增长可以分解为包括集约边际和扩展边际在内的二元边际方程（钱学锋，2008），而后者正好是新—新贸易理论重点强调的出口产品种类增加，即扩展边际。

在经典二元边际引力模型中，贸易自由化带来的出口成本增加，一方面，减少了既定国家给定企业的出口，企业的平均出口量减少；另一方面，高贸易成本导致低生产率企业从出口市场退出，存活企业的平均出口量增加。企业生产率的 Pareto 分布意味着这两种相反的作用互相抵消，总出口的集约边际与贸易成本无关，贸易成本仅影响扩展边际。于是，Chaney（2008）、Arkolakis 等（2008）认为：扩展边际在一国的总出口中应该占主导地位。

然而，国内外相关实证检验证据却无法直接给出一个统一结论。比如使用 HS-6 位码贸易数据后，Amurgo-Pacheco 和 Pierola（2008）、Helpman 等（2008）等认为国际贸易增长主要来源于集约边际，而不是扩展边际。类似的还有 Amiti 和 Freund（2007）、钱学锋（2008）、钱学锋与熊平（2010）的文献。但是，Kang（2004）、Hummels 和 Klenow（2005）、Bernard 等（2003）、Felbermayr 和 Kohler（2006）等文献认为出口增长中，扩展边际的作用更大。

有关贸易自由化实证检验，同样具有分歧。Frensch（2010）、Felbermayr 和 Kohler（2007）、Hillberry 和 McDaniel（2002）认为贸易自由化后，仅仅影响扩展边际。但是，Amurgo-Pacheco 和 Pierola（2008）认为贸易自由化既影响集约边际，又影响扩展边际。

利用中国微观企业数据进行验证后，同样存在分歧，例如毛其淋与盛斌（2013）认为中国外贸增长主要是集约边际，但郑小碧（2019）则从贸易中介推动企业出口发展的重要路径出发，认为扩展边际更重要。此外，类似的文献还有项松林等（2014）、刘斌与王乃嘉（2016）、李兵与李柔（2017）、张海波（2018）、陈旭等（2018）、项松林（2019）、李丽丽（2020）等。所以，关于出口增长到底是以集约边际为主还是以扩展边际为主，目前也没有统一性结论。

3. 其他应用

这类文献主要从现有新—新贸易理论模型推理结论出发，将其应用到中国出口贸易数据之中，具体可以分为以下几类：一是分析政策变动对企业出口的影响，包括彭馨与蒋为（2019）、齐俊妍与王岚（2015）、耿伟与廖显春（2017）、唐宜红与林发勤（2016）、段连杰（2018）等；二是讨论城乡二元结构的实际工资扭曲对出口增长的影响，包括张明志等（2017）、孙楚仁等（2013）、赵瑞丽等（2016）、许昌平（2016）、陈维涛等（2014）、项松林（2013）的文献；三是集中分析实际汇率变动对我国企业出口的影响，包括许家云等（2015）、许家云与毛其淋（2016）、张夏等（2019）、佟家栋等（2016）的分析；四是探讨进口引致出口问题，包括张杰等（2014）、毛其淋（2015）、苏启林等（2016）的研究等；五是对我国企业出口的加成率进行分析，包括祝树金与张鹏辉（2015）、黄先海等（2016）等；六是对企业海外投资的研究，包括严兵等（2014）、周茂等（2015）、叶娇等（2018）的讨论；七是专门研究服务贸易发展情况，包括刘丹鹭（2012）、陈景华（2014）、李磊等（2017）的文献；八是与新经济地理理论结合，包括包群等（2012）、赵永亮等（2014）、苏丹妮等（2018）、赵永亮与李文光（2017）等。

三　简要评述

除上述应用文献外，国内还有大量介绍新—新贸易理论的文章，比如陈丽丽（2008）等。应该看到，经济学家们对新—新贸易理论模型及其应用已经产生了丰硕成果，也日益成为国际经济领域中研究的前沿（李春顶、东艳，2013），对我们正确认识和理解理论发展方向及中国应用提供了丰富视角。只是从促进中国外贸结构转型升级角度看，上述研究的相关数据还相对偏早，结论是否符合当前发展趋势，应该是存疑的。更为重要的是，上述研究还相对较为零碎，整体且系统的分析相对偏少。利用新—新贸易理论框架分析促进我国外贸结构转型升级的未来研究，或许还可以从以下方面进行拓展：

第一，出口产品结构是否实现了由传统产品为主向新产品为主的转型升级？在Melitz（2003）的基础上，Chaney（2008）、Arkolakis等（2008）建立了一个包含集约边际和扩展边际的理论模型，能同时分析传统产品和新产品的出口增长问题。他们的重要结论是一国出口增长动力和贸易福利改善主要源自新产品不断增加，但实证检验结果并不符合转型国家实际

(Helpman et al., 2008; Badinger and Türkcan, 2012; Martínez – Zarzoso et al., 2015; Cebeci and Fernandes, 2013), 尤其是中国出口增长更是以传统产品为主 (Amiti and Freund, 2007; 钱学锋, 2008; 陈勇兵等, 2012; 张杰等, 2014; 盛斌、吕越, 2014; 郭俊芳、武拉平, 2013 等)。为什么理论预测结论与中国现实不符？值得进一步研究和探索。

第二，国别（或地区）结构是否实现了主要向发达经济体出口转向更多经济体均衡发展？中国政府已经多次调整了出口市场多元化战略，客观效果十分明显，无论是纵向还是横向的数据对比，无不显示出我国出口贸易实行市场多元化战略取得的巨大成就。只是目前中国出口市场过于集中依然存在，极易受外部经济的冲击，本轮全球经济危机就是一典型例证（钱学锋、熊平, 2010）。为什么出口市场的国别（或地区）结构多元化难以实现？也值得进一步分析和探索。

第三，比较优势结构是否实现了由简单产品向复杂产品转变？Bernard 等（2007）建立了一个中性技术进步的比较优势模型，认为贸易开放后，比较优势产品的国际竞争力比 H – O 模型预测得更强，而比较劣势产业的国际竞争力比 H – O 模型更弱，两方面共同作用使一国出口难以实现要素密集度逆转。然而，技术进步不会是"无本之木"。无论是政策介入还是技术溢出，企业技术进步可能都是"有偏的"而非"中性"。Acemoglu（2003）认为企业采用偏向性技术进步，可能导致出口产品的要素密集度逆转，出现动态比较优势的情形。在此基础上，Costinot 等（2010）构建了偏向性技术变迁的比较优势理论模型，但结论依然是一国出口产品的比较优势存在强化特征，这既不完全符合中国不同要素密集度产品的出口变化趋势，也不符合新近的实证检验结果（杨高举、黄先海, 2014; 洪世勤、刘厚俊, 2013）。所以，同样需要对上述理论模型进行再拓展，以便分析和检验中国出口产品的比较优势是存在路径依赖问题，还是存在可能的动态升级。

第四，贸易方式结构是否实现了加工贸易的优化升级？由于进口中间品能促进生产率提高，一些研究者将视角放在进口中间产品的贸易方式上，用于解释生产率越高企业，越是大量使用进口中间产品的事实（Feestra and Romalis, 2014）。然而，进口中间产品的企业生产率一定高于非进口中间产品的结论，也不完全适用我国实际。众多研究者通过测算中国工业企业的生产率后，发现部分进口中间产品的加工贸易企业反而存在

"生产率悖论"问题（范剑勇、冯猛；2013；李春顶，2010；包群等，2014等）。因此，同样有必要对现有理论模型进行拓展，分析和解释中国对外贸易方式的结构转型与优化升级。

第五，贸易主体结构是否实现了内外资企业出口的平衡？国际化战略对企业生存和发展至关重要，经济学家也分析了生产率异质性对企业出口的影响（Helpman et al.，2004；Antràs et al.，2006；Altomonte et al.，2014）。只是部分结论还不太符合实际，不仅是我国还存在大量以外资为主的加工贸易，而且现有研究似乎还证明中国企业尤其是外资企业出口存在"生产率悖论"问题。现实经济运行情况与新—新贸易理论预期结论的不符，仍需要对既有分析框架进行拓展。

第六，贸易类型结构是否实现货物贸易和服务贸易的平衡？长期以来，人们都认为服务业是生产率滞后的部门，服务业的发展会拖累整体经济增长（刘丹鹭，2012），而我国确实存在服务业长期逆差问题。如何促进服务贸易健康有序发展？也需要对现有理论进行修改。

第七，"一带一路"和高标准自贸区战略是否会影响我国外贸结构的转型升级？中国倡议发起的"一带一路"建设正逐步被其他国家（或地区）接受，"五通+七路"不仅能将沿线国家（或地区）经济增长创造出来的需求和日益扩大的供给能力耦合起来，还能进一步拉动沿线国家（或地区）原材料、能源、制成品和现代服务的需求，对促进世界经济、沿线国家（或地区）和中国外贸发展应该有利（项松林，2019）。不仅如此，"一带一路"建设的重要目标之一还与自贸区战略密切相关，即建设辐射"一带一路"的高标准自贸区网络。"一带一路"和对外高标准自贸区战略又有何具体效应，也应该值得进一步分析。

第三节　研究意义

从新—新贸易理论经典文献出发，将中国经济发展历程中的相关因素融入其中，并拓展现有分析框架，以及由此提出针对性的对策建议，一方面是基于现实经济实践与发展的需要，另一方面也是因为其可能具有一定理论价值。

一　实践意义

正如前文所述，中国对外贸易的持续繁荣，虽带来了经济高速增长和人民生活水平提高，但依然没有走出以少数传统产品向少数发达国家（或地区）大量出口的增长路线。这种出口增长模式不仅会因为外部冲击出现大的波动，而且会给进口方造成"倾销"假象，导致涉华贸易摩擦迅速增加。学术界也就如何实现出口稳定增长而又不引起贸易伙伴不满展开了研究，成为现在讨论的主要论题之一。这也是本书力求从理论和实证两个方面探求优化外贸结构、实现出口增长稳定发展的重要原因。具体来说，本书研究可能具有以下重要现实意义：

第一，全面把握中国外贸增长结构基础上，深刻理解推动外贸结构转型升级与实现贸易安全的关系。在世界经济健康发展的前提下，以比较优势为基础的外贸结构，即使以少数传统产品向少数发达国家（或地区）大量出口，也能够通过相对合理手段，化解贸易摩擦矛盾，实现出口贸易的健康发展。然而，一旦世界经济陷入危机，尤其是起源于发达国家的经济危机，我国出口贸易稳定发展将受到考验。本轮经济危机就是很好例证。在世界经济缓慢复苏的"亚健康"时期，以美国为首的西方发达国家为实现扩大就业、促进经济增长的国内目标，不惜以破坏自由贸易的名义，接连出台"再工业化"、变相汇率贬值政策，民粹主义政府上台后更是直接"祭出关税大棒"，将继续影响中国出口贸易的发展安全。

第二，突出企业异质性在优化外贸结构和巩固出口份额中的作用。从微观企业的出口结构中，我们可以更加全面地认识到企业异质性对优化外贸结构的影响，并意识到这一影响是随着经济结构优化而不断发展的动态过程，纠正以往片面地、单纯地从产业（行业）的角度分析出口贸易可持续发展的问题，明确企业在巩固出口份额中的重要作用。

第三，提出针对性对策建议。通过本书的分析和论证，试图整理出优化外贸结构、实现出口贸易可持续发展有益且适合我国国情的政策建议，目的是为了在优化我国外贸结构基础上实现出口的稳定增长。

二 理论意义

除了现实意义外,本书研究或许也有一定理论意义。这是因为新—新贸易理论是理解国际贸易问题的新方法,但已有理论还没有体现出像中国这样的转型国家特点,比如市场机制不完善、经济结构转型、要素禀赋逆转、吸引外资与加工贸易发展等问题,当然也没有体现出当前我国大力推动的"一带一路"建设倡议以及高标准自贸区战略等对外开放新举措。在新—新贸易理论的研究框架下,加入类似中国这样经济结构转型国家的某些特定变量,研究企业生产率异质性与外贸结构转型升级的问题,应该是一个较为新颖的研究命题,也是补充和完善新—新贸易理论的一种尝试。所以,无论是从理论验证的角度,还是从理论深化的角度,本书研究应该具有一定的理论价值。

第四节 研究思路与研究内容

一 研究思路

从中国对外贸易结构的现实背景出发,本书遵循构建理论模型进行解释和说明,然后使用相关数据进行经验分析和验证,并结合理论模型和经验研究结论,提出优化外贸结构的对策建议。全书的分析技术按照两个维度进行,横向维度按提出问题到理论分析再到经验研究展开,纵向维度按由宏观到微观、由简单到复杂展开,技术路线图如图0—1所示。

二 研究内容

本书由11章组成,除导论和第一章中国外贸增长结构特征外,其余内容安排如下:

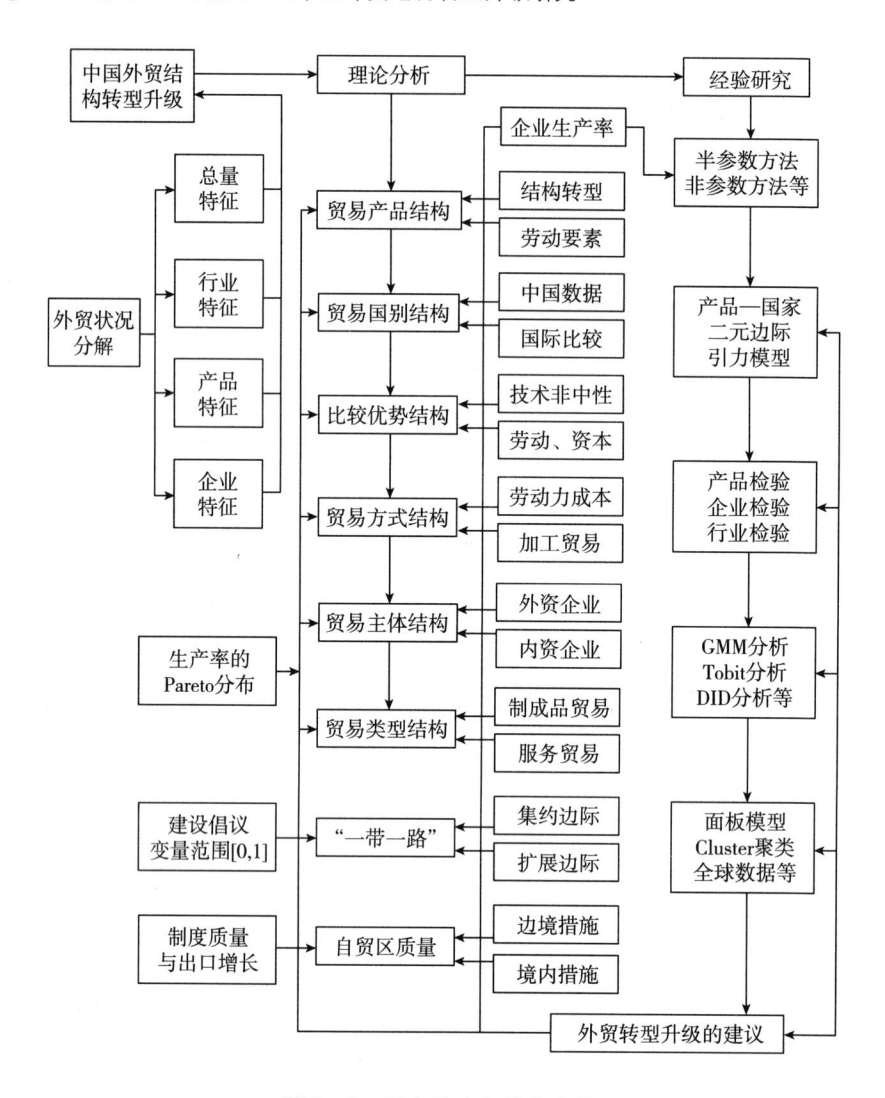

图0—1 研究思路和技术路线

注：横向为分析问题思路：提出问题—理论分析—经验研究；纵向为理论模型和经验分析思路。

第二章为产品结构优化升级。本章使用结构转型变量对Mayer等（2014）产品结构理论模型进行拓展，以期能为出口增长主要沿传统产品扩张的原因提供理论支持，并使用1998—2013年中国微观企业数据和1995—2017年HS-6位码数据进行多种实证检验。

第三章为国别（或地区）结构优化升级。本章将使用上一章的理论分析结果对 Lawless 和 Whelan（2014）国别（或地区）结构模型进行修改，并将发展中国家普遍存在的农业剩余劳动力融入包含产品多样化和市场多元化的二元边际理论模型中，然后使用 1995—2017 年中国出口到 209 个国家或地区的二元边际数据以及全球 155 个国家（或地区）的 435718 个集约边际、扩展边际数据进行检验。

第四章为比较优势结构优化升级。将单要素理论模型拓展为双要素（劳动、资本）模型后，本章试图说明偏向性技术进步对动态比较优势影响，用以解释中国出口增长的要素密集度问题，并使用 1995—2017 年中国出口贸易的微观商品数据与微观企业数据进行实证检验。

第五章为贸易方式结构优化升级。本章再将双要素拓展为三要素（劳动、资本、中间产品），构建三要素中间产品的新—新贸易理论模型，并试图说明进口中间产品、出口最终产品的贸易增长规律，用于分析中国加工贸易结构的优化升级，然后使用微观企业数据进行实证检验。

第六章为贸易主体结构优化升级。将三要素理论模型拓展为四要素（劳动、内资、外资、中间产品），本章主要是构建贸易主体的理论模型，用以分析内外资不同所有制形式企业的出口贸易转型升级，也使用上述中国工业企业数据与海关统计数据进行实证检验。

第七章为贸易类型结构优化升级。从 Lodefalk（2014）制成品贸易和服务贸易分类视角出发，本章试图拓展一个人力资本潜在优势与服务贸易出口增长的新—新贸易理论模型，然后使用中国服务贸易数据进行检验，并比较生产性与非生产性服务出口的差异。

第八章为"一带一路"的影响。在经典新—新贸易模型基础上，本章首先在理论上构建了一个可以分析"一带一路"建设对沿线国家（或地区）出口增长二元边际的理论模型，然后使用中国和相关国家（或地区）具体数据进行检验，以期能从促进中国与沿线国家（或地区）贸易畅通的实施路径上，探索带动中国和沿线国家（或地区）整体货物贸易结构转型升级，提供经验支撑。

第九章为自贸区质量的全球经验。高标准自贸区战略是当前各主要国家对外经济合作发展的重点内容之一。在新—新贸易理论模型基础上，本章首先拓展了一个自贸区质量与贸易增长的理论模型，然后使用面板模型对全球 188 个经济体 1995 年以来 521915 个样本数据进行了检验。

第十章为优化外贸结构的相关政策建议。本部分结合现状分析、理论机制探讨、多种实证检验结果，着重从体制机制改革、制度创新、"一带一路"倡议和自贸区战略等视角，提出优化外贸结构、实现对外贸易稳定发展的相关对策建议。

第五节　研究方法

一　理论研究方面

理论模型的建立是为应用分析服务，同时应用分析又是对理论模型的深化。本书运用到的理论模型有新—新贸易理论、H－O模型、新贸易理论模型、劳动力无限供给模型及匹配理论模型等。

二　实证研究方面

本书力求在理论分析和模型运用基础上，使用时间序列数据、面板数据、受限数据估计方法、非参数和半参数估计方法、系统估计方法（GMM）、双重差分估计方法（DID）等分析影响外贸转型升级的因素，力求得出更为准确的结论。

三　比较研究方面

通过纵向的历史比较，本书的目的是分析我国外贸结构的变动规律，探求隐含在出口繁荣背后的危机。通过横向的国际比较，本书的目的是分析中国出口企业是否具备比较优势，能否在扩大的竞争市场中提高效率，是否实现了货物贸易与服务贸易的均衡发展。综合纵向和横向比较，本书的目的是分析国有企业、民营企业和外资企业生产率差异和出口增长之间的关系，寻找巩固出口市场份额、推动外贸转型升级的途径。

第六节 可能创新和不足

一 可能创新

研究视角的创新。本书认为中国出口贸易的"新"比较优势正在逐步形成,"低成本研发"和"低成本复杂制造"依然是推动中国外贸结构转型升级的重要因素。另外,广阔且不断扩大的内需市场、充足的资金、日趋完善的基础设施、强大且功能齐全的配套能力、不断提升的企业创新能力和国际化经营能力、"一带一路"和自贸区战略日益增强的国际制度性话语权等,都构成了对外贸易发展的新优势。只要通过改革,将外资与外贸、贸易发展方式转型升级与国内经济转型升级、贸易发展与产业发展、国内市场发展与国际市场开拓等结合起来,都可以促进外贸结构转型升级。

研究方法的创新。以更新的微观产品和微观企业数据为基础,结合细分产品的贸易统计数据和企业出口数据,进行有关实证分析,虽然处理的工作量很大,但明显能体现出已有文献还没有涉及的研究范围。当然,尽可能将分析对象细化,考察中国外贸转型升级路径和方向,并使用多种方法检验结论的稳健性,以及在此基础上提出实现出口贸易稳定发展的相关建议,也应该更加科学和可信,可能也是一个创新。

二 研究不足

理论拓展方面。在现有文献的基础上融入了一些符合我国实际的假定,本书期望能得出有用的结论。但综观全文,我们也仅是新—新贸易理论及其在中国应用的一个尝试和探索,或许并没有对新—新贸易理论进行真正"实质性"的扩展和补充。

实证研究方面。尽管本书使用的微观企业数据样本年限可拓展到1998—2013年,海关编码数据也可拓展到2000—2015年,HS-6位码商品贸易数据更是可以更新到 1995—2017 年，但细细观察，依然能够发现数据年限还是存在相对较早的问题，所得结论是否符合当前中国对外贸易发展的最新特点，必须谨慎对待。未来，我们将尽量获得更为翔实且样本年限更长、更新的数据对上述问题进行再分析。

第一章　中国外贸增长的结构与特征

分析中国外贸结构转型升级，需先全面把握其进出口增长的结构与特征。本章以联合国贸易统计数据库、Wind 数据库、中国海关统计数据库和国家统计局数据为基础，从对外贸易的产品结构、国别（或地区）结构、要素密集度结构、企业主体结构、贸易方式结构、贸易类型结构出发，对我国外贸增长进行结构分解与分类统计，目的是为了阐明推动外贸结构转型升级的重要性。

第一节　产品结构

一　出口产品结构分解与统计方法

现有研究大多使用集中度指数、*Feenstra* 指数和 *H - K* 指数对一国出口产品结构进行测度。集中度指数一般通过出口产品的分布比重进行测算，常用的方法包括标准化逆赫芬达尔指数（*HHI*）、基尼系数（*GINI*）、泰尔指数（*THEIL*）等绝对测度指标，以及相对基尼系数、相对泰尔指数等相对测度指标（详见表1—1）。

通过将一国（或地区）所有出口产品种类划分频繁出口和不经常出口两大类后，本章可以将表1—1中的泰尔指数（*THELL*）分解为组间泰尔指数（T^B）和组内泰尔指数（T^W）：

$$\lim_{\mu_0 \to 0} T^B = \ln\left(\frac{\mu_1}{\mu}\right) = \ln\left(\frac{n}{n_1}\right) \tag{1.1}$$

表1—1　　　　　　　　　出口集中度测算方法

类别	名称	测算公式	范围
绝对指标	HHI 指数	$HHI_{jt} = \dfrac{\sum_{i=1}^{n}(s_{ijt})^2 - \dfrac{1}{n}}{1 - \dfrac{1}{n}}$，其中 $s_{ijt} = \dfrac{x_{ijt}}{x_{gjt}}$	(0, 1)
	GINI 系数	$GINI_{jt} = 1 - \dfrac{1}{n}\sum_{i=1}^{n}(X_{ijt} - x_{(i-1)jt})$，其中 $X_{ijt} = \sum_{k=1}^{n}\dfrac{x_{kjt}}{x_{gjt}}$	(0, 1)
	THEIL 指数	$THEIL_{jt} = \dfrac{1}{n}\sum_{i=1}^{n}\dfrac{x_{ijt}}{\mu}\ln\left(\dfrac{x_{ijt}}{\mu}\right)$，其中 $\mu = \dfrac{\sum_{i=1}^{n}x_{ijt}}{n}$	(0, ln$n$)
相对指标	相异性指数	$DI_{jt} = \dfrac{\sum_{i=1}^{n}(s_{ijt} - w_{it})^2}{2}$，其中 $s_{ijt} = \dfrac{x_{ijt}}{x_{gjt}}$, $w_{it} = \dfrac{x_{iwt}}{x_{gjt}}$	(0, 1)
	相对 GINI 系数	$RGINI_{jt} = \dfrac{\sum_{i=1}^{n}(p_i - q_i)}{\sum_{i=1}^{n}p_i}$，其中 $p_i = \sum_{i=1}^{n}\dfrac{x_{iwt}}{x_{gjt}}$, $q_i = \sum_{i=1}^{n}\dfrac{x_{ijt}}{x_{gjt}}$	(0, 1)
	相对 THEIL 指数	$RTHEIL_{jt} = \sum_{i=1}^{n}s_{ijt}\ln\left(\dfrac{s_{ijt}}{w_{it}}\right)$，其中 $s_{ijt} = \dfrac{x_{ijt}}{x_{gjt}}$, $w_{it} = \dfrac{x_{iwt}}{x_{gwt}}$	(0, ln$n$)

注：各相关变量及其参数含义详见陈蓉、许培源：《产品多样化与国际贸易收益：研究述评》，《国际贸易问题》2014年第6期。

$$\lim_{x_0 \to 0} T^W = \dfrac{1}{n_1}\sum_{i \in G_1}\dfrac{x_i}{\mu_1}\ln\left(\dfrac{x_i}{\mu_1}\right) = \ln\left(\dfrac{n}{n_1}\right) \tag{1.2}$$

其中：G_1 表示频繁出口的产品集合；不考虑时间因素后，$\mu = \dfrac{1}{n}\sum_{i=1}^{n}x_{ij}$ 表示 j 国（或地区）平均出口；$\mu_1 = \dfrac{1}{n_1}\sum_{i \in G_1}x_{ij}$ 表示 j 国（或地区）频繁出口产品的平均值。Cadot 等（2010）通过严密的数学证明，可以得出 $THELL = T^B + T^W$ 成立。

集中度指数具有测算方法简单的优点，但也有"缺陷"，即不能动态反映"新"产品与"传统"产品实际出口变化。Feenstra 和 Kee（2008）以 CES 生产函数为基础构建了一个相对指标来测量出口产品的多样化。假定 G_t 表示 t 时期某国（或地区）的出口产品集合，G_{t-1} 表示 $t-1$ 期该国

（或地区）的出口产品集合，交集 $G = G_{t-1} \cap G_t$ 为两时期同时出口的产品集合，那么 Feenstra 指数就可以表示为：

$$\Delta PV_{it,t-1} = \ln\left(\frac{\lambda_t}{\lambda_{t-1}}\right) \tag{1.3}$$

其中：$p_{it}q_{it}$ 表示 t 时期 i 种产品出口额；$\lambda_t = \dfrac{\sum\limits_{i \in G} p_{it}q_{it}}{\sum\limits_{i \in G_t} p_{it}q_{it}}$ 表示 t 时期全部"传统"产品所占总出口比重；$\lambda_{t-1} = \dfrac{\sum\limits_{i \in G} p_{it-1}q_{it-1}}{\sum\limits_{i \in G_t} p_{it-1}q_{it-1}}$ 为 $t-1$ 时期全部"传统"产品所占总出口比重。

公式（1.3）中，如果 $\lambda_t < \lambda_{t-1}$，则 t 时期"传统"产品总出口份额下降，相应的"新"产品出口出现增长，于是 $\Delta PV_{it,t-1} < 0$ 就可以测度出该国（或地区）出口产品结构在优化。

新—新贸易理论兴起后，Hummels 和 Klenow（2005）提出了一种新的变型方法来测算出口产品结构，即通过出口税目对一国（或地区）在世界贸易中的份额进行加权。用 G_t^j 表示 t 时期 j 国（或地区）的出口产品集合，G_t^w 表示 t 时期世界的出口产品集合，x_{ijt} 表示 t 时期 j 国（或地区）i 产品出口额，x_{wjt} 表示 t 时期世界 i 产品出口，则该国（或地区）总 H–K 指数可以表示为：

$$\frac{\sum\limits_{i \in G_t^j} x_{ijt}}{\sum\limits_{i \in G_t^w} x_{iwt}} = \frac{\sum\limits_{i \in G_t^j} x_{ijt}}{\sum\limits_{i \in G_t^j} x_{iwt}} \times \frac{\sum\limits_{i \in G_t^j} x_{iwt}}{\sum\limits_{i \in G_t^w} x_{iwt}} = IM_t^j \times EM_t^j \tag{1.4}$$

公式（1.4）中，IM_t^j 是 j 国（或地区）出口产品占全球同类产品的份额；EM_t^j 是世界贸易中属于 j 国（或地区）产品组合的市场份额。

不过，H–K 指数虽然测算方法简单易行，能充分反映出一国（或地区）对外贸易产品组合在国际市场上的重要性，但因其静态特征，还是难以在根本上体现出"传统"产品和"新"产品的变化趋势，为此本章对公式（1.4）进行再推广，提出一个基于"定基"比较的测算方法。

具体来说，为确定一国（或地区）出口结构中的传统产品、新产品身份，需要对其历年微观贸易产品数据进行比较。假定国家（或地区）j 在基期有产品 c 出口到国家（或地区）m，且该产品在随后的时期 t（$t > 0$）

内都向该国（或地区）出口，则国家（或地区）j 出口到国家（或地区）m 的累计传统产品为 $OLDX_{mt}^{j} = \sum_{c} x_{mjt}$。同样，假定国家（或地区）$j$ 在时期 t 向老市场国家（或地区）i 出口了新产品 e，但该产品在基期并未实现出口，则该国（或地区）向老市场国家（或地区）i 出口的累计新产品为 $NEWX_{mt}^{j} = \sum_{e} x_{mjt}$。

CEPII BACI 数据库给出了联合国贸易统计署统计的全部经济体 HS-6 位码数据。本章以该数据库为基础，首先将基期定在 1995 年，时期 t 定在 1996 年及其之后，通过对比 1996 年及以后每个国家（或地区）j 出口到任意对象国家（或地区）i 的 HS-6 位码同 1995 年的差别，以确定每种出口产品的传统产品、新产品身份，再进行加总并除以年度总出口，就可以测算出"传统"产品和"新"产品动态变化趋势：

$$\frac{OLDX_{t}^{j}}{X_{t}^{j}} = \frac{\sum_{m} OLDX_{mt}^{j}}{X_{t}^{j}} = \frac{\sum_{m}\sum_{c} x_{mjt}}{X_{t}^{j}} \quad (1.5)$$

$$\frac{NEWX_{t}^{j}}{X_{t}^{j}} = \frac{\sum_{m} NEWX_{mt}^{j}}{X_{t}^{j}} = \frac{\sum_{m}\sum_{e} x_{mjt}}{X_{t}^{j}} \quad (1.6)$$

其中：X_{t}^{j} 表示 t 时期 j 国（或地区）总出口。显然，不考虑消失产品情况，上式中 $(OLDX_{t}^{j} + NEWX_{t}^{j})/X_{t}^{j} = 1$ 成立。

中国出口产品结构是否实现了升级？传统产品和新产品变化趋势有何不同？本章使用上述统计方法，分别从集中度指标、Feenstra 指数、H-K 指数分解以及"定基"动态比较入手，先对中国高位码出口贸易数据进行结构分解，并选择部分发达经济体和发展中经济体进行国际比较。

二　中国出口产品结构的集中度

以标准化逆赫芬达尔指数（HHI）计算方法为基础，本章首先对 1995—2017 年中国出口的 HS-6 位码产品进行结构分解①，表 1—2 的统计结果表明中国出口产品集中度依然"较高"，产品多样化结构升级目标

---

① CEPII BACI 数据库提供的 HS-6 位码贸易数据起始年份为 1995 年，优点是可以从高分位码中获得更为详细的出口产品信息，缺陷是必然存在两年滞后期，导致本书所能获取的最新数据只能到 2017 年。

仍"任重道远",表现在:1995年中国出口产品的 HHI 集中度指数为 0.001,但2017年反而增加到0.0022,扩大了2.2倍。

表1—2　　　　1995—2017年中国出口产品结构的集中度

年份	HHI 指数	THEIL 指数		
		总体	组内（T^W）	组间（T^B）
1995	0.0010	1.8392	1.7724	0.0668
1996	0.0010	1.8584	1.7870	0.0713
1997	0.0010	1.8985	1.8248	0.0737
1998	0.0012	1.9422	1.8722	0.0700
1999	0.0011	1.9636	1.8911	0.0725
2000	0.0010	1.9657	1.9060	0.0597
2001	0.0010	1.9602	1.8990	0.0611
2002	0.0011	2.0143	1.9537	0.0606
2003	0.0011	2.0754	2.0136	0.0618
2004	0.0012	2.1212	2.0566	0.0646
2005	0.0011	2.1141	2.0472	0.0670
2006	0.0011	2.0983	2.0295	0.0688
2007	0.0009	2.0361	1.9626	0.0735
2008	0.0008	2.0158	1.9482	0.0676
2009	0.0011	2.1244	2.0531	0.0712
2010	0.0011	2.1526	2.0926	0.0600
2011	0.0011	2.0858	2.0331	0.0527
2012	0.0013	2.1275	2.0683	0.0592
2013	0.0014	2.1608	2.1078	0.0531
2014	0.0014	2.1331	2.0824	0.0506
2015	0.0014	2.1508	2.1038	0.0470
2016	0.0014	2.1493	2.0997	0.0495
2017	0.0022	2.2663	2.2231	0.0432
平均	0.0011	1.9689	1.9095	0.0594

资料来源：CEPII BACI 数据库,笔者整理,下同;本表仅列出标准化逆赫芬达尔指数（HHI）、泰尔指数（THEIL）及其分解;测算组间和组内泰尔指数时的"频繁出口产品"被界定为1995年出口后始终出口的产品,否则为"非频繁出口产品",下同。

泰尔指数的统计结果同样能说明中国出口产品集中度"较高"问题，表现在：1995年中国出口产品总THEIL指数为1.8392，到2017年达到2.2663，增长了1.23倍。

使用公式（1.1）和公式（1.2）进行结构分解后（分解为T^W和T^B），表1—2的统计结果显示：我国出口产品结构集中度高的重要原因主要是传统产品出口比重大、新产品出口比重有待增强。这是因为：1995年中国出口产品的组内泰尔指数为1.7724，到2017年达到2.2231，23年间增长了25.4%，而组间泰尔指数在1995年达到0.0668，但到2017年反而降到0.0432，23年间降低了35.3%。

计算组间和组内泰尔指数时，我们已经将1995年之后始终出口的传统产品看成是"频繁出口的产品"，而将1995年没有出口且1996年或以后出口的新产品看成是"非频繁出口"，由Cadot等（2010）的分析结论可知：中国出口产品的组内泰尔指数不断增加，意味着出口增长主要依靠传统产品扩张实现；组间泰尔指数不断减小，也意味着新产品对中国出口增长的贡献相对较为"有限"。

三 历年出口产品结构的环比变化趋势

集中度指数因其仅同期比较而无法反映动态变化趋势，本章再以公式（1.3）为基础，采取Feenstra指数对中国出口的HS-6位码产品数据进行结构分解。

表1—3的统计结果表明：1995—2017年中国出口产品的环比Feenstra指数出现了13次负增长、9次正增长，似乎意味着传统产品占总出口的份额有所下降。只是剔除初始年份后的22年内，Feenstra环比指数下降的次数虽多但程度较小，以至于总的平均Feenstra指数依然为0.002。

表1—3　　　1995—2017年中国"传统产品"出口环比指数

年份	Feenstra指数	年份	Feenstra指数
1996	0.0115	1999	0.0011
1997	-0.0275	2000	-0.0388
1998	-0.0040	2001	-0.0030

续表

年份	Feenstra 指数	年份	Feenstra 指数
2002	0.0008	2010	-0.0129
2003	-0.0018	2011	-0.0065
2004	-0.0016	2012	0.0221
2005	-0.0043	2013	-0.0148
2006	-0.0039	2014	0.0152
2007	0.0296	2015	-0.0237
2008	-0.0013	2016	0.0006
2009	0.0114	2017	0.0976

因为 Feenstra 指数只有在 $\lambda_t < \lambda_{t-1}$，才会出现 $\Delta PV_{it,t-1} < 0$，从而出现出口产品结构集中度不断下降的优化升级趋势。中国出口产品平均 Feenstra 环比指数依然为正，在一定意义上仍然表明我国出口增长总体上以传统产品为主，而新产品的出口增长存在不足。

四　H-K 指数分解

再使用公式（1.4）进行计算后，表1—4 的统计结果表明：中国出口产品的 EM 指数基本保持稳定（接近50%），说明与中国相同类型产品的全球总出口中，我国占世界出口贸易的比重在一半左右，一定意义上体现出中国对外开放40多年来取得的巨大成就，即至少全球可贸易的一半商品，中国都能生产、制造并出口。

表1—4　　　　1995—2017 年中国出口产品结构 H-K 指数分解

年份	IM	EM	年份	IM	EM
1995	4.47	49.77	2000	5.95	49.89
1996	4.49	49.69	2001	6.43	49.92
1997	4.96	49.70	2002	7.20	49.94
1998	5.08	49.80	2003	7.89	49.88
1999	5.39	49.84	2004	8.48	49.90

续表

年份	IM	EM	年份	IM	EM
2005	9.23	50.01	2012	12.28	49.98
2006	9.88	50.01	2013	12.60	50.00
2007	10.42	50.02	2014	13.45	50.01
2008	10.48	50.02	2015	15.15	50.02
2009	11.58	50.02	2016	14.87	50.02
2010	12.18	50.02	2017	14.80	50.00
2011	11.81	50.02	平均	9.13	47.85

只是如果按照陈蓉与许培源（2014）的研究结论，将 Hummels 和 Klenow（2005）出口产品结构加权分解方法带来的 IM 指数理解为"老"产品出口扩张，那么表1—4 的统计结果依然能够得出样本期内我国出口增长主要以传统产品为主。

五 传统产品与新产品"定基"动态比较

使用公式（1.5）和公式（1.6）再次测算中国出口贸易结构的传统产品和新产品动态变化后，表1—5 的统计结果显示：传统产品占比一直处于"高位"，1995—2017 年传统产品出口占比平均达到 98.92%，而新产品仅占 1.08%。

表1—5　　1995—2017 年中国出口传统产品和新产品占比　　　　单位:%

年份	传统产品	新产品	年份	传统产品	新产品
1995	100.00	0.00	2005	98.75	1.25
1996	100.00	0.00	2006	98.76	1.24
1997	99.98	0.02	2007	98.67	1.33
1998	99.90	0.10	2008	98.76	1.24
1999	99.97	0.03	2009	98.86	1.14
2000	98.13	1.87	2010	98.83	1.17
2001	98.19	1.81	2011	98.60	1.40
2002	98.28	1.72	2012	98.68	1.32
2003	98.56	1.44	2013	98.66	1.34
2004	98.67	1.33	2014	98.61	1.39

续表

年份	传统产品	新产品	年份	传统产品	新产品
2015	98.49	1.51	2017	99.13	0.87
2016	98.65	1.35	平均	98.92	1.08

从趋势上看，虽然总体上我国传统产品出口比重有所下降，新产品出口比重有所上升，但变化幅度并不明显，且2017年的传统产品出口占比还有所增加，新产品出口反而下降，再次说明中国出口增长主要以传统产品为主。

六 国际比较

中国出口产品结构存在的上述问题是否具有"唯一性"？其他经济体的出口产品多样化结构到底如何？和中国相比又有何异同？等等问题，仍值得进一步分析。本章选择相同时间段的部分发达国家和发展中经济体进行国际比较，其中发达国家主要包括美国、德国、日本、意大利、法国、荷兰、波兰[①]等国；发展中国家或转型经济体主要包括泰国、印度尼西亚、越南、俄罗斯、智利、墨西哥、巴西、菲律宾、罗马尼亚、印度、阿尔巴尼亚、马来西亚、南非、保加利亚等[②]。

从出口标准化逆赫芬达尔（HHI）指数来看，日本、德国、法国、波兰等发达国家的出口集中度总体处于下降，意大利甚至基本在0的水平上保持不变，而五个"金砖国家"和墨西哥、菲律宾、印度尼西亚等发展中国家，其出口集中度大体上处于"上升"态势，尤其是巴西、智利、马来西亚等国的出口标准化逆赫芬达尔指数增长幅度"更大"（见图1—1），似乎表明这些国家同中国类似，也存在出口产品集中度相对较高的矛盾。

从 $H-K$ 指数来看，美国、日本、德国、法国、荷兰等发达国家的 IM 指数不断下降，似乎表明这些国家的出口增长不以"传统产品"为主，而中国、俄罗斯、巴西、印度、南非、越南、泰国、罗马尼亚、阿尔巴尼亚、保加利亚等发展中转型国家的 IM 指数虽有所"波动"但总体不断增加，暗示着这些发展中经济体的出口增长也主要以传统产品为主（见图1—2）。

[①] 波兰按人均GDP属于中等发达的资本主义国家，但按历史沿革和国际政治影响力也可划分为发展中国家。这里按人均收入划分到发达国家行列。

[②] 如有兴趣，可向笔者索取世界全部经济体的相关统计测算数据。

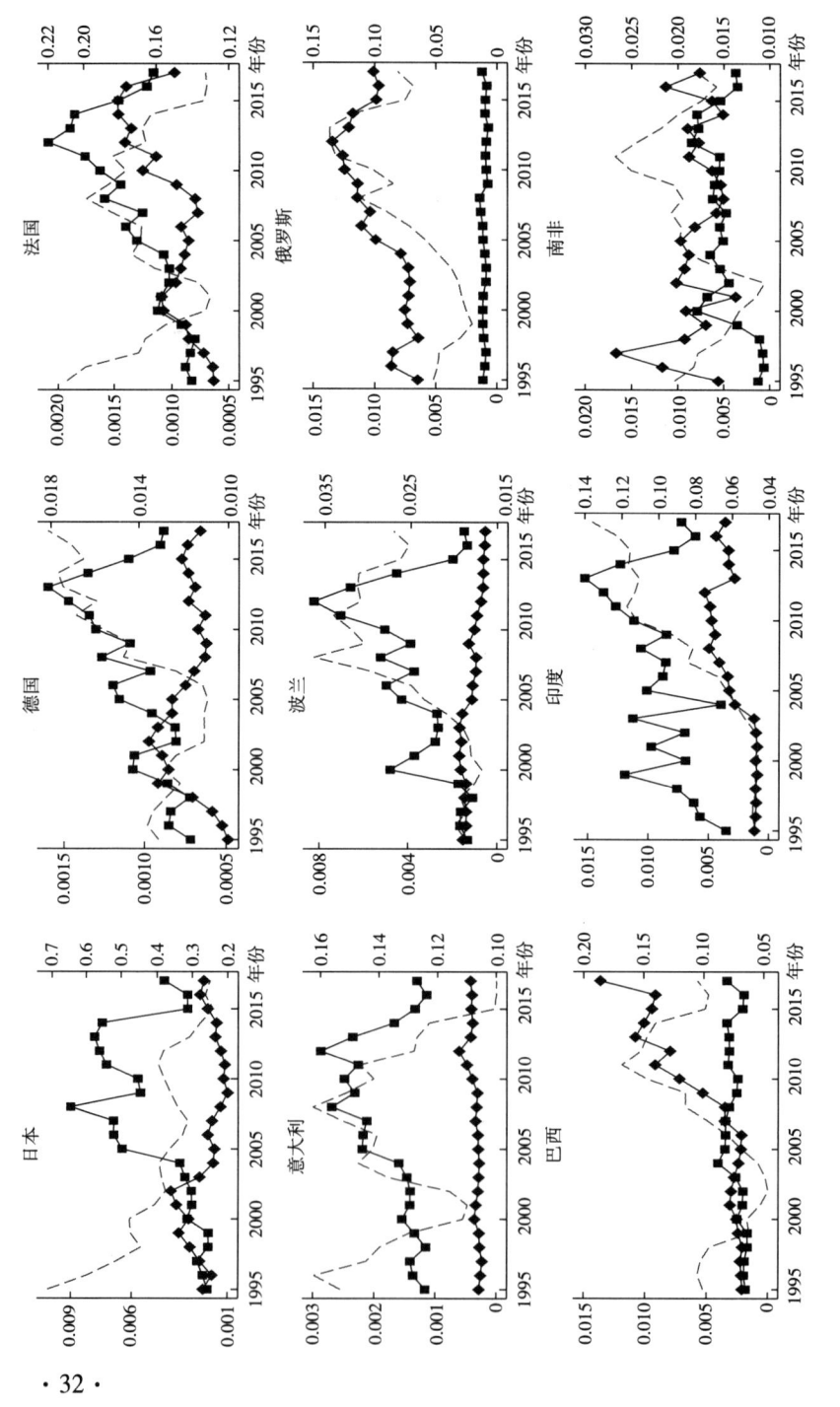

图 1—1 中国与部分国家进出口产品结构集中度比较

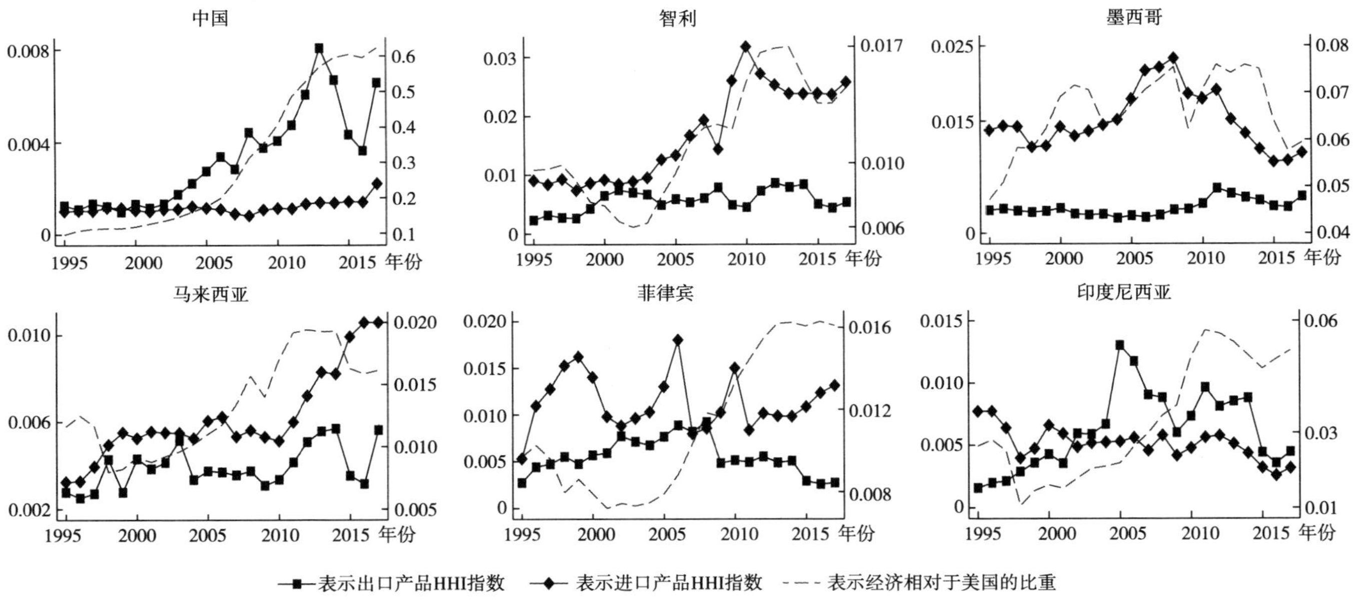

第一章 中国外贸增长的结构与特征

图1—1 中国与部分国家进出口产品结构集中度比较（续图）

注：笔者根据CEPII BACI数据库整理。

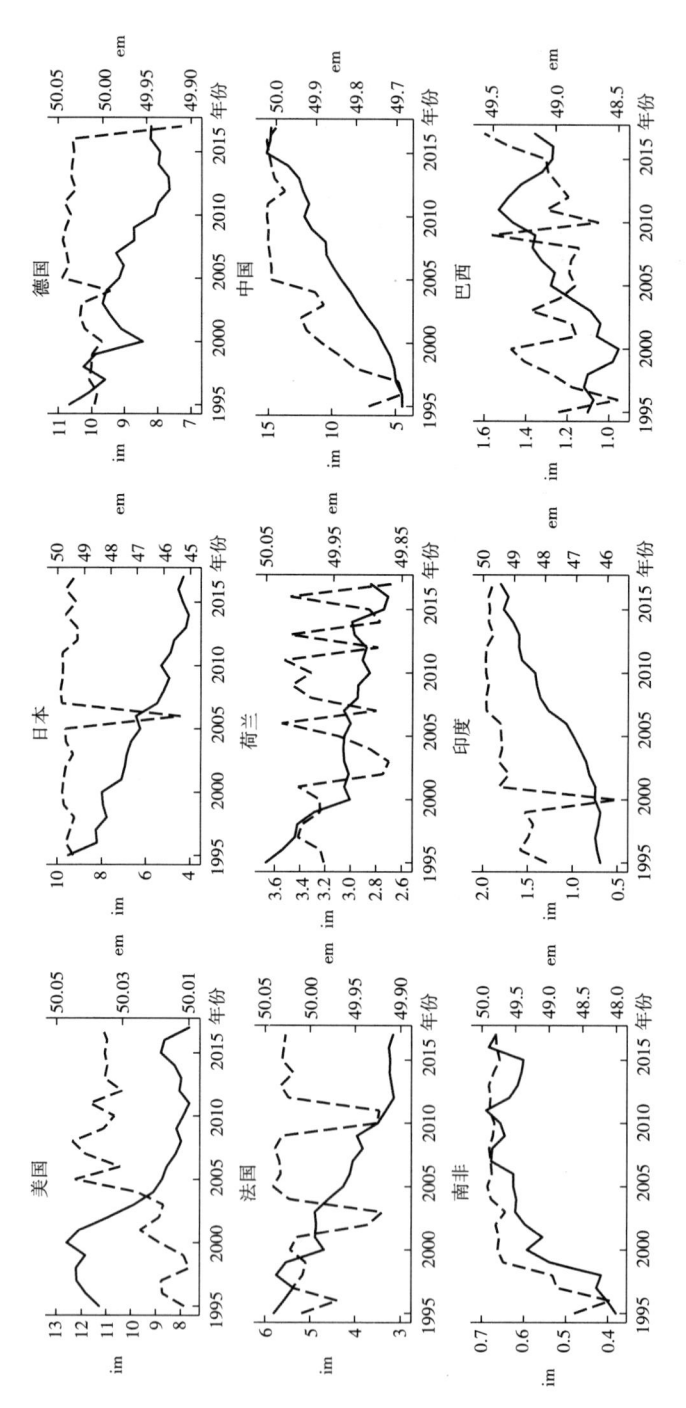

图1—2 中国与部分国家进出口产品结构 $H-K$ 指数比较

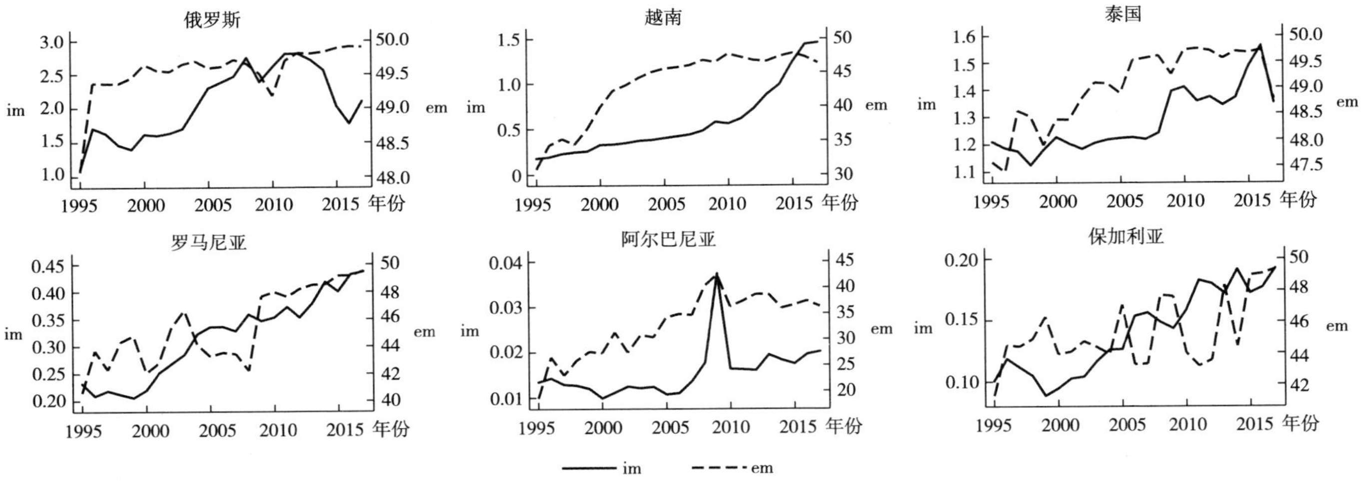

图 1—2 中国与部分国家进出口产品结构 $H-K$ 指数比较（续图）

注：笔者根据 CEPII BACI 数据库整理。

第二节 国别（或地区）结构

一 中国出口贸易国别（或地区）结构发展趋势

以 CEPII BACI 数据库提供的中国对外贸易 HS-6 位码产品数据为基础，按国别（或地区）结构进行统计后，表1—6 的统计结果显示：

中国总出口前20的国家（或地区），所占比重从1995年接近90%下降到2017年的70.44%，降低了约20个百分点。

只是从占比相对大小来看，中国出口贸易增长的国别（或地区）集中度依然较高，前20的贸易伙伴国家（或地区）占中国总出口的比重在2017年依然高达70.44%。

具体来看，1995—2017年中国出口增长的前五位贸易伙伴一直都是中国香港地区、美国、日本、德国和韩国（见图1—3）。尽管这五个贸易伙伴的前后排名略有变化，但它们占中国总出口的比重始终较高，2017年更是达到了45.78%。

平均出口更容易得出中国出口增长的国别（或地区）集中度相对较高。图1—3 显示：1995—2017年，中国对美国出口的平均占比最高，达到21.52%，其次是中国香港地区、日本、德国、韩国、英国、法国、加拿大、荷兰、新加坡，合计占中国总出口的平均比重达到67.41%；如果再加上意大利、墨西哥、澳大利亚、其他亚洲地区、印度、俄罗斯、西班牙、泰国、马来西亚和越南，占比达到81.34%。也就是说，除去这二十个国家或地区外，中国与其余189个贸易伙伴的总出口只占18.66%，平均每个经济体不到个位数。

二 中国出口增长国别（或地区）结构的 H-K 指数分解与国际比较

新—新贸易理论兴起后，Hummels 和 Klenow（2005）同样提出了一种

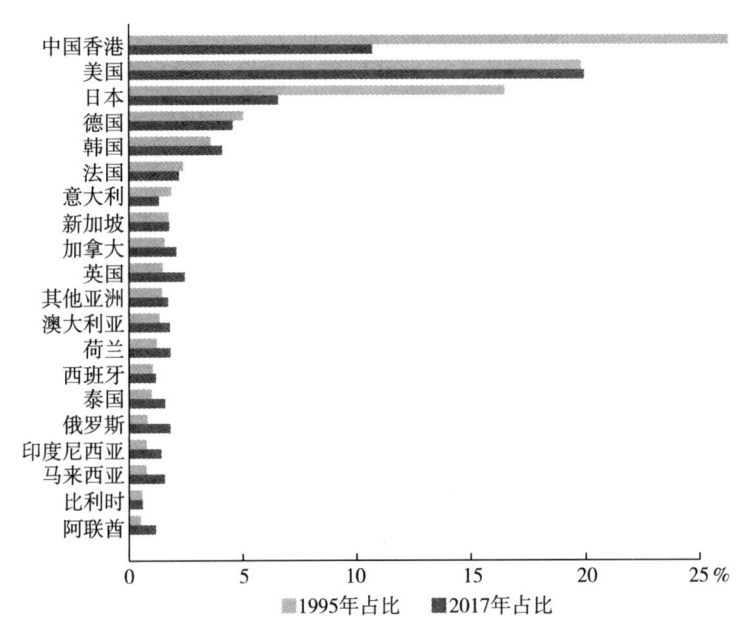

图 1—3 中国出口增长国别（或地区）结构变化趋势

新的变型方法来测算出口国别（或地区）结构多样化，即通过一国（或地区）出口目标市场占世界贸易的份额进行加权。用 D_t^j 表示 t 时期 j 国（或地区）的所有目标集合，D_t^w 表示 t 时期全世界所有经济体出口目标集合，x_{ijt} 表示 t 时期 j 国（或地区）向 i 国（或地区）出口的贸易额，x_{iwt} 表示 t 时期世界所有经济体向 i 国（或地区）出口的贸易额，则该国（或地区）总出口占全球出口份额的 $H-K$ 指数可以表示为：

$$\frac{\sum_{i \in D_t^j} x_{ijt}}{\sum_{i \in D_t^w} x_{iwt}} = \frac{\sum_{i \in D_t^j} x_{ijt}}{\sum_{i \in D_t^j} x_{iwt}} \times \frac{\sum_{i \in D_t^j} x_{iwt}}{\sum_{i \in D_t^w} x_{iwt}} = IM_t^j \times EM_t^j \tag{1.7}$$

公式（1.7）中，IM_t^j 是 j 国（或地区）占其出口目标国的市场份额；EM_t^j 是 j 国（或地区）所有目标市场占全球贸易的份额。

使用公式（1.7）进行测算后，表 1—6 的统计结果显示：中国 IM 指数从 1995 年的 4.45% 增加到 2017 年的 14.77%，23 年内增长了 10.32 个百分点，年均增长 0.45%；同时，EM 指数从 1995 年的 97.36% 减小到 2017 年的 90.50%，23 年内减少了 6.86 个百分点，年均降低 0.30%。中国实际向目标市场出口的 IM 指数不断增长而 EM 指数年年下降，意味着在单纯国别或地区结构上，中国出口增长的目标市场集中度也依然较高。

表1—6　1995—2017年中国出口国别（或地区）结构 $H-K$ 指数分解

年份	IM	EM	年份	IM	EM
1995	4.45	97.36	2007	10.40	94.56
1996	4.46	97.46	2008	10.47	94.41
1997	4.94	97.45	2009	11.56	93.33
1998	5.07	97.55	2010	12.17	92.29
1999	5.38	97.40	2011	11.78	91.93
2000	5.93	96.91	2012	12.25	91.68
2001	6.42	96.56	2013	12.56	91.13
2002	7.19	96.01	2014	13.41	91.25
2003	7.87	95.16	2015	15.11	91.82
2004	8.47	94.79	2016	14.83	91.86
2005	9.23	94.67	2017	14.77	90.50
2006	4.45	97.36	平均	9.50	94.37

中国出口增长的国别（或地区）集中度相对较高给外贸持续增长带来了一些压力。这里以全部209个贸易伙伴平均进口为横坐标，中国对其出口为纵坐标，简单的散点图和拟合曲线表明：1995—2017年，中国外贸国别（或地区）集中度高对出口增长总体呈现出负相关关系（图1—4上左图）。按五年一个时期划分（因为样本终止年份为2017年，这里将2016年和2017年也划入2010—2015年内），出口国别（或地区）集中度高在1995—2000年和2010—2017年对我国出口增长的影响也大体为负。如果我们把这一时期按2008年国际金融危机爆发和2013年之后的后危机时期进行划分，图1—4还表明：国际金融危机的2008—2012年，中国出口贸易国别（或地区）集中度高对出口增长的负面影响高于之前和之后的时期，且后危机时期出口贸易国别（或地区）集中度高与外贸增长也是负相关。这一趋势结论似乎暗示着：集中于少数发达国家（或地区）为主要贸易对象的中国出口增长极易受到外部需求冲击的影响，一旦这些国家（或地区）发生经济危机，出口贸易国别（或地区）集中度过高极易因外部需求减弱出现大幅波动；相反，如果中国出口增长能实现更大范围的市场多元化，将有助于减少贸易增长对少数发达国家（或地区）的过分依赖。

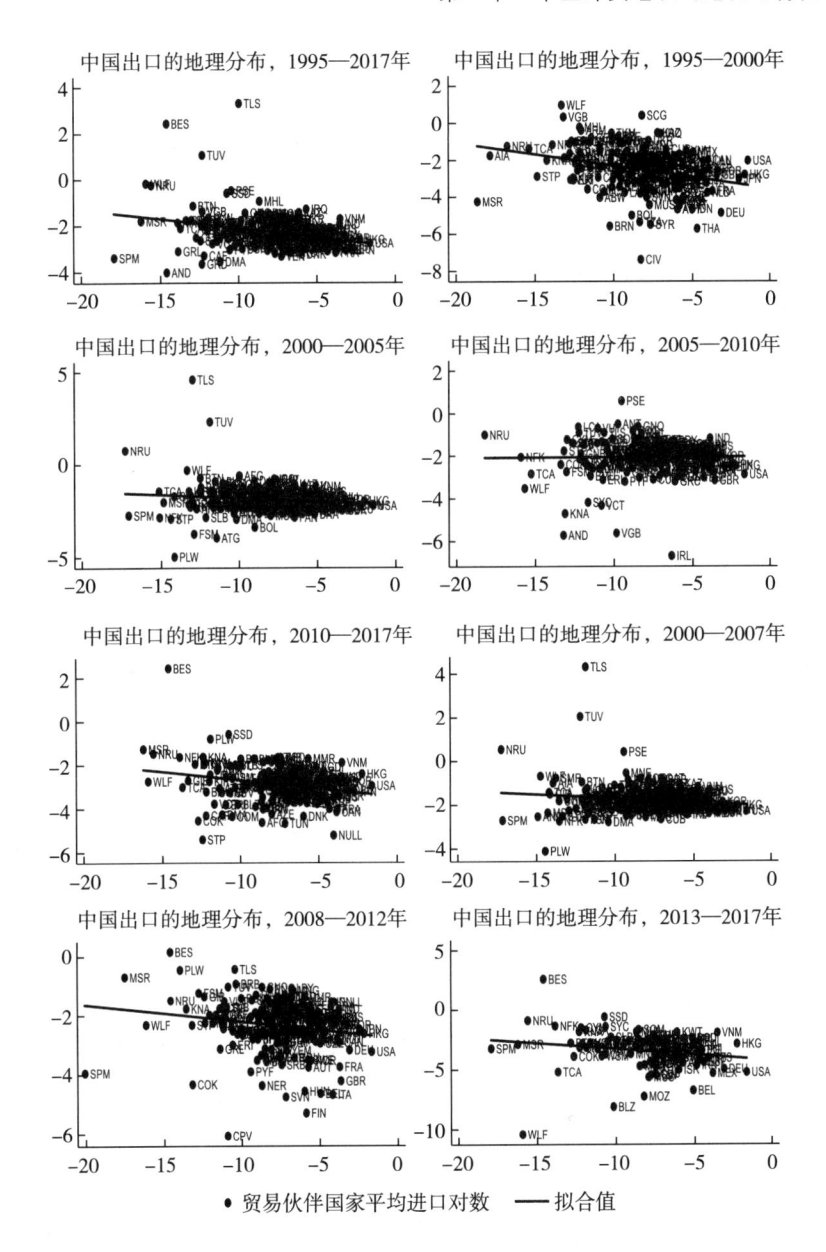

第一章 中国外贸增长的结构与特征

图1—4 分时期中国出口地理区域对照

注：(1) 横坐标为分时期进口国家或地区的平均进口对数；(2) 纵坐标为中国对目标市场国家或地区的出口对数；(3) 散点图中的大写英文字母为各目标国或地区的简称，具体名称详见 CEPII BACI 数据库给出的对应表，下同。

国际比较也能够得到不少发展中国家或结构转型经济体，其出口增长的国别（或地区）结构同中国有类似现象。比如，使用公式（1.7），选择美国、德国、日本、意大利、法国等发达国家和包括中国在内的"金砖五国"，以及希腊、爱尔兰、比利时、匈牙利、罗马尼亚、马来西亚、菲律宾、印度尼西亚、越南、泰国等国家进行比较后，图1—5的结果显示：美国、日本等发达国家出口增长的国别（或地区）结构中，多样化呈现上升趋势；中国、巴西、印度三个大的发展中国家，其出口增长国别（或地区）结构集中度不断增加；相对发展中经济体而言，希腊、爱尔兰、比利时、匈牙利等欧洲国家经济结构转型应该大体完成，其出口增长的国别（或地区）结构"正从"集中度较高走向多元化；马来西亚、越南、泰国、印度尼西亚、菲律宾这些发展中国家尽管出口增长的国别（或地区）结构有所变动，但总体上集中度相对较高。如果将中国等发展中经济体同美国、日本等发达经济体或希腊、爱尔兰、比利时等欧洲国家相比，一个共同的基本特征就是：发展中经济体出口增长的国别（或地区）结构相对较为集中，出口市场多元化似乎都还未"根本"实现。

不仅如此，在出口贸易地理集中度上，选择中国等五个"金砖国家"和智利、墨西哥、泰国、马来西亚、印度尼西亚、越南、菲律宾等发展中经济体后，使用同样方法进行比较，图1—6显示：这些国家也大体类似于中国，它们出口增长同主要贸易伙伴的平均进口之间也呈现出反向变动关系，即出口贸易的国别（或地区）集中度过高对稳定贸易增长似乎不利。

借鉴项松林等（2014）的方法，使用老产品新市场、新产品老市场和新产品新市场作为衡量扩展边际的基础，而将老产品老市场界定为集约边际后，一国出口增长的产品、国别（或地区）结构可以表示为包含集约边际和扩展边际的二元分解。

具体来看，假定时期 t 国家（或地区）i 产品 k 出口到国家（或地区）j 的价值 v_{tkj} 为产品 k 的出口价格 p_{tkj} 乘以出口量 q_{tkj}，即：$v_{tkj} = p_{tkj} \times q_{tkj}$。分别使用 $IE_{t0}=1$ 表示时期 t 继续出口时期 0 的老产品；$ID_{t0}=1$ 表示时期 t 不出口时期 0 的消失产品；$IN_{t0}=1$ 表示时期 t 出口而时期 0 不出口的新产品，则时期 t 相对于时期 0 的总出口变化率可以分解为：

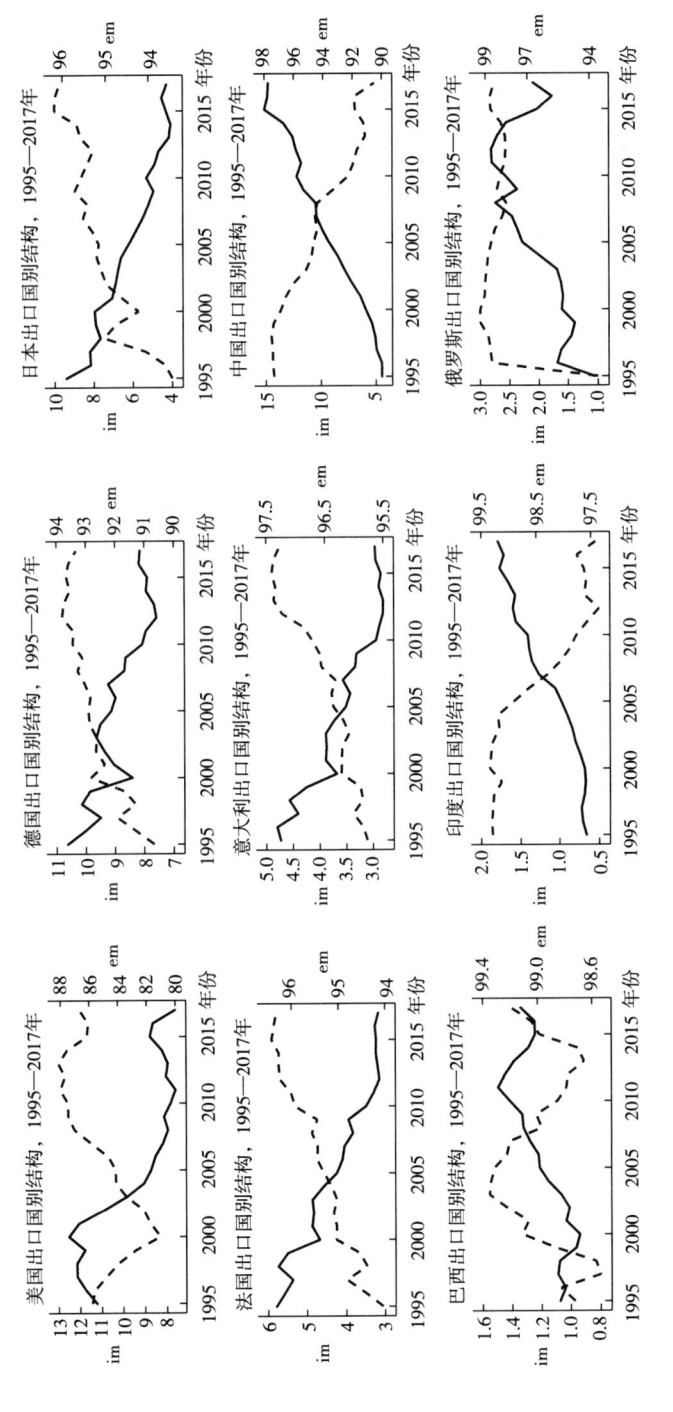

图1—5 中国与部分国家出口国别（或地区）结构 $H-K$ 指数比较

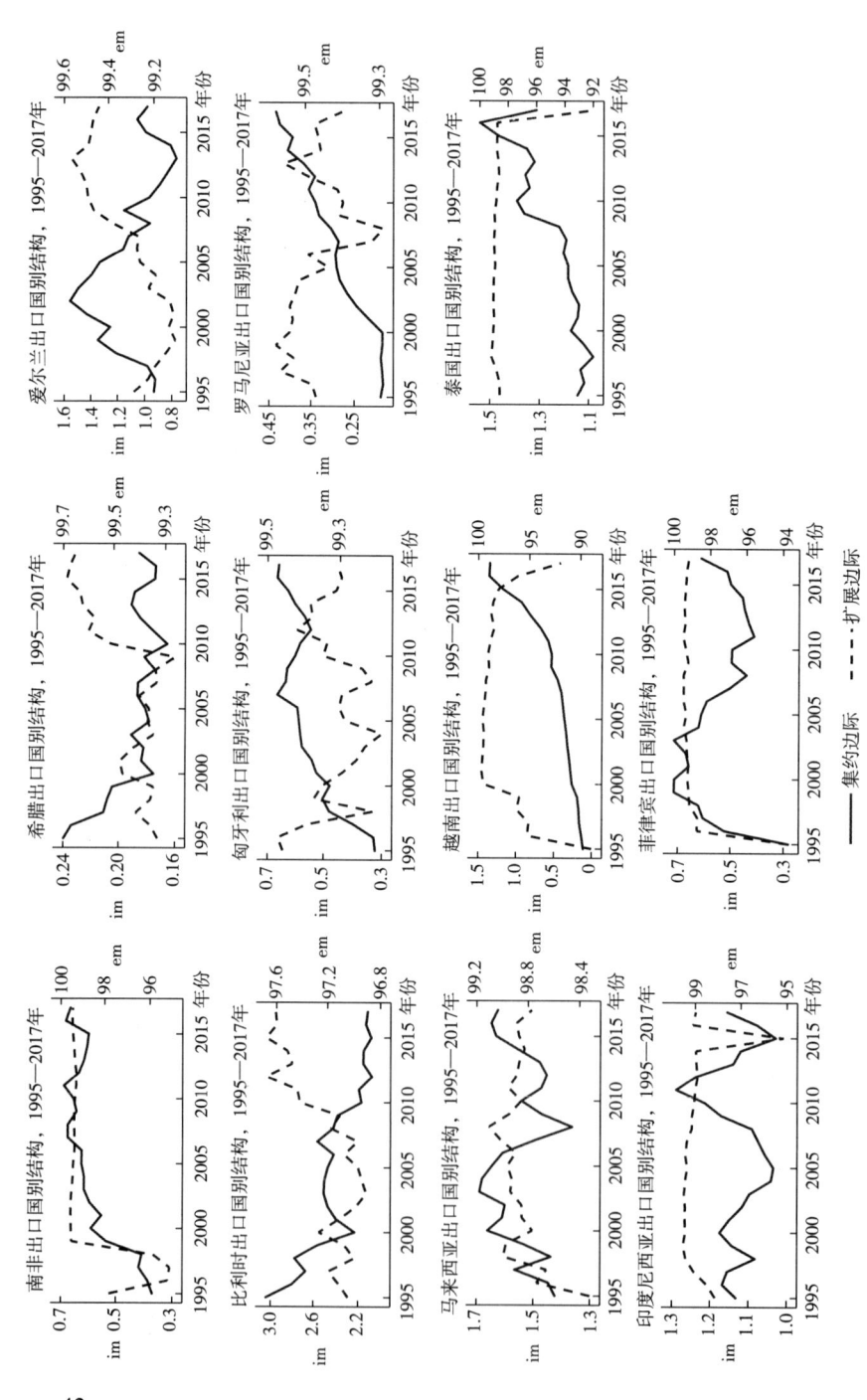

图1—5 中国与部分国家出口国别（或地区）结构 H-K 指数比较（续图）

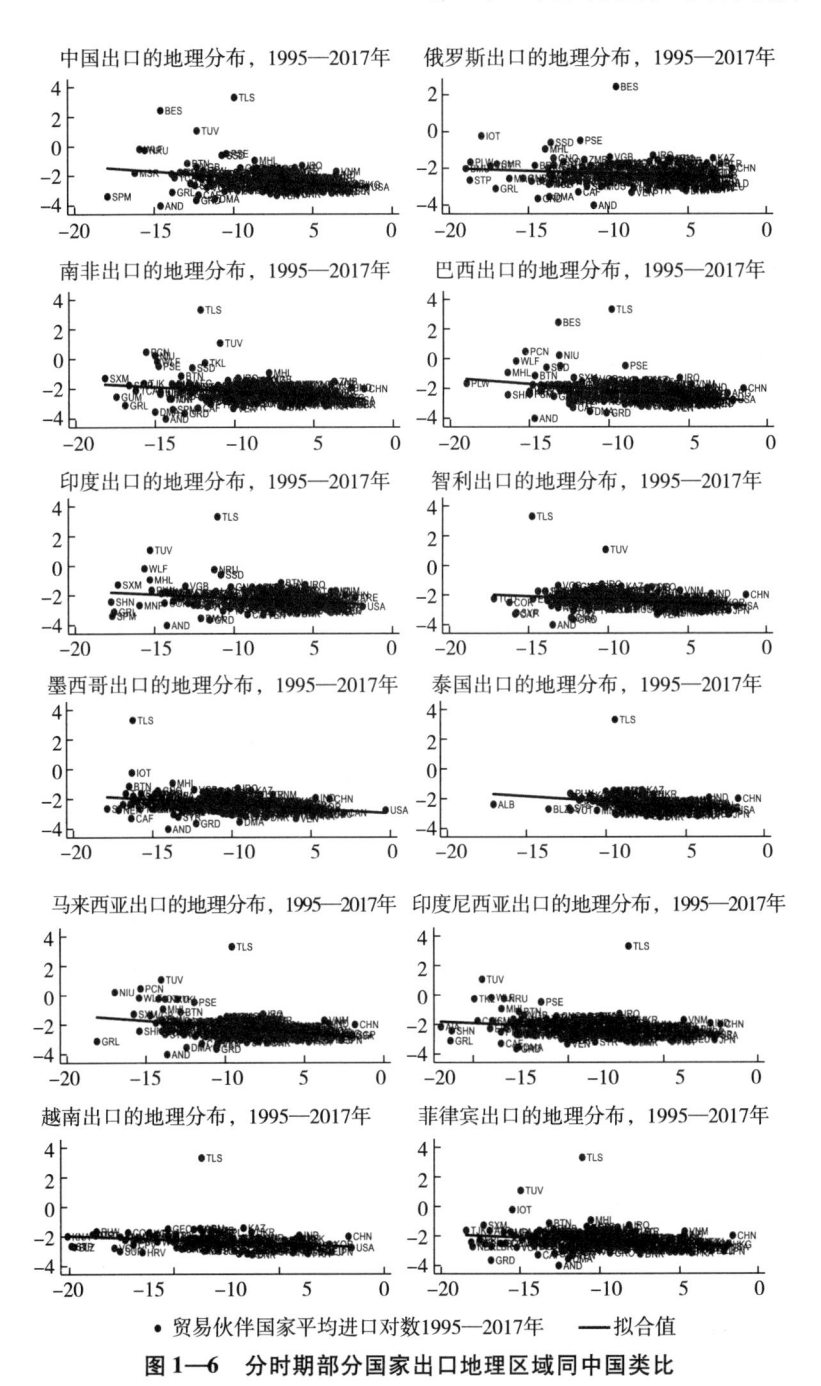

第一章 中国外贸增长的结构与特征

图 1—6 分时期部分国家出口地理区域同中国类比

注：测算方法同上。

$$\frac{\sum_k v_{tkj} - \sum_k v_{0kj}}{\sum_k v_{0ij}} = \frac{\sum_k v_{tkj}(IE_{to}) - \sum_k v_{0kj}(IO_{to})}{\sum_k v_{0kj}} - \frac{\sum_k v_{0kj}(ID_{to})}{\sum_k v_{0kj}} +$$

$$\frac{\sum_k v_{tkj}(IN_{to})}{\sum_k v_{0kj}} \quad (1.8)$$

根据 Amiti 和 Freund（2007）的方法，上式右边的第一项为集约边际；第二项为消失产品价值变化率；第三项为扩展边际。

将基期 0 定在 1995 年，按照公式（1.8）对 CEPII BACI 数据库提供的中国出口到 209 个国家或地区 HS-6 位码贸易数据进行结构分解后，表1—7 的统计结果显示：我国出口增长的集约边际占比从 1995 年的 100%下降到 2017 年的 83.33%，下降了 16.67 个百分点；扩展边际占比从 1996年的 1.59%增加到 2017 年的 18.75%，增长了 17.16%，即集约边际总体呈现下降趋势，而扩展边际总体呈现上升趋势，在一定程度上体现出中国出口产品的国别（或地区）结构正在优化。

表1—7　　　1995—2017 年按产品多样化和国别多元化统计的中国出口增长二元边际

年份	出口额	集约边际	扩展边际	年份	出口额	集约边际	扩展边际
1995	2.0	100.00	0.00	2007	14.0	85.71	13.57
1996	2.2	95.45	1.59	2008	16.0	87.50	16.25
1997	2.5	96.00	2.76	2009	14.0	85.71	15.00
1998	2.5	96.00	3.88	2010	18.0	83.33	16.11
1999	2.8	96.43	3.57	2011	21.0	80.95	17.62
2000	3.7	91.89	7.30	2012	21.0	80.95	17.14
2001	3.8	92.11	7.89	2013	22.0	81.82	19.55
2002	4.5	91.11	8.22	2014	24.0	79.17	18.75
2003	5.7	91.23	8.77	2015	24.0	79.17	20.00
2004	7.5	90.67	9.87	2016	23.0	78.26	19.57
2005	9.3	89.25	10.75	2017	24.0	83.33	18.75
2006	11.0	90.91	12.73	平均	12.1	88.13	11.72

资料来源：（1）CEPII BACI 数据库；（2）出口额单位为千亿美元；（3）集约和扩展边际单位为百分数；（4）因为有消失产品，集约边际＋扩展边际≠100，笔者整理。

只是这种优化的速度还较为"缓慢",体现在:传统产品的老市场出口依然是我国出口增长的主要动力,2017年更是达到83.33%;新产品新市场、新产品老市场、传统产品新市场出口仍需要继续优化,因为扩展边际占我国出口增长的份额虽总体上升,但比重很小。

以中国全部209个贸易伙伴平均进口为横坐标,中国对其出口为纵坐标,图1—7的简单拟合直线基本呈现向下倾斜的负向关系,或许再次说明以少数传统产品向部分发达国家(或地区)大量出口的外贸增长方式,很容易受到外部需求减弱的冲击。

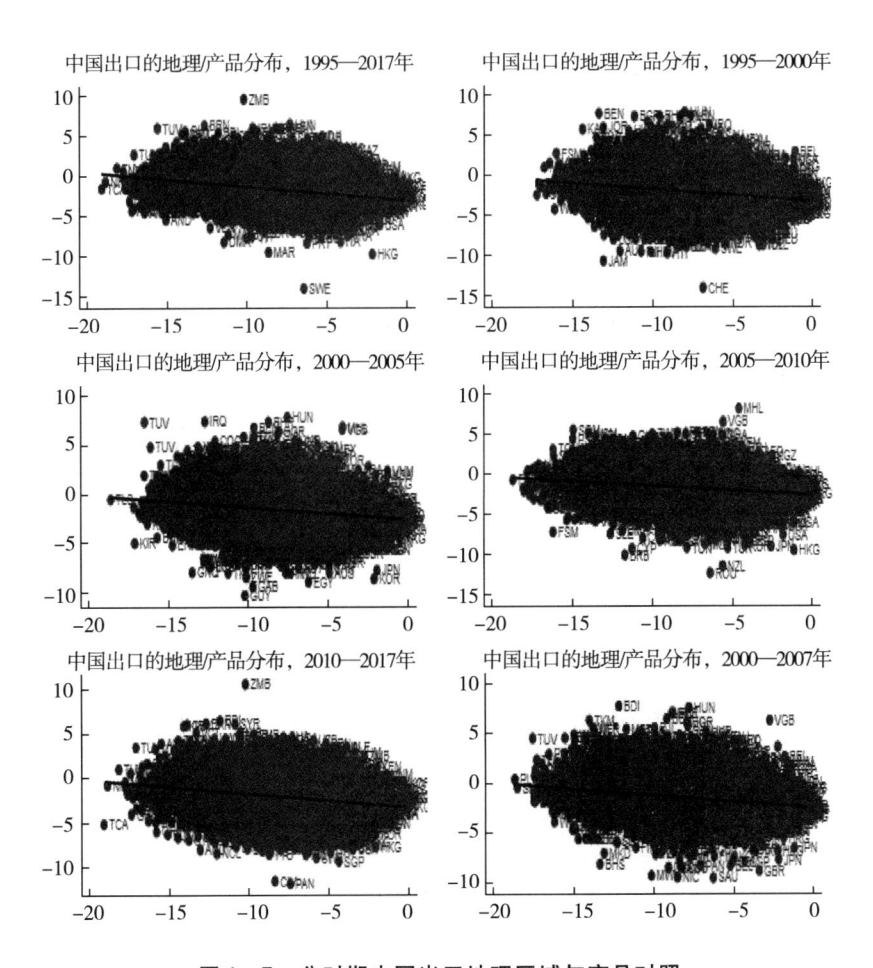

图1—7 分时期中国出口地理区域与产品对照

新—新贸易理论视角下的中国外贸结构转型升级研究

图1—7 分时期中国出口地理区域与产品对照（续图）

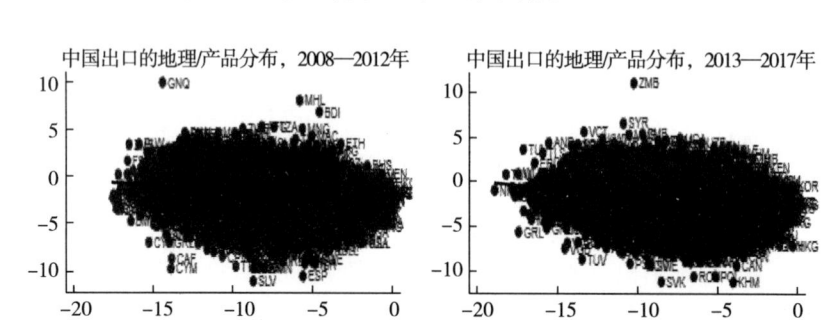

注：（1）横坐标为分时期进口国或地区的平均进口对数；（2）纵坐标为中国对目标市场国家或地区三分位码产品的出口对数；（3）散点图中的大写英文字母为各目标国或地区的简称，具体国别名称详见 CEPII BACI 数据库给出的对应表，下同。

三 国别（地区）结构二元边际的国际再比较

全球范围内贸易增长的二元边际效应到底如何？这里按照公式（1.8），以 CEPII BACI 数据库给出了联合国贸易统计署提供的全部HS-6位码数据为基础，实际测算了全球所有国家（或地区）贸易增长的二元边际。图1—8 给出了部分经济体的情况①，从中可以看出：包括中国在内的"金砖"五国，以及萨尔瓦多、印度尼西亚、土耳其等国的贸易增长中，集约边际的贡献更大。

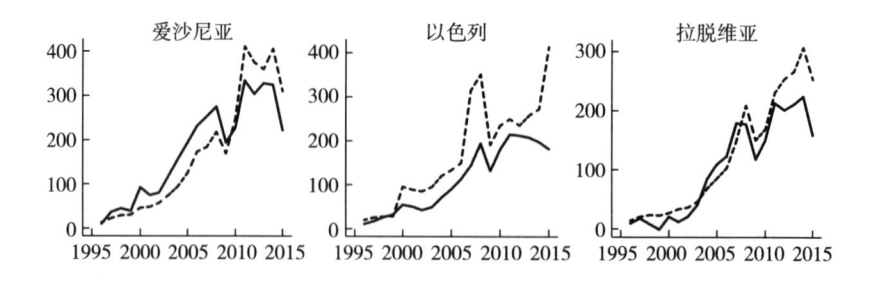

图1—8 若干经济体贸易增长的二元边际变动

---

① 限于篇幅，这里仅列出了部分代表性发达和发展中经济体，全部统计结果可以向笔者索取。

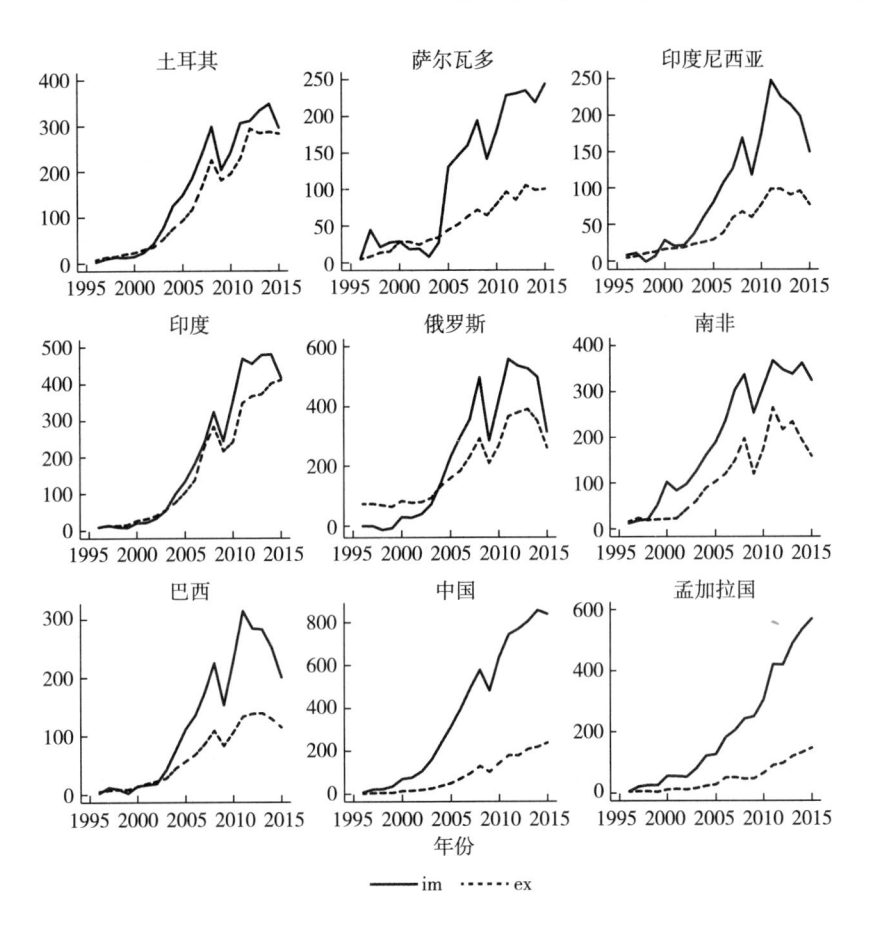

图1—8 若干经济体贸易增长的二元边际变动（续图）

注：im表示集约边际；ex表示扩展边际；此处是绝对数值而非比重（单位十亿美元），与表1—7略有不同。

这种出口增长以集约边际为主的发展模式，是否也存在出口产品和国别（或地区）集中度高而易受外部需求冲击影响，从而不利于出口贸易的稳定发展呢？答案是肯定的，因为图1—9中，除俄罗斯、智利外，巴西、印度等国家也和中国类似，其出口产品结构和国别（或地区）集中度也负向影响其出口贸易的稳定增速，即以少数传统产品向部分发达国家（或地区）大量出口的外贸增长方式，易受外部需求减弱的冲击而出现大幅波动。

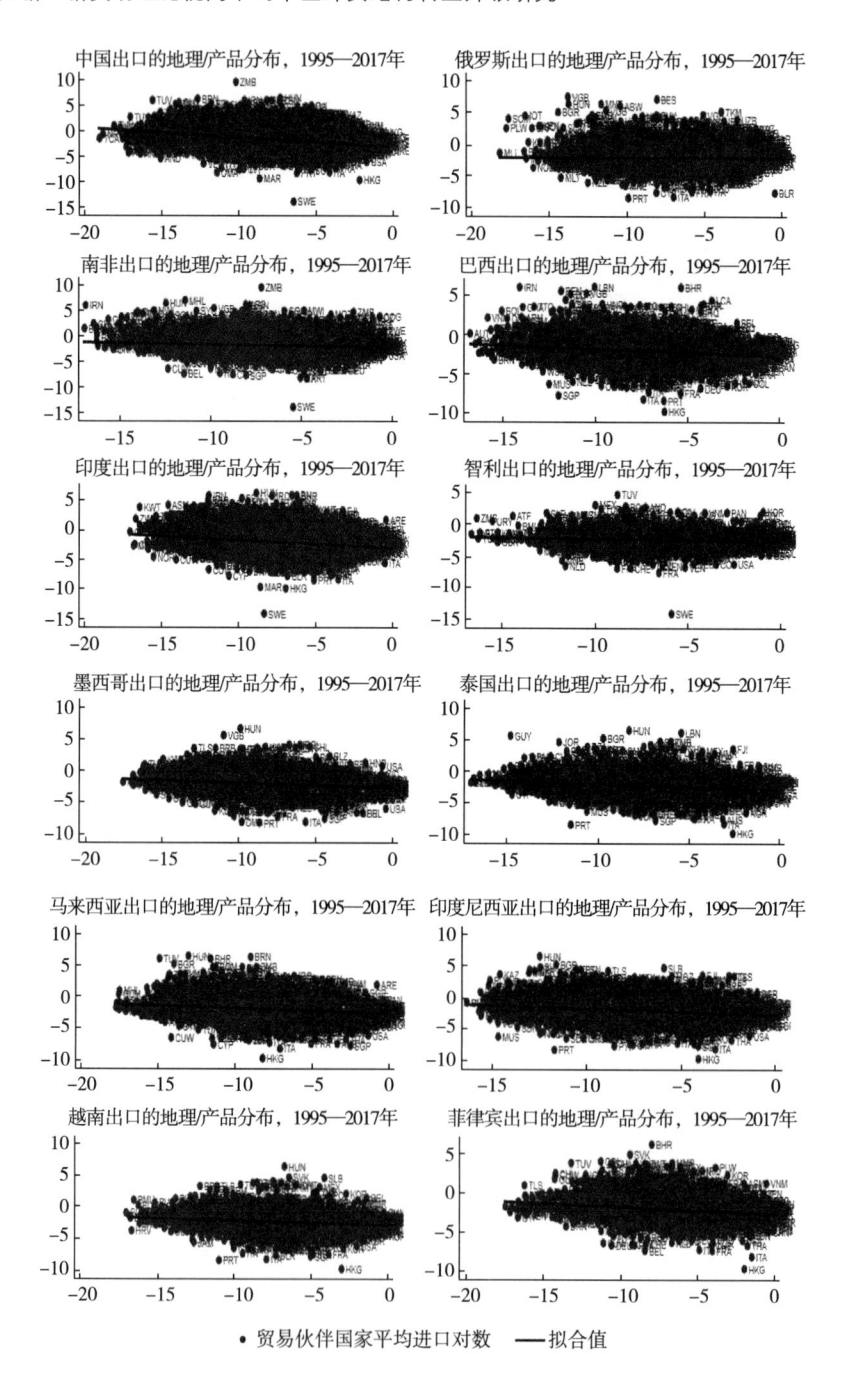

• 贸易伙伴国家平均进口对数 ——拟合值

图1—9 分时期部分发展中国家出口地理区域与产品同中国类比

第三节 比较优势结构

一 比较优势的测算方法

对一国（或地区）贸易比较优势的测度，通常使用显示性比较优势指数（RCA），即：

$$RCA_{ik} = (x_{ik}/x_{it})(x_{wk}/x_{wt}) \tag{1.9}$$

其中，x_{ik}、x_{wk}分别表示i国（或地区）和世界出口的产品k；x_{it}、x_{wt}表示i国（或地区）和世界的总出口；t表示时间。如果公式（1.9）计算的某国（或地区）某种产品$RCA>1$，说明该国（或地区）在该类产品的出口相对较为集中，由此可以推断该国（或地区）在这类产品具有比较优势（喻志军，2009；于津平，2003）。

RCA指数的优点是计算容易，任何层面的产品分类均可计算，但缺点是存在不对称性，即具有比较优势部门的RCA指数可以无穷大，而比较劣势部门可能会小于零。为解决这一问题，Laursen（2000）使用一种标准化的方法来计算：

$$NRCA_{ik} = (RCA_{ik} - 1)/(RCA_{ik} + 1) \tag{1.10}$$

上式中，RCA与公式（1.9）完全相同，但NRCA的计算结果取值范围为[-1, 1]，从而可以把比较优势部门和比较劣势部门的显示性指数对称起来。

为将比较优势同出口产品的技术复杂度结合起来，Hausmann等（2007）提出了一种出口复杂度的测算指标，也被称为PRODY指数：

$$PRODY_{ik} = \sum_{j} RCA_{ik} Y_j \tag{1.11}$$

其中：Y表示人均GDP；j表示国家（或地区）。

但是樊纲等（2006）认为一国（或地区）人均GDP一般呈指数分布，只有将其对数处理后才能线性加权（洪世勤、刘厚俊，2013），进而可以得到显示性技术复杂度（RTV）指数：

$$RTV_{ik} = \sum_j w_{ik} \ln(Y_j) \qquad (1.12)$$

其中：RTV_{ik}表示国家（或地区）i产品k的显示性技术复杂度；j为全部贸易对象集合中的任意一个经济体；$\ln(Y_j)$为j国（或地区）人均GDP对数；w_{ik}为国家（或地区）i产品k的权重，且$w_{ik}=RCA_{ik}/\sum RCA_{ik}$。

此后，联合国贸发会议的Shirotori等陆续提出了类似于$PRODY$指数或RTV指数的方法，来估算贸易产品人力资本和物质资本的显示性要素密集度（Shirotori et al.，2010）：

$$\sum_j w_{ik} h_j = \sum_j (RCA_{ik}/\sum RCA_{ik}) h_j$$

$$\sum_j w_{ik} K_j = \sum_j (RCA_{ik}/\sum RCA_{ik}) K_j$$

其中：h_j表示j国（或地区）人力资本；K_j为国家（或地区）j的人均资本存量，一般用总资本除以总劳动力数量表示。

我国出口贸易产品是否实现了比较优势的动态升级？基于比较优势的显示性技术复杂度发生了什么改变？细分行业下又有何不同？这里选取上述指标对中国贸易数据进行结构分解。

二 中国出口贸易分要素密集度总体发展态势

借鉴樊纲等（2006）、魏浩等（2005）、杨汝岱等（2008）以及Lall（2000）的方法，本章首先将SITC-3位码产品划分为资源、劳动、资本和技术密集型四类，然后借鉴李淑贞（2010）SITC-3位码与工业行业对照表，再将中国出口的全部HS-6位码贸易数据转变为30个二分位行业和259个三分位行业，其中资源密集型部门包括5个二分位行业、74个三分位行业[①]；劳动密集型部门包括10个二分位行业、51个三分位行业[②]；

[①] 资源密集型部门包括：煤炭开采和洗选业（06）、石油和天然气开采业（07）、黑色金属矿采选业（08）、有色金属矿采选业（09）、非金属矿采选业（10）。

[②] 劳动密集型部门包括：食品加工与制造业（13）、饮料制造业（15）、纺织业（17）、服装业（18）、皮革制造业（19）、木材加工业（20）、家具加工业（21）、造纸与纸制品业（22）、印刷业与记录媒介的复制（23）、文教体育用品制造业（24）。

资本密集型部门包括 8 个二分位行业、45 个三分位行业①；技术密集型部门包括 7 个二分位行业、89 个三分位行业②。表 1—8 的统计结果表明：

表 1—8　　　　　　中国出口产品的要素密集度　　　　　　单位：%

年份	资源密集	劳动密集	资本密集	技术密集
1995	8.67	49.21	11.82	30.05
1996	8.38	49.54	10.93	31.06
1997	8.11	46.99	11.24	33.57
1998	7.09	45.67	10.71	36.38
1999	6.56	44.44	10.18	39.07
2000	6.74	40.00	10.30	43.01
2001	6.39	39.53	10.00	44.24
2002	5.92	37.19	9.71	47.22
2003	5.63	34.97	9.77	49.65
2004	4.72	31.13	11.19	52.98
2005	4.65	29.90	11.47	53.91
2006	4.09	28.17	12.52	55.04
2007	3.89	27.54	14.06	54.78
2008	3.83	26.60	14.63	55.12
2009	3.81	28.32	11.17	56.72
2010	3.70	25.65	11.36	59.32
2011	3.93	24.66	12.04	59.22
2012	4.39	24.31	12.09	59.24
2013	4.31	23.47	12.09	60.00
2014	4.07	23.54	13.08	59.49
2015	3.62	22.95	12.83	60.76

① 资本密集型部门包括：石油加工、炼焦及核燃料加工业（25），化学纤维制品业（28），橡胶制品业（29），塑料制品业（30），非金属矿物制品业（31），黑色金属冶炼及压延加工业（33），有色金属冶炼及压延加工业（33），金属制品业（34）。
② 技术密集型部门包括：化学原料及化学制品业（26），医药制造业（27），机械制造业（35），交通运输设备制造业（37），电子机械及器材制造业（39），电子通信、计算机及其他电子设备制造业（40），仪器仪表及文化、办公设备制造业（41）。

续表

年份	资源密集	劳动密集	资本密集	技术密集
2016	3.65	22.91	12.42	60.79
2017	3.56	23.20	12.28	61.00

资料来源：CEPII BACI 数据库，笔者整理。

（1）资源密集型产品的中国出口所占比重很小，从1995年的8.67%下降到2017年的3.56%，减少了5.11个百分点，说明我国对外贸易已经成功摆脱了依赖资源出口的老路，且随着国内经济的持续发展，经济增长所需资源越来越多，我国已悄然从"资源相对丰裕"变为"资源相对稀缺"的国家。

（2）劳动密集型产品的中国出口所占比重减小幅度很快，从1995年接近"半壁江山"（49.21%）下降到2017年的23.20%，减少了26.01个百分点，在一定程度上说明我国原来低劳动成本竞争优势可能存在逐渐减弱的发展态势。

（3）资本密集型产品的中国出口一直保持"稳中有进"，从1995年的11.82%增加到2017年的12.28%，增长了0.46个百分点，也在一定意义上表明我国出口贸易的要素密集度结构正在逐步改善。

（4）技术密集型产品的中国出口"突飞猛进"，从1995年占比为30.05%增长到2017年的61.00%，增加了30.95个百分点，反映出多年来为促进我国外贸产品技术含量增加的相关政策取得了实质效果，中国出口产品的技术含量总体不断增加，对外贸易的高技术附加值比以往大有"好转"。

应该指出的是：尽管中国劳动密集型产品出口所占比重逐年下降，但就其抗外部需求冲击的作用上，贡献不容"忽视"，尤其是在2008年国际金融危机爆发之后尤为如此。图1—10的四类产品出口占比发展趋势上，资本密集型产品尽管在"危机"前表现出持续增长态势，但受主要发达国家国内需求不振以及"再工业化战略"等不利影响，2009年首次出现下降。与此不同的是，劳动密集型产品出口占比在2009年"国际金融危机"之后不降反增，说明中国劳动密集型产品仍存在较大比较优势。

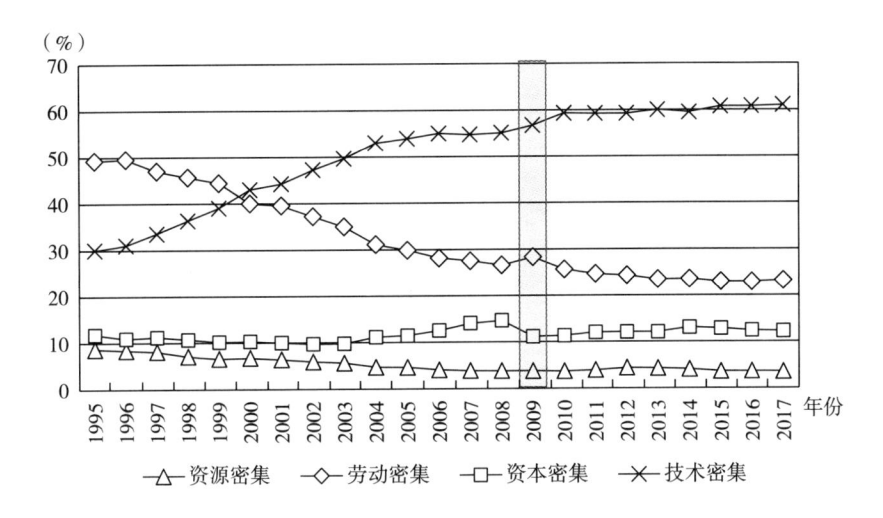

图 1—10 中国四类产品出口所占比重的波动趋势

资料来源：CEPII BACI 数据库统计。

三 出口产品要素密集度的比较优势

使用公式（1.9）对中国出口产品按资源、劳动、资本和技术密集度分别计算其显示性比较优势指数（RCA）后，表 1—9 的统计结果表明：

（1）资源密集型产品的 RCA 指数始终小于 1，表明我国在密集使用资源的相关产品出口上一直处于比较劣势状态。

（2）劳动密集型产品的 RCA 指数始终大于 1，体现出我国在劳动密集型产品的全球贸易格局中仍具备相对较大的比较优势，只是这一优势正在不断"减弱"，因为其 RCA 指数从 1996 年达到样本期峰值的 2.49 后逐年下降，到 2017 年仅为 1.56，减少了 37.3%。

（3）资本密集型产品的比较优势"正在"逐步改善，RCA 指数在 2005 年之前一直小于 1，表明该类产品的中国出口总体上处于比较劣势，2006 年之后绝大多数年份的 RCA 指数开始大于 1，说明资本密集型产品正从原来的比较劣势向比较优势转变，只是这一转变过程仍不十分稳定，因为国际金融危机之后的 2009—2010 年，该类产品出口的 RCA 指数再次降到 1 以下，表明中国资本密集型产品出口在这两个年份还是处于比较劣势状态。

表1—9　　　　　　　中国出口四类产品的 RCA 指数　　　　　单位:%

年份	资源密集 全球	资源密集 中国	RCA	劳动密集 全球	劳动密集 中国	RCA	资本密集 全球	资本密集 中国	RCA	技术密集 全球	技术密集 中国	RCA
1995	16.39	8.70	0.53	20.68	49.30	2.38	12.30	11.87	0.96	50.62	30.13	0.60
1996	17.87	8.37	0.47	19.90	49.65	2.49	11.62	10.93	0.94	50.62	31.06	0.61
1997	17.38	8.12	0.47	19.58	47.07	2.40	11.54	11.23	0.97	51.51	33.57	0.65
1998	15.01	7.10	0.47	19.76	45.71	2.31	11.60	10.74	0.93	53.63	36.45	0.68
1999	15.84	6.57	0.41	19.01	44.35	2.33	10.83	10.19	0.94	54.32	38.89	0.72
2000	17.82	6.74	0.38	16.95	39.88	2.35	10.80	10.30	0.95	54.43	43.07	0.79
2001	17.50	6.38	0.36	17.55	39.46	2.25	10.62	10.00	0.94	54.33	44.16	0.81
2002	17.30	5.91	0.34	17.51	37.26	2.13	10.87	9.70	0.89	54.33	47.13	0.87
2003	17.74	5.62	0.32	17.07	34.88	2.04	11.03	9.77	0.89	54.16	49.73	0.92
2004	19.08	4.72	0.25	15.76	31.12	1.98	11.69	11.19	0.96	53.47	52.97	0.99
2005	21.18	4.66	0.22	14.96	29.93	2.00	11.85	11.50	0.97	52.01	53.92	1.04
2006	22.26	4.09	0.18	14.17	28.22	1.99	12.36	12.54	1.02	51.22	55.14	1.08
2007	22.59	3.88	0.17	14.18	27.45	1.94	13.55	14.02	1.04	49.69	54.64	1.10
2008	26.63	3.82	0.14	13.44	26.56	1.98	12.98	14.61	1.13	46.95	55.00	1.17
2009	24.28	3.81	0.16	15.13	28.31	1.87	11.47	11.18	0.97	49.13	56.71	1.15
2010	25.89	3.70	0.14	13.93	25.64	1.84	11.71	11.35	0.97	48.48	59.31	1.22
2011	28.69	3.93	0.14	13.41	24.64	1.84	11.70	12.05	1.03	46.21	59.38	1.28
2012	29.68	4.39	0.15	13.18	24.30	1.84	11.21	12.07	1.08	45.93	59.25	1.29
2013	29.05	4.32	0.15	13.37	23.48	1.76	10.88	12.13	1.11	46.70	60.08	1.29
2014	26.52	4.07	0.15	14.00	23.54	1.68	11.31	13.07	1.16	48.17	59.32	1.23
2015	21.71	3.61	0.17	14.71	22.93	1.56	11.78	12.80	1.09	51.80	60.66	1.17
2016	20.46	3.65	0.18	15.14	22.90	1.51	11.53	12.42	1.08	52.86	61.02	1.15
2017	21.52	3.55	0.17	14.81	23.16	1.56	11.57	12.26	1.06	52.10	61.02	1.17
平均	21.41	5.21	0.27	16.01	32.60	2.00	11.60	11.65	1.00	50.98	50.55	1.00

资料来源:根据 CEPII BACI 数据库的统计数据进行计算。

(4)技术密集型产品的比较优势稳步提升,表现为其 RCA 指数在 2004 年之前一直小于 1,而在 2005 年之后始终大于 1,说明在这类产品的出口上,中国总体"实现"了从比较劣势向比较优势转型升级。

四 出口产品显示性技术复杂度

使用公式（1.12）对中国四大类出口产品的显示性技术复杂度指数（RTV）进行测算后，表1—10的统计结果表明我国外贸产品的技术复杂度正不断"攀升"，具体表现在：资源密集型产品的出口技术复杂度从1995年的8.45增加到2017年的8.67，RTV指数增长了0.22；劳动密集型产品的出口技术复杂度也从1995年的8.29增加到2017年的8.58，RTV指数增长了0.29；资本密集型产品的出口技术复杂度增长幅度最大，从1995年的8.01增加到2017年的8.44，RTV指数增长了0.43；技术密集型产品的出口复杂度增长幅度位居第二，从1995年的8.19增加到2017年的8.53，RTV指数增长了0.34。

表1—10　　　　　　　中国四类产品出口的技术复杂度

年份	资源密集	劳动密集	资本密集	技术密集
1995	8.45	8.29	8.01	8.19
1996	8.40	8.36	8.06	8.19
1997	8.34	8.28	8.02	8.13
1998	8.27	8.20	7.96	8.06
1999	8.24	8.16	7.93	8.01
2000	8.23	8.12	7.94	8.03
2001	8.08	7.97	7.82	7.91
2002	8.08	7.98	7.82	7.91
2003	8.16	8.06	7.90	8.00
2004	8.24	8.10	7.98	8.08
2005	8.30	8.18	8.06	8.16
2006	8.46	8.34	8.21	8.31
2007	8.53	8.42	8.32	8.41
2008	8.60	8.50	8.39	8.49
2009	8.51	8.40	8.27	8.36
2010	8.58	8.48	8.35	8.44
2011	8.68	8.58	8.46	8.54

续表

年份	资源密集	劳动密集	资本密集	技术密集
2012	8.73	8.64	8.51	8.60
2013	8.78	8.68	8.56	8.65
2014	8.75	8.66	8.54	8.63
2015	8.59	8.49	8.39	8.46
2016	8.64	8.54	8.41	8.50
2017	8.67	8.58	8.44	8.53
平均	8.45	8.35	8.19	8.29
增长	0.22	0.29	0.43	0.34

资料来源：根据 CEPII BACI 数据库的统计数据进行计算。

当然，出口产品技术复杂度的提升也离不开中国对外开放战略的持续推进和国内经济发展目标的相互"衔接"。这是因为从图 1—11 的变动趋势上看，我国对外贸易的技术复杂度并未"始终"保持增长状态，相反几次较为明显的"止跌促增"都出现在以往大力实施深化改革和扩大开放进程之中，具体表现在：1995 年中国"复关"谈判失败后，四大类中国出口产品的显示性技术复杂度都先后出现下降，且这一下降趋势一直延续到 21 世纪初；2001 年中国加入 WTO 取得成功后，四大类产品出口的显示性技术复杂度指数"止跌增长"，"入世"过渡期和后过渡期的扩大开放、制度性融入世界等的战略举措，让多年来中国经济发展蕴含的要素禀赋优势得到"彻底"释放，促使我国出口产品的 RTV 指数不断"攀升"，对外贸易的比较优势和显示性技术优势不断凸显；2007 年后，受主要发达国家国内需求不振和我国对外贸易产品、国别（地区）集中度相对较高的制约，中国四大类产品出口的显示性复杂度指数出现"短期下挫"；后危机时期，包括我国在内的众多发展中国家和新兴经济体集体"救市"，不仅给主要发达国家优质产品扩大了国际市场需求，更给危机中的世界经济注入了希望，全球需求市场的缓慢复苏继续带动中国出口产品的显示性技术复杂度提升；受制于后危机时期我国宏观经济发展始终存在"三期叠加风险"，中国整体经济进入"新常态"后，对外贸易的四大类产品技术复杂度指数在 2012 年之后再次下降；2015 年国家推出"供给侧结构性改革"

后，压缩过剩产能、延长全球价值链国内分工和布局、力争向"微笑曲线"两端延伸等一系列举措取得一定效果，中国对外贸易产品的显示性技术复杂度再次"止跌回升"，尽管上升幅度尚未达到或超越2012年的"峰值"。

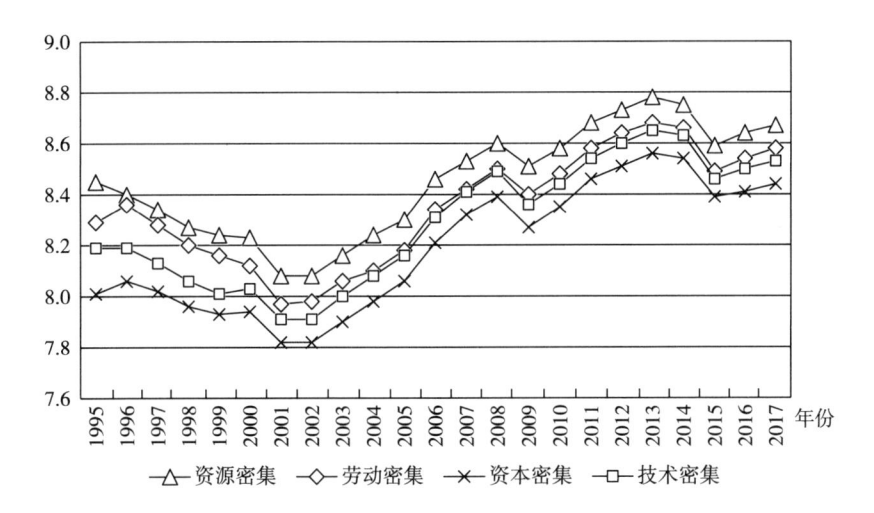

图1—11 中国四类产品出口的显示性技术复杂度趋势

资料来源：CEPII BACI 数据库统计，下同。

五 两分位行业的显示性技术复杂度比较

再次使用公式（1.12）对中国出口的30个二分位行业出口数据计算显示性技术复杂度后，表1—11的统计结果表明：

（1）将石油开采和黑色金属矿采选归为其他行业后，所有行业出口技术复杂度均值也出现先减后增的总体发展态势，数值从1995年的8.23先减少到2002年的最低值7.98，然后又总体呈现增加趋势，到2017年均值为8.59。这一结论总体符合Hausmann等（2003）的研究结论，即一国（或地区）出口产品的技术复杂度会随着本国（或地区）经济发展出现动态升级的趋势。

（2）从分行业的平均值水平来看，出口产品的显示性技术复杂度指数比1995年有所增加的行业达到21个，占29个全部统计行业的72%。

表 1—11　1995—2017 年中国二分位行业出口 RTV 指数

年份	1995	1996	1997	1998	1999	2000	2001	2002	2003	2004	2005	2006	2007	2008	2009	2010	2011	2012	2013	2014	2015	2016	2017	平均
煤炭开采和洗选业	8.18	7.92	7.76	8.32	8.39	8.37	8.32	8.23	8.56	8.63	8.75	8.82	9.03	8.97	8.78	8.85	9.32	9.30	9.16	8.87	8.75	8.96	8.90	8.66
有色金属矿采选业	9.06	8.89	8.84	8.74	8.75	8.80	8.86	8.58	8.46	8.78	9.04	9.11	9.11	9.47	9.18	9.28	9.28	9.37	9.38	9.44	9.29	9.21	9.27	9.05
非金属矿采选业	8.52	8.47	8.48	8.35	8.36	8.41	8.33	8.39	8.48	8.55	8.64	8.73	8.83	8.88	8.74	8.78	8.83	9.00	8.99	8.95	8.85	8.86	8.88	8.67
食品加工与制造业	8.61	8.67	8.64	8.57	8.60	8.54	8.38	8.33	8.39	8.47	8.54	8.64	8.72	8.79	8.69	8.76	8.83	8.91	8.93	8.95	8.80	8.86	8.87	8.67
饮料制造业	7.92	7.99	8.04	7.94	7.99	7.96	7.91	7.86	8.06	8.07	8.06	8.21	8.48	8.59	8.54	8.48	8.56	8.69	8.76	8.67	8.48	8.64	8.78	8.29
纺织业	8.20	8.29	8.25	8.12	8.10	8.07	7.96	7.99	8.06	8.11	8.23	8.37	8.48	8.54	8.42	8.50	8.60	8.65	8.70	8.69	8.55	8.57	8.61	8.35
服装业	8.48	8.55	8.44	8.34	8.26	8.20	8.03	8.04	8.10	8.13	8.21	8.37	8.43	8.52	8.43	8.51	8.62	8.68	8.72	8.67	8.47	8.55	8.60	8.41
皮革制造业	7.89	7.99	7.87	7.86	7.85	7.86	7.70	7.72	7.86	7.90	7.99	8.18	8.27	8.39	8.29	8.37	8.48	8.53	8.58	8.53	8.33	8.40	8.44	8.14
木材加工业	8.44	8.46	8.45	8.37	8.30	8.22	8.05	7.96	8.06	8.06	8.11	8.28	8.35	8.42	8.33	8.40	8.51	8.59	8.63	8.62	8.44	8.52	8.53	8.35
家具制造业	8.37	8.37	8.29	8.13	7.95	7.97	7.82	7.74	7.79	7.79	7.90	8.06	8.13	8.19	8.13	8.18	8.33	8.36	8.44	8.41	8.29	8.25	8.27	8.14
造纸及纸制品业	8.20	8.29	8.16	8.17	8.13	8.16	8.01	8.00	8.05	8.05	8.12	8.24	8.31	8.38	8.33	8.40	8.49	8.57	8.60	8.61	8.46	8.48	8.50	8.29
印刷业和记录媒介的复制	8.63	8.56	8.45	8.46	8.42	8.45	8.16	8.22	8.26	8.26	8.15	8.33	8.42	8.42	8.39	8.40	8.54	8.59	8.67	8.60	8.46	8.47	8.50	8.43
文教体育用品制造业	8.16	8.22	8.18	8.12	8.11	8.06	7.90	7.94	8.03	8.07	8.14	8.30	8.32	8.43	8.36	8.40	8.51	8.55	8.62	8.60	8.43	8.48	8.52	8.28
石油加工、炼焦及核燃料加工业	7.88	7.73	7.90	7.80	7.75	7.89	7.76	7.76	8.02	8.04	8.25	8.25	8.38	8.48	8.33	8.58	8.47	8.55	8.71	8.66	8.44	8.52	8.49	8.20
机械制造业	8.38	8.35	8.27	8.18	8.11	8.11	8.04	8.03	8.17	8.25	8.37	8.48	8.62	8.69	8.55	8.63	8.71	8.78	8.83	8.84	8.68	8.68	8.73	8.46
医药制造业	8.13	8.13	8.23	8.06	8.07	8.02	7.96	7.94	8.04	8.15	8.30	8.41	8.51	8.57	8.48	8.54	8.66	8.72	8.77	8.77	8.60	8.61	8.65	8.36
化学原料及化学制品制造业	8.50	8.46	8.34	8.24	8.05	8.31	8.18	8.23	8.21	8.56	8.47	8.53	8.52	8.65	8.60	8.59	8.77	8.73	8.85	8.83	8.69	8.73	8.79	8.51

第一章 中国外贸增长的结构与特征

续表

年份	1995	1996	1997	1998	1999	2000	2001	2002	2003	2004	2005	2006	2007	2008	2009	2010	2011	2012	2013	2014	2015	2016	2017	平均
橡胶制品业	7.85	7.90	7.88	7.87	7.84	7.76	7.67	7.69	7.80	7.87	7.92	8.09	8.21	8.27	8.20	8.30	8.38	8.42	8.48	8.46	8.30	8.33	8.37	8.08
塑料制品业	7.96	7.90	7.81	7.79	7.75	7.75	7.61	7.61	7.68	7.77	7.87	8.04	8.14	8.24	8.18	8.27	8.39	8.44	8.48	8.45	8.31	8.32	8.33	8.05
非金属矿物制品业	7.97	8.05	8.04	8.00	7.97	8.00	7.90	7.86	7.93	8.01	8.07	8.22	8.30	8.40	8.27	8.35	8.47	8.53	8.58	8.56	8.42	8.44	8.47	8.21
黑色金属冶炼及压延加工业	8.04	8.03	8.00	7.90	7.83	7.92	7.84	7.91	8.04	8.11	8.16	8.29	8.39	8.46	8.30	8.37	8.50	8.55	8.58	8.58	8.42	8.44	8.45	8.22
有色金属冶炼及压延加工业	8.64	8.52	8.47	8.40	8.30	8.30	8.23	8.29	8.38	8.45	8.51	8.67	8.76	8.79	8.61	8.73	8.78	8.84	8.89	8.86	8.68	8.70	8.75	8.59
金属制品业	7.99	8.08	8.03	7.96	7.94	7.94	7.81	7.81	7.88	7.96	8.03	8.19	8.29	8.36	8.26	8.31	8.43	8.47	8.54	8.51	8.35	8.38	8.42	8.17
化学纤维制造业	7.99	8.05	8.01	7.97	7.93	7.96	7.81	7.83	7.91	7.99	8.10	8.24	8.35	8.41	8.27	8.35	8.46	8.53	8.57	8.56	8.42	8.43	8.47	8.20
交通运输设备制造业	7.78	7.85	7.76	7.72	7.77	7.75	7.65	7.74	7.81	7.88	7.94	8.10	8.21	8.27	8.20	8.29	8.40	8.45	8.51	8.44	8.29	8.35	8.40	8.07
电器机械及器材制造业	8.05	8.08	8.04	7.98	7.94	7.94	7.79	7.79	7.89	7.99	8.06	8.23	8.32	8.41	8.31	8.38	8.47	8.54	8.58	8.54	8.35	8.40	8.42	8.20
通信设备、计算机及其他电子设备制造业	8.23	8.19	8.08	8.02	7.97	7.99	7.81	7.79	7.90	7.92	8.01	8.14	8.20	8.27	8.24	8.32	8.41	8.46	8.49	8.46	8.25	8.33	8.36	8.17
仪器仪表及文化、办公用机械制造业	8.34	8.37	8.29	8.20	8.14	8.18	8.12	8.09	8.16	8.21	8.25	8.40	8.49	8.61	8.45	8.53	8.60	8.67	8.72	8.71	8.54	8.62	8.67	8.41
其他行业	8.43	8.39	8.32	8.26	8.22	8.21	8.05	8.05	8.13	8.21	8.26	8.43	8.50	8.57	8.49	8.55	8.66	8.70	8.76	8.73	8.56	8.62	8.65	8.42
平均	8.23	8.23	8.18	8.13	8.10	8.11	7.99	7.98	8.07	8.15	8.22	8.36	8.45	8.53	8.42	8.50	8.60	8.66	8.71	8.68	8.51	8.56	8.59	

（3）出口产品的显示性技术复杂度平均指数比1995年有所减小的也有8个，占29个全部统计行业的28%，其中减幅从大到小的行业分别是家具制造业，有色金属矿采选业，印刷业和记录媒介的复制，有色金属冶炼及压延加工业，木材加工业，服装业，通信设备、计算机及其他电子设备制造业和其他制造业。

（4）如果仅仅比较统计年份的起止时间，2017年全部29个行业中也有13个行业的显示性技术复杂度指数比1995年高，占比达到45%；其余16个行业在2017年的 RTV 指数相对1995年要小一些，占比为55%。

（5）从平均增长率上看，全部29个行业中有27个行业出口的显示性技术复杂度指数出现正增长，占比93%。

（6）样本期间，仅有两个行业的平均增长率出现负增长，分别是印刷业和记录媒介的复制、家具制造业，占比仅为7%。

一般来说，行业出口技术复杂度年均增幅反映了一个行业技术水平提升的速度，而行业出口技术复杂度均值则可以反映该行业在全球价值链中的地位高低（洪世勤、刘厚俊，2013）。从上面的统计结果中可以看出，行业出口技术水平提升与其在全球价值链中地位基本一致的行业包括21个，分别为煤炭开采和洗选业，饮料制造业，石油加工、炼焦及核燃料加工业，交通运输设备制造业，皮革制造业，非金属矿采选业，医药制造业，橡胶制品制造业，化学纤维制造业，黑色金属冶炼及压延加工业，金属制品业，纺织业，电器机械及器材制造业，非金属矿采选业，文教体育用品制造业，造纸及纸制品业，塑料制品业，机械制造业，仪器仪表及文化、办公用机械制造业，食品加工与制造业，化学原料及化学制品制造业，占全部行业的比重为72%，在一定意义上应该能够说明我国"基本"实现了出口产品的技术升级。

使用核密度分布函数更容易看出中国外贸出口产品的技术结构分布特征和变化趋势。图1—12显示：密度函数波峰不断右移，说明行业出口技术结构逐渐从相对低水平发展为相对高水平；密度分布呈"单峰"形态，表明细分行业出口复杂度没有"两极分化"；1995—2015年，密度分布波峰逐渐"变高变尖"，体现出行业间出口产品技术复杂度的差距逐渐缩小；2017年行业出口技术复杂度均值较以往有所扩大，且"波峰"有所降低，表明中国出口产品的技术优势进一步显现；总体上，中国行业出口技术复杂度的密度函数呈向右的"拖尾"分布态势，说明处于技术复杂度平均水平之上的行业，其出口技术水平越高，越能表现出技术领先的出口促进作用。

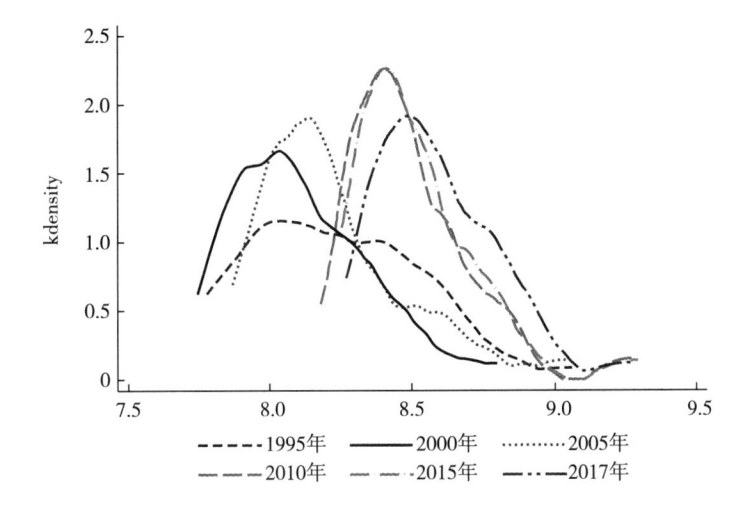

图1—12 中国制成品三分位码的出口技术复杂度 kdensity 密度
资料来源：CEPII BACI 数据库统计，笔者整理。

第四节 贸易方式与主体结构

一 三分类方法的比较

将中国对外贸易划分为一般贸易、加工贸易和其他贸易三大类后，表1—12 的统计结果表明：

（1）1995—2018 年我国进出口贸易总额增长了 16.46 倍，年均增长 12.95%，其中出口增长了 16.72 倍，年均增速 13.03%；贸易顺差更是增长了 21.13 倍，年均增速达到 14.18%。截至 2019 年 8 月，我国再次实现进出口贸易总额 29548 亿美元，其中出口 16070 亿美元，顺差 2592 亿美元。

表1—12 历年中国进出口总额及其贸易方式分解

时间	贸易总量（亿美元）			一般贸易（百分数）			加工贸易（百分数）			其他贸易（百分数）		
	进出口	出口	顺差	进出口	出口	顺差	进出口	出口	顺差	进出口	出口	顺差
1995年	2808	1487	166	39	45	145	58	51	-60	3	4	16
1996年	2899	1511	123	34	40	179	62	55	-119	3	5	40
1997年	3251	1827	403	37	44	104	64	57	5	-1	-2	-10
1998年	3239	1837	435	37	41	74	63	58	24	0	1	3
1999年	3606	1949	292	42	43	55	60	61	73	-2	-4	-28
2000年	4743	2492	241	44	44	41	56	57	72	0	-1	-13
2001年	5098	2662	226	45	45	44	55	57	105	-1	-3	-49
2002年	6208	3256	304	43	43	33	57	58	83	-1	-1	-16
2003年	8512	4384	256	43	41	-39	56	59	148	0	0	-9
2004年	11548	5934	320	42	40	-31	57	58	103	0	1	29
2005年	14221	7620	1019	41	41	29	58	58	60	1	1	11
2006年	17607	9691	1775	43	43	51	57	56	50	0	0	-1
2007年	21738	12180	2622	45	44	42	55	56	59	0	0	-1
2008年	25616	14285	2954	47	44	20	51	53	67	2	3	12
2009年	22072	12016	1960	50	47	20	51	55	97	-1	-2	-17
2010年	29728	15780	1832	50	46	-22	49	54	122	0	0	0
2011年	36421	18986	1551	52	47	-64	46	50	142	2	2	23
2012年	38668	20490	2312	52	49	0	48	52	121	0	-1	-21
2013年	41590	22090	2590	53	50	0	47	50	107	0	0	-7
2014年	43015	23423	3831	53	51	26	45	46	60	2	3	14
2015年	39530	22734	5938	53	52	44	45	46	49	2	2	7
2016年	36856	20977	5098	54	52	39	42	42	43	4	5	17
2017年	41071	22633	4195	56	53	24	40	40	40	4	7	36
2018年	46224	24866	3508	58	56	29	40	41	50	1	3	21
2019年8月	29548	16070	2592	61	61	62	38	38	41	1	1	-3
平均	21433	11647	1862	47	47	36	52	52	62	1	1	2

资料来源：（1）中经网，笔者整理；（2）其他贸易指"免税品进出口""免税外汇商品进出口""其他贸易方式进出口"贸易。

（2）分贸易方式后，一般贸易和加工贸易始终是我国对外贸易的最主要形式，两者之和几乎占据了全部进出口贸易的总量；相反"其他贸易"所占份额很低，其进出口占全部贸易的比重最高也仅为4%。

（3）相比一般贸易，加工贸易曾对中国外贸增长的贡献最大，其进出口占全部贸易的比重自1995年起一直超过50%，直到2009年仍然占到51%；而一般贸易进出口总额在国际金融危机之前占比始终相对较低。金融危机之后，加工贸易和一般贸易促进我国对外贸易增长的作用"此消彼长"，突出表现在：一般贸易进出口占全部外贸的比重不断增加，到2019年8月达到61%，而加工贸易增长有所减缓，其进出口比重到2019年8月下降至仅为38%。

（4）单独从出口贸易增长上看，加工贸易作为我国对外出口最主要形式所持续的时间相对"较长"，1995—2013年这19年内其出口占总出口的比重始终都在"半壁江山"以上（即超过50%）；相反一般贸易在这期间的出口占比相对要低一些，直至2014年之后"一般贸易"拉动出口增长的作用才开始超过"加工贸易"。

（5）从增加"国民财富"的角度上看，或许我们不能忽视长期以来加工贸易对总贸易顺差的贡献。这是因为自1999年以来，加工贸易顺差对全部顺差的贡献始终超过一半以上，直到2015年才略低于50%（实际值为49%），即便是2018年又再次达到50%，截至2019年8月依然能够贡献41%的贸易顺差。

（6）平均值上更是如此，1995—2019年加工贸易进出口占贸易总量的平均比重达到52%，出口占总出口的平均比重也达到52%，贸易顺差平均占比更是达到62%，而一般贸易的平均进出口、出口和贸易顺差所占比重才分别为47%、47%和36%。从这个意义上说，加工贸易繁荣应该对我国对外贸易持续稳定发展做出过重大贡献。

二 加工贸易及其具体组成形式的差异

进一步将加工贸易划分为包括"来料""进料""出料"的"三料"加工贸易，以及"保税区"加工贸易和其他加工贸易形式后，表1—13的统计结果表明：

表1—13　　历年加工贸易进出口总额及其具体贸易方式分解

时间	加工贸易（亿美元）			"三料"（百分数）			保税区（百分数）			其他加工（百分数）		
	进出口	出口	顺差	进出口	出口	顺差	进出口	出口	顺差	进出口	出口	顺差
1995年	1615	757	-100	82	98	-160	4	2	46	14	1	214
1996年	1804	829	-147	79	97	-123	5	2	35	16	1	187
1997年	2070	1046	21	82	96	1402	6	3	-299	11	1	-1003
1998年	2026	1065	104	84	96	317	6	3	-51	10	1	-166
1999年	2173	1194	214	87	96	191	5	2	-23	8	1	-69
2000年	2662	1417	173	86	96	249	6	3	-49	8	1	-100
2001年	2824	1530	236	85	96	224	6	3	-38	8	1	-86
2002年	3540	1896	253	85	95	229	7	4	-44	8	1	-85
2003年	4781	2581	380	84	95	224	9	4	-59	7	2	-65
2004年	6607	3468	329	83	94	310	10	4	-103	7	2	-107
2005年	8238	4424	610	84	93	223	10	5	-72	6	2	-51
2006年	10036	5463	891	83	93	204	11	5	-68	6	2	-36
2007年	12022	6789	1557	82	91	162	12	6	-45	5	3	-17
2008年	13146	7566	1985	80	89	146	14	7	-39	6	4	-7
2009年	11312	6603	1895	80	88	136	15	7	-36	5	4	0
2010年	14688	8461	2233	79	88	144	17	9	-43	4	4	-1
2011年	16855	9528	2200	77	87	160	18	9	-59	4	4	-1
2012年	18676	10732	2789	74	84	148	22	13	-49	4	4	2
2013年	19517	11150	2782	71	79	138	25	17	-43	4	4	5
2014年	19249	10768	2288	72	80	146	23	15	-57	4	5	11
2015年	17812	10368	2924	72	80	129	24	16	-37	4	5	8
2016年	15547	8879	2211	71	81	145	25	15	-56	3	4	11
2017年	16523	9109	1696	70	80	171	26	15	-88	4	5	18
2018年	18570	10168	1767	69	79	190	27	16	-108	4	5	17
2019年8月	11224	6145	1067	66	77	187	30	19	-101	4	5	14
平均	10141	5677	1214	79	89	212	15	8	-60	7	3	-52

资料来源：（1）中经网，笔者整理；（2）"三料"指"进料""来料""出料"加工贸易；（3）保税区指"海关特管"与"保税仓储"进出口加工贸易；（4）其他加工指"加工设备""外资设备""国家间或国际组织援助""其他境外物质进出口""边境贸易""承包工程设备进出口"以及"租赁"贸易。

（1）1995—2018年中国加工贸易进出口总额增长了11.50倍，年均增长11.20%，其中出口增长了13.43倍，年均增速11.95%；贸易差额更是在1997年之后转变为正，顺差从21亿美元增长到2018年1767亿美元，增长了84.14倍。截至2019年8月，我国再次实现加工贸易进出口总额11224亿美元，其中出口6145亿美元，顺差1067亿美元。

（2）分具体加工贸易方式后，近年来包括"进料""来料"和"出料"的"三料"加工贸易同包括"海关特别监管区"与"保税区仓储"的进出口贸易几乎是我国加工贸易发展最主要形式，他们几乎占据了全部加工贸易进出口总量，占比从1995年的86.20%增加到2018年的96.25%。相反"其他加工贸易"所占份额相对较低，2010年之后"跌到"4%以下。

（3）保税区加工贸易发展速度相对较快。统计数据显示：1995年保税区加工贸易占总加工贸易进出口比重仅为4%，之后一直保持稳定增长，到2018年已经占到全部加工贸易的27%，增加了6.16倍，年均增速达到8.23%。截至2019年8月，我国保税区加工贸易占全部加工贸易的比重又提高到30%。出口更是如此，1995年保税区加工贸易出口的比重仅为2%，到2018年提高到16%，增加了8倍。2019年8月的保税区加工贸易出口占全部出口的比重也达到19%。

（4）从绝对贸易量上看，包括"进料""来料"和"出料"的"三料"加工贸易始终是我国对外贸易发展的主要途径。这是因为从1995年开始，"进料""来料"和"出料"加工贸易进出口所占比重就没有低过65%（最小值为2018年的66%）。出口比较更是如此，"进料""来料"和"出料"加工贸易在全部加工贸易中所占比重始终超过75%（最小值为2019年8月的77%）。只是这一类加工贸易增速相对不快，进出口贸易总额在1995—2018年仅增长了0.84倍，对外出口也仅增长了0.81倍。

（5）从贸易顺差上看，尽管保税区加工贸易增长较快，"其他类型"加工贸易也偶有顺差出现，但总体上"进料""来料"和"出料"这三类加工贸易占据了贸易顺差的绝大部分。这是因为1995—1996年我国加工贸易总体处于"逆差"，而"三料"加工贸易实现顺差，顺差额分别为160亿美元和180亿美元（见表1—14）。从1997年开始，加工贸易总体处于顺差后，到2018年大约增长了8.74倍，而"三料"加工贸易顺差更是增加了21倍，几乎是前者的三倍。也正因为如此，表1—14中每年"进料"

表 1—14　历年"三料"加工贸易进出口总额及其细分贸易方式分解

时间	"三料"（亿美元）			进料（百分数）			来料（百分数）			出料（百分数）		
	进出口	出口	顺差	进出口	出口	顺差	进出口	出口	顺差	进出口	出口	顺差
1995 年	1320	740	160	72	72	69	28	28	31	0.018	0.017	0.011
1996 年	1420	800	180	70	70	67	30	30	33	0.033	0.032	0.027
1997 年	1700	1000	300	71	71	73	29	29	27	0.011	0.010	0.008
1998 年	1710	1020	330	70	70	67	30	30	33	0.017	0.014	−0.003
1999 年	1890	1150	410	69	70	73	31	30	27	0.011	0.008	−0.005
2000 年	2290	1360	430	70	70	70	30	30	30	0.017	0.015	0.004
2001 年	2410	1470	530	71	71	75	29	29	25	0.018	0.013	−0.009
2002 年	3020	1800	580	73	73	76	27	27	24	0.015	0.013	0.005
2003 年	4030	2440	850	77	78	82	23	22	18	0.011	0.009	0.004
2004 年	5501	3260	1020	78	80	88	22	20	12	0.009	0.007	−0.003
2005 年	6901	4130	1360	78	80	88	22	20	12	0.009	0.008	0.005
2006 年	8301	5060	1820	80	81	88	20	19	12	0.007	0.007	0.005
2007 年	9901	6210	2520	79	81	87	21	19	13	0.008	0.006	−0.002
2008 年	10503	6701	2900	81	84	93	19	16	7	0.027	0.024	0.015
2009 年	9101	5840	2580	81	84	93	19	16	7	0.014	0.013	0.012
2010 年	11603	7412	3221	82	85	96	18	15	4	0.027	0.017	−0.019
2011 年	13003	8262	3521	85	87	97	15	13	3	0.021	0.009	−0.035
2012 年	13804	8962	4120	87	89	97	13	11	3	0.031	0.026	0.010
2013 年	13805	8822	3839	87	90	99	13	10	1	0.033	0.029	0.014
2014 年	13905	8622	3339	86	89	102	14	11	−2	0.039	0.036	0.022
2015 年	12805	8282	3759	86	89	101	14	11	−1	0.039	0.036	0.025
2016 年	11105	7152	3200	86	89	103	14	10	−3	0.044	0.037	0.014
2017 年	11605	7252	2899	86	90	103	14	10	−3	0.046	0.045	0.042
2018 年	12805	8082	3359	86	89	101	14	11	−1	0.041	0.037	0.022
2019 年 8 月	7404	4702	2000	85	89	105	15	11	−5	0.048	0.042	0.021
平均	7674	4821	1969	79	81	88	21	19	12	0.024	0.020	0.008

资料来源：中经网，笔者整理。

"来料"和"出料"加工贸易总顺差才会占全部加工贸易顺差的1—4倍左右,以便"弥补"其他贸易形式所出现的"逆差"。截至2019年8月,统计结果也是如此,表现为前者贸易顺差是后者的1.87倍(即187%)。

(6)平均值比较依然如此,1995—2019年"三料"加工贸易进出口占加工贸易总量的比重平均达到79%,出口比重更是达到81%,平均贸易顺差是全部加工贸易顺差的212%,而保税区加工贸易和"其他加工贸易"的平均进出口所占比重才分别为15%和7%。从这个角度看,如果说加工贸易繁荣曾对我国对外贸易持续发展有过历史性作用,那么"进料加工""来料加工"和"出料加工"更应该是其中的"中坚"力量。

三 "三料"加工贸易及其分解

因为我国加工贸易主要是"三料"加工,仍有必要进一步将其分解,并比较"来料加工""进料加工"和"出料加工"之间的差异,表1—14的统计结果表明:

(1)1995—2018年中国"进料""来料"和"出料"合在一起的加工贸易进出口总额增长了9.70倍,年均增长10.38%,其中出口增长了10.92倍,年均增长10.95%;贸易顺差从160亿美元增长到2018年的3359亿美元,增长了21倍。截至2019年8月,"三料"加工贸易再次实现进出口总额7404亿美元,其中出口4702亿美元,顺差2000亿美元。

(2)细分"三料"加工贸易方式后,"进料加工"作用大。这是因为"进料加工"进出口额所占比重均超过69%,而"来料加工"从未超过31%(1999年最大),"出料加工"所占比重更是很小。出口单项比较也是如此,"进料加工"所占比重最低为70%(1996年),"来料加工"占比最大才为30%(1996年),"出料加工"占比同样很小。贸易顺差也是一样,"进料加工"占比均在67%以上(1996年最低),而"来料加工"所占比重最大才是33%(分别是1996年和1998年),"出料加工"占比仍然很少。

(3)"来料加工"贸易的下降幅度相对较快。表1—14的统计结果显示:1995年"来料加工"的进出口、出口和贸易顺差所占比重都相对较高,分别为28%、28%和31%,但到2018年分别下降到14%、11%、−1%,即对外贸易更是出现逆差。

（4）"出料加工"所占比重虽然较小，但发展速度较快。这是因为1995—2018年作为"三料"加工最主要的"进料加工"，其进出口总额、出口额、顺差只分别增长1.19倍、1.24倍、1.38倍，但"出料加工"的进出口总额、出口、顺差分别增长2.34倍、2.21倍、2.75倍。

（5）平均值比较也能够得出中国"三料"加工贸易的主要方式为"进料加工"，而"出料加工"所占比重虽然较小但增速相对较快。这一方面是因为1995—2019年"进料加工"进出口占"三料"加工贸易平均份额达到79%，出口平均占比更是达到80%，平均贸易顺差是全部加工贸易顺差的87%；另一方面是因为"出料加工"的平均进出口、出口、贸易顺差所占比重才分别为0.024%、0.020%和0.008%。

总之，通过上述比较后，本章还是能够发现中国"三料"加工贸易中，存在"进料加工"所占比重高、顺差贡献大的特点，而"来料加工"虽然次之但下降幅度较快，"出料加工"尽管所占比重较小但发展速度相对较快。这说明为稳定外贸发展，国家依然需要采取有效措施促进"进料加工贸易""来料加工贸易"和"出料加工贸易"的均衡协调发展。

四 企业主体结构

为比较各所有制企业外贸增长的差异，本章还从以下两个维度进行了统计和分析：首先区分内资企业和外资企业两大类；其次将内资企业划分为国有企业与民营企业，外资企业也划分为外商独资、中外合资、中外合作三类。

按所有制差异将企业划分为内资企业和外资企业两大类后，表1—15的统计结果表明：

（1）企业外贸繁荣是中国对外货物贸易快速发展的根本动力。这是因为：1995年我国进出口贸易仅为2808亿美元，到2018年增长至46224亿美元，名义增长了16.46倍，其中内资企业进出口总额从1995年的1708亿美元增加到2018年的26924亿美元，增长了15.76倍；外资企业从1100亿美元增加到19300亿美元，增加了17.55倍。截至2019年8月，中国又实现货物贸易进出口29548亿美元，其中内资企业17668亿美元，外资企业11880亿美元。

表 1—15　　　　历年中国货物贸易及其内外资企业分解

时间	全部（亿美元） 进出口	全部（亿美元） 出口	内资（亿美元） 进出口	内资（亿美元） 出口	外资（亿美元） 进出口	外资（亿美元） 出口	内资（百分数） 进出口	内资（百分数） 出口	外资（百分数） 进出口	外资（百分数） 出口
1995 年	2808	1487	1708	1017	1100	470	61	68	39	32
1996 年	2899	1511	1519	891	1380	620	52	59	48	41
1997 年	3251	1827	1721	1077	1530	750	53	59	47	41
1998 年	3239	1837	1659	1027	1580	810	51	56	49	44
1999 年	3606	1949	1856	1059	1750	890	51	54	49	46
2000 年	4743	2492	2343	1292	2400	1200	49	52	51	48
2001 年	5098	2662	2498	1362	2600	1300	49	51	51	49
2002 年	6208	3256	2908	1556	3300	1700	47	48	53	52
2003 年	8512	4384	3812	1984	4700	2400	45	45	55	55
2004 年	11548	5934	4948	2534	6600	3400	43	43	57	57
2005 年	14221	7620	5921	3220	8300	4400	42	42	58	58
2006 年	17607	9691	7307	4091	10300	5600	42	42	58	58
2007 年	21738	12180	9138	5180	12600	7000	42	43	58	57
2008 年	25616	14285	11516	6385	14100	7900	45	45	55	55
2009 年	22072	12016	9872	5316	12200	6700	45	44	55	56
2010 年	29728	15780	13728	7180	16000	8600	46	46	54	54
2011 年	36421	18986	17821	8986	18600	10000	49	47	51	53
2012 年	38668	20490	19968	10490	18700	10000	52	51	48	49
2013 年	41590	22090	22890	12090	18700	10000	55	55	45	45
2014 年	43015	23423	22915	12423	20100	11000	53	53	47	47
2015 年	39530	22734	21230	12734	18300	10000	54	56	46	44
2016 年	36856	20977	19956	11777	16900	9200	54	56	46	44
2017 年	41071	22633	22671	12833	18400	9800	55	57	45	43
2018 年	46224	24866	26924	14866	19300	10000	58	60	42	40
2019 年 8 月	29548	16070	17668	9798	11880	6272	60	61	40	39
平均	21433	11647	10980	6047	10453	5600	50	52	50	48

资料来源：中经网，笔者整理。

(2) 企业出口快速增长是中国货物贸易出口的重要保障。1995年我国出口额仅为1487亿美元，到2018年增长到24866亿美元，名义增长了16.72倍，其中内资企业出口从1995年的1017亿美元增加到2018年的14866亿美元，增长了14.62倍，外资企业从470亿美元增加到10000亿美元，增加了21.28倍。截至2019年8月，中国又实现货物贸易出口16070亿美元，其中内资企业9798亿美元，外资企业6272亿美元。

(3) 外资外贸曾对中国货物贸易发展起了"历史性"贡献。1995—2018年我国外贸进出口年均增长12.95%，外资外贸增长的贡献相对更大，其平均增速达到13.26%，而内资企业仅为12.74%，年均低了0.52个百分点。货物出口更是如此，突出表现在外资企业相对内资企业的出口增长速度更快，因为前者年均增速达到14.22%，后者仅为12.37%，即内资企业出口名义增速比外资企业年均低了1.85个百分点。

(4) 尽管现阶段中国货物贸易的内外资企业发展相对均衡，但不能排除未来外资外贸发展规模有继续"萎缩"迹象。这是因为从1995—2018年的平均值上看，内外资占全部货物贸易进出口的比重均为50%，出口也大体如此，内资占全部出口比重的平均值为52%，外资为48%，货物贸易的内外资占比相对均衡。但从发展趋势上，内资企业无论是货物贸易进出口总额还是单项出口额，其占全部贸易的比重尽管在2000年左右有所下降，但2008年国际金融危机爆发之后开始稳步上升。与之相反的是，无论是进出口总额或出口额占全部货物贸易的比重，外资企业在经历1995—2009年相对快速增长之后，于2010年开始下降且这一下降趋势持续至今。鉴于当前中国农业剩余劳动力非农转移接近尾声，"低劳动力使用成本"国际竞争优势逐渐"式微"，以及各种生产要素使用成本不断增加等不利因素影响，外资外贸发展未来占比规模或有继续降低的可能。

五 国有企业与民营企业的再比较

进一步将内资企业再划分为国有企业和民营企业后，表1—16的统计结果表明：

(1) 民营企业是中国内资企业货物贸易发展的主力。统计数据显示：1995年我国内资企业进出口贸易仅为1708亿美元，民营企业仅占4%，但到2018年内资企业进出口贸易额达到26924亿美元后，民营企业占比高达70%。截至2019年8月，内资企业货物进出口为17668亿美元时，民营企业占比更是增加到71%。

表1—16　　　　　　　历年内资企业货物贸易及其分解

时间	内资（亿美元）		国有（亿美元）		民营（亿美元）		国有（百分数）		民营（百分数）	
	进出口	出口	进出口	出口	进出口	出口	进出口	出口	进出口	出口
1995年	1708	1017	1640	990	68	27	96	97	4	3
1996年	1519	891	1450	860	69	31	95	97	5	3
1997年	1721	1077	1610	1000	111	77	94	93	6	7
1998年	1659	1027	1570	970	89	57	95	94	5	6
1999年	1856	1059	1720	980	136	79	93	93	7	7
2000年	2343	1292	2190	1200	153	92	93	93	7	7
2001年	2498	1362	2100	1100	398	262	84	81	16	19
2002年	2908	1556	2300	1200	608	356	79	77	21	23
2003年	3812	1984	2800	1400	1012	584	73	71	27	29
2004年	4948	2534	3300	1500	1648	1034	67	59	33	41
2005年	5921	3220	3700	1700	2221	1520	62	53	38	47
2006年	7307	4091	4200	1900	3107	2191	57	46	43	54
2007年	9138	5180	4900	2200	4238	2980	54	42	46	58
2008年	11516	6385	6100	2600	5416	3785	53	41	47	59
2009年	9872	5316	4800	1900	5072	3416	49	36	51	64
2010年	13728	7180	6200	2300	7528	4880	45	32	55	68
2011年	17821	8986	7600	2700	10221	6286	43	30	57	70
2012年	19968	10490	7600	2600	12368	7890	38	25	62	75
2013年	22890	12090	7500	2500	15390	9590	33	21	67	79
2014年	22915	12423	7500	2600	15415	9823	33	21	67	79
2015年	21230	12734	6500	2400	14730	10334	31	19	69	81
2016年	19956	11777	5800	2200	14156	9577	29	19	71	81
2017年	22671	12833	6700	2300	15971	10533	30	18	70	82
2018年	26924	14866	8100	2600	18824	12266	30	17	70	83
2019年8月	17668	9798	5108	1548	12560	8250	29	16	71	84
平均	10980	6047	4520	1810	6460	4237	59	52	41	48

资料来源：中经网，笔者整理。

(2) 民营企业出口繁荣是保证内资企业货物贸易出口增长的主要途径。1995 年我国内资企业出口额为 1017 亿美元，民营企业占比才为 3%，但到 2018 年内资企业总出口达到 14866 亿美元后，民营企业占比达到了 83%。截至 2019 年 8 月，内资企业全部出口的 9798 亿美元中，民营企业贡献了绝大部分，占比为 84%。

(3) 采取切实有效措施保障民营企业外贸发展对中国"稳外贸"经济工作有重要意义。1995—2018 年，内资企业进出口额增长的 15.76 倍中，民营企业是"主力军"，其外贸增长高达 276.82 倍，年均增速为 30.48%。出口贸易中，1995—2018 年内资企业增长的 14.62 倍中，民营企业更是增长了 454.30 倍，平均每年都会增长 30.48%。

(4) 受国有企业"抓大放小"改革和国有经济向整体产业链的基础原材料、基础设施等方向调整，国有企业外贸所占比重不断减小。统计数据显示：1995 年国有企业货物进出口额和出口额占全部内资的比重曾达到 96% 和 97%，分别为 1640 亿美元和 990 亿美元，到 2018 年尽管其货物进出口和出口也达到 8100 亿美元和 2600 亿美元，比 1995 年增长 4.94 倍和 2.63 倍，但占全部内资企业的比重降到 30% 与 17%，相比 1995 年分别减少了 66 个百分点和 80 个百分点。截至 2019 年 8 月依然如此，国有企业货物进出口占全部内资企业的比重进一步降低到 16%。

六 外资企业不同形式的外贸增长比较

将外资企业区分为外商独资、中外合资、中外合作三类后，表 1—17 的统计结果表明：

表 1—17　　　　　历年外资企业货物贸易及其分解

时间	外资（亿美元）进出口	外资（亿美元）出口	外资独资（亿美元）进出口	外资独资（亿美元）出口	中外合资（亿美元）进出口	中外合资（亿美元）出口	中外合作（亿美元）进出口	中外合作（亿美元）出口	外商独资（百分数）进出口	外商独资（百分数）出口	中外合资（百分数）进出口	中外合资（百分数）出口	中外合作（百分数）进出口	中外合作（百分数）出口
1995 年	1100	470	360	170	580	230	158	68	33	36	53	49	14	14
1996 年	1380	620	490	240	710	300	172	79	36	39	51	48	12	13
1997 年	1530	750	590	310	750	350	181	90	39	41	49	47	12	12

续表

时间	外资（亿美元）		外资独资（亿美元）		中外合资（亿美元）		中外合作（亿美元）		外商独资（百分数）		中外合资（百分数）		中外合作（百分数）	
	进出口	出口	进出口	出口	进出口	出口	进出口	出口	进出口	出口	进出口	出口	进出口	出口
1998年	1580	810	680	370	730	360	167	87	43	46	46	44	11	11
1999年	1750	890	810	430	780	370	150	81	46	48	45	42	9	9
2000年	2400	1200	1130	590	1040	500	184	99	47	49	43	42	8	8
2001年	2600	1300	1310	690	1100	540	177	100	50	53	42	42	7	8
2002年	3300	1700	1870	960	1230	620	204	120	57	56	37	36	6	7
2003年	4700	2400	2900	1500	1620	810	230	130	62	63	34	34	5	5
2004年	6600	3400	4100	2100	2200	1100	260	150	62	62	33	32	4	4
2005年	8300	4400	5500	2900	2600	1400	256	160	66	66	31	32	3	4
2006年	10300	5600	7100	3800	3000	1600	279	180	69	68	29	29	3	3
2007年	12600	7000	8800	4800	3500	2000	268	180	70	69	28	29	2	3
2008年	14100	7900	9800	5500	4100	2300	268	180	70	70	29	29	2	2
2009年	12200	6700	8600	4800	3400	1800	216	150	70	72	28	27	2	2
2010年	16000	8600	11300	6100	4500	2400	234	160	71	71	28	28	1	2
2011年	18600	10000	13000	7000	5300	2700	266	180	70	70	28	27	1	2
2012年	18700	10000	13100	7200	5600	2900	242	160	70	72	30	29	1	2
2013年	18700	10000	13100	7300	5800	3000	243	160	70	73	31	30	1	2
2014年	20100	11000	13700	7600	6000	3100	227	140	68	69	30	28	1	1
2015年	18300	10000	12900	7100	5300	2800	172	110	70	71	29	28	1	1
2016年	16900	9200	11900	6500	4700	2500	142	99	70	71	28	27	1	1
2017年	18400	9800	13100	7000	5100	2600	138	93	71	71	28	27	1	1
2018年	19300	10000	14200	7500	5400	2800	142	98	74	75	28	27	1	1
2019年8月	11880	6272	8603	4607	3201	1616	76	49	72	73	27	26	1	1
平均	10453	5600	7158	3883	3130	1628	202	124	61	62	35	34	4	5

（1）中外合资企业曾是拉动中国外资企业货物贸易增长的重要方式，但近年来有所下降。1995年我国外资货物贸易进出口总额为1100亿美元，

中外合资企业就达到580亿美元，占比53%；1995年外资企业出口为470亿美元时，中外合资企业也达到230亿美元，占比为49%。但到了2018年外资企业进出口增长到19300亿美元（增长17.55倍）后，虽然中外合资企业货物进出口也增长9.31倍，但占比减小到28%。出口也是如此，2018年外资企业出口相比1995年增长21.28倍，达到10000亿美元，中外合资企业尽管也增长了12.17倍，达到2800亿美元，但占全部外资企业的比重仅为28%，相比1995年降低了21个百分点。即便是到2019年8月，中外合资企业占全部外资企业的货物进出口和出口比重相较之前又有所下降，分别是27%和26%。

（2）外商独资企业成为现阶段拉动我国外资企业货物贸易发展的主要动力。统计数据显示：1995年外商独资企业货物进出口与出口占全部外资企业的比重仅分别为33%和36%，但到2018年外商独资企业占比猛增到74%和75%，分别比1995年增加了41个和39个百分点。绝对贸易量更是如此。与1995年相比，2018年全部外资企业货物进出口与出口分别增长了17.55倍、21.28倍，而外商独资企业远超过整体外资外贸发展速度，进出口与出口分别增长了39.44倍和44.12倍。2019年8月，外商独资企业的货物进出口和出口占比依然是全部外资企业类型中最高的，分别达到72%和73%。随着我国进一步深化改革、扩大开放，尤其是2018年《外商投资法》实施之后逐步放宽外商投资比例要求，预期未来外商独资企业的货物贸易发展规模和比重会进一步提高。

（3）相比外商独资与中外合资企业而言，中外合作企业对我国货物贸易发展的作用相对较小。1995年中外合作企业货物进出口与出口总额分别为158亿美元、68亿美元，到2018年进出口总额反而降低到142亿美元，出口额也仅增加了30亿美元，达到98亿美元，增长了1.44倍，年均增长1.60%。占全部外资企业外贸比重更是如此。1995年，中外合作企业货物进出口与出口占比均为14%，到2018年所占比重均降低到1%。2019年也是如此，截至8月中外合资企业的全部货物进出口与出口占比都是1%。

上述统计事实一再表明：在当前"稳外贸"发展大背景下，政府依然需要采取切实措施，有效维护企业外贸增长的动力机制，才能在微观机制上巩固多年来我国对外贸易取得的持续健康良好发展局面。

第五节 服务贸易结构

一 货物贸易与服务贸易增长的对比

将我国对外贸易划分为货物贸易与服务贸易两大类后，表1—18的统计结果显示：

表1—18　　　　　中国货物与服务贸易对比　　　　　单位：亿美元

年份	服务贸易				货物贸易			
	进出口	出口	进口	差额	进出口	出口	进口	差额
1982	46.94	26.70	20.24	6.46	416.06	223.21	192.85	30.36
1983	47.60	27.66	19.94	7.72	436.16	222.26	213.90	8.36
1984	59.47	30.90	28.57	2.33	535.49	261.39	274.10	-12.71
1985	56.21	30.98	25.23	5.75	696.02	273.50	422.52	-149.02
1986	61.37	38.61	22.76	15.85	738.46	309.42	429.04	-119.62
1987	65.66	40.81	24.85	15.96	826.53	394.37	432.16	-37.79
1988	87.03	50.99	36.04	14.95	1027.84	475.16	552.68	-77.52
1989	101.11	62.01	39.10	22.91	1116.78	525.38	591.40	-66.02
1990	124.17	80.65	43.52	37.13	1154.36	620.91	533.45	87.46
1991	136.69	95.48	41.21	54.27	1356.34	718.43	637.91	80.52
1992	220.13	125.79	94.34	31.45	1655.25	849.40	805.85	43.55
1993	266.19	145.83	120.36	25.47	1957.03	917.44	1039.59	-122.15
1994	364.96	201.97	162.99	38.98	2366.21	1210.06	1156.15	53.91
1995	496.41	244.19	252.22	-8.03	2808.64	1487.80	1320.84	166.96
1996	505.66	279.81	225.85	53.96	2898.81	1510.48	1388.33	122.15
1997	622.05	342.37	279.68	62.69	3251.62	1827.92	1423.70	404.22
1998	518.94	250.52	268.42	-17.90	3239.49	1837.12	1402.37	434.75
1999	610.23	293.70	316.53	-22.82	3606.30	1949.31	1656.99	292.32

续表

年份	服务贸易				货物贸易			
	进出口	出口	进口	差额	进出口	出口	进口	差额
2000	711.94	350.30	361.64	-11.34	4742.97	2492.03	2250.94	241.09
2001	784.48	391.75	392.72	-0.97	5096.51	2660.98	2435.53	225.45
2002	927.57	462.27	465.30	-3.03	6207.66	3255.96	2951.70	304.26
2003	1066.44	513.32	553.12	-39.80	8509.88	4382.28	4127.60	254.68
2004	1452.30	725.07	727.23	-2.16	11545.54	5933.26	5612.29	320.97
2005	1682.81	843.10	839.71	3.39	14219.06	7619.53	6599.53	1020.00
2006	2038.20	1029.82	1008.38	21.44	17604.38	9689.78	7914.61	1775.17
2007	2654.50	1353.20	1301.30	51.90	21761.75	12200.60	9561.15	2639.45
2008	3222.62	1633.14	1589.49	43.65	25632.55	14306.93	11325.62	2981.31
2009	3024.93	1435.73	1589.20	-153.46	22075.35	12016.12	10059.23	1956.89
2010	3717.40	1783.39	1934.01	-150.63	29740.01	15777.54	13962.47	1815.07
2011	4488.91	2010.47	2478.44	-467.97	36418.64	18983.81	17434.84	1548.97
2012	4828.76	2015.76	2813.00	-797.25	38671.19	20487.14	18184.05	2303.09
2013	5376.13	2070.06	3306.08	-1236.02	41589.93	22090.04	19499.89	2590.15
2014	6520.24	2191.41	4328.83	-2137.42	43015.27	23422.93	19592.35	3830.58
2015	6541.55	2186.16	4355.39	-2169.23	39530.33	22734.68	16795.64	5939.04
2016	6616.30	2095.30	4521.00	-2425.70	36855.57	20976.31	15879.26	5097.05
2017	6956.80	2280.90	4675.90	-2395.00	41071.38	22633.45	18437.93	4195.52
2018	7918.81	2668.41	5250.40	-2581.99	46224.44	24866.96	21357.48	3509.48

资料来源：Wind 数据库，笔者整理。

（1）改革开放以来，货物贸易增长快，服务贸易的作用有待提高。这是因为 1982 年中国进出口贸易总额为 453 亿美元，货物贸易占比高达 89.86%，服务贸易仅占 10.14%；到 2018 年中国进出口贸易总额为 54143 亿美元后，尽管服务贸易占比有所提高，但货物贸易占比依然高达 85.37%，服务贸易仅为 14.63%。

（2）相较货物贸易，近年来服务贸易虽然增速较快，但其"先天不足"决定了"短期"内还不足以成为拉动我国外贸增长的主要动力。这是因为从 1982 年至 2018 年，服务贸易总额虽然增长了 168.70 倍，平均每年增加15.31%，远远高于货物贸易进出口增长的111.10倍与13.98%的年均增速，特别是党的十八大以来我国服务贸易年均增速超过8%，而货物贸易年均增长只有3%，但是由于改革开放初，中国服务贸易规模相对偏小，仅为货物贸易的11.28%。服务贸易"先天"发展略显不足决定了"短期"内难以超越货物贸易成为拉动中国外贸增长的主要动力，毕竟2018年服务贸易进出口也才是货物贸易的17.13%。

（3）服务贸易出口增速慢、进口增长快，也决定了服务贸易是目前我国外贸逆差的主要来源，而外贸顺差主要源自货物贸易。这是因为1982—2018年中国服务贸易出口虽然增长了99.94倍，年均增速也达到了13.64%，但服务进口的速度更快，进口扩大了259.41倍，年均增速为16.70%，比出口每年都高出3.06个百分点，从而导致我国服务贸易进出口差额从原本6.46亿美元的顺差，发展到2018年2581.99亿美元的贸易逆差。与之形成鲜明对比的是：样本期内，中国货物贸易出口增加了111.41倍，年均增速达到了13.99%，而进口虽然扩大了110.75倍，但年均增速只有13.97%。这意味着货物出口增速高于进口，自然带来货物贸易顺差规模不断扩大。统计数据显示也是如此，1982年我国货物贸易顺差为30.36亿美元，到2018年达到3509.48亿美元，增长了115.60倍。服务贸易出口增长与进口扩张表现出同货物贸易完全相反的发展态势，意味着我们需要在更深层次考察如何实现中国服务更好"走出去"这一重大现实问题。

二　生产性服务贸易与非生产性服务贸易的比较

采取切实有效措施促进我国服务贸易未来发展，需要首先对现有各服务贸易子行业进行分类和比较，掌握其全面发展趋势。本章首先将服务贸易划分为生产性服务贸易和非生产性服务贸易两大类。

之所以突出强调生产性服务贸易的重要性，是因为现有文献研究表明，以金融、信息、研发、科技等为主导的生产性服务业，具有知识、技术、信息、人才等密集特点，且随着我国经济发展，生产性服务业在国民经济中的份额不断增加，在经济增长"新常态"下能否成为中国经济中高速增长的支撑力量，将成为未来一段时间内需要关注的重点问题（李平等，2017）。

然而，在实际比较中，因为不同研究者使用生产性服务业划分方法的不同，得出的结论也有差异，比如陈明与魏作磊（2018）将生产性服务业细分为五类，分别是货物运输仓储和邮政快递服务、信息服务、金融服务、生产性租赁服务和商务服务、研发设计与其他技术服务，其余为非生产性服务业；而李平等（2017）则将生产性服务业细分为六类，分别为交通运输和仓储业、软件和信息技术服务业、批发零售贸易业、金融租赁与商业服业、科学研究和技术服务业、水利环境和公共设施管理，其余为非生产性服务业。

具体到服务贸易本身，不同研究者因为所使用数据不同，对生产性服务业与非生产性服务业的区分也有所不同，比如陈启斐与刘志彪（2014）使用联合国贸发数据库，将生产性服务贸易界定为运输和通信服务、信息服务、金融保险服务、科技服务、个人服务、其他商业服务六类，而宣烨与陈启斐（2017）使用OECD数据库，将生产性服务贸易划分为通信服务、计算机与信息服务、金融服务、特许和专利费四类。

国家统计局《国际收支表》中，将我国服务贸易进出口划分为12类，分别是：运输服务（简称为运输）；旅行服务（简称为旅行）；通信服务（简称为通信）；建筑服务（简称为建筑）；保险服务（简称为保险）；金融服务（简称为金融）；电信、计算机和信息服务（简称为信息）；知识产权使用费（简称为知识产权）；咨询（简称为咨询）；广告、宣传（简称为广告）；电影、音像（简称为影音）；其他商业服务（简称为其他）。值得注意的是，因为国家统计局在2015年调整了统计口径，将通信服务归为信息服务，而将咨询归为其他服务，为尽量保持与上述研究文献共性因素相吻合，本章将运输、保险、金融、信息（包括通信）、知识产权这六类界定为生产性服务贸易，而将旅行、建筑、广告、影音、其他（包括咨询）界定为非生产性服务贸易（或者称为生活性服务贸易）。表1—19的统计结果表明：

（1）改革开放以来，我国服务贸易增长主要以非生产性为主。这是因为在1997年时，中国非生产性服务进出口总额为362.82亿美元，占比高达69.47%，而生产性服务贸易仅为159.46亿美元，占比才为30.53%；到2018年，我国非生产性服务贸易进出口额扩大到4686.70亿美元，占比虽有所下降，但仍高达62.19%，而生产性服务贸易尽管增加到2849.77亿美元，但占比仅为37.81%，即22年间才增加了7.28个百分点。

表 1—19　　中国生产性服务贸易与非生产性服务贸易对比　　单位：亿美元

年份	生产性服务贸易				非生产性服务贸易			
	进出口	出口	进口	差额	进出口	出口	进口	差额
1997	159.46	35.67	123.79	-88.12	362.82	209.37	153.45	55.92
1998	133.73	37.28	96.45	-59.17	369.75	201.52	168.23	33.29
1999	148.60	36.65	111.95	-75.30	422.72	225.00	197.72	27.28
2000	203.90	56.38	147.52	-91.14	456.11	245.07	211.04	34.03
2001	225.24	58.03	167.21	-109.18	494.08	270.98	223.10	47.88
2002	289.66	73.01	216.65	-143.64	564.95	320.80	244.15	76.65
2003	382.59	102.18	280.41	-178.23	629.68	361.56	268.12	93.44
2004	518.83	148.55	370.28	-221.73	817.74	472.00	345.74	126.26
2005	619.58	186.03	433.55	-247.52	951.25	553.06	398.19	154.87
2006	788.37	256.09	532.28	-276.19	1129.09	658.11	470.98	187.13
2007	1042.95	383.21	659.74	-276.53	1466.15	833.34	632.81	200.53
2008	1271.41	485.09	786.32	-301.23	1773.12	979.39	793.73	185.66
2009	1078.58	337.41	741.17	-403.76	1788.51	948.59	839.92	108.67
2010	1461.16	485.75	975.41	-489.66	2163.07	1216.74	946.33	270.41
2011	1774.17	557.26	1216.91	-659.65	2993.87	1521.32	1472.55	48.77
2012	1963.40	630.90	1332.50	-701.60	3228.74	1515.28	1713.46	-198.18
2013	2148.10	644.70	1503.40	-858.70	3724.90	1652.00	2072.90	-420.90
2014	2292.00	700.00	1592.00	-892.00	4803.00	1764.00	3039.00	-1275.00
2015	2027.00	728.00	1299.00	-571.00	4196.00	1201.00	2995.00	-1794.00
2016	2010.00	689.00	1321.00	-632.00	4278.00	1150.00	3128.00	-1978.00
2017	2300.96	773.74	1527.22	-753.48	4304.73	1242.63	3062.10	-1819.47
2018	2849.77	1033.24	1816.52	-783.28	4686.70	1359.47	3327.23	-1967.77

资料来源：Wind 数据库，笔者整理；因 Wind 可查到的细分行业服务贸易数据最早到 1997 年，故这里的样本年限同表 1—18 有所不同。

（2）相较于非生产性服务贸易，近年来生产性服务贸易增速更快，未来具有成为中国服务贸易增长主要驱动力的可能性。这是因为从 1997 年到 2018 年，我国生产性服务贸易总额增长了 17.87 倍，年均增速高达 14.72%，远远高于非生产性服务贸易的 12.92 倍与 12.96% 的年均增速，特别是2006年以来我国生产性服务贸易总额从不足千亿美元增加到2018年接近3000亿美元，增长了近3.62倍。尽管生产性服务贸易在总量上依然低于非生产性服务贸易，但从占比上看，前者增速明显高于后者。

（3）生产性服务出口增长高于进口的发展趋势如果持续下去，未来中国生产性服务贸易"有望"率先实现贸易顺差。尽管与非生产性服务贸易相比，我国生产性服务贸易自1997年开始就处于"逆差"状态，且逆差在过去22年间扩大了8.89倍，但从增速上看，生产性服务出口从1997年的35.67亿美元增长到2018年的1033.24亿美元，扩大了28.97倍，年均增速高达17.39%。相反，尽管同期生产性服务进口从209.37亿美元扩大到1359.47亿美元，也增加了6.49倍，但其年仅14.26%的增速明显低于生产性服务出口。照此速度，只要始终保持生产性服务出口增速高于进口，未来实现贸易顺差的可能性是存在的。

（4）随着国人对高品质生活质量需求的增加，非生产性服务出口增速大幅低于进口增速，或许意味着未来中国非生产性服务贸易逆差可能会进一步放大。客观来看，我国非生产性服务贸易原本并非是逆差，实际上从1997年到2010年非生产性服务贸易始终都是顺差状态，贸易盈余曾一度从55.92亿美元扩大到270.41亿美元，增长了4.84倍，但随后开始下降并逐渐变为逆差。随着中国国民经济实力的增强，实际收入增加后国人对高质量生活需求也会大幅增长，倘若国内无法提供足够的有效供给，非生产性服务需求"流失"海外将在情理之中。统计数据显示也是如此，因为我国非生产性服务出口在1997—2018年只增长了6.49倍，年均增长仅为9.32%。相反非生产性服务进口扩大了21.68倍，年均增速高达15.78%，分别是出口的3.34倍和1.69倍，尤其是21世纪第二个十年以来，中国非生产性服务进口需求就扩大了3.52倍，且还有继续扩大的趋势，未来不排除非生产性服务贸易逆差存在继续扩大的可能。

三　生产性服务贸易细分行业的发展趋势

将生产性服务贸易细分为六个行业后，表1—20—表1—22的统计结果显示：

（1）运输服务是我国生产性服务进出口的最主要组成部分。绝对量上，运输服务贸易毋庸置疑是目前我国生产性服务贸易的最大组成，因为其1997年的进出口额就达到128.99亿美元,占比高达80.89%,即便到2018年其占生产性服务贸易的比重降低到52.84%,但总量仍然超越其他生产性服务贸易的总和,达到1505.92亿美元。

(2)所有细分行业的生产性服务贸易进出口增速都超过两位数,尤其是信息和知识产权生产性服务贸易平均每年以20%以上的速度增长,未来有可能超越运输服务成为中国服务贸易增长的最主要构成。这是因为从增速上看,扣除通信服务的数据不连续外,信息、知识产权、金融、保险服务贸易1997—2018年平均增速分别达到29.42%、22.32%、14.09%、13.30%,都要高于运输服务,尤其是信息和知识产权服务贸易年均超过20%的增速,未来不排除其发展规模有超越运输服务的可能,毕竟两者在2018年占全部生产性服务贸易的比重已经接近40%(见表1—20)。

表1—20　　　中国生产性服务贸易细分行业进出口总额　　　单位:亿美元

年份	运输	保险	金融	信息	其中:通信	知识产权
1997	128.99	12.20	3.52	3.15	5.62	5.98
1998	90.64	21.42	1.90	4.67	10.27	4.83
1999	103.18	21.25	2.78	4.89	7.83	8.67
2000	140.67	25.79	1.75	6.21	15.87	13.61
2001	159.59	29.38	1.76	8.06	5.97	20.48
2002	193.32	34.55	1.41	17.71	10.20	32.47
2003	261.39	48.77	3.85	21.38	10.65	36.55
2004	366.11	65.05	2.32	28.90	9.12	47.33
2005	438.75	77.49	3.05	34.63	10.88	54.78
2006	553.84	93.79	10.36	46.97	15.02	68.39
2007	745.95	115.68	7.87	65.53	22.57	85.35
2008	887.47	141.26	8.81	94.17	30.80	108.90
2009	701.43	129.05	11.63	97.45	24.08	114.94
2010	974.68	174.82	27.18	122.21	23.57	138.70
2011	1160.00	227.00	15.00	189.00	29.17	154.00
2012	1248.00	239.00	38.00	217.00	34.40	187.00
2013	1319.00	261.00	69.00	247.00	33.10	219.00

续表

年份	运输	保险	金融	信息	其中：通信	知识产权
2014	1344.00	271.00	94.00	309.00	41.00	233.00
2015	1239.00	138.00	49.00	370.00		231.00
2016	1144.00	171.00	52.00	391.00		252.00
2017	1300.49	144.55	53.12	469.44		333.37
2018	1505.92	168.01	56.03	708.27		411.53

资料来源：Wind 数据库，笔者整理；空白处表示尚未获得相关数据。

（3）在全球区域经济蓬勃发展、高标准自贸协定数量不断增加、货物贸易保护主义升温、贸易摩擦加剧、主要发达国家逆全球化和民粹现实主义回归等外部条件，以及国内各种生产要素成本不断上升、低劳动生产成本尤其是"农业剩余劳动力"非农转移的人口红利不断式弱大背景下，所有生产性服务贸易都保持两位数以上的增长速度，未来有望推动中国从货物贸易强国向服务贸易强国方向转变。

（4）出口市场上，高新技术生产性服务贸易已经超越传统生产性服务，成为当前中国生产性服务出口的主要动力，且所有生产性服务贸易子行业的出口增速都在两位数以上，表明未来我国"低成本研发"和"低成本复杂制造"优势倘若能够充分发挥，高新技术生产性服务出口或会有更快发展。除运输较为符合传统生产性服务贸易外，其余行业都或多或少地与高新技术生产、应用有关，尤其是信息和知识产权生产性服务业。同样剔除通信行业不连续数据外，剩余五个行业中，信息生产性服务出口的增速最快，1997—2018 年的年均增速达到 35.17%，成为样本数据中"唯一"年均超越 30% 增长的行业，是当前我国生产性服务出口的最主要构成。这是因为 1997 年信息服务出口仅为 0.84 亿美元，到 2018 年猛增到 470.58 亿美元，占全部生产性服务贸易的比重从 2.35% 提高到 45.54%。形成鲜明对比的是运输服务，其 1997 年出口占比高达 82.84%，但到 2018 年仅为 40.49%。此外，在出口增长的年均增速上，金融、知识产权、保险服务分别达到了 26.04%、24.59%、17.25%，同样高于运输服务。尽管目前金融、知识产权、保险服务绝对出口量还相对较小，2018 年仅分别为 34.82 亿美元、55.62 亿美元、49.23 亿美元，远低于运输服务出口，但考虑到其前期规模较小且增速较快，只要充分发挥多年来我国高等教育发展历史沉淀带来的"低成本研发"与"低成本复杂制造"潜在优势，未来这些高新技术生产性服务出口或会成为中国生产性服务贸易增速的主要动力，毕竟十八大以来知识产权和信息这两者的出口年均增速始终保持在两位数以上（分别为24%与14%），总出口占比在2018年更是接近51%（见表1—21）。

表1—21　　　　中国生产性服务贸易细分行业出口　　　单位：亿美元

年份	运输	保险	金融	信息	其中：通信	知识产权
1997	29.55	1.74	0.27	0.84	2.72	0.55
1998	23.01	3.84	0.27	1.34	8.19	0.63
1999	24.20	2.04	1.11	2.65	5.90	0.75
2000	36.71	1.08	0.78	3.56	13.45	0.80
2001	46.35	2.27	0.99	4.61	2.71	1.10
2002	57.20	2.09	0.51	6.38	5.50	1.33
2003	79.06	3.13	1.52	11.02	6.38	1.07
2004	120.67	3.81	0.94	16.37	4.40	2.36
2005	154.27	5.49	1.45	18.40	4.85	1.57
2006	210.15	5.48	1.45	29.58	7.38	2.05
2007	313.24	9.04	2.30	43.45	11.75	3.43
2008	384.18	13.83	3.15	62.52	15.70	5.71
2009	235.69	15.96	4.37	65.12	11.98	4.29
2010	342.11	17.27	13.31	92.56	12.20	8.30
2011	356.00	30.00	8.00	139.00	17.26	7.00
2012	389.00	33.00	19.00	162.00	17.90	10.00
2013	376.00	40.00	32.00	171.00	16.70	9.00
2014	382.00	46.00	45.00	202.00	18.00	7.00
2015	386.00	50.00	23.00	258.00		11.00
2016	338.00	42.00	32.00	265.00		12.00
2017	371.04	40.46	36.94	277.67		47.62
2018	423.01	49.23	34.82	470.58		55.62

资料来源：Wind数据库，笔者整理；空白处表示尚未获得相关数据。

（5）进口市场上，高新技术生产性服务贸易虽也超越传统生产性服务，但后者的服务进口仍是当前中国生产性服务进口的主要组成部分。这是因为运输服务进口在1997年为99.44亿美元，占全部生产性服务进口的80.33%，到2018年尽管占比有所下降，但依然达到59.61%，进口额更是达到1082.91亿美元，超过其余所有生产性服务进口。而在增速上，信息、知识产权、保险都要超过运输，1997—2018年的平均进口增速分别达到24.69%、22.04%和12.27%，超过运输进口增速的12.04%。随着中国服务贸易市场的开放，未来这些生产性服务贸易进口还会继续扩张，尤其是高新技术生产性服务贸易，因为信息、知识产权的进口增速已经达到了30%和13%，他们占全部生产性服务进口的比重也在不断攀升，比如信息进口在1997年占比仅为1.87%，到2018年扩大到13.09%；知识产权进口占比更是从1997年的4.39%扩大到2018年的19.59%，增长了15.20个百分点（见表1—22）。

表1—22　　　　　　　中国生产性服务贸易细分行业进口　　　　　　单位：亿美元

年份	运输	保险	金融	信息	其中：通信	知识产权
1997	99.44	10.46	3.25	2.31	2.90	5.43
1998	67.63	17.58	1.63	3.33	2.08	4.20
1999	78.98	19.21	1.67	2.24	1.93	7.92
2000	103.96	24.71	0.97	2.65	2.42	12.81
2001	113.24	27.11	0.77	3.45	3.26	19.38
2002	136.12	32.46	0.90	11.33	4.70	31.14
2003	182.33	45.64	2.33	10.36	4.27	35.48
2004	245.44	61.24	1.38	12.53	4.72	44.97
2005	284.48	72.00	1.60	16.23	6.03	53.21
2006	343.69	88.31	8.91	17.39	7.64	66.34
2007	432.71	106.64	5.57	22.08	10.82	81.92
2008	503.29	127.43	5.66	31.65	15.10	103.19
2009	465.74	113.09	7.26	32.33	12.10	110.65
2010	632.57	157.55	13.87	29.65	11.37	130.40
2011	804.00	197.00	7.00	50.00	11.91	147.00
2012	859.00	206.00	19.00	55.00	16.50	177.00

续表

年份	运输	保险	金融	信息	其中：通信	知识产权
2013	943.00	221.00	37.00	76.00	16.40	210.00
2014	962.00	225.00	49.00	107.00	23.00	226.00
2015	853.00	88.00	26.00	112.00		220.00
2016	806.00	129.00	20.00	126.00		240.00
2017	929.45	104.09	16.17	191.76		285.75
2018	1082.91	118.79	21.21	237.70		355.91

资料来源：Wind 数据库，笔者整理；空白处表示尚未获得相关数据。

（6）贸易差额上，信息和金融生产性服务已经从原本的逆差转变为顺差，保险服务贸易的逆差也在"收窄"，但知识产权和运输服务贸易的逆差规模仍在不断扩大。统计数据显示，全部六类生产性服务贸易在1997年均为贸易逆差，通信服务随后开始出现顺差。相比之下，信息服务顺差出现的时间既早且顺差额也较为稳定（2002年除外），成为目前我国生产性服务贸易顺差的主要来源。不过，绝对数额上，运输服务逆差一直都是最主要构成部分，其在1997年的逆差额占全部生产性服务贸易差额的79.31%，到2018年更是增加到全部生产性服务贸易差额的84.25%。值得关注的是，知识产权贸易逆差规模增速很快，1997年仅为4.88亿美元，到2018年扩大到300.29亿美元，增长了62倍（见表1—21和表1—22）。随着我国更加注重知识产权保护，未来不排除知识产权服务逆差规模有"短期内"急剧增大的可能。而从长期来看，除通信服务的数据不连续外，其余生产性服务的出口增长速度都要高于进口，比如金融服务的平均出口增速高于进口16.69个百分点；信息、保险、知识产权、运输年均出口也各自高于进口的10.48个、4.99个、2.55个、1.47个百分点。鉴于此，未来我国生产性服务贸易"率先"实现贸易顺差的可能性是存在的。

四 非生产性服务贸易细分行业的发展趋势

将非生产性服务贸易细分为六个行业后，表1—23—表1—25的统计结果显示：

表 1—23   中国非生产性服务贸易细分行业进出口总额   单位：亿美元

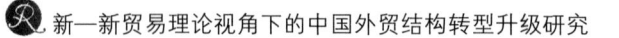

年份	旅行	建筑	广告	影音	其他	其中：咨询
1997	202.04	17.99	4.79	0.54	129.32	8.14
1998	218.07	17.14	4.76	0.54	116.48	12.76
1999	249.63	25.25	4.40	0.41	134.99	8.04
2000	293.45	15.96	4.25	0.48	132.01	9.96
2001	317.01	16.77	5.35	0.78	130.26	23.91
2002	357.83	22.10	7.67	1.26	136.93	39.16
2003	325.93	24.73	9.44	1.03	215.20	53.35
2004	448.88	28.06	15.47	2.17	244.29	78.87
2005	510.55	42.12	17.91	2.88	262.73	115.06
2006	582.71	48.03	24.00	2.58	309.54	162.23
2007	670.19	82.87	32.49	4.70	451.53	224.37
2008	770.00	146.92	41.43	6.73	491.27	316.77
2009	833.77	153.31	42.68	3.75	434.60	320.40
2010	1006.94	195.67	49.25	4.94	527.63	378.64
2011	1211.00	184.00	67.91	5.23	1056.00	469.73
2012	1520.00	158.00	75.14	6.90	934.00	534.70
2013	1803.00	146.00	80.40	9.30	1045.00	641.20
2014	2713.00	203.00	88.00	11.00	1096.00	692.00
2015	2948.00	269.00			979.00	
2016	3055.00	210.00			1013.00	
2017	2935.88	324.93			1043.92	
2018	3162.99	351.89			1171.82	

资料来源：Wind 数据库，笔者整理；空白处表示尚未获得相关数据。

（1）尽管样本期内所有非生产性的服务进出口年均都能保持两位数增长，但旅行始终是样本期内所有非生产性服务贸易的最主要构成部分。1997 年旅行的进出口额就已经达到了 202.04 亿美元，占全部非生产性服务贸易总额的 55.69%；到 2018 年旅行进出口更是达到 3162.99 亿美元，占全部非生产性服务贸易的比重增加到 67.49%，22 年间扩大了 11.80 个百分点。与旅行相比，其他非生产性服务的贸易总额相对较小，占比最大的其他服务贸易（所占比重为25%），其2018年的进出口总额只有1171.82亿美元，仅仅相当于旅行的37%，更不用说像建筑、广告、影音等非生产性服务贸易，因为即便是建筑服务2018年进出口总额也才为351.89亿美元，所占比重仅为7.51%（见表1—23）。年均增速的比较也有类似结论。剔除广告、影音、咨询的不连续数据后，旅行服务贸易1997—2018年的年均增速达到14%，仅仅比建筑低1.21个百分点（因为建筑增速为15.21%），比其他非生产性服务贸易又要高出2.93个百分点。随着中国国内经济实力的快速增加以及国民收入水平持续改善，国人追求"美好生活"的向往应该还会继续增加旅行服务需求，国际旅行服务贸易的规模或许还会继续扩大，毕竟2012年以来其进出口年均增速已经远高于建筑和其他服务贸易，因为前者年均增速高达15%，后两者才分别为8%和10%。

（2）出口市场上，旅行服务出口增长动能有所减弱，而建筑和其他非生产性服务出口增速相对较快，但广告与影音出口规模相对偏小。与进出口贸易总额表现不一致的是：中国旅行出口增速近年来有所放缓，规模也有所下降。统计数据显示：1997年我国旅行出口就已经有120.74亿美元，之后一路增长，到2013年达到517亿美元的"顶峰"，然后开始缓慢减少，2018年仅为394.59亿美元，导致其年均增速只有5.80%。相反建筑和其他非生产性服务尽管开始阶段的出口规模较小，但增长较快，以至于当前其总出口超过了旅行服务。统计数据显示：1997年建筑和其他服务出口仅为5.90亿美元和76.79亿美元，到2018年分别扩大到265.88亿美元和699.00亿美元，22年间分别扩大了45.06倍和9.10倍，年均增速也分别为19.88%和11.09%，以至于两者2018年的出口总和达到964.88亿美元，是旅行出口的2.45倍。

同时，尽管广告、影音、咨询出口数据不连续，但其样本期内的年均增速也分别达到了19.62%、19.27%和32.78%，同样高于旅行。只是因为其规模相对较小，占非生产性服务出口比例相对较小，比如影音服务在2014年的出口值仅为2亿美元（见表1—24）。相信随着"一带一路"倡议的持续推进以及沿线很多国家（或地区）的积极响应，包括建筑在内的基建需求将会大幅增长，未来中国基建企业持续"走出去"应该会对建筑服务出口增长大有帮助，且随着国内企业尤其是央企走出去步伐的加快，与沿线国家（或地区）人文交流也会愈加丰富，文化"造出来""走进去"也会迈出更为坚实的步伐,附加其中的"影音"出口相信会得到较快速度增长。目前,已经有一些积极信号,比如电视剧《媳妇的美好时代》在非洲一些国家大受欢迎,一方面表现出"婆媳关系"是人类的共性话题,另一方面也说明生产和制造更好、更优的中国影音文化是有海外市场需求的,应该也能满足进口国受众的需求。

表1—24　　　　　中国非生产性服务贸易细分行业出口　　　　单位:亿美元

年份	旅行	建筑	广告	影音	其他	其中:咨询
1997	120.74	5.90	2.38	0.10	76.79	3.46
1998	126.02	5.94	2.11	0.15	62.12	5.18
1999	140.98	9.85	2.21	0.07	69.09	2.80
2000	162.31	6.02	2.23	0.11	70.84	3.56
2001	177.92	8.30	2.77	0.28	72.82	8.89
2002	203.85	12.46	3.73	0.30	87.61	12.85
2003	174.06	12.90	4.86	0.33	150.56	18.85
2004	257.39	14.67	8.49	0.41	159.51	31.53
2005	292.96	25.93	10.76	1.34	168.85	53.22
2006	339.49	27.53	14.45	1.37	196.93	78.34
2007	372.33	53.77	19.12	3.16	269.15	115.81
2008	408.43	103.29	22.02	4.18	260.06	181.41
2009	396.75	94.63	23.13	0.97	246.88	186.23
2010	458.14	144.95	28.85	1.23	355.87	227.70
2011	485.00	147.00	40.18	1.23	564.00	283.91
2012	500.00	122.00	47.48	1.30	510.00	334.50
2013	517.00	107.00	49.10	1.50	572.00	405.40
2014	440.00	154.00	50.00	2.00	689.00	429.00
2015	450.00	167.00			584.00	
2016	444.00	127.00			579.00	
2017	387.99	239.26			615.38	
2018	394.59	265.88			699.00	

资料来源:Wind数据库,笔者整理;空白处表示尚未获得相关数据。

（3）进口市场上，影音与咨询尽管规模不大但增速最快，旅行增速位居第三但规模最大。这是因为1997年咨询、影音服务进口仅分别为4.68亿美元与0.44亿美元，到2018年也分别发展到263亿美元与9亿美元，年均增速分别达到26.74%与19.43%，但占比依然很小，仅为8.65%和0.32%。相反，旅行1997年的进口额仅为81.30亿美元，到2018年却发展到2768.40亿美元，22年间扩大了34.05倍，年均增长18.29%，其占全部非生产性服务进口的比重也从1997年的52.98%扩大到2018年的83.20%，增长了30.22个百分点，成为目前我国非生产性服务进口的最大构成。相信随着中国人均实际收入的不断增加，对外经济交往的自由化与便利化持续发展，会更加推动更多国人赴境外旅行，其进口规模或许还会持续扩大。当然，将国人"留在"国内，依然需要更加持续改善中国的生态旅游环境，毕竟同大多数发达国家相比，我国的机场、港口、码头、城市建设已经不"逊色"于外国，甚至更大、更新、更高级，但"江河湖海"生态旅游资源同国外相比还有不小"差距"。只有采取切实有效措施修复原本美好的"家园"，才可以让一些国人的境外旅游"留在"国内，起到尽量降低国民财富向外流失的损失。

规模上，剔除广告、影音与咨询服务的不连续数据外，其他非生产性服务进口位居第二，1997年进口额为52.53亿美元，到2018年达到了472.82亿美元，年均增长11.03%。排在第三的是建筑服务进口，1997年进口12.09亿美元，2018年为86.02亿美元，22年间每年增长9.79%（见表1—25）。

表1—25　　　　中国非生产性服务贸易细分行业进口　　　　单位：亿美元

年份	旅行	建筑	广告	影音	其他	其中：咨询
1997	81.30	12.09	2.41	0.44	52.53	4.68
1998	92.05	11.20	2.65	0.39	54.36	7.58
1999	108.65	15.40	2.19	0.34	65.90	5.24
2000	131.14	9.94	2.02	0.37	61.17	6.40
2001	139.09	8.47	2.58	0.50	57.44	15.02
2002	153.98	9.64	3.94	0.96	49.32	26.31
2003	151.87	11.83	4.58	0.70	64.64	34.50

续表

年份	旅行	建筑	广告	影音	其他	其中：咨询
2004	191.49	13.39	6.98	1.76	84.78	47.34
2005	217.59	16.19	7.15	1.54	93.88	61.84
2006	243.22	20.50	9.55	1.21	112.61	83.89
2007	297.86	29.10	13.37	1.54	182.38	108.56
2008	361.57	43.63	19.41	2.55	231.21	135.36
2009	437.02	58.68	19.55	2.78	187.72	134.17
2010	548.80	50.72	20.40	3.71	171.76	150.94
2011	726.00	37.00	27.73	4.00	492.00	185.82
2012	1020.00	36.00	27.66	5.60	424.00	200.20
2013	1286.00	39.00	31.30	7.80	473.00	235.80
2014	2273.00	49.00	38.00	9.00	407.00	263.00
2015	2498.00	102.00			395.00	
2016	2611.00	83.00			434.00	
2017	2547.89	85.67			428.54	
2018	2768.40	86.02			472.82	

资料来源：Wind 数据库，笔者整理；空白处表示尚未获得相关数据。

（4）贸易差额上，正是因为旅行进口增速远远高于出口，结果导致旅游成为我国当前最大的非生产性服务逆差。实际上，建筑和其他服务出口速度高于进口，目前已经成为中国非生产性服务的主要贸易顺差来源。统计资料显示：1997年建筑还是逆差，2002年开始转为顺差，到2018年顺差发展到179.86亿美元；其他非生产性服务贸易也是如此，其在1997—2018年均为顺差。与影音服务始终处于逆差状态相比，旅游曾是我国非生产性服务贸易的最大顺差来源，1997年的顺差就达到了39.44亿美元，即便到了2008年还有46.86亿美元顺差。但自2008年以后，旅行服务开始出现逆差，2018年逆差规模甚至达到了2373.81亿美元，比2009年扩大了58.95倍，以至于建筑服务和其他非生产性服务的406.04亿美元贸易顺差在其面前"微不足道"（仅占旅行逆差的17.10%），结果导致我国非生产性服务贸易总体呈现出非常大的"逆差"状态（见表1—24和表1—25），且其逆差额更是超过生产性服务贸易，是服务贸易逆差的最主要来源。

第六节 本章主要结论

为全面分析中国外贸增长的结构与特征，本章以联合国贸易统计数据库、中国海关统计数据库、工业企业统计数据库和国家统计局等相关数据为基础，对我国对外贸易的宏观结构、产品结构、要素密集度结构、企业结构、贸易方式结构、贸易类型结构进行统计分析，主要结论如下：

产品结构上，无论是采取标准化逆赫芬达尔（HHI）指数，还是采用泰尔（THEIL）指数及其组内、组间分解，或者 Feenstra 环比指数、静态 $H-K$ 指数以及传统产品与新产品"定基"动态比较指数，统计结果都显示中国传统产品的出口集中度相对较高，而新产品拉动出口增长的作用较为有限。

国别（或地区）结构上，无论是采取横向或纵向的数据比较，还是将国别（或地区）多元化与产品多样化结合起来测算出口增长的二元边际，中国和众多发展中经济体都有类似特征，即存在相对较高的出口增长国别（或地区）集中度问题，出口目标市场多元化似乎都还未"根本"实现。

比较优势结构上，无论是一分位的 4 大行业还是 30 个二分位行业，也无论是使用比较优势指数还是显示性技术复杂度指数，或者使用核密度分布函数，中国货物贸易出口呈现出一定"动态"比较优势特点，"基本"实现了出口产品的技术升级。

贸易方式结构上，无论是对货物贸易进行整体分析，还是细分贸易方式差异，加工贸易对我国外贸持续稳定发展曾做出过重要贡献，尤其是"进料加工"贡献了样本期内超过 69% 的进出口、70% 的出口和 67% 的贸易顺差。

贸易主体结构上，无论是按内资与外资进行区分，还是将外资企业细分为外商独资、中外合资、中外合作三类，或者将内资企业细分为国有企业与民营企业，外资外贸在样本期内中国货物贸易发展历程中都起了重要作用，因为其年均增速要比内资企业高出 1.85 个百分点。

贸易类型结构上，将贸易类型划分为货物贸易与服务贸易后，我国外贸增长主要以货物贸易为主，服务贸易所占比重有待提高。而在服务贸易内部，生产性服务贸易增速更快，决定了未来可能成为我国服务贸易增长的主要动能。只是因为旅游等非生产性服务贸易逆差规模越来越大，其逆差额更是超过生产性服务贸易的顺差额，成为当前中国服务贸易逆差的最主要来源。

第二章 产品多样化与出口产品结构优化升级

国际经验表明：产品多元化与一国（或地区）发展阶段紧密联系，呈现出典型的倒"U"特征，即人均收入25000美元之前是出口产品快速增加的时期，之后转向出口专业化的"拐点"。然而，包括中国在内的众多发展中国家（或地区），其人均收入都低于25000美元，应该处于出口产品种类快速增加的阶段，但现实外贸增长却以传统产品为主。为解释这一现象，本章使用"劳动力无限供给理论"对Mayer等（2014）理论模型进行拓展，以期能为出口增长主要沿传统产品扩张的原因提供理论支持，并使用中国微观企业数据和细分行业数据进行检验。

第一节 结构转型的出口产品模型拓展

一 消费者的效用函数

假定世界上只存在本国（H）和外国（F）两个国家（或地区），也只存在农业（A）和制造业（M）两个生产部门。农业部门生产不可贸易的同质性农产品，制造业部门生产具有差异化且可贸易的工业制成品。假定两国（或地区）消费者消费的产品结构相同，当同质性农产品消费量为q_0^c、差异化产品i消费量为q_i^c，用Ω表示全部差异化产品集合，消费者的效用函数可以表示为：

$$U = q_0^c + \alpha \int_{i \in \Omega} q_i^c di - \frac{1}{2}\gamma \int_{i \in \Omega} (q_i^c)^2 di - \frac{1}{2}\eta (\int_{i \in \Omega} q_i^c di)^2 \qquad (2.1)$$

其中：α、η 决定差异化工业制成品 i 和同质农业产品之间的替代关系：α 越大、η 越小，消费者越偏好差异化产品 i 的消费、减少同质化产品的消费。γ 表示差异化产品 i 不同品种内部的替代关系：如果 $\gamma = 0$ 意味着差异化产品相互间可完全替代；γ 越大，差异化产品的可替代性越低。

鉴于农产品消费不可能降为负数，当消费者对同质农产品有非负需求时，由 Mayer 等（2014）理论模型可知，差异化产品 i 的反需求函数为：

$$p_i = \alpha - \gamma q_i^c - \eta Q^c \qquad (2.2)$$

其中：p_i 为差异化产品 i 的价格；$Q^c = \int_{i \in \Omega} q_i^c di$ 为全部差异化产品的总需求。假定国家（或地区）j 的总人口为 L^j（$j = H, F$），则消费者对差异化产品 i 的需求函数为：

$$q_i \equiv L^j q_i^c = \frac{\alpha L^j}{\eta M + \gamma} - \frac{L^j}{\alpha} p_i + \frac{\eta M}{\eta M + \gamma} \cdot \frac{L^j}{\gamma} \bar{p} \qquad (2.3)$$

其中：M 表示被消费的差异化产品总种类，即集合 Ω 子集 Ω^* 的产品种类总数；$\bar{p}$ 为差异化产品的平均价格，且满足：

$$\bar{p} = \frac{1}{M} \int_{i \in \Omega^*} p_i di \qquad (2.4)$$

用 p^{max} 表示差异化产品消费为零时的最大价格，根据 Mayer 等（2014）的研究结论，有下式成立：

$$p_i \leq p^{max} \equiv \frac{1}{\eta M + \gamma} (\gamma \alpha + \eta M \bar{p}) \qquad (2.5)$$

根据价格弹性计算公式 $|(\partial q/\partial p)(p/q)|$ 可知，差异化产品 i 的价格弹性为：

$$\varepsilon_i = (p^{max}/p_i - 1)^{-1} \qquad (2.6)$$

上式中只要差异化产品种类 M 增加、平均价格 $\bar{p}$ 下降，p^{max} 就会下降，差异化产品 i 的价格弹性 ε_i 就会增加，从而出现价格与需求量的反向变化关系，即市场竞争可以带来产品价格下跌、需求量增加的经济结果。

二 制造业生产者和企业行为

假定在单要素产品结构模型中，企业生产仅投入一种劳动生产要素，且制造业部门的生产行为是规模报酬递增，也是垄断竞争的。根据 Melitz（2003）经典理论，生产率为 φ 的企业，生产 q_i 个单位工业制成品的劳动投入为：

$$L_i = f_d + \frac{q_i}{\varphi} \tag{2.7}$$

假定劳动价格为 w_i，则总成本为 $C_i = w_i L_i$。用 c 表示某一企业生产差异化产品品种 i 的边际成本，由边际成本计算公式 $MC = \partial C/\partial q$，则有下式成立：

$$c = \frac{w_i}{\varphi} \tag{2.8}$$

将其代入公式（2.3），则利润最大化条件下该企业需求函数应该满足以下条件：

$$q_i^c = \frac{L^j}{\gamma}[p_i - c] = \frac{L^j}{\gamma}\left[p_i - \frac{w_i}{\varphi}\right] \tag{2.9}$$

根据公式（2.5），当价格 p_i 超过 $p^{\max}$ 时，边际成本为 c 的企业不可能有正利润，将立即退出市场；当 p_i 等于 $p^{\max}$ 时，边际成本为 c 的企业利润为零，相应的最大边际成本可以表示为 $c_{\max}$，即 $c_{\max} = p^{\max}$；当 p_i 小于 $p^{\max}$ 时，边际成本为 c 的企业有正需求并能获取正利润。

根据生产企业的价格加成公式 $p_i = mc \cdot [1 + 1/(\varepsilon_i - 1)]$，当边际成本为 c 且 $p^{\max} = c^{\max}$ 时，将公式（2.6）代入公式（2.9），则企业生产产品 i 的市场价格为：

$$p_i = \frac{1}{2}(p^{\max} + c) = \frac{1}{2}(c^{\max} + c) = \frac{1}{2}\left(c^{\max} + \frac{w_i}{\varphi}\right) \tag{2.10}$$

用 $r_i = p_i q_i$ 表示收入、$\pi_i = p_i q_i - q_i c$ 表示利润，由公式（2.9）和公式（2.10）可知下式成立：

$$q_i^c = \frac{L^j}{2\gamma}[c^{\max} - c], \quad r_i^c = \frac{L^j}{4\gamma}[(c^{\max})^2 - c^2], \quad \pi_i^c = \frac{L^j}{4\gamma}(c^{\max} - c)^2 \tag{2.11}$$

潜在生产者是否进入市场取决于其观察到的利润是否为正：如果利润为负，将不存在任何潜在生产者进入；如果利润始终为正，将吸引更多潜在生产者进入，直至所有潜在生产者的预期利润为零。假定潜在生产者进入市场需要支付固定生产成本 f_e，则其预期利润可以表示为 $\int_0^{c^{\max}} \pi_i^c dG(c) - f_e$。进一步将公式（2.11）代入上述预期利润，则潜在生产者自由进入市场的均衡条件为：

$$\int_0^{c^{max}} \pi_i^c dG(c) = \frac{L^j}{4\gamma} \int_0^{c^{max}} (c^{max} - c)^2 dG(c) = f_e \qquad (2.12)$$

显然，公式（2.12）的自由进入条件与 c^{max} 有关。根据公式（2.5）和 $p^{max} = c^{max}$ 可知：

$$c^{max} \equiv \frac{1}{\eta M + \gamma}(\gamma\alpha + \eta M \bar{p}) \qquad (2.13)$$

用 $\bar{c} = [\int_0^{c^{max}} c dG(c)]/G(c)$ 表示存活企业的平均成本。由公式（2.13），则零利润条件下国家（或地区）j 的产品总数为：

$$M = \frac{2\gamma}{\eta} \cdot \frac{\alpha - c^{max}}{c^{max} - \bar{c}} \qquad (2.14)$$

再将其代入到公式（2.11），则 $\bar{p} = (c^{max} + \bar{c})/2$ 成立。相应地，潜在市场进入者数量可表示为：

$$M_e = \frac{M}{G(c^{max})} \qquad (2.15)$$

三 农业剩余劳动力非农转移对制成品部门的影响

为体现农业剩余劳动力非农转移对制成品部门生产企业的影响，本章采取王泽填与姚洋（2009）的方法，设定农业部门的生产函数为：

$$\ln q_0^j = \ln\varphi_A^j + \mu\ln L_A^j (0 < \mu \leq 1; j = H, F) \qquad (2.16)$$

其中：φ_A 表示农业部门生产率；L_A 表示农业部门实际劳动投入；μ 表示农业部门劳动产出弹性。$0 < \mu < 1$ 意味着农业部门生产率在既定条件下，农业劳动投入增加 1 倍，产出增长的倍数小于 1，即农业部门存在"剩余"劳动力现象。相反，如果 $\mu = 1$，则农业生产率在既定条件下，农业劳动投入增加 1 倍，产出也增长 1 倍，即不存在农业劳动力的隐性失业问题。

假定农业部门是完全竞争且规模报酬不变，由名义工资等于边际产出的利润最大化条件，则农业部门劳动者名义工资可表示为：

$$W_A^j = \mu\varphi_A^j (L_A^j)^{\mu-1} P_A^j \qquad (2.17)$$

为分析方便，本章假定农业同质性产品的价格为 1，农业部门劳动生产率也为 1，于是公式（2.17）可以简化为：

$$W_A^j = \mu(L_A^j)^{\mu-1} \qquad (2.18)$$

当农业部门存在隐性失业时，由劳动力无限供给理论，制成品部门实际工资不是由其边际成本等于边际产品确定，而是由农业部门的最低工资决定，即 $w_i = W_A^j = \mu (L_A^j)^{\mu-1}$ 成立。将其代入公式（2.8）和公式（2.11）中，则生产制成品品种 i 的企业，其收入和利润函数可分别表示为：

$$r_i^c = \frac{L^j}{4\gamma}\left[(c^{max})^2 - \left(\frac{\mu(L_A^j)^{\mu-1}}{\varphi}\right)^2\right], \quad \pi_i^c = \frac{L^j}{4\gamma}\left(c^{max} - \frac{\mu(L_A^j)^{\mu-1}}{\varphi}\right)^2 \quad (2.19)$$

上式中，显然有 $\partial r_i^c / \partial \varphi > 0$、$\partial \pi_i^c / \partial \varphi > 0$ 成立，即制成品企业生产率水平越高，其收入和利润越高。同时，当 $0 < \mu < 1$ 时，这里也有 $\partial r_i^c / L_A^j > 0$、$\partial \pi_i^c / L_A^j > 0$ 成立，说明农业剩余劳动力非农转移越多的国家（或地区），制成品部门"低成本竞争优势"越明显，生产企业的收入和利润随之增加。

四 贸易开放的影响

下面主要分析开放条件下，作为转型经济体的本国（或地区）制成品生产企业，其境内销售和出口情况。假定境内市场和国际市场是分割的，境内市场销售只需支付固定生产成本 f_d，出口则需要同时支付固定贸易成本和可变贸易成本。固定贸易成本用 f_x 表示；可变贸易成本使用冰山形式的边际成本加成表示，即出口 $\tau \cdot c > 1$ 单位产品只能有 1 个单位到达国际市场。用 d 表示境内销售、x 表示出口，由公式（2.8）、公式（2.11）可知，本国（或地区）企业生产差异化产品品种 i 的境内销售和出口利润为：

$$\pi_{i,d}^c = \frac{L^H}{4\gamma}\left(c^{max\,H} - \frac{w_i}{\varphi}\right)^2 - f_d, \quad \pi_{i,x}^c = \frac{L^F \tau}{4\gamma}\left(c^{max\,F} - \frac{w_i}{\varphi}\right)^2 - f_x \quad (2.20)$$

定义生产零利润条件（ZCP）为企业在境内销售的利润为零，出口零利润条件（ECP）为企业出口的利润为零，分别用 $\varphi_{i,d}^*$ 和 $\varphi_{i,x}^*$ 表示生产零利润条件与出口零利润条件的临界生产率水平以后，并将 $w_i = W_A^j = \mu(L_A^j)^{\mu-1}$ 代入公式（2.20）中，则有下式成立：

$$\varphi_{i,d}^* = \frac{\mu(L_A^H)^{\mu-1}\sqrt{L^H}}{c^{max\,H}\sqrt{L^H} - 2\sqrt{\gamma f_d}}, \quad \varphi_{i,x}^* = \frac{\sqrt{L^F}\tau\mu(L_A^H)^{\mu-1}}{c^{max\,F}\sqrt{L^F \tau} - 2\sqrt{\gamma f_x}} \quad (2.21)$$

上式中 $c^{max\,H}$、$c^{max\,F}$ 构成了本章下一步分析的障碍。借鉴 Mayer 等

（2014）的分析方法，假定生产企业边际成本 $G(c)$ 和生产率 $G(\varphi)$ 分布函数满足 Pareto 形式，即：

$$G(c) = \left(\frac{c}{c_M}\right)^k, \ c \in [0, c_M]; \ G(\varphi) = (\varphi_0/\varphi)^k, \ \varphi \in [\varphi_0, \infty) \quad (2.22)$$

其中：$\varphi_0 = w_i/c_M$ 表示生产率下界。

令 P^j 表示最大化的价格指数，将公式（2.16）代入到公式（2.12），则：

$$P^j = p^{\max} = c^{\max} = \left[\frac{2(k+1)(k+2)\gamma(c_M)^k f_e}{L^j}\right]^{1/(k+2)} \quad (2.23)$$

再根据可变贸易成本的加成原理，则有 $c^{\max F} = p^{\max F}/\tau = P^F/\tau$ 成立。将其和公式（2.23）代入到公式（2.21）中，可以发现以下公式成立：

$$\varphi_{i,d}^* = \mu(L_A^H)^{\mu-1}\frac{\sqrt{L^H}}{P^H} \cdot (\sqrt{L^H} - 2\sqrt{\gamma f_d}/P^H)^{-1} \quad (2.24)$$

$$\varphi_{i,x}^* = \mu(L_A^H)^{\mu-1}\frac{\tau\sqrt{L^F}}{P^F} \cdot (\sqrt{L^F} - 2\sqrt{\tau\gamma f_x}/P^F)^{-1} \quad (2.25)$$

$$\Lambda \equiv \frac{\varphi_{i,x}^*}{\varphi_{i,d}^*} = \psi \cdot \frac{\tau P^H}{P^F} \cdot \sqrt{\frac{L^F}{L^H}} \quad (2.26)$$

其中：$\psi = [\sqrt{L^F} - 2\sqrt{\tau\gamma f_x}/P^F]/[\sqrt{L^H} - 2\sqrt{\gamma f_d}/P^H]$。公式（2.26）中，只要 $\Lambda > 1$ 就会有 $\varphi_{i,x}^* > \varphi_{i,d}^*$ 成立，即生产率高于 $\varphi_{i,x}^*$ 企业出口；处于 $[\varphi_{i,d}^*, \varphi_{i,x}^*)$ 的企业在境内市场上销售；低于 $\varphi_{i,d}^*$ 企业退出市场。也就是说，只要满足条件 $\Lambda > 1$，即便发展中经济体存在农业剩余劳动力非农转移的经济结构转型，出口选择效应依然成立。

公式（2.24）至公式（2.26）中，这里还可以发现 $\partial\varphi_{i,x}^*/\partial L^F < 0$、$\partial\varphi_{i,x}^*/\partial P^F < 0$ 成立，说明国际市场规模越大、价格水平越高，本国（或地区）出口企业的零利润生产率水平越低，已经出口企业越容易在外国（或地区）市场生存，增加出口的可能性越大。相反，由于 $\partial\varphi_{i,x}^*/\partial\tau > 0$、$\partial\varphi_{i,x}^*/\partial f_x > 0$ 也成立，说明可变贸易成本和固定贸易成本越高，本国（或地区）出口企业最低零利润生产率水平要求越高，出口企业在外国（或地区）市场生存越难，增加出口的可能性越小。

更为重要的是，$\partial\varphi_{i,x}^*/\partial L_A^H = (\mu-1)(L_A^H)^{-1}\varphi_{i,x}^*$ 也成立。于是，当 $0 < \mu < 1$ 时就有 $\partial\varphi_{i,x}^*/\partial L_A^H < 0$ 成立，即农业剩余劳动力越多的国家（或地区），

已经出口企业的零利润条件越小,这些企业在国际市场上出口传统产品的可能性越高。于是,这里可以得到如下假定:

假定1:发展中国家(或地区)经济结构转型过程中,因为农业剩余劳动力非农转移降低了传统产品生产企业的出口零利润条件,所以传统产品生产企业的出口随之扩张,传统产品总出口规模不断扩大。

潜在生产者支付进入市场的固定成本 f_e 后,观测到自身利润水平,以决定是进入国际市场还是仅进入境内市场或直接从市场中退出。定义境内市场自由进入条件(FE)为潜在生产者境内预期利润为零,即:

$$\int_0^{c^{\max H}} \pi_i^e dG(c) = f_e \tag{2.27}$$

将公式(2.11)和公式(2.22)代入公式(2.27),潜在生产者最大边际成本可以表示为:

$$L^H (c^{\max H})^{k+2} = \gamma \cdot \phi \cdot c_M^k \tag{2.28}$$

其中:$\phi = 2f_e(k+1)(k+2)$。根据公式(2.8)的边际成本与企业生产率反向变化关系并将 $\varphi_0 = w_i/c_M$、$w_i = W_A^j = \mu(L_A^j)^{\mu-1}$ 代入上式,则潜在生产者进入境内市场的最低生产率条件为:

$$\varphi_{i,b}^{e*} = \mu^{-k/(k+2)} (L_A^H)^{-k(\mu-1)/(k+2)} (\gamma \cdot \varphi)^{-1/(k+2)} (L^H)^{1/(k+2)} \varphi_0^{k/(k+2)} P^H \tag{2.29}$$

同样可以定义出口自由进入条件(FEE)为潜在生产者进入出口市场的预期利润为零。由公式(2.20)可知,潜在生产者只要能进入国际市场,生产率条件必然满足在境内市场销售的要求,于是其零利润条件为:

$$\int_0^{c^{\max H}} \pi_{i,d}^e dG(c) + \int_0^{c^{\max F}} \pi_{i,x}^e dG(c) = f_e \tag{2.30}$$

使用公式(2.9)相同计算方法,将 $c^{\max F} = p^{\max F}/\tau = P^F/\tau$ 代入上式,潜在生产者进入境内市场的最低生产率条件可以表示为:

$$L^H (P^H/\varphi_{i,d}^{e*})^{k+2} + L^F \tau^2 (P^F/\varphi_{i,x}^{e*})^{k+2} = \gamma \cdot \varphi \cdot c_M^k \tag{2.31}$$

由公式(2.26)可知,$\varphi_{i,x}^* \equiv \Lambda \varphi_{i,d}^*$ 恒成立。将其代入到公式(2.31)并化简,则潜在生产者进入国际市场的最低生产率条件为:

$$\varphi_{i,x}^{e*} = \mu^{-k/(k+2)} (L_A^H)^{-k(\mu-1)/(k+2)} (\gamma\varphi)^{1/(k+2)} [L^H (P^H)^{k+2} \Lambda^{k+2} + L^F \tau^2 (P^F)^{k+2}]^{1/(k+2)} \varphi_0^{k/(k+2)} \tag{2.32}$$

比较公式(2.29)和公式(2.31),这里也能得到下式成立:

$$\frac{\varphi_{i,x}^{e*}}{\varphi_{i,d}^{e*}} = \Lambda_1 \equiv \left[\Lambda^{k+2} + \frac{L^F}{L^H} \cdot \left(\frac{P^F}{P^H} \right)^{k+2} \tau^2 \right]^{1/(k+2)} \tag{2.33}$$

只要 $\Lambda_1 > 1$，就有 $\varphi_{i,x}^{e*} > \varphi_{i,b}^{e*}$ 成立，即潜在生产者也存在自我选择效应：生产率水平最高的企业在境内外市场同时销售；生产率中等的企业仅在境内市场销售；生产率低的企业主动选择退出市场。

公式（2.32）中，这里也可以轻易证明出 $\partial \varphi_{i,x}^{e*} / \partial L^F < 0$、$\partial \varphi_{i,x}^{e*} / \partial P^F < 0$ 成立，说明国际市场规模越大、价格水平越高，本国（或地区）出口企业的零利润生产率水平越低，潜在生产者成立"新企业"、研发并出口"新产品"更为容易；相反，由于 $\partial \varphi_{i,x}^{e*} / \partial \tau > 0$、$\partial \varphi_{i,x}^{e*} / \partial f_x > 0$（隐函数偏导），表明可变贸易成本和固定贸易成本越高，本国（或地区）潜在生产者生产并出口"新产品"的生产率要求越高，扩大新产品出口的难度增加。

更为重要的是 $\partial \varphi_{i,x}^{e*} / \partial L_A^H = -k(\mu - 1)/(k+2) \varphi_{i,x}^{e*} / L_A^H$ 还成立。于是，当 $0 < \mu < 1$ 就有 $\partial \varphi_{i,x}^{e*} / \partial L_A^H > 0$ 成立，意味着农业剩余劳动力越多的国家，潜在生产者进入市场设立新企业的零利润条件要求更高，出口新产品越难，即发展中经济体经济结构转型过程中，新产品出口增长的速度低于完成经济结构转型的发达经济体。于是，本章也可以得到如下假定：

假定 2：发展中国家（或地区）经济结构转型过程中，农业剩余劳动力非农转移提高了潜在生产者进入市场生产新产品的出口零利润条件，可能会抑制新产品出口速度的扩张。

一旦企业生产率符合进入国际市场的 $\varphi \geq \varphi_{i,x}^*$ 和 $\varphi \geq \varphi_{i,x}^{e*}$ 条件要求，根据公式（2.19）、公式（2.23）和 $c^{\max F} = p^{\max F}/\tau = P^F/\tau$，传统产品"老生产企业"和"新进入"市场的新产品生产企业，其出口可以分别表示为：

$$x_i^{H,o} = \frac{L^F (P^F)^2}{4\gamma} (\varphi - \varphi_{i,x}^*) \mu^{-1} (L_A^H)^{1-\mu} (\phi_1 - \phi_2 \tau^{v_1} f_x^{v_2}) \quad (2.34)$$

$$x_i^{H,e} = \frac{\varphi_5 L^F (P^F)^2}{4\gamma} (\varphi - \varphi_{i,x}^{e*}) \mu^{k/(k+2)} (L_A^H)^{k(\mu-1)/(k+2)} (\phi_3 - \phi_4 \tau^{v_3} f_x^{v_4})$$

$$(2.35)$$

其中：$x_i^{H,o}$ 为"老企业"出口，$x_i^{H,e}$ 为"新企业"出口，$\phi_1 = 1 + \varphi\mu (L_A^H)^{\mu-1} (L^F)^{1/2}/P^F$，$\phi_2 = 2\gamma^{1/2} (\varphi\mu (L_A^H)^{\mu-1} (L^F)^{1/2})^{-1}$，$v_1 = 3/2$，$v_2 = 1/2$，$v_3 = 3/2$，$\phi_3 = \tau^2 + \tau (L^F)^{1/2} / [\phi_6 (\phi_7 + \phi_8)^{1/(k+2)}]$，$v_4 = 1/2$，$\phi_4 = 2\gamma^{1/2} / [\phi_6 P^F (\phi_7 + \phi_8)^{1/(k+2)}]$，$\phi_5 = [L^H \varphi_0^k/(\gamma\varphi)]^{1/(k+2)} P^H (\mu (L_A^H)^{\mu-1}) \Lambda_1 \varphi_{i,x}^{e*}$，$\phi_6 = \varphi_0^{k/(k+2)} \varphi (\gamma\varphi\mu^{-k})^{1/(k+2)} (L_A^H)^{-k(\mu-1)/(k+2)}$，$\phi_7 = L^H P^{Hk+2} [\mu (L_A^H)^{\mu-1}$

$(L^F)^{1/2}/(\tau^2 P^F)]^{k+2}\varphi_{i,d}^{*-k-2}$，$\phi_8 = L^F P^{Fk+2}[\tau(L^F)^{1/2} - 2\tau^{3/2}f_x^{1/2}/P^F]$。①

当企业生产率分布为 $G(\varphi)$，对满足出口条件 $\varphi \geqslant \varphi_{i,x}^*$ 和 $\varphi \geqslant \varphi_{i,x}^{e*}$ 的全部行业内企业出口进行汇总，则 $X_i^{H,o} = \int_{\varphi_{i,x}^*}^{\infty} r_i^{H,o}(\varphi) dG(\varphi)$ 和 $X_i^{H,e} = \int_{\varphi_{i,x}^{e*}}^{\infty} r_{i,x}^{H,o}(\varphi) dG(\varphi)$ 就可以表示相应的传统产品和新产品行业总出口。再将公式（2.22）、公式（2.19）、公式（2.23）、公式（2.33）代入其中并进行化简，则有下列公式成立：

$$X_i^{H,o} = \phi_{11} L^F (L_A^H)^{2(1-\mu)} \tau^{-k} \left(\frac{P^F}{P^H}\right)^{v_6+2} \left(\frac{L^H}{L^F}\right)^{v_6} (\phi_9 - \phi_{10} f_x^{v_5})^{v_6} \quad (2.36)$$

$$X_i^{H,e} = \phi_{12} \phi_{13} \phi_{14} L^F (L_A^H)^{2(\mu-1)/(k+2)} \tau^{-k} \left(\frac{P^F}{P^H}\right)^{k} \left(\frac{L^H}{L^F}\right)^{k+1} (\phi_9 - \phi_{10} f_x^{v_5})^{k+1}$$
$$(2.37)$$

其中：$X_i^{H,o}$ 为传统产品行业出口，$X_i^{H,o}$ 为新产品行业出口，$\phi_9 = L^{F1/2}/(P^H L^{H1/2} - 2(\gamma f_d)^{1/2}/P^H)$，$\phi_{10} = 2[(\tau\gamma)^{1/2}/P^F]/[P^H L^{H1/2} - 2(\gamma f_d)^{1/2}/P^H]$，$v_5 = 1/2$，$v_6 = k+2$，$\phi_{11} = (4\gamma)^{-1} k (\mu P^H)^2/(k+2)\varphi_{i,d}^{*-k-2}\{\varphi_{i,x}^*/(P^F)^2 - 1/[k(\mu(L_A^j)^{\mu-1})^2]\}$，$\phi_{12} = \phi_{11}\tau^2(L^H/L^F)[L^H/(L^F\tau^2) + \{P^F/[(\Lambda P^H)^k \Lambda^{-k-2}]\}](\phi_9 - \phi_{10} f_x^{v_5})^{-1}$，$\phi_{13} = 1 - (P^F)^2/[k(\mu L_A^{H\mu-1}\varphi_{i,x}^*)^2]$，$\phi_{14} = (\gamma\varphi)^{2/(k+2)}[L^H \Lambda^{k+2}/\tau^2 + L^F(P^F)^{k+2}]^{2/(k+2)}\varphi_0^{2k/(k+2)}$。

当 $0 < \mu < 1$ 时，由公式（2.34）至公式（2.37），这里也可以很容易证明出：$\partial x_i^{H,o}/L_A^H > 0$、$\partial X_i^{H,o}/\partial L_A^H > 0$ 成立，且 $\partial x_i^{H,e}/\partial L_A^H < 0$、$\partial X_i^{H,e}/\partial L_A^H < 0$ 也成立，说明发展中国家（或地区）农业剩余劳动力非农转移确实具有促进"老企业"传统产品出口增长的作用，而对"新企业"的新产品出口增长构成障碍。于是，本章可以得出如下假定：

假定3：发展中国家（或地区）经济结构转型过程中，农业剩余劳动力非农就业有利于已有传统产品生产企业的规模扩张，不利于新产品生产企业成长，再加上贸易自由化和资源再分配效应，生产和出口传统产品的企业规模继续扩大，而研发和出口新产品的企业规模比这些传统产品企业小，发展中经济体存在以少数传统产品大量出口为主的外贸增长方式。

中国出口产品结构是否同理论模型预期一致？上述三个基本假定能否

---

① 应该指出的是：在计算企业实际出口时，由于二次效用函数带来的企业出口呈二次函数形式，导致数理推导过程难以将相关变量完全分离出来，必须改变效用函数的设定方法才能推导到"精确"出口方程。本书将在下一章采取CES效用函数进行再论证。

成立？微观企业数据和行业出口数据又有何不同？本章再使用微观企业数据和行业出口数据进行实证检验。

第二节 微观企业数据的检验

一 实证模型

加入时间因素后，对公式（2.34）和公式（2.35）取自然对数并考虑数据可获得性，这里设定如下计量方程分析农业剩余劳动力非农转移对我国传统产品"老"生产企业和"新"产品生产企业出口的不同影响：

$$\ln x_{it}^{H,o} = a_0 + a_1 \ln \varphi_{it-1} + a_2 \ln L_{At-1}^H + a_3 cv_{it-1} + \varepsilon_{it} \quad (2.38)$$

$$\ln x_{it}^{H,e} = b_0 + b_1 \ln \varphi_{it-1} + b_2 \ln L_{At-1}^H + b_3 cv_{it-1} + \xi_{it} \quad (2.39)$$

其中：t 表示时间；$t-1$ 表示滞后1期；$\ln x_{it}^{H,o}$ 和 $\ln x_{it}^{H,e}$ 分别表示"老"企业和"新"企业实际出口的对数；$\ln \varphi_{it}$ 表示企业生产率水平的对数；$\ln L_{At}^H$ 为农业剩余劳动力的对数；cv_{it} 表示控制变量；ε_{it} 和 ξ_{it} 表示误差项；a_i（$i=1,2,3$）和 b_i（$i=1,2,3$）为待估计系数。

二 变量选择、数据处理与预期符号

1. 企业实际出口（$\ln x_{it}^{H,o}$、$\ln x_{it}^{H,e}$）

本章使用的企业数据源自《中国工业企业统计数据库》（1998—2013年）[1]。该数据库统计了自1998年以来中国4211934条数据，其中存在出口交货值的样本数据高达3406067条，不存在出口交货值的样本也有805867条。将这些样本数据按年度分开后，本章以"是否存在出口交货值"为条件划分出口企业和非出口企业，即只要企业的出口交货值为正，

---

[1] 尽管《中国工业企业数据库》的统计年限为1998—2013年，包含超过421万条微观企业数据，但该数据库的样本期限依然较早，笔者在未来力争能获取年限更新、更全的企业数据进行再检验。

则为出口企业，否则为非出口企业。收集完每一年度企业样本后，本章按照法人代码进行匹配构建平衡面板数据，再按照企业是否在统计初始年份有出口交货值划分为"老"出口企业和"新"出口企业：前者指自1998年开始到2013年为止始终存在出口交货值的企业，后者则是1998年没有出口而在之后某个年份存在出口交货值的企业。经过上述处理，这里可以得到17829家一直存在出口的"老"企业和654284家"新"出口企业。

各企业名义出口使用出口交货值表示，数据源自《中国工业企业统计数据库》，并使用工业品出厂价格指数调整为实际值。历年工业品出厂价格指数源自相应年份的《中国统计年鉴》。应该指出的是，《中国工业企业统计数据库》（1998—2013年）中2004年没有统计任何企业的出口交货值，本章在实际处理中整体忽略这一年份数据。

2. 企业生产率（$\ln\varphi_{it}$）

由公式（2.34）和公式（2.35）可知 $\partial x_{it}^{H,o}/\varphi_{it}>0$ 和 $\partial x_{it}^{H,e}/\varphi_{it}>0$ 成立，即企业生产率水平越高，实际出口越大。当然，这一结论是新—新贸易理论的核心命题之一，即生产率异质性决定了微观企业相对出口的大小。因此，这里预期计量公式（2.38）和公式（2.39）中 $\ln\varphi_{it}$ 系数为正，即 $a_1>0$ 和 $b_1>0$。

衡量企业生产率水平的首要变量是全要素生产率（TFP）。目前，测算企业全要素生产率的估计方法大体上可以分为 DEA 方法、索罗剩余方法、OP 方法、LP 方法等。尽管 OP 或 LP 增加值法，可以有效地解决样本企业进入和退出市场的选择性偏差难题（张杰等，2009；盛丹等，2011），但测算时，产出变量一般用工业增加值表示，资本变量用固定资产表示，自由变量用雇用劳动人数表示，多项式变量用工业品中间投入表示（均为自然对数）。

然而，我们所获取的《中国工业企业数据库》中，工业品中间投入在2008年之后就没有统计数据了，更为重要的是 2001 年、2004 年、2008 年、2009 年、2011 年、2012 年、2013 年这七年都没有工业增加值统计数据，显然直接用 LP 增加值方法估计企业 TFP 有难度。

所幸的是，每一年的样本企业都有"产品销售收入"。为此，本章使用 LP 收入法来测算样本企业的生产率，收入变量用实际销售收入表示，资本变量和自由变量也分别用固定资产、雇用劳动人数表示，多项式变量用主营业务成本近似代替工业品中间投入（也均为自然对数），数据源自

《中国工业企业统计数据库》。获取各样本企业名义收入、名义固定资产投入、名义主营业务成本后,分别使用工业品出厂价格指数、固定资产投资价格指数、生产者购进价格指数将其调整为实际值。上述相关价格指数也来自历年《中国统计年鉴》。应该指出的:测算完全部样本企业全要素生产率后,为防止负数无对数,本章还使用了 $\ln(\varphi_{it} - \varphi_{it}^{\min})$ 进行近似替代。

3. 结构转型变量($\ln L_{At}^H$)

同样由公式(2.34)和公式(2.35),当 $0 < \mu < 1$ 时,$\partial x_{it}^{H,o}/L_{At}^H > 0$ 和 $\partial x_{it}^{H,e}/L_{At}^H < 0$ 成立,即农业剩余劳动力与"老"企业出口同向变化,而与"新"企业出口呈反向变化关系。于是,这里预期计量公式(2.38)的 $\ln L_{At-1}^H$ 系数为正,而计量公式(2.39)的 $\ln L_{At-1}^H$ 系数为负,即 $a_2 > 0$ 和 $b_2 < 0$。

结构转型变量用中国农业剩余劳动力数量占全部总人口的百分数表示。为确定每年的农业剩余劳动力数量,这里首先使用城镇总人口 - 城镇失业人员表示城镇总就业人口,然后使用每年年底经济活动总人口 - 城镇总就业表示已经流转的农业劳动力总人口,最后用农业总人口 - 流转的农业劳动力总人口表示农业剩余劳动力。计算结构转型变量的全部人口数据均来自各年份《中国统计年鉴》。

应该指出的是,按照上述方法测算剩余劳动力虽然简便易行,但或许存在高估的问题,毕竟农业总人口中包括了一些孩子和老人,他们可能还不具备"充分"的劳动能力。蔡昉等(2007)提出了一种"反设事实法"来评估中国农业剩余劳动力的规模。本章将在下一节中使用蔡昉等(2007)的方法重新估算中国农业剩余劳动力的数量,并比较这两种计算方法的差异。

4. 控制变量(cv_{it})

除上述变量外,影响企业实际出口的因素还有很多,包括企业规模、研发投入、政府补贴、行业特征、经营年限、地区和所有制差异等。本章将这些因素作为控制变量(cv_{it})纳入计量公式(2.38)和公式(2.39)中。

企业规模。盛丹与李蕾蕾(2018)认为企业规模也是影响其出口的重要因素,马相东等(2019)甚至认为就促进出口而言,企业规模比生产率更重要。为将企业规模纳入实证分析中,本章借鉴易靖韬等(2011)做法,使用全部雇用人员表示,并取其对数后用 $\ln size_{it}$ 表示。

研发投入。研发活动是微观企业获取生产率内生增长的主要驱动力。

为分析研发活动对企业出口的作用，本章将各企业研发投资代入实证检验模型中，并使用 CPI 指数将其调整为实际值，取其对数后表示为 $\ln RD_{it}$。

政府补贴。政府干预对企业出口的作用不容忽视。Helmers 和 Trofimenko（2009）曾论证过政府补贴对出口导向型国家（或地区）出口增长的积极作用，类似的还有 Girma 等（2009）的研究。具体到中国，大量实证文献也不断表明：政府的生产性补贴对微观企业进入出口市场并扩大规模有重要作用，比如苏振东等（2012）、于建勋（2012）、周世民等（2014）、张杰等（2015）、余娟娟与余东升（2018）等。为把政府补贴纳入其中，本章在获取各企业补贴收入数据后，使用消费者价格指数将其调整为实际值，并取自然对数表示为 $\ln sub_{it}$。以上消费者价格指数源自历年《中国统计年鉴》。

行业特征。为体现劳动密集型行业和资本密集型行业的差异，这里还借鉴包群等（2011）的思路，使用人均资本密集度高于全部均值的方法确定资本密集型行业，并使用虚拟变量 $industry = 1$ 表示；相反则用 $industry = 0$ 表示劳动密集型行业。

企业经营年限。该变量用统计年份减去企业成立之初年份后的差值表示，记作 $year$。需要指出的是：由于《中国工业企业数据库》中部分样本企业的成立时间甚至可以追溯到 1054 年，导致计算的经营年限过大，很可能会成为"奇异值"而导致计量结果不可靠。为此，这里在实际计算过程中，将企业经营年限超过百年以上的企业都统一设定为百年。

地区差异。地区控制变量使用两个虚拟变量表示，且 $region = (1, 0, 0)$ 表示企业位于东部地区，$region = (0, 1, 0)$ 表示位于中部地区，$region = (0, 0, 1)$ 表示位于西部地区。各企业所在城市及其省份来源于《中国工业企业数据库》，中东西部地区划分见项松林（2011）文献。

所有制差异。为体现所有制差异对企业出口的影响，这里先使用虚拟变量 $ownership = 1$ 表示外资企业，$ownership = 0$ 表示内资企业。各企业所有制的划分使用实收资本所占比重表示。具体来说，外资企业是指外资资本占比超过 50% 的企业，否则就为内资企业。同时，为体现民营企业和国有及国有控股企业出口的差异，这里还将实收资本中国有和集体资本占比超过 50% 的归为国有企业，而将个人资本或法人资本占比超过 50% 的界定为民营企业。各企业实收资本及其构成数据源自《中国工业统计数据库》。

值得注意的是：之所以在公式（2.38）和公式（2.39）的实证检验中

使用滞后项,是因为我们对收集好的样本数据进行内生性检验后,结果发现其具有明显的内生性问题,相反使用滞后一期变量再进行相同检验后,均明显克服了变量内生性问题。同时,GMM 过度识别检验结果表明,使用滞后一期变量可以"恰好"识别(详细结果见表2—1),说明使用滞后变量模型应该是合理的。

表 2—1　　　　企业数据的部分变量内生性和过度识别检验

变量名	Hausman Test	DM Test	2SLS Test	GMM Test
$\ln L_{At}^{H}$	0.0000 ***	0.0719 *	0.0718 *	0.0000 ***
$\ln \varphi_{it}$	0.0000 ***	0.0000 ***	0.0000 ***	0.0000 ***
$\ln size_{it}$	0.0000 ***	0.0000 ***	0.0000 ***	0.0000 ***
$\ln RD_{it}$	0.0000 ***	0.6898	0.6897	0.0000 ***
$\ln sub_{it}$	0.0000 ***	0.0000 ***	0.0000 ***	0.0000 ***
$\ln L_{At-1}^{H}$	0.5501	0.4880	0.9321	0.0000 ***
$\ln \varphi_{it-1}$	0.4866	0.1002	0.1867	0.0000 ***
$\ln size_{it-1}$	0.4880	0.5501	0.7102	0.0000 ***
$\ln RD_{it-1}$	0.1002	0.4866	0.9637	0.0000 ***
$\ln sub_{it-1}$	0.3122	0.3122	0.4344	0.0000 ***

注:(1) Hausman、DM (Davidson – MacKinnon)、2SLS 为内生性检验,原假设 H_0:解释变量为外生;(2) GMM Test 指工具变量过度识别检验,即 xtoverid 检验,原假设 H_0:工具变量存在过度识别;(3) ***、**、* 分别表示 1%、5%、10% 显著通过检验,下同。

三　全部样本企业的实证结果

按照计量公式(2.38)和公式(2.39),这里首先使用面板模型对全部样本进行初步回归。面板模型一般可以分为固定效应、随机效应和混合回归三种,本章使用 Hausman 检验选取,仅报告选择后的结果。为检验实证结论的稳健性,这里在"老"出口企业组和"新"出口企业组均使用三个模型进行分析:先是对公式(2.38)和公式(2.39)的主要变量进行回归,然后加入企业规模和研发投入两个控制变量,最后加入政府补贴、行业特征、企业经营年限、地区和所有制差异五个控制变量。表2—2 的估计结果显示:无论是不加入控制变量还是逐步加入控制变量,主要变量的系数符号、大小和显著性水平均未发生根本改变,实证结果较为稳健。

表2—2　　全部样本"老"与"新"企业出口逐步回归结果

	老企业			新企业		
	模型1	模型2	模型3	模型1	模型2	模型3
C	-33.3701*** (-52.80)	-40.0964*** (-57.65)	-40.2455*** (-58.00)	-12.5313*** (-62.37)	-13.9089*** (-65.47)	-14.6642*** (-69.91)
$\ln\varphi_{it-1}$	0.4445*** (23.82)	0.5447*** (28.82)	0.5430*** (28.81)	0.1170*** (20.83)	0.1372*** (24.06)	0.1455*** (25.86)
$\ln L^H_{At-1}$	0.0344*** (43.05)	0.0420*** (48.78)	0.0426*** (49.21)	-0.0080*** (-22.49)	-0.0068*** (-18.78)	-0.0051*** (-14.27)
$\ln size_{it-1}$		0.2851*** (21.38)	0.2854*** (21.45)		0.0924*** (19.84)	0.1030*** (22.38)
$\ln RD_{it-1}$		0.0924*** (19.84)	0.0495*** (5.77)		0.2851*** (21.38)	0.2874*** (82.26)
$\ln sub_{it-1}$			0.0179*** (6.04)			0.0097*** (7.50)
industry	no	no	yes	no	no	yes
year	no	no	yes	no	no	yes
region	no	no	yes	no	no	yes
ownership	no	no	yes	no	no	yes
Hausman test	FE	FE	FE	FE	FE	FE
F统计量	945.65	806.91	501.14	615.09	541.88	1698.80
组内R^2	0.1370	0.1689	0.1738	0.0051	0.0067	0.0342
组间R^2	0.2411	0.4413	0.4499	0.0325	0.0392	0.0722
总体R^2	0.2271	0.4207	0.4287	0.0505	0.0602	0.0878
Obs	17829	17829	17829	654284	654284	654284

注:(1)()为t值;(2)yes为加入了控制变量,no表示没有加入;(3)FE表示固定效应,RE表示随机效应,Hausman检验表示检验后的选择结果,下同。

1. 生产率对企业出口的影响

表2—2的估计结果显示:无论是一直出口的"老"企业还是后来才

出口的"新"企业，$\ln\varphi_{it-1}$ 的系数均显著为正，且无论加入或不加入其他控制变量都是如此。比较"老"企业和"新"企业的 $\ln\varphi_{it-1}$ 系数，这里还能发现：全要素生产率促进前者的显著作用明显高于后者，且在三种稳健性检验中都成立。这至少可以说明：在初始阶段，"老"出口企业生产效率是高于"新"出口企业的。这一结论的政策含义是：为实现我国出口贸易的稳定发展，国家应采取适当政策引导企业增加研发投资和人力资本建设，进而提升其全要素生产率水平，对扩大企业出口规模有利。

2. 结构转型对企业出口的影响

$\ln L_{At-1}^{H}$ 显著正向影响"老"企业出口、显著负向影响"新"企业出口，一方面符合前文的理论预期，另一方面也说明将农业剩余劳动力所占比重作为经济结构转型的变量，的确具有显著促进老企业传统产品出口的作用，而对潜在生产者进入市场研发、生产和出口新产品有不利影响。

由于样本数据的时间期限是从1998年到2013年，这一时期也"恰好"是我国农业部门剩余劳动力转移的重要阶段，自然带来"老企业"出口规模的持续扩大，出现中国出口增长主要以传统产品为主的必然趋势。相信随着我国大规模农业剩余劳动力"非农"转移的结束，传统产品出口的动能应该会有所减弱。另外，低劳动成本竞争优势逐渐式微，恰好也是酝酿中国出口增长新动能的有利时机。只要政策得当，鼓励微观企业勇于创新、敢于创新，改革开放以来我国积累的低成本复杂制造和低成本研发优势仍会持续，出口增长将逐渐从传统产品为主过渡到"新"产品为主，而这不仅有利于减缓出口增长因过于集中少数传统产品而极易受外部经济冲击的情况发生，而且有助于出口产品多样化战略实施，起到稳定外贸增长的作用。

3. 企业规模对出口的影响

$\ln size_{it-1}$ 显著正向影响全部样本企业出口，同样符合前文的理论预期。这是因为存在固定和可变贸易成本后，微观企业规模越大，越容易筹集资金以支付进入国际市场的贸易成本，其政策含义是：政府完善市场监督管理方式，尽量减少"乱出手"对竞争秩序的潜在破坏，真正让市场作为资源配置的决定性力量，给予微观企业经营者合理的预期，可以起到鼓励他们基于产业链、价值链、创新链的横向和纵向合并，不仅有利于减少企业间交易成本、提升集成创新的能力，而且有利于形成具有新竞争力的国际企业集团，发挥其扩大规模后的促进出口作用。目前，我国已经出现一些积极的信号，如科创板的上市在一定程度上可以降低高新技术产品企业上市融资的难度。相信随着这些高科技企业规模的扩大，其出口新产品的能力也会增强。

4. 研发支出对企业出口的影响

鼓励创新活动是企业形成技术领先优势并转化为新国际竞争力的基础，也是应对低成本竞争手段日渐削弱的重要途径之一。表2—2中，$\ln RD_{it-1}$具有显著促进各类型企业的出口增长作用。分"老"出口企业和"新"出口企业后，$\ln RD_{it-1}$促进后者的显著性作用是前者的3—5倍，更说明努力扩大"新"产品企业研发投资对稳定出口大有帮助。

实际上，经过多年发展，中国已经从"资本稀缺"逐渐转变为"资本相对丰裕"，多年来高等教育持续发展带来的人力资本储备也较为完善，具备了由"低成本生产"向"低成本研发、低成本复杂制造"的潜在竞争新优势。只要政策得当，这些潜在竞争优势是可以转化为现实竞争优势的，并实现由低成本国际竞争优势向技术领先优势的华丽转变。问题的关键在于如何将这些潜在优势充分发挥出来？这一方面要求完善鼓励企业研发创新的制度，从直接激励向服务引导转变，加大知识产权保护力度；另一方面宏观经济也要提供资金供给、税收优惠等配套政策措施，营造尊重研发创新的社会氛围，通过培育研发创新能力实现企业在全球价值链地位上的攀升，带动出口贸易的稳定健康发展。

5. 政府补贴对企业出口的影响

$\ln sub_{it-1}$显著正向影响企业出口，一方面在企业层面验证了Helmers和Trofimenko（2009）的研究结论，另一方面在一定意义上说明政府对企业生产性补贴的确具有促进其出口的作用。不过，分"老"出口企业和"新"出口企业后，政府补贴对后者的显著作用远低于前者，既表明国家现有补贴政策对传统产品的"老出口企业"更有利，更说明在国内低劳动成本竞争优势逐渐减弱背景下，为稳定出口，国家现有补贴政策或有改进之处。

这是因为尽管中国已经在2008年之后终止了包括对外资"三免两减半"等在内的一系列优惠措施，但不排除仍有部分地区为实现本地经济发展和就业，对部分劳动密集型产品生产企业采取"变相"补贴的方式以维持其出口地位。这样的补贴方式虽然对已经出口的企业较为有利，但鼓励的是同质化竞争，不利于企业进行研发投资、生产并出口差异化新产品，也不利于促进相关产品沿全球价值链向两端延伸,尤其是国内部分地区棉纺织品按"吨"补贴问题就是如此。由于研发和生产新产品的企业,其出口产品在"重量"上既没有优势,在"出口价值"上也不是"多数",导致新产品企业似乎没有真切感受到国家的"优惠"。应该说,某些地方政府的补贴"初衷"是好的,但在中国低劳动成本逐渐终结的背景下,现有政策或许仍有改进之处:改变过去不区分产品质量、技术含量和国际市场需求度的简单补贴方式,增加国家战略产品、未来技术发展趋势产品的生产性补贴范围,应该对未来出口增长向新产品为主方向变迁有所帮助。

四 改变估计方法的稳健性再检验

鉴于表2—1相关主要变量存在内生性问题,本章再使用面板模型工具变量的其他估计方法进行稳健性检验。同时,由于样本是企业层面的面板数据,为克服可能存在的异方差与序列相关性,这里还利用聚类稳健的标准误(cluster)进行处理。面板模型的工具变量估计方法主要分为XTIV、IV(2SLS)、IV(GMM)三种,这里使用上述三种方法对整理好的"老"企业和"新"企业分组数据进行再检验。应该指出的是:这里的回归仅改变估计方法,工具变量的选择与上一节完全相同,即选择各解释变量的滞后1期相关数据作为工具变量。[①] 表2—3的估计结果显示:三次实证模型的主要变量系数符号和显著性水平都无太大变化,回归结果较为稳健。

与表2—2进行对比,使用工具变量面板模型估计方法后,以下重要结论依然成立:①企业生产率水平($\ln\varphi_{it-1}$)显著促进"新""老"企业出口,且对"老"企业出口的显著作用更大,一方面符合前文的理论预期,另一方面也说明生产率异质性仍然是影响中国企业出口的重要因素之一;②三次工具变量再估计结果中,企业规模($\ln size_{it-1}$)显著正向影响出口没有发生改变,且规模异质性对"老"企业出口的促进作用高于"新"企业,说明鼓励企业间基于产业链、价值链、创新链的横向和纵向合并,不仅有利于发挥体制创新的促进出口作用,而且有利于微观企业形成"集群

[①] 之所以选择滞后1期相关数据作为工具变量,主要是因为寻找仅与被解释变量相关而与已选择的解释变量"完全"无关的变量确实较为困难,现有文献也大多使用滞后1期相关变量作为工具变量使用,比如王泽填、姚洋(2009)等文献。因此,这里的再估计本质是改变估计方法的稳健性再检验。后续章节的检验也是如此,下同。

竞争"新优势，发挥其扩大规模后的稳定出口作用；③研发支出（$\ln RD_{it-1}$）显著促进"新""老"企业出口，且对前者的显著作用高于后者，再次体现出国家完善鼓励企业研发的体制机制，加强产权保护强度，营造尊重创新的社会氛围，可以有效应对"低劳动成本竞争优势逐渐降低"的负面影响，促进中国出口增长从以往传统产品为主向新产品为主转变；④政府补贴（$\ln sub_{it-1}$）显著正向影响企业出口同样成立，且对"老"出口企业的显著作用高于对"新"企业，再次表明为实现我国出口增长向新产品出口为主方向变迁，改变目前按"重量"和"出口价值"计算的生产性政府补贴或有必要，毕竟这种补贴虽简便易行，但更容易让生产品种单一的同质性"老"出口企业受益，潜在生产者研发、创新、生产并出口差异化新产品"获益"有限。

采取工具变量估计方法后，表2—3的回归结果还显示：结构转型变量（$\ln L^H_{At-1}$）显著正向影响"老"企业出口、显著负向影响"新"企业出口的结论依然成立，一方面符合前文的理论模型分析结论，另一方面也说明样本期内我国农业剩余劳动力向制造业部门转移，压低了制成品企业实际工资上涨幅度，给生产和出口传统产品的"老"企业提供了"无形"保护。这些传统产品的"老"出口企业市场垄断力量不断增强的结果，自然导致潜在生产者进入市场的"门槛"有所提高，研发和生产新产品的动力不足，进而新产品出口增长速度没有传统产品快，使样本期内中国出口增长主要以传统产品为主。

表2—3　全部样本"老"与"新"企业出口工具变量稳健性检验

	老企业			新企业		
	XTIV(cluster)	IV(2SLS)	IV(GMM)	XTIV(cluster)	IV(2SLS)	IV(GMM)
$\ln\varphi_{it-1}$	0.5515*** (29.25)	0.5515*** (29.26)	0.5515*** (29.26)	0.1486*** (26.40)	0.1500*** (26.66)	0.1500*** (26.66)
$\ln L^H_{At-1}$	0.0458*** (47.29)	0.0458*** (47.31)	0.0458*** (47.31)	-0.0062*** (-15.88)	-0.0063*** (-15.93)	-0.0063*** (-15.93)
$\ln size_{it-1}$	0.3149*** (22.66)	0.3490*** (5.72)	0.3490*** (5.72)	0.1256*** (26.04)	0.2849*** (81.59)	0.2849*** (81.59)

续表

	老企业			新企业		
	XTIV（cluster）	IV（2SLS）	IV（GMM）	XTIV（cluster）	IV（2SLS）	IV（GMM）
$lnRD_{it-1}$	0.0490*** (5.71)	0.0490*** (5.72)	0.0490*** (5.72)	0.2849*** (81.60)	0.2849*** (81.59)	0.2849*** (81.59)
$lnsub_{it-1}$	0.0170*** (5.76)	0.0170*** (5.76)	0.0170*** (5.76)	0.0155*** (12.10)	0.0156*** (7.39)	0.0156*** (7.39)
industry	yes	yes	yes	yes	yes	yes
year	yes	yes	yes	yes	yes	yes
region	yes	yes	yes	yes	yes	yes
ownership	yes	yes	yes	yes	yes	yes
Hausman test	FE	FE	FE	FE	FE	FE
F统计量		258.09	258.09		947.22	947.22
组内 R^2	0.1777			0.0379		
组间 R^2	0.4620			0.0668		
总体 R^2	0.4431	0.1777	0.1777	0.0872	0.0375	0.0375
Obs	17821	15257	15257	653681	366503	366503

注：（1）XTIV（cluster）表示聚类稳健的工具变量面板估计；（2）IV（2SLS）表示工具变量两步两阶段估计；（3）IV（GMM）表示工具变量的GMM矩估计；（4）空白表示计量回归没统计相关结果；（5）因为IV（2SLS）与IV（GMM）不提供常数项，为保持一致性，均省略常数项回归结果，下同。

第三节 分行业、所有制和地区子样本再估计

上述分析结论是否会随行业、所有制和地区差异出现不同？这里使用相同估计方法对分行业、分所有制和分地区的子样本进行稳健性再检验。鉴于全部样本的面板模型估计结果与工具变量估计结果不存在显著差异，分行业、分所有制和分地区的稳健性再检验仅列出了面板模型估计结果，

其余可向我们索取。

表2—4和表2—5估计结果显示，与全部样本回归结果类似，即使区分行业、所有制和地区不同，以下影响企业出口的重要结论依然成立：①企业生产率水平（$\ln\varphi_{it-1}$）正向影响"新""老"企业出口，且对"老"企业出口的促进作用更大；②企业规模（$\ln size_{it-1}$）正向作用在分行业、分所有制与分地区差异的再估计结果中没有发生改变，且规模异质性对"老"企业出口的促进作用高于"新"企业；③研发支出（$\ln RD_{it-1}$）正向影响"新""老"企业出口，且对前者的促进作用高于后者；④政府补贴（$\ln sub_{it-1}$）显著正向影响企业出口的结论同样成立，且对"老"出口企业的显著作用高于"新"出口企业。

但从系数的显著性水平和相对大小上看，表2—4的估计结果还是存在一些差异，主要表现在：分行业估计中，企业规模（$\ln size_{it-1}$）对资本密集型"新"企业出口不具有显著作用，对劳动密集型"老"企业出口也不具有显著作用。造成这种现象的原因，可能是由于行业属性差异引起的。资本密集型行业所需资本、技术更大，潜在生产者进入市场所需固定生产成本相对较高，新进入市场企业在前期投资资金相对有限的条件下，企业规模相对已经进入市场的"老"企业来说，应该较小，由此带来规模异质性促进"新"企业出口的作用没有"老"企业明显。相反，劳动密集型行业所需资本、技术投资相对资本密集型行业要小很多，生产企业所需前期投资资金也不大，潜在生产者进入市场更为容易。为打破"老"劳动密集型企业出口"垄断"地位，扩大企业规模并获取规模经济优势，应该是这些进入市场的"新"企业所采取经营策略的重点方向之一，由此带来劳动密集型行业"新"企业规模越大，占据国际市场能力越强，实际出口量也随之增长。

分所有制不同后，表2—4的估计结果也有一些细微差异，主要表现在$\ln\varphi_{it-1}$促进外资企业出口的作用虽为正但不显著。生产率水平对外资企业出口没有达到显著性水平要求，可能与所选数据的样本期有关。1998—2013年正是我国大力承接国际产业转移的有利时期，扩大吸引外资力度由此带动中国出口贸易的繁荣是当时国家经济发展战略的重要方向之一，而低成本竞争优势是当时争取外国资本来华投资的重要手段。受此影响，大量外资涌入中国，附加其中的资本、技术以及管理经验等"要素组合包"给国民经济发展提供了重要动力，让本无用武之地的大量农业剩余劳动力

表2—4 分行业和所有制差异的"老"与"新"企业出口估计结果

	行业						所有制					
	资本密集		劳动密集		外资		内资		其中：国有		民营	
	老企业	新企业	老企业	新企业	老企业	新企业	老企业	新企业	老企业	新企业	老企业	新企业
C	-116.5499 (-1.61)	-10.7030*** (-4.23)	-77.0802* (-1.81)	-8.8971*** (-8.88)	-42.2632** (-2.34)	-8.2646*** (-10.39)	-46.2365** (-2.15)	-10.9210*** (-9.31)	-94.2903** (-2.23)	-8.1760*** (-10.18)	-32.0109** (-2.02)	-8.2953*** (-10.39)
$\ln\varphi_{it-1}$	0.1738** (2.42)	0.0079** (2.33)	0.261* (1.60)	0.0013** (2.11)	0.1785 (1.24)	0.0045 (0.46)	0.1657** (2.41)	0.0047* (1.87)	0.1738 (1.21)	0.0048 (0.49)	0.1130*** (2.84)	0.0046** (2.47)
$\ln L_{it-1}^H$	0.1414 (0.55)	-0.0054 (-0.69)	0.2194* (1.81)	-0.0094*** (-3.21)	0.0815 (1.55)	-0.0114*** (-5.05)	0.1485* (1.65)	-0.0116*** (-5.05)	0.2301* (1.90)	-0.0118*** (-5.13)	0.0776* (1.68)	-0.0113*** (-4.98)
$\ln size_{it-1}$	0.2457** (2.25)	0.0193 (0.93)	0.0803 (0.43)	0.0439*** (2.65)	0.1330* (1.69)	0.0256** (2.00)	0.0726* (1.96)	0.0274** (2.18)	0.1143** (2.59)	0.0264** (2.06)	0.0449** (2.26)	0.0256** (1.99)
$\ln RD_{it-1}$		0.0442* (1.76)	0.1680 (1.38)	0.2515*** (4.91)	0.1089* (1.84)	0.1499*** (3.83)	0.1538* (2.38)	0.1925*** (2.67)	0.1630 (1.20)	0.2167*** (4.99)	0.1195** (2.05)	0.1503*** (3.83)
$\ln sub_{it-1}$	0.0581* (1.99)	0.0130** (2.28)	0.0030** (2.19)	0.0021* (1.74)	0.0118* (1.75)	0.0009** (2.18)	0.0097* (1.75)	0.0007** (2.36)	0.0084** (2.53)	0.0007** (2.29)	0.0120* (1.87)	0.0008** (2.34)
industry	no	no	yes	yes	yes	yes	yes	yes	yes	yes	yes	yes
year	yes	yes	yes	yes	yes	yes	yes	yes	yes	yes	yes	yes
region	yes	yes	yes	yes	yes	yes	yes	yes	yes	yes	yes	yes
ownership	yes	yes	yes	yes	no	no	no	no	no	no	no	no
Hausman test	FE	FE	FE	FE	FE	FE	FE	FE	FE	FE	FE	FE
F统计量	2.65	2.73	3.03	7.51	2.6	7.08	2.6	7.08	2.74	8.21	2.35	7.01
组内 R^2	0.8606	0.0146	0.1930	0.0024	0.1536	0.0020	0.1782	0.0022	0.1617	0.0023	0.1426	0.0019
组间 R^2	0.3660	0.0095	0.0202	0.0595	0.0357	0.146	0.0035	0.1074	0.0058	0.1005	0.0023	0.1076
总体 R^2	0.3743	0.0107	0.0210	0.0499	0.0354	0.0569	0.0034	0.0956	0.0075	0.0904	0.0022	0.0956
Obs	181	25080	1162	164042	1343	189122	1625	376270	1333	188124	1292	188146

优势充分发挥出来，出口贸易的持续繁荣促进了中国经济从"站起来"向"富起来"腾飞。只是以低成本竞争为主要手段的吸引外资方式，外国资本进入中国看重的是低劳动要素使用成本，在转移全球价值链国际分工体系中为保持自身国际市场份额，对企业实际生产效率的关注或许没有降低成本高，结果出现全要素生产率促进外资"新""老"企业出口的作用不显著。相信随着中国国内市场开放程度向纵深方向发展，即便低成本竞争优势不断减弱，外资也不会不考虑我国庞大内需消费市场规模，必然会在未来加大研发投资，提高新技术、新产品比重。而在表 2—4 中 $\ln RD_{it-1}$ 显著为正的系数，"恰好"说明新、老外资企业都在加大研发投资，以提高出口竞争力，这不仅对实现贸易稳定发展有利，也对当前国家大力实施的创新驱动发展方式有益。

与表 2—3 相比，分地区的估计结果（见表 2—5）显示：企业规模（$\ln size_{it-1}$）对东部地区"新""老"企业出口没有达到显著性水平要求。其原因可能主要是"地理"临近引起的。新经济地理相关理论告诉我们：决定一个地区国际竞争优势的主要因素是生产成本、运输成本和交易成本。在生产成本和交易成本既定前提下，运输成本对地区出口贸易的增长有重要影响。与中西部地区相比，东部地区因改革开放的次序、政策等原因率先崛起，沿海岸线分布带来的运输成本比中西部地区低，聚集在全球价值链分工体系下生产企业，其进入国际市场所需成本更小，带来企业出口所需规模的条件限制比中西部弱，或许是 $\ln size_{it-1}$ 促进东部企业出口作用不显著的原因之一。

表 2—5　　分地区子样本"老"与"新"企业出口估计结果

	东部		中部		西部
	老企业	新企业	老企业	新企业	新企业
C	-76.0761 (-1.64)	-6.6744 *** (-5.90)	-481.0719 (-8.81)	-8.6788 *** (-1.18)	-6.6146 (-0.65)
$\ln\varphi_{it-1}$	0.3770 ** (2.33)	0.0006 ** (2.04)	0.1482 *** (8.66)	0.0715 ** (2.16)	0.0051 ** (2.04)
$\ln L_{At-1}^{H}$	0.2258 * (1.70)	-0.0156 *** (-4.75)	0.1383 *** (8.83)	-0.0021 (-0.09)	-0.0186 (-0.67)

续表

	东部		中部		西部
	老企业	新企业	老企业	新企业	新企业
$\ln size_{it-1}$	0.0211 (0.07)	0.0097 (0.58)	0.4268*** (7.21)	0.0164** (2.22)	0.1424*** (2.58)
$\ln RD_{it-1}$	0.1641** (2.23)	0.0920** (2.59)		0.4576*** (6.21)	
$\ln sub_{it-1}$	0.0027** (2.15)	0.0048** (2.48)	0.2150*** (4.20)	0.0156** (2.10)	0.0102** (2.30)
industry	yes	yes	yes	yes	yes
year	yes	yes	yes	yes	yes
region	no	no	no	no	no
ownership	yes	yes	yes	yes	yes
Hausman test	FE	FE	FE	FE	FE
F 统计量	2.53	6.46	46.56	6.6	0.2
组内 R^2	0.1955	0.0022	0.9957	0.0406	0.0047
组间 R^2	0.0079	0.1199	0.0056	0.0201	0.0437
总体 R^2	0.0101	0.1111	0.0067	0.0197	0.0429
Obs	1006	140754	234	32054	16035

注：样本数据西部地区没有一直存在出口的企业，故没有老企业出口。

尽管分行业、分所有制和分地区的估计结果存在细微差异，但本章最关心的核心问题：结构转型变量（$\ln L_{At-1}^H$）正向影响"老"企业出口、负向影响"新"企业出口是否发生改变？答案是否定的。这是因为在表2—4和表2—5中，除部分子样本没有达到显著性水平要求外，农业剩余劳动力正向影响"老"企业出口、负向影响"新"企业出口的结论在分行业、分所有制和分地区中依然成立，再次说明样本期内我国农业剩余劳动力向制造业部门转移，压低了制成品企业实际工资上涨幅度，给生产和出口传统产品的"老"企业提供了"无形"保护，有利于他们的出口扩张；"老"企业出口地位巩固后，潜在生产者进入市场研发、生产新产品的动力不足，新产品出口增速没有传统产品快；两方面的共同作用使样本期内中国出口增长存在以少数传统产品为主的固化特征。

因为《中国工业企业数据库》难以度量每家企业出口产品是否相同，上述分析的逻辑前提是：一直出口的"老"企业，其出口产品不发生变化，即始终为传统产品；统计初始尚未出口而其后出口的"新"企业，其出口产品与始终存在出口的"老企业"不同，即其产品为"新"产品。客观来看，这种假定仍有不足，毕竟这里无法确定"老"企业和"新"企业出口的产品一定不同。所幸，CEPII BACI 统计数据库给出了全球 HS-6 位码进出口产品详细数据，我们可以根据这个数据库提供的产品信息来确定传统产品和新产品的属性，以检验理论模型推理结论是否成立。

第四节 反设事实法与二分位行业出口数据检验

一 实证模型

加入时间因素后，对公式（2.36）和公式（2.37）取自然对数并考虑数据可获得性，本章再次设定如下计量方程检验农业剩余劳动力非农转移对中国传统产品和新产品行业出口的不同影响：

$$\ln X_{it}^{H,o} = a_0 + a_1 \ln L_{At-1}^H + a_2 \ln Y_{t-1}^F + a_3 \ln \tau_{it-1} + a_4 \ln f_{x,it-1} + a_5 \ln(P^F/P^H)_{t-1} + a_6 cv_{it-1} + \varepsilon_{it-1} \quad (2.40)$$

$$\ln X_{it}^{H,e} = b_0 + b_1 \ln L_{At-1}^H + b_2 \ln Y_{t-1}^F + b_3 \ln \tau_{it-1} + b_4 \ln f_{x,it-1} + b_5 \ln(P^F/P^H)_{t-1} + b_6 cv_{it-1} + \xi_{it} \quad (2.41)$$

其中：t 表示时间；$t-1$ 表示滞后 1 期；$\ln X_{it}^{H,o}$ 和 $\ln X_{it}^{H,e}$ 分别表示传统产品和新产品行业出口的对数；$\ln L_{At}^H$ 为农业剩余劳动力的对数；$\ln Y_t^F$ 为贸易对象国（或地区）对本国产品总需求的对数；$\ln \tau_{it}$ 为行业可变贸易成本的对数；$\ln f_{x,it}$ 为行业固定贸易成本的对数；$\ln(P^F/P^H)_t$ 为相对价格表示实际汇率的对数；cv_{it} 表示控制变量；ε_{it} 和 ξ_{it} 表示误差项；$a_i (i=1,2,\cdots,6)$ 和 $b_i (i=1,2,\cdots,6)$ 为待估计系数。由公式(2.36)和公式(2.37)的分析结论，这里预测各估计参数的符号为：$a_1 > 0$，$a_2 > 0$，$a_3 < 0$，$a_4 < 0$，$a_5 > 0$；$b_1 < 0$，$b_2 > 0$，$b_3 < 0$，$b_4 < 0$，$b_5 > 0$。

二　变量选择与数据处理

1. 传统产品和新产品行业出口（$\ln X_{it}^{H,o}$、$\ln X_{it}^{H,e}$）

CEPII BACI 数据库统计了自 1995 年至 2017 年全球 221 个国家（或地区）147446238 条 HS-6 位码进出口产品数据，其中关于中国出口产品的数据就有 7303018 条，涉及 209 个国家（或地区）的 5014 种商品。将这些样本数据按年度分开后，这里首先按照 HS-6 位码进行匹配以便构建平衡面板，然后按照每一条 HS-6 编码产品是否在统计初始年份有出口值，将其划分为传统产品和"新"产品：前者指自 1995 年开始到 2017 年为止始终存在出口的产品，后者则是 1995 年没有出口而在之后某个年份存在出口的产品。

上述传统产品和新产品划分方法自然涉及贸易伙伴国别（或地区）的分布问题：针对不同国家（或地区）的传统产品和新产品身份不同。然而，公式（2.40）和公式（2.41）是基于 2×2 的新—新贸易理论拓展模型，不好体现国别（或地区）多元化分布问题。为此，本章将中国全部贸易伙伴看成是一个国家（或地区），再按照相同的 HS-6 位码汇总，就可得到我国对世界出口的 115322 条 HS-6 位码产品出口数据。

实际分析中，本章还借鉴 Cadot 等（2010）的方法，从测算出口增长的泰尔（*THEIL*）指数出发，按照公式（1.1）和公式（1.2）对中国出口的 HS-6 位码数据进行组间和组内分解。只要将频繁出口的产品看成是一直出口的产品，那么这种产品就属于传统产品，否则就是新产品。按照这种分类，组间泰尔指数就可以表示新产品的出口比重，而组内泰尔指数就是传统产品出口占比。同时，为比较行业整体出口的产品多样化，这里还在具体实证分析中加入总泰尔指数。

为更好地比较传统产品和新产品出口增长的差异，本章还将上述整理好的数据细分为二位码和三位码。具体方法是：首先利用联合国贸易统计数据库提供的 HS-6 位码数据与 SITC-3 位码数据进行比较，按分类汇总为 SITC-3 位码出口数据；然后借鉴李淑贞（2010）提供的对照表，将 SITC-3 位码汇总到中国工业的两分位行业。剔除资源密集型出口产品后，全部 HS-6 位码数据就可以加总为 25 个二分位行业和 185 个三分位行业，其中有 51 个三分位行业属于 10 类二分位劳动密集型行业；185 个三分位行业属于 15 类二分位资本技术密集型行业，具体划分方法详见第一章。

2. 结构转型变量（$\ln L_{At}^H$）

因为简单使用农业总人口－流转的总农业劳动人口表示农业剩余劳动力或许存在高估的问题。为此，本节选择蔡昉等（2007）的"反设事实法"进行再检验。

利用反设事实法测算中国农业剩余劳动力数量，需要先计算现有农业劳动生产率下需要的劳动力数量是多少。选择农业中的小麦、棉花、甘蔗、苹果、甜菜、稻谷、花生、烤烟、玉米、油菜籽、大豆 11 种农作物和散养牛、散养奶牛、规模奶牛、散养猪、规模养猪、生猪、规模养殖肉鸡、规模养殖蛋鸡 8 种饲养业后，这里用各种农作物种植面积与单位用工数量的乘积并加总作为种植业所需总劳动日，再将各种饲养业出栏量与单位用工面积乘积并汇总得到饲养业所需总劳动日，两者相加就是全部农业所需总劳动日。

只要将上述农业所需总劳动日与每名劳动力每年可提供劳动的天数相除，就可以得到现有农业劳动生产率所需劳动力数量，且在实际计算中可以按照每名劳动力每年可提供劳动 250 天、300 天和 320 天这三种方案进行测算。于是，农业剩余劳动力总量就等于农业劳动力总量－已经转移出去的劳动力总量－现有农业劳动生产率所需劳动力数量。

农业劳动力总量使用乡村总人口表示，已经转移出去的劳动力总量使用农民工总量表示，数据来源于历年《中国统计年鉴》和《中国农村统计年鉴》。现有农业劳动生产率所需劳动力数量中 11 种农作物和 8 种饲养业相关数据主要源自《中国农村统计年鉴》，部分没有获取相关年份统计年鉴的数据源自中经网统计数据库。需要说明的是：部分年份的甘蔗、甜菜等农作物没有直接给出具体用工数量，本章使用花生等农作物替代。饲养业部分情况也按相同方法进行处理。

3. 贸易对象国（或地区）对本国（或地区）产品的总需求（$\ln Y_t^F$）

国际经济交往中，贸易对象国（或地区）对本国（或地区）产品的总需求，就是本国（或地区）对外国（或地区）的总出口。为便于数据统一，这里使用中国总出口表示，处理方法为：将 CEPII BACI 数据库统计的我国 HS－6 位码出口额加总，并取其自然对数记作 $\ln Y_t^F$。

4. 行业可变贸易成本和固定贸易成本（$\ln \tau_{it}$，$\ln f_{x,it}$）

借鉴钱学锋与梁琦（2008）的方法，这里使用以下公式来计算行业可变贸易成本：

$$\tau_i = 1 - \left[\frac{X_i^H X_i^F}{s^2 (GDP_H - X_{total}^H)(GDP_F - X_{total}^F)} \right]^{\frac{1}{2\rho-2}}$$

其中：X_i^H、X_i^F分别为本国（或地区）和外国（或地区）的行业i出口；GDP_H、GDP_F分别为本国（或地区）和外国（或地区）的经济总量；X_{total}^H、X_{total}^F分别为本国（或地区）和外国（或地区）的总出口。外国（或地区）的处理方法同前文一样，把中国209个贸易伙伴看成一个整体，加总各自GDP和总出口得到中国全部贸易对象的经济总量。参数s和ρ的设定参考许德友与梁琦（2010）的方法，分别假定为0.8和8。中国和209个贸易伙伴的经济总量数据源自世界银行统计数据库。

行业固定贸易成本（$\ln f_{x,it}$）同颜银根与安虎森（2011）的方法相同，相关数据处理与可变贸易成本相同。

5. 相对价格表示的实际汇率 $[\ln (P^F/P^H)_t]$

购买力平价表示的实际汇率，最好是从佩恩表（Penn Word Table）中获得。由于本章将贸易伙伴看成是一个整体，而佩恩表购买力平价汇率是按国别（或地区）成对出现的。鉴于此，为便于处理，这里使用历年中国汇率中间价表示我国相对世界市场的汇率，原始数据源自历年《中国统计年鉴》。

6. 控制变量（cv_{it}）

行业生产率（$\ln\varphi_{it}$）。衡量行业生产率水平的首选因素也是全要素生产率（TFP）。现有文献大多使用DEA方法测算细分行业的TFP，比如李春顶（2009）等。借鉴这一思路，本节也使用DEA方法对行业生产率进行测算，并将时间推广至1995—2017年。实际测算中，这里还借鉴赵自芳与史晋川（2006）方法，产出变量用工业增加值表示，投入变量分别用固定资产和雇用劳动人数表示，并使用相关价格指数调整为实际值。DEA测算行业生产率水平的原始数据均来自中经网统计数据库。

本国经济发展程度 $[\ln PGDP_{it}、(\ln PGDP_{it})^2]$。Cadot 等（2010）研究结果表明：使用泰尔指数及其组内、组间分解，全球产品多样化增长呈现出倒"U"型，即人均收入25000美元之前是出口产品快速增加的时期，之后转向出口专业化的"拐点"。黄声兰与张明志（2015）使用1998—2009年除西藏外的中国30个省区市面板数据进行验证，也发现我国出口多样化符合倒"U"型特征。为此，本章将实际人均GDP及其二次方代入公式（2.40）和公式（2.41）中。中国历年人均 GDP 数据源自《中国统计年鉴》，并使用消费者价格指数将其调整为实际值，取其自然对数后分别记作 $\ln PGDP_{it}$ 和 $(\ln PGDP_{it})^2$。

与前文类似，之所以在公式（2.40）和公式（2.41）的实证检验中使用滞后项，也是因为本章对收集好的样本数据进行内生性检验后，结果发现具有明显的内生性问题，相反使用滞后一期变量再进行相同检验后，均明显克服了变量内生问题。同时，GMM 过度识别检验结果表明，使用滞后一期变量可以"恰好"识别（详细结果见表 2—6），因此使用滞后变量模型应该是合理的。

表 2—6　　　　产品数据部分变量内生性和过度识别检验

变量名		Hausman Test	DM Test	2SLS Test	GMM Test
泰尔指数	$\ln PGDP_{it}$	0.0024***	0.0108***	0.0107***	0.0000***
组内泰尔	$\ln PGDP_{it}$	0.1027	0.0443**	0.0441**	0.0000***
组间泰尔	$\ln PGDP_{it}$	0.0796*	0.0738*	0.1076	0.0000***
泰尔指数	$\ln PGDP_{it-1}$	0.1734	0.2881	0.2875	0.0000***
组内泰尔	$\ln PGDP_{it-1}$	0.7726	0.128	0.3276	0.0000***
组间泰尔	$\ln PGDP_{it-1}$	0.1927	0.1079	0.7161	0.0000***

注：仅报告人均 GDP 的检验结果，其他变量详细结果可向笔者索取。

三　二分位行业出口数据的实证结果

按照计量公式（2.40）和公式（2.41），这里使用面板模型对全部样本进行初步回归。与前文相同，面板模型一般可以分为固定效应、随机效应和混合回归三种，且使用 Hausman 检验选取，仅报告选择后的结果，其中"250""300""320"分别表示每年按 250 个、300 个、320 个工作日计算剩余劳动力数量。表 2—7 的估计结果显示：三种测算剩余劳动力数量的回归结果中，主要变量系数符号和显著性水平不发生根本改变，实证结果较为稳健。

1. 结构转型变量对行业出口的影响（$\ln L^{H}_{At-1}$）

表 2—7 的估计结果显示：$\ln L^{H}_{At-1}$ 显著正向影响二分位行业出口的总体 THEIL 指数和组内 THEIL 指数，而显著负向影响组间 THEIL 指数，且这一

表 2—7　二分位行业出口数据回归结果

	250 总体THEIL	250 组内THEIL	250 组间THEIL	300 总体THEIL	300 组内THEIL	300 组间THEIL	320 总体THEIL	320 组内THEIL	320 组间THEIL
C	−7.2196** (−2.01)	−7.2723** (−2.00)	0.0527 (0.08)	−7.6690** (−2.06)	−7.7843** (−2.07)	0.1153 (0.17)	−7.8029** (−2.07)	−7.9359** (−2.09)	0.1330 (0.20)
$\ln L^{H}_{Mt-1}$	0.1748* (1.72)	0.2063** (2.01)	−0.0315* (−1.73)	0.1848* (1.75)	0.2172** (2.03)	−0.0324* (−1.70)	0.1876* (1.75)	0.2202** (2.04)	−0.0326* (−1.69)
$\ln Y^{F}_{t-1}$	0.0669 (1.64)	0.0500 (1.21)	0.0169** (2.30)	0.0664 (1.63)	0.0493 (1.20)	0.0170** (2.32)	0.0662 (1.63)	0.0491 (1.19)	0.0171** (2.33)
$\ln \tau_{it-1}$	−0.3353*** (−16.88)	−0.3376*** (−16.83)	0.0023 (0.64)	−0.3354*** (−16.89)	−0.3377*** (−16.83)	0.0023 (0.65)	−0.3354*** (−16.89)	−0.3377*** (−16.83)	0.0023 (0.65)
$\ln f_{x,it-1}$	−0.3611*** (−4.44)	−0.3389*** (−4.12)	−0.0222* (−1.52)	−0.3637*** (−4.47)	−0.3420*** (−4.16)	−0.0217* (−1.49)	−0.3645*** (−4.48)	−0.3430*** (−4.18)	−0.0216*** (−1.48)
$\ln(P^{F}/P^{H})_{t-1}$	0.6716** (2.18)	0.6896** (2.21)	−0.0181 (−0.33)	0.6944** (2.22)	0.7155** (2.26)	−0.0210 (−0.37)	0.7011** (2.23)	0.7230** (2.27)	−0.0219 (−0.39)
$\ln PGDP_{it-1}$	−1.4585*** (−2.71)	−1.5978*** (−2.94)	0.1393 (1.44)	−1.4159*** (−2.65)	−1.5467*** (−2.87)	0.1309 (1.36)	−1.4026*** (−2.63)	−1.5309*** (−2.84)	0.1283 (1.34)
$(\ln PGDP_{it-1})^{2}$	0.0977*** (2.97)	0.1080*** (3.25)	−0.0103* (−1.75)	0.0953*** (2.93)	0.1051*** (3.20)	−0.0098* (−1.68)	0.0945*** (2.91)	0.1042*** (3.18)	−0.0097* (−1.66)
$\ln \varphi_{it-1}$	0.0501 (0.95)	0.0456 (0.86)	0.0045 (0.48)	0.0506 (0.96)	0.0461 (0.87)	0.0045 (0.47)	0.0507 (0.96)	0.0463 (0.87)	0.0045 (0.47)
Hausman test	FE	FE	FE	FE	FE	FE	FE	FE	FE
F 统计量	54.67	51.38	4.29	54.69	51.4	4.28	54.69	51.4	4.28
组内R^{2}	0.4583	0.4429	0.0623	0.4583	0.443	0.0621	0.4584	0.443	0.0621
组间R^{2}	0.4389	0.4407	0.0358	0.4389	0.4407	0.0358	0.4389	0.4406	0.0358
总体R^{2}	0.3604	0.3609	0.0429	0.3604	0.3608	0.0428	0.3604	0.3608	0.0427
Obs	550	550	550	550	550	550	550	550	550

结论在按照每名劳动力每年可提供劳动250天、300天和320天测算的农业剩余劳动力数量中都成立，在一定意义上体现出：我国农业剩余劳动力的非农转移对中国出口贸易增长的贡献很大，低成本竞争优势让中国对外贸易保持几十年的高速增长。

然而，根据第一章"组间泰尔指数越小，新产品出口越少；组内泰尔指数越大，传统产品出口越多"的分析结论，$\ln L_{At-1}^{H}$显著正向影响组内THEIL指数而显著负向影响组间THEIL指数，表明我国农业剩余劳动力的非农转移的确对二分位行业内传统产品的出口增长有利，而对新产品出口增长构成了障碍。这一结论不仅符合前文的理论预期，也类似于微观企业数据的实证结论，再次说明加速"农业剩余劳动力非农转移"，将有利于促进中国出口增长从"主要由传统产品为主向新产品为主"的方向转型升级。

2. 贸易伙伴消费需求对行业出口的影响（$\ln Y_{t-1}^{F}$）

表2—7中，$\ln Y_{t-1}^{F}$正向影响中国二分位行业出口的总体THEIL指数，说明贸易对象国增加本国产品需求，有助于扩大行业出口。实际上，新贸易理论和新—新贸易理论大量实证结果显示：贸易伙伴GDP规模越大，对于维持经济增长所需的产品就越多，从而进口产品也越多（梁琦、吴新生，2016）。$\ln L_{t-1}^{F}$正向影响行业出口，说明我国保持同贸易对象国（或地区）密切经贸往来，对稳定出口增长有利。

再根据前文"组间泰尔指数越小，新产品出口越少；组内泰尔指数越大，传统产品出口越多"的分析结论，$\ln L_{t-1}^{F}$显著正向影响组间THEIL指数，而对组内THEIL指数没有显著作用（见表2—7），说明贸易伙伴消费需求扩大对我国新产品出口更有利。这一结论的政策含义是：坚持在开放中加强同主要贸易对象国家（或地区）的政策沟通，努力推动彼此经济总量做大做强，不仅能带动我国行业内传统产品出口，而且能增加新产品、新市场的出口规模，对促进中国出口贸易健康有序发展有帮助。

3. 贸易成本对行业出口的影响（$\ln \tau_{it-1}$、$\ln f_{x,it-1}$）

可变贸易成本$\ln \tau_{it-1}$显著负向影响二分位行业出口的总体THEIL指数和组内THEIL指数，同样符合经典贸易模型的分析结论。固定贸易成本显著负向影响二分位行业出口的总体THEIL指数及组间、组内分解，也符合前文的理论预期，其政策含义是：加大同贸易伙伴就海关便利化、监管一致性等合作和沟通，对降低双边贸易成本有利，也有助于提高我国行业产品的出口。

可变贸易成本正向影响二分位行业出口的组间 THEIL 指数（不显著）超过预期，似乎表明提高可变贸易成本对增加行业新产品出口有正作用，其原因可能与行业分类有关，因为按照前文行业可变贸易成本计算公式，行业划分得越粗，可变贸易成本计算的结果越小。这或许是造成这一现象的原因。本章将在下一节将二分位行业细分到三分行业进行稳健性再检验。

4. 实际汇率对行业出口的影响 $[\ln(P^F/P^H)_{t-1}]$

由于本章采取的实际汇率为中国历年汇率中间价，是一种间接标价法，上升意味着本币贬值。因此，这里预期 $\ln(P^F/P^H)_{t-1}$ 系数符号应该为正。表2—7的估计结果基本证实了这一点，即 $\ln(P^F/P^H)_{t-1}$ 显著正向影响中国行业出口总体 THEIL 指数和组内 THEIL 指数，意味着本币贬值对已经出口传统产品较为有利。

组间 THEIL 指数的估计结果中，三次回归都出现了 $\ln(P^F/P^H)_{t-1}$ 的负系数（但不显著），似乎表明本币升值对组间 THEIL 指数有正向影响。鉴于组内 THEIL 指数上升表示新产品出口增加，"本币升值正向影响组间 THEIL 指数"说明本币升值对新产品出口有利，尽管这一作用还不显著。实际上，现有不少研究中都发现了人民币升值有利于新产品出口的结论，比如钱学锋与熊平（2010）等，其原因主要是对那些瞄准国际市场的潜在生产者来说，本币上升会降低"低效率"传统产品出口企业设置的"国际市场进入门槛"，起到鼓励潜在生产者研发和出口新产品的动力。当然，鉴于汇率变动对二分位行业不同产品的出口促进作用呈现相反方向变化，一个理想的状态依然是"保持汇率稳定"，毕竟正反两方面的出口增长作用，结果对扩大总出口可能没有太大效果。

5. 本国经济发展程度 $[\ln PGDP_{it-1}、(\ln PGDP_{it-1})^2]$

表2—7中，二分位行业出口数据的估计结果显示：总体 THEIL 指数和组内 THEIL 指数的 $\ln PGDP_{it-1}$ 系数显著为负，而 $(\ln PGDP_{it-1})^2$ 系数显著为正，不仅验证了前文有关出口多样化同一国经济发展阶段密切相关的结论，而且反映出中国行业出口多样化具有"非线性"的倒"U"型特征，其政策含义是：在承认既定国际经验的同时，国家应采取鼓励创新、保护产权等积极措施来增加新产品出口，让"U"型分布发展趋势的拐点早日到来，对企稳中国出口贸易发展有重要意义。

6. 行业生产率（$\ln\varphi_{it-1}$）

表2—7的估计结果基本符合本章的预期，总体 THEIL 指数、组内 THEIL 指数、组间 THEIL 指数的行业生产率（$\ln\varphi_{it-1}$）系数均为正，同样说明生产率的异质性是决定行业出口的重要因素。只是其显著性水平尚未达到要求，可能与前文行业划分较粗有关。本章再细分到三分位行业进行稳健性检验。

第五节 三分位行业出口数据的稳健性再检验

表2—8的估计结果显示：在三分位行业再估计中，无论是按照每名劳动力每年可提供劳动250天，还是按照300天或320天计算农业剩余劳动力，主要变量系数符号和显著性水平均未发生根本改变，实证结果较为稳健。

即使细分到三分位行业，表2—8的估计结果显示，以下主要结论依然成立：①$\ln Y^F_{t-1}$显著正向影响三分位行业出口的总体 THEIL 指数及其组内 THEIL 指数、组间 THEIL 指数，再次说明我国保持同贸易伙伴密切经贸往来，对稳定中国出口增长有利；②可变贸易成本显著负向影响三分位行业出口的总体 THEIL 指数和组内 THEIL 指数，固定贸易成本显著负向影响三分位行业出口的总体 THEIL 指数及其组内 THEIL 指数、组间 THEIL 指数，意味着中国加大同贸易伙伴就海关便利化、监管一致性等合作和沟通，能在降低双边贸易成本中提高中国行业产品的出口；③使用中间价表示的实际汇率显著正向影响三分位行业出口总体 THEIL 指数和组内 THEIL 指数、负向影响组间 THEIL 指数同样成立，表明本币贬值对行业总出口和行业传统产品出口有利，而对新产品出口或有不利影响。鉴于汇率变动对三分位行业不同产品的出口促进作用呈现相反方向变化，也说明一个理想状态依然是"保持汇率稳定"，毕竟正反两方面的出口增长作用，结果对扩大总出口可能没有太大效果；④三分位行业总体 THEIL 指数和组内 THEIL 指数的"$\ln PGDP_{it-1}$系数显著为负、$(\ln PGDP_{it-1})^2$系数显著为正"同样成立，而组间 THEIL 指数的"$\ln PGDP_{it-1}$系数为正、$(\ln PGDP_{it-1})^2$系数为负"也成立，再次验证了有关出口多样化同一国（或地区）经济发展阶段密切相

表2—8　三分位行业出口数据回归结果

	250 总体THEIL	250 组内THEIL	250 组间THEIL	300 总体THEIL	300 组内THEIL	300 组间THEIL	320 总体THEIL	320 组内THEIL	320 组间THEIL
C	-6.1965*** (-4.33)	-5.0233*** (-3.70)	-1.1733** (-2.07)	-6.3676*** (-4.33)	-5.1881*** (-3.72)	-1.1794** (-2.03)	-6.4158*** (-4.33)	-5.2361*** (-3.72)	-1.1797** (-2.01)
$\ln L^H_{it-1}$	0.0834** (2.27)	0.0706** (2.03)	0.0128 (0.88)	0.0851** (2.23)	0.0731** (2.02)	0.0120 (0.79)	0.0855** (2.21)	0.0738** (2.01)	0.0117 (0.76)
$\ln Y^F_{t-1}$	0.0621*** (4.04)	0.0469*** (3.21)	0.0152** (2.50)	0.0617*** (4.02)	0.0466*** (3.19)	0.0151** (2.48)	0.0615*** (4.01)	0.0465*** (3.19)	0.0150** (2.48)
$\ln \tau_{it-1}$	-0.1882*** (-37.99)	-0.1701*** (-36.17)	-0.0180*** (-9.18)	-0.1882*** (-37.99)	-0.1702*** (-36.17)	-0.0180*** (-9.18)	-0.1882*** (-37.99)	-0.1702*** (-36.17)	-0.0180*** (-9.18)
$\ln f_{x,it-1}$	-0.2422*** (-6.40)	-0.2340*** (-6.51)	-0.0082 (-0.55)	-0.2441*** (-6.47)	-0.2356*** (-6.57)	-0.0086 (-0.57)	-0.2447*** (-6.48)	-0.2360*** (-6.59)	-0.0087 (-0.58)
$\ln(P^F/P^H)_{t-1}$	0.4006*** (3.89)	0.4030*** (4.12)	-0.0024 (-0.06)	0.4073*** (3.89)	0.4100*** (4.12)	-0.0027 (-0.06)	0.4092*** (3.89)	0.4120*** (4.12)	-0.0029 (-0.07)
$\ln PGDP_{it-1}$	-0.2441 (-1.24)	-0.3993** (-2.13)	0.1552** (1.98)	-0.2198 (-1.12)	-0.3798** (-2.05)	0.1600** (2.07)	-0.2125 (-1.09)	-0.3738** (-2.02)	0.1613** (2.09)
$(\ln PGDP_{it-1})^2$	0.0171 (1.42)	0.0277** (2.41)	-0.0106** (-2.21)	0.0157 (1.31)	0.0266** (2.34)	-0.0109** (-2.30)	0.0153 (1.28)	0.0262** (2.32)	-0.0109** (-2.32)
$\ln \varphi_{it-1}$	0.0015 (0.08)	0.0135 (0.79)	0.0150** (2.11)	0.0015 (0.08)	0.0136 (0.80)	0.0150** (2.12)	0.0015 (0.08)	0.0136 (0.80)	0.0150** (2.12)
Hausman test	FE	FE	FE	FE	FE	FE	FE	FE	FE
F统计量	218.06	204.95	22.28	218.02	204.94	22.26	218.01	204.93	22.25
组内R^2	0.313	0.2999	0.0445	0.313	0.2999	0.0445	0.313	0.2999	0.0444
组间R^2	0.6461	0.6643	0.0031	0.6462	0.6643	0.0031	0.6462	0.6643	0.0031
总体R^2	0.5889	0.6111	0.0004	0.589	0.6111	0.0004	0.589	0.6111	0.0004
Obs	4019	4019	4019	4019	4019	4019	4019	4019	4019

关的国际经验，也体现中国行业出口多样化具有"非线性"的倒"U"型特征；⑤行业生产率正向影响三分位行业出口的总体 THEIL 指数及其组内 THEIL 指数、组间 THEIL 指数，且同二分位行业类似，在大多数情况下均未达到显著性水平要求，说明为实现中国出口稳定发展，依然需要继续提升细分行业的全要素生产率水平。

与二分位行业估计结果相关变量系数大小和显著性水平比较，表2—8的三分位行业估计结果也有细微差异，主要体现在：①行业生产率促进组间 THEIL 指数提高的作用具有显著性，说明国家采取鼓励创新、支持研发、保护产权等有效措施，自我选择效应和出口学习效应带来资源的再分配效应对提升行业生产率有利，进而对行业内新产品出口有益；②可变贸易成本（$\ln \tau_{it-1}$）显著负向影响三分位行业出口增长的组间 THEIL 指数，不仅符合了经典贸易理论的要求，也体现了前文的基本判断，即行业划分地越细，越容易出现贸易成本与行业出口之间的反向变动关系。

更为重要的是，即使划分到三分位行业，$\ln L_{At-1}^H$ 显著正向促进三分位行业出口的总体 THEIL 指数和组内 THEIL 指数、显著负向影响组间 THEIL 指数依然成立，再次说明我国农业剩余劳动力的非农转移的确对行业内传统产品的出口增长有利，而对新产品出口增长构成了障碍。

第六节 本章主要结论

使用农业剩余劳动力非农转移作为结构转型变量，本章对 Mayer 等（2014）单要素产品结构新—新贸易理论模型进行拓展，并使用1998—2013年中国微观企业数据和1995—2017年 HS-6 位码数据进行多种实证检验后，主要结论如下：

理论上，发展中国家（或地区）经济结构转型过程中，农业剩余劳动力非农转移降低了传统产品生产企业的出口零利润条件，这些企业出口随之扩张，传统产品出口规模不断增长。与此相反，农业剩余劳动力非农转移提高了潜在生产者进入市场生产新产品的出口零利润条件，进而会抑制新产品出口速度的扩张；两方面的共同作用导致发展中国家（或地区）出口增长以少数传统产品为主的固有特征，理论上不利于出口产品多样化战略的实施。

实证上，中国农业剩余劳动力非农转移的确具有显著促进"老"企业传统产品出口增长作用，不利于潜在生产者进入市场设立"新"企业、研发并出口新产品，致使样本期内我国出口增长的产品结构存在主要以传统产品为主的发展趋势。如果中国出口增长能实现以大量差异化的新产品出口为主，这不仅有助于增加出口量，更能提高抗外部冲击的出口稳定性。

此外，与现有研究类似，本章的实证分析还有以下结论成立：扩大规模、增加政府生产性补贴对提高企业参与国际市场竞争有利。行业数据的实证检验也有以下结论成立：贸易伙伴消费需求的增加、可变和固定贸易成本的降低、实际汇率的稳定，都对促进我国出口增长有益。国际经验上，本章也发现中国出口产品结构多样化变动趋势具有倒"U"型特征。

第三章 二元边际与出口国别(地区)结构转型升级

为解释包括中国在内的众多发展中经济体出口增长主要以集约边际为主的原因,本章再使用结构转型变量对 Lawless 和 Whelan(2014)国别(地区)结构模型做如下拓展:首先将国家(或地区)数量拓展到 M 个而非两个,其次将产品分为可贸易的制成品和不可贸易的农产品,最后假定工业部门包括可贸易的 N($N \geq 1$)种制成品,且不同企业生产的制成品 k 具有水平差异。也就是说,本章尝试建立一个简单的 $M \times 2 \times (N+1)$ 理论模型,用来解释发展中国家(或地区)内在经济结构转型因素对其出口结构演变的作用机理,并使用中国和全球贸易增长数据进行实证检验。

第一节 结构转型的出口二元边际模型拓展

一 消费者偏好

与第二章不同,这里首先假定任意国家(或地区)i 消费者消费 q_A 个单位的农产品和 C_k($k=1,2,\cdots,N$)个单位制成品的效用函数使用 C-D 形式表示,而消费工业产品 k 不同品种 $q_k(\omega)$ 的效用函数使用 CES 形式表示,则总效用函数为:

$$\ln U_i = \alpha_0 \ln q_{iA} + \sum_{i=1}^{N} \alpha_{ik} \ln C_{ik}, \quad C_{ik} = (\int_{\omega \in \Omega_{ik}} q_{ik}(\omega)^{\rho_{ik}} d\omega)^{1/\rho_{ik}} (0 < \rho_{ik} < 1)$$

(3.1)

其中：$\sigma_{ik}=\rho_{ik}/(1-\rho_{ik})$ 表示工业产品替代弹性。假定农产品的价格为 P_{iA}，制成品品种 ω 的价格为 $p_{ik}(\omega)$，则第 k 种制成品的价格指数 P_{ik} 为 $\left[\int_{\omega\in\Omega_{ik}}p_{ik}(\omega)^{1-\sigma_{ik}}d\omega\right]^{1/(1-\sigma_{ik})}$。若消费者的收入为 Y_i，由动态最优化理论可知，消费者对工业制成品 k 的需求函数为：

$$q_{ik}(\omega)=\left[\frac{p_{ik}(\omega)}{P_{ik}}\right]^{-\sigma_{ik}}\frac{\alpha_{ik}Y_i}{P_{ik}} \tag{3.2}$$

C_{ik} 和 $q_{ik}(\omega)$ 两个需求函数均为相应价格的减函数，表示价格提高后消费者需求出现下降这一经济含义。

根据 $r=p\times q$，即价格乘以销售量为企业收入，则有下式成立：

$$r_{ik}(\omega)=p_{ik}(\omega)q_{ik}(\omega)=\alpha_k Y_i[p_{ik}(\omega)/P_{ik}]^{1-\sigma_{ik}} \tag{3.3}$$

因为 $\sigma_{ik}>1$，公式（3.3）表示制成品企业 ω 的销售收入是其价格 $p_{ik}(\omega)$ 的减函数，也是制成品行业 k 价格指数 P_{ik} 的增函数，即该企业提高价格，消费者会选择其他差异化产品进行替代，企业收入减小；消费者对整个行业 k 的需求增加导致行业价格指数提高，企业收入也会增加。

二 生产技术

再次假定农业和工业部门只投入一种生产要素—劳动（$L>1$），且任何国家（或地区）的劳动力总数保持不变。

1. 农业生产

假定国家（或地区）i 正在经历结构转型，农业劳动力存在隐性失业问题。由公式（2.16）可知农业部门的产出函数为：

$\ln q_{iA}=\ln\varphi_{iA}+\mu\ln L_{iA}$

其中，φ_{iA} 表示国家（或地区）i 农业劳动生产率，L_{iA} 为农业劳动投入量，$0<\mu\leq1$ 表示农业部门劳动产出弹性。

假定农业部门的生产是完全竞争且规模报酬不变，用 P_{iA} 表示农产品价格，由公式（2.17）可知，$W_{iA}=\mu\varphi_{iA}(L_{iA})^{\mu-1}P_{iA}$ 成立。

为分析方便，这里还假定国家（或地区）i 的农产品价格为1，农业部门生产率也为1，则农业部门实际工资可以表示为 $w_{iA}=\mu(L_{iA})^{\mu-1}$。因为 $\mu(L_{iA})^{\mu-1}<1$（$0<\mu<1$），所以国家（或地区）i 如果存在农业剩余劳动力，其农业部门实际工资低于经济结构完成转型的国家（或地区），直到

转型结束后都等于1。

2. 工业制成品生产

与第二章一样,假定工业生产是垄断竞争且规模报酬递增。根据公式(2.7),用 f_{ik}^i 表示以劳动衡量的固定生产成本后,生产率为 φ_{ik} 的企业,其生产 $q_{ik}(\omega)$ 个单位工业制成品 ω 的劳动投入为:

$$L_{ik}(\varphi) = f_{ik}^d + q_{ik}(\omega)/\varphi_{ik} \tag{3.4}$$

公式(3.4)显然具有固定生产成本保持不变,劳动生产率越高的制成品企业,劳动实际投入越小,相应的生产成本也越低。

假定制成品行业 k 的名义工资为 W_{ik},由边际成本等于边际收益的垄断竞争定价法则,则工业制成品 ω 的价格为:

$$p_{ik}(\omega) = p_{ik}(\varphi_{ik}) = W_{ik}/(\rho_{ik}\varphi_{ik}) = \sigma_{ik}W_{ik}/[(\sigma_{ik}-1)\varphi_{ik}] \tag{3.5}$$

假定国家(或地区)i 制成品行业 k 有 M_{ik} 个企业,这些企业的生产率分布函数为 $g(\varphi_{ik})$,加权平均后的行业价格指数 P_{ik} 就可以表示为:

$$P_{ik} = M_{ik}^{1/(1-\sigma_{ik})} \sigma_{ik} W_{ik}/[(\sigma_{ik}-1)\hat{\varphi}], \hat{\varphi} = \left\{\int_0^\infty \varphi_{ik}^{\sigma_{ik}-1} g(\varphi_{ik}) d\varphi_{ik}\right\}^{1/(\sigma_{ik}-1)} \tag{3.6}$$

根据公式(3.2)至公式(3.6),这里可以将生产率为 φ_{ik} 的企业,其生产制成品 ω 的销售收入和利润简写为:

$$r_{ik}(\omega) = \alpha_{ik}Y_{ik}\{\sigma_{ik}W_{ik}/[(\sigma_{ik}-1)\varphi_{ik}P_{ik}]\}^{1-\sigma_{ik}} \tag{3.7}$$

$$\pi_{ik}(\omega) = r_{ik}(\omega) - W_{ik}L(\varphi_{ik}) = (\alpha_{ik}Y_{ik}/\sigma_{ik})\{\sigma_{ik}W_{ik}/[(\sigma_{ik}-1)\varphi_{ik}P_{ik}]\}^{1-\sigma_{ik}} - W_{ik}f_{ik}^i \tag{3.8}$$

三 贸易开放的影响

假定国际市场是分割的,企业选择出口既需要支付固定贸易成本,也需要支付可变贸易成本。与 Melitz(2003)文献相同,固定贸易成本采用实际投入的劳动衡量,用 f_{ik}^j 表示。可变贸易成本使用冰山成本,国家(或地区)i 出口 $\tau_i^j > 1$ 个单位的产品只能有1个单位到达国家(或地区)j 市场,而在本土市场上销售时 $\tau_i^i = 1$。由计算海外市场销售价格的边际成本加成原理(mark-up),国家(或地区)i 的企业,其出口制成品 ω 的收入和利润为:

$$r_{ik}^j(\omega) = \tau_i^j r_{ik}(\omega)(j=1, 2, \cdots, N) \tag{3.9}$$

$$\pi_{ik}^j(\omega) = r_{ik}^j(\omega) - W_{jk}f_{ik}^j (j = 1, 2, \cdots, N) \tag{3.10}$$

其中，W_{jk}为国家（或地区）j劳动力使用价格。

对于生产率分别为φ'_{ik}和φ''_{ik}的两个生产企业，由公式（3.9）和公式（3.7）可知，当替代弹性（$\sigma_{ik} > 1$），不同企业的相对销售收入与相对生产率密切相关，即：

$$\frac{r''_{ik}(\omega)}{r'_{ik}(\omega)} = \frac{r''_{ik,x}(\omega)}{r'_{ik,x}(\omega)} = \left(\frac{\varphi''_{ik}}{\varphi'_{ik}}\right)^{\sigma_{ik}-1}$$

上式表示生产率异质性与企业出口正相关，即生产率越高的工业制成品企业，海外市场出口收入越大。

本土企业在境内市场销售或出口的最低条件应该是利润为零。定义出口的零利润条件为企业的出口利润为零，对应的企业生产率水平为出口的临界生产率；生产的零利润条件为企业在境内市场销售的利润为零，对应的企业生产率水平为生产的临界生产率。

假定国家（或地区）i和j消费者的偏好相同，即$\sigma_{ik} = \sigma_{jk} = \sigma$，$\alpha_{ik} = \alpha_{jk} = \alpha_k$。根据公式（3.7）至公式（3.8），则生产率为$\varphi_{ik}$的企业，其生产的零利润和出口的零利润满足以下条件：

$$\varphi_{ik}^* = \{\sigma/[(\sigma-1)P_{ik}]\} W_{ik}^{\frac{\sigma}{\sigma-1}} [(\sigma f_{ik}^i)/(\alpha_{ik}Y_{ik})]^{1/(\sigma-1)} \tag{3.11}$$

$$\varphi_{ik}^{j*} = \Lambda \varphi_{ik}^*, \ \Lambda = \tau_i^j(P_{ik}/P_{jk})(W_{jk}/W_{ik})^{\frac{\sigma}{\sigma-1}}[(f_{ik}^j/f_{ik}^i)(Y_{ik}/Y_{jk})]^{\frac{1}{(\sigma-1)}}\sigma^{\frac{1}{1-\sigma}}$$

$$W_{jk}^{\frac{1}{(\sigma-1)}} \tag{3.12}$$

只要$\Lambda > 1$，就有$\varphi_{ik}^{j*} > \varphi_{ik}^*$成立，即生产率高于$\varphi_{ik}^{j*}$的企业出口，低于$\varphi_{ik}^*$的企业退出市场，处于两者之间的企业在国家（或地区）i内部销售。

四 潜在生产者自由进入市场

潜在生产者可以选择进入市场生产差异化产品，也可以选择不进入。潜在生产者如果选择进入市场，必须一次性支付进入市场的固定成本f_{ie}（用劳动衡量），然而才能从其生产率累计分布函数$G(\varphi)$中得到自身企业的生产率水平φ，并与本土销售或海外出口的零利润生产率水平比较，最后根据能否获取利润为判断依据，决定是继续生产还是立即从市场中退出。也就是说，当潜在生产者观测到自身企业生产率高于零利润生产率时，企业选择进入市场生产产品，否则，立刻从市场中退出。因此，潜在生产者进入生产市场的概率（$p_{ik,in}$）可以表示为：

$$p_{ik} = \begin{cases} p_{ik,in} = 1 - G(\varphi_{ik}^*), & \varphi_{ik} \geq \varphi_{ik}^* \\ 0, & \varphi_{ik} < \varphi_{ik}^* \end{cases} \tag{3.13}$$

由公式（3.7）和公式（3.8）可知，时期 t 潜在生产者的利润为：

$$\pi_{ik,t}^{in} = \begin{cases} \pi_{ik}^e(\omega) - W_{ik}f_{ie} = \dfrac{\alpha_k Y_i}{\sigma}\left[\dfrac{\sigma W_{ik}}{(\sigma-1)P_{ik}^H \varphi_{ik}}\right]^{1-\sigma} - W_{ik}f_{ie}, & \varphi_{ik} \geq \varphi_{ik}^* \\ -W_{ik}f_{ie}, & \varphi_{ik} < \varphi_{ik}^* \end{cases}$$

$$\tag{3.14}$$

应该指出的是：即便潜在生产者的生产率水平符合最低零利润条件，但在生产中也会面临消费者偏好逆转、某国（或地区）产业规制政策变动、宏观政策调整等一系列因素影响企业生存的情况。为把这些因素纳入其中，这里简单认为：始终存在一个固定的破产率 δ（$0 < \delta < 1$）导致潜在生产者不能在市场上生存。不考虑时间折旧因素，将时期拓展到无穷期（$t \in [0, \infty)$）后，潜在生产者的终生预期利润为：①

$$\sum_{t=0}^{\infty}(1-\delta)^t E_t(\pi_{ik,t}^{in}) = $$
$$\begin{cases} \sum_{t=0}^{\infty}(1-\delta)^t p_{ik,in}\pi_{ik}^e(\omega) = \dfrac{1}{\delta}p_{ik,in}\pi_i^e(\omega), & \varphi_{ik} \geq \varphi_{ik}^* \\ 0, & \varphi_{ik} < \varphi_{ik}^* \end{cases} \tag{3.15}$$

于是，潜在生产者进入市场与否的依据是终生最大化其利润：

$$\max\left\{\dfrac{1}{\delta}p_{ik,in}\pi_i^e(\omega) - W_{ik}f_{ie}, 0\right\} \tag{3.16}$$

工业制成品为垄断竞争市场的条件要求：只要某一潜在生产者能获取正的终生利润，就会吸引大量潜在生产者进入该行业，使潜在生产者的预期利润下降，直到和进入固定沉淀成本相等。于是，潜在生产者自由进入条件可以定义为潜在生产者进入市场的预期利润与固定进入成本相等（终生利润为零）。此时任何新的潜在生产者均不存在进入市场的经济动力，潜在生产者进入市场的策略与不进入市场的策略无差异。与之相对应的生

---

① 此处的预期利润不包括进入市场的固定沉淀成本。

产率水平，称为自由进入市场的临界生产率。

将公式（3.13）至公式（3.16）代入零利润定义，用 φ_{ik}^{e*} 表示潜在生产者自由进入市场的临界生产率，则有下式成立：

$$W_{ik} = \left\{\frac{\alpha_k Y_i}{\sigma}\left[\frac{\sigma}{(\sigma-1)P_{ik}^H \varphi_{ik}^{e*}}\right]^{1-\sigma}\left[\frac{\delta f_{ie}}{1-G(\varphi_{ik}^{e*})}\right]^{-1}\right\}^{\frac{1}{\sigma}} \quad (3.17)$$

同样可以定义潜在生产者自由进入出口市场的条件为：潜在生产者进入出口市场的预期利润同固定进入成本相等（终生利润为零）。此时任何新的潜在生产者均不存在进入出口市场的经济动力，进入出口市场的策略与不进入出口市场的策略无差异。与之相对应的生产率水平，称为自由进入出口市场的临界生产率（φ_{ik}^{ej*}）。

首先，潜在生产者出口的前提是其生产率水平高于出口的最低临界生产率，则选择进入出口市场的概率为：

$$p_{ik}^{j} = \begin{cases} 1-G(\varphi_{ik}^{j*}), & \varphi_{ik} \geq \varphi_{ik}^{j*} \\ 0, & \varphi_{ik} < \varphi_{ik}^{j*} \end{cases}$$

其次，潜在生产者进入出口市场的前提是成功进入本土生产市场，其成功出口的概率低于成功进入本土市场的概率。由条件概率计算公式，潜在生产者成功进入国际市场的概率 $p_{ik,in}^{j}$ 为：

$$p_{ik}^{j} = \begin{cases} p_{ik,in}^{j} = \dfrac{1-G(\varphi_{ik}^{j*})}{1-G(\varphi_{ik}^{*})}, & \varphi_{ik} \geq \varphi_{ik}^{j*} \\ 0, & \varphi_{ik} < \varphi_{ik}^{j*} \end{cases}$$

相应地，潜在生产者的终生出口预期利润为：

$$\sum_{t=0}^{\infty}(1-\delta)^t E_t(\pi_{ik,t}^{in,j}) =$$

$$\begin{cases} \sum_{t=0}^{\infty}(1-\delta)^t p_{ik,in}^{j} \pi_{ik}^{je}(\omega) = \dfrac{1}{\delta}p_{ik,in}^{j}\pi_{ik}^{je}(\omega), & \varphi_{ik} \geq \varphi_{ik}^{j*} \\ 0, & \varphi_{ik} < \varphi_{ik}^{j*} \end{cases}$$

因为出口生产率水平要求更高，潜在生产者如果选择出口，预期总利润应该为本土销售预期利润与出口预期利润之和。于是，潜在生产者选择出口的策略也是最大化其终生利润，即：

$$\max\left\{\frac{1}{\delta}p_{ik,in}\pi_{ik}^{e}(\omega) + \frac{1}{\delta}p_{ik,in}^{j}\pi_{ik}^{je}(\omega) - W_{ik}f_{ie},\ 0\right\} = \max\left\{\frac{1}{\delta}p_{ik,in}\left[\pi_{ik}^{e}(\omega) + \right.\right.$$

$$p_{ik}^j \pi_{ik}^{je}(\omega)] - W_i^H f_e^H, 0\}$$

类似地，倘若出口策略的终生利润高于固定成本，将引起大量潜在生产者进入国际市场，直到出口策略的终生利润等于固定成本，使所有潜在生产者选择出口策略和不选择出口策略无差异。根据出口自由进入条件的定义，这里可以计算出自由出口的临界生产率 φ_{ik}^{ej*} 为：

$$W_{ik} = (Y_i(P_{ik})^{\sigma-1} + p_{ik,in}^j Y_j (P_{jk}/\tau_i^j)^{\sigma-1})^{\frac{1}{\sigma}} \left[\frac{\sigma}{(\sigma-1)}\right]^{\frac{1-\sigma}{\sigma}} \left[\frac{\alpha_k p_{ik,in}}{\sigma \delta f_e^H}\right]^{\frac{1}{\sigma}}$$
$$(\varphi_{ik}^{ej*})^{\frac{\sigma-1}{\sigma}} \tag{3.18}$$

上述分析中，累计分布函数 $G(\varphi)$ 的具体形式成为后续分析的重要障碍。这里遵循 Chaney（2008）、Arkolakis 等（2008）的方法，假定企业生产率服从 Pareto 分布，分布函数与概率密度函数可以分别表示为：

$$G(\varphi) = 1 - (\varphi_{\min}/\varphi)^m, \ g(\varphi) = m\varphi_{\min}^m \varphi^{-(m+1)}, \ \varphi \in [\varphi_{\min}, \infty), \ m \in (\sigma-1, \infty)$$

其中，参数 m 决定 Pareto 分布的峰度；$\varphi_{\min}$ 为生产率的下界。

五 农业剩余劳动力工业部门转移对零利润条件的影响

上述分析中，本章还没有将农业剩余劳动力转移这一结构转型变量纳入其中。根据王泽填与姚洋（2009）的研究结论，当农业部门存在隐性失业时，由劳动力无限供给理论，制成品部门实际工资不是由边际成本等于边际收益确定，而是由农业部门最低工资决定，即 $W_{ik} = w_{iA} = \mu(L_{iA})^{\mu-1}$ 成立。将其代入到公式（3.11）和公式（3.12）中，则有下式成立：

$$\varphi_{ik}^* = \{\sigma/[(\sigma-1)P_{ik}]\}[\mu(L_{iA})^{\mu-1}]^{\frac{\sigma}{\sigma-1}}[(\sigma f_{ik}^i)/(\alpha_{ik}Y_{ik})]^{1/(\sigma-1)} \tag{3.19}$$

$$\varphi_{ik}^{j*} = \Lambda\{\sigma/[(\sigma-1)P_{ik}]\}[\mu(L_{iA})^{\mu-1}]^{\frac{\sigma}{\sigma-1}}[(\sigma f_{ik}^i)/(\alpha_{ik}Y_{ik})]^{1/(\sigma-1)} \tag{3.20}$$

当 $0 < \mu < 1$ 显然有 $\partial \varphi_{ik}^*/\partial L_{iA} < 0$ 和 $\partial \varphi_{ik}^{j*}/\partial L_{iA} < 0$ 成立，即发展中国家（或地区）农业剩余劳动力越多，生产和出口的临界生产率越低。如果把现有市场中已经生产或出口的产品看作是"老"产品（企业就是"老"

产品企业），零利润条件降低后，生产"老"产品企业就越容易在市场中生存，出口可能性随之增加。

同样将 $W_{ik} = w_{iA} = \mu (L_{iA})^{\mu-1}$ 和生产率的 Pareto 分布代入到公式（3.17）和公式（3.18）中，也有下式成立：

$$\varphi_{ik}^{e*} = [\mu]^{\frac{\sigma}{\sigma-m-1}} \left\{ \frac{\alpha_k Y_i}{\sigma} \left[\frac{\sigma}{(\sigma-1)P_{ik}^H} \right]^{\sigma-1} \frac{\delta f_{ie}}{\varphi_{\min}^m} \right\}^{\frac{1}{\sigma-m-1}} (L_{iA})^{\frac{\sigma(\mu-1)}{\sigma-m-1}}$$

$$\varphi_{ik}^{ej*} = [\mu]^{\frac{\sigma}{\sigma-1-k}} [Y_i(P_{ik})^{\sigma-1} + (\Lambda)^m Y_j(P_{jk}/\tau_i^i)^{\sigma-1}]^{\frac{1}{1+m-\sigma}} \times \left[\frac{\sigma}{(\sigma-1)} \right]^{\frac{\sigma-1}{\sigma-1-m}}$$

$$\left[\frac{\alpha_k(\Lambda\varphi_{\min})^m}{\sigma\delta f_{ie}} \right]^{\frac{1}{1+m-\sigma}} (L_{iA})^{\frac{\sigma(\mu-1)}{\sigma-m-1}}$$

显然，当 $0 < \mu < 1$ 且 $\sigma - m - 1 < 0$ 时，有 $\partial\varphi_{ik}^{e*}/\partial L_{iA} > 0$ 和 $\partial\varphi_{ik}^{ej*}/\partial L_{iA} > 0$ 成立，即发展中国家（或地区）经济结构转型过程中，农业剩余劳动力越多，潜在生产者进入市场生产或出口产品的临界生产率反而越高。把潜在生产者进入市场生产的产品看作是"新"产品（企业就是"新"产品企业），零利润条件提升后，新产品的自由进入和自由出口条件随农业剩余劳动力增加而扩大，出现新产品出口与农业剩余劳动力的反向变化的关系。也就是说，改变 Mayer 等（2014）生产函数的假定条件，以下结论也是成立的：发展中国家（或地区）农业剩余劳动力越多，生产新产品所需临界条件越大，潜在生产者研发和出口新产品的动力可能会越小。

六 经济结构转型对出口增长二元边际的作用

假定国家（或地区）i 生产企业数量 M_i 与其经济规模成比例，将该国全部工资收入看成是农业部门最低工资的倍数，就有 $M_i = \lambda Y_i = \lambda L_i W_i = \lambda \chi L_i w_{iA}$ 成立，其中 $W_i = \chi w_{iA}$。参照 Chaney（2008）和 Arkolakis 等（2008）的方法，汇总后国家（或地区）i 对国家（或地区）j 的总出口 X_i^j 就可以分解为一个包含集约边际和扩展边际的方程：

$$X_i^j = \underbrace{\left(\frac{1 - G(\varphi_{ik}^{j*})}{1 - G(\varphi_{ik}^{*})} \right) M_i}_{\text{扩展边际}} \underbrace{\int_{\varphi_{ik}^*}^{\infty} r_{ik}^j(\omega) \frac{g(\varphi_{ik})}{1 - G(\varphi_{ik}^*)} d\varphi_{ik}}_{\text{集约边际}} \qquad (3.21)$$

上式表明：扩展边际（EM）实际上是由成功进入市场的"新"企业

决定，集约边际（IM）由现有"老"生产企业决定。假定生产率满足 Pareto 分布条件，将公式（3.7）、公式（3.9）、公式（3.19）至公式（3.20）代入公式（3.21），则扩展边际可以表示为：

$$EM_i^j = A_0 (\tau_i^j)^{-m} (L_{iA}/L_{jA})^{\mu-1} (f_{ik}^j)^{-m/(\sigma-1)} (Y_{jk}/Y_{ik})^{-\sigma/(\sigma-1)} (P_{jk}/P_{ik})^m \tag{3.22}$$

其中，$A_0 = \lambda W_i L_i \{[(W_{jk}L_{jk})/(W_{ik}L_{ik})]^{m/(\sigma-1)} (f_{ik}^i \sigma)^{m/(\sigma-1)}\}^m W_{jk})(L_{jk}/L_{ik})^{\sigma/(\sigma-1)}$，$a_0 = \ln W_{jk}$。

公式（3.22）中，当 $\sigma > 1$ 和 $0 < \mu < 1$ 时，可以很容易证明出 $\partial EM_i^j / \partial (L_{iA}/L_{jA}) < 0$ 成立，所以这里能得出以下假定：

假定1：处于经济结构转型过程中的发展中国家（或地区），农业剩余劳动力相对越多，出口增长的扩展边际越小。

同样将公式（3.7）中的 i 换成 j 并代入公式（3.21），然后反复使用公式（3.5）、公式（3.11）至公式（3.13）、公式（3.19）、公式（3.20）和 Pareto 分布，则集约边际可以表示为：

$$IM_i^j = B_0 \alpha_k \tau_i^{j-[m+(\sigma-1)]} f_{ik}^{j-[m-(\sigma-1)]/(\sigma-1)} Y_{jk}^{m/(\sigma-1)} (P_{jk}/P_{ik})^{m-(\sigma-1)} (L_{iA}/L_{jA})^{(1-\mu)m} \tag{3.23}$$

其中，$B_0 = b_0 \kappa W_{ik}^{b_1} W_{jk}^{b_1} (W_i/W_j)(P_{ik}Y_{ik})^{-1}(f_{ik}^i/Y_{ik})^{m/(\sigma-1)} \varphi_{jk}^{*[m-(\sigma-1)]}$；$\kappa = M_{jk}^{-1} \{1 + \sum_{i=1, i \neq j}^{N} [\tau_i^j (W_{ik})^{1-\sigma} M_{ik} \varphi_{ik}^{*(\sigma-1)-m}]/[(W_{jk})^{1-\sigma} M_{jk} \varphi_{jk}^{*[(\sigma-1)-m]/(1-\sigma)}]\}^{-1}$ 表示多边阻力；$b_0 = \varphi_{min}^{-m} m/[m-(\sigma-1)]\}/[(\sigma-1)\mu]\alpha_{ik}^{-1}$、$b_1 = \sigma[m-(\sigma-1)]/(\sigma-1)$、$b_2 = -m\sigma/\sigma^{m/(\sigma-1)+\mu} [(\sigma-1)\mu] + \{\sigma\mu^2(\sigma-1)(2-\sigma)[m-(\sigma-1)]\}/[(\sigma-1)]$ 表示参数。

公式（3.23）中，只要生产率分布函数的峰度满足 $m > \sigma - 1 > 0$，也可以很容易证明出 $0 < \mu < 1$ 时，$\partial IM_i^j / \partial (L_{iA}/L_{jA}) > 0$ 成立。于是，这里也能得出以下假定：

假定2：处于经济结构转型过程中的发展中国家（或地区），农业剩余劳动力相对越多，越有利于出口增长的集约边际。

上述理论模型推理结论是否成立？本章使用1995—2017年中国和全球155个国家（或地区）的贸易数据进行检验。

第二节　HS-6 位码贸易数据的检验

一　实证模型

加入时间变量后，对公式（3.22）和公式（3.23）取其自然对数，并考虑实际数据的可获得性，这里设定如下计量方程进行实证检验①：

$$\ln IM_{it}^{j} = \beta_0 + \beta_1 \ln \tau_{it-1}^{j} + \beta_2 \ln f_{it-1}^{j} + \beta_3 \ln Y_{jt-1} + \beta_4 \ln(P_{jt-1}/P_{it-1}) + \beta_5 \ln(L_{iAt-1}) + \varepsilon_{it} \quad (3.24)$$

$$\ln EM_{it}^{j} = \gamma_0 + \gamma_1 \ln \tau_{it-1}^{j} + \gamma_2 \ln f_{it-1}^{j} + \gamma_3 \ln(Y_{it-1}/Y_{jt-1}) + \gamma_4 \ln(P_{jt-1}/P_{it-1}) + \gamma_5 \ln(L_{iAt-1}) + \varepsilon_{it} \quad (3.25)$$

其中：t 表示时间；$t-1$ 表示滞后一期；$\beta_0 - \beta_5$ 和 $\gamma_0 - \gamma_5$ 表示待估计系数；ε_{it} 表示误差项。根据前文分析结论，这里预期 $\beta_5 > 0$、$\gamma_5 < 0$ 成立。

二　变量选择、数据来源与处理

1. 集约边际和扩展边际（$\ln IM_{it}^{j}$、$\ln EM_{it}^{j}$）

借鉴项松林等（2014）的方法，本章使用计算公式（1.8）实际测算中国对贸易伙伴出口的集约边际和扩展边际，即先需要确定每年中国对相关国家（或地区）出口的"新、老"产品身份和"新、老"市场身份。鉴于 CEPII BACI 数据库提供的中国 HS-6 位码微观产品数据中，起始年份是 1995 年，终止年份为 2017 年。② 为此，这里首先将基期 0 定在 1995 年，时期 t 定在 1996 年及其之后，通过对比 1996 年及以后每个国家（或

---

① 之所以对公式（3.25）取自然对数后将 Y_{jt-1} 和 Y_{it-1} 顺序颠倒，是为了后续描述本土市场效应的方便：本国经济规模 Y_{it-1} 越大，越有利于发挥本土市场效应的促进出口作用，即回归系数 γ_3 应为正。如果不颠倒就要求 γ_3 为负。

② 使用 CEPII BACI 数据库测算中国出口增长的二元边际，其固有缺陷是存在两年滞后期，即 2019 年只能更新到 2017 年数据。我们将在未来获取更新、更详细的数据进行再检验。

地区）i 出口到任意对象国家（或地区）j 的 HS-6 位码同 1995 年的差别，以确定每种出口产品的老产品、新产品和消失产品身份，再进行加总就可以计算出口的扩展边际和集约边际了。由此本章可以得到 5105 个中国出口增长的二元边际数据，其中集约边际 2692 个、扩展边际 2413 个。显然，这种分解方法的优点是能够跟踪各类型产品的出口波动情况，而这在现有的宏观数据中难以体现。应该指出的是由于中国与少数国家（或地区）在某些年份有零贸易现象，为保证数据的完整性，这里分别取 $lnIM_{it} = ln(1 + im_{it})$ 和 $lnEM_{it} = ln(1 + em_{it})$ 代入计量方程中。

2. 贸易成本（$ln\tau_{it}^{j}$、lnf_{it}^{j}）

借鉴 Mayer 等（2014）的研究思路，这里使用贸易阻力表示可变贸易成本。同时，因为"老产品老市场"表示集约边际，属于双边层次，故可用公式 $(GDP_{it}/GDP_{jt}) ln(distw_{ij})$ 计算双边贸易阻力，以表示"集约边际"的可变贸易成本，其中 GDP_{it} 和 GDP_{jt} 为国家（或地区）i 和国家（或地区）j 的经济总量；$ln(distw_{ij})$ 为国家（或地区）i 和国家（或地区）j 首都（或首府）之间距离的自然对数。而使用"老产品新市场、新产品老市场、新产品新市场"表示扩展边际，逐年比较需要用到多边贸易数据，属于多边层次，故可以使用多边贸易阻力公式 $\sum_{j \in D_t^i} [(GDP_{it}/GDP_{jt}) ln(distw_{ij})]$ 来表示"扩展边际"可变贸易成本，其中 D_t^i 表示 t 时期国家（或地区）i 的所有出口目标对象集合。计算双边和多边阻力的各国（或地区）经济总量数据源自世界银行数据库，并使用该数据库提供的各国（或地区）GDP 平减指数将其调整为实际值；各国（或地区）首都（或首府）间距离源自 CEPII BACI 国际贸易数据库。实际计算完中国和各贸易伙伴双边、多变阻力后，取其自然对数统一记作 $ln\tau_{it}^{j}$ 代入计量方程中。

现有文献中，固定贸易成本一般使用 The Heritage Foundation 出版的涵盖商务自由、贸易自由、财政自由、政府规模、货币自由等 9 方面的 Index of Economic Freedom 评价得分表示，比如钱学锋与熊平（2010）的研究等。为体现数据和处理方法一致性，本章借鉴这一思路并按照可变贸易成本类似的方法设定固定贸易成本，分别使用双边和多边 GDP 对自由度评分进行加权作为集约边际和扩展边际的固定贸易成本，即分别使用如下公式 $(GDP_{it}/GDP_{jt}) ln(overallscore_{ij})$ 和 $\sum_{j \in D_t^i} [(GDP_{it}/GDP_{jt}) ln(overallscore_{ij})]$ 进行测算，其中 GDP_{it} 和 GDP_{jt} 依然是国家（或地区）i 和国家

（或地区）j 的经济总量，数据来源和处理方法同上；ln（overallscore$_{ij}$）为国家（或地区）i 和国家（或地区）j 的 Index of Economic Freedom 评价得分之比，数据源自 The Heritage Foundation。应该指出的是：该评分数值越大，自由度就越高，阻碍中国向贸易伙伴出口的固定成本应该越小。为此，这里先取其倒数表示反向变化关系，然后再取其自然对数作为 $\ln f_{it}^{j}$ 代入计量方程。

3. 外国（或地区）绝对经济规模和本土市场效应［$\ln Y_{jt}$、$\ln(Y_{it}/Y_{jt})$］

外国（或地区）绝对经济规模采用人均国民收入表示，本土市场效应采用中国实际人均国民收入与外国实际人均国民收入之比表示。全部样本国家（或地区）的人均国民收入源自世界银行，并使用世界银行提供的各国（或地区）消费者价格指数将其调整为实际值。获取各国（或地区）实际人均国民收入（Y_{it}、Y_{jt}）后，按照出口方和进口方一一对应的方法，可以计算反映本土市场效应的相对经济规模（Y_{it}/Y_{jt}），然后取其自然对数作为 $\ln Y_{jt}$ 和 $\ln(Y_{it}/Y_{jt})$ 代入计量方程。

4. 实际汇率［$\ln(P_{jt}/P_{it})$］

汇率首先从佩恩表（Penn Word Table）中获取各国（或地区）货币对美元的汇率，然后使用计算成对货币汇率的方法，确定中国和各贸易伙伴之间的实际汇率，并取其自然对数作为 $\ln(P_{jt}/P_{it})$ 代入计量方程。

5. 经济结构转型［$\ln(L_{it})$］

为衡量农业剩余劳动力多少对中国出口增长二元边际的影响，本章使用第二章相同的方法确定我国剩余劳动力的比重，并按照 250 个、300 个、320 个工作日三种方案进行计算，相关数据来源和处理与第二章完全相同，测算完后统一取其对数用 $\ln(L_{it})$ 表示。[①]

6. 其他控制变量

外部经济冲击。1995—2017 年全球经济主要遭受到三次典型的外部冲击，分别为：1998 年的东南亚金融危机、2001 年的世界经济温和衰退、2008 年的国际金融危机。用虚拟变量 *shock* 表示外部冲击，则 1998 年、2001 年、2008 年的 *shock* = 1，其他年份 *shock* = 0。

---

① 尽管是三种计算方案得到的三个 $\ln(L_{it})$ 数据，但为便于后续实证结果的列表，这里统一用一个变量表示，不同方案的实证分析在结果中加以区分。

贸易伙伴的国家（或地区）类型。中国对外出口的贸易对象既有高收入经合组织国家（或地区），也有低收入国家（或地区）。为考虑出口对象实际人均收入水平高低的可能影响，这里使用虚拟变量加以区分，即使用虚拟变量 *Hincome* = 1 表示高收入国家（或地区）、*UHincome* = 1 表示中高收入国家（或地区）、*DLincome* = 1 表示中低收入国家（或地区）、*Lincome* = 1 表示低收入国家（或地区）。国家（或地区）收入等级的划分来源于世界银行。

出口贸易伙伴所在地区。为分析中国出口贸易伙伴所属全球价值链的地区差异，本章还将地区差距作为控制变量纳入计量方程。地区控制变量按照中国出口贸易伙伴所属东亚地区、东南亚地区、南亚地区、西亚地区、中亚地区，以及大洋洲、北美洲、中美洲、加勒比地区、南美洲东部、南美洲南部、南美洲中西部、南美洲北部、东欧、南欧、西欧、北欧、中欧、东非、南非、西非、北非、中非地区进行划分，设置方法同收入等级虚拟变量类似。

区域经济一体化。使用虚拟变量 *contig* = 1 表示中国和出口贸易伙伴签订有经济一体化协定，否则 *contig* = 0。区域经济一体化的数据来源于 The CEPII Gravity Dataset。当然，因为使用面板模型进行估计，这种 0 与 1 的虚拟变量将会直接忽略。为此，本章在 The CEPII Gravity Dataset 给出的原始数据基础上，追寻其最初签订的年限，再根据各年限不同设定新的虚拟变量，从而可以避免仅用最近一年代替样本期所有年份出现变量忽略的问题。

语言相通性。现有实证研究结果显示：如果出口方和进口方使用一种语言人数越多，双边贸易的交流信息成本下降，贸易量将增加（Hutchinson，2002；Lohmann，2011），这也会作用出口增长的二元边际。为衡量这种效应，本章使用变量 *comlang* 表示中国和贸易伙伴至少有 9% 的人口会说一种共同语言所占人数。中国与贸易伙伴至少有 9% 的人口会说一种共同语言的原始数据来自 The CEPII Gravity Dataset。同样，因为原始数据也是 0、1 虚拟变量，为避免面板回归时相关变量被"剔除"，这里使用 9% 与贸易伙伴人口总数乘积的自然对数近似代替。

客观来看，上述变量的选择中已经包含了贸易自由化、贸易便利化、区域一体化以及贸易伙伴相关法律制度保障等内容，但影响贸易增长的因素还有很多，比如政治体制差异是否存在贸易"歧视"等。由于本章还没有获得这些数据，期待未来能获取更丰富的数据进行再检验。①

值得注意的是：之所以在公式（3.24）和公式（3.25）中使用滞后项，是因为我们对收集好的样本数据进行内生性检验后，结果发现具有明显的内生性问题；相反使用滞后一期的相关变量进行再检验后，均明显克服了变量内生问题，使用滞后变量模型应该是合理的。同时，过度识别的GMM检验结果显示：这里采取滞后变量模型也可"恰好"识别（见表3—1）。

表3—1　　　　　　　二元边际的主要解释变量内生性检验

变量名	经济含义	统计量	p值	LM值	Sargan$p$值
$\ln(L_{it})$	按250测算	13.4185	0.0003***	8816	0.0000***
	按300测算	11.8726	0.0006***	9758	0.0000***
	按320测算	11.4452	0.0007***	8567	0.0000***
$\ln(P_{jt}/P_{it})$	实际汇率	50.9735	0.0000***	2910	0.0000***
$\ln(Y_{it}/Y_{jt})$	本土市场效应	49.0032	0.0000***	4320	0.0000***
$\ln Y_{jt}$	外国经济规模	53.1300	0.0000***	4296	0.0000***
$\ln \tau_{it}^{j}$	双边测算	10.4615	0.0012***	17400	0.0000***
	多边测算	270.4100	0.0000***	6017	0.0000***
$\ln f_{it}^{j}$	双边测算	5.9739	0.0146***	6601	0.0000***
	多变测算	297.0653	0.0000***	3710	0.0000***
$shock_{it}$	外部冲击	18.2641	0.0000***	7999	0.0000***
$contig_{it}$	区域一体化	0.4103	0.5219	9988	0.0000***
$comlang_{it}$	语言相通性	5.7848	0.0162***	4504	0.0000***
$\ln(L_{it-1})$	按250测算	3.3000	0.8559	67000	0.0000***
	按300测算	2.9098	0.1882	71000	0.0000***
	按320测算	3.7100	0.8126	71000	0.0000***
$\ln(P_{jt-1}/P_{it-1})$	实际汇率	9.8100	0.1998	11873	0.0000***
$\ln(Y_{it-1}/Y_{jt-1})$	本土市场效应	0.0195	0.8891	4290	0.0000***
$\ln Y_{jt-1}$	外国经济规模	29.2449	0.7108	6017	0.0000***

---

① 这也是本章内容与课题立项初期设想略有差异的地方之一，因为当初设想加入政治体制和贸易"歧视"进行实证检验，但因为没有获取相关数据，只能希望未来能做进一步研究。

续表

变量名	经济含义	统计量	p 值	LM 值	Sargan p 值
$\ln \tau_{it-1}^{j}$	双边测算	9.8100	0.1998	19130	0.0000***
	多边测算	5.1600	0.7403	270	0.0000***
$\ln f_{it-1}^{j}$	双边测算	0.0829	0.7734	4441	0.0000***
	多变测算	5.7848	0.1162	3820	0.0000***
$shock_{it-1}$	外部冲击	1.3182	0.2510	4100	0.0000***
$contig_{it-1}$	区域一体化	0.5026	0.4784	5760	0.0000***
$comlang_{it-1}$	语言相通	0.0445	0.8329	5760	0.0000***

注：上述各检验原假设及其经济含义与前文相同，下同。

三 全部二元边际样本的实证结果

按照计量公式（3.24）和公式（3.25），本章首先使用面板模型对中国出口增长全部二元边际样本进行初步回归。面板模型一般可以分为固定效应、随机效应和混合回归三种，这里使用 Hausman 检验选取，仅报告选择后的结果。为检验实证结论的稳健性，本章在"老"产品集约边际组和"新"产品扩展边际组均使用三个模型进行分析：先是对公式（3.24）和公式（3.25）的主要变量进行回归，然后加入外部冲击、区域经济一体化、语言相通性三个控制变量，最后加入地区和收入等级差异控制变量，并用"250""300""320"分别表示每年按 250 个、300 个、320 个工作日计算的剩余劳动力数量。表 3—2 和表 3—3 的估计结果显示：无论是不加入控制变量还是逐步加入控制变量，回归结果中主要变量的显著性水平、系数符号、大小均未发生根本改变，实证结果较为稳健。

1. 农业剩余劳动力

在表 3—2 和表 3—3 中，$\ln(L_{it-1})$ 的系数在集约边际中显著为正、在扩展边际中显著为负，既符合前文的理论预期，也体现出中国以少数传统产品向少数发达国家（或地区）大量出口的增长模式的确与经济结构转型时期的农业领域大量剩余劳动力向制造业部门非农转移有关。我国长期存在的二元经济结构意味着农业领域过剩劳动力向制成品部门转移，"低劳动成本"竞争优势给先前已经进入市场并出口的企业提供"保护"，其规模不断扩大。潜在生产者观测到先发企业在国际市场上的"垄断"地位逐渐

表3—2　"反设事实法"的中国出口增长集约边际估计结果

	250				300				320			
C	18.2223***	18.6323***	18.5105***	18.5328***	18.8714***	18.7531***	18.5328***	18.8714***	18.7531***	18.5328***	18.8714***	18.7531***
	(19.34)	(19.67)	(19.48)	(20.38)	(20.65)	(20.45)	(20.38)	(20.65)	(20.45)	(20.38)	(20.65)	(20.45)
$\ln(L_{it-1})$	0.1746***	0.1848***	0.1831***	0.1783***	0.1879***	0.1862***	0.1783***	0.1879***	0.1862***	0.1783***	0.1879***	0.1862***
	(22.61)	(23.19)	(22.87)	(24.00)	(24.53)	(24.20)	(24.00)	(24.53)	(24.20)	(24.00)	(24.53)	(24.20)
$\ln f^{i}_{it-1}$	−0.0865***	−0.0885***	−0.0879***	−0.0880***	−0.0896***	−0.0891***	−0.0880***	−0.0896***	−0.0891***	−0.0880***	−0.0896***	−0.0891***
	(−19.33)	(−19.67)	(−19.47)	(−20.37)	(−20.65)	(−20.44)	(−20.37)	(−20.65)	(−20.44)	(−20.37)	(−20.65)	(−20.44)
$\ln \tau^{i}_{it-1}$	−0.0500***	−0.0465***	−0.0472***	−0.0005***	−0.0004***	−0.0004***	−0.0005***	−0.0436***	−0.0443***	−0.0470***	−0.0436***	−0.0443***
	(−9.12)	(−8.50)	(−8.61)	(−8.63)	(−8.04)	(−8.15)	(−8.63)	(−8.04)	(−8.15)	(−8.63)	(−8.04)	(−8.15)
$\ln(P_{ji-1}/P_{it-1})$	−0.0148***	−0.0136***	−0.0136***	−0.0140***	−0.0129***	−0.0129***	−0.0140***	−0.0129***	−0.0129***	−0.0140***	−0.0129***	−0.0129***
	(−8.12)	(−7.48)	(−7.50)	(−7.77)	(−7.14)	(−7.16)	(−7.77)	(−7.14)	(−7.16)	(−7.77)	(−7.14)	(−7.16)
$\ln Y_{jt-1}$	0.0116***	0.0114***	0.0113***	0.0113***	0.0112***	0.0110***	0.0113***	0.0112***	0.0110***	0.0113***	0.0112***	0.0110***
	(10.40)	(10.23)	(10.11)	(10.30)	(10.15)	(10.03)	(10.30)	(10.15)	(10.03)	(10.30)	(10.15)	(10.03)
$shock_{it-1}$		−0.0297***	−0.0292***		−0.0290***	−0.0286***		−0.0290***	−0.0286***		−0.0290***	−0.0286***
		(−6.37)	(−6.26)		(−6.32)	(−6.21)		(−6.32)	(−6.21)		(−6.32)	(−6.21)
$contig_{it-1}$		0.0026	0.0032		0.0007	0.0001		0.0007	0.0001		0.0007	0.0001
		(0.24)	(0.30)		(0.07)	(0.01)		(0.07)	(0.01)		(0.07)	(0.01)
$comlang_{it-1}$		0.0605	0.0570		0.0800	0.0763		0.0800	0.0763		0.0800	0.0763
		(0.29)	(0.27)		(0.39)	(0.37)		(0.39)	(0.37)		(0.39)	(0.37)
地区	no	no	no	no	no	no	no	no	no	no	no	no
收入	no	no	yes	no	no	yes	no	no	yes	no	no	yes
Hausman test	FE	FE	FE	FE	FE	FE	FE	FE	FE	FE	FE	FE
F统计量	243.08	159.31	156.76	259.04	169.28	166.50	259.04	169.28	166.50	259.04	169.28	166.50
组内R^2	0.3255	0.3362	0.3342	0.3396	0.3499	0.3477	0.3396	0.3499	0.3477	0.3396	0.3499	0.3477
组间R^2	0.4271	0.4001	0.4044	0.4201	0.3808	0.3860	0.4201	0.3808	0.3860	0.4201	0.3808	0.3860
总体R^2	0.2232	0.1959	0.2016	0.2092	0.1743	0.1806	0.2092	0.1743	0.1806	0.2092	0.1743	0.1806
Obs	2692	2692	2674	2692	2692	2674	2692	2692	2674	2692	2692	2674

表 3—3　"反设事实法"的中国出口增长扩展边际估计结果

	250		300		320	
C	0.9970*** (27.94)	0.9653*** (26.27)	0.9791*** (26.01)	0.9956*** (27.98)	0.9647*** (26.34)	0.9783*** (26.07)	0.9956*** (27.98)	0.9647*** (26.34)	0.9783*** (26.07)
$\ln(L_{it-1})$	-0.0390*** (-10.41)	-0.0414*** (-10.28)	-0.0407*** (-10.08)	-0.0413*** (-11.10)	-0.0440*** (-10.99)	-0.0433*** (-10.79)	-0.0413*** (-11.10)	-0.0440*** (-10.99)	-0.0433*** (-10.79)
$\ln \tau_{it-1}^{j}$	-0.0012*** (-9.57)	-0.0011*** (-9.04)	-0.0011*** (-9.17)	-0.0011*** (-9.46)	-0.0011*** (-8.93)	-0.0011*** (-9.06)	-0.0011*** (-9.46)	-0.0011*** (-8.93)	-0.0011*** (-9.06)
$\ln \tau_{it-1}^{j}$	-0.0506*** (-4.16)	-0.0480*** (-3.96)	-0.0500*** (-4.09)	-0.0512*** (-4.23)	-0.0488*** (-4.04)	-0.0507*** (-4.17)	-0.0512*** (-4.23)	-0.0488*** (-4.04)	-0.0507*** (-4.17)
$\ln(P_{jt-1}/P_{it-1})$	0.0175*** (6.36)	0.0167*** (6.09)	0.0168*** (6.11)	0.0169*** (6.17)	0.0161*** (5.89)	0.0162*** (5.91)	0.0169*** (6.17)	0.0161*** (5.89)	0.0162*** (5.91)
$\ln(Y_{jt-1}/Y_{it-1})$	0.0189*** (13.54)	0.0171*** (11.93)	0.0171*** (11.90)	0.0186*** (13.30)	0.0167*** (11.67)	0.0167*** (11.64)	0.0186*** (13.30)	0.0167*** (11.67)	0.0167*** (11.64)
$shock_{it-1}$		0.0157*** (3.14)	0.0154*** (3.07)		0.0166*** (3.34)	0.0163*** (3.28)		0.0166*** (3.34)	0.0163*** (3.28)
$contig_{it-1}$		0.0382*** (3.53)	0.0383*** (3.54)		0.0371*** (3.44)	0.0372*** (3.45)		0.0371*** (3.44)	0.0372*** (3.45)
$comlang_{it-1}$		0.2335 (1.12)	0.2371 (1.14)		0.2224 (1.07)	0.2261 (1.09)		0.2224 (1.07)	0.2261 (1.09)
地区	no	no	yes	no	no	yes	no	no	yes
收入	no	no	no	no	no	no	no	no	no
Hausman test	FE	FE	FE	FE	FE	FE	FE	FE	FE
F 统计量	191.14	124.45	123.75	195.16	127.06	126.28	195.16	127.06	126.28
组内 R^2	0.2982	0.3071	0.3074	0.3026	0.3116	0.3117	0.3026	0.3116	0.3117
组间 R^2	0.0071	0.0173	0.0341	0.0042	0.0119	0.0250	0.0042	0.0119	0.0250
总体 R^2	0.0064	0.0175	0.0349	0.0041	0.0129	0.0271	0.0041	0.0129	0.0271
Obs	2413	2413	2397	2413	2413	2397	2413	2413	2397

增强后,增加研发投资并生产新产品的动力有所减弱,从而新产品成功出口的扩展边际总体增长幅度不大。从这个意义上说,对于存在大量农业领域过剩劳动力的发展中国家(或地区)来说,出口增长主要以传统产品的集约边际为主,或许也是一种必然选择。然而,如果潜在生产者研发新产品的动力始终不足,一旦完成经济结构转型,即农业剩余劳动力非农转移逐渐走向终结,就会出现传统产品出口竞争力减弱,而新产品出口竞争力不强的问题,该国(或地区)整体出口增长的动力或出现"大幅"下降。这也许就是东亚经济体自2001年以来除中国继续保持外贸高速增长外,其他国家(或地区)出口贸易发展一直不景气的原因之一。客观来看,中国目前的农业剩余劳动力转移已经进入尾声,低劳动成本竞争力逐渐式弱已经成为学界共识。如果把目前中美经贸摩擦当成是中国外贸出口下行压力增大的外部原因,劳动力成本上升带来的稳外贸增长压力则完全被这一"光芒"所掩盖。随着各种生产要素的使用成本增加,未来中国外贸实现稳定持续健康发展,更需要重视扩展边际在出口增长中的作用。只要"敢于"让微观企业发挥积极性、主动性,新产品的创造力应该是无限的。相信在国家稳外贸的宏观政策指导下,在各级政府充分落实"让市场成为决定资源配置最主要的方式",尽最大努力减少对资源配置、产业扭曲等各方面的限制和约束,我国外贸增长实现以集约边际为主向扩展边际为主的方向"迈进"应该是"可期"的。

2. 经济规模

在表3—2和表3—3中,$\ln Y_{jt-1}$在集约边际中的系数显著为正,同时$\ln(Y_{it-1}/Y_{jt-1})$在扩展边际中的系数也显著为正,一方面符合前文理论预期,另一方面也符合大量传统贸易理论和新贸易理论的实证结论。从集约边际上看,$\ln Y_{jt-1}$显著为正的系数,说明贸易伙伴绝对经济规模增加,其国内消费需求也会增加。这就为中国现有传统产品继续出口提供了更大的市场空间,集约边际随之扩大。在扩展边际中,$\ln(Y_{it-1}/Y_{jt-1})$也显著为正的系数,体现出本土市场效应的积极作用,即努力扩大中国国内消费市场规模也能带动新产品的出口。当前,我国已经出现了一些积极信号,比如华为公司开发的相关移动通信产品受到国内消费者"热捧"之后,域外消费者也积极跟进。此外,还有高铁、移动支付等。

3. 贸易成本

在表3—2和表3—3中,可变贸易成本和固定贸易成本显著负向影响二元边际，同样符合前文的理论预期，也符合经典贸易理论的基本结论。降低贸易成本有助于集约边际与扩展边际出口增长，其重要政策启示是：在当前稳出口的宏观政策要求下，我国应该继续推动同相关贸易伙伴降低双边和多边贸易阻力，对企稳中国外贸增长大有益处。

4. 实际汇率

采用间接标价法的实际汇率，$\ln(P_{jt-1}/P_{it-1})$ 上升意味着人民币升值。根据本币升值不利于出口增长的相关理论，这里预期 $\ln(P_{jt-1}/P_{it-1})$ 在二元边际回归结果中的系数应该为负。

表3—2的集约边际回归结果中，$\ln(P_{jt-1}/P_{it-1})$ 显著为负的系数符合预期，说明实际汇率上升后，人民币升值对传统产品出口构成了障碍，不利于出口增长的集约边际提高。但表3—3的扩展边际回归结果中，$\ln(P_{jt-1}/P_{it-1})$ 显著为正的系数，似乎意味着人民币升值更有利于扩展边际增长。这一结论与基本预期不符，其原因也许与微观企业出口行为有关。或许正是人民币升值对现有市场既定产品出口存在负面影响，对于那些瞄准国际市场的潜在出口企业来说，实际汇率上升一方面会让部分老产品出口企业"转战"新国际市场，另一方面部分低效率老产品出口企业设置的"国际市场进入门槛"被打破后，可以起到鼓励其他潜在生产者出口新产品，从而出现实际汇率对扩展边际有正向促进作用的结果。

综合实际汇率升值对集约边际增长不利、对扩展边际增长有利的结论，本文认为一个理性的办法依然是维持汇率稳定，尤其是在美国"时不时"提出"中国操纵汇率"的背景下更是如此。维系人民币汇率稳定，不把人民币币值作为稳定外贸发展工具的承诺，不仅有助于化解国际社会可能存在的中国"操纵"人民币汇率的无谓"担忧"，更是因为其具有重要的现实意义，毕竟实际汇率"一正一负"完全相反的作用，即便贬值对总出口的实际影响可能也"微乎其微"。

5. 控制变量

$shock_{it-1}$ 在集约边际中的系数为负，说明外部需求冲击对中国传统产品出口不利。$shock_{it-1}$ 在扩展边际中显著为正，意味着外部需求冲击正是酝酿中国出口增长由传统产品向新产品过渡的大好时机。

集约边际的 $contig_{it-1}$ 系数为正（但不显著）、扩展边际的 $contig_{it-1}$ 系数显著为正也符合预期，说明中国同相关贸易伙伴签署区域一体化协定，对已经出口的传统产品和尚未出口的新产品增加出口都有促进作用。

$comlang_{it-1}$ 正向影响中国出口增长的集约边际和扩展边际（均不显著），这也符合预期，说明随着中国同贸易伙伴语言相通人数的增加，对已经出口和尚未出口的产品增加出口都有好处。

四 改变估计方法的稳健性检验

鉴于表3—1相关主要变量存在内生性问题，这里再使用面板模型工具变量估计方法进行稳健性检验。同时，由于样本是宏观面板数据，为克服可能存在的序列相关性和异方差，本章还利用聚类稳健的标准误（cluster）方法来处理。表3—4和表3—5的再估计结果显示：主要变量系数符号和显著性水平都无太大变化，回归结果较为稳健。

与表3—2和表3—3进行对比，使用工具变量面板模型估计方法后，除部分变量未达到显著性水平要求外，表3—4和表3—5的以下重要结论依然成立：

$\ln Y_{jt-1}$ 在集约边际中的系数显著为正，同时 $\ln(Y_{it-1}/Y_{jt-1})$ 在扩展边际中的系数也显著为正，说明贸易伙伴绝对经济规模的增加，对集约边际增长有利，我国本土经济规模做大，能较好地发挥本土市场效应带动新产品出口的作用，扩展边际也会随之增加。

$\ln f_{it-1}^{j}$ 和 $\ln \tau_{it-1}^{j}$ 显著负向影响二元边际，说明我国采取切实措施，积极推动同贸易伙伴之间降低相互可变和固定贸易成本，有助于促进集约边际同扩展边际一起增加。

$\ln(P_{jt-1}/P_{it-1})$ 显著负向影响集约边际、正向影响扩展边际（部分未达到显著性水平要求），说明人民币升值对传统产品出口构成了障碍，而对新产品出口有推动作用，从而不利于集约边际提高，有利于扩展边际扩大。

表3—4和表3—5的再估计结果同表3—2和表3—3也有类似之处，主要表现在：

$shock_{it-1}$ 显著负向影响集约边际、显著正向影响扩展边际，一方面说明外部需求冲击对中国传统产品出口不利，另一方面也说明外部需求冲击往往"蕴含"着新科技革命即将获得新突破的大好时机，只要微观生产企业能把握消费时代变革的历史潮流，外部需求冲击也是中国出口增长由传统产品向新产品过渡的有利机遇。

第三章 二元边际与出口国别（地区）结构转型升级

表3—4　中国出口增长集约边际的工具变量估计结果

	250			300			320		
	XTIV (cluster)	IV (2SLS)	IV (GMM)	XTIV (cluster)	IV (2SLS)	IV (GMM)	XTIV (cluster)	IV (2SLS)	IV (GMM)
$\ln(L_{it-1})$	0.1848*** (14.43)	0.1918*** (23.37)	0.1918*** (23.37)	0.1879*** (14.83)	0.1936*** (24.66)	0.1936****** (24.66)	0.1879*** (14.83)	0.1936*** (24.66)	0.1936*** (24.66)
$\ln f_{it-1}^j$	-0.0885*** (-15.81)	-0.0935*** (-20.10)	-0.0935*** (-20.10)	-0.0896*** (-16.14)	-0.0936*** (-20.99)	-0.0936*** (-20.99)	-0.0896*** (-16.14)	-0.0936*** (-20.99)	-0.0936*** (-20.99)
$\ln \tau_{it-1}^j$	-0.0465*** (-3.84)	-0.0353*** (-6.33)	-0.0353*** (-6.33)	-0.0436*** (-3.66)	-0.0003*** (-5.86)	-0.0003*** (-5.86)	-0.0436*** (-3.66)	-0.0325*** (-5.86)	-0.0325*** (-5.86)
$\ln(P_{jt-1}/P_{it-1})$	-0.0136*** (-2.45)	-0.0126*** (-6.94)	-0.0126*** (-6.94)	-0.0129*** (-2.42)	-0.0119*** (-6.62)	-0.0119*** (-6.62)	-0.0129*** (-2.42)	-0.0119*** (-6.62)	-0.0119*** (-6.62)
$\ln Y_{jt-1}$	0.0114*** (8.22)	0.0082*** (7.46)	0.0082*** (7.46)	0.0112*** (8.19)	0.0078*** (7.14)	0.0078*** (7.14)	0.0112*** (8.19)	0.0078*** (7.14)	0.0078*** (7.14)
$shock_{it-1}$	-0.0297*** (-7.08)	-0.0302*** (-6.53)	-0.0302*** (-6.53)	-0.0290*** (-7.08)	-0.0300*** (-6.56)	-0.0300*** (-6.56)	-0.0290*** (-7.08)	-0.0300*** (-6.56)	-0.0300*** (-6.56)
$contig_{it-1}$	0.0026 (0.21)	0.0006 (0.06)	0.0006 (0.06)	0.0007 (0.06)	0.0025 (0.23)	0.0025 (0.23)	0.0007 (0.06)	0.0025 (0.23)	0.0025 (0.23)
$comlang_{it-1}$	0.0605 (0.55)	0.1466 (0.71)	0.1466 (0.71)	0.0800 (0.75)	0.1588 (0.78)	0.1588 (0.78)	0.0800 (0.75)	0.1588 (0.78)	0.1588 (0.78)
地区	no	no	no	no	no	no	no	no	no
收入	no	no	no	no	no	no	no	no	no

· 149 ·

续表

	250	250	250	300	300	300	320	320	320
	XTIV (cluster)	IV (2SLS)	IV (GMM)	XTIV (cluster)	IV (2SLS)	IV (GMM)	XTIV (cluster)	IV (2SLS)	IV (GMM)
Hausman test	FE	FE	FE	FE	FE	FE	FE	FE	FE
F 统计量	65.72	161.36	161.36	69.97	170.49	170.49	69.97	170.49	170.49
总体 R^2	0.1959	0.3447	0.3447	0.1743	0.3545	0.3545	0.304981	0.3545	0.3545
Obs	2692	2692	2692	2692	2692	2692	2692	2692	2692

注：因为用 stata 软件做 IV（2SLS）和 IV（GMM）估计时，不再出现常数项。为统一起来，这里都不列出常数项，下同。

表3—5　中国出口增长扩展边际的工具变量估计结果

	250	250	250	300	300	300	320	320	320
	XTIV (cluster)	IV (2SLS)	IV (GMM)	XTIV (cluster)	IV (2SLS)	IV (GMM)	XTIV (cluster)	IV (2SLS)	IV (GMM)
$\ln(L_{it-1})$	-0.0414*** (-5.14)	-0.0397*** (-10.34)	-0.0397*** (-10.34)	-0.0440 (-5.44)	-0.0423*** (-11.05)	-0.0423*** (-11.05)	-0.0440*** (-5.44)	-0.0423*** (-11.05)	-0.0423*** (-11.05)
$\ln f_{it-1}^j$	-0.0011*** (-7.05)	-0.0011*** (-9.05)	-0.0011*** (-9.05)	-0.0011*** (-7.04)	-0.0011*** (-8.94)	-0.0011*** (-8.94)	-0.0011*** (-7.04)	-0.0011*** (-8.94)	-0.0011*** (-8.94)
$\ln \tau_{it}^j$	-0.0480*** (-2.91)	-0.0482*** (-4.00)	-0.0482*** (-4.00)	-0.0005*** (-2.99)	-0.0005*** (-4.08)	-0.0005*** (-4.08)	-0.0488*** (-2.99)	-0.0490*** (-4.08)	-0.0490*** (-4.08)
$\ln(P_{jt-1}/P_{it-1})$	0.016 (1.43)	0.0165*** (6.02)	0.0165*** (6.02)	0.0161 (1.39)	0.0159*** (5.82)	0.0159*** (5.82)	0.0161 (1.39)	0.0159*** (5.82)	0.0159*** (5.82)

第三章 二元边际与出口国别（地区）结构转型升级

续表

	250			300			320	
	XTIV (cluster)	IV (2SLS)	IV (GMM)	XTIV (cluster)	IV (2SLS)	IV (GMM)	XTIV (cluster)	IV (2SLS)	IV (GMM)
$\ln(Y_{it-1}/Y_{jt-1})$	0.0171*** (7.95)	0.0170*** (11.87)	0.0170*** (11.87)	0.0167*** (7.79)	0.0166*** (11.60)	0.0166*** (11.60)	0.0167*** (7.79)	0.0166*** (11.60)	0.0166*** (11.60)
$shock_{it-1}$	0.0157*** (3.74)	0.0149*** (3.02)	0.0149*** (3.02)	0.0166*** (3.98)	0.0160*** (3.25)	0.0160*** (3.25)	0.0166*** (3.98)	0.0160*** (3.25)	0.0160*** (3.25)
$contig_{it-1}$	0.0382*** (3.25)	0.0380*** (3.53)	0.0380*** (3.53)	0.0371*** (3.16)	0.0369*** (3.43)	0.0369*** (3.43)	0.0371*** (3.16)	0.0369*** (3.43)	0.0369*** (3.43)
$comlang_{it-1}$	0.2335* (1.78)	0.2263 (1.09)	0.2263 (1.09)	0.2224* (1.73)	0.2163 (1.04)	0.2163 (1.04)	0.2224* (1.73)	0.2163 (1.04)	0.2163 (1.04)
地区	no	no	no	no	no	no	no	no	no
收入	no	no	no	no	no	no	no	no	no
Hausman test	FE	FE	FE	FE	FE	FE	FE	FE	FE
F 统计量	68.55	125.39	125.39	71.78	127.95	127.95	71.78	127.95	127.95
总体 R^2	0.0175	0.3123	0.3123	0.0129	0.3164	0.3164	0.310827	0.3164	0.3164
Obs	2413	2413	2413	2413	2413	2413	2413	2413	2413

$contig_{it-1}$ 正向影响集约边际（但不显著）、显著正向影响扩展边际，再次表明中国同相关贸易伙伴签署区域一体化协定，对已经出口的传统产品和尚未出口的新产品增加出口都有促进作用。

$comlang_{it-1}$ 正向影响集约边际但不显著，显著正向影响扩展边际，同样说明我国应继续加大同贸易伙伴的文明互鉴，可以促进出口贸易的健康发展。

更为重要的是：表3—4和表3—5中，作为本章分析最核心的变量——农业部门剩余劳动力对二元边际的影响也同表3—2和表3—3的结论相同，即 $\ln(L_{it-1})$ 显著正向影响集约边际、显著负向影响扩展边际，表明我国过去以少数传统产品向少数发达国家（或地区）大量出口的增长模式应该与当时所处的经济结构转型密切相关。

第三节 分贸易对象收入水平高低的稳健性检验

以上分析结论是否会随中国与贸易伙伴收入水平高低不同而出现差异？也值得进一步分析。为此，本章按世界银行高收入、中高收入、中低收入和低收入国家（或地区）进行分类，比较中国与不同收入等级贸易伙伴之间出口增长的差异。

表3—6、表3—7、表3—8给出了分别按"250""300""320"测算我国结构转型变量后的面板模型再估计结果。应该指出的是：因为上述三种工具变量实证结论十分类似，这里仅给出了XTIV（cluster）的面板模型估计结果（其余类型可向笔者索取）。

同全部样本和工具变量估计结果类似，分贸易对象收入等级后，以下影响中国出口增长二元边际的主要结论依然成立：①$\ln Y_{jt-1}$在集约边际中的系数为正，同时 $\ln(Y_{it-1}/Y_{jt-1})$ 在扩展边际中的系数也显著为正；②$\ln f^{j}_{it-1}$ 和 $\ln \tau^{j}_{it-1}$ 同时负向影响二元边际；③$\ln(P_{jt-1}/P_{it-1})$ 显著负向影响集约边际、正向影响扩展边际；④$shock_{it-1}$负向影响集约边际、正向影响扩展边际；⑤$comlang_{it-1}$既正向影响集约边际，也正向影响扩展边际。

表3—6、表3—7、表3—8的再估计结果中，本章最关心的结论依然成立，即 $\ln(L_{it-1})$ 正向影响集约边际、负向影响扩展边际，再次表明我国出

表 3—6　中国出口增长二元边际分贸易对象收入水平估计结果：按 250 计算剩余劳动力

	低收入 集约	低收入 扩展	中低收入 集约	中低收入 扩展	中高收入 集约	中高收入 扩展	高收入 集约	高收入 扩展
C	20.3877*** (7.80)	1.2900 (1.52)	20.5429*** (11.68)	1.3126** (2.51)	18.5046*** (10.00)	3.3232*** (5.48)	15.3226*** (9.47)	0.9165*** (17.05)
$\ln(L_{it-1})$	0.1989*** (8.77)	−0.0189 (−1.10)	0.2000*** (13.00)	−0.0353*** (−3.83)	0.1882*** (11.91)	−0.0760*** (−7.67)	0.1380*** (10.35)	−0.0269*** (−3.93)
$\ln \tau_{it-1}^f$	−0.0982*** (−7.93)	−0.0075 (−0.77)	−0.0974*** (−11.65)	−0.0049 (−0.76)	−0.0886*** (−10.07)	−0.0283*** (−3.93)	−0.0713*** (−9.27)	−0.0012*** (−10.48)
$\ln \tau_{it-1}^j$	−0.0657*** (−3.37)	−0.6971 (−0.71)	−0.0281** (−2.27)	−0.4235 (−0.66)	−0.0650*** (−5.92)	−0.7705*** (−3.84)	−0.0382*** (−4.83)	−0.0541*** (−4.75)
$\ln(P_{jt-1}/P_{it-1})$	−0.0132*** (−4.00)	0.0731*** (5.40)	−0.0189*** (−3.68)	0.0121** (2.18)	−0.0101*** (−3.37)	0.0100*** (2.64)	−0.0450*** (−4.87)	0.0582*** (4.18)
$\ln Y_{jt-1}$	0.0123*** (3.93)		0.0153*** (6.49)	0.0181*** (5.46)	0.0131*** (6.00)		0.0048*** (2.69)	
$\ln(Y_{it-1}/Y_{jt-1})$		0.0027 (0.58)		0.0147* (1.69)		0.0125*** (3.65)		0.0173*** (7.30)
$shock_{it-1}$	−0.0278** (−2.13)	0.0084 (0.57)	−0.0336*** (−3.83)	0.0413*** (2.71)	−0.0441*** (−4.78)	0.0356*** (3.25)	−0.0088 (−1.15)	−0.0005 (0.06)
$contig_{it-1}$	−0.1134* (−1.79)	0.0722 (0.86)	0.0125 (0.79)	0.0413*** (2.71)	0.0454* (1.65)	−0.0089 (−0.29)	−0.0384** (−2.33)	0.0542*** (3.46)

· 153 ·

续表

	低收入		中低收入		中高收入		高收入	
	集约	扩展	集约	扩展	集约	扩展	集约	扩展
$comlang_{it-1}$			0.0305 (0.02)	0.4127	0.0606 (0.02)	0.0204 (0.44)	0.0450 (0.20)	0.1750 (0.76)
地区	no	no	no	no	no	no	no	no
收入	no	no	no	no	no	no	no	no
Hausman test	FE	FE	FE	FE	FE	FE	FE	FE
F 统计量	31.99	19.2	59.12	45.53	46.95	32.88	36.73	50.32
组内 R^2	0.3456	0.2815	0.3637	0.3273	0.3662	0.3165	0.3021	0.385
组间 R^2	0.0998	0.0011	0.2413	0.6974	0.1584	0.0515	0.3267	0.0523
总体 R^2	0.0042	0.0088	0.0305	0.4127	0.0606	0.0204	0.2216	0.0428
Obs	458	374	776	705	698	613	742	705

表 3—7　中国出口增长二元边际分贸易对象收入水平估计结果：按 300 计算剩余劳动力

	低收入		中低收入		中高收入		高收入	
	集约	扩展	集约	扩展	集约	扩展	集约	扩展
C	20.5216*** (8.14)	1.4316* (1.70)	20.6799*** (12.17)	1.4143*** (2.72)	18.8930*** (10.60)	3.3993*** (5.67)	15.6176*** (9.98)	0.9207*** (17.19)
$\ln(L_{it-1})$	0.2018*** (9.25)	-0.0248 (-1.44)	0.2029*** (13.69)	-0.0391*** (-4.29)	0.1926*** (12.71)	-0.0794*** (-8.13)	0.1414*** (11.02)	-0.0291*** (-4.27)

续表

	低收入 集约	低收入 扩展	中低收入 集约	中低收入 扩展	中高收入 集约	中高收入 扩展	高收入 集约	高收入 扩展
$\ln f_{it-1}^j$	-0.0987*** (-8.27)	-0.0092 (-0.95)	-0.0981*** (-12.13)	-0.0062 (-0.98)	-0.0904*** (-10.68)	-0.0292*** (-4.11)	-0.0727*** (-9.78)	-0.0012*** (-10.38)
$\ln \tau_{it-1}^j$	-0.0006*** (-3.12)	-0.0087 (-0.89)	-0.0002** (-2.02)	-0.0056 (-0.88)	-0.0006*** (-5.62)	-0.0287*** (-4.02)	-0.0004*** (-4.72)	-0.0005*** (-4.75)
$\ln(P_{jit-1}/P_{it-1})$	-0.0125*** (-3.81)	0.0705*** (5.18)	-0.0176*** (-3.45)	0.0114** (2.07)	-0.0096*** (-3.23)	0.0096** (2.54)	-0.0424*** (-4.62)	0.0556*** (4.00)
$\ln Y_{it-1}$	0.0119*** (3.86)		0.0151*** (6.45)		0.0129*** (5.95)		0.0048*** (2.71)	
$\ln(Y_{it-1}/Y_{jt-1})$		0.0021 (0.46)		0.0173*** (5.23)		0.0117*** (3.43)		0.0172*** (7.26)
$shock_{it-1}$	-0.0273** (-2.11)	0.0106 (0.71)	-0.0328*** (-3.80)	0.0160* (1.85)	-0.0435*** (-4.79)	0.0365*** (3.36)	-0.0086 (-1.14)	0.0004 (0.05)
$contig_{it-1}$	-0.1092* (-1.74)	0.0719 (0.86)	0.0155 (0.99)	0.0411*** (2.70)	0.0485* (1.78)	-0.0107 (-0.35)	-0.0356** (-2.18)	0.0533*** (3.41)
$comlang_{it-1}$					0.0268 (0.06)	0.1817 (0.41)	0.0596 (0.26)	0.1664 (0.73)
地区	no	no	no	no	no	no	no	no
收入	no	no	no	no	no	no	no	no
Hausman test	FE	FE	FE	FE	FE	FE	FE	FE

续表

	低收入		中低收入		中高收入		高收入	
	集约	扩展	集约	扩展	集约	扩展	集约	扩展
F 统计量	33.59	19.37	62.46	46.29	50.13	34.09	38.92	50.88
组内 R^2	0.3567	0.2833	0.3765	0.331	0.3816	0.3244	0.3144	0.3876
组间 R^2	0.0952	0.0006	0.1883	0.6859	0.1442	0.0423	0.318	0.0475
总体 R^2	0.0084	0.0101	0.0102	0.399	0.0457	0.0151	0.2124	0.0389
Obs	458	374	776	705	698	613	742	705

表 3—8 中国出口增长二元边际分贸易对象收入水平估计结果：按 320 计算剩余劳动力

	低收入		中低收入		中高收入		高收入	
	集约	扩展	集约	扩展	集约	扩展	集约	扩展
C	20.5216*** (8.14)	1.4317* (1.70)	20.6799*** (12.17)	1.4143*** (2.72)	18.8930*** (10.60)	3.3993*** (5.67)	15.6176*** (9.98)	0.9207*** (17.19)
$\ln(L_{it-1})$	0.2018*** (9.25)	-0.0248 (-1.44)	0.2029*** (13.69)	-0.0391*** (-4.29)	0.1926*** (12.71)	-0.0794*** (-8.13)	0.1414*** (11.02)	-0.0291*** (-4.27)
$\ln f_{it-1}^j$	-0.0987*** (-8.27)	-0.0092 (-0.95)	-0.0981*** (-12.13)	-0.0062 (-0.98)	-0.0904*** (-10.68)	-0.0292*** (-4.11)	-0.0727*** (-9.78)	-0.0012*** (-10.38)
$\ln \tau_{it-1}^j$	-0.0606*** (-3.12)	-0.8722 (-0.89)	-0.0248** (-2.02)	-0.5602 (-0.88)	-0.0612*** (-5.62)	-2.8683*** (-4.02)	-0.0370*** (-4.72)	-0.0539*** (-4.75)
$\ln(P_{jt-1}/P_{it-1})$	-0.0125*** (-3.81)	0.0705*** (5.18)	-0.0176*** (-3.45)	0.0114** (2.07)	-0.0096*** (-3.23)	0.0096** (2.54)	-0.0424*** (-4.62)	0.0556*** (4.00)

续表

	低收入		中低收入		中高收入		高收入	
	集约	扩展	集约	扩展	集约	扩展	集约	扩展
$\ln Y_{ji-1}$	0.0119*** (3.86)	0.0021 (0.46)	0.0151*** (6.45)	0.0173*** (5.23)	0.0129*** (5.95)	0.0117*** (3.43)	0.0048*** (2.71)	0.0172*** (7.26)
$\ln(Y_{it-1}/Y_{ji-1})$		0.0106 (0.71)		0.0160* (1.85)		0.0365*** (3.36)		0.0004 (0.05)
$shock_{it-1}$	−0.0273** (−2.11)	0.0106 (0.71)	−0.0328*** (−3.80)	0.0160* (1.85)	−0.0435*** (−4.79)	−0.0107 (−0.35)	−0.0086 (−1.14)	0.0004 (0.05)
$contig_{ji-1}$	−0.1092* (−1.74)	0.0719 (0.86)	0.0155 (0.99)	0.0411*** (2.70)	0.0485* (1.78)		−0.0356** (−2.18)	0.0533*** (3.41)
$comlang_{ji-1}$					0.0268 (0.06)	0.1817 (0.41)	0.0596 (0.26)	0.1664 (0.73)
地区	no	no	no	no	no	no	no	no
收入	no	no	no	no	no	no	no	no
Hausman test	FE	FE	FE	FE	FE	FE	FE	FE
F 统计量	33.59	19.37	62.46	46.29	50.13	34.09	38.92	50.88
组内 R^2	0.3567	0.2833	0.3765	0.331	0.3816	0.3244	0.3144	0.3876
组间 R^2	0.0952	0.0006	0.1883	0.6859	0.1442	0.0423	0.318	0.0475
总体 R^2	0.0084	0.0101	0.0102	0.399	0.0457	0.0151	0.2124	0.0389
Obs	458	374	776	705	698	613	742	705

口增长以集约边际为主的原因，或许与当时所处的经济结构转型有关。

其他国家（或地区）的情况如何？是否农业剩余劳动力非农转移也会让其他发展中国家（或地区）出口增长存在以集约边际为主的发展趋势？这里再使用 CEPII BACI 提供的全球 155 个国家（或地区）HS-6 位码贸易数据进行对比检验。

第四节 全球数据的 Tobit 检验

一 全部样本国家

全球数据检验首先采取伍德里奇（2003）提出的 Tobit 模型对全部样本数据进行初步回归。需要说明的是，Tobit 估计方程也与公式（3.24）和公式（3.25）相同，且之所以在实证检验中使用滞后项，是因为本章对收集好的样本数据进行内生性检验后，结果发现具有明显的内生性问题，相反利用滞后一期的相关变量进行再检验后，均明显克服了变量内生问题（见表3—9），使用滞后变量模型应该是合理的。

表3—9　　　　全球数据检验相关主要解释变量内生性检验

变量名	原变量	统计量	p 值	滞后变量	统计量	p 值
经济结构转型	$\ln(L_{it}/L_{jt})$	1606.96	0.0000***	$\ln(L_{it-1}/L_{jt-1})$	0.14	0.9977
外国绝对经济规模	$\ln Y_{jt}$	2168.24	0.0439**	$\ln Y_{jt-1}$	0.98	0.1654
本土市场效应	$\ln(Y_{it}/Y_{jt})$	3819.04	0.0000***	$\ln(Y_{it-1}/Y_{jt-1})$	0.43	0.5103
实际汇率	$\ln(P_{jt}/P_{it})$	562.85	0.0000***	$\ln(P_{jt-1}/P_{it-1})$	1.28	0.2576
双边可变贸易成本	$\ln\tau_{it}^{j1}$	419.50	0.0000***	$\ln\tau_{it-1}^{j1}$	0.15	0.6975
双边固定贸易成本	$\ln f_{it}^{j1}$	1735.19	0.0000***	$\ln f_{it-1}^{j1}$	0.46	0.9996
多边可变贸易成本	$\ln\tau_{it}^{j2}$	36.96	0.0000***	$\ln\tau_{it-1}^{j2}$	1.11	0.2927
多边固定贸易成本	$\ln f_{it}^{j2}$	317.41	0.0000***	$\ln f_{it-1}^{j2}$	1.66	0.9763

注：各检验方法及其经济含义同前文。

同时，在设限数据的 Tobit 模型估计中，如果样本数据存在异方差，估计结果很可能不再是一致估计量。为检验实证结果的稳健性，这里先对公式（3.24）、公式（3.25）使用贸易成本、经济规模、本土市场效应、实际汇率、劳动力相对比重进行初步回归，然后加入外部冲击、签订 FTA、语言相通性等控制变量进行再估计，最后再加入全球价值链地区分布和收入等级等控制变量，以判断实证结果是否稳健。

表3—10给出了全部样本的初步回归结果。从估计结果来看，无论是加入或不加入控制变量，三次实证模型的主要变量系数符号和显著性水平都无太大变化，初步回归结果较为稳健。

表3—10　　　　　　　　全部国家样本估计结果

变量名	集约边际			扩展边际		
C	-0.131*** (-43.76)	-0.016*** (-4.09)	-0.168*** (-42.93)	-0.045*** (-12.44)	0.008** (3.35)	0.583*** (226.35)
$\ln(L_{it-1}/L_{jt-1})$	0.051*** (57.22)	0.050*** (56.96)	0.002*** (2.81)	-0.012*** (-16.52)	-0.011*** (-17.78)	-0.012*** (-16.85)
$\ln f_{it-1}^{j}$	-0.008*** (-45.30)	-0.007*** (-45.42)	-0.005*** (-25.87)	-0.002*** (-3.28)	-0.001 (-0.28)	-0.002*** (-3.48)
$\ln \tau_{it-1}^{j}$	-0.001*** (-18.23)	-0.001*** (-19.18)	-0.001*** (-24.01)	-0.004*** (-17.48)	-0.006*** (-24.98)	-0.004*** (-17.32)
$\ln(P_{jt-1}/P_{it-1})$	-0.001*** (-2.87)	-0.001* (-1.73)	-0.006*** (-10.54)	0.005*** (15.15)	0.005*** (14.97)	0.005*** (15.09)
$\ln Y_{jt-1}$	0.007*** (31.89)	0.007*** (32.83)	0.008*** (33.97)			
$\ln(Y_{it-1}/Y_{jt-1})$				0.003*** (4.75)	0.001** (2.07)	0.003*** (4.13)
$shock_{it-1}$		-0.016*** (-4.09)	-0.018*** (-4.00)		0.008*** (3.35)	0.006** (2.39)
$contig_{it-1}$		0.304*** (35.58)	0.316*** (32.41)		-0.128*** (21.77)	-0.107*** (16.78)
$comlang_{it-1}$		0.082*** (19.68)	0.105*** (21.30)		0.003 (1.26)	0.002 (0.62)

续表

变量名	集约边际			扩展边际		
地区	no	no	yes	yes	no	yes
收入	no	no	yes	no	no	yes
对数似然值	-83858	-82907	-63744	-32479	-40575	-32339
Pseudo R^2	0.042	0.052	0.039	0.013	0.020	0.017
Obs	126553	126553	98321	90974	116421	90974
左设限 Obs	66322	66322	55510	5671	6377	5671

1. 经济结构转型

相对农业劳动力显著正向影响集约边际、负向影响扩展边际，一方面符合前文的理论预期，另一方面说明处于经济结构转型时期的国家（或地区），农业劳动力非农转移是造成这些国家（或地区）出口增长以集约边际为主的重要原因。

2. 贸易成本

固定和可变贸易成本负向影响集约边际和扩展边际，反映出世界各国（或地区）共同努力减少彼此贸易成本，可以起到维护全球贸易持续繁荣的积极作用。

3. 经济规模

贸易伙伴绝对经济规模显著正向影响集约边际，一方面符合前文的理论预期，另一方面也符合经典贸易理论的结论，体现了进口方经济规模越大，对于维持经济增长所需的各类产品进口就越多（梁琦、吴新生，2016）。使用相对经济规模表示本土市场效应，其系数在三次回归也显著为正，符合本土市场效应的理论预期，即本土市场经济规模越大，生产能力就会越强，向既有目标市场出口产品的供给能力就越有保障，存在本土市场效应放大扩展边际增长的结果。

4. 实际汇率

表3—10中实际汇率变动对全球贸易增长二元边际的影响仍较为复杂，汇率上升对集约边际增长有消极作用，而对扩展边际增长有积极作用。为实现各方贸易的稳定增长和发展，一个理想的状态依然是维持本币币值稳定，这将有助于缓解市场主体因货币贬值可能遭受汇率风险的担忧。这在当前或许更具有重要意义。由于世界主要经济体就"汇率是否存

在操控"存在较大意见分歧，合理的状态仍然是让每个国家（或地区）都更加注重维护本币汇率稳定，以增进"提振世界贸易"的市场信心，否则"竞争性贬值"等同于都没有贬值，结果不仅对各方总出口增长可能没有太大效果，也容易造成世界汇率市场"紊乱"，引发微观经营主体形成未来可能出现"汇率战"的不好预期。

5. 其他控制变量

外部经济冲击。外部冲击不利于出口增长的集约边际，有利于扩展边际，说明危机正是酝酿各国（或地区）出口增长由集约边际向扩展边际调整的好时机。

区域一体化。区域一体化显著正向影响集约边际、负向影响扩展边际，表明当前各国（或地区）签订区域经济合作有保守性和局限性，出现区域一体化协定仅有利于出口增长的集约边际，而对扩展边际不利。当然，这或许与区域经济合作的制度质量有关，本书将在第九章中进行详细分析。

语言相通性。减少交流障碍的语言相通性显著正向影响出口增长的集约边际，也正向影响扩展边际（不显著），说明随着出口方与进口方之间说一种共同语言人数的增加，对新老产品出口增长都有利。

二 分收入等级的对比

由于发达经济体的结构转型业已完成，有必要分别考察发展中经济体和发达经济体，并比较相互差异。依据世界银行《世界发展报告》中的标准，这里按收入水平将所有经济体分为四组：48个高收入国家（或地区）、39个中高收入国家（或地区）、36个中低收入国家（或地区）和27个低收入国家（或地区）。表3—11报告了分收入等级后的集约边际和扩展边际估计结果。

分收入等级后，以下结论依然成立：①固定和可变贸易成本负向影响二元边际；②贸易伙伴绝对经济规模显著正向影响集约边际、本土市场效应显著正向影响扩展边际；③实际汇率负向影响集约边际、正向影响扩展边际；④外部冲击负向影响集约边际、正向影响扩展边际；⑤区域一体化正向影响集约边际、负向影响扩展边际；⑥语言相通性同时有利于贸易增长的二元边际。

表 3—11　分收入差异的估计结果

	集约边际			扩展边际		
	高收入	中高收入	中低收入	低收入	高收入	中高收入	中低收入	低收入
C	-0.464*** (-14.26)	-0.927*** (-61.15)	-0.425*** (-34.06)	-0.264*** (-29.46)	0.614*** (74.44)	0.504*** (112.36)	0.593*** (157.79)	0.440*** (87.88)
$\ln(L_{it-1}/L_{jt-1})$	-0.004*** (-3.61)	0.032*** (23.99)	0.003** (2.04)	0.034*** (22.33)	0.001 (0.50)	-0.012*** (-12.11)	-0.008*** (-6.19)	-0.013*** (-9.43)
$\ln f_{it-1}^{j}$	-0.006 (-0.70)	-0.004*** (-19.77)	-0.031*** (-22.72)	-0.016*** (-57.56)	-0.017*** (-8.66)	-0.003*** (-4.10)	-0.005*** (-5.35)	-0.001 (-1.62)
$\ln r_{it-1}^{j}$	-0.001*** (-5.94)	-0.001*** (-15.09)	-0.017*** (-26.04)	-0.004*** (-20.57)	-0.001 (-1.27)	-0.015*** (-22.90)	-0.002*** (-5.25)	-0.032*** (-43.41)
$\ln(P_{jt-1}/P_{it-1})$	-0.001 (-0.33)	-0.014*** (-18.28)	-0.001 (-0.70)	-0.007*** (-9.32)	0.003*** (2.82)	0.005*** (9.82)	0.004*** (6.86)	0.006*** (10.45)
$\ln(Y_{it-1}/Y_{jt-1})$	0.007*** (17.51)	0.104*** (62.66)	0.007*** (13.66)	0.038*** (41.59)		-0.012*** (-10.95)	-0.001 (-1.02)	-0.001 (-1.25)
$shock_{it-1}$	-0.020 (-1.19)	-0.006 (-0.94)	-0.023** (-2.35)	-0.008 (-1.40)	-0.008*** (-5.77)	0.011*** (2.70)	0.007 (1.51)	0.014*** (3.44)
$contig_{it-1}$	0.401*** (13.00)	0.330*** (25.62)	0.302*** (12.68)	0.329*** (22.29)	0.009 (1.20)	-0.130*** (-13.78)	-0.093*** (-8.81)	-0.221*** (-18.19)
$comlang_{it-1}$	0.122*** (7.05)	0.099*** (14.76)	0.124*** (9.39)	0.083*** (13.51)	-0.042** (-2.32)	0.020*** (4.12)	0.012** (2.50)	0.038*** (7.95)
地区	no	no	no	no	no	no	no	no
收入	no	no	no	no	no	no	no	no
对数似然值	-10603	-20742	-11192	-25028	-9683	-8991	-8121	-11654
Pseudo R^2	0.028	0.132	0.060	0.123	0.006	0.057	0.013	0.101
Obs	17619	36639	18519	41496	16506	33498	29097	37300
左设限 Obs	12775	18827	10765	15923	2129	1595	1547	1105

本章最关心的问题：结构转型对发达经济体和发展中经济体的二元边际增长是否有差异？答案是肯定的。因为集约边际中，相对农业劳动力影响高收入国家（或地区）集约边际增长显著为负，而在中高、中低收入和低收入国家（或地区）显著为正，说明发展中国家（或地区）农业剩余劳动力非农转移的确有利于集约边际出口增长。而在扩展边际中，相对农业劳动力影响高收入国家（或地区）扩展边际虽为正但不显著，而在中高、中低和低收入国家（或地区）显著为负，表现出收入相对低的发展中经济体，其农业剩余劳动力非农转移带来的"低成本红利"对创新、创造新产品可能构成了障碍，不利于贸易增长的扩展边际。

三　分地区的再检验

因为发展中经济体大多处于亚非拉地区，本章再对这些地区的二元边际按前文方法进行考察。计量结果详见表3—12和表3—13。

分地区再估计结果中，除了部分地区的少数变量显著性水平和系数大小发生变化外，其余主要变量的系数符号基本不发生变化，说明分地区后有关贸易伙伴绝对经济规模、本土市场效应、固定和可变贸易成本、实际汇率、外部冲击、区域一体化、语言相通性等影响出口增长二元边际的作用和前文类似。

本章需要论证的核心问题：农业相对劳动力正向影响集约边际、负向影响扩展边际的结论在亚非拉地区的再估计中同样成立，只是部分地区尚未达到显著性水平要求，再次说明正在经历经济结构转型的发展中国家（或地区），农业剩余劳动力的非农转移有利于集约边际出口增长，而对扩展边际有不利影响。

四　加入交互项的进一步讨论

在上述分析中，我们没有考虑农业劳动力和人均收入的交互项作用。实际上，关于经济结构转型影响贸易发展的文献中，早期有一些文献将人均收入作为可贸易品和不可贸易品部门生产率比率的代理变量（Balassa，1964；David，1973）。这种将人均收入作为代理变量的好处：一是便于计算，二是可以将其近似解释为多数经济体增长主要由工业（或制造业）部

新—新贸易理论视角下的中国外贸结构转型升级研究

表3—12 亚非拉集约边际的估计结果

	东非	南非	西非	北非	中非	东亚	东南亚	南亚	西亚	中亚	南美东部	南美南部	南美中西	南美北部
C	-0.043* (-1.75)	0.020 (1.11)	0.010 (0.38)	0.005 (0.28)	-0.011 (-0.24)	-0.016 (-1.12)	0.009 (1.11)	0.013 (1.03)	-0.015 (-1.51)	0.015 (0.32)	-0.017 (-0.81)	0.020 (1.23)	-0.023 (-1.03)	0.047* (-1.82)
$\ln(L_{jt-1}/L_{it-1})$	0.240*** (5.15)	0.110*** (11.89)	0.079*** (8.90)	0.026*** (4.25)	0.151*** (8.48)	0.024*** (5.28)	0.030*** (12.50)	0.035*** (7.34)	0.022*** (9.08)	0.014*** (0.93)	0.019*** (5.56)	0.075*** (14.84)	0.008*** (2.63)	0.044*** (4.61)
$\ln f_{jt-1}^j$	-0.497*** (-5.24)	-0.082** (-2.55)	-0.513*** (-4.34)	-0.387*** (-8.49)	-0.772*** (-2.97)	-0.079*** (-14.64)	-0.387*** (-14.51)	-0.043*** (-15.17)	-0.370*** (-8.88)	-0.139 (-1.00)	-0.163 (-1.13)	-0.185*** (-4.51)	-0.124* (-1.74)	-0.108*** (-12.10)
$\ln t_{jt-1}^j$	-0.445*** (-3.02)	-0.167*** (-11.00)	-0.146*** (-8.14)	-0.140*** (-13.02)	-0.276*** (-5.96)	-0.008 (-1.04)	-0.041*** (-7.68)	-0.270*** (-5.26)	-0.042*** (-7.34)	-0.164*** (-4.37)	-0.158*** (-7.78)	-0.065*** (-3.55)	-0.019 (-1.00)	-0.181*** (-13.15)
$\ln(P_{jt-1}/P_{it-1})$	-0.001 (-0.31)	-0.061*** (-7.96)	-0.004 (-1.33)	-0.009*** (-3.33)	-0.061*** (-7.30)	-0.272*** (-13.47)	-0.003 (-0.28)	-0.001 (-0.50)	-0.005*** (-3.90)	-0.003 (-0.46)	-0.001 (-0.22)	-0.009*** (-3.80)	-0.009 (-1.08)	-0.035*** (-8.30)
$\ln Y_{jt-1}$	0.006*** (18.12)	0.150*** (28.79)	0.183*** (23.43)	0.106*** (20.56)	0.113*** (9.12)	0.032*** (8.76)	0.086*** (38.41)	0.110*** (31.78)	0.104*** (37.34)	0.224*** (12.37)	0.084*** (15.29)	0.143*** (30.46)	0.160*** (23.79)	0.142*** (17.97)
$shock_{it-1}$	-0.043* (-1.75)	-0.020 (-1.11)	-0.010 (-0.38)	-0.005 (-0.28)	-0.011 (-0.24)	-0.016 (-1.12)	-0.009 (-1.11)	-0.013 (-1.03)	-0.015 (-1.51)	-0.015 (-0.32)	-0.017 (-0.81)	-0.020 (-1.23)	-0.023 (-1.03)	-0.047* (-1.82)
$contig_{it-1}$	0.608*** (13.50)	0.526*** (9.92)	0.344*** (6.01)	0.010 (0.21)	0.306*** (3.97)	0.038 (1.41)	0.251*** (9.85)	0.368*** (11.08)	0.096*** (3.62)	0.431*** (4.38)	0.180*** (4.77)	0.311*** (7.63)	0.273*** (6.68)	0.068 (1.43)
$comlang_{it-1}$	0.105*** (4.03)	0.076*** (4.65)	0.190*** (7.57)	0.061*** (3.37)	0.430*** (9.89)	0.290*** (6.87)	0.148*** (11.42)	0.013 (0.83)	0.013 (1.17)	0.162 (1.66)	0.033 (0.56)	0.201*** (9.68)	0.297*** (9.58)	0.015 (0.55)
地区	no	no	no	no	no	no	no	yes	no	no	no	no	no	no
收入	no	no	no	no	no	no	no	no	no	no	no	no	no	no
对数似然值	-4350	-6042	-3972	-2245	-1449	-1202	-4428	-3549	-8487	-916	-495	-2412	-1703	-1349
Pseudo R^2	0.061	0.091	0.099	0.161	0.103	0.234	0.215	0.218	0.100	0.121	0.293	0.254	0.219	0.264
Obs	7255	9607	8068	3948	2718	3434	10320	7150	16154	1871	1471	4579	3016	2716
左设限 Obs	5115	6045	6298	1959	2060	485	3993	3705	10191	1421	320	1935	1457	1594

第三章 二元边际与出口国别(地区)结构转型升级

表3—13 亚非拉扩展边际的估计结果

	东非	南非	西非	北非	中非	东亚	东南亚	南亚	西亚	中亚	南美东部	南美南部	南美中西	南美北部
C	0.001 (0.01)	0.005 (0.41)	-0.003 (-0.25)	0.003 (0.19)	-0.002 (-0.09)	0.002 (0.19)	0.011* (1.89)	0.004 (0.49)	0.015*** (2.71)	0.002 (0.12)	0.016 (0.95)	-0.009 (-0.71)	0.008 (0.45)	0.013 (0.68)
$\ln(L_{it-1}/L_{jt-1})$	-0.055*** (-2.93)	-0.005 (-0.87)	-0.035*** (-6.75)	-0.061*** (-8.77)	-0.084*** (-9.12)	-0.010* (-1.76)	-0.032*** (-12.84)	-0.009** (-2.20)	-0.008*** (-4.34)	-0.010 (-1.22)	-0.004 (-1.23)	-0.015*** (-3.63)	-0.003 (-1.24)	-0.014 (-1.40)
$\ln f_{it-1}^j$	-0.191*** (-7.08)	-0.094*** (-3.16)	-0.016 (-0.55)	-0.007 (-0.20)	-0.064 (-1.18)	-0.158*** (-5.67)	-0.020*** (-14.73)	-0.164*** (-7.34)	-0.031** (-2.27)	-0.089** (-2.00)	-0.012 (-0.28)	-0.025 (-0.81)	-0.249*** (-6.08)	-0.031 (-0.59)
$\ln \tau_{it-1}^j$	-0.002 (-0.94)	-0.009*** (-3.81)	-0.023*** (-3.15)	-0.039*** (-13.84)	-0.013*** (-3.21)	-0.052*** (-24.52)	-0.036*** (-36.38)	-0.015*** (-8.59)	-0.016*** (-14.56)	-0.016*** (-3.70)	-0.062*** (-18.68)	-0.032*** (-13.58)	-0.022*** (-6.72)	-0.008** (-1.96)
$\ln(P_{jt-1}/P_{it-1})$	0.004*** (2.51)	0.025*** (5.15)	0.002** (1.98)	0.014*** (6.87)	0.007** (2.15)	0.111*** (8.61)	0.060*** (8.71)	0.004*** (3.01)	0.004*** (7.03)	0.015*** (5.96)	0.020*** (2.35)	0.005*** (2.79)	0.031*** (3.37)	0.005** (2.07)
$\ln(Y_{it-1}/Y_{jt-1})$	0.007** (2.27)	0.006*** (4.68)	0.029*** (6.36)	0.036*** (5.55)	0.043*** (7.30)	0.024*** (5.46)	0.002 (0.87)	0.002 (0.44)	0.001 (0.56)	0.030*** (3.90)	0.021*** (2.65)	0.001 (0.33)	0.014* (1.78)	0.012 (1.45)
$shock_{it-1}$	0.001 (0.01)	0.005 (0.41)	0.003 (0.25)	0.003 (0.19)	0.002 (0.09)	0.002 (0.19)	0.011* (1.89)	0.004 (0.49)	0.015*** (2.71)	0.002 (0.12)	0.016 (0.95)	0.009 (0.71)	0.008 (0.45)	0.013 (0.68)
$contig_{it-1}$	-0.021 (-0.81)	-0.028 (-0.80)	-0.012 (-0.46)	-0.091*** (-2.57)	-0.100** (-2.48)	-0.001 (-0.06)	-0.157*** (-9.07)	-0.139*** (-5.78)	-0.121*** (-8.30)	-0.005 (-0.11)	-0.206*** (-7.57)	-0.175*** (-6.90)	-0.149*** (-4.93)	-0.080** (-2.01)
$comlang_{it-1}$	0.021* (1.87)	0.015 (1.27)	0.021* (1.86)	0.032** (2.33)	0.017 (0.88)	0.177*** (5.07)	0.008 (0.96)	0.042*** (3.73)	0.006 (0.95)	0.046 (1.28)	0.106* (1.80)	0.037*** (2.93)	0.018 (1.02)	0.022 (1.04)
地区	no	no	no	no	yes	no	no	no	no	yes	no	no	no	no
收入	no	no	no	no	no	no	no	no	no	no	no	no	no	no
对数似然值	-3070	-3667	-4325	-1394	-1653	-2	726	-1706	-2005	-608	20	-1108	-1039	-1321
Pseudo R^2	0.013	0.015	0.008	0.115	0.031	0.997	10.042	0.071	0.093	0.059	1.104	0.122	0.078	0.007
Obs	6769	6984	8026	3713	2734	3349	9509	7175	15028	1957	1243	4110	2728	2481
左设限Obs	648	775	851	256	409	34	103	440	538	123	7	151	129	242

· 165 ·

门的生产率提高所驱动。

在现实经济中，往往农业劳动力相对较多的国家（或地区），其经济发展也大多处于工业化发展进程中，甚至有些国家（或地区）还属于工业化的前中期，人均收入相对较低。为此，这里在基本公式（3.24）、公式（3.25）中加入 $\ln(L_{iAt}/L_{jAt}) \cdot \ln(Y_{jt}/Y_{it})$ 交互项做进一步分析（洪占卿、郭峰，2012）：

$$\ln IM_{it}^j = \beta_0 + \beta_1 \ln \tau_{it-1}^j + \beta_2 \ln f_{it-1}^{j-} + \beta_3 \ln Y_{jt-1} + \beta_4 \ln(P_{jt-1}/P_{it-1}) + \beta_5 \ln(L_{iAt-1}/L_{jAt-1}) + \beta_6 \ln(L_{iAt-1}/L_{jAt-1}) \cdot \ln(Y_{jt-1}/Y_{it-1}) + \varepsilon_{it} \quad (3.26)$$

$$\ln EM_{it}^j = \gamma_0 + \gamma_1 \ln \tau_{it-1}^j + \gamma_2 \ln f_{it-1}^j + \gamma_3 \ln(Y_{it-1}/Y_{jt-1}) + \gamma_4 \ln(P_{jt-1}/P_{it-1}) + \gamma_5 \ln(L_{iAt-1}/L_{jAt-1}) + \gamma_6 \ln(L_{iAt-1}/L_{jAt-1}) \cdot \ln(Y_{jt-1}/Y_{it-1}) + \varepsilon_{it} \quad (3.27)$$

公式（3.26）和公式（3.27）中，β_5 和 γ_5 是检验经济结构转型影响出口增长二元边际效应的核心变量，$\beta_5 > 0$ 和 $\gamma_5 < 0$ 同时成立意味着经济结构转型的发展中国家（或地区），其农业劳动力非农转移对集约边际增长有积极意义，但对扩展边际增长有消极意义。β_6 和 γ_6 是本章稳健性进一步讨论中最关心的变量：如果 $\beta_6 > 0$ 和 $\gamma_6 < 0$ 也同时成立，则 β_5 的作用更大、γ_5 的作用更小，那就意味着人均收入低且农业人口比重大的国家（或地区），贸易增长的集约边际更"强劲"，扩展边际增长的作用更低。

以公式（3.26）和公式（3.27）为基础，同样使用前文相同计量方法，全部样本和分收入等级子样本的再估计结果详见表3—14，亚非拉地区加入交互项的估计结果见表3—15 和表3—16。从中可以看出，除部分变量显著性水平未达到要求外，其他变量在所有类型的回归中，基本保持符号一致，实证结论较为稳健。

与前文分析相同，加入交互项后，以下结论同样成立：①固定和可变贸易成本负向影响出口增长的二元边际；②贸易伙伴绝对经济规模正向影响集约边际、本土市场效应正向影响扩展边际；③实际汇率负向影响集约边际、正向影响扩展边际；④外部冲击负向影响集约边际、正向影响扩展边际；⑤区域一体化正向影响集约边际、负向影响扩展边际；⑥语言相通性同时有利于贸易增长的二元边际。

农业相对劳动力作为检验经济结构转型的核心变量，除高收入经济体组外，在加入交互项的全部样本、分收入等级和分地区样本的估计中，也存在正向影响集约边际、负向影响扩展边际的作用，依然说明发展中经济

第三章 二元边际与出口国别（地区）结构转型升级

表3—14 全部和分收入样本交互项的估计结果

	集约边际					扩展边际				
	全部样本	高收入	中高收入	中低收入	低收入	全部样本	高收入	中高收入	中低收入	低收入
c	-0.147*** (46.63)	-0.462*** (14.16)	-0.917*** (60.22)	-0.422*** (33.89)	-0.241*** (26.51)	0.566*** (269.50)	0.613*** (71.56)	0.505*** (112.60)	0.595*** (158.09)	0.467*** (86.66)
$\ln(L_{it-1}/L_{jit-1})$	0.005*** (13.55)	-0.003 (-1.48)	0.003*** (5.17)	0.028*** (6.59)	0.006*** (14.31)	-0.004*** (-15.42)	0.001 (0.40)	-0.004*** (-9.31)	-0.014*** (-7.32)	-0.005*** (-13.17)
$\ln(Y_{jit-1}/Y_{it-1})$	0.057*** (56.10)	-0.003** (-2.42)	0.037*** (22.26)	0.106*** (6.66)	0.043*** (26.04)	-0.015*** (-22.35)	-0.001 (-0.63)	-0.019*** (-15.25)	-0.058*** (-8.35)	-0.019*** (-13.17)
$\ln f_{it-1}^j$	-0.007*** (-44.67)	-0.006 (-0.78)	-0.004*** (-18.90)	-0.031*** (-22.68)	-0.016*** (-57.48)	-0.001*** (-2.69)	-0.017*** (-8.28)	-0.003*** (-3.58)	-0.005*** (-5.33)	-0.004*** (-4.31)
$\ln \tau_{it-1}^j$	-0.001*** (-17.74)	-0.001*** (-6.11)	-0.001*** (-14.76)	-0.017*** (-25.45)	-0.004*** (-20.17)	-0.006*** (-24.59)	-0.001 (-1.26)	-0.015*** (-23.27)	-0.002*** (-5.20)	-0.030*** (-40.30)
$\ln(P_{jit-1}/P_{it-1})$	-0.001 (-1.11)	-0.001 (-0.48)	-0.015*** (-18.58)	-0.002 (-1.11)	-0.006*** (-7.55)	0.005*** (15.90)	0.003*** (2.82)	0.005*** (10.54)	0.005*** (7.21)	0.007*** (11.26)
$\ln Y_{it-1}$	0.007*** (32.45)	0.007*** (17.50)	0.103*** (61.75)	0.007*** (13.99)	0.035*** (38.04)					
$\ln(Y_{it-1}/Y_{jit-1})$						0.003*** (5.93)	0.008*** (5.78)	0.011*** (10.08)	0.001 (1.10)	0.006*** (4.63)
$shock_{it-1}$	-0.015*** (-3.99)	-0.020 (-1.19)	-0.006 (-0.94)	-0.027*** (-2.74)	-0.007 (-1.34)	0.008 (3.26)	0.009 (1.21)	0.011*** (2.68)	0.008* (1.83)	0.014*** (3.40)
$contig_{it-1}$	0.301*** (35.28)	0.403*** (13.05)	0.332*** (25.80)	0.299*** (12.59)	0.318*** (21.59)	-0.126*** (-21.45)	-0.042** (-2.34)	-0.131*** (-13.99)	-0.091*** (-8.62)	-0.213*** (-17.56)
$comlang_{it-1}$	0.082*** (19.71)	0.124*** (7.12)	0.100*** (14.92)	0.122*** (9.26)	0.083*** (13.48)	0.004 (1.49)	0.031*** (3.53)	0.022*** (4.52)	0.012** (2.39)	-0.040*** (-8.33)

续表

	全部样本	高收入	集约边际 中高收入	低收入	全部样本	高收入	扩展边际 中高收入	中低收入	低收入
对数似然值	-82815	-10602	-20728	-11170	-24926	-40456	-9682	-8948	-8094	-11567
Pseudo R^2	0.053	0.028	0.132	0.062	0.127	0.023	0.006	0.061	0.016	0.108
Obs	126553	17619	36639	18519	41496	116418	16503	33498	29097	37300
左设限 Obs	66322	12775	18827	10765	15923	6377	2129	1595	1547	1105

注：省略地区与收入控制变量，下同。

表3—15 亚非拉加入交互项集约边际的估计结果

	东非	南非	西非	北非	中非	东亚	东南亚	南亚	西亚	中亚	南美东部	南美南部	南美中西	南美北部
C	-0.187 (-0.06)	-0.371** (-2.12)	-2.884*** (-5.85)	-1.448*** (-6.70)	5.756*** (5.95)	-3.108*** (-13.97)	-1.782*** (-14.42)	0.454*** (28.11)	0.926*** (5.20)	-0.640 (-1.03)	1.652*** (2.65)	-1.669*** (-6.96)	-1.724*** (-5.01)	-4.229*** (-11.41)
$\ln(L_{iAt-1}/L_{jAt-1})\cdot$	0.274*** (28.22)	0.002 (0.60)	0.001 (0.20)	0.018*** (5.51)	0.022** (2.32)	0.001 (0.60)	0.008*** (6.98)	0.004** (2.21)	0.008*** (5.61)	0.022* (1.70)	0.005** (2.33)	0.016*** (6.49)	0.001 (0.64)	0.011** (2.05)
$\ln(Y_{jt-1}/Y_{it-1})$														
$\ln(L_{it-1}/L_{jt-1})$	0.731*** (15.84)	0.114*** (10.29)	0.081*** (6.04)	0.066*** (6.91)	0.110*** (4.50)	0.027*** (3.95)	0.012*** (3.30)	0.043*** (7.11)	0.040*** (9.98)	0.048* (1.89)	0.029*** (5.29)	0.043*** (6.16)	0.010** (2.12)	0.025* (1.86)
$\ln f_{it-1}^j$	-0.520*** (-5.86)	-0.081** (-2.53)	-0.513*** (-4.34)	-0.406*** (-8.84)	-0.816*** (-3.13)	-0.079*** (-14.64)	-0.381*** (-14.29)	-0.043*** (-15.05)	-0.376*** (-9.03)	-0.165 (-1.17)	-0.154 (-1.07)	-0.188*** (-4.58)	-0.122* (-1.71)	-0.109*** (-12.14)
$\ln \tau_{it-1}^j$	-0.109 (-0.80)	-0.166*** (-10.94)	-0.145*** (-8.02)	-0.133*** (-12.32)	-0.285*** (-6.13)	-0.008 (-1.05)	-0.038*** (-7.21)	-0.269*** (-5.24)	-0.041*** (-7.19)	-0.151*** (-3.98)	-0.159*** (-7.89)	-0.063*** (-3.40)	-0.019 (-1.03)	-0.181*** (-13.14)

第三章 二元边际与出口国别（地区）结构转型升级

续表

	东非	南非	西非	北非	中非	东亚	东南亚	南亚	西亚	中亚	南美东部	南美南部	南美中西	南美北部
$\ln(P_{jit-1}/P_{it-1})$	-0.004 (-1.34)	-0.061*** (-7.96)	-0.004 (-1.32)	-0.010*** (-3.60)	-0.062*** (-7.38)	-0.270*** (-13.36)	-0.001 (-0.06)	-0.001 (-0.63)	-0.005*** (-3.79)	-0.002 (-0.36)	-0.002 (-0.24)	-0.009*** (-3.94)	-0.009 (-1.12)	-0.035*** (-8.31)
$\ln Y_{it-1}$	0.004*** (13.54)	0.151*** (27.99)	0.184*** (20.14)	0.114*** (21.14)	0.090*** (5.79)	0.032*** (8.77)	0.082*** (35.61)	0.114*** (28.96)	0.095*** (29.99)	0.234*** (12.13)	0.073*** (10.15)	0.165*** (27.69)	0.158*** (19.89)	0.145*** (17.85)
$shock_{it-1}$	-0.021 (-0.90)	-0.020 (-1.12)	-0.010 (-0.38)	-0.006 (-0.31)	-0.014 (-0.30)	-0.016 (-1.12)	-0.009 (-1.07)	-0.013 (-1.03)	-0.016 (-1.56)	-0.015 (-0.31)	-0.017 (-0.84)	-0.021 (-1.24)	-0.024 (-1.04)	-0.048* (-1.85)
$contig_{it-1}$	0.107*** (23.18)	0.522*** (9.79)	0.344*** (6.01)	0.017 (0.35)	0.286*** (3.70)	0.037 (1.38)	0.273*** (10.66)	0.368*** (11.09)	0.091*** (3.43)	0.442*** (4.47)	0.177*** (4.69)	0.319*** (7.83)	0.272*** (6.66)	0.068 (1.44)
$comlang_{it-1}$	0.098*** (4.06)	0.077*** (4.68)	0.191*** (7.49)	0.059*** (3.30)	0.430*** (9.87)	0.293*** (6.89)	0.156*** (12.03)	0.009 (0.53)	0.015 (1.34)	0.126 (1.25)	0.052 (0.90)	0.215*** (10.29)	0.297*** (9.56)	0.014 (0.50)
对数似然值	-3881	-6042	-3972	-2230	-1447	-1202	-4404	-3546	-8471	-915	-492	-2391	-1703	-1347
Pseudo R^2	0.163	0.091	0.099	0.167	0.104	0.235	0.219	0.219	0.101	0.122	0.297	0.261	0.219	0.266
Obs	7255	9607	8068	3948	2718	3434	10320	7150	16154	1871	1471	4579	3016	2716
左设限 Obs	5115	6045	6298	1959	2060	485	3993	3705	10191	1421	320	1935	1457	1594

表3—16 亚非拉加入交互项扩展边际的估计结果

	东非	南非	西非	北非	中非	东亚	东南亚	南亚	西亚	中亚	南美东部	南美南部	南美中西	南美北部
C	1.029*** (7.93)	0.883*** (7.02)	0.815*** (6.30)	0.370*** (2.35)	0.235 (0.99)	0.853*** (7.24)	0.394*** (67.27)	1.039*** (10.90)	0.628*** (10.64)	0.111*** (5.13)	0.119 (0.67)	0.324*** (2.48)	1.274*** (7.27)	0.699*** (3.21)
$\ln(L_{iAt-1}/L_{jAt-1})$	-0.033*** (-5.64)	-0.003 (-1.62)	-0.001 (-0.87)	-0.002 (-1.00)	-0.002 (-0.65)	-0.002 (-1.01)	-0.003*** (-4.45)	-0.010*** (-8.14)	-0.004*** (-5.32)	-0.009** (-2.29)	-0.003** (-2.05)	-0.001 (-0.53)	-0.005*** (-4.46)	-0.006* (-1.80)
$\ln(Y_{jt-1}/Y_{it-1})$														

· 169 ·

续表

	东非	南非	西非	北非	中非	东亚	东南亚	南亚	西亚	中亚	南美东部	南美南部	南美中西	南美北部
$\ln(L_{it-1}/L_{jt-1})$	-0.126*** (-5.56)	-0.002 (-0.24)	-0.032*** (-5.10)	-0.066*** (-7.67)	-0.080*** (-7.07)	-0.013** (-2.02)	-0.023*** (-7.50)	-0.011** (-2.32)	-0.017*** (-6.81)	-0.027** (-2.45)	-0.010** (-2.34)	-0.017*** (-3.02)	-0.015*** (-4.24)	-0.002 (-0.13)
$\ln f_{it-1}^j$	-0.099*** (-3.17)	-0.088*** (-2.94)	-0.005 (-0.15)	-0.009 (-0.25)	0.075 (1.32)	-0.159*** (-5.71)	-0.020*** (-14.62)	-0.132*** (-5.85)	-0.017 (-1.23)	-0.117** (-2.55)	-0.032 (-0.77)	-0.028 (-0.90)	-0.202*** (-4.81)	-0.041 (-0.80)
$\ln \tau_{it-1}^j$	-0.004 (-1.62)	-0.008*** (-3.37)	-0.023*** (-3.03)	-0.039*** (-13.86)	-0.014*** (-3.22)	-0.052*** (-24.54)	-0.035*** (-35.53)	-0.011*** (-6.42)	-0.015*** (-12.96)	-0.017*** (-4.08)	-0.061*** (-17.49)	-0.032*** (-12.99)	-0.018*** (-5.46)	-0.008** (-2.05)
$\ln(P_{jt-1}/P_{it-1})$	0.003** (2.23)	0.025*** (5.22)	0.002* (1.89)	0.014*** (6.92)	0.007** (2.11)	0.109*** (8.41)	0.059*** (8.45)	0.003** (2.15)	0.004*** (7.17)	0.014*** (5.74)	0.021** (2.47)	0.005*** (2.81)	0.031*** (3.33)	0.005** (2.09)
$\ln(Y_{it-1}/Y_{jt-1})$	0.006*** (2.06)	0.006*** (4.80)	0.029*** (6.41)	0.036*** (5.52)	0.043*** (7.33)	0.024*** (5.52)	0.002 (0.86)	0.003 (0.83)	0.001 (0.80)	0.030*** (3.94)	0.023*** (2.86)	0.001 (0.36)	0.015** (1.98)	0.012 (1.51)
$shock_{it-1}$	0.002 (0.15)	0.004 (0.38)	0.003 (0.26)	0.003 (0.20)	0.002 (0.10)	0.002 (0.20)	0.011* (1.87)	0.003 (0.39)	0.014*** (2.67)	0.002 (0.14)	0.016 (0.91)	0.009 (0.72)	0.009 (0.52)	0.014 (0.69)
$contig_{it-1}$	-0.057** (-2.15)	-0.023 (-0.64)	-0.014 (-0.51)	-0.093*** (-2.61)	-0.103** (-2.54)	-0.001 (-0.01)	-0.162*** (-9.35)	-0.154*** (-6.39)	-0.118*** (-8.07)	-0.010 (-0.26)	-0.205*** (-7.56)	-0.175*** (-6.90)	-0.153*** (-5.07)	-0.082** (-2.04)
$comlang_{it-1}$	0.023** (2.07)	0.017 (1.45)	0.021* (1.91)	0.032** (2.34)	0.017 (0.85)	0.181*** (5.15)	0.013 (1.51)	0.052*** (4.59)	0.008 (1.30)	0.021 (0.57)	0.078 (1.30)	0.037*** (2.90)	0.018 (1.04)	0.020 (0.91)
对数似然值	-3054	-3666	-4325	-1394	-1653	-1	736	-1673	-1991	-605	23	-1107	-1030	-1319
Pseudo R^2	0.018	0.015	0.008	0.115	0.031	0.998	10.165	0.089	0.099	0.063	1.115	0.122	0.086	0.008
Obs	6769	6984	8023	3713	2734	3349	9509	7175	15028	1957	1243	4110	2728	2481
左设限 Obs	648	775	851	256	409	34	103	440	538	123	7	151	129	242

体的农业剩余劳动力非农转移有利于集约边际出口，不利于扩展边际增长。

除高收入经济体组外，相对农业劳动力与相对人均收入交互项正向影响贸易增长的集约边际、负向影响扩展边际，一方面符合前文预期，另一方面表明收入相对较低的发展中经济体，农业剩余劳动力的非农转移还具有"放大"贸易增长集约边际作用，同时还有加剧"收缩"扩展边际的作用。

第五节　面板模型的稳健性再检验

改变设限数据的 Tobit 估计方法能否影响到实证结果的稳健性，也值得进一步分析。鉴于前文测算的 155 个国家（或地区）1995—2017 年 435718 个集约边际、扩展边际数据可以构成平衡面板，这里使用面板模型对全部国家（或地区）样本数据及其子样本进行再检验。面板模型一般可以分为固定效应、随机效应和混合回归三种，也使用 Hausman 检验选取，仅报告选择后的结果。又因为样本是宏观层面的面板数据，为克服可能存在的序列相关和异方差问题，这里也利用聚类稳健的标准误（cluster）方法进行处理。因为表 3—9 已经检验出样本数据具有内生性问题，本节还对计量公式（3.26）和公式（3.27）使用前文同样的三种工具变量估计方法进行处理[1]，即 XTIV（cluster）表示聚类稳健工具变量面板估计；IV（2SLS）表示工具变量 2 阶段估计；IV（GMM）表示工具变量矩估计。表 3—17 给出了全部样本国家（或地区）的面板模型回归结果。从估计结果来看，三次实证模型的主要变量系数符号和显著性水平都无太大变化，回归结果较为稳健。

同设限数据的 Tobit 估计结论类似，表 3—17 的估计结果显示以下结论同样成立：①固定和可变贸易成本负向影响二元边际；②贸易伙伴绝对经

---

[1] 面板模型估计方法之所以选择计量公式（3.26）和公式（3.27），而不是存在交互项的公式（3.24）和公式（3.25），是因为本节主要是检验农业劳动力正向影响集约边际、负向影响扩展边际的结论是否同 Tobit 估计方法相同。存在交叉项的估计结果，也可向笔者索取。当然，面板模型估计因为没有零值，观测值数量肯定会减少。

表 3—17　　　全部国家样本数据工具变量面板模型估计结果

	集约边际			扩展边际		
	XTIV (cluster)	IV (2SLS)	IV (GMM)	XT (cluster)	IV (2SLS)	IV (GMM)
$\ln(L_{it-1}/L_{jt-1})$	0.0139*** (24.50)	0.0145*** (47.61)	0.0145*** (47.61)	-0.0030*** (-8.26)	-0.0032*** (-9.27)	-0.0032*** (-9.27)
$\ln f_{it-1}^{j}$	-0.0218* (-1.91)	-0.0220*** (-3.07)	-0.0220*** (-3.07)	-0.0061*** (-55.39)	-0.0061*** (-121.37)	-0.0061*** (-121.37)
$\ln \tau_{it-1}^{j}$	-0.0040 (-0.64)	-0.0053 (-1.22)	-0.0053 (-1.22)	-0.0111*** (-5.41)	-0.0113*** (-4.32)	-0.0113*** (-4.32)
$\ln(P_{jt-1}/P_{it-1})$	-0.0084 (-1.21)	-0.0082*** (-2.92)	-0.0082*** (-2.92)	0.0560*** (7.84)	0.0560*** (18.16)	0.0560*** (18.16)
$\ln Y_{jt-1}$	0.0579*** (19.63)	0.0580*** (35.88)	0.0580*** (35.88)			
$\ln(Y_{it-1}/Y_{jt-1})$				0.0033 (1.44)	0.0033* (1.87)	0.0033* (1.87)
$shock_{it-1}$	-0.1055*** (-52.66)	-0.1075*** (-31.02)	-0.1075*** (-31.02)	0.1260*** (60.60)	0.1256*** (31.76)	0.1256*** (31.76)
$contig_{it-1}$	0.0164 (1.36)	0.0155 (1.58)	0.0155 (1.58)	-0.1603*** (-10.98)	-0.1604*** (-14.40)	-0.1604*** (-14.40)
$comlang_{it-1}$	0.0669*** (31.54)	0.0660*** (58.13)	0.0660*** (58.13)	0.0542*** (29.76)	0.0545*** (44.27)	0.0545*** (44.27)
Hausman test	FE	FE	FE	FE	FE	FE
F 统计量	404.85	1283.41	1283.41	888.45	2483.29	2483.29
观测值	216860	215974	215974	228592	227734	227734
R^2	0.049	0.048	0.048	0.0862	0.0861	0.0861

注：省略常数项。①

济规模正向影响集约边际、本土市场效应正向影响扩展边际；③实际汇率

---

① 因为用 stata 软件做 IV (2SLS) 和 IV (GMM) 估计时，不再出现常数项。为统一起来，这里都不列出常数项。

负向影响集约边际、正向影响扩展边际；④外部冲击负向影响集约边际、正向影响扩展边际；⑤区域一体化正向影响集约边际、负向影响扩展边际；⑥语言相通性同时有利于贸易增长的二元边际。

在表3—17中，农业相对劳动力依然显著正向影响集约边际、负向影响扩展边际，再次表明发展中经济体农业剩余劳动力的非农转移有利于出口增长的集约边际，不利于扩展边际。

分收入差异后的面板模型估计结果也同前文类似，因为表3—18中以下影响二元边际增长的主要结论基本成立：①固定和可变贸易成本负向影响二元边际；②贸易伙伴绝对经济规模正向影响集约边际、本土市场效应正向影响扩展边际；③实际汇率负向影响集约边际、正向影响扩展边际；④外部冲击负向影响集约边际、正向影响扩展边际；⑤区域一体化正向影响集约边际、负向影响扩展边际；⑥语言相通性同时有利于贸易增长的二元边际。不同之处在于：①部分变量未达到显著性水平要求；②采取多边阻力作为衡量可变贸易成本后，中低和低收入样本的扩展边际估计结果既不显著还变为正。

造成这一现象的原因可能是：中低和低收入国家（或地区）的经济总量仍然较小，导致用相对GDP进行加权的贸易阻力数值较小，而这些国家（或地区）的扩展边际增长幅度也小，从而出现两者同向变化但不显著的结果。这也在一定程度上再次说明：全球主要经济体帮助世界最不发达或欠发达国家（或地区）摆脱"贫困"，提升其经济总量，不仅能发挥彼此经济规模增长的带动出口作用，还能够降低双边或多边贸易阻力，促进全球贸易健康有序发展。

同设限数据Tobit估计结果相同，本章最关心的问题——经济结构转型变量影响出口增长二元边际的实际作用也与前文一致，表现在：①集约边际中，相对农业劳动力影响高收入国家（或地区）集约边际增长显著为负，而在中高、中低收入和低收入国家（或地区）显著为正；②扩展边际中，相对农业劳动力影响高收入国家（或地区）扩展边际不仅为正而且显著，而在中高、中低和低收入国家（或地区）显著为负。

对亚非拉地区经济体也采用面板模型的工具变量方法进行估计后，表3—19和表3—20结果显示，以下影响各经济体出口增长的结论同样大体成立：①固定和可变贸易成本负向影响二元边际；②贸易伙伴绝对经济规模正向影响集约边际、本土市场效应正向影响扩展边际；③外部冲击负向影

表3—18 分收入等级工具变量面板模型估计结果

	集约边际				扩展边际			
	高收入	中高收入	中低收入	低收入	高收入	中高收入	中低收入	低收入
C	-2.4914*** (-19.67)	-4.0731*** (-42.39)	17.5774*** (42.78)	23.5351*** (33.26)	44.6208*** (22.75)	29.8711*** (41.19)	-7.3370*** (-7.81)	-3.9260*** (-6.82)
$\ln(L_{it-1}/L_{jt-1})$	-0.0334*** (-72.81)	0.0012*** (8.83)	0.0329*** (45.69)	0.0204*** (21.95)	0.1839*** (54.38)	-0.0088*** (-10.31)	-0.0075*** (-15.93)	-0.0020*** (-10.23)
$\ln f_{it-1}^{j}$	-0.0030 (-0.81)	-0.0119** (-2.46)	0.0048*** (29.66)	-0.0222 (-1.28)	-0.0122*** (-73.53)	-0.0050*** (-32.47)	-0.0004*** (-6.28)	-0.0003*** (-7.19)
$\ln \tau_{it-1}^{j}$	-0.0043** (-2.25)	-0.0350*** (-7.73)	-0.1959*** (-17.81)	-0.0473*** (-3.01)	-0.1136*** (-13.55)	-0.2041*** (-13.02)	0.0020 (0.89)	0.0016 (0.61)
$\ln(P_{jt-1}/P_{it-1})$	-0.0115*** (-8.55)	0.0073*** (9.47)	-0.0368*** (-6.35)	-0.0098 (-1.08)	0.1785*** (18.73)	0.0003 (0.02)	0.0019 (0.98)	0.0029 (1.07)
$\ln Y_{jt-1}$	0.0148*** (26.95)	0.0185*** (16.61)	0.0814*** (23.38)	0.0438*** (8.74)				
$\ln(Y_{it-1}/Y_{jt-1})$					0.0868 (0.11)	0.0201*** (3.82)	0.0013 (0.76)	0.0040*** (3.54)
$shock_{it-1}$	-0.0281*** (-20.17)	-0.0394*** (-14.90)	-0.2271*** (-24.95)	-0.2309*** (-19.74)	-0.3540*** (-29.02)	-0.3115*** (-20.06)	-0.0369*** (-9.19)	-0.0305*** (-9.85)
$contig_{it-1}$	0.0146*** (4.36)	0.0378*** (2.27)	0.0128 (0.50)	0.0888*** (2.76)	-0.0880*** (-3.06)	-0.1386 (-1.26)	-0.0105 (-0.80)	-0.0263** (-2.15)
$comlang_{it-1}$	0.0233*** (21.14)	0.0334*** (42.59)	0.1522*** (44.77)	0.1821*** (35.32)	0.1643*** (20.82)	0.1997*** (49.82)	0.0608*** (36.82)	0.0370*** (36.33)
Hausman test	FE	FE	FE	FE	FE	FE	FE	FE
F统计量	1772.78	595.90	1029.58	477.77	2252.46	763.94	403.10	272.21
观测值	53406	28697	61340	28484	52115	26263	29038	25975
R^2	0.2242	0.1557	0.1264	0.1262	0.2755	0.2056	0.1078	0.0841

第三章 二元边际与出口国别（地区）结构转型升级

表3—19 亚非拉集约边际的工具变量面板模型估计结果

	东非	南非	西非	北非	中非	东亚	东南亚	南亚	西亚	中亚	南美东部	南美南部	南美中西	南美北部
C	-0.3926*** (3.41)	7.7872*** (9.14)	-2.7417*** (-21.70)	-13.8911*** (-36.62)	10.2985*** (7.61)	-42.8658*** (-7.93)	38.8958*** (40.10)	34.9616*** (21.12)	2.5826*** (11.76)	-0.0315 (-0.75)	-1.6658*** (-7.41)	-14.8456*** (-36.11)	-0.4644** (-2.45)	57.6033*** (22.68)
$\ln(L_{it-1}/L_{jt-1})$	0.0063*** (4.80)	0.0167*** (9.15)	0.0001 (0.35)	0.0114*** (18.69)	0.0208*** (3.33)	0.0122*** (7.68)	0.0023** (2.32)	0.0269*** (14.46)	0.0305*** (34.28)	0.0041*** (8.54)	0.0344*** (11.79)	0.0158*** (18.39)	0.0181*** (6.05)	0.0161*** (3.40)
$\ln f_{it-1}^j$	-0.0198 (-0.76)	-0.0071 (-0.18)	-0.0377*** (-5.64)	-0.0038 (-0.36)	-0.0549 (-0.93)	-0.0264 (-1.05)	-0.0002 (-0.01)	-0.0842* (-1.84)	-0.0229 (-1.16)	-0.0489*** (-4.00)	-0.1398* (-1.74)	-0.0189* (-1.75)	-0.0150 (-0.33)	-0.0064 (-0.68)
$\ln \tau_{it-1}^j$	-0.0360 (-1.64)	-0.0266 (-0.87)	-0.0458*** (-7.71)	-0.0112 (-1.55)	-0.1957*** (-3.63)	-0.0405*** (-3.04)	-0.0904*** (-3.83)	-0.1584*** (-5.16)	-0.0694*** (-4.80)	-0.0034 (-0.33)	-0.1731*** (-3.88)	-0.0136* (-1.78)	-0.0756 (-1.47)	-0.1498*** (-2.75)
$\ln(P_{jt-1}/P_{it-1})$	0.0566*** (4.70)	0.0400*** (2.85)	-0.004 (-0.11)	0.0017 (0.34)	0.1378*** (5.91)	-0.0025 (-0.31)	0.0091 (0.77)	0.0866*** (5.14)	-0.0147 (-1.01)	0.0015 (0.19)	0.0627* (1.69)	0.0050 (1.41)	0.0002 (0.03)	-0.1129*** (4.87)
$\ln Y_{it-1}$	0.0307*** (6.28)	0.0368*** (5.40)	0.0001 (0.06)	0.0099*** (3.78)	0.1898*** (14.63)	0.0301*** (5.28)	0.0214*** (2.66)	0.0232** (2.55)	0.0067 (1.28)	0.0007 (0.25)	0.5169*** (45.90)	0.0133*** (4.70)	0.0134 (1.35)	0.0428*** (2.78)
$shock_{it-1}$	-0.0410*** (-3.05)	-0.1520*** (-8.12)	-0.0199*** (-6.01)	-0.0279*** (-5.84)	-0.3001*** (-9.21)	-0.0108 (-0.99)	-0.2678*** (-16.77)	-0.3337*** (-16.42)	-0.0960*** (-10.51)	-0.0126** (-2.01)	-0.0137 (-0.40)	-0.0391*** (-7.55)	-0.0074 (-0.72)	-0.2353*** (-7.33)
$contig_{it-1}$	0.2870* (1.83)	0.4854*** (7.49)		0.0797*** (8.42)	0.0530 (0.40)	0.0269 (0.96)	0.0692 (1.15)	0.1631*** (3.25)	0.0733** (2.21)		0.1486 (0.56)	0.0029 (0.23)	0.0143 (0.11)	0.0295 (0.27)
$comlang_{it-1}$		0.0720*** (11.10)	0.0276*** (29.33)	0.1175*** (39.90)	0.1197*** (12.83)	0.2901*** (8.03)	0.2261*** (42.47)	0.2565*** (22.85)	0.0213*** (12.86)			0.1371*** (39.16)		0.4879*** (23.39)
Hausman test	FE	FE	FE	FE	FE	FE	FE	FE	FE	FE	FE	FE	FE	FE
F统计量	14.32	89.17	150.51	346.43	116.05	17.77	387.97	303.57	227.21	28.09	446.69	304.20	10.58	111.43
观测值	10159	10680	13186	7539	5110	6165	18428	12398	19838	2938	2958	6862	3533	3806
R^2	0.0108	0.0678	0.0824	0.2842	0.1687	0.0239	0.1519	0.1745	0.0910	0.0602	0.5283	0.2753	0.0225	0.2017

表3—20　亚非拉扩展边际的工具变量面板模型估计结果

	东非	南非	西非	北非	中非	东亚	东南亚	南亚	西亚	中亚	南美东部	南美南部	南美中西	南美北部
C	186.9347***(22.16)	57.4946***(11.36)	-34.7235***(-5.27)	72.9526***(15.16)	12.5799(1.63)	255.1158***(12.53)	0.2585(0.70)	-0.4708(-0.44)	1.9405(1.07)	4.2287*(2.15)	13.9213***(3.88)	70.2323***(6.43)	3.9900(0.40)	11.6575***(5.82)
$\ln(L_{it-1}/L_{jt-1})$	-0.0019(-0.66)	-0.0220***(-14.65)	-0.0009(-0.90)	-0.1011***(-28.98)	-0.0591***(-19.13)	-0.0126**(-2.21)	-0.0050***(-28.87)	-0.0115***(-20.56)	-0.0067***(-10.58)	-0.0010(-1.30)	-0.0134***(-28.87)	-0.0061(-1.42)	-0.0317***(-8.30)	-0.0078***(-6.22)
$\ln f_{it-1}^j$	-0.0023***(-6.78)	-0.0011***(-7.68)	-0.0088***(-46.58)	-0.0073***(-13.77)	-0.0071***(-30.32)	-0.0169***(-4.14)	-0.0012***(-11.16)	-0.0063***(-49.91)	-0.0019***(-23.60)	-0.0011***(-13.28)	-0.0277***(-22.31)	-0.3054***(-21.96)	-0.0273***(-4.21)	-0.0050***(-2.52)
$\ln \tau_{it-1}^j$	-0.7128***(-19.86)	-0.1749***(-8.16)	-0.2188***(-7.17)	-0.0626***(-2.63)	-0.0313(-0.88)	-0.2605***(-15.13)	-0.0023(-1.35)	-0.0100**(-2.01)	-0.0036(-0.46)	-0.0173*(-1.87)	-0.0080***(-4.83)	-0.0889*(-1.77)	-0.0316(-0.73)	-0.0980***(-11.16)
$\ln(P_{it-1}/P_{jt-1})$	-0.0214(-1.11)	-0.0085(-0.76)	0.0910***(4.98)	-0.0061(-0.22)	0.0124(0.84)	0.1162***(5.91)	0.0081***(4.14)	-0.0020(-0.38)	0.0358***(4.05)	0.0146**(2.04)	0.0054(0.81)	0.0196(1.13)	-0.0220***(-3.37)	0.0003(0.07)
$\ln(Y_{it-1}/Y_{jt-1})$	0.0027(0.35)	0.0348***(6.28)	0.0712***(9.44)	0.0778***(5.37)	0.0617***(8.92)	0.0442**(2.58)	0.0022*(1.67)	0.0208***(5.58)	0.0049(1.54)	0.0227***(9.16)	0.0287***(13.97)	0.0253*(1.73)	0.0139(1.22)	0.0230***(4.88)
$shock_{it-1}$	0.2582***(11.98)	0.1006***(6.72)	0.2405***(11.51)	0.2690***(9.88)		0.0507***(2.13)		0.0029(0.43)	0.0184***(2.67)	0.0141**(2.05)	0.0075(1.09)	0.1618***(6.06)	0.0145(0.49)	0.0070(1.05)
$contig_{it-1}$	-0.5042**(-1.98)	-0.1431**(-2.67)		-0.0961*(-1.82)	-0.0193(-0.21)	-0.1578**(-2.23)		-0.0262(-1.62)	-0.1679***(-7.21)		-0.1063**(-2.23)	-0.2323***(-4.25)	-0.1774(-1.26)	-0.0280(-1.24)
$comlang_{it-1}$	0.2411***(30.29)	0.1518***(27.65)	0.1040***(20.69)	0.6836***(45.09)		1.3179***(9.16)			0.0076***(4.99)					0.0948***(18.02)
Hausman test	FE	FE	FE	FE	FE	FE	FE	FE	FE	FE	FE	FE	FE	FE
F统计量	202.87	143.03	792.48	399.67	211.59	163.95	247.24	412.33	96.26	142.56	288.25	112.10	17.45	159.79
观测值	10095	11642	14720	7693	6037	5487	18490	15721	21774	3232	2958	5636	3460	4343
R^2	0.1497	0.0964	0.2956	0.3096	0.1888	0.2026	0.0664	0.1644	0.0372	0.2263	0.4195	0.1312	0.0374	0.2401

响集约边际、正向影响扩展边际；④区域一体化正向影响集约边际、负向影响扩展边际；⑤语言相通性同时有利于贸易增长的二元边际。

需要说明的是：除部分变量未达到显著性水平要求外，与前文不同之处更多地表现在实际汇率上，因为实际汇率负向影响集约边际只在西非、东亚、西亚和南美北部成立；负向影响扩展边际也在东非、南非、北非、南亚和南美中西部成立。

这些结论同前文"实际汇率负向影响集约边际、正向影响扩展边际"略有不同，毕竟在设限数据回归中负向和正向的符号在各地区基本都是成立的。尽管如此，工具变量再估计结果依然能得出与前文类似的建议，即实际汇率影响全球贸易二元边际增长的机制仍较为复杂，汇率贬值对大多数经济体出口增长既有积极作用也有消极作用，一个理想的状态仍然是维持各方币值稳定，避免"汇率急剧变动"可能对世界贸易健康发展带来"伤害"。

更为重要的是：使用工具变量估计方法对亚非拉经济体进行再回归后，农业相对劳动力正向影响集约边际、负向影响扩展边际的结论依然成立。这是因为：尽管表3—19和表3—20中有部分地区的农业相对劳动力系数不显著，但集约边际和扩展边际完全相反的符号，依然能够说明正在经历经济结构转型的亚非拉发展中经济体，其境内农业剩余劳动力的非农转移对集约边际出口增长有益，而对扩展边际增长有不利影响。

第六节 本章主要结论

为解释包括中国在内众多发展中经济体的出口增长主要以少数传统产品向部分发达经济体大量出口的事实，本章使用结构转型变量对Lawless和Whelan（2014）国别（或地区）结构模型进行了拓展，并使用中国1995—2017年出口到209个国家（或地区）的二元边际数据以及全球155个经济体435718个集约边际、扩展边际样本数据进行实证检验后，主要结论如下：

理论上，一个简单的 $M \times 2 \times (N+1)$ 数理模型进行论证能够得出"发展中经济体经济结构转型过程中，农业劳动力相对越多，越有利于出口增长集约边际而不利于扩展边际"的初步结论,即处于经济结构转型过程中的发展中国家（或地区）,农业剩余劳动力相对越多,出口增长的扩展边际越小、集约边际越大,即存在以少数传统产品向少数贸易伙伴大量出口的现象,从而不利于出口增长国别（或地区）多元化的顺利实施。

实证上,中国农业剩余劳动力非农转移有利于集约边际出口增长,不利于扩展边际扩大的结论是成立的,表明我国过去以少数传统产品向少数发达经济体大量出口的增长模式应该与当时所处的经济结构转型阶段相关,尤其是在过去相当长的时期内,农业领域大量剩余劳动力向制造业部门非农转移所带来的"低劳动成本"竞争优势密切相关。

全球经验上,无论是使用设限数据的 Tobit 模型还是面板模型,其他发展中经济体也存在农业相对劳动力正向影响集约边际、负向影响扩展边际的结论,说明正在经历经济结构转型的亚非拉发展中国家（或地区）,其农业剩余劳动力的非农转移应该对集约边际出口增长有益,而对扩展边际增长或有不利影响。

第四章 偏向性技术进步与出口贸易比较优势变迁

为解释中国出口产品的要素密集度逆转和动态比较优势升级问题，本章将前文单要素理论模型拓展为双要素（劳动、资本）模型，试图说明技术进步尤其是偏向性技术进步对企业出口产品比较优势的影响。本章的具体思路如下：改变 Barnard 等（2007）希克斯中性技术进步假定，将 Acemoglu 等（2003）的要素偏向性技术进步融入双要素比较优势模型中，分析中性和偏向性技术变迁对比较优势的影响差异，并使用微观企业与微观产品数据进行实证检验。

第一节 偏向性技术进步的比较优势模型拓展

一 消费者偏好

假定世界上的 M 个国家（或地区）只有两种生产要素——资本（K）和劳动（L），两个部门（劳动和资本技术密集型产品分别记作 1 和 2），每个部门内有若干生产企业，且不同企业生产的制成品品种具有水平差异。与第三章类似，国家（或地区）i 消费者消费劳动和资本技术密集型产品的效用函数用 $C-D$ 形式表示，消费任意其中一种要素密集度产品的效用函数用 CES 形式表示。不存在农产品后，当 $N=2$ 时，由公式（3.1）可知，总效用为：

$$\ln U_i = \sum_{m=1}^{2} \alpha_m \ln C_m, \quad C_m = \left(\int_{\omega \in \Omega_m} q_m(\omega)^\rho d\omega \right)^{1/\rho} (0 < \rho < 1) \quad (4.1)$$

其中：$C_m(m=1,2)$ 表示劳动或资本技术密集型产品的消费量；$q_i(\omega)$ 表示任意其中一种产品不同品种的消费量；Ω_m 表示差异化消费品空间；ω 表示其中任意一个品种；ρ 决定差异化产品之间的替代弹性，且 $\sigma = 1/(1-\rho) > 1$ 成立。

假定世界资本和劳动要素禀赋为 $\overline{K}$ 和 $\overline{L}$，则代表性国家（或地区）i 的要素禀赋可以分别表示为 $\overline{L}^i = v_L^i \overline{L}$ 和 $\overline{K}^i = v_K^i \overline{K}$；其中 v_L^i、v_K^i 分别表示该国（或地区）要素禀赋占世界的比重。用 r 和 w 分别表示资本与劳动的价格后，则总收入可以记作：$Y_i = w^i v_L^i \overline{L} + r^i v_K^i \overline{K}$。由公式（3.25）可知，生产制成品品种 ω 的企业收入为：

$$r_m(\omega) = p_m(\omega) q_m(\omega) = \alpha_m Y_i [p_m(\omega)/P_m]^{1-\sigma} \quad (4.2)$$

二 生产技术

借鉴 Grozet 和 Trionfetti（2010）的设定方法，假定企业生产函数为：

$$q_m = \varphi[\beta_m (aL)^{(\sigma-1)/\sigma} + (1-\beta_m)(bK)^{(\sigma-1)/\sigma}]^{\sigma/(\sigma-1)} \quad (4.3)$$

其中：产出用 q_m 表示；资本和劳动投入分别用 K、L 表示；$\beta_m \in (0,1)$ 表示规模报酬参数；中性技术进步参数为 φ；偏向性技术进步参数为 a 和 b。公式（4.3）的经济含义是：只要 $\varphi > 1$，$a=1$，$b=1$，生产企业的技术进步就为中性技术进步，相反为偏向性技术进步，且 $\varphi=1$，$a=1$，$b>1$ 为偏向资本的索罗技术进步，$\varphi=1$，$a>1$，$b=1$ 为偏向劳动的哈罗德技术进步。根据要素边际产出计算公式，有下式成立：

$$MP_L = \frac{q_i \beta_i a^{(\sigma-1)/\sigma} L^{(\sigma-1)/\sigma-1}}{\beta_i (aL)^{(\sigma-1)/\sigma} + (1-\beta_i)(bK)^{(\sigma-1)/\sigma}} \quad (4.4)$$

$$MP_K = \frac{q_i (1-\beta_i) b^{(\sigma-1)/\sigma} K^{(\sigma-1)/\sigma-1}}{\beta_i (aL)^{(\sigma-1)/\sigma} + (1-\beta_i)(bK)^{(\sigma-1)/\sigma}} \quad (4.5)$$

$$\frac{MP_L}{MP_K} = \frac{\beta_i}{1-\beta_i} \left(\frac{a}{b}\right)^{(\sigma-1)/\sigma} \left(\frac{K}{L}\right)^{1/\sigma} \quad (4.6)$$

由公式 $MP_L/MP_K = w/r$ 可知，国家（或地区）i 行业 m 生产企业的劳动要素密集度为：

$$\theta_m^i = \left(\frac{L}{K}\right)_m^c = \left(\frac{r^i}{w^i}\right)^\sigma \left(\frac{\beta_m}{1-\beta_m}\right)^\sigma \left(\frac{a}{b}\right)^{(\sigma-1)}, \quad m = 1, 2; \ i = 1, 2, \cdots, M \tag{4.7}$$

再由边际成本计算公式 $MC = dC/dq = w/MP_L + r/MP_K$、公式（4.4）和公式（4.5）可知，代表性生产企业的边际成本为：

$$MC_m^i = \frac{1}{\varphi}\left[(\beta_m)^\sigma (w^i/a)^{1-\sigma} + (1-\beta_m)^\sigma (r^i/b)^{1-\sigma}\right]^{\frac{1}{1-\sigma}} \tag{4.8}$$

上式在后续计算中因为涉及 φ、a、b 三个参数。为分析方便，这里借鉴 Verhoogen（2008）、Alcalà 和 Hernàndez（2009）的标准化思路，采用偏向资本的索罗技术进步形式，即让 $\varphi = 1$，$a = 1$，$b > 1$ 成立。于是，公式（4.8）可以化简为：

$$MC_m^i(b) = mc_m^i(b) = \left[(\beta_m)^\sigma (w^i)^{1-\sigma} + (1-\beta_m)^\sigma (r^i/b)^{1-\sigma}\right]^{\frac{1}{1-\sigma}} \tag{4.9}$$

再次根据价格为边际成本的加成，当可变贸易成本设定为 $\tau_m > 1$ 时，国家（或地区）i 企业出口产品价格（p_{mx}^i）就为本土销售价格（p_{md}^i）的 τ_m 倍：

$$p_{mx}^i(b) = \tau_m p_{md}^i(b) = \frac{\sigma \tau_m}{(\sigma-1)} mc_m^i(b) \tag{4.10}$$

相应地，由公式（4.2）可知，代表性企业的本土销售收入和出口到任意贸易伙伴 j 的收入可以表示为：

$$r_{md}^i(b) = \alpha_m Y_i \left[(\sigma-1)P_m^i/[\sigma mc_m^i(b)]\right]^{\sigma-1} \tag{4.11}$$

$$r_{ix}^i(b) = \tau_m^{1-\sigma} (P_m^j/P_m^i)^{\sigma-1} (Y_j/Y_i) r_{md}^i(b) \tag{4.12}$$

显然，让公式（4.11）和公式（4.12）相比，可以得出：

$$\frac{r_{md}^i(b'')}{r_{md}^i(b')} = \frac{r_{mx}^i(b'')}{r_{mx}^i(b')} = \left[\frac{mc_m^i(b')}{mc_m^i(b'')}\right]^{\sigma-1} \tag{4.13}$$

三 出口决定

假定企业的固定生产成本和出口成本均为行业平均 $[\overline{mc_m^i}(b)]$ 的 f_m 和 f_{mx} 倍，则该企业的境内利润可以表示为：

$$\pi_{md}^i(b) = r_{md}^i(b)/\sigma - f_m \overline{mc_m^i}(b) \tag{4.14}$$

出口利润也可以相应地表示为：

$$\pi_{mx}^i(b) = r_{mx}^i(b)/\sigma - f_{mx} \overline{mc_m^i}(b) \tag{4.15}$$

从而，出口企业的总利润为境内利润与出口利润之和，即：

$$\pi_{mx}^i(b) = \pi_{md}^i(b) + \max\{0, \pi_{mx}^i(b)\} \tag{4.16}$$

与前文类似，定义出口零利润条件为企业的出口利润为零，对应的企业偏向性生产率水平为出口临界生产率；生产零利润条件为企业在境内市场销售的利润为零，对应的企业偏向性生产率水平为生产临界生产率。

当生产和出口临界偏向性生产率分别表示为 b_m^{*i}、b_{mx}^{*i}，由公式（4.14）和公式（4.15）可知，其生产和出口的零利润条件为：

$$r_{md}^i(b_m^{*i}) = \sigma f_m \overline{mc}_m^i(b_m^{*i}) \tag{4.17}$$

$$r_{mx}^i(b_{mx}^{*i}) = \sigma f_{mx} \overline{mc}_m^i(b_{mx}^{*i}) \tag{4.18}$$

四 行业平均

假定在双要素偏向性技术进步的比较优势模型中，偏向性生产率的分布也符合 Pareto 形式。当分布函数为 $g(b)$，累计分布函数为 $G(b)$，将临界偏向性生产率记作 b_m^{*i}，则市场中存活企业的行业平均偏向性生产率为：

$$\overline{b}_m^i(b_m^{*i}) = \left[\frac{1}{1 - G(b_m^{*i})} \int_{b_m^{*i}}^{\infty} b^{\sigma-1} g(b) db\right]^{\frac{1}{\sigma-1}} \tag{4.19}$$

相应的行业平均成本可以表示为：

$$\overline{mc}_m^i(b_m^{*i}) = \left[\frac{1}{1 - G(b_m^{*i})} \int_{b_m^{*i}}^{\infty} [mc_m^i(b)]^{1-\sigma} g(b) db\right]^{\frac{1}{1-\sigma}} \tag{4.20}$$

同样由公式（4.7）可知，行业的平均要素密集度为：

$$\overline{\theta}_m^i(b_m^{*i}) = \left(\frac{w^i}{r^i}\right)^\sigma \left(\frac{1-\beta_m}{\beta_m}\right)^\sigma [\overline{b}_m^i(b_m^{*i})]^{\sigma-1} \tag{4.21}$$

根据公式（4.10），行业平均境内价格和出口价格也可以表示为：

$$\overline{p}_{md}^i(b_m^{*i}) = \frac{\sigma}{\sigma-1} \overline{mc}_m^i(b_m^{*i}) \tag{4.22}$$

$$\overline{p}_{mx}^i(b_{mx}^{*i}) = \frac{\sigma \tau_m}{\sigma-1} \overline{mc}_m^i(b_{mx}^{*i}) \tag{4.23}$$

将公式（4.22）、公式（4.23）、公式（4.17）、公式（4.18）代入到公式（4.13）中，则行业平均境内销售收入和出口收入为：

$$\overline{r}_{md}^i \equiv \int_{b_m^{*i}}^{\infty} r_{md}^i \frac{g(b)}{1 - G(b_m^{*i})} db$$

·182·

$$= [\overline{mc}_m^i(b_m^{*i})/mc_m^i(b_m^{*i})]^{1-\sigma}\sigma f_m \overline{mc}_m^i(b_m^{*i}) \quad (4.24)$$

$$\bar{r}_{ix}^i \equiv \int_{b_{mx}^{*i}}^{\infty} r_{ix}^i \frac{g(b)}{1-G(b_{mx}^{*i})}db = [\overline{mc}_m^i(b_{mx}^{*i})/mc_m^i(b_{mx}^{*i})]^{1-\sigma}\sigma f_{mx} \overline{mc}_m^i(b_{mx}^{*i})$$
$$(4.25)$$

令 $\chi_m^i \equiv [1-G(b_{ix}^{*i})]/[1-G(b_m^{*i})]$，则行业平均销售收入可以表示为：

$$\bar{r}_m^i = \bar{r}_{md}^i + \chi_m^i \bar{r}_{mx}^i \quad (4.26)$$

同样利用公式（4.15）和公式（4.16），则行业平均利润也可以表示为：

$$\bar{\pi}_m^i = \bar{\pi}_{md}^i + \chi_m^i \bar{\pi}_{mx}^i = \left[\frac{\bar{r}_{id}^i}{\sigma} - f_m mc_m^i(a_m^{*i})\right] + \chi_m^i \left[\frac{\bar{r}_{mx}^i}{\sigma} - f_{mx} mc_m^i(a_{mx}^{*i})\right] \quad (4.27)$$

五 偏向性技术进步对动态比较优势的影响

由公式（4.13）可知，当 $\sigma > 1$ 时，企业边际成本相对行业平均的比有下列公式成立：

$$\left[\frac{mc_{1\zeta}^i(b'_1)}{\overline{mc}_{1\zeta}^i(b_1^{*i})}\right]^{\sigma-1} > \left[\frac{mc_{2\zeta}^i(b'_2)}{\overline{mc}_{2\zeta}^i(b_2^{*i})}\right]^{\sigma-1} \quad (4.28)$$

这是因为假定各行业企业要素密集度与行业平均之比为 ρ，则有 $\rho = \theta_{m\zeta}^i(a)/\bar{\theta}_{m\zeta}^i$ 成立。将其代入到公式（4.21）和公式（4.7）中，则有：

$$b'_m = \rho \bar{b}_m^i(b_m^{*i})(m=1,2) \quad (4.29)$$

将公式（4.29）代入公式（4.28），则可以变形为：

$$\left[\frac{mc_{1\zeta}^i(\rho^{1/(\sigma-1)}\bar{b}_1^i(b_1^{*i}))}{\overline{mc}_{1\zeta}^i(b_1^{*i})}\right]^{\sigma-1} > \left[\frac{mc_{2\zeta}^i(\rho^{1/(\sigma-1)}\bar{b}_2^i(b_2^{*i}))}{\overline{mc}_{2\zeta}^i(b_2^{*i})}\right]^{\sigma-1} \quad (4.30)$$

由公式(4.17)、公式(4.18)和 $mc_m^i(\bar{b}_m^i(a_m^{*i})) = \overline{mc}_m^i(a_m^{*i})$ 可知：

$$\frac{mc_{m\zeta}^i[\rho\bar{b}_m^i(b_m^{*i})]}{mc_{m\zeta}^i[\bar{b}_m^i(b_m^{*i})]} = \left[\frac{(\beta_m)^\sigma(w^i)^{1-\sigma} + (1-\beta_m)^\sigma\{r^i/\rho[\bar{b}_m^i(b_m^{*i})]\}^{1-\sigma}}{(\beta_m)^\sigma(w^i)^{1-\sigma} + (1-\beta_m)^\sigma(r^i)/[\bar{b}_m^i(b_m^{*i})]^{1-\sigma}}\right]^{\frac{1}{1-\sigma}}$$
$$(4.31)$$

将公式（4.31）代入公式（4.30）中并化简，可以得到：

$$(1-\rho)(\beta_2)^\sigma(1-\beta_1)^\sigma(\overline{b_2^i})^{\sigma-1} < (1-\rho)(1-\beta_2)^\sigma(\beta_1)^\sigma(\overline{b_1^i})^{\sigma-1}$$
(4.32)

公式（4.32）中，当 $0<\rho<1$ 与 $0<\beta_m<1$（$m=1,2$）时，左右侧相比出现大于或小于符号与 $\overline{b_1^i}$ 和 $\overline{b_2^i}$ 相对大小密切相关：当 $\overline{b_1^i} > \overline{b_2^i}$ 时，左<右，否则左>右。再根据公式（4.13）可知，公式（4.28）等价于：

$$\frac{r_{1\zeta}^i(b'_1)}{r_{1\zeta}^i(b_1^{*i})} > \frac{r_{2\zeta}^i(b'_2)}{r_{2\zeta}^i(b_2^{*i})}$$
(4.33)

结合公式（4.32）的左右侧大小关系，可以发现：如果国家（或地区）i 原本是劳动要素禀赋相对较为丰裕的经济体，则开始阶段的劳动密集型产品出口具有比较优势，其相对出口量高于资本技术密集型行业，出现公式（4.23）左侧大于右侧的情况。在经济的后续发展过程中，如果该国（或地区）企业均采取偏向资本的技术进步，只要劳动密集型部门偏向资本的技术进步还要高于资本技术密集型部门，就会出现前者境内销售收入和出口收入低于后者的情况，长久发展之后待资本技术密集型企业国际竞争力不断增强，就会出现劳动密集型产品出口逐渐"萎缩"、资本技术密集型产品出口"持续"扩张的情形，进而演变为由原本劳动密集型产品具有比较优势向资本技术密集型产品具有比较优势变迁的过程，出现动态比较优势。于是，这里可以得到如下假定：

假定1：偏向性技术进步下，如果生产企业的要素密集度与各自行业平均要素密集度之比相同，劳动和资本技术密集型企业均采取偏向资本的技术进步，或会出现资本技术密集型产品的出口收入要比劳动密集型产品大的情形，进而出现动态比较优势。否则，相反。

上述性质只会出现在偏向性技术进步中，因为如果是中性技术进步，则 $a=b=1$ 而 φ 可变。由公式（4.3）可知，生产企业的边际成本可以表示为：

$$MC_m^i(\varphi) = \frac{1}{\varphi}mc_m^i = \frac{1}{\varphi}[(\beta_m)^\sigma(w^i)^{1-\sigma} + (1-\beta_m)^\sigma(r^i)^{1-\sigma}]^{\frac{1}{1-\sigma}}$$

同样假定 φ'_m 满足 $\varphi'_m = \rho\varphi(\varphi_m^{*i})$，则任何企业的边际成本都为 $\rho\,\overline{mc_m^i}(\varphi_m^{*i})$，相应的境内销售收入和出口收入均满足：

$$\frac{r_{m\zeta}^i(\varphi'_m)}{r_{m\zeta}^i(\varphi_m^{*i})} = \rho^{\sigma-1},\ m=1,2;\ \zeta=d,x;\ \forall \rho>0$$

于是，劳动密集型部门生产企业和资本技术密集型生产企业的境内外相对销售收入与初始时期相同，不会出现动态比较优势。于是，这里也可以得出如下假定：

假定2：如果中性技术进步是唯一的异质性源泉，那么任何企业的相对销售收入都是相等的。

六 出口方程的比较

根据 Melitz (2003) 和 Bernard 等 (2007) 相关结论，将 $\varphi_{mx}^{*i} = \Lambda_m^i \varphi_m^{*i}$，$M_m^i = R_m/\bar{r}_m^i$，$r_{md}^i(\overline{\varphi}_m^{*i}) = \sigma f_m$，$r_{md}^i(\varphi_m^{*i}) = \sigma f_m mc_m^i$，$\chi_m^i = [1-G(\varphi_{mx}^{*i})]/[1-G(\varphi_m^{*i})]$，$p_{mx}^i(\varphi) = \tau_m p_{md}^i(\varphi) = \sigma \tau_m mc_m^i/[(\sigma-1)\varphi]$，$Y_m^i = \alpha_m Y^i M_m^i (p_{md}^i(\overline{\varphi}_m^i)/P_m^i)^{1-\sigma} M_m^i (\tau_m p_{md}^i(\overline{\varphi}_{mx}^i)/P_{mm}^i)^{1-\sigma}$，$\pi_{md}^i(\varphi) = r_{md}^i(\varphi)/\sigma - f_m mc_m^i$，$r_{md}^i(\varphi'')/r_{md}^i(\varphi') = r_{mx}^i(\varphi'')/r_{mx}^i(\varphi') = (\varphi''/\varphi')^{\sigma-1}$，并将生产率的 Pareto 分布代入公式(4.12)，可以计算出中性技术进步下国家(或地区) i 行业 m 的出口为：

$$[X_m^i]^{Het} = [(\sigma-1)/\sigma]^{\sigma-1} \alpha_m Y^j (\tau_m P_m^j)^{\sigma-1} (mc_m^i)^{-\sigma} [R_m^i/(\sigma f_m)]$$
$$(\varphi_{mx}^i)^{\sigma-1} \times [P_m^j/(\tau_m P_m^i)]^k [(Y^j/Y^i) \times (f_m/f_{mx})]^{k/(\sigma-1)}$$

(4.34)

如果是同质性企业，按照相同的计算方法，则其出口为：

$$[X_m^i]^{Hom} = [(\sigma-1)/\sigma]^{\sigma-1} \alpha_m Y^j (\tau_m P_m^j)^{\sigma-1} (mc_m^i)^{-\sigma} [R_m^i/(\sigma f_m)]$$
$$(\overline{\varphi}_{mx}^i)^{\sigma-1}$$

(4.35)

再由 $\theta_i^i(b_m') = \overline{\rho\theta}_m^i$、$\varphi_m' = \overline{\rho\varphi}(\varphi_m^{*i})$，$r_{md}^i(b'')/r_{md}^i(b') = r_{mx}^i(b'')/r_{mx}^i(b') = [mc_m^i(b')/mc_m^i(b'')]^{\sigma-1}$ 和 $\overline{\theta}_m^i(a_m^{*i}) = (w^i/r^i)^\sigma [(1-\beta_m)/\beta_m]^\sigma [\overline{a}_m^i(a_m^{*i})]^{\sigma-1}$，可以求出偏向性生产率为 b'_i 的出口方程为：

$$\frac{[X_m^i]^{P-Het}}{[\overline{X}_m^i]^{P-Het}} = \frac{r_{ix}^i(b'_m)}{r_{ix}^i(b_m^{*H})} = \frac{r_{ix}^i(\varphi'_m)}{r_{ix}^i(\varphi_m^*)} \left[\psi_m^i + (1-\psi_m^i)\left(\frac{\theta_m^i(b'_m)}{\overline{\theta}_m^i}\right)^{\sigma-1} \right] \quad (4.36)$$

其中：$\psi_m^i = [(\beta_m)^\sigma (r^i/\overline{b}(b_m^{*i}))^{1-\sigma}]/[(\beta_m)^\sigma (w^i/a)^{1-\sigma} + (1-\beta_m)^\sigma (r^i/\overline{b}(b_m^{*i}))^{1-\sigma}]$，取值范围在(0, 1)。

· 185 ·

根据公式（4.34）和公式（4.35），$r^i_{mx}(\varphi'_m)/\overline{r}^i_{mx}(\varphi^{*i}_m)$ 可以表示为 $[X^i_m]^{Het}/[X^i_m]^{Hom}$，从而偏向性生产率的出口方程可以进一步表示为：

$$[X^i_m]^{P-Het} \approx [X^i_m]^{Het}\{\psi^i_m + (1-\psi^i_m)[\theta^i_m(b'_m)/\overline{\theta}^i_m]^{\sigma-1}\} \quad (4.37)$$

上式中，偏向性技术进步影响企业出口的方程比中性技术进步多了后一项。显然，只要 $\sigma>1$，就会出现偏向性技术进步促进企业出口的作用高于中性技术进步情况，即只要生产企业所使用的要素密集度高于行业平均，就会出现偏向密集使用要素的技术进步促进企业出口作用高于中性技术进步的情况。

我国劳动密集型行业出口比重下降和资本技术密集型行业出口比重上升的原因，是否与两部门生产企业都采用偏向资本的技术变迁有关，本章将通过对中国微观企业数据和细分行业数据进行实证检验。

第二节 微观企业数据的检验

一 实证模型

对公式（4.34）和公式（4.37）取自然对数并考虑数据可获得性，这里设定如下计量方程进行实证检验：

$$\ln[X^i_m]^{Het} = \phi_0 + \phi_1 \ln Y^j + \phi_2 \ln\tau_m + \phi_3 \ln mc^i_m + \phi_4 \ln R^i_m + \phi_5 \ln f_m +$$
$$\phi_6 \ln\phi^i_{mx} + \phi_7 \ln(P^j_m/P^i_m) + \phi_8 \ln(Y^i/Y^j) + \phi_9 \ln f_{mx} + \varepsilon^{Het}$$
$$(4.38)$$

$$\ln[X^i_m]^{P-Het} = \delta_0 + \delta_1 \ln Y^j + \delta_2 \ln\tau_m + \delta_3 \ln mc^i_m + \delta_4 \ln R^i_m + \delta_5 \ln f_m +$$
$$\delta_6 \ln\phi^i_{mx} + \delta_7 \ln(P^j_m/P^i_m) + \delta_8 \ln(Y^i/Y^j) + \delta_9 \ln f_{mx} +$$
$$\delta_{10} \ln(\theta^i_m/\overline{\theta}^i_m) + \varepsilon^{P-Het} \quad (4.39)$$

其中：i 表示国家（或地区），这里仅指中国；m 表示行业，包括劳动密集型行业 1 和资本技术密集型行业 2；$\ln[X^i_m]$ 表示行业内企业出口的对数；Het 和 $P-Het$ 分别表示中性和偏向性技术进步；$\ln Y^j$ 为贸易伙伴的总收入对数；$\ln\tau_m$ 为可变贸易成本对数；$\ln mc_m^i$ 为企业边际成本对数；$\ln R_m^i$ 为行业产出对数；$\ln f_m$ 为固定生产成本对数；$\ln\varphi_{mx}^i$ 为出口企业生产率对数；$\ln(P_m^j/P_m^i)$ 为相对价格表示实际汇率的对数；$\ln(Y^i/Y^j)$ 为出口方与进口方经济总量之比的对数，衡量的是本土市场效应；$\ln f_{mx}$ 为出口固定贸易成本；$\ln(\theta_m^i/\overline{\theta_m^i})$ 为企业生产要素密集度相对行业平均的对数；$\phi_0, \cdots,$ ϕ_9 和 $\delta_0, \cdots, \delta_{10}$ 为待估计系数。

二　数据来源、变量选择与处理

为分析偏向性技术进步对我国企业出口增长的影响，这里使用工业企业数据库与海关统计数据库的匹配数据进行，样本年限为 2000—2013 年。具体方法为：首先使用两个数据库的"企业名称"进行匹配；然后使用各自企业的"邮政编码"和"联系电话"前 6 位进行匹配。严格按照"1∶1"的匹配方式，可以得到 368154 个同时包括企业产出、劳动投入、固定资产投资等基础变量的样本数据。进一步根据公式（4.38）和公式（4.39）中所需解释变量的数据要求，剔除相关数据为零或未统计情况后，可以用于分析企业出口增长的数据达到 116913 个，其中劳动密集型企业数据有 45916 个，资本技术密集型企业有 70668 个，其余为 329 个。应该指出的是，因为工业企业数据库在 2009 年、2010 年对相关企业投入的工资支出等部分变量没有直接给出统计，为保持数据的完整性，这里使用移动平均方式处理，具体详见连玉君（2018）的方法[①]。以下变量选择和处理，如果未做特殊说明，则数据来源均为上述匹配好的微观数据。

企业出口。匹配数据有很多企业并非仅出口一种产品，为分析方便，这里将其各种出口产品数据汇总为名义总出口，然后利用历年工业品出厂价格指数将其调整为实际值，取其自然对数表示为 $\ln[X_m^i]$。

经济规模。贸易伙伴经济规模用实际国内生产总值表示。数据来源和处理与第三章相同，取其自然对数后记作 $\ln Y^j$。本土市场效应的数据来源和处理方式也与第三章相同，取其自然对数后表示为 $\ln(Y^i/Y^j)$。

可变贸易成本与固定贸易成本。上述两个贸易成本的变量选择和数据

---

① 连玉君：《面板数据填充和补漏》，http://www.statalist.org/forums/forum/general-stata-discussion/general/17996-substitute-rows-with-average-of-row-above-and-below。

来源也与第三章相同,分别取自然对数后记作 $\ln\tau_m$、$\ln f_{mx}$ 代入计量方程中。

企业生产的边际成本和固定成本。因为前文的理论模型建立在垄断竞争基础上,而垄断竞争的利润最大化要求边际成本等于平均成本。这意味着可以使用各企业主营业务平均成本替代其边际成本。从《中国工业企业数据库》中获取各企业名义主营业务成本后,首先使用工业品购进价格指数将其调整为实际值;其次再从该数据库中获取各企业名义主营业务收入,并利用工业品出厂价格指数将其调整为实际值;最后使用实际主营业务成本除以实际主营业务收入表示实际平均成本,取其自然对数后记作 $\ln mc_m^i$ 代入计量公式(4.38)和公式(4.39)中。各企业固定生产成本使用固定资产近似表示,处理方法是:先获取各企业名义固定资产数据,然后利用固定资产价格指数将其调整为实际值,并取自然对数作为 $\ln f_m$ 代入计量方程中。

行业产出。行业产出用企业所属二分位行业实际产出表示。处理方法为:首先将匹配好的《中国工业企业数据》和《海关统计数据》中各微观企业按出口量最大的 HS-8 位码进行合并,然后将其前 6 位码同出口商品的 HS-6 位码进行匹配,再根据联合国贸易统计数据库(UN Comtrade)提供的转化表将其转化为 SITC-3 位码行业,同时借鉴李淑贞(2010)SITC-3 位码与工业行业对照表,可以将全部微观出口企业归为 30 个二分位行业。从中经网统计数据库获取各行业名义产出数据后,利用工业品出厂价格指数将其调整为实际值,取自然对数后记作 $\ln R_m^i$。

实际汇率。各贸易对象同中国的实际汇率使用购买力平价表示,原始数据来自佩恩表(Penn Word Table),然后使用第三章计算成对货币汇率的方法,确定中国和各贸易伙伴之间的实际汇率,并取其自然对数作为 $\ln(P_m^j/P_m^i)$ 代入计量方程。

企业生产率。与第二章计算企业生产率方法相同,这里也使用 LP 产出法计算各企业 TFP,同时为防止负数无对数,也使用 $\ln(\varphi_{mx}^i - \varphi_{mx}^{i,\min})$ 近似替代。

相对资本要素密集度。各企业要素密集度使用资本投入和劳动投入之比表示。资本投入使用各企业固定资产投资表示,并使用固定资产价格指数将其调整为实际值;劳动投入使用各企业全部从业人员表示。计算完每家样本企业的资本密集度 θ_m^i 后,使用计算行业产出同样方法,可以计算出各企业所属行业的平均资本密集度 $\bar{\theta}_m^i$,让两者相比后并取自然对数记作

$\ln(\theta_m^i/\overline{\theta}_m^i)$。

需要指出的是：由于上述匹配数据中，只有84个样本能构成每个年份均有数据的平衡面板，如果选择滞后变量进行内生性检验并使用动态面板模型就会出现样本容量过小的难题。为此，这里的实证分析并未使用滞后变量。未来，我们争取能获取更多、更全、更新的数据进行稳健性再检验，尤其突出变量内生性的相关分析。

三 初步回归及分析

按照计量公式（4.38）和公式（4.39），这里也使用Hausman检验模型选取，仅报告选择后的结果。为体现实证结果的稳健性，初步回归按照全部样本企业、劳动密集型企业、资本技术密集型企业三种类型进行。同时，为更好地体现中性与偏向性技术进步作用微观企业出口增长差异，这里还在每一种企业类型中分两种方式进行：一是按照公式（4.38）进行回归，检验中性技术进步对企业出口的影响；二是按照公式（4.39）进行回归，检验偏向性技术进步对企业出口的影响。只要比较两种回归结果中的 $\ln(\theta_m^i/\overline{\theta}_m^i)$ 系数正负，就可判断出各类型企业偏向资本的技术进步是否具有促进其出口增长的作用，进而可讨论是否有利于对外贸易的比较优势升级。

表4—1给出了初步回归结果，且无论是对全部样本企业还是分劳动密集型企业或资本技术密集型企业，所有实证结果中主要变量的系数符号、大小和显著性水平均不发生根本改变，计量结果较为稳健。

表4—1　微观企业出口增长动态比较优势初步回归结果

	全部		劳动		资本技术	
	模型1	模型2	模型1	模型2	模型1	模型2
C	0.9532***	1.0117***	2.1905***	2.1233***	−0.2001	−0.1453
	(4.58)	(4.84)	(6.98)	(6.69)	(−0.74)	(−0.53)
$\ln Y^j$	0.2068***	0.2071***	0.1059***	0.1056***	0.2286***	0.2295***
	(15.92)	(15.95)	(5.35)	(5.33)	(13.64)	(13.69)
$\ln(Y^i/Y^j)$	0.2120***	0.2139***	0.1991***	0.1979***	0.1907***	0.1937***
	(25.89)	(26.04)	(16.88)	(16.75)	(17.44)	(17.65)

续表

	全部		劳动		资本技术	
	模型1	模型2	模型1	模型2	模型1	模型2
$\ln\tau_m$	-0.0978***	-0.0967***	-0.1452***	-0.1455***	-0.0578***	-0.0555***
	(-7.37)	(-7.27)	(-7.23)	(-7.24)	(-3.37)	(-3.23)
$\ln f_{mx}$	-0.1046***	-0.1035***	-0.1512***	-0.1515***	-0.0654***	-0.0631***
	(-8.00)	(-7.91)	(-7.67)	(-7.69)	(-3.86)	(-3.72)
$\ln mc_m^i$	-0.6109***	-0.5948***	-0.6186***	-0.6329***	-0.5762***	-0.5583***
	(-19.69)	(-18.88)	(-12.91)	(-12.94)	(-14.50)	(-13.90)
$\ln f_m$	-0.0934***	-0.0827***	-0.0265	-0.0361	-0.1450***	-0.1328***
	(-7.55)	(-6.42)	(-1.47)	(-1.88)	(-8.84)	(-7.86)
$\ln R_m^i$	0.0981***	0.0987***	0.1087***	0.1084***	0.0973***	0.0981***
	(73.16)	(72.80)	(48.33)	(48.03)	(56.42)	(56.18)
$\ln(P_m^j/P_m^i)$	-0.0295***	-0.0294***	-0.0157***	-0.0158***	-0.0347***	-0.0346***
	(-7.55)	(-7.53)	(-2.66)	(-2.67)	(-6.89)	(-6.87)
$\ln\varphi_{mx}^i$	0.0540***	0.0551***	0.0435***	0.0426***	0.0338***	0.0345***
	(7.48)	(7.63)	(5.93)	(5.78)	(5.24)	(5.35)
$\ln(\theta_m^i/\bar{\theta}_m^i)$		0.0324***		-0.0259		0.0415***
		(2.97)		(-1.45)		(3.02)
Hausman test	FE	FE	FE	FE	FE	FE
F 统计量	926.79	835.12	378.83	341.18	576.55	519.95
组内 R^2	0.1403	0.1404	0.1484	0.1485	0.1465	0.1468
组间 R^2	0.0703	0.0699	0.0979	0.0990	0.0785	0.0781
总体 R^2	0.0896	0.0892	0.1126	0.1136	0.0961	0.0955
Obs	116913	116913	45916	45916	70668	70668

注：表中各相关含义同前文一致。

1. 经济规模和本土市场效应

$\ln Y^j$ 显著正向影响中国微观企业出口，一方面符合前文的理论预期，另一方面也符合经典贸易理论的基本结论，说明贸易伙伴经济规模扩大为我国企业出口提供了更大消费潜力和市场容量，有利于出口规模的增长。

$\ln(Y^i/Y^j)$ 也显著正向影响我国企业出口，同样符合前文的理论预期和经典贸易理论有关本土市场效应的基本结论,说明在垄断竞争模型下,生产企业的规模报酬递增,存在贸易成本将会出现国内需求扩大后的增加出口作用。

2. 贸易成本

$\ln\tau_m$ 和 $\ln f_{mx}$ 显著负向影响中国企业出口,也符合前文的理论预期,说明我国采取切实措施降低与贸易伙伴之间的相互贸易成本,对提高微观企业参与国际市场竞争、提升出口供给能力大有帮助。

3. 行业产出

$\ln R_m^i$ 显著正向影响企业出口,也符合前文预期,意味着行业产出增加后,整个行业产品的国际市场供给能力增强。如果境外消费者增加该行业产品需求,其他条件保持不变时,行业内生产企业出口增长应该会有所扩大,对外贸易流量也会随之增加。

4. 生产成本

企业生产成本与行业产出紧密相关。由成本—产出反向变动关系的经典生产理论可知:成本增加,产品市场供给能力将会减弱,企业出口增长也会减缓。表4—1中,$\ln mc_m^i$ 和 $\ln f_m$ 显著为负的系数,既符合理论预期,也体现出国家采取切实措施降低微观企业生产成本,对扩大其出口规模有益。

5. 汇率

$\ln(P_m^j/P_m^i)$ 显著负向影响企业出口,一方面符合前文理论预期,另一方面也说明实际汇率上升对我国微观企业或有负面影响。

6. 企业生产率

$\ln\varphi_{mx}^i$ 系数为正且显著,一方面符合前文理论预期,另一方面也符合经典新—新贸易理论的基本结论。企业生产率显著正向作用其出口增长,在一定意义上再次说明生产率是决定企业出口与否的重要因素,同类产品企业间相对出口大小与生产率异质性直接相关。生产率与企业出口显著正相关的结论,再次说明国家采取切实措施,鼓励微观企业增加研发投资和人力资本建设,进而提升其生产率水平,对促进中国外贸健康有序发展有利。

7. 资本密集度

资本密集度是本章实证检验的核心变量之一,这是因为前文理论模型推理的主要结论是:劳动密集型产品生产企业发生偏向劳动的技术变迁,其相对销售收入和出口收入都会增加；相反，如果劳动密集型产品生产企业发生偏向资本的技术变迁，其相对销售收入和出口收入都会下降。而资本技术密集型生产企业发生偏向资本的技术变迁，出口随之扩大；相反发生偏向劳动的技术进步，出口增长会减缓。为统一分析，将生产企业要素密集度统一为资本密集度后，资本密集型行业分析与上述相同，劳动密集型行业略有变化，即如果劳动密集型生产企业也偏向原本稀缺要素（资本）的技术进步，公式（4.39）的 $\ln(\theta_m^i/\overline{\theta}_m^i)$ 系数应该为负，即 $\delta_{10}<0$；而资本技术密集型企业偏向密集使用资本的技术进步会出现 $\delta_{10}>0$。

表4—1的回归结论证实了这一"猜想"，表现在：全部样本企业的 $\ln(\theta_m^i/\overline{\theta}_m^i)$ 系数显著为正，表明我国微观企业普遍采取偏向资本的技术进步，整体上的确有利于其出口规模的扩张；分要素密集度后，劳动密集型企业的 $\ln(\theta_m^i/\overline{\theta}_m^i)$ 系数显著为负，而资本技术密集型企业显著为正，说明劳动密集型生产企业采用偏向资本的技术进步，虽可以通过提高全要素生产率促进出口增加，但劳动要素的密集度下降，使劳动密集型产品的出口增长反而比中性技术进步情况下还要小，出现出口增长动力不足的问题。

而资本技术密集型生产企业采用偏向资本的技术进步不仅可以促进全要素生产率的内生增长，更主要的是促进资本要素相对生产率的增加。当资本要素密集度提高到足够大，以至于超过行业平均密集度时，资本偏向性技术进步就能克服其原本出口规模较小的弊端，实现动态比较优势升级。

综上，$\ln(\theta_m^i/\overline{\theta}_m^i)$ 显著负向促进劳动密集型企业出口增长，显著正向影响资本技术密集型生产企业出口增长，一方面符合前文的理论预期，另一方面再次说明偏向性技术进步与比较优势结合起来，具有扩张或收缩中性技术的出口作用，即比较优势部门偏向密集使用要素的技术进步有助于出口规模的扩大，而偏向非密集使用要素的技术进步反而不利于该部门的出口扩张。

中国原本劳动密集型产品具有比较优势，如果所有企业都采取偏向劳动的技术进步，应该会出现劳动密集型企业出口扩张更大的结果，其潜在"危害"可能会出现"比较优势陷阱"，不利于提高外贸的高附加值和增加对外贸易利得。然而，多年来国家鼓励提高外贸产品附加值、推进融入全球创新链的技术创新等重大举措，具有明显促进生产企业偏向资本技术进步的效果（李小平与李小克，2018；杨翔等，2019）。偏向资本的技术进步一方面克服了原本资本技术密集型企业出口规模偏小的"弊端"，促进其出口不断扩张，另一方面又让劳动密集型企业出口规模相对中性技术进步有所"降低"，两方面共同作用或许是中国出口贸易比较优势升级的重要原因之一。

四 按比较优势与比较劣势行业的稳健性再检验

客观来看，上述分析还较为粗糙，毕竟即便是劳动密集型行业生产企业，按照公式（1.9）计算其HS-8位码出口产品，也存在RCA指数大于1的可能，表现出具有比较优势的特征。我国微观企业偏向资本的技术进步是否"真"的具有促进对外贸易比较优势升级的作用？仅仅按照劳动密集和资本技术密集两大部门进行分类或许还不够，仍需要继续验证实证结果是否可靠。为此，这里将各微观企业划分为比较优势和比较劣势两大类，按照上述相同的方法进行再检验。

再检验按一、二、三分位行业进行，每家企业所属细分行业的划分方式与前文相同，即先匹配好《中国工业企业统计数据库》和《海关统计数据库》，然后将各微观企业出口的HS-8位码调整为HS-6位码再进一步调整为SITC-3位码行业，最后使用第一章"四分类法"将其调整为资源密集型企业、劳动密集型企业、资本密集型企业和技术密集型企业。

按比较优势和比较劣势分类的样本数据，其变量选择、数据来源和处理方法同上文相同，且也使用面板模型进行回归，仅报告选择后的结果。从表4—2的估计结果来看，以下影响企业出口的主要结论依然成立：

表4—2 微观企业出口按比较优势与比较劣势行业的稳健性检验

	一分位行业		二分位行业		三分位行业	
	比较优势	比较劣势	比较优势	比较劣势	比较优势	比较劣势
C	0.1696 (0.23)	0.7679*** (2.75)	3.2635*** (4.60)	0.2602 (1.01)	3.3982*** (4.05)	0.4719* (1.94)
$\ln Y^j$	0.3592*** (7.31)	0.1648*** (9.72)	0.2083*** (4.96)	0.2330*** (14.31)	0.0665 (1.29)	0.2220*** (14.61)

续表

	一分位行业		二分位行业		三分位行业	
	比较优势	比较劣势	比较优势	比较劣势	比较优势	比较劣势
$\ln(Y^i/Y^j)$	0.4003*** (12.65)	0.1664*** (15.63)	0.1269*** (5.09)	0.2437*** (23.08)	0.1390*** (4.28)	0.2342*** (24.45)
$\ln\tau_m$	-0.2677*** (-5.52)	-0.0399** (-2.23)	-0.0301 (-0.68)	-0.1266*** (-7.66)	-0.0829 (-1.48)	-0.0998*** (-6.47)
$\ln f_{mx}$	-0.2844*** (-5.95)	-0.0435** (-2.47)	-0.0257 (-0.59)	-0.1335*** (-8.20)	-0.0946* (-1.71)	-0.1060*** (-6.98)
$\ln mc_m^i$	-0.2040 (-1.40)	-0.6703*** (-16.25)	-0.3465*** (-2.99)	-0.6739*** (-17.64)	-0.4773*** (-3.49)	-0.6237*** (-17.05)
$\ln f_m$	-0.2093*** (-4.38)	-0.1090*** (-6.08)	-0.0256*** (-0.55)	-0.0834*** (-5.26)	-0.0976* (-1.82)	-0.0852*** (-5.68)
$\ln R_m^i$	0.1048*** (25.25)	0.0949*** (49.16)	0.0641*** (12.67)	0.1067*** (64.80)	0.0869*** (15.62)	0.1035*** (65.33)
$\ln(P_m^j/P_m^i)$	-0.0348** (-2.55)	-0.0230*** (-4.36)	-0.0319** (-2.41)	-0.0237*** (-4.91)	-0.0202 (-1.26)	-0.0321*** (-7.09)
$\ln\varphi_{mx}^i$	0.0264 (0.98)	0.0658*** (6.70)	0.1056*** (4.25)	0.0509*** (5.75)	0.0506* (1.69)	0.0506*** (6.03)
$\ln(\theta_m^i/\bar{\theta}_m^i)$	0.2536*** (7.35)	-0.0875*** (-5.45)	0.2661*** (7.51)	-0.0313*** (-2.29)	0.1497*** (3.51)	-0.0136 (-1.07)
Hausman test	FE	FE	FE	FE	FE	FE
F 统计量	130.43	417.65	38.19	669.28	38.05	683.31
组内 R^2	0.1758	0.1422	0.1030	0.1582	0.1342	0.1510
组间 R^2	0.0840	0.0859	0.0591	0.0752	0.0767	0.0722
总体 R^2	0.0930	0.0941	0.0658	0.0967	0.0843	0.0900
Obs	39215	77698	23882	93031	19705	97208

$\ln Y^j$ 显著正向影响企业出口，说明贸易伙伴经济规模扩大，为我国企业出口提供了更大消费潜力和市场容量，有利于出口规模的增长。$\ln(Y^i/Y^j)$ 也显著正向影响我国企业出口，同样符合本土市场效应的基本结论。

$\ln\tau_m$ 和 $\ln f_{mx}$ 显著负向影响企业出口在稳健性再检验中也成立,再次说明我国采取切实措施降低与贸易伙伴之间的相互贸易成本,对提高微观企业积极参与国际市场竞争、提升出口供给能力大有帮助。

$\ln R_m^i$ 显著正向影响企业出口也成立,说明行业产出增加后,整个行业产品的国际市场供给能力增强,其他条件保持不变时,行业内生产企业出口随之增加。

$\ln mc_m^i$ 和 $\ln f_m$ 显著为负的系数,也体现出国家采取切实措施降低微观企业生产成本,对扩大出口有益。

$\ln(P_m^j/P_m^i)$ 显著负向影响我国企业出口在稳健性再检验中同样成立,一方面符合前文理论预期,另一方面也说明实际汇率上升对企业出口有不利影响。

$\ln\varphi_{mx}^i$ 显著正向影响企业出口在表4—2中还是成立的,再次说明生产率是决定微观企业出口与否的重要因素,同类产品的企业间相对出口大小与生产率异质性直接相关。

资本密集度显著正向影响比较优势企业出口、显著负向影响比较劣势企业出口的结论是否发生改变?答案是否定的,因为表4—2中无论是按一分位行业划分,还是按二分位或三分位行业划分,比较优势企业 $\ln(\theta_m^i/\overline{\theta}_m^i)$ 的系数都显著为正,而比较劣势企业 $\ln(\theta_m^i/\overline{\theta}_m^i)$ 的系数都显著为负(三分位未达到显著性水平要求)。这一结论再次说明比较优势生产企业偏向密集使用资本要素的技术进步有助于扩大相对出口规模,而比较劣势生产企业偏向资本的技术进步反而不利于该部门的出口扩张。

在表4—1和表4—2中,无论是分要素密集度不同的企业,还是划分是否具有比较优势的细分行业企业,其实证结果似乎都暗示着我国出口贸易正在出现动态比较优势。这种动态比较优势的出现既与多年来中国经济"悄然"从"劳动要素相对丰裕"向"资本技术要素相对丰裕"发展转变直接相关,也与微观企业偏向资本技术进步有关。尽管这些实证结论在一定程度上可以支撑假设命题1和假设命题2的成立,但表4—2中三种回归结果中,比较优势企业数量均大幅低于比较劣势企业,是否数量相对较少的比较优势企业采取偏向性技术进步具有扩张中性技术进步的出口促进作用?本章再对其出口扩张方程进行实证检验。

第三节 企业出口扩张稳健性检验

一 实证模型

对公式（4.36）两边取对数并考虑数据可获得性，这里设定如下计量方程实证检验偏向性技术进步的企业出口扩张作用：

$$\ln\left(\frac{[X_m^i]^{P-Het}}{[\overline{X}_m^i]^{P-Het}}\right) = \vartheta_0 + \vartheta_1 \ln\left(\frac{\varphi_{mx}^i}{\overline{\varphi}_{mx}^i}\right) + \vartheta_2 \ln\left(\frac{\theta_i^i}{\overline{\theta}_m^i}\right) + \varepsilon \quad (4.40)$$

其中：i 表示国家（或地区），这里仅指中国；m 表示行业，包括劳动密集型、资本技术密集型两个行业；$\ln[X_m^i]$ 表示企业出口的对数；$P-Het$ 表示偏向性技术进步；$\ln(\varphi_{mx}^i/\overline{\varphi}_{mx}^i)$ 为出口企业生产率相对行业平均的对数；$\ln(\theta_m^i/\overline{\theta}_m^i)$ 为企业资本要素密集度相对行业平均的对数；ϑ_0、ϑ_1、ϑ_2 是估计参数；ε 表示误差项。

各微观企业实际出口、生产率水平、资本要素密集度的变量选择、数据来源和处理方法同前文相同。各企业所属行业的平均出口、生产率水平等计算方法也与前文相同，即按照"HS–8位码→HS–6位码→SITC–3位码→两分位行业"进行。实际测算完各样本企业相关数据后，使用《中国工业企业数据库》提供的四分位行业进行汇总，并计算出各行业实际出口、TFP、资本密集度，然后取样本企业与行业平均的自然对数作为相关变量代入计量公式（4.40）中。

同时，为分析出口企业所在地区对外开放"优先顺序"和出口贸易伙伴收入水平的影响，这里还将地区和收入差距作为控制变量纳入其中。出口企业所在地区使用《海关统计数据库》中企业所在地区表示。贸易伙伴收入等级处理方法与第三章相同，即用四个虚拟变量表示：$income_h = 1$ 表示高收入国家（或地区）、$income_u = 1$ 表示中高收入国家（或地区）、$income_d = 1$ 表示中低收入国家（或地区）、$income_l = 1$ 表示低收入国家（或地区）。国家（或地区）收入等级的划分依据来源于世界银行。地区控制变量设置方法同前文一致。

二 实证结果及分析

计量公式（4.40）也使用面板模型进行回归，具体计量检验中，对每一种类型样本均采用不包含控制变量和包含控制变量两个模型进行处理，详见表4—3。

表4—3　　　　微观企业按行业区分的出口扩张回归结果

	全部		劳动		资本技术	
	模型1	模型2	模型1	模型2	模型1	模型2
C	-2.8794*** (-103.68)	-2.8269*** (-91.13)	-2.2677*** (-58.02)	-2.3106*** (-51.23)	-2.9986*** (-71.87)	-2.8595*** (-62.10)
$\ln(\varphi_{mx}^i/\overline{\varphi}_{mx}^i)$	0.1212*** (44.51)	0.1204*** (43.93)	0.1067*** (27.42)	0.1051*** (26.86)	0.1035*** (25.42)	0.1038*** (25.34)
$\ln(\theta_m^i/\overline{\theta}_m^i)$	0.0736*** (21.12)	0.0752*** (21.39)	-0.0490*** (-8.51)	-0.0482*** (-8.30)	0.0530*** (10.50)	0.0571*** (11.19)
地区	no	yes	no	yes	no	yes
收入	no	yes	no	yes	no	yes
Hausman test	FE	FE	FE	FE	FE	FE
F统计量	1240.31	609.08	430.73	209.12	396.33	212.23
组内R^2	0.0098	0.0097	0.0100	0.0098	0.0062	0.0067
组间R^2	0.0278	0.0180	0.0102	0.0148	0.0330	0.0079
总体R^2	0.0324	0.0239	0.0123	0.0163	0.0370	0.0125
Obs	368154	365516	129130	128259	192741	191339

注：yes为加入了控制变量，no表示没有加入，下同。

在表4—3中，$\ln(\varphi_{mx}^i/\overline{\varphi}_{mx}^i)$ 显著正向影响全部样本企业及其子样本企业出口，一方面符合前文理论预期结论，另一方面也符合经典新—新贸易理论的基本要求。这是因为贸易开放后，微观企业在国际市场的竞争比封闭条件的境内市场更为激烈，存在可变贸易成本和固定贸易成本条件下，只有生产率高的企业才能在国际市场中盈利，自我选择效应会让行业内生产企业"优胜劣汰",推动优质生产要素从低效率生产企业向高效率生产企业转移,行业内"资源再分配效应"助推整个行业的生产率水平不断提升。经历国际市场竞争"洗礼"的"存活"出口企业,相互间出口扩张能力自然还与彼此生产率有关,生产率相对行业平均越高的企业,出口扩张能力越强。

生产企业相对行业平均的生产率水平越高、出口扩张能力越大的实证结论,其政策启示是国家应采取差异化政策来支持不同类型企业出口:鼓励行业内生产率高的企业继续提高生产效率,更好发挥其扩张出口的能力,引领行业出口稳定有序发展;出台具体措施鼓励行业内高生产率企业更好发挥向低生产率企业的"技术溢出",推动行业优质生产要素再分配,进而提高行业整体平均生产率水平,实现行业整体绝对出口量的稳定增长。

尽管在表4—3中,全要素生产率在各类型企业的计量结果都显著为正,但相对资本密集度代表的偏向性技术进步促进不同类型企业出口扩张有显著差异,表现在:全部样本企业的 $\ln(\theta_m^i/\overline{\theta}_m^i)$ 显著为正,资本技术密集型企业的 $\ln(\theta_m^i/\overline{\theta}_m^i)$ 显著为正,而劳动密集型企业的 $\ln(\theta_m^i/\overline{\theta}_m^i)$ 却显著为负,且这一结论不随是否添加地区和贸易对象收入等级差异等控制变量的变化而改变,意味着偏向资本的技术进步对全部样本企业和资本技术密集型企业出口扩张有利,而对劳动密集型企业出口扩张构成一定"障碍"。

应该说,全部样本企业和资本技术密集型企业出口扩张显著为正的 $\ln(\theta_m^i/\overline{\theta}_m^i)$ 系数,体现出偏向性技术进步解释中国企业外贸增长的能力要高于中性技术进步,符合假设命题1和假设命题2要求。

对资本技术密集型企业而言,偏向资本的技术进步能带动企业出口增长的结论,既是改革开放以来,我国资本技术密集型产品出口得以快速扩张的重要原因,也是多年来中国扩大开放、积极促进国内外资本要素双向有序流动的积极成就,更体现了持续推进以市场换技术的价值。

劳动密集型企业出口扩张显著为负的 $\ln(\theta_m^i/\overline{\theta}_m^i)$ 系数,也符合前文预期,即要素密集部门偏向同要素的技术进步才能提高该部门出口扩张能力,采用偏向资本的技术进步会萎缩劳动密集部门的相对出口能力,从而相对资本技术密集型企业而言,劳动密集型企业的出口扩张动力"略有"不足。

劳动密集型企业也与资本技术密集型企业一样,采取偏向资本的技术进步或许同我国农业剩余劳动力非农转移持续推进后的"人口红利逐渐消失"有关（赵文军、于津平；2008）。对于劳动密集型生产企业，一方面人工成本上升有偏向使用资本替代劳动的冲动，另一方面资金供给充足又为资本替代劳动创造了条件，两方面共同作用更容易让这些企业采取偏向资本的技术进步。这或许是导致我国劳动密集型产品出口增长相对缓慢的重要原因之一。

资本技术密集型企业偏向资本的技术进步值得进一步鼓励，因为其能进一步放大我国该类产品的出口增长国际竞争力，但劳动密集型生产企业也偏向资本的技术进步或许更加值得关注，不仅因为其可能会萎缩我国劳动密集型产品出口的国际竞争力，更与当前国家宏观经济调控以实现国民经济"六稳"发展密切相关，尤其与"稳就业"直接相关。这是因为我国目前仍有大约 8 亿的农村户籍人口，这些劳动者中不少因缺乏必要技术技能，融入城市不是从事附加值相对较低的简单服务业，就是从事简单加工的制造业，劳动密集型企业一定程度依然是接纳大量农业户籍人口和低技能失业劳动者的重要渠道。

劳动密集型企业采取偏向资本的技术进步或许会在出口规模不断减少中降低雇用工人数量，从而带来比较大的失业问题。国际经验表明：2008年国际金融危机及后危机时期，欧美等发达国家为实现充分就业，积极财政货币政策尚未"根治"其国内失业问题，目前更倾向于使用国家经济安全和贸易"脱钩"来"拯救"业已"凋零"的"铁锈"制造业，但真实效果并不理想。在国际市场需求尚未完全恢复到危机前水平，国内也存在尚未妥善解决前期经济发展遗留的"三期叠加"难题。再加上层层加码的"环保"检查和国际竞争优势不断减弱的低劳动力使用成本，已经让不少劳动密集型中小企业"不堪重负"，一些出口导向型企业开始向东南亚等地转移产能。

重视中小劳动密集型企业发展生存状况，发挥其稳就业作用，政府还是应该继续采取有效措施，一方面解决中小企业融资难、融资贵难题，完善多层次融资体系，以支持中小劳动密集型企业克服海外市场的固定和可变贸易成本，帮助他们顺利进入国际市场竞争；另一方面也要完善社会保障体系，鼓励中小企业实施"人才强企计划"，鼓励他们积极吸引高端人才、高技能人才，提高劳动相对资本的边际产出，引导劳动密集型企业实施偏向劳动而非资本的技术进步。这不仅能继续拉动我国劳动密集型产品

• 199 •

或密集使用劳动环节的资本技术密集型产品出口扩张能力，更能提高他们稳就业的积极作用，对企稳中国宏观经济的"六稳"工作有益。

三 细分行业的稳健性再检验

上述出口扩张结论是否会随细分行业的差异出现不同？仍值得进一步分析。我们使用相同方法按一分位、二分位、三分位行业进行类似实证检验后，表4—4的估计结果显示：主要变量的系数符号和相对大小未发生根本改变，计量结果较为稳健。

表4—4 微观企业按行业区分的出口扩张稳健性检验

	一分位行业		二分位行业		三分位行业	
	模型1	模型2	模型1	模型2	模型1	模型2
C	-3.0954*** (-31.78)	-2.9781*** (-29.16)	-2.6769*** (-35.30)	-2.7339*** (-30.99)	-2.9028*** (-40.64)	-3.0927*** (-38.94)
$\ln(\varphi_{mx}^i/\overline{\varphi}_{mx}^i)$	0.1484*** (15.54)	0.1524*** (15.92)	0.1253*** (16.94)	0.1223*** (16.35)	0.1329*** (19.17)	0.1292*** (18.58)
$\ln(\theta_m^i/\overline{\theta}_m^i)$	0.2573*** (26.58)	0.2610*** (26.91)	0.1703*** (18.85)	0.1700*** (18.64)	0.1008*** (12.00)	0.0950*** (11.26)
地区	no	yes	no	yes	no	yes
收入	no	yes	no	yes	no	yes
Hausman test	FE	FE	FE	FE	FE	FE
F统计量	503.85	263.13	343.96	166.85	276.75	142.62
组内R^2	0.0251	0.0263	0.0218	0.0215	0.0161	0.0167
组间R^2	0.0269	0.0136	0.0341	0.0407	0.0413	0.0704
总体R^2	0.0331	0.0189	0.0419	0.0483	0.0496	0.0757
Obs	120654	120568	88002	87411	89257	88750

将样本企业划分到细分行业后，以下实证结论依然成立：①$\ln(\varphi_{mx}^i/\overline{\varphi}_{mx}^i)$显著正向影响全部细分行业的企业出口，一方面符合前文理论预期，另一方面再次说明企业生产率水平相对行业平均越高，其出口扩张能力越

大；②$\ln(\theta_m^i/\overline{\theta}_m^i)$也显著正向影响全部细分行业的出口，同样一方面再次体现出偏向性技术进步解释中国企业外贸增长的能力要高于中性技术进步，另一方面也说明偏向资本的技术进步显著促进各细分行业的出口扩张，各行业生产企业偏向密集使用资本的技术进步是我国出口贸易产品质量不断提升、附加值不断提高的重要原因之一，也是多年来中国扩大开放、积极促进国内外资本要素双向有序流动、以市场换技术持续推进所取得的积极成就，部分意义上可以表现为我国出口增长的动态比较优势升级。

实际上，正如前文所指的：中国出口不仅表现出相对"典型"的比较优势升级，更突出表现为细分行业出口增长和显示性技术复杂度指数不断攀升。上述理论模型和实证检验是否适用于细分行业数据？细分行业实证检验结果与微观企业数据又有何不同？也值得进一步分析。本章拟使用相同方法对二分位和三分位的行业出口数据进行再检验。

第四节　细分行业数据的再检验

一　实证模型、数据来源与处理

细分行业再检验的实证模型与公式（4.38）、公式（4.39）相同，各相关变量的数据来源与处理如下：

1. 行业出口。与第二章不同，这里的行业出口按不同国家（或地区）分类统计，具体处理方法是：先将中国出口到221个国家（或地区）的HS-6位码产品数据，按照联合国贸易统计数据库（UN Comtrade）提供的转化表将其转化为SITC-3位码行业，并汇总为三分位行业名义出口，然后借鉴李淑贞（2010）SITC-3位码与工业行业对照表，将全部HS-6位码商品数据归为30个二分位行业，并汇总为二分位行业名义出口。获取中国对221个贸易伙伴二分位和三分位行业名义出口数据后，再使用消费者价格指数将其调整为实际出口，并取其自然对数记作$\ln(X_m^i)$。

2. 贸易伙伴经济规模（$\ln Y^j$）、本土市场效应[$\ln(Y^i/Y^j)$]、可变贸易成本($\ln\tau_m$)、固定贸易成本($\ln f_{mx}$)、实际汇率[$\ln(P_m^j/P_m^i)$]的数据来源与处理和第三章相同。

3. 行业产出也使用各细分行业所属的二分位行业实际产出表示,测算方法详见第三章,并取其自然对数作为 $\ln R_m^i$ 代入计量方程中。

4. 行业生产率计算方法与第二章相同,即使用 DEA 方法测算全部细分行业的全要素生产率,取其自然对数后记作 $\ln\varphi_{mx}^i$ 代入计量方程。

5. 行业相对资本要素密集度使用各行业资本和劳动投入比表示,并取其自然对数作为 $\ln(\theta_m^i/\overline{\theta}_m^i)$,相关数据来源与处理和本章第二节完全相同。

需要特别强调的是,由于第三节企业数据无法支持带有滞后变量的内生性检验,为保持实证分析的一致性,细分行业数据再检验也未使用滞后变量。[1]

二 二分位行业初步回归及分析

按照计量公式(4.38)和公式(4.39),这里首先使用面板模型对二分位行业出口增长数据进行初步回归,且在每一种计量回归中分两种方式进行:一是按照公式(4.38)进行回归,检验中性技术进步对行业出口的影响;二是按照公式(4.39)进行回归,检验偏向性技术进步对行业出口的影响。通过比较两种回归结果中的 $\ln(\theta_m^i/\overline{\theta}_m^i)$ 系数正负号,可以判断出各行业偏向资本的技术进步是否具有促进其出口增长的作用,进而可讨论是否有利于出口贸易的比较优势变迁。

表4—5给出了初步回归结果,且无论是对全部二分位行业还是分劳动密集型行业或资本技术密集型行业,所有实证结果中主要变量的系数符号、大小和显著性水平均不发生根本改变,计量结果较为稳健。

表4—5　　　二分位行业出口增长动态比较优势初步回归结果

	全部行业		劳动密集		资本技术密集	
	模型1	模型2	模型1	模型2	模型1	模型2
C	1.1715 (1.38)	1.2659 (1.49)	-1.7029 (-1.14)	-1.7536 (-1.17)	1.1659 (0.89)	1.2390 (0.94)

---

[1] 带有滞后变量内生性检验结果及其分析,有兴趣的读者可向笔者索取。

续表

	全部行业		劳动密集		资本技术密集	
	模型1	模型2	模型1	模型2	模型1	模型2
$\ln Y^j$	0.4871***	0.4899***	0.8701***	0.8733***	0.5014***	0.5011***
	(6.59)	(6.63)	(6.98)	(6.99)	(4.45)	(4.44)
$\ln(Y^i/Y^j)$	0.0257***	0.0225**	0.0154	0.0163	0.0268**	0.0265**
	(2.68)	(2.35)	(1.01)	(1.06)	(2.08)	(2.06)
$\ln\tau_m$	−0.4793***	−0.4857***	−0.8760***	−0.8782***	−0.4864***	−0.4864***
	(−6.25)	(−6.34)	(−6.43)	(−6.44)	(−4.05)	(−4.05)
$\ln f_{mx}$	−0.1585*	−0.1571*	−0.2244	−0.2250	−0.1451	−0.1454
	(−1.86)	(−1.84)	(−1.60)	(−1.61)	(−1.25)	(−1.25)
$\ln mc_m^i$	−0.0032	−0.0047	−0.3196***	−0.3180***	−0.0088	−0.0094*
	(−0.59)	(−0.87)	(−4.52)	(−4.49)	(−1.60)	(−1.71)
$\ln f_m$	−0.6364***	−0.5437***	−0.0653	−0.0708	−0.3249*	−0.3581*
	(−4.32)	(−3.65)	(−0.23)	(−0.25)	(−1.67)	(−1.83)
$\ln R_m^i$	0.4619***	0.4708***	0.2825***	0.2800***	0.5903***	0.5926***
	(21.76)	(22.10)	(8.22)	(8.01)	(18.88)	(18.92)
$\ln(P_m^j/P_m^i)$	−0.0048	−0.0050	−0.0212	−0.0214	−0.0089	−0.0085
	(−0.38)	(−0.39)	(−1.03)	(−1.04)	(−0.53)	(−0.51)
$\ln\varphi_{mx}^i$	0.4089***	0.5141***	0.0129	0.0113	0.8155	0.8543
	(6.71)	(−7.90)	(1.21)	(0.98)	(0.53)	(0.51)
$\ln(\theta_m^i/\overline{\theta_m^i})$		0.0671***		−0.0082		0.0396
		(4.59)		(−0.39)		(1.34)
Hausman test	FE	FE	FE	FE	FE	FE
F统计量	873.39	788.47	240.85	216.77	675.74	608.36
组内R^2	0.1339	0.1343	0.1013	0.1013	0.1771	0.1772
组间R^2	0.1545	0.1596	0.0855	0.0839	0.1593	0.1602
总体R^2	0.1258	0.1283	0.0547	0.0540	0.1458	0.1463
Obs	54278	54278	20503	20503	30128	30128

1. 经济规模和本土市场效应

$\ln Y^j$显著正向影响全部二分位行业出口,说明贸易伙伴经济规模扩大为我国行业产品出口提供了更大消费潜力和市场容量，有利于出口规模的增长。

$\ln(Y^i/Y^j)$ 也显著正向影响行业出口（劳动密集型行业不显著），同样符合经典贸易理论有关本土市场效应的基本结论。

2. 贸易成本

$\ln\tau_m$ 和 $\ln f_{mx}$ 显著负向影响全部二分位行业出口，对劳动密集型行业和资本技术密集型行业的出口虽不显著但系数也为负，说明我国采取切实措施降低与贸易伙伴之间的相互贸易成本，对提高行业内生产企业参与国际市场竞争、提升行业出口供给能力大有帮助。

3. 行业产出

$\ln R_m^i$ 显著正向影响全部行业、劳动密集型行业和资本技术密集型行业的出口增长，意味着行业产出增加后，产品国际市场供给能力得到增强，其他条件保持不变时，行业出口有所扩大。

4. 行业边际生产成本与固定生产成本

$\ln mc_m^i$ 和 $\ln f_m$ 的负系数，说明行业生产成本上涨，市场供给能力将会减弱，出口增长随之减缓，其政策启示是：政府应采取切实措施降低各行业的边际成本和固定成本，对扩大其出口有益。

5. 实际汇率

$\ln(P_m^j/P_m^i)$ 负向影响全部行业以及劳动密集型行业和资本技术密集型行业出口增长，说明实际汇率上升对我国出口增长有不利影响。当然，因为实际汇率影响二分位行业出口并没有达到显著性水平要求，一定程度可能解释汇率并不是中国贸易顺差扩大的原因（项松林，2010）。

6. 行业生产率水平

$\ln\varphi_{mx}^i$ 正向影响全部行业出口，再次说明生产率是决定行业内生产企业出口与否的重要因素。

7. 行业相对资本密集度

由前文理论模型推理结论可知：将要素密集度统一为资本密集度后，如果劳动密集型行业的技术进步也偏向原本稀缺使用的资本，$\ln(\theta_m^i/\overline{\theta}_m^i)$ 系数就会为负，即 $\delta_{10}<0$；相反，如果资本技术密集型行业偏向密集使用资本的技术进步，$\ln(\theta_m^i/\overline{\theta}_m^i)$ 系数就会为正数，即 $\delta_{10}>0$。

表4—5二分位行业回归结果部分证实了这一"猜想"，因为全部行业的 $\ln(\theta_m^i/\overline{\theta}_m^i)$ 系数显著为正，劳动密集型行业的 $\ln(\theta_m^i/\overline{\theta}_m^i)$ 系数为负，而

资本技术密集型行业的 $\ln(\theta_m^i/\overline{\theta}_m^i)$ 系数为正。只是因为 $\ln(\theta_m^i/\overline{\theta}_m^i)$ 系数尚未达到显著性水平要求,一个可能原因或许与行业划分相对"较粗"有关。这里再将二分位行业拓展到三分位行业进行稳健性再检验。

三 三分位行业的稳健性再检验

使用同样方法对三分位行业进行再检验后,表4—6 的估计结果显示:将行业划分得更细后,相关解释变量的显著性水平有所提高,比如固定贸易成本 $\ln f_{mx}$ 在二分位的劳动密集型行业和资本技术密集型行业中都不显著,但在三分位后明显达到显著性水平要求。此外,还有实际汇率 [$\ln(P_m^j/P_m^i)$] 等变量。

表4—6　　三分位行业出口增长动态比较优势稳健性再检验

	全部行业		劳动密集		资本技术密集	
	模型1	模型2	模型1	模型2	模型1	模型2
C	-0.2490 (-0.78)	-0.0835 (-0.26)	-0.1885 (-0.30)	0.9224 (1.41)	-1.9875*** (-4.61)	-2.0059*** (-4.65)
$\ln Y^j$	0.5523*** (19.42)	0.5329*** (18.68)	0.6444*** (11.66)	0.5743*** (10.16)	0.7201*** (18.95)	0.7261*** (19.05)
$\ln(Y^i/Y^j)$	0.0177*** (5.09)	0.0188*** (5.42)	0.0047 (0.67)	0.0021 (0.30)	0.0237*** (5.84)	0.0232*** (5.70)
$\ln\tau_m$	-0.4657*** (-15.69)	-0.4492*** (-15.11)	-0.5887*** (-10.03)	-0.5322*** (-8.96)	-0.6302*** (-15.64)	-0.6356*** (-15.74)
$\ln f_{mx}$	-0.1871*** (-6.36)	-0.1861*** (-6.33)	-0.1819*** (-3.04)	-0.1786*** (-2.99)	-0.2072*** (-5.96)	-0.2074*** (-5.97)
$\ln mc_m^i$	-0.0240*** (-8.51)	-0.0248*** (-8.76)	-0.0560 (-1.49)	-0.0548 (-1.46)	-0.0277*** (-9.91)	-0.0275*** (-9.84)
$\ln f_m$	-0.0966*** (-19.25)	-0.0949*** (-18.91)	-0.0618*** (-4.06)	-0.0423*** (-2.72)	-0.0307*** (-5.48)	-0.0296*** (-5.24)
$\ln R_m^i$	0.5283*** (15.69)	0.5298*** (15.11)	0.3604*** (10.03)	0.3807*** (8.96)	0.5786*** (15.64)	0.5794*** (15.74)

续表

	全部行业		劳动密集		资本技术密集	
	模型1	模型2	模型1	模型2	模型1	模型2
$\ln(P_m^j/P_m^i)$	-0.0170***	-0.0165***	-0.0306***	-0.0305***	-0.0187***	-0.0191***
	(-15.69)	(-15.11)	(-10.03)	(-8.96)	(-15.64)	(-15.74)
$\ln\varphi_{mx}^i$	0.4712***	0.4290***	0.0216***	0.0385***	0.7119***	0.7441***
	(15.69)	(15.11)	(10.03)	(8.96)	(15.64)	(15.74)
$\ln(\theta_m^i/\bar\theta_m^i)$		0.0438***		-0.0561***		0.0173**
		(8.49)		(-5.98)		(2.01)
Hausman test	FE	FE	FE	FE	FE	FE
F统计量	8504.64	7663.20	1129.05	1020.16	7707.09	6936.89
组内R^2	0.2037	0.2039	0.1134	0.1138	0.2462	0.2462
组间R^2	0.1163	0.1179	0.0443	0.0521	0.1039	0.1040
总体R^2	0.1474	0.1495	0.0657	0.0747	0.1467	0.1464
Obs	322191	322191	85586	85586	228358	228358

划分为三分位行业数据后，以下主要实证结论依然成立：①贸易伙伴绝对经济规模（$\ln Y^j$）正向影响全部及其劳动、资本技术密集型行业出口，本土市场效应[$\ln(Y^i/Y^j)$]也显著正向影响全部及资本技术密集型行业出口（劳动密集型行业系数为正但不显著）；②可变贸易成本（$\ln\tau_m$）和固定贸易成本（$\ln f_{mx}$）显著负向影响全部行业、劳动和资本技术密集型行业出口；③行业产出（$\ln R_m^i$）显著正向影响全部行业、劳动和资本技术密集型行业的出口增长；④行业固定生产成本（$\ln f_m$）显著负向影响全部行业、劳动和资本技术密集型行业出口，行业边际生产成本（$\ln mc_m^i$）也显著负向影响全部行业和资本技术密集型行业出口。

重要的是：行业相对资本密集度[$\ln(\theta_m^i/\bar\theta_m^i)$]影响全部行业出口增长显著为正、影响资本技术型密集行业出口增长也显著为正，而影响劳动密集型行业出口却显著为负，再次说明偏向密集使用要素的技术进步与比较优势一起促使我国资本技术密集型行业出口规模更大，而偏向于原本稀缺要素的技术进步可能带来劳动密集型行业出口增长收缩的问题。

偏向资本的技术进步是否与我国出口产品的显示性技术复杂度有关？本章再对细分行业数据进行检验。

第四章 偏向性技术进步与出口贸易比较优势变迁

第五节 偏向性技术进步对出口显示性技术复杂度的影响

一 实证模型

为保持主要解释变量的统一，这里也按照计量公式（4.38）和公式（4.39）检验偏向资本的技术进步是否具有促进我国出口产品显示性技术比较优势的作用。需要指出的是，检验显示性技术比较优势时，解释变量的数据来源和处理同行业出口计量分析相同[①]，但被解释变量不再是行业实际出口 $[\ln(X_m^i)]$，而是各行业显示性技术复杂度 $[\ln(RTV_m^i)]$，具体计算方法与数据处理详见第一章。

二 实证结果及其分析

按照计量公式（4.38）和公式（4.39），这里也使用面板模型对全部行业样本进行回归分析，即先使用公式（4.38）进行实证分析并记作"模型1"，然后使用公式（4.39）进行实证分析并记作"模型2"。

表4—7的回归结果显示，将被解释变量换为行业显示性技术复杂度后，以下主要实证结论依然成立：①贸易伙伴绝对经济规模（$\ln Y^j$）正向影响全部及劳动、资本技术密集型行业显示性技术比较优势，本土市场效应 $[\ln(Y^i/Y^j)]$ 也显著正向影响全部及资本技术密集型行业显示性技术比较优势（二分位劳动密集型行业除外）；②可变贸易成本（$\ln\tau_m$）显著负向影响全部行业、劳动和资本技术密集型行业显示性技术比较优势，固定贸易成本（$\ln f_{mx}$）的系数也为负（虽大部分不显著）；③行业产出（$\ln R_m^i$）显著正向影响

[①] 唯一不同的是此处的经济规模解释变量使用各贸易伙伴实际国内生产总值同美国实际国内生产总值之比的对数表示，各经济体实际GDP计算方法同前文一致，相关数据同样源自世界银行统计数据库。

表4—7 偏向性技术进步对行业出口显示性技术比较优势的影响

	二分位行业								三分位行业							
	全部行业		劳动密集		资本技术密集		全部行业		劳动密集		资本技术密集	
	模型1	模型2	模型1	模型2	模型1	模型2	模型1	模型2	模型1	模型2	模型1	模型2
C	-4.9453*** (-14.70)	-4.9546*** (-14.73)	-6.1551*** (-11.34)	-6.3806*** (-11.68)	-4.0867*** (-8.20)	-4.1177*** (-8.27)	-1.6922*** (-54.91)	-1.6732*** (-53.83)	-4.9165*** (-18.24)	-4.0250*** (-14.23)	-1.5523*** (-9.32)	-1.4844*** (-8.92)
$\ln Y^i$	0.3861*** (10.86)	0.3853*** (10.84)	0.4996*** (9.09)	0.5192*** (9.40)	0.2633*** (4.88)	0.2622*** (4.85)	0.0465*** (24.81)	0.0456*** (24.14)	0.3173*** (11.47)	0.2425*** (8.49)	0.0319*** (1.78)	0.0482*** (2.69)
$\ln(Y^i/Y^j)$	0.0053* (2.15)	0.0058** (2.31)	0.0003 (0.07)	0.0022 (0.53)	0.0112** (3.38)	0.0121** (3.65)	0.0073*** (7.46)	0.0075*** (7.66)	0.0086*** (4.30)	0.0086*** (4.32)	0.0074*** (6.39)	0.0062*** (5.31)
$\ln \tau_m$	-0.4690*** (-53.57)	-0.4695*** (-53.61)	-0.4765*** (-31.42)	-0.4787*** (-31.55)	-0.4397*** (-35.96)	-0.4404*** (-36.02)	-0.3609*** (-98.87)	-0.3605*** (-98.76)	-0.4158*** (-55.53)	-0.4117*** (-54.93)	-0.3499*** (-79.70)	-0.3493*** (-79.58)
$\ln f_{mx}$	-0.0085 (-0.39)	-0.0087 (-0.39)	-0.0328 (-0.88)	-0.0344 (-0.92)	-0.0107 (-0.36)	-0.0104 (-0.35)	-0.0678*** (-8.17)	-0.0678*** (-8.17)	-0.0201 (-1.19)	-0.0215 (-1.27)	-0.0761*** (-7.79)	-0.0766*** (-7.84)
$\ln mc_m^i$	-0.0050*** (-3.47)	-0.0049*** (-3.37)	-0.1267*** (-6.67)	-0.1328*** (-6.97)	-0.0048** (-3.29)	-0.0047** (-3.20)	-0.0041*** (-5.09)	-0.0041*** (-5.14)	-0.0531*** (-5.09)	-0.0467*** (-4.47)	-0.0032*** (-4.11)	-0.0029*** (-3.64)
$\ln f_m$	-0.0385 (-1.01)	-0.0509 (-1.32)	-0.0421 (-0.58)	-0.0594 (-0.81)	-0.0940* (-1.88)	-0.1167** (-2.31)	-0.0083*** (-5.88)	-0.0075*** (-5.29)	-0.0073* (-1.73)	-0.0041 (-0.94)	-0.0057*** (-3.64)	-0.0077*** (-4.88)
$\ln R_m^i$	0.0262*** (3.96)	0.0251*** (3.78)	0.0108 (1.04)	0.0031 (0.29)	0.0563*** (5.68)	0.0530*** (5.32)	0.0319*** (28.54)	0.0326*** (28.92)	0.0141** (2.57)	0.0003 (0.06)	0.0310*** (9.30)	0.0298*** (8.95)

· 208 ·

续表

	二分位行业							三分位行业						
	全部行业		劳动密集		资本技术密集		全部行业		劳动密集		资本技术密集	
	模型1	模型2	模型1	模型2	模型1	模型2	模型1	模型2	模型1	模型2	模型1	模型2
$\ln(P_m^i/P_m^i)$	-0.0200*** (-6.06)	-0.0200*** (-6.06)	-0.0293*** (-5.32)	-0.0289*** (-5.26)	-0.0172*** (-3.97)	-0.0173*** (-3.99)	-0.0041*** (-3.01)	-0.0039*** (-2.89)	-0.0151*** (-5.49)	-0.0147*** (-5.37)	-0.0022 (-1.38)	-0.0027* (-1.71)
$\ln\varphi_{mx}^i$	0.0121*** (9.24)	0.0109*** (7.82)	0.0155*** (5.48)	0.0113*** (3.70)	0.1511*** (7.09)	0.1180*** (4.98)	0.1438*** (22.16)	0.1274*** (17.32)	0.0257*** (18.08)	0.0171*** (10.35)	0.1130*** (15.31)	0.1692*** (19.57)
$\ln(\theta_m^i/\bar{\theta}_m^i)$		-0.0089** (-2.34)		-0.0208*** (-3.69)		0.0231*** (3.19)		-0.0076*** (-4.71)		-0.0277*** (-10.30)		0.0301*** (12.47)
Hausman test	FE	FE	FE	FE	FE	FE	FE	FE	FE	FE	FE	FE
F 统计量	1263.67	1137.95	457.90	413.73	729.67	657.93	2663.22	2399.28	871.40	795.90	1751.51	1593.07
组内 R^2	0.1828	0.1829	0.1764	0.1770	0.1886	0.1889	0.0741	0.0742	0.0899	0.0911	0.0691	0.0698
组间 R^2	0.6467	0.6469	0.6171	0.6158	0.6744	0.6734	0.4612	0.4635	0.5366	0.5384	0.5948	0.5930
总体 R^2	0.5609	0.5609	0.5185	0.5177	0.5826	0.5819	0.3750	0.3771	0.4542	0.4558	0.4917	0.4906
Obs	54278	54278	20503	20503	30128	30128	322191	322191	85586	85586	228358	228358

全部行业、劳动和资本技术密集型行业的显示性技术比较优势；④行业边际生产成本($\ln mc_m^i$)显著负向影响全部行业和资本技术密集型行业显示性技术比较优势，行业固定生产成本($\ln f_m$)的系数也为负（虽大部分不显著）；⑤实际汇率[$\ln(P_m^j/P_m^i)$]影响全部行业、劳动与资本技术密集型行业显示性技术比较优势也基本显著为负。

表4—7中，行业生产率（$\ln\varphi_{mx}^i$）影响全部行业、劳动与资本技术密集型行业显示性技术比较优势均显著为正，且这一结论在二分位和三分位细分行业都是成立的，同样说明生产率是影响行业出口技术复杂度的重要因素。

与全要素生产率代表的中性技术进步不同，相对资本密集度代表的偏向性技术进步在全部行业、劳动和资本技术密集型行业的估计结果出现较为明显的差异，表现在：$\ln(\theta_m^i/\overline{\theta}_m^i)$ 显著正向影响资本技术密集型行业显示性比较优势，而在劳动密集型行业与全部行业中却显著为负。资本技术密集型行业的资本密集度显著为正，说明偏向资本的技术进步对该行业显示性技术比较优势具有正向推动作用，或许正是我国资本技术密集型行业出口技术复杂度不断提升的重要原因之一。这一结论不仅再次验证了前文有关"要素密集型行业偏向密集使用要素的技术进步有助于促进出口规模扩大"的结论，更体现偏向密集使用要素的技术进步，能起到增加外贸产品技术复杂度作用，其政策含义是：政府应继续完善多层次资本市场体系，给予资本技术密集型行业更多融资支持，鼓励他们不断采取偏向资本的技术进步，持续提振资本技术密集型外贸产品的技术比较优势。

劳动密集型行业 $\ln(\theta_m^i/\overline{\theta}_m^i)$ 显著为负的系数，似乎暗示着这些行业生产企业采取偏向资本的技术进步，不仅未能起到扩大对外贸易的显示性技术复杂度作用，相反还有"削弱"中性技术进步带来的技术优势。

值得注意的是，全部行业的 $\ln(\theta_m^i/\overline{\theta}_m^i)$ 系数也显著为负，似乎说明各行业生产企业普遍采取偏向资本的技术进步虽然有助于促进中国对外贸易从劳动密集型产品转型升级为资本技术密集型产品，但对出口产品总体技术复杂度目前还不具备正向推动作用。

从外贸运行客观实际看，尽管我国多年来一直鼓励企业增加研发投资，且大力实施创新驱动发展战略取得了令世人瞩目的成就，比如许多高新技术产业的新产品、新技术都实现了国产化，但不可否认的是中国在不少领域尤其是在"高精尖"领域，依然存在核心技术"受制于人"，也存在一些核心产品易被欧美日等发达国家"卡脖子"的问题，从而出现表4—7中偏向性技术进步影响中国出口显示性技术比较优势为负的情形。这一结论再次说明：提高我国出口产品的技术复杂度依然"任重道远"，各级政府和相关职能部门依然需要在进一步扩大开放中全面深化改革，深度清除阻碍创新创业发展的体制机制障碍，推动外贸产品的显示性技术比较优势不断提升。实际上，通过改革来提高外贸产品的技术比较优势已有历史证据，比如图1—11中我国外贸产品技术复杂度的每一次提升，都伴随着国内重大改革，就是一个典型例证。

就提升外贸产品的显示性技术比较优势而言，当前全面深化体制机制改革的重点任务就是要更好发挥"市场对资源的决定性配置作用"，深挖市场活力。这是因为固定生产成本（$\ln f_m$）、边际成本（$\ln mc_m^i$）影响各行业出口技术复杂度都具有显著负向作用，且这一结论对全体样本企业、劳动密集型行业和资本技术密集型行业都成立（见表4—7）。

同诸如新建厂房、添置新生产设备、增加新固定资产投资等固定生产成本不同，边际生产成本是由劳动、资本的要素价格构成。降低边际生产成本更有利于提高出口产品显示性技术比较优势，其政策含义是：政府加快完善各种要素价格改革，真正做好市场对资源的决定性配置作用，最大限度减轻各种生产要素价格的部门间、行业间、企业间扭曲，尤其是资本要素价格在国企与民企之间的扭曲、大企业大集团与中小企业之间的扭曲，进而降低各行业微观企业边际生产成本，不仅对企稳中国外贸又好又快发展有利，还能提高外贸产品的技术复杂度。

第六节 本章主要结论

中国外贸增长呈现较为典型的"动态比较优势"：出口产品逐渐从劳动密集型产品过渡到资本技术密集型产品。为解释这一现象，本章将 Acemoglu 等（2003）的要素偏向性技术进步融入 Barnard 等（2007）模型中，然后使用 1995—2017 年中国出口到 221 个贸易伙伴的 HS-6 位码产品数据、2000—2013 年《中国工业企业数据库》与《海关统计数据库》匹配数据以及细分行业数据进行实证检验，得出以下主要结论：

理论上，企业异质性发生在偏向性技术进步和中性技术进步的结果存在不同，偏向密集使用要素的技术进步与比较优势一起使本国不同行业的企业相对销售收入更大，相反偏向于原本稀缺要素的技术进步可能带来比较优势的升级；而中性技术进步不管存在还是不存在比较优势，对企业相对销售收入没有影响。也就是说，如果一国（或地区）原本劳动密集型产品具有比较优势，只要在经济的后续发展过程中，企业普遍采取偏向资本的技术进步，就会出现劳动密集型产品出口逐渐"萎缩"、资本技术密集型产品出口"持续"扩张的情形，进而演变为由劳动密集型产品具有比较优势向资本技术密集型产品具有比较优势的变迁过程，出现动态比较优势。

实证上，相对资本密集度代表的偏向性技术进步促进资本技术密集型企业和行业出口为正，但对劳动密集型企业与行业出口却为负，说明偏向资本的技术进步对资本技术密集型产品出口增长有利，而对劳动密集型产品出口增长构成"负担"。如果不考虑加工贸易可能的影响，这一结论或许可以解释中国劳动密集型产品出口增长放缓、资本技术密集型产品出口不断"扩张"的部分原因。

第五章　加工贸易出口与外贸方式结构优化升级

加工贸易繁荣曾对我国出口增长做出过重要贡献，但近年来似乎有"萎缩"迹象。什么因素决定了加工贸易的发展趋势？新—新贸易理论又能提供哪些解释？本章试图在 Rodrigue（2014）分析思路上，将上一章双要素（劳动、资本）拓展为三要素（劳动、资本、中间产品）理论模型，用以分析一般贸易与加工贸易的各种组合情况及外贸增长规律，并使用中国微观产品数据和微观企业数据进行实证检验。

第一节　进口中间产品的贸易方式模型拓展

一　消费者行为

本章首先将贸易方式分为一般贸易和加工贸易两类，以便确定企业生产率对不同贸易方式的影响差异；其次允许企业进口中间产品，以便对企业之间不同外贸方式进行区分。鉴于各类企业都可能存在进口行为，且加工贸易因为其"两头在外"特征，往往具有进口占总贸易比重相对较高的特点。为分析方便，这里的理论模型进行简化处理，即假定加工贸易企业存在进口中间产品行为，而一般贸易企业不进口中间产品。[①]

---

① 因为如果同时允许一般贸易和加工贸易企业都进口中间产品，理论模型既变得十分复杂，又无法给出两类企业生产率的差异比较。当然，这一严格假定并非完全符合现实情况，未来笔者再试图对这一问题进行持续跟踪和分析。

假定一国（或地区）消费者可以选择农业部门的产品进行消费，也可以选择制造业部门的制成品进行消费。同第三章基本假定一致，这里也不再区分制成品是密集使用劳动还是密集使用资本技术的差异，而是将其统一看作制成品这一大类，但品种之间存在不同。同第四章需求函数设定形式类似，假定消费者消费同质性农产品和异质性工业制成品的效用函数是 $C-D$ 形式，消费工业制成品不同品种的效用函数用 CES 形式表示。由公式（3.2）可知，消费者最大化其效用函数的农产品和工业品品种 ω 的需求为：

$$q_{iA} = \alpha_0 Y_i \tag{5.1}$$

$$q_{ik}(\omega) = \left[\frac{p_{ik}(\omega)}{P_{ik}}\right]^{-\sigma_{ik}} \frac{\alpha_{ik} Y_i}{P_{ik}} \tag{5.2}$$

其中：i 表示任意国家（或地区）；q_{iA} 为农产品消费量；$q_{ik}(\omega)$ 表示产品 $k(k=1, 2, \cdots, N)$ 不同品种 ω 消费量；$\sigma_{ik} = 1/(1-\rho_{ik}) > 1$ 表示工业制成品 k 两个不同品种之间的替代弹性；$p_{ik}(\omega)$ 表示制成品品种 ω 的价格；P_{ik} 表示第 k 种制成品的价格指数，且 P_{ik} 为 $\left[\int_{\omega \in \Omega_{ik}} p_{ik}(\omega)^{1-\sigma_{ik}} d\omega\right]^{1/(1-\sigma_{ik})}$；$Y_i$ 表示消费者的收入；α_0、α_{ik} 表示 $C-D$ 函数的指数。

根据价格乘以销售量等于企业销售收入（$r = p \times q$），很容易得出类似公式（4.39）的企业销售收入为：

$$r_{ik}(\omega) = p_{ik}(\omega) q_{ik}(\omega) = \alpha_k Y_i [p_{ik}(\omega)/P_{ik}]^{1-\sigma_{ik}} \tag{5.3}$$

二 生产者行为

1. 生产者的决策

为更好体现生产者的市场进入与退出行为，这里先将企业经营决策用决策树的形式表示出来。假定国家（或地区）i 生产者的进入/退出市场决策可以表示为：第一，选择是进入农业部门还是制造业部门；第二，根据生产率决定继续生产还是退出市场；第三，生产选择使用进口中间产品还是境内中间产品；第四，生产制成品后决定是出口还是在本土销售。图 5—1 表示了任意生产者的决策树。

2. 制造业部门的企业贸易方式

根据企业是否进口中间产品和是否出口，可以将生产者分为 4 种类型：不进口中间产品的内销企业、进口中间产品的内销企业、不进口中间产品的出口企业、进口中间产品的出口企业。分别使用哑变量 ι、d^m、d^x 表示是否进入制造业部门、是否进口中间产品和是否出口，表 5—1 描述了各生产者的市场行为划分。

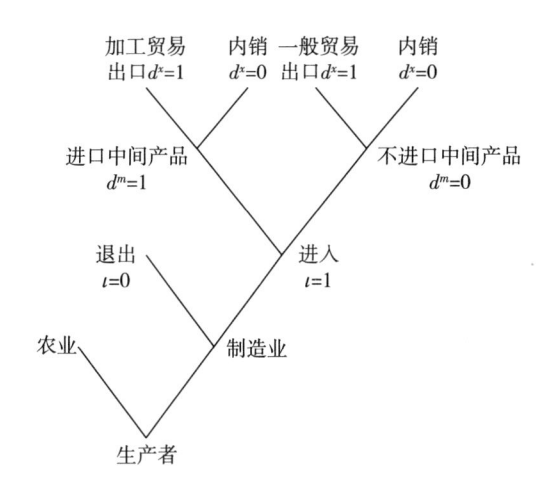

图 5—1　异质性企业贸易方式的决策

注：笔者整理。

表 5—1　　　　　　　　　生产者的类型划分

简称	进口中间产品	出口最终产品	贸易方式	符号表示
内销	否	否	本土市场	$(d^m=0, d^x=0)$
内销/进口	是	否	本土市场	$(d^m=1, d^x=0)$
出口	否	是	一般贸易	$(d^m=0, d^x=1)$
出口/进口	是	是	加工贸易	$(d^m=1, d^x=1)$

注：笔者整理。

3. 封闭条件下的制造业企业生产技术

假定存在资本、劳动和中间投入这三种要素的生产函数为 $C-D$ 形式：
$$q_{ik} = \varphi_{ik} L_{ik}^{\gamma_1} K_{ik}^{\gamma_2} M_{ik}^{(1-\gamma_1-\gamma_2)} \tag{5.4}$$

其中，i 表示国家（或地区）；k 表示产品；q 表示产出水平；φ 表示生产率水平；L 表示劳动；K 表示资本；M 表示中间投入；γ_1 与 γ_2 表示投入要素的产出弹性。

分别用 r 和 w 表示资本和劳动要素价格，p_M 表示中间产品投入的价格，使用边际成本的计算公式（$MC = dC/dq = w/MP_L + r/MP_K + p_M/MP_M$），则企业总成本 C 和边际成本 mc 可以分别表示为：

$$C_{ik} = \frac{q_{ik} w_{ik}^{\gamma_1} r_{ik}^{\gamma_2} p_{M_{ik}}^{1-\gamma_1-\gamma_2}}{\varphi \gamma_1^{\gamma_1} \gamma_2^{\gamma_2} (1-\gamma_1-\gamma_2)^{1-\gamma_1-\gamma_2}},$$

$$mc_{ik} = \frac{w^{\gamma_1} r^{\gamma_2} p_M^{1-\gamma_1-\gamma_2}}{\varphi \gamma_1^{\gamma_1} \gamma_2^{\gamma_2} (1-\gamma_1-\gamma_2)^{1-\gamma_1-\gamma_2}} \tag{5.5}$$

以上情况对任意国家（或地区）都适合。

4. 开放条件下中间产品的进口

企业生产投入的中间产品既可以进口，也可以本土供应。假定国家（或地区）i 使用本土中间产品表示为 x_i^i，使用贸易伙伴 j 的中间产品表示为 x_i^j，将本土中间产品标准化为 [0, 1]，进口中间产品标准化为 [0, N] 后，全部中间产品投入可以表示为：

$$M_{ik} = \left[\int_0^1 x_{ik}^{i\frac{z-1}{z}} di + d^m \int_0^N x_{ik}^{j\frac{z-1}{z}} dj \right]^{\frac{z}{z-1}} \tag{5.6}$$

其中：z 表示 CES 函数的参数；d^m 表示是否进口中间产品的哑变量，且 $d^m = 1$ 表示进口中间产品，而 $d^m = 0$ 表示全部使用本土中间产品。将公式（5.6）代入到公式（5.4）和公式（5.5）中，则企业的产出函数为：

$$q_{ik}(\varphi, d^m) = \varphi L_{ik}^{\gamma_1} K_{ik}^{\gamma_2} \left[\int_0^1 x_k^{i\frac{z-1}{z}} di + d^m \int_0^N x_k^{j\frac{z-1}{z}} dj \right]^{\frac{(1-\gamma_1-\gamma_2)z}{z-1}} \tag{5.7}$$

假定国家（或地区）i 企业所使用的本土中间产品满足 $x_i^i = M_i$ 条件，进口中间产品需要支付可变贸易成本，即 $\tau_m > 1$。根据 Kasahara 和 Lapham（2008）的计算结论，则有 $x_i^j = M_j = \tau_m^{-z} x_i^i = \tau_m^{-z} M_i$ 成立。将 x_i^i 与 x_i^j 代入到公式（5.7）中，则国家（或地区）i 企业的产出函数为：

$$\begin{aligned} q_{ik}(\varphi, d^m) &= \varphi_{ik} L_{ik}^{\gamma_1} K_{ik}^{\gamma_2} \left[(1 + d^m N \tau_m^{1-z}) M_{ik}^{(z-1)/z} \right]^{(1-\gamma_1-\gamma_2)/(z-1)} \\ &= \varphi_{ik} (1 + d^m N \tau_m^{1-z})^{(1-\gamma_1-\gamma_2)/(z-1)} L_{ik}^{\gamma_1} K_{ik}^{\gamma_2} M_{ik}^{1-\gamma_1-\gamma_2} \\ &= A(\varphi_{ik}, d^m) L_{ik}^{\gamma_1} K_{ik}^{\gamma_2} M_{ik}^{1-\gamma_1-\gamma_2} \end{aligned} \tag{5.8}$$

其中：$A(\varphi_{ik}, d^m) \equiv \varphi_{ik}(1 + d^m N \tau_m^{1-z})$ 本质就是企业生产率。由于 $v \equiv (1 + d_m N \tau_m^{1-z})^{(1-\gamma_1-\gamma_2)/(z-1)} \geq 1$ 恒成立，相应地也有 $A(\varphi_{ik}, 1) > A(\varphi_{ik}, 0)$ 成立。于是，这里可以得到如下假定：

假定 1：存在进口贸易成本时，只有生产率高的企业才会把进口中间产品作为生产最终产品的中间投入。

三 开放条件下企业收入与利润

先看境内销售收入。只要将 $A(\varphi, d^m)$ 看成是生产率的整体，即相当于 φ 后，公式(5.8)按照公式(5.4)相同方法就可以得出其边际成本为：

$$mc_{ik}(\varphi, d^m) = \frac{w_{ik}^{\gamma_1} r_{ik}^{\gamma_2} p_{M_{ik}}^{1-\gamma_1-\gamma_2}}{A(\varphi_{ik}, d^m) \gamma_1^{\gamma_1} \gamma_2^{\gamma_2} (1-\gamma_1-\gamma_2)^{1-\gamma_1-\gamma_2}} \quad (5.9)$$

令 $Z \equiv \dfrac{w_{ik}^{\gamma_1} r_{ik}^{\gamma_2} p_{M_{ik}}^{1-\gamma_1-\gamma_2}}{\gamma_1^{\gamma_1} \gamma_2^{\gamma_2} (1-\gamma_1-\gamma_2)^{1-\gamma_1-\gamma_2}}$，由公式（4.10）可知，$p = mc \times \sigma/(\sigma-1)$ 成立。于是，进口中间产品状态为 d^m 的企业，其境内销售价格为：

$$p_{ik}(\varphi, d^m) = \left(\frac{\sigma_{ik}}{\sigma_{ik}-1}\right)\left(\frac{1}{Z \times A(\varphi_{ik}, d^m)}\right)$$

再根据公式 $r = p \times q$，则进口中间产品的企业销售收入为：

$$r_{ik}(\varphi, d^m) = p_{ik}(\varphi, d^m) q_{ik}(\omega)$$
$$= \alpha_{ik} Y_i \left[\frac{\sigma_{ik}}{(\sigma_{ik}-1) P_{ik} Z \times A(\varphi_{ik}, d^m)}\right]^{1-\sigma_{ik}} \quad (5.10)$$

再看出口市场。同样由公式（5.10）可知，企业出口到国际市场的价格等于可变贸易成本与国内市场价格的乘积。假定出口可变贸易成本也为冰山形式，即 $\tau_x > 1$，则国际市场的价格就为 $p_x(\varphi, d^m) = \tau_x p(\varphi, d^m)$，相应的出口收入为：

$$r_{ik,x}(\varphi, d) = \tau_x^{1-\sigma_{ik}} r_{ik}(\varphi, d^m) \quad (5.11)$$

使用哑变量 d^x 表示是否出口最终产品（$d^x = 1$ 表示出口，否则 $d^x = 0$ 表示不出口）后，公式(5.11)可以统一表示为 $r_{ik,x}(\varphi, d) = d^x \tau_x^{1-\sigma_{ik}} r_{ik}(\varphi, d^m)$，则企业境内外销售收入可以统一表示为：

$$r_{ik}(\varphi, d) = (1 + d^x \tau_x^{1-\sigma}) r_{ik}(\varphi, d^m) \quad (5.12)$$

令既不出口也不进口的企业收入为 $r(\varphi_{ik}, 0, 0)$，由公式（5.8）、公式（5.10）和公式（5.11），可以进一步将公式（5.12）简化为：

$$r_{ik}(\varphi, d^x, d^m) = b_x^{d^x} b_m^{d^m} r(\varphi_{ik}, 0, 0) \quad (5.13)$$

其中：$b_x \equiv (1 + d^x \tau_x^{1-\sigma_{ik}})$；$b_m \equiv \nu^{\sigma_{ik}-1}$。

四 企业进入或退出市场的决定

同前文相同,企业进入生产市场首先需要支付固定生产成本(f),进入出口市场需要支付固定出口成本(f_x),进口中间产品也需要支付固定进口成本(f_m),于是国家(或地区)i任意企业总固定成本为:

$$F_{ik}(d^x, d^m) = f_{ik} + d^x f_{ik,x} + d^m f_{ik,m} \tag{5.14}$$

由公式(5.13)和公式(5.14)可知,对生产率为φ、出口与进口状态为d的任意企业,其生产产品k的利润为:

$$\pi_{ik}(\varphi, d^x, d^m) = r_{ik}(\varphi, d^x, d^m)/\sigma - F(d^x, d^m) \tag{5.15}$$

将公式(5.13)、公式(5.14)、公式(5.8)、公式(5.10)、公式(5.11)、公式(5.12)代入公式(5.15)中,并令$B = (1/\sigma_{ik})\{\sigma_{ik}/[(\sigma_{ik}-1)P_{ik}Z]\}^{1-\sigma_{ik}}$,则有下式成立:

$$\pi_{ik}(\varphi, d^x, d^m) = b_x^{d^x} b_m^{d^m} \times \alpha_{ik} Y_i B A(\varphi_{ik}, d^m)^{\sigma_{ik}-1} - F(d^x, d^m) \tag{5.16}$$

按照哑变量d^x、d^m的出口和进口行为定义,结合表5—1的分类方法,公式(5.16)可以进一步划分为以下四种形式:

不进口中间产品也不出口的内销企业,其利润为:

$$\pi_{ik}(\varphi, 0, 0) = \alpha_{ik} Y_i B \varphi_{ik}^{\sigma_{ik}-1} - f_{ik} \tag{5.17}$$

进口中间产品不出口的内销企业,其利润为:

$$\pi_{ik}(\varphi, 0, 1) = b_m \times \alpha_{ik} Y_i B A(\varphi_{ik}, 1)^{\sigma_{ik}-1} - (f_{ik} + f_{ik,m}) \tag{5.18}$$

不进口中间产品但出口的企业,其利润为:

$$\pi_{ik}(\varphi, 1, 0) = b_x \times \alpha_{ik} Y_i B A(\varphi_{ik}, 0)^{\sigma_{ik}-1} - (f_{ik} + f_{ik,x}) \tag{5.19}$$

进口中间产品也出口的企业,其利润为:

$$\pi_{ik}(\varphi, 1, 1) = b_x b_m \times \alpha_{ik} Y_i B A(\varphi_{ik}, 1)^{\sigma_{ik}-1} - (f_{ik} + f_{ik,x} + f_{ik,m}) \tag{5.20}$$

将$A(\varphi_{ik}, d^m)$看作全要素生产率TFP的整体,即相当于企业生产率φ后,可以将公式(5.17)至公式(5.20)四种类型的利润函数理解为带有斜率和截距的一次函数,即因变量为$\pi_{ik}(\varphi, d^x, d^m)$,自变量为$A(\varphi_{ik}, d^m)^{\sigma_{ik}-1}$,斜率为$b_x^{d^x} b_m^{d^m} \times \alpha_{ik} Y_i B$,截距为$F(d^x, d^m)$。又因为$b_x \equiv (1 + d^x \tau_x^{1-\sigma_{ik}})$、$b_m \equiv \nu^{\sigma_{ik}-1}$、$\nu \equiv (1 + d_m N \tau_m^{1-z})^{(1-\gamma_1-\gamma_2)/(z-1)}$,当$\sigma_{ik} > 1$且$d^x$、$d^m$都等于1时,显然有$b_x > 1$、$b_m > 1$成立,于是有$\alpha_{ik} Y_i B < b_m \times \alpha_{ik} Y_i B$,$b_x \times \alpha_{ik} Y_i B A < b_x b_m \times \alpha_{ik} Y_i B$成立,即公式(5.20)的斜率大于公式(5.18)、公式

(5.19)，也都大于公式(5.17)。同样，因为固定生产成本、固定进口成本、固定出口成本均为正数，这里也有公式(5.20)的截距大于公式(5.18)、公式(5.19)，也都大于公式(5.17)。图5—2表示了生产企业利润水平随生产率变化的情况。

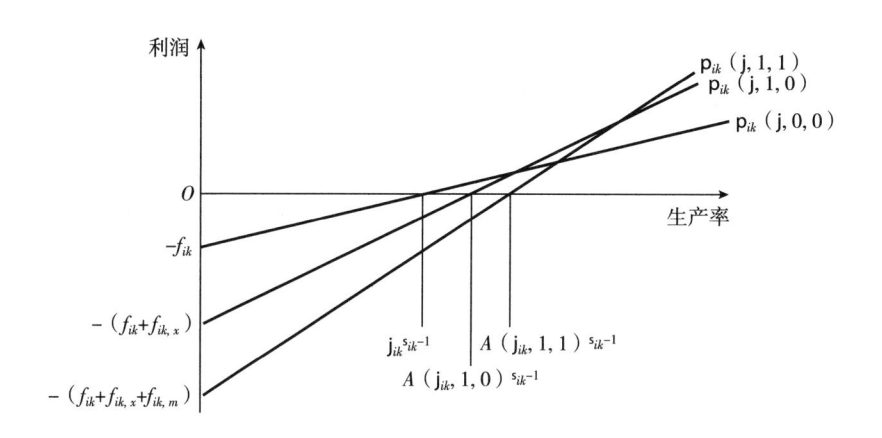

图5—2 进口或不进口中间产品的企业出口与利润

注：笔者整理。

观察图5—2可以看出：首先，企业生产率水平越高，无论是内销还是出口，利润都越大；其次，零利润条件表示为利润函数与横轴的交点，从右到左依次是进口中间产品的出口企业、不进口中间产品的出口企业、既不进口也不出口的内销企业，即三者的零利润条件从大到小；最后，由于 $\sigma_{ik}>1$，而 $f(x)=x^n(x>0,n>0)$ 是关于 x 的递增函数，从而有 $A(\varphi_{ik},1,1)>A(\varphi_{ik},1,0)>\varphi_{ik}$ 成立。于是，这里能得到以下假定：

假定2：存在进口与出口贸易成本后，生产率越高的企业才有可能把进口的中间产品作为生产最终产品的中间投入，并向海外市场出口。

如果把进口中间产品且出口的企业看成是加工贸易企业，而将不进口中间产品且出口的企业看成是一般贸易企业，上述理论分析的结论应该出现加工贸易企业的生产率条件高于一般贸易的情况。这是因为与一般贸易相比，进口中间产品的较高成本导致加工贸易型企业获取非负利润的条件更为严格。倘若出现结论相反，即加工贸易企业生产率条件反而低于一般贸易，就会出现学界讨论已久的"生产率悖论"问题。

假定3：如果加工贸易企业追寻的是生产成本最低而非生产率水平更高，极容易出现"生产率悖论"问题，也就是出现生产率促进一般贸易企业出口的作用大于加工贸易。

长期以来，我国农业剩余劳动力非农转移带来的低成本竞争优势，是我国加工贸易繁荣的重要原因。从微观企业上看，是否存在生产率促进一般贸易企业出口增长效应高于加工贸易的情形？本章再使用工业企业与海关统计的匹配数据进行实证检验。

第二节 分贸易方式的微观企业数据检验

一 实证模型

类似于公式（4.38）和公式（4.39）并考虑数据的可获得性，这里设定如下计量方程实证检验分贸易方式的企业实际出口增长：

$$\ln X_{it,m} = \phi_0 + \phi_1 \ln Y_{jt} + \phi_2 \ln \tau_{it,m} + \phi_3 \ln mc_{it,m} + \phi_4 \ln R_{it,m} + \phi_5 \ln f_{it,mx} +$$
$$\phi_6 \ln \varphi_{it,m} + \phi_7 \ln(P_{jt}/P_{it}) + \phi_8 \ln(Y_{it}/Y_{jt}) + \phi_9 \ln f_{it,m} +$$
$$\phi_{10} cv_{it,m} + \varepsilon_{it} \tag{5.21}$$

其中：i 表示国家（或地区），这里仅指中国；j 表示贸易伙伴，这里仅指我国企业出口目标对象国家或地区；t 表示时间；m 表示贸易方式；$\ln X_{it,m}$ 表示企业实际出口的对数；$\ln Y_{jt}$ 为贸易伙伴总收入的对数；$\ln \tau_{it,m}$ 为可变贸易成本对数；$\ln mc_{it,m}$ 为企业边际成本对数；$\ln R_{it,m}$ 为各企业所属行业实际产出的对数；$\ln f_{it,mx}$ 为固定贸易成本；$\ln \varphi_{it,m}$ 为企业生产率对数；$\ln(P_{jt}/P_{it})$ 为相对价格表示实际汇率的对数；$\ln(Y_{it}/Y_{jt})$ 为我国实际经济总量与贸易伙伴之比的对数，用以衡量本土市场效应；$\ln f_{it,m}$ 为固定生产成本的对数；$cv_{it,m}$ 为控制变量；ε_{it} 为误差项；$\phi_0, \cdots, \phi_{10}$ 为待估计系数。

二 预期符号

计量公式（5.21）中，有四个关于出口增长的成本变量：可变贸易成本和固定贸易成本；企业的边际生产成本和固定生产成本。根据产出—成本反向变化关系，预期这四个成本变量的系数符号为负，即 ϕ_2、ϕ_3、ϕ_5、$\phi_9 < 0$。

计量公式（5.21）中有两个收入变量：贸易伙伴的绝对经济规模 $\ln Y_{jt}$ 和相对经济规模表示的本土市场效应 $\ln(Y_{it}/Y_{jt})$。由贸易伙伴经济规模越大，越有利于我国企业出口增长，这里预期 $\phi_1 > 0$。同时，由新贸易理论和新—新贸易理论，本土市场效应具有促进出口作用，预期 $\varphi_8 > 0$。

一般而言，企业产出规模越大，出口供给能力越强。于是，这里预期产出规模（$\ln R_{it,m}$）促进企业出口作用为正，即 $\phi_4 > 0$。

根据新—新贸易理论，企业生产率越高，参与国际市场意愿越强，出口量也应该越大，预期 $\ln \varphi_{it,m}$ 系数为正，即 $\phi_6 > 0$。

计量公式（5.21）中，$\ln(P_{jt}/P_{it})$ 表示相对价格衡量的实际汇率。通常贸易伙伴价格指数上升，实际购买力会下降，本币相对外币出现升值，结果对企业出口有负面作用，于是预期其系数符号为负，即 $\phi_7 < 0$。

三 数据来源

为分析贸易方式对我国企业出口增长的影响，本章选择第四章相同的匹配数据进行，即严格按照"1∶1"的匹配方式并剔除包括企业产出、劳动投入、固定资产投资等基础变量为零或未统计的数据后，可以得到 592240 个样本企业数据，其中一般贸易 332745 个样本，加工贸易 255802 个样本，其他贸易 3693 个样本。需要说明的是：这些样本企业数据并非完全按照单一的贸易方式进行出口，部分企业既做一般贸易也做加工贸易。为比较做单一贸易企业和做多种贸易方式的差异，本章进一步将各组样本企业划分为两大类：专门做一般贸易的企业，有 305374 个样本；专门做加工贸易的企业，有 198073 个样本，专门做其他贸易的企业，有 2833 个样本；从事多种贸易方式的企业中，主要做一般贸易有 27371 个样本，主要做加工贸易有 57729 个样本，主要做其他贸易有 860 个样本。①

继续将加工贸易企业进行划分，我们可以发现其中来料加工、进料加

---

① 多种贸易方式中，企业主要从事某种贸易方式的计算方法是该种贸易方式占总出口的比重超过50%，下同。

工、出料加工的企业有172299个样本，保税区加工贸易企业有18889个样本，加工设备企业有3108个样本，其他加工贸易企业有1702个样本。这其中完全是"三料"加工企业的样本有133080个，多种贸易方式的"三料"加工企业有39219个；完全是保税区加工企业有13430个，多种贸易方式的保税区加工贸易企业有5459个；完全是加工设备企业有2359个，多种贸易方式的加工设备企业有749个；完全是其他加工企业有1169个，多种贸易方式中的其他加工企业有533个。

而在"三料"加工企业中，进料加工企业132437个样本，来料加工企业39859个样本，而出料加工企业因为样本过少满足不了自由度要求而舍弃。同样需要指出的是，因为工业企业数库在2009年、2010年对相关企业投入的工资支出等部分变量没有直接给出统计，为保持数据的完整性，这里也使用移动平均方式处理，具体见第四章处理方法。以下变量选择和处理，如果未做特殊说明，则数据来源均为工业企业数据库和海关统计数据库的匹配数据。

企业出口。因为匹配数据中，有很多企业并非仅出口一种产品，为分析方便，本章将其各种出口产品数据汇总为名义总出口，然后利用工业品的出厂价格指数调整为实际值，取对数后表示为 $\ln X_{it,m}$。

贸易伙伴绝对经济规模（$\ln Y_{jt}$）、本土市场效应 [$\ln(Y_{it}/Y_{jt})$]、可变贸易成本（$\ln \tau_{it,m}$）、固定贸易成本（$\ln f_{it,mx}$）、实际汇率 [$\ln(P_{jt}/P_{it})$] 的变量选择、数据来源与处理同第三章一样。

企业的边际生产成本（$\ln mc_{it,m}$）、固定生产成本（$\ln f_{it,m}$）、行业产出（$\ln R_{it,m}$）等相关变量选择、数据来源与处理和第四章相同。

企业生产率也使用LP方法测算，详细方法与第二章相同。测算完全部样本企业全要素生产率后，为防止负数无对数，这里也使用 $\ln(\varphi_{it,m} - \varphi_{it,m}^{min})$ 近似替代。

控制变量（$cv_{it,m}$）。为比较所有制性质、地区差异对分贸易方式企业出口增长的影响，本章将这些因素均作为控制变量代入计量公式（5.21）中。企业所有制差异使用哑变量 owner 表示，且 owner =1表示内资企业，由国有企业、集体企业、私营企业、个体工商户、其他企业五类构成；owner =0表示外资企业，由外商独资、中外合资、中外合作三类企业构成。地区使用哑变量 region 表示，且 region =（1,0,0）表示企业位于东部地区，region =（0,1,0）表示企业位于中部地区，region =（0,0,1）表示企业位于西部地区。各企业所在城市及其省份原始数据来源于《海关统计数据库》,详细处理方法与前文相同,而中东西部地区划分参见项松林(2011)文献。

同样是因为《中国工业企业统计数据库》和《海关统计数据库》匹配数据构成的是非平衡面板,且只有84个样本能构成每个年份均有数据的平衡面板,如果选择滞后变量进行内生性检验并使用动态面板模型,就会出现样本容量过小的难题。为此,本章的实证分析并未使用滞后变量。我们未来争取能获取更多更全更新的数据进行稳健性再检验,尤其突出变量内生性的相关分析。

四 初步回归及分析

根据计量方程式(5.21),初步回归首先按照全部样本企业、一般贸易样本企业、加工贸易样本企业、其他贸易样本企业四种类型进行。同时,为防止企业所有制性质和所在地区差异可能存在的影响,本章在每一种类型中都使用添加和不添加上述控制变量的两种方式进行比较,以检验实证结果是否稳健,详见表5—2。

1. 经济规模和本土市场效应

$\ln Y_{jt}$ 的系数在分贸易方式估计中显著为正,一方面符合前文理论预期,另一方面也符合经典贸易理论基本结论,说明贸易伙伴经济规模扩大为我国企业出口提供了更大的消费潜力和市场容量,有利于出口规模的增长。

$\ln(Y_{it}/Y_{jt})$ 的系数在分贸易方式估计中也显著为正,同样符合前文理论预期和经典贸易理论有关本土市场效应的基本结论,说明在垄断竞争模型下,生产企业如果可以实现规模报酬递增,存在贸易成本将会出现国内需求扩大后的促进出口增长作用。

只是在其他贸易类型上,无论是绝对经济规模($\ln Y_{jt}$)还是本土市场效应[$\ln(Y_{it}/Y_{jt})$],尽管其在加入或不加入控制变量时的系数都为正,但都不满足显著性水平要求,似乎说明这一贸易方式的企业出口增长并未从相互经济增长中得到显著提升,原因主要是由其他贸易的构成造成的。

实际上,其他贸易中很大部分属于边境贸易,主要是我国在"陆域"同周边接壤国家(或地区)展开的外贸方式,甚至可能还包括西藏、新疆等地区的"以货易货"原始贸易形态。这些边境贸易一般都是我国和接壤

表5—2　全部样本企业分贸易方式回归结果

	全部		一般	加工	其他
C	4.4123*** (40.85)	4.7005*** (23.67)	4.1138*** (28.25)	4.5665*** (17.51)	4.6963*** (29.84)	4.5657*** (14.02)	7.6662*** (4.94)	7.8472*** (4.14)
$\ln Y_{jt}$	0.0605*** (9.67)	0.0516*** (6.64)	0.0663*** (7.88)	0.0575*** (5.48)	0.0514*** (5.61)	0.0416*** (3.65)	0.0191 (0.22)	0.0273 (0.26)
$\ln(Y_{it}/Y_{jt})$	0.0576*** (12.09)	0.0540*** (9.41)	0.0594*** (9.05)	0.0548*** (6.86)	0.0572*** (8.55)	0.0547*** (6.83)	0.0762 (1.38)	0.0677 (1.08)
$\ln\tau_{it,m}$	−0.0452*** (−8.17)	−0.0518*** (−7.62)	−0.0322*** (−4.33)	−0.0351*** (−3.83)	−0.0649*** (−8.01)	−0.0776*** (−7.82)	−0.1661** (−2.17)	−0.1767* (−1.82)
$\ln f_{it,mx}$	−0.0480*** (−8.56)	−0.0549*** (−7.96)	−0.0347*** (−4.60)	−0.0378*** (−4.06)	−0.0683*** (−8.32)	−0.0817*** (−8.12)	−0.1647** (−2.12)	−0.1735* (−1.76)
$\ln mc_{it,m}$	−0.1288*** (−7.66)	−0.1463*** (−6.84)	−0.1808*** (−8.02)	−0.2153*** (−7.47)	−0.0438* (−1.78)	−0.0370 (−1.18)	0.0537 (−0.20)	0.0530 (−0.15)
$\ln f_{it,m}$	−0.1315*** (−20.68)	−0.1370*** (−16.38)	−0.1536*** (−17.69)	−0.1626*** (−14.09)	−0.0965*** (−10.66)	−0.0978*** (−8.30)	−0.1659* (−1.78)	−0.2037* (−1.75)
$\ln R_{it,m}$	0.0547*** (79.31)	0.0552*** (66.06)	0.0497*** (53.98)	0.0504*** (45.27)	0.0637*** (62.12)	0.0639*** (51.17)	0.0615*** (7.12)	0.0555*** (5.22)
$\ln(P_{jt}/P_{it})$	−0.2154*** (−20.60)	−0.2284*** (−16.51)	−0.2043*** (−14.76)	−0.2206*** (−12.02)	−0.2268*** (−14.47)	−0.2338*** (−11.28)	−0.7026*** (−3.83)	−0.8446*** (−3.24)

续表

	全部		一般		加工		其他	
$\ln\varphi_{it,m}$	0.1474*** (19.24)	0.1367*** (14.11)	0.1477*** (14.19)	0.1320*** (10.01)	0.1461*** (13.28)	0.1401*** (10.06)	0.1444 (1.20)	0.2028 (1.43)
所有制	no	yes	no	yes	no	yes	no	yes
地区	no	yes	no	yes	no	yes	no	yes
Hausman test	FE	FE	FE	FE	FE	FE	FE	FE
F 统计量	1334.46	643.53	660.33	318.52	756.97	363.06	12.08	7.46
组内 R^2	0.0791	0.0815	0.0652	0.0677	0.1119	0.1134	0.1545	0.1644
组间 R^2	0.0355	0.0412	0.0309	0.0342	0.0579	0.0697	0.0082	0.0073
总体 R^2	0.0394	0.0455	0.0365	0.0400	0.0604	0.0730	0.0111	0.0107
Obs	592240	401780	332745	222731	255802	176321	3693	2728

注：各变量统计含义与前文相同。

国家民众间主动发起的小规模经贸往来，主要是"互通有无"的"必需品"，比如牛羊皮制造的外贸服装等。这类产品受我国与贸易伙伴整体经济总量影响程度不大，再加上中国周边的哈萨克斯坦、吉尔吉斯斯坦、塔吉克斯坦、巴基斯坦、蒙古等国近年来经济增长"幅度"并不十分明显，从而造成了贸易伙伴绝对经济规模和本土市场效应影响企业出口不显著的现象。

2. 贸易成本

$\ln\tau_{it,m}$ 和 $\ln f_{it,mx}$ 的系数在分贸易方式估计中显著为负，也符合前文理论预期，说明我国采取切实措施降低与贸易伙伴之间的相互贸易成本，对提高微观企业参与国际市场竞争、提升出口供给能力大有帮助。

而从其他贸易来看，降低可变贸易成本促进出口的作用反而更大，在一定意义上说明促进包括边境贸易在内的其他贸易方式出口增长，还需要额外重视可变贸易成本的作用。

由于本章使用经济距离表示可变贸易成本，运输成本是其中重要因素，比如从上海或广东经"海运"到巴基斯坦伊斯兰堡的成本是 250—350 元/吨，而经过新疆的"陆运"成本在 1400 元/吨左右，几乎是"海运"的 3 倍，只是时间缩短了一半。如果不考虑出口产品的"保鲜""及时"等因素，陆运成本依然相对"高昂"。这决定了要发挥边境贸易在内的其他贸易稳定出口作用，依然需要在降低可变贸易成本尤其是运输成本上"做足"文章。

3. 行业产出

$\ln R_{it,m}$ 的系数在分贸易方式估计中显著为正，也符合前文预期，意味着行业产出增加后，相关产品的国际市场供给能力将得到增强，出口也会随之增加。

4. 生产成本

边际生产成本（$\ln mc_{it,m}$）和固定生产成本（$\ln f_{it,mx}$）的系数在分贸易方式估计中均为负，也符合经典生产理论的成本—产出反向变动关系，同时也再次体现出我国采取切实措施降低企业生产成本，对扩大他们的出口有益。

从显著性水平来看，固定生产成本显著负向影响各类型企业出口增长，而边际生产成本在加工贸易企业以及其他贸易方式企业没有达到显著性水平要求，说明降低固定生产成本对做好稳定出口工作更有利。

实际上，我们既不能否认包括劳动、资本等各种生产要素价格上涨带来的边际生产成本增加，更不能忽视固定资产投资、新建厂房、添置生产新设备等固定生产成本"快速"增长的事实，比如2017年新建厂房的土地建设成本比1978年改革开放之初增加了20倍以上，达到亩均20万元左右。这还不是最高的，有些地区的建设用地成本更大，由此带来的企业固定生产成本一直"居高不下"。

降低企业固定生产成本更能显著提升我国各类企业出口增长的结论，其政策含义是：政府应该采取切实有效措施降低包括土地、购置设备等固定成本，尤其是稳定住"房子不是炒的"战略定力，继续保持相对"高压"的状态严控土地价格快速增长。这不仅是化解"金融系统性"风险的必要举措，还有助于形成土地价格不会快速增长的市场预期，由此减缓固定生产成本增长"幅度"。

5. 汇率

$\ln(P_{jt}/P_{it})$的系数在分贸易方式估计中均为负，一方面符合前文理论预期，另一方面也说明实际汇率上升对我国微观企业出口有不利影响。

6. 企业生产率

$\ln\varphi_{it,m}$的系数在分贸易方式估计中均显著为正，一方面符合前文假设2的理论预期，另一方面也符合经典新—新贸易理论基本结论。企业生产率显著正向作用其出口扩张，在一定意义上再次说明生产率是决定企业出口与否的重要因素，同类产品企业间相对出口大小与他们生产率的异质性直接相关。

而在其他贸易类型的企业出口增长中，$\ln\varphi_{it,m}$的系数虽然为正但没有达到显著性水平要求，说明生产率水平促进其他贸易类型企业出口并不显著，一方面符合前文假设3的理论预期，另一方面也说明其他贸易类型企业出口增长可能具有"生产率悖论"，也就是全要素生产率并未起到扩张其出口的作用。这一结论也再次说明：如果要发挥新—新贸易理论的稳定出口效应，政府也应该鼓励包括从事边境贸易在内的企业增加研发和人力资本投资，进而促进其生产效率快速提升，促进其对外出口的合理增长。

第三节 从事一种贸易方式与从事多种贸易方式的比较

一 全部样本回归及其分析

客观来看，上述贸易方式的分类还较为粗糙，毕竟样本中，既有专门从事某一种外贸方式的企业，也有从事多种贸易方式的企业。这两者是否也有不同？仍值得进一步分析。

为此，这里按计量公式（5.21）分别进行实证分析并比较计量结果，以便检验实证结果是否可靠，详见表5—3和表5—4。

1. 经济规模

$\ln Y_{jt}$显著正向影响专门从事一种和多种贸易方式的企业出口。$\ln(Y_{it}/Y_{jt})$也显著正向影响专门从事一种贸易方式的企业出口，同样显著正向影响从事多种贸易方式按主要方式的企业出口，符合本土市场效应基本结论。

从系数大小上看，绝对经济规模（$\ln Y_{jt}$）和本土市场效应[$\ln(Y_{it}/Y_{jt})$]显著促进专门从事一般贸易的企业出口增长低于从事多种贸易方式的一般贸易企业。相反$\ln Y_{jt}$和$\ln(Y_{it}/Y_{jt})$显著促进专门从事一种贸易方式的加工企业出口高于从事多种贸易方式的加工贸易企业，似乎说明为稳定我国出口贸易增长需要分类和细化相关出口促进政策：对于一般贸易来说，要鼓励这些企业继续扩大规模，以便利用贸易对象经济增长带来的外部需求增加和国内经济规模提升带来的本土市场效应来扩大出口；而对加工贸易企业来说，采取有效措施促进原本为专门从事加工贸易的企业逐步转变为综合从事多种贸易发展方式，可以更好发挥他们的稳定出口增长作用。

2. 贸易成本

$\ln\tau_{it,m}$和$\ln f_{it,mx}$负向影响所有专门从事一种贸易方式的企业出口，也负向影响所有从事多种贸易方式的企业出口，再次说明我国采取切实措施降

表5—3 仅从事一种贸易方式的回归结果

	全部		一般		加工		其他	
C	4.5767*** (37.44)	4.9290*** (22.43)	4.3368*** (28.08)	4.8461*** (17.66)	4.7413*** (24.36)	4.6940*** (12.49)	8.2847*** (3.84)	7.6983*** (2.90)
$\ln Y_{jt}$	0.0597*** (8.48)	0.0512*** (5.81)	0.0648*** (7.28)	0.0571*** (5.11)	0.0478*** (4.29)	0.0461*** (2.59)	0.0860 (0.63)	0.1240 (0.75)
$\ln(Y_{it}/Y_{jt})$	0.0514*** (11.15)	0.0578*** (8.63)	0.0635*** (8.97)	0.0595*** (6.83)	0.0594*** (7.06)	0.0558*** (5.58)	0.0932 (0.78)	0.1139 (0.76)
$\ln\tau_{it,m}$	-0.0132** (-2.09)	-0.0135* (-1.73)	-0.0116 (-1.46)	-0.0103 (-1.05)	-0.0138 (-1.38)	-0.0179 (-1.44)	-0.2088** (-2.09)	-0.2832** (-2.12)
$\ln f_{it,max}$	-0.0145** (-2.28)	-0.0153* (-1.93)	-0.0129 (-1.61)	-0.0120 (-1.20)	-0.0154 (-1.51)	-0.0204 (-1.61)	-0.2027** (-1.99)	-0.2757** (-2.03)
$\ln mc_{it,m}$	-0.1553*** (-8.22)	-0.1789*** (-7.39)	-0.1976*** (-8.26)	-0.2432*** (-7.88)	-0.0586* (-1.96)	-0.0408 (-1.08)	-0.0942 (-0.27)	0.0226 (-0.05)
$\ln f_{it,m}$	-0.1026*** (-14.23)	-0.1011*** (-10.56)	-0.1214*** (-13.16)	-0.1203*** (-9.76)	-0.0612*** (-5.49)	-0.0597*** (-4.09)	-0.2488* (-1.85)	-0.2062 (-1.23)
$\ln R_{it,m}$	0.0526*** (66.05)	0.0530*** (54.97)	0.0492*** (49.58)	0.0496*** (41.22)	0.0616*** (46.99)	0.0622*** (39.08)	0.0402*** (2.91)	0.0347** (2.16)
$\ln(P_{jt}/P_{it})$	-0.1798*** (-15.93)	-0.1949*** (-13.00)	-0.1752*** (-12.38)	-0.1902*** (-10.11)	-0.1829*** (-10.06)	-0.1968*** (-8.15)	-0.7289*** (-3.48)	-0.9843*** (-3.44)
$\ln\varphi_{it,m}$	0.1234*** (14.22)	0.1081*** (9.76)	0.1215*** (11.03)	0.1029*** (7.30)	0.1290*** (9.49)	0.1172*** (6.76)	0.2148 (1.20)	0.3186 (1.46)
所有制	no	yes	no	yes	no	yes	no	no

续表

	全部		一般		加工		其他	
	no	yes	no	yes	no	yes	no	yes
地区	FE	FE	FE	FE	FE	FE	FE	FE
Hausman test								
F 统计量	874.57	419.08	519.31	246.63	401.04	194.87	6.46	4.90
组内 R^2	0.0698	0.0728	0.0615	0.0640	0.0980	0.1024	0.1491	0.1891
组间 R^2	0.0369	0.0402	0.0320	0.0342	0.0644	0.0709	0.0006	0.0006
总体 R^2	0.0412	0.0441	0.0374	0.0393	0.0682	0.0747	0.0009	0.0009
Obs	506280	340826	305374	203135	198073	135615	2833	2076

表5—4 从事多种贸易方式按主要贸易方式的回归结果

	全部		一般		加工		其他	
C	5.9297***	6.9275***	4.1196***	4.7668***	6.7031***	6.7737***	4.4490	7.4579*
	(19.74)	(8.36)	(7.29)	(3.81)	(18.81)	(10.69)	(1.37)	(1.94)
$\ln Y_{jt}$	0.0721***	0.0780***	0.1618***	0.1638***	0.0368*	0.0441*	0.1530	0.0524
	(4.08)	(3.62)	(4.83)	(4.01)	(1.76)	(1.73)	(0.77)	(0.21)
$\ln(Y_{it}/Y_{jt})$	0.0589***	0.0612***	0.0854***	0.0930***	0.0491***	0.0483***	0.0502	0.3039*
	(5.02)	(4.38)	(4.01)	(3.81)	(3.48)	(2.82)	(0.34)	(1.68)
$\ln\tau_{it,m}$	-0.1148***	-0.1205***	-0.0855***	-0.0892***	-0.1306***	-0.1375***	-0.0741	-0.1145
	(-7.77)	(-6.81)	(-3.10)	(-2.73)	(-7.44)	(-6.52)	(-0.37)	(-0.45)
$\ln f_{it,mx}$	-0.1206***	-0.1261***	-0.0901***	-0.0930***	-0.1371***	-0.1441***	-0.0917	-0.1339
	(-8.04)	(-7.02)	(-3.22)	(-2.80)	(-7.69)	(-6.73)	(-0.45)	(-0.51)

续表

	全部		一般		加工		其他	
$\ln mc_{it,m}$	-0.0869*	-0.0833	-0.0835	-0.1014	-0.0983*	-0.0897	-0.4534	-0.0062
	(-1.84)	(-1.45)	(-0.98)	(-0.97)	(-1.71)	(-1.29)	(-0.70)	(-0.01)
$\ln f_{it,m}$	-0.1308***	-0.1296***	-0.2191***	-0.2476***	-0.0965***	-0.0867***	0.1922	0.3657
	(-7.76)	(-5.99)	(-6.98)	(-6.00)	(-4.81)	(-3.40)	(-0.89)	(-1.26)
$\ln R_{it,m}$	0.0524***	0.0505***	0.0466***	0.0449***	0.0550***	0.0526***	0.0532***	0.0434***
	(29.44)	(23.07)	(14.38)	(11.00)	(25.54)	(19.96)	(3.81)	(2.60)
$\ln(P_{jt}/P_{it})$	-0.4624***	-0.4856***	-0.5381***	-0.6309***	-0.4346***	-0.4469***	-0.5199**	-0.5807**
	(-11.89)	(-9.62)	(-6.69)	(-5.41)	(-9.70)	(-7.91)	(-2.05)	(-2.15)
$\ln \varphi_{it,m}$	0.2020***	0.2181***	0.2568***	0.3027***	0.1714***	0.1705***	0.3670	0.5213
	(9.76)	(8.46)	(6.36)	(6.04)	(7.08)	(5.64)	(1.40)	(1.60)
所有制	no	yes	no	yes	no	no	no	no
地区	no	yes	no	yes	no	yes	no	yes
Hausman test	FE	FE	FE	FE	FE	FE	FE	FE
F 统计量	236.50	110.77	75.00	38.63	162.34	79.17	5.98	4.71
组内 R^2	0.1322	0.1275	0.1358	0.1411	0.1328	0.1243	0.3168	0.4024
组间 R^2	0.0361	0.0289	0.0445	0.0397	0.0313	0.0389	0.0329	0.0313
总体 R^2	0.0352	0.0287	0.0454	0.0399	0.0300	0.0385	0.0346	0.0359
Obs	85960	60954	27371	19596	57729	40706	860	652

低与贸易伙伴之间的相互贸易成本，对提高微观企业参与国际市场竞争、提升出口供给能力大有帮助。

从系数相对大小来看，扣除其他贸易后，如果不考虑显著性水平差异，表5—3和表5—4还可以看出：可变贸易成本和固定贸易成本负向影响专门从事一种贸易的系数低于多种贸易的企业，说明如果要采用"分散风险"方法鼓励企业采取多种贸易发展方式，仍需要持续降低我国和贸易伙伴国家或地区的相关贸易成本。

3. 行业产出

表5—3和表5—4中，$\ln R_{it,m}$显著正向影响专门从事一种贸易方式的企业出口，也显著正向影响从事多种贸易方式的企业出口。

从显著性系数相对大小上看，$\ln R_{it,m}$在表5—3的系数都要大于表5—4，且这一结论无论是在全部样本企业还是分一般贸易、加工贸易或其他贸易样本企业中都成立，在一定意义上说明：如果鼓励各种单一贸易方式的出口企业向从事多种贸易方式方向转变，"联合生产"可能会带来部分"专业化生产"的行业产出规模"损失"，"多样化贸易方式"或产生降低企业外贸增速的"负面"效果。

4. 生产成本

$\ln mc_{it,m}$和$\ln f_{it,m}$负向影响所有专门从事一种贸易方式的企业出口，也负向影响所有从事多种贸易方式的企业出口，再次说明国家采取切实措施降低微观企业生产成本，对扩大他们的出口有益。

从系数相对大小来看，扣除其他贸易后，如果不考虑显著性水平差异，从表5—3和表5—4实证结果中还可以看出：边际生产成本负向影响专门做一种贸易的系数都比从事多种贸易的企业小，其原因或许与前者"专业化"程度相对较高有关，也与其生产所需劳动、资本等生产要素的"专有属性"有关，毕竟让其转移到从事多种贸易方式，至少存在相关要素储备不足的问题，从而导致其边际生产成本的负系数相对较小。

与此相反的是，固定生产成本负向影响做一种贸易企业的系数都比做多种贸易的企业大，似乎说明专门从事一种贸易方式的企业转变为从事多种贸易方式，可以综合利用其原有厂房、生产设备等固定投资优势。固定和边际生产成本完全相反的作用，在一定意义上说明：充分利用现有固定生产投资基础上，促使企业从现有单一贸易方式转变为多种贸易方式，经济政策的重点应该是努力降低边际生产成本，优化资源配置，并在提高各种生产要素效率中，克服人力资源投资、海外销售网络建设等"专有"障碍。

5. 实际汇率

$\ln(P_{jt}/P_{it})$ 负向影响所有专门从事一种贸易方式的企业出口，也负向影响所有从事多种贸易方式的企业出口，再次说明为实现对外贸易的稳定增长和发展，一个理想的状态依然是努力维系我国同各贸易伙伴之间的货币币值相对稳定。

从相对显著性系数大小来看，$\ln(P_{jt}/P_{it})$ 在表 5—3 的系数都要小于表 5—4，且这一结论无论是在全部样本企业还是分一般贸易、加工贸易或其他贸易样本企业中都成立，也无论是加入或不加入控制变量也都成立，在一定意义上说明：如果鼓励一种贸易方式的出口企业向多种贸易方式方向转变，企业出口所涉及产品种类将会增加，受实际汇率变动影响的范围更广、程度也可能更大，从而出现 $\ln(P_{jt}/P_{it})$ 显著负向影响多种贸易方式企业出口高于单一贸易方式企业的情形。

6. 生产率水平

除其他贸易外，$\ln\varphi_{it,m}$ 显著正向影响专门从事一种贸易方式的企业出口，也显著正向影响从事多种贸易方式的企业出口，再次说明生产率是决定微观企业出口与否的重要因素，同类产品企业间相对出口大小与生产率的异质性直接相关。

从相对显著性系数大小来看，表 5—3 和表 5—4 实证结果的对比中还可以看出：全要素生产率（$\ln\varphi_{it,m}$）正向影响多种贸易方式的企业要比一种贸易方式企业大，更说明因为多种贸易方式更容易受到可变贸易成本、固定贸易成本、实际汇率等因素影响，以及"联合生产"要求的边际生产成本和固定生产成本更高，只有生产率更大的企业才能在国际市场中获利，从而出现生产率促进多种贸易方式的企业出口作用高于专门从事一种贸易的企业情况。

二 东中西区域子样本稳健性再检验

上述实证结果是否会因为企业所属区域不同而发生改变？仍值得进一步分析。使用相同方法对东中西区域子样本企业进行回归后，表 5—5 的结

表 5—5　分地区全部样本回归结果

	东部			中部			西部		
	所有	一般	加工	所有	一般	加工	所有	一般	加工
C	4.1187*** (29.32)	3.9403*** (20.91)	4.1485*** (20.12)	3.7344*** (6.75)	2.8042*** (3.92)	5.0256*** (5.75)	3.4673*** (2.84)	3.6282** (2.12)	1.9579 (1.12)
$\ln Y_{ji}$	0.0732*** (8.95)	0.0727*** (6.63)	0.0746*** (6.19)	0.0964*** (2.74)	0.0807* (1.68)	0.1375*** (2.59)	0.0185 (0.22)	0.0820 (0.64)	0.0352 (0.35)
$\ln(Y_{ii}/Y_{ji})$	0.0596*** (9.47)	0.0561*** (6.48)	0.0682*** (7.66)	0.0835*** (3.09)	0.0934** (2.30)	0.0737** (2.14)	0.1601*** (2.69)	0.2460*** (2.73)	0.0435 (0.58)
$\ln \tau_{ii,m}$	−0.0537*** (−7.46)	−0.0419*** (−4.36)	−0.0701*** (−6.62)	−0.0206 (−0.70)	−0.0112 (−0.29)	−0.0410 (−0.90)	−0.0346 (−0.58)	−0.0420 (−0.48)	−0.0066 (−0.08)
$\ln f_{ii,mx}$	−0.0565*** (−7.74)	−0.0444*** (−4.55)	−0.0735*** (−6.83)	−0.0248 (−0.83)	−0.0166 (−0.42)	−0.0432 (−0.93)	−0.0419 (−0.69)	−0.0485 (−0.55)	−0.0011 (−0.01)
$\ln mc_{ii,m}$	−0.1288*** (−5.83)	−0.2024*** (−6.83)	−0.0093 (−0.29)	−0.1491* (−1.68)	−0.3520*** (−3.10)	−0.1753 (−1.22)	−0.0576 (−0.35)	−0.0880 (−0.35)	−0.0023 (−0.01)
$\ln f_{ii,m}$	−0.1403*** (−16.97)	−0.1615*** (−14.38)	−0.1070*** (−9.01)	−0.0888*** (−2.55)	−0.1149** (−2.41)	−0.0408* (−1.82)	−0.2883*** (−3.96)	−0.2236** (−2.20)	−0.4114*** (−4.06)
$\ln R_{ii,m}$	0.0562*** (64.03)	0.0508*** (43.75)	0.0663*** (50.05)	0.0575*** (14.86)	0.0598*** (11.71)	0.0544*** (9.17)	0.0538*** (7.45)	0.0553*** (5.52)	0.0525*** (5.08)

续表

	东部			中部			西部		
	所有	一般	加工	所有	一般	加工	所有	一般	加工
$\ln(P_{ji}/P_{it})$	-0.2192*** (-16.37)	-0.2122*** (-12.05)	-0.2234*** (-11.01)	-0.1991*** (-3.27)	-0.1513** (-2.00)	-0.3114*** (-2.98)	-0.0234 (-0.23)	-0.0340 (-0.22)	-0.0722 (-0.56)
$\ln\varphi_{it,m}$	0.1496*** (15.01)	0.1465*** (10.90)	0.1543*** (10.67)	0.2153*** (5.09)	0.2482*** (4.57)	0.1500** (2.18)	0.2171** (2.49)	0.1400** (2.18)	0.3740*** (2.92)
Hausman test	FE	FE	FE	FE	FE	FE	FE	FE	FE
F统计量	875.47	433.31	499.52	57.54	37.44	22.01	14.17	7.31	8.47
组内 R^2	0.0858	0.0702	0.1235	0.0985	0.1043	0.0983	0.0937	0.0867	0.1261
组间 R^2	0.0378	0.0326	0.0636	0.0405	0.0457	0.0323	0.0697	0.0587	0.1001
总体 R^2	0.0410	0.0367	0.0661	0.0412	0.0473	0.0322	0.0708	0.0595	0.1013
Obs	442730	249361	190563	98858	55202	43030	50002	27818	21924

果显示，剔除其他贸易后①，以下影响企业出口的主要结论依然成立：

$\ln Y_{jt}$ 显著正向影响东中部企业出口，$\ln(Y_{it}/Y_{jt})$ 也正向影响东中部企业出口（西部企业不显著）。

$\ln\tau_{it,m}$ 和 $\ln f_{it,mx}$ 负向影响东中西部企业出口（尽管中西部不显著），也符合前文理论预期，说明我国采取切实措施降低与贸易伙伴之间的相互贸易成本，对提高微观企业参与国际市场竞争、提升出口供给能力都有利。

$\ln R_{it,m}$ 显著正向影响东中西区域内企业出口，也符合前文预期，同样说明各区域行业产出增加后，相关产品国际市场供给能力将得到增强，其他条件保持不变时，企业出口随之扩大。

$\ln mc_{it,m}$ 和 $\ln f_{it,mx}$ 负向影响东中西部企业出口，既符合经典生产理论的成本—产出反向变动关系，也再次体现出我国采取切实措施降低微观企业生产经营成本，对扩大它们的出口有益。

$\ln(P_{jt}/P_{it})$ 负向影响各区域企业出口，一方面符合前文理论预期，另一方面也说明实际汇率上升对我国微观企业有不利影响。

$\ln\varphi_{it,m}$ 显著正向影响东中西各区域企业出口，一方面符合前文假设 2 的理论预期，另一方面也符合经典新—新贸易理论的基本结论。企业生产率显著正向作用其出口扩张，再次说明各区域政府都应该采取切实措施，鼓励本区域内生产企业增加研发支出、扩大人力资本投资，进而提升其生产效率水平，以便实现外贸出口的稳定发展。

从各区域一般贸易和加工贸易显著性系数的相对大小来看，无论是东部地区还是中西部地区，加工贸易企业的 $\ln\varphi_{it,m}$ 系数都要大于一般贸易，不仅表明提高加工贸易企业生产率水平的扩大出口作用更为显著，更说明前文理论假设成立，即加工贸易如果存在进口中间产品而一般贸易不存在进口，相同条件下加工贸易企业会因为进口存在可变贸易成本与固定贸易成本，要求其生产率水平更高才能克服进口成本"障碍"，并顺利进入海外市场，否则将出现"生产率悖论"问题。

三 一种贸易方式同多种贸易方式的分地区再比较

同样对东中西区域样本企业按照专门从事某一种外贸方式的企业和从

---

① 剔除其他贸易的主要原因是东中部企业从事边境贸易的比例很小，实证分析中因为自由度不够而无法正常进行回归。

事多种贸易方式的企业子样本使用上述相同方法进行再检验后，表5—6的结果表明以下重要结论同样成立：

$\ln Y_{jt}$显著正向影响东中部一种贸易方式的企业出口，也显著正向影响东中部多种贸易方式企业出口，但西部地区无论是一种贸易方式还是多种贸易方式的企业中，其系数虽然为正但都不显著。当然，前者依然说明贸易伙伴经济规模扩大为我国东中部企业出口提供了更大消费潜力和市场容量，有利于各类型贸易企业出口规模的增长；而后者也体现出西部企业更要注重在对外开放中，积极同主要贸易伙伴建立良好的经贸关系，以便充分利用其经济增长带来的内需扩大好处，增加本地区各种贸易方式企业出口份额。

东中西区域内无论是专门从事一种贸易方式还是从事多种贸易方式的样本企业，$\ln(Y_{it}/Y_{jt})$显著正向影响出口的结论都成立，其政策含义也是：各区域政府努力做大本地经济规模，可以充分发挥本土市场效应来促进企业出口扩张。

然而，东中西区域内专门做加工贸易或者主要做加工贸易的企业，$\ln(Y_{it}/Y_{jt})$的系数虽然为正，但不满足显著性要求，说明分区域后，加工贸易的本土市场效应仍有待增强。当然，本土市场效应在分区域加工贸易中不显著或许也与加工贸易本身的"属性"有关，毕竟其"两头在外"的特征，更多依赖的是外部需求。

$\ln\tau_{it,m}$和$\ln f_{it,mx}$负向影响分区域后所有一种贸易方式的企业出口，也负向影响所有多种贸易方式的企业出口，一样可以说明我国采取切实措施降低与贸易伙伴之间的相互贸易成本，对提高微观企业参与国际市场竞争、提升出口供给能力有利。

表5—6中，"$\ln R_{it,m}$正向影响一种贸易方式企业出口，也正向影响多种贸易方式企业出口"在东中西分区域的再估计中也是成立的，再次说明行业产出增加后，相关产品的国际市场供给能力增强，其他条件保持不变时，各区域行业内各类型外贸企业的出口增长应该会随之增加。

需要说明的是：多种贸易分区域再估计中，中西部加工贸易的$\ln R_{it,m}$系数并不显著，也同样说明与东部相比，中西部的加工贸易发展速度和规模仍然有待提高。这一结论政策含义是：随着东部地区各种生产要素成本的上升，一些追求低成本竞争优势的加工贸易企业可能存在"外逃"风险，政府应该合理引导这些企业稳步有序地向中西部转移，一方面可以发

表 5—6　分地区仅从事一种贸易方式和多种贸易方式的回归结果比较

	仅从事一种贸易方式									仅从事一种贸易方式		
	东部			中部			西部		
	所有	一般	加工	所有	一般	加工	所有	一般	加工
C	4.2712*** (26.85)	4.0233*** (20.06)	4.4320*** (17.49)	4.0035*** (6.19)	2.8366*** (3.57)	5.9004*** (5.25)	2.5161* (1.79)	3.1934* (1.74)	1.6728 (0.30)
$\ln Y_{jt}$	0.0693*** (7.50)	0.0682*** (5.84)	0.0699*** (4.77)	0.0795** (1.97)	0.1171** (2.21)	0.0573* (1.89)	0.0269 (0.27)	0.0514 (0.37)	0.0043 (0.03)
$\ln(Y_{it}/Y_{jt})$	0.0590*** (8.04)	0.0528*** (5.63)	0.0741*** (6.57)	0.0902*** (2.85)	0.1614*** (3.48)	0.0142 (0.35)	0.1410* (1.92)	0.1767* (1.80)	0.0614 (0.57)
$\ln \tau_{it,m}$	-0.0152* (-1.86)	-0.0123 (-1.19)	-0.0192 (-1.46)	-0.0667** (-1.98)	-0.0576 (-1.37)	-0.0768 (-1.36)	-0.0128 (-0.18)	-0.0206 (-0.22)	-0.1158 (-1.18)
$\ln f_{it,mx}$	-0.0166** (-1.99)	-0.0136 (-1.30)	-0.0207 (-1.55)	-0.0621* (-1.81)	-0.0517 (-1.21)	-0.0734 (-1.28)	-0.0143 (-0.20)	-0.0195 (-0.20)	-0.1187 (-1.19)
$\ln mc_{it,m}$	-0.1580*** (-6.36)	-0.2135*** (-6.80)	-0.0294 (-0.75)	-0.1593 (-1.63)	-0.3212*** (-2.66)	-0.0837 (-0.49)	-0.1252 (-0.53)	-0.1285 (-0.41)	-0.1382 (-0.38)
$\ln f_{it,m}$	-0.1067*** (-11.34)	-0.1288*** (-10.74)	-0.0571*** (-3.92)	-0.0309 (-0.76)	-0.0698 (-1.37)	-0.0658 (-1.03)	-0.2653*** (-3.08)	-0.2319** (-2.07)	-0.3249** (-2.46)
$\ln R_{it,m}$	0.0547*** (54.08)	0.0515*** (41.05)	0.0638*** (37.86)	0.0563*** (12.45)	0.0566*** (10.22)	0.0601*** (7.63)	0.0512*** (5.87)	0.0479*** (4.23)	0.0667*** (4.78)
$\ln(P_{jt}/P_{it})$	-0.1863*** (-12.88)	-0.1810*** (-9.98)	-0.1931*** (-8.31)	-0.1518** (-2.23)	-0.1568* (-1.95)	-0.1053 (-0.81)	-0.0397 (-0.36)	-0.0438 (-0.29)	-0.0707 (-0.48)

· 238 ·

第五章 加工贸易出口与外贸方式结构优化升级

续表

仅从事一种贸易方式

	东部			中部			西部		
	所有	一般	加工	所有	一般	加工	所有	一般	加工
$\ln\varphi_{it,m}$	0.1180*** (10.41)	0.1154*** (8.08)	0.1262*** (7.00)	0.1682*** (3.45)	0.2117*** (3.60)	0.0391 (0.44)	0.3144*** (3.09)	0.2667** (2.06)	0.5009*** (3.02)
Hausman test	FE	FE	FE	FE	FE	FE	FE	FE	FE
F统计量	581.54	349.58	262.92	36.23	28.09	10.21	9.25	5.06	5.49
组内 R^2	0.0771	0.0683	0.1083	0.0877	0.0982	0.0806	0.0880	0.0765	0.1409
组间 R^2	0.0380	0.0337	0.0647	0.0400	0.0397	0.0484	0.0727	0.0640	0.1102
总体 R^2	0.0412	0.0376	0.0675	0.0410	0.0411	0.0492	0.0737	0.0646	0.1117
Obs	378476	228798	147531	84388	50647	33262	42843	25587	17050

从事多种贸易方式按主要贸易方式

	东部			中部			西部		
	所有	一般	加工	所有	一般	加工	所有	一般	加工
C	5.2992*** (13.44)	3.6815*** (5.03)	5.9447*** (12.61)	5.5731*** (3.03)	5.4599* (1.70)	5.8607** (2.44)	18.4384*** (4.81)	17.1406** (2.31)	17.3721*** (3.90)
$\ln Y_{jt}$	0.0777*** (3.41)	0.1744*** (4.10)	0.0429** (2.58)	0.4608*** (3.76)	0.3566* (1.72)	0.5252*** (3.35)	0.6558*** (2.75)	0.7701 (1.30)	0.4135 (1.62)
$\ln(Y_{it}/Y_{jt})$	0.0564*** (3.60)	0.1094*** (3.71)	0.0359* (1.93)	0.1912** (2.56)	0.0634 (0.50)	0.3454*** (3.55)	0.2305* (1.84)	0.7669*** (2.96)	0.0581 (0.42)

续表

	东部 所有	东部 一般	东部 加工	中部 所有	中部 一般	中部 加工	西部 所有	西部 一般	西部 加工
$\ln \tau_{it,m}$	-0.1218*** (-6.31)	-0.1169*** (-3.25)	-0.1252*** (-5.46)	-0.2755*** (-2.90)	-0.2596 (-1.45)	-0.2521** (-2.14)	-0.2499 (-1.40)	-0.5361* (-1.85)	-0.1093 (-0.51)
$\ln f_{it,mx}$	-0.1262*** (-6.43)	-0.1210*** (-3.31)	-0.1298*** (-5.57)	-0.2822*** (-2.92)	-0.2554 (-1.40)	-0.2654** (-2.22)	-0.2963* (-1.65)	-0.5718* (-1.91)	-0.1508 (-0.70)
$\ln mc_{it,m}$	-0.1219* (-1.88)	-0.0300 (-0.25)	-0.1652** (-2.15)	-0.6354* (-1.94)	-0.7575 (-1.59)	-0.3321 (-0.72)	-0.2955 (-0.57)	-0.3618** (-2.28)	-0.6593 (-0.71)
$\ln f_{it,m}$	-0.1576*** (-7.18)	-0.2741*** (-6.91)	-0.1121*** (-4.23)	-0.1688 (-1.45)	-0.0024 (-0.01)	-0.2384* (-1.74)	-0.0795 (-0.40)	-0.0049 (-0.01)	0.1434 (-0.64)
$\ln R_{it,m}$	0.0524*** (22.61)	0.0443*** (10.49)	0.0557*** (19.88)	0.0368*** (3.13)	0.0597** (2.28)	0.0229 (1.55)	0.0900*** (3.79)	0.1574*** (4.04)	0.0260 (0.83)
$\ln(P_{ft}/P_{it})$	-0.4980*** (-9.80)	-0.5764*** (-5.70)	-0.4707*** (-7.85)	-0.6622** (-2.48)	-0.3337 (-0.38)	-0.5844** (-2.02)	-0.1257 (-0.14)	-0.6927* (-1.77)	-0.2265** (-2.10)
$\ln \varphi_{it,m}$	0.2539*** (9.34)	0.2942*** (5.52)	0.2294*** (7.22)	0.0091** (2.08)	0.0071 (0.04)	0.0112 (0.07)	0.4744* (1.86)	0.2391 (0.52)	0.2181 (0.70)
Hausman test	FE	FE	FE	FE	FE	FE	FE	FE	FE
F 统计量	153.98	47.78	107.49	8.05	4.49	4.59	6.02	8.25	3.46
组内 R^2	0.1444	0.1435	0.1484	0.1463	0.2386	0.1279	0.3319	0.7715	0.2879
组间 R^2	0.0386	0.0482	0.0331	0.0129	0.0287	0.0157	0.0035	0.0093	0.0028
总体 R^2	0.0388	0.0500	0.0329	0.0123	0.0304	0.0145	0.0038	0.0095	0.0029
Obs	64254	20563	43032	14470	4555	9768	7159	2231	4874

挥中西部相对较低的成本竞争优势，另一方面可以"帮扶"中西部地区加工贸易市场规模做大，从而发挥行业产出促进中西部加工贸易出口增长的积极作用。

$lnmc_{it,m}$和$lnf_{it,m}$负向影响分区域后的所有专门从事一种贸易方式的企业出口，也负向影响分区域后所有从事多种贸易方式的企业出口，再次说明各地区也要采取切实措施降低微观企业生产成本，对扩大本地区各种贸易方式的企业出口有益。

$\ln(P_{jt}/P_{it})$负向影响所有东中西区域内专门从事一种贸易方式的企业出口，也负向影响所有东中西区域内从事多种贸易方式的企业出口，再次说明实际汇率上升对我国各区域各种类型贸易方式出口均有不利影响。而从相对系数大小来看，如果不考虑显著性水平，$\ln(P_{jt}/P_{it})$负向影响多种贸易方式企业出口增长的系数高于专门从事一种贸易方式，且在各区域的全部企业样本以及一般贸易、加工贸易企业子样本都成立，再次体现出：多种贸易方式生产企业因其生产和出口产品所涉及种类增加后，受实际汇率变动影响的范围更广、程度也可能更大，从而出现$\ln(P_{jt}/P_{it})$显著负向影响多种贸易方式企业出口高于单一贸易方式企业的情形。

分东中西区域后，"$\ln\varphi_{it,m}$正向影响专门从事一种贸易方式的企业出口，也正向影响所有从事多种贸易方式按主要方式的企业出口"在表5—6中也成立，再次说明生产率水平是影响各区域各种贸易方式企业出口与否的重要因素之一。分贸易方式后，中西部多种贸易方式的$\ln\varphi_{it,m}$大多不显著，尤其是中西部的加工贸易显著性水平都不理想，从而出现了生产率促进企业出口不显著的"悖论"问题。是什么原因造成了这一现象？本章在下一节进行稳健性再检验。

第四节 区分加工贸易方式的再比较

一 细分加工贸易全部样本的初步回归及分析

为分析方便，这里首先将全部加工贸易企业划分为四类：包括来料、进料、出料的"三料"加工贸易企业；保税区加工贸易企业；加工设备企业；其他加工贸易企业，然后按照计量公式（5.21）相同方式构造回归方程，并使用面板模型进行初步回归，详见表5—7回归结果。

1. 经济规模和本土市场效应

全部加工贸易企业中，$\ln Y_{jt}$显著正向影响"三料"、保税区和其他加工贸易企业出口，符合经典贸易理论基本结论。$\ln(Y_{it}/Y_{jt})$也显著正向影响"三料"、保税区和其他加工贸易企业出口，符合本土市场效应基本结论。只是对于加工设备类企业来说，$\ln Y_{jt}$和$\ln(Y_{it}/Y_{jt})$系数虽然为正，但不满足显著性要求，意味着利用外部需求和本土市场效应来拉动加工设备类企业出口增长较为有限。

区分专门从事加工贸易类企业和主要从事加工贸易的多种贸易方式企业后，$\ln Y_{jt}$和$\ln(Y_{it}/Y_{jt})$也能显著正向影响"三料"加工贸易企业出口，只是对保税区、加工设备和其他加工贸易的正向影响都或多或少地没有达到显著性要求，至少在一定程度上表明：仅仅从国内外经济增长带来的需求扩大来解释这些加工贸易企业出口增长或有"局限性"，保税区、加工设备等加工贸易出口很可能更多依赖对方市场的"指定采购"，国内货物周转方式仅仅在海关特殊监管区内进行"转口贸易"的进出境。这一点在影响保税区等加工企业上更明显。

2. 贸易成本

$\ln\tau_{it,m}$和$\ln f_{it,mx}$显著负向影响"三料"、加工设备和其他加工贸易企业出口，也符合前文理论预期。对保税区加工贸易来说，$\ln\tau_{it,m}$和$\ln f_{it,mx}$的系数虽然为负，但都不满足显著性要求，至少在一定程度上可以理解为可变贸易成本与固定贸易成本对保税区等海关特殊监管区的"转口贸易"增长没有特别显著的作用。

实际上，无论是哪种类型的加工贸易，都具有典型的"两头在外"特征，即原材料和销售市场都放在国际市场。这种经营策略虽然对中国外贸增长的"大进大出"格局起到至关重要作用，但依据海外市场订单的发展方式显然与贸易成本直接关联较为有限，从而出现表5—7中除主要从事"三料"加工贸易的多种贸易方式企业外，专门从事"三料"加工、保税区加工、加工设备和其他加工的企业以及主要从事保税区、加工设备和其他贸易的多种贸易方式企业，其出口增长中的$\ln\tau_{it,m}$和$\ln f_{it,mx}$系数虽然为负，但都不显著。

第五章 加工贸易出口与外贸方式结构优化升级

表5—7 细分加工贸易初步回归结果

	所有加工贸易				纯加工贸易				混合加工贸易			
	"三料"	保税区	加工设备	其他	"三料"	保税区	加工设备	其他	"三料"	保税区	加工设备	其他
C	4.5010*** (24.19)	4.8030*** (8.38)	6.4106*** (4.29)	0.2471 (0.13)	4.7354*** (20.66)	4.1382*** (5.45)	3.5228* (1.87)	2.4577 (0.84)	6.1950*** (14.48)	6.9555*** (6.10)	6.1432* (1.79)	3.6995 (1.13)
$\ln Y_{jt}$	0.0690*** (6.37)	0.0711** (2.03)	0.0563 (0.85)	0.3453*** (3.42)	0.0498*** (3.78)	0.1154** (2.54)	0.0170 (0.21)	0.2715** (2.12)	0.0708*** (2.83)	0.0002 (0.01)	0.0608 (0.35)	0.4040* (1.66)
$\ln(Y_{it}/Y_{jt})$	0.0726*** (9.39)	0.0607** (2.03)	0.0179 (0.30)	0.1561** (2.54)	0.0612*** (6.28)	0.0910** (2.38)	0.0494 (0.61)	0.1585** (2.37)	0.0699*** (4.26)	0.0065 (0.11)	0.0737 (0.41)	0.3366 (1.62)
$\ln\tau_{it,m}$	−0.0675*** (−7.05)	−0.0329 (−1.11)	−0.1258* (−1.76)	−0.1557* (−1.79)	−0.0116 (−0.97)	−0.0078 (−0.20)	−0.0572 (−0.67)	−0.1603 (−1.17)	−0.1527*** (−7.31)	−0.0393 (−0.68)	−0.0552 (−0.28)	−0.2070 (−1.25)
$\ln f_{it,mx}$	−0.0716*** (−7.37)	−0.0320 (−1.06)	−0.1387* (−1.89)	−0.1479* (−1.69)	−0.0139 (−1.15)	−0.0058 (−0.15)	−0.0721 (−0.82)	−0.1605 (−1.17)	−0.1590*** (−7.50)	−0.0360 (−0.61)	−0.0630 (−0.32)	−0.2183 (−1.31)
$\ln mc_{it,m}$	−0.0878*** (−2.98)	−0.0021 (−0.02)	−0.3291 (−1.33)	−0.7806* (−1.91)	−0.0871** (−2.48)	−0.0042 (−0.03)	−0.4441 (−1.49)	−0.8971 (−1.54)	−0.0103 (−0.15)	−0.3437** (−2.47)	−0.2802 (−0.44)	−0.9539 (−1.15)
$\ln f_{it,m}$	−0.0911*** (−8.47)	−0.0817** (−2.46)	−0.1650* (−1.83)	−0.2910** (−2.48)	−0.0534*** (−4.06)	−0.0408 (−0.91)	−0.1314 (−1.07)	−0.3594** (−2.29)	−0.1005*** (−4.11)	−0.0379 (−0.62)	−0.4243** (−2.33)	−0.0491 (−0.17)
$\ln R_{it,m}$	0.0672*** (54.86)	0.0598*** (17.22)	0.0470*** (4.97)	0.0754*** (5.71)	0.0643*** (41.33)	0.0616*** (12.57)	0.0733*** (5.73)	0.0558*** (3.46)	0.0608*** (23.15)	0.0456*** (7.12)	0.0133 (0.69)	0.1189*** (3.84)

· 243 ·

续表

	所有加工贸易 "三料"	所有加工贸易 保税区	所有加工贸易 加工设备	所有加工贸易 其他	纯加工贸易 "三料"	纯加工贸易 保税区	纯加工贸易 加工设备	纯加工贸易 其他	混合加工贸易 "三料"	混合加工贸易 保税区	混合加工贸易 加工设备	混合加工贸易 其他
$\ln(P_{jt}/P_{it})$	-0.2035*** (-11.24)	-0.2551*** (-5.40)	-0.1848 (-1.58)	-0.4901*** (-3.02)	-0.1657*** (-8.13)	-0.1273* (-1.91)	-0.1670 (-1.21)	-0.4215** (-2.36)	-0.3593*** (-6.54)	-0.5111*** (-4.23)	-0.2793 (-0.38)	-0.6430 (-0.77)
$\ln\varphi_{it,m}$	0.1186*** (9.02)	0.1677*** (4.14)	0.3350*** (3.26)	0.0561 (0.35)	0.1003*** (6.20)	0.2035*** (3.96)	0.3103** (2.51)	0.1101 (0.52)	0.1432*** (4.93)	0.1948** (2.38)	0.4570 (1.63)	0.0673 (0.23)
Hausman test	FE	FE	FE	FE	FE	FE	FE	FE	FE	FE	FE	FE
F 统计量	572.53	62.72	7.58	12.39	299.92	32.81	7.65	4.50	123.57	13.40	1.44	10.41
组内 R^2	0.1189	0.1329	0.1184	0.2805	0.1033	0.1338	0.1770	0.2446	0.1415	0.1177	0.1285	0.5363
组间 R^2	0.0572	0.0331	0.0962	0.0379	0.0624	0.0475	0.1259	0.0250	0.0378	0.0091	0.0556	0.0267
总体 R^2	0.0599	0.0373	0.1104	0.0430	0.0659	0.0554	0.1516	0.0248	0.0378	0.0070	0.0608	0.0287
Obs	172299	18889	3108	1702	133080	13430	2359	1169	39219	5459	749	533

注：(1) "所有加工贸易" 指加工企业全部样本；(2) "纯加工贸易" 指仅唯一从事加工贸易的企业；(3) "混合加工贸易" 指主要做加工的多贸易方式企业，下同。

3. 行业产出

$\ln R_{it,m}$ 显著正向影响加工贸易企业出口，也符合前文预期，说明行业产出增加后，无论是何种类型加工贸易，其行业产出增长后的产品国际市场供给能力都会得到增强。只要出现境外消费者增加该行业产品需求，其他条件保持不变时，相关企业出口就会有所增加。

区分专门做加工贸易的企业和主要从事加工贸易的多种贸易方式企业后，$\ln R_{it,m}$ 显著正向影响企业出口，对主要从事"三料"加工、保税区和其他加工贸易的多种贸易方式企业出口的作用也显著为正。实际上，即便是加工设备的多种贸易方式企业，$\ln R_{it,m}$ 的系数也为正，只是没有达到显著性水平要求。

4. 边际生产成本和固定生产成本

边际生产成本（$\ln mc_{it,m}$）和固定生产成本（$\ln f_{it,mx}$）均负向影响企业出口。区分专门从事加工贸易类企业和主要从事加工贸易的多种贸易方式企业后，$\ln mc_{it,m}$ 和 $\ln f_{it,mx}$ 也负向影响上述四类企业出口，再次体现出我国采取切实措施降低各类型企业的生产成本，有助于扩大加工贸易企业的出口增长。

5. 汇率

$\ln(P_{jt}/P_{it})$ 均负向影响企业出口，一方面符合前文理论预期，另一方面也说明实际汇率上升对我国企业出口有不利影响。区分专门从事加工贸易类企业和主要从事加工贸易的多种贸易方式企业后，无论是"纯粹"还是"混合"的"三料"加工、保税区、加工设备和其他加工贸易企业子样本中，实际汇率［$\ln(P_{jt}/P_{it})$］的系数也都为负，再次说明稳定汇率对维护企业出口稳定增长有重要意义。

6. 企业生产率

$\ln\varphi_{it,m}$ 显著正向影响企业出口增长，一方面符合经典新—新贸易理论基本结论，另一方面也说明同类产品企业间相对出口大小与生产率的异质性直接相关。只是其他加工贸易类型的企业，其生产率水平（$\ln\varphi_{it,m}$）回归系数虽然为正，但没有达到显著性水平要求，似乎说明样本期内这一类加工贸易企业的生产率与出口增长还没有直接联系。

区分专门从事加工贸易类企业和主要从事加工贸易的多种贸易方式企业后，"纯粹""三料"加工、保税区、加工设备类企业，以及"混合"贸易方式的"三料"加工、保税区加工贸易企业，其出口增长的 $\ln\varphi_{it,m}$ 系数同样显著为正。然而，"纯粹"的其他类加工贸易和"混合"的加工设备和其他加工贸易类企业中，$\ln\varphi_{it,m}$ 系数虽然为正，但不具有显著性，说明这些加工贸易企业生产率与出口增长的显著关系不大，有"生产率悖论"的嫌疑。

二 进料加工与来料加工的比较

正如前文统计的一样，"三料加工"是我国加工贸易对外发展的主要形式，进料、来料和出料加工又有何不同？仍值得进一步比较和分析。这里使用前文相同的方法进行处理。需要说明的是，因为样本中出料加工企业样本数量太少，这里主要比较进料加工贸易和来料加工贸易，详见表5—8。

表5—8　　　　　　　进料加工与来料加工的回归结果比较

	所有进料与来料贸易		纯进料与来料贸易		混合进料与来料贸易	
	进料	来料	进料	来料	进料	来料
C	4.3612*** (20.76)	5.1671*** (12.91)	4.6885*** (18.12)	4.9792*** (10.09)	6.1220*** (12.62)	6.1011*** (6.68)
$\ln Y_{jt}$	0.0640*** (5.17)	0.0869*** (3.91)	0.0497*** (3.32)	0.0509* (1.86)	0.0646** (2.27)	0.1003** (1.96)
$\ln(Y_{it}/Y_{jt})$	0.0726*** (8.18)	0.0754*** (4.84)	0.0655*** (5.79)	0.0479** (2.54)	0.0571*** (3.06)	0.1250*** (3.68)
$\ln\tau_{it,m}$	−0.0619*** (−5.72)	−0.0934*** (−4.58)	−0.0105 (−0.78)	−0.0205 (−0.80)	−0.1464*** (−6.24)	−0.1609*** (−3.47)
$\ln f_{it,mx}$	−0.0664*** (−6.04)	−0.0964*** (−4.66)	−0.0134 (−0.98)	−0.0207 (−0.80)	−0.1517*** (−6.36)	−0.1715*** (−3.67)
$\ln mc_{it,m}$	−0.0508 (−1.52)	−0.2365*** (−3.79)	−0.0681* (−1.71)	−0.0374 (−1.33)	−0.0890 (−1.11)	−0.4235*** (−2.88)
$\ln f_{it,m}$	−0.0945*** (−7.74)	−0.0776*** (−3.42)	−0.0569*** (−3.83)	−0.1663** (−2.26)	−0.0997*** (−3.54)	−0.1045** (−2.14)
$\ln R_{it,m}$	0.0682*** (49.08)	0.0631*** (24.45)	0.0638*** (36.17)	0.0662*** (20.11)	0.0602*** (20.45)	0.0651*** (11.13)

续表

	所有进料与来料贸易		纯进料与来料贸易		混合进料与来料贸易	
	进料	来料	进料	来料	进料	来料
$\ln(P_{jt}/P_{it})$	-0.2138***	-0.1623***	-0.1754***	-0.1307***	-0.4069***	-0.1607
	(-10.41)	(-4.26)	(-7.52)	(-3.14)	(-6.58)	(-1.34)
$\ln\varphi_{it,m}$	0.1213***	0.1011***	0.1100***	0.0584*	0.1554***	0.0956
	(8.10)	(3.71)	(6.00)	(1.70)	(4.68)	(1.61)
Hausman test	FE	FE	FE	FE	FE	FE
F 统计量	461.78	111.59	235.12	66.18	98.19	27.53
组内 R^2	0.1211	0.1112	0.1025	0.1085	0.1424	0.1487
组间 R^2	0.0573	0.0555	0.0618	0.0600	0.0316	0.0784
总体 R^2	0.0597	0.0595	0.0644	0.0667	0.0321	0.0770
Obs	132437	39859	102499	30580	29938	9279

细分进料加工与来料加工贸易后，以下结论同样是成立的：①$\ln Y_{jt}$显著正向影响全部样本、"纯"贸易方式以及"混合"贸易方式企业出口；②$\ln(Y_{it}/Y_{jt})$也显著正向影响全部样本、"纯"贸易方式以及"混合"贸易方式企业出口；③$\ln\tau_{it,m}$和$\ln f_{it,mx}$负向影响全部样本、"纯"贸易方式以及"混合"贸易方式企业出口；④$\ln R_{it,m}$显著正向影响全部样本、"纯"贸易方式以及"混合"贸易方式企业出口；⑤边际生产成本（$\ln mc_{it,m}$）和固定生产成本（$\ln f_{it,mx}$）均负向影响全部样本、"纯"贸易方式以及"混合"贸易方式企业出口；⑥$\ln(P_{jt}/P_{it})$负向影响全部样本、"纯"贸易方式以及"混合"贸易方式企业出口；⑦$\ln\varphi_{it,m}$正向影响全部样本、"纯"贸易方式以及"混合"贸易方式企业出口。

从系数相对大小上看，所有样本和单一贸易方式的进料加工贸易企业，$\ln Y_{jt}$显著正系数要低于来料加工，相反多种贸易方式中进料加工的$\ln Y_{jt}$显著正系数要高于来料加工，表明贸易伙伴绝对经济规模扩大对"纯粹"来料加工贸易企业出口更有利，也对多种贸易方式的进料加工贸易企业出口更有益。

本土市场效应上，尽管$\ln(Y_{it}/Y_{jt})$在全部样本的进料加工显著性系数要大于来料加工，但在仅做加工贸易和多种贸易方式的子样本中，$\ln(Y_{it}/Y_{jt})$促进进料加工贸易企业出口的作用都要高于来料加工，这在一定程度意味着：随着中国经济和国力的增强，进料加工贸易的发展速度或许会快于来料加工，即落户于我国的企业可能更喜欢通过国际市场采购进口原材料，然后在国内组装加工并最终出口，而非使用订货商提供的原材料进行生产。

可变贸易成本上，无论是全部样本还是专门从事一种贸易的企业或者从事多种贸易方式的企业，$\ln\tau_{it,m}$负向影响来料加工企业出口增长的作用都要高于进料加工。

固定贸易成本也类似，即$\ln f_{it,mx}$负向影响来料加工企业出口增长的作用都要高于进料加工。可变贸易成本对来料加工企业出口更"敏感"，或许也是因为微观企业愿意从事进料加工贸易的重要原因之一。

行业产出上，尽管$\ln R_{it,m}$在全部进料加工样本企业的显著性正系数要大于来料加工，但在专门从事加工贸易和多种贸易方式的子样本中，进料加工贸易的$\ln R_{it,m}$显著性正系数却低于来料加工。这意味着进料加工贸易的行业规模没有来料加工的规模大。造成这种现象的原因或许与原材料的来源方式不同有关，毕竟进料加工相比来料加工，企业需要支付更多国际市场"搜索"成本，相应的行业规模也就没有来料加工贸易企业大。

生产成本上，无论是全部样本还是专门从事一种贸易的企业或者从事多种贸易方式的企业，$\ln mc_{it,m}$负向影响来料加工企业出口增长的作用都要远远高于进料加工。进料加工企业边际生产成本也许是各微观生产经营主体"主动"选择这一外贸增长方式的重要原因之一。

在应对实际汇率变动上，进料加工贸易企业的$\ln(P_{jt}/P_{it})$负系数都比来料加工大，意味着进料加工企业更容易感受到汇率变动的负面影响，原因也与原材料的来源方式不同有关，因为"主动"进口原材料对实际汇率变动比订货商自己提供的原材料更"敏感"一些。

生产率上，无论是全部样本还是专门从事一种贸易的企业或者从事多种贸易方式的企业，$\ln\varphi_{it,m}$正向影响来料加工企业出口增长的作用都要高于进料加工企业，且前者均显著为正，一定程度说明生产率的异质性对进料加工企业出口增长的作用更显著一些，而对来料加工企业显得"弱"一些，特别是多种贸易方式的来料加工企业，其生产率甚至与出口增长没有统计意义上的直接联系。这意味着多种贸易方式的来料加工企业，更容易存在"生产率悖论"。

第五节　分地区加工贸易企业稳健性再检验

一　分地区加工贸易企业子样本回归及分析

上述结论是否会随企业所属东中西区域差异而改变？这里再按照相同方法进行分区域的实证检验。分区域实证检验分为三种情况：一是全部分区域样本；二是分区域专门从事一种加工贸易方式的企业子样本；三是分区域后各企业虽然从事多种贸易方式但其出口主要是加工贸易的子样本。需要说明的是，由于中西部地区的加工设备类企业样本量偏少，且东部地区包括边境贸易在内的其他加工贸易类企业样本量也偏少，为保持一致性，这里主要比较"三料"加工贸易和保税区加工贸易，详见表5—9、表5—10和表5—11。

表5—9　　　　　　　分地区全部样本加工贸易回归结果

	东部		中部		西部	
	"三料"	保税区	"三料"	保税区	"三料"	保税区
C	4.1503*** (16.99)	3.4587*** (4.60)	5.7304*** (5.72)	0.1051 (0.03)	4.5759** (2.25)	5.5502 (0.75)
$\ln Y_{jt}$	0.0847*** (5.95)	0.1157*** (2.59)	0.1277** (2.12)	0.5824*** (2.79)	0.0582 (0.50)	0.0353** (2.12)
$\ln(Y_{it}/Y_{jt})$	0.0832*** (7.93)	0.0646 (1.62)	0.0728* (1.91)	0.3054* (1.69)	0.1820** (1.99)	0.0080 (0.02)
$\ln\tau_{it,m}$	-0.0855*** (-6.82)	-0.0430 (-1.13)	-0.0687 (-1.31)	-0.0734 (-0.35)	-0.2338** (-2.40)	-0.2137 (-1.56)
$\ln f_{it,mx}$	-0.0901*** (-7.07)	-0.0401 (-1.04)	-0.0744 (-1.40)	-0.0969 (-0.46)	-0.2514** (-2.53)	-0.7850 (-1.56)
$\ln mc_{it,m}$	-0.0818** (-2.11)	-0.2504** (-2.10)	-0.2241 (-1.34)	-0.5782 (-0.76)	-0.4293** (-1.79)	-0.2852** (-2.01)

续表

	东部		中部		西部	
	"三料"	保税区	"三料"	保税区	"三料"	保税区
$\ln f_{it,m}$	-0.0999***	-0.1193***	-0.0397	-0.4138**	-0.4998***	-0.1359
	(-7.01)	(-2.66)	(-0.70)	(-1.99)	(-4.20)	(-1.39)
$\ln R_{it,m}$	0.0701***	0.0662***	0.0564***	0.0263	0.0538***	0.0126
	(44.10)	(14.94)	(8.22)	(1.14)	(4.70)	(0.14)
$\ln(P_{jt}/P_{it})$	-0.2220***	-0.1273**	-0.2622**	-0.2008	-0.1004	-0.4419
	(-9.38)	(-2.16)	(-2.08)	(-0.79)	(-0.78)	(-0.72)
$\ln\varphi_{it,m}$	0.1174***	0.1763***	0.2110***	0.0855	0.1908	0.3822***
	(6.77)	(3.35)	(2.63)	(0.39)	(1.29)	(2.67)
Hausman test	FE	FE	FE	FE	FE	FE
F 统计量	376.77	46	16.82	2.37	8.08	4.52
组内 R^2	0.1309	0.1616	0.1046	0.1430	0.1569	0.7051
组间 R^2	0.0570	0.0602	0.0307	0.0389	0.0760	0.0022
总体 R^2	0.0595	0.0662	0.0305	0.0421	0.0780	0.0022
Obs	128530	13985	28817	3356	14747	1537

表 5—10　分地区加工贸易仅从事一种贸易方式的回归结果

	东部		中部		西部	
	"三料"	保税区	"三料"	保税区	"三料"	保税区
C	4.6736***	3.4317***	7.2030***	2.9182	2.6963	3.1540
	(15.56)	(3.39)	(5.71)	(0.68)	(0.27)	(0.30)
$\ln Y_{jt}$	0.0617***	0.1528**	0.0356	0.4071	0.0562	0.0527
	(3.53)	(2.61)	(0.50)	(1.11)	(0.35)	(0.35)
$\ln(Y_{it}/Y_{jt})$	0.0708***	0.1059**	0.0012	0.2463	0.1281	0.0876
	(5.26)	(2.07)	(0.03)	(0.58)	(0.95)	(0.47)
$\ln\tau_{it,m}$	-0.0855***	-0.0430	-0.0687	-0.0734	-0.2338**	-0.8137
	(-6.82)	(-1.13)	(-1.31)	(-0.35)	(-2.40)	(-1.56)
$\ln f_{it,mx}$	-0.0901***	-0.0401	-0.0744	-0.0969	-0.2514**	-0.2850
	(-7.07)	(-1.04)	(-1.40)	(-0.46)	(-2.53)	(-1.56)

续表

	东部		中部		西部	
	"三料"	保税区	"三料"	保税区	"三料"	保税区
$\ln mc_{it,m}$	-0.0818**	-0.2504**	-0.2241	-0.5782	-0.4293	-0.2852
	(-2.11)	(-2.10)	(-1.34)	(-0.76)	(-1.79)	(-2.01)
$\ln f_{it,m}$	-0.0999***	-0.1193***	-0.0397	-0.4138**	-0.4998***	-0.1359
	(-7.01)	(-2.66)	(-0.70)	(-1.99)	(-4.20)	(-1.39)
$\ln R_{it,m}$	0.0669***	0.0683***	0.0646***	0.0573	0.0648***	0.0466
	(33.10)	(11.04)	(7.27)	(1.60)	(4.26)	(0.38)
$\ln(P_{jt}/P_{it})$	-0.2033***	-0.0131	-0.0647	-0.1615	-0.0235	-0.3084
	(-7.72)	(-0.17)	(-0.41)	(-0.52)	(-0.16)	(-0.69)
$\ln \varphi_{it,m}$	0.0842***	0.2672***	0.1549	0.3171	0.3383*	0.0927
	(3.90)	(3.99)	(1.48)	(1.21)	(1.83)	(0.50)
Hausman test	FE	FE	FE	FE	FE	FE
F 统计量	194.96	25.05	8.88	2.75	4.70	0.18
组内 R^2	0.1140	0.1656	0.0963	0.3353	0.1624	0.4415
组间 R^2	0.0559	0.0572	0.0361	0.0212	0.0955	0.0030
总体 R^2	0.0584	0.0649	0.0370	0.0244	0.0980	0.0027
Obs	99150	10000	22299	2354	11472	1068

表5—11 分地区加工贸易从事多种贸易方式按主要贸易方式的回归结果

	东部		中部		西部	
	"三料"	保税区	"三料"	保税区	"三料"	保税区
C	5.7311***	3.2084***	3.9737	25.6897***	18.1482***	84.7190
	(10.14)	(2.06)	(1.40)	(3.49)	(3.70)	(0.14)
$\ln Y_{jt}$	0.0825***	0.0750	0.5726***	0.4364	0.4544	0.4949
	(2.56)	(0.90)	(2.82)	(1.44)	(1.50)	(0.12)
$\ln(Y_{it}/Y_{jt})$	0.0762***	0.0343	0.3790***	0.0954	0.0096	0.1823
	(3.48)	(0.46)	(2.99)	(0.36)	(0.06)	(0.29)
$\ln \tau_{it,m}$	-0.0855***	-0.0430	-0.0687	-0.0734	-0.2338**	-0.8137
	(-6.82)	(-1.13)	(-1.31)	(-0.35)	(-2.40)	(-1.56)

续表

	东部		中部		西部	
	"三料"	保税区	"三料"	保税区	"三料"	保税区
$\ln f_{it,mx}$	-0.0901***	-0.0401	-0.0744	-0.0969	-0.2514**	-0.7850
	(-7.07)	(-1.04)	(-1.40)	(-0.46)	(-2.53)	(-1.56)
$\ln mc_{it,m}$	-0.0818**	-0.2504**	-0.2241	-0.5782	-0.4293	-0.2852**
	(-2.11)	(-2.10)	(-1.34)	(-0.76)	(-1.79)	(-2.01)
$\ln f_{it,m}$	-0.0999***	-0.1193***	-0.0397	-0.4138**	-0.4998***	-0.1359
	(-7.01)	(-2.66)	(-0.70)	(-1.99)	(-4.20)	(-1.39)
$\ln R_{it,m}$	0.0614***	0.0479***	0.0462***	0.2620***	0.0205	0.0001
	(18.05)	(5.61)	(2.59)	(4.95)	(0.61)	(0.01)
$\ln(P_{jt}/P_{it})$	-0.4279***	-0.3748*	-0.3811	-0.9625***	-0.8238**	-0.4159
	(-5.75)	(-1.89)	(-1.24)	(-3.27)	(-2.44)	(-0.11)
$\ln\varphi_{it,m}$	0.1956***	0.1397	0.0745	0.1749	0.2053	0.0001
	(5.14)	(1.23)	(0.39)	(0.49)	(0.55)	(0.01)
Hausman test	FE	FE	FE	FE	FE	FE
F 统计量	79.39	9.41	4.05	3.85	4.09	0.44
组内 R^2	0.1529	0.1471	0.1521	0.5811	0.3968	0.5219
组间 R^2	0.0309	0.0345	0.0328	0.0003	0.0030	0.0012
总体 R^2	0.0317	0.0339	0.0312	0.0005	0.0032	0.0010
Obs	29380	3985	6518	1002	3275	469

分东中西区域后，尽管有部分变量没有达到显著性水平要求，但以下影响加工贸易企业出口的结论也成立：①$\ln Y_{jt}$ 系数为正；②$\ln(Y_{it}/Y_{jt})$ 系数也为正；③$\ln\tau_{it,m}$ 和 $\ln f_{it,mx}$ 系数为负；④$\ln R_{it,m}$ 系数为正；⑤$\ln mc_{it,m}$ 系数为负；⑥$\ln f_{it,mx}$ 系数为负；⑦$\ln(P_{jt}/P_{it})$ 系数为负；⑧$\ln\varphi_{it,m}$ 系数为正。

需要特别说明的是：中西部地区专门从事一种贸易方式的"三料"加工贸易和保税区加工贸易企业，其 $\ln\varphi_{it,m}$ 系数基本没有达到显著性水平要求（见表5—10），而东部地区多种贸易方式中主要从事保税区加工贸易的企业，以及中西部的"三料"加工贸易和保税区加工贸易企业，其 $\ln\varphi_{it,m}$ 系数也均没有满足显著性水平要求（见表5—11），在一定意义上体现出这些加工贸易类型存在"生产率悖论"问题。

二 分地区进料加工与来料加工企业出口的比较

关于进料加工与来料加工企业的实证结论是否也会随企业所属东中西区域差异而改变？这里按照相同方法进行实证检验。分区域进料加工与来料加工贸易的实证检验也分为三种情况：一是全部分区域样本；二是分区域专门从事一种加工贸易方式的企业子样本；三是分区域后各企业虽然从事多种贸易方式但其出口主要是加工贸易的子样本。和前文一样，由于各地区出料加工企业样本数量过少，为保持一致性，这里主要比较和分析进料加工企业与来料加工企业的出口增长差异，详见表5—12、表5—13和表5—14。

表5—12　　分区域进料加工与来料加工全部样本回归结果比较

	东部 进料	东部 来料	中部 进料	中部 来料	西部 进料	西部 来料
C	3.9006*** (14.15)	5.2582*** (10.00)	5.8095*** (5.09)	3.8540* (1.74)	6.3141*** (2.79)	1.7470 (0.38)
$\ln Y_{jt}$	0.0940*** (5.74)	0.0483* (1.69)	0.0903 (1.40)	0.4853*** (2.91)	0.0866 (0.61)	0.2436 (1.09)
$\ln(Y_{it}/Y_{jt})$	0.1005*** (8.26)	0.0265 (1.31)	0.0269 (0.67)	0.5346*** (4.16)	0.1773* (1.67)	0.3345* (1.78)
$\ln\tau_{it,m}$	−0.0855*** (−6.82)	−0.0430 (−1.13)	−0.0687 (−1.31)	−0.0734 (−0.35)	−0.2338** (−2.40)	−0.8137 (−1.56)
$\ln f_{it,mx}$	−0.0901*** (−7.07)	−0.0401 (−1.04)	−0.0744 (−1.40)	0.0969 (−0.46)	−0.2514** (−2.53)	−0.7850 (−1.56)
$\ln mc_{it,m}$	−0.0818** (−2.11)	−0.2504** (−2.10)	−0.2241 (−1.34)	−0.5782 (−0.76)	−0.4293* (−1.79)	−0.2852** (−2.01)
$\ln f_{it,m}$	−0.0999*** (−7.01)	−0.1193*** (−2.66)	−0.0397 (−0.70)	−0.4138** (−1.99)	−0.4998*** (−4.20)	−0.1359 (−1.39)
$\ln R_{it,m}$	0.0708*** (39.06)	0.0675*** (20.64)	0.0620*** (7.88)	0.0280* (1.79)	0.0293** (2.17)	0.1316*** (5.99)

续表

	东部		中部		西部	
	进料	来料	进料	来料	进料	来料
$\ln(P_{jt}/P_{it})$	-0.2169***	-0.2424***	-0.1505	-0.9795***	-0.1244	-0.0600
	(-8.20)	(-4.54)	(-1.16)	(-3.82)	(-0.75)	(-0.30)
$\ln\varphi_{it,m}$	0.1279***	0.0721**	0.1613*	0.2438	0.2270	0.2196
	(6.46)	(2.02)	(1.69)	(1.60)	(1.36)	(0.69)
Hausman test	FE	FE	FE	FE	FE	FE
F统计量	302.11	77.82	12.86	7.99	5.02	5.82
组内R^2	0.1321	0.1310	0.1052	0.1928	0.1367	0.3506
组间R^2	0.0610	0.0395	0.0456	0.0002	0.0603	0.0579
总体R^2	0.0634	0.0424	0.0449	0.0002	0.0620	0.0607
Obs	98909	29621	22146	6668	11221	3526

分地区后的进料加工与来料加工贸易实证结果中，除部分解释变量没有达到显著性水平要求外，以下影响企业出口的结论也成立：①$\ln Y_{jt}$显著正向影响所有进料加工和出料加工企业的出口，说明贸易伙伴经济规模扩大有利于他们出口增长；②$\ln(Y_{it}/Y_{jt})$也显著影响所有进料加工和出料加工企业的出口，体现了本土市场效应的拉动企业出口增长作用；③$\ln\tau_{it,m}$和$\ln f_{it,mx}$负向影响所有进料加工和出料加工企业的出口，也符合前文理论预期，说明我国采取切实措施降低与贸易伙伴之间的相互贸易成本，对提高进料加工与来料加工贸易企业参与国际市场竞争大有帮助，也有利于促进他们的出口增长。

表5—13 分区域进料加工与来料加工仅从事一种贸易方式回归结果比较

	东部		中部		西部	
	进料	来料	进料	来料	进料	来料
C	4.7166***	4.4150***	6.5832***	5.6860**	4.9602	5.0549***
	(13.90)	(6.80)	(4.46)	(2.18)	(1.60)	(3.13)
$\ln Y_{jt}$	0.0734***	0.0244	0.0043	0.4198**	0.0232	0.0831
	(3.66)	(0.69)	(0.05)	(2.14)	(0.11)	(0.31)

续表

	东部		中部		西部	
	进料	来料	进料	来料	进料	来料
$\ln(Y_{it}/Y_{jt})$	0.0899*** (5.68)	0.0112 (0.44)	0.0312 (0.71)	0.3925*** (2.56)	0.2274 (1.37)	0.1058 (0.45)
$\ln\tau_{it,m}$	-0.0855*** (-6.82)	-0.0430 (-1.13)	-0.0687 (-1.31)	-0.0734 (-0.35)	-0.2338** (-2.40)	-0.8137 (-1.56)
$\ln f_{it,mx}$	-0.0901*** (-7.07)	-0.0401 (-1.04)	-0.0744 (-1.40)	-0.0969 (-0.46)	-0.2514** (-2.53)	-0.7850 (-1.56)
$\ln mc_{it,m}$	-0.0818** (-2.11)	-0.2504** (-2.10)	-0.2241 (-1.34)	-0.5782 (-0.76)	-0.4293* (-1.79)	-0.2852** (-2.01)
$\ln f_{it,m}$	-0.0999*** (-7.01)	-0.1193*** (-2.66)	-0.0397 (-0.70)	-0.4138** (-1.99)	-0.4998*** (-4.20)	-0.1359 (-1.39)
$\ln R_{it,m}$	0.0660*** (28.57)	0.0709*** (17.14)	0.0703*** (6.85)	0.0302 (1.51)	0.0276 (1.45)	0.1506*** (6.08)
$\ln(P_{jt}/P_{it})$	-0.2047*** (-6.90)	-0.1879*** (-3.29)	-0.0662 (-0.40)	-0.1715*** (-3.29)	-0.0522 (-0.29)	-0.3306 (-1.43)
$\ln\varphi_{it,m}$	0.0849*** (3.45)	0.0859* (1.90)	0.1204 (0.97)	0.2629 (1.31)	0.3865* (1.75)	0.6173* (1.91)
Hausman test	FE	FE	FE	FE	FE	FE
F统计量	148.02	49.91	7.09	4.87	1.58	9.05
组内R^2	0.1098	0.1372	0.1023	0.1951	0.0875	0.5718
组间R^2	0.0554	0.0564	0.0445	0.0007	0.0792	0.0827
总体R^2	0.0572	0.0612	0.0449	0.0008	0.0816	0.0855
Obs	76405	22745	17183	5115	8790	2682

此外，$\ln R_{it,m}$显著正向影响所有进料加工和出料加工企业的出口，再次说明行业产出增加后，产品国际市场供给能力会得到增强，其他条件保持不变时，进料加工与来料加工贸易生产企业出口增长应该会有所扩大；边际生产成本（$\ln mc_{it,m}$）和固定生产成本（$\ln f_{it,mx}$）均负向影响所有进料加工和出料加工企业的出口，也符合经典生产理论理论预期，依然说明我国采取切实措施降低各类型企业生产经营成本，对扩大进料加工与来料加

工贸易企业的出口有益；$\ln(P_{jt}/P_{it})$ 均负向影响所有进料加工和出料加工企业的出口，一方面符合前文理论预期，另一方面也说明实际汇率上升对进料加工与来料加工贸易企业出口有不利影响；$\ln\varphi_{it,m}$ 正向影响所有进料加工和出料加工企业的出口，一方面符合经典新—新贸易理论的基本结论，另一方面也说明生产率是决定加工贸易类企业出口与否的重要因素，同类产品企业间相对出口大小与生产率的异质性直接相关。

表5—14　分区域进料加工与来料加工从事多种贸易方式按主要贸易方式回归结果比较

	东部		中部		西部	
	进料	来料	进料	来料	进料	来料
C	5.4111*** (8.40)	6.7593*** (5.73)	4.5004 (1.38)	0.7791 (0.12)	2.4009*** (4.40)	4.9000 (0.72)
$\ln Y_{jt}$	0.0885** (2.37)	0.0668 (1.05)	0.4792** (2.12)	0.9741 (1.34)	0.6620** (2.19)	0.4079** (2.09)
$\ln(Y_{it}/Y_{jt})$	0.0715*** (2.91)	0.1080** (2.24)	0.2868* (1.87)	0.5825*** (2.61)	0.0054 (0.04)	0.2043*** (2.99)
$\ln\tau_{it,m}$	−0.0855*** (−6.82)	−0.0430 (−1.13)	−0.0687 (−1.31)	−0.0734 (−0.35)	−0.2338** (−2.40)	−0.3137 (−1.56)
$\ln f_{it,mx}$	−0.0901*** (−7.07)	−0.0401 (−1.04)	−0.0744 (−1.40)	−0.0969 (−0.46)	−0.2514** (−2.53)	−0.7850 (−1.56)
$\ln mc_{it,m}$	−0.0818** (−2.11)	−0.2504** (−2.10)	−0.2241 (−1.34)	−0.5782 (−0.76)	−0.4293* (−1.79)	−0.2852** (−2.01)
$\ln f_{it,m}$	−0.0999*** (−7.01)	−0.1193*** (−2.66)	0.0397 (−0.70)	−0.4138* (−1.99)	−0.4998*** (−4.20)	−0.1359 (−1.39)
$\ln R_{it,m}$	0.0607*** (15.85)	0.0661*** (8.75)	0.0634*** (3.06)	0.0485 (1.04)	0.0352 (1.05)	0.5489*** (4.73)
$\ln(P_{jt}/P_{it})$	−0.4348*** (−5.38)	−0.3467* (−1.74)	−0.3727 (−1.16)	−0.4688 (−1.08)	−0.0995* (−1.86)	−0.0912*** (−6.68)
$\ln\varphi_{it,m}$	0.2291*** (5.28)	0.0473 (0.60)	0.0768 (0.31)	0.1933 (0.61)	0.6712* (1.70)	0.7301 (1.36)
Hausman test	FE	FE	FE	FE	FE	FE

续表

	东部		中部		西部	
	进料	来料	进料	来料	进料	来料
F统计量	64.24	16.08	3.11	2.69	4.22	31.81
组内R^2	0.1548	0.1543	0.1537	0.3774	0.4579	0.9931
组间R^2	0.0344	0.0239	0.0255	0.0053	0.0023	0.0007
总体R^2	0.0357	0.0237	0.0243	0.0049	0.0023	0.0004
Obs	22504	6876	4963	1553	2431	844

另外，比较生产率的系数，这里可以发现：中部地区来料加工企业、西部地区进料加工和来料加工企业中，$\ln\varphi_{it,m}$系数没有达到显著性水平要求（见表5—12）；中部地区单一贸易方式的进料加工和出料加工企业中，$\ln\varphi_{it,m}$系数也没有达到显著性水平要求（见表5—13）。

中部地区多种贸易方式的进料加工企业和来料加工企业，以及东部地区的来料加工企业与西部地区的来料加工企业，其$\ln\varphi_{it,m}$系数同样没有达到显著性水平要求（见表5—14），在一定意义上说明这些地区的进料加工贸易企业和出料加工贸易企业也存在"生产率悖论"。

第六节 本章主要结论

分贸易方式后，加工贸易在2008年国际金融危机之后出口占比持续减少。如何促进加工贸易转型升级？一般贸易出口增长同加工贸易有何不同？本章先将Rodrigue（2014）的理论分析框架拓展为进口中间产品与非进口中间产品、一般贸易与加工贸易各种组合情况，并比较企业出口的差异，然后使用《中国工业企业统计数据库》（1998—2013）与《海关统计数据库》（2000—2015）匹配数据进行实证检验，主要结论如下：

理论上，由于存在进口贸易成本，为获取非负利润，应该只有生产率高的企业才能把进口中间产品作为生产最终产品的中间投入。倘若把进口中间产品并出口最终产品的企业界定为加工贸易类型企业，则其生产率水平要求更高。相反，如果加工贸易企业追寻的是生产成本最低而非生产率水平更高,极容易出现"生产率悖论"问题,即出现生产率促进一般贸易企业出口增长的影响效应超过加工贸易企业。

实证上,从一般贸易、加工贸易和其他贸易三大类上看,"生产率悖论"总体上更容易出现在中西部地区多种贸易方式的出口企业上,尤其是中西部的加工贸易企业更表现如此;而将加工贸易划分为来料加工、进料加工、出料加工三类,以及保税区、加工设备和其他加工贸易后,"生产率悖论"首先更容易出现在包括边境贸易在内的其他类加工贸易上,其次容易出现在加工设备类加工贸易上。再将"三料"加工贸易细分为进料加工和来料加工后,"生产率悖论"在来料加工贸易企业表现得更为明显。

上述结论说明:我国出口企业是否存在"生产率悖论"还较为复杂,尚不能简单粗暴地将其看成是加工贸易造成的,必须具体问题具体分析,以找出具体有效的针对性对策建议,促进加工贸易健康有序发展。

第六章 内外资企业出口与外贸主体结构优化升级

企业外贸繁荣是中国出口贸易快速发展的根本动力，也是我国外贸出口的重要保障。但外资企业在经历 1995—2009 年相对快速增长之后，其出口占比于 2010 年开始下降且持续至今。[①] 鉴于我国"低劳动使用成本"国际竞争优势逐渐"式微"，外资外贸发展未来占比或有继续降低的可能。为解释这一现象并促进外贸主体结构优化升级，本章再将上一章的三要素理论模型拓展为四要素（劳动、内资、外资、中间产品），用以探索未来中国内外资企业外贸发展的可能路径，并使用微观企业数据和微观产品数据进行实证检验。

第一节 FDI 与中间产品进口的贸易主体模型拓展

一 消费者行为

与第五章不同，这里不再使用多国模型，而是仅假定存在两国或地区（H、F）。同样假定任何消费者可以选择农业部门的产品进行消费，也可以选择制造业部门的制成品进行消费，由公式（5.1）和公式（5.3）可知，消费者最大化其效用函数后农产品和工业品品种 ω 的需求函数为：

---

① 数据来源：国家统计局、中经网统计数据库，笔者整理。

$$q_{iA} = \alpha_0 Y_i (i = H, F) \tag{6.1}$$

$$q_{ik}(\omega) = \left[\frac{p_{ik}(\omega)}{P_{iki}^k}\right]^{-\sigma_{ik}} \frac{\alpha_{ik} Y_i}{P_{ik}} (i = H, F) \tag{6.2}$$

上式所有字母的经济含义与第五章相同。

二 生产者行为

1. 经营决策

为更好地体现生产者的市场进入/退出行为,这里也把内外资企业的市场经营决策通过决策树表示出来。内资企业(本国或地区 H)市场决策与第五章相同,区别在于外资企业进入制造业部门后,要决定将企业设立在境内还是境外,也就是决定是否进行 FDI 投资,决策树可以表示为图6—1。

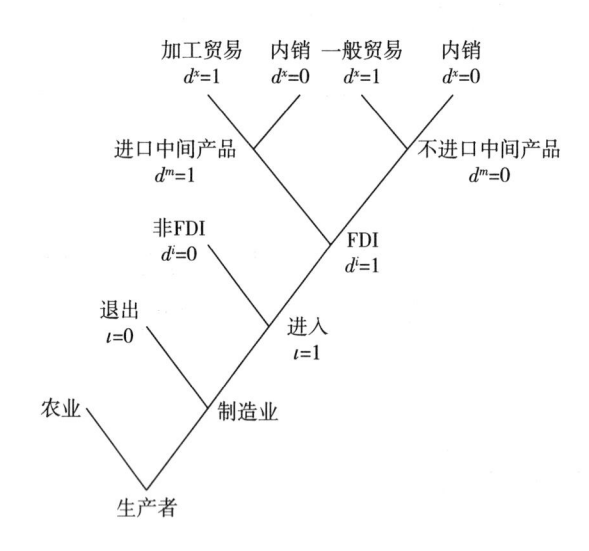

图6—1 外国生产者的 FDI、出口与否决策

注:外国生产者在母国(或地区)进入制造业部门(非 FDI)的决策与母国(或地区)相同,详见第五章图5—1。

2. 制造业部门企业贸易方式

结合表5—1并根据企业是否进口中间产品和是否出口,可以将内外资生产者分为8种类型：不进口中间产品的内销企业、进口中间产品的内销企业、不进口中间产品但出口的企业、进口中间产品且出口的企业、不进口中间产品的跨国内销企业、进口中间产品的跨国内销企业、不进口中间产品的跨国出口企业、进口中间产品的跨国出口企业。上述企业分类可以简略表示为表6—1。

表6—1　　　　　　　　FDI与生产者的类型划分

简称	进口中间产品	出口最终产品	内资或外资	符号表示
内销	否	否	内资	($d^m=0$, $d^x=0$, $d^l=0$)
内销/进口	是	否	内资	($d^m=1$, $d^x=0$, $d^l=0$)
出口	否	是	内资	($d^m=0$, $d^x=1$, $d^l=0$)
出口/进口	是	是	内资	($d^m=1$, $d^x=1$, $d^l=0$)
跨国内销	否	否	外资	($d^m=0$, $d^x=0$, $d^l=1$)
跨国内销/进口	是	否	外资	($d^m=1$, $d^x=0$, $d^l=1$)
跨国出口	否	是	外资	($d^m=0$, $d^x=1$, $d^l=1$)
跨国出口/进口	是	是	外资	($d^m=1$, $d^x=1$, $d^l=1$)

注：笔者整理。

假定进口中间产品且出口最终产品属于"加工贸易"，不进口中间产品而出口属于一般贸易。前者用字母"PT"、后者用字母"GT"表示后，增加一个哑变量d^l表示外国生产者是否进行FDI投资，本章重点分析表6—1中的内资加工贸易（$d^m=1$, $d^x=1$, $d^l=0$）、内资一般贸易（$d^m=0$, $d^x=1$, $d^l=0$）、外资加工贸易（$d^m=1$, $d^x=1$, $d^l=1$）、外资一般贸易（$d^m=0$, $d^x=1$, $d^l=1$）这四种情况。

3. 封闭条件下的内外资企业生产技术

无论是内资企业还是外资企业进入本土市场H进行生产，都需要支付固定生产成本（f），进入出口市场还需要支付固定出口成本（f_x），进口中间产品也需要支付固定进口成本（f_m）。外国企业通过FDI对本土市场进行投资属于境外建厂，应该还需要支付额外的固定成本（f_l）。这样，任意性质企业在本土生产的固定成本可以统一表示为：

$$F(d) = f + d^x f_x + d^m f_m + d^l f_l; \quad d^x, d^m, d^l \in \{0, 1\} \tag{6.3}$$

与第五章的生产函数设定相同，假定企业投入各种生产要素的产出函

数是 $C-D$ 形式，由公式（5.7）可知，生产率为 φ、出口与进口状态为 d 的任意企业，其产出函数可以表示为：

$$q_{ik}(\varphi, d^m) = \varphi_{ik} L_{ik}^{\gamma_1} K_{ik}^{\gamma_2} \left[\int_0^1 x_k^{H\frac{z-1}{z}} di + d^m \int_0^N x_k^{F\frac{z-1}{z}} dj \right]^{\frac{(1-\gamma_1-\gamma_2)z}{z-1}} \quad (6.4)$$

上式中各字母代表的含义也与第五章相同（下同）。

同样假定境内中间产品满足 $x_k^H = x_H$，使用进口中间产品需要支付可变贸易成本，且满足冰山形式，即 $\tau_m > 1$。再次根据公式（5.8）计算过程，有 $x_k^F = x_F = \tau_m^{-z} x_H$ 成立。用 M_m 表示企业进口中间产品费用，M 表示全部中间产品费用，则其支出函数满足下式成立：

$$M_m = N\tau_m^{1-z} x_H, \quad M = (1 + N\tau_m^{1-z}) x_H \quad (6.5)$$

将其代入到公式（6.4）中，则可以简化为：

$$q_{ik}(\varphi, d^m) = A(\varphi_{ik}, d^m) L_{ik}^{\gamma_1} K_{ik}^{\gamma_2} (x_H + d^m N \tau_m x_F)^{1-\gamma_1-\gamma_2} \quad (6.6)$$

其中，$A(\varphi_{ik}, d^m) \equiv \varphi_{ik} \nu^{d^m}$；$\nu \equiv (1 + N\tau_m^{1-z})^{(1-\gamma_1-\gamma_2)/(z-1)} > 1$。只要将 $A(\varphi_{ik}, d^m)$ 看作企业生产率，公式（6.6）也是一个 $C-D$ 形式生产函数。

假定资本、劳动、中间投入要素价格与上一章相同，分别用 r、w、p_M 表示，再次使用公式 $MC = dC/dq = w/MP_L + r/MP_K + p_M/M$，则边际成本 mc 与产品价格 p_{ik} 可以分别表示为：

$$mc_{ik}(\varphi, d^m) = \frac{w_{ik}^{\gamma_1} r_{ik}^{\gamma_2} p_{M_{ik}}^{1-\gamma_1-\gamma_2}}{A(\varphi_{ik}, d^m) \gamma_1^{\gamma_1} \gamma_2^{\gamma_2} (1-\gamma_1-\gamma_2)^{1-\gamma_1-\gamma_2}} \quad (6.7)$$

$$p_{ik}(\varphi, d^m) = \left(\frac{\sigma_{ik}}{\sigma_{ik}-1}\right) \left[\frac{1}{Z \times A(\varphi_{ik}, d^m)}\right],$$

$$Z \equiv \frac{w_{ik}^{\gamma_1} r_{ik}^{\gamma_2} p_{M_{ik}}^{1-\gamma_1-\gamma_2}}{\gamma_1^{\gamma_1} \gamma_2^{\gamma_2} (1-\gamma_1-\gamma_2)^{1-\gamma_1-\gamma_2}} \quad (6.8)$$

假定企业出口的可变贸易成本也满足冰山形式，即 $\tau_x > 1$。根据公式（5.10），则企业境内销售和海外出口的收入为：

$$r_{ik}(\varphi, d^m) = \alpha_{ik} Y_i \left[\frac{\sigma_{ik}}{(\sigma_{ik}-1) P_{ik} Z \times A(\varphi_{ik}, d^m)}\right]^{1-\sigma_{ik}}, \quad r_{ik,x}(\varphi, d) = d^x$$

$$\tau_x^{1-\sigma_{ik}} r_{ik}(\varphi, d^m) \quad (6.9)$$

从而成功出口的企业总收入为：

$$r_{ik}(\varphi, d) = (1 + d^x \tau_x^{1-\sigma}) r_{ik}(\varphi, d^m) \quad (6.10)$$

用 $r(\varphi, 0, 0)$ 表示既不进口也不出口的企业收入，令 $b_x \equiv (1 + d^x \tau_x^{1-\sigma_{ik}})$ 和 $b_m \equiv \nu^{\sigma_{ik}-1}$，上式可以简化为：

$$r_{ik}(\varphi, d^x, d^m) = b_x^{d^x} b_m^{d^m} r(\varphi_{ik}, 0, 0) \tag{6.11}$$

以上分析同第五章类似，字母的含义也相同，不同之处在于外资企业。因为外资通过 FDI 到本土进行投资，其收入等于母国销售收入再加上出口收入，还要再加上投资于属地的销售收入。为区别方便，这里用上标字母"△"表示外资的总收入，于是外资企业总收入分为三部分：属地出口和属地市场销售收入，即公式（6.11）；母国市场销售收入，形式同 $r(\varphi, 0, 0)$ 类似，用 $r^{\Delta}(\varphi, 0, 0)$ 表示。结合出口与否的哑变量 d^x、进口中间产品与否的哑变量 d^m、是否为外资的哑变量 d^i，国家（或地区）H 内任意所有制性质企业，其总收入和利润都可以统一表示为：

$$r(\varphi_{ik}, d) = b_x^{d^x} b_m^{d^m} [r(\varphi_{ik}, 0, 0) + d^I r^{\Delta}(\varphi_{ik}, 0, 0)] \tag{6.12}$$

$$\pi(\varphi_{ik}, d) = r(\varphi_{ik}, d)/\sigma - F(d) \tag{6.13}$$

三 企业市场行为的决定

同前文类似，国家（或地区）i（$i = H, F$）任意企业都面临一个外生的死亡率 δ 使其"破产"。于是，生产率为 φ、出口与进口状态为 d 的企业，最大化其终生利润为：

$$\begin{aligned} v(\varphi_{ik}) &= \max\left\{0, \sum_{t=0}^{\infty}(1-\delta)^t \max_{d_t \in \{0,1\}} \pi(\varphi_{ik}, d_{m,t}, d_{x,t})\right\} \\ &= \max\left\{0, \max_{d \in \{0,1\}} \frac{\pi(\varphi_{ik}, d)}{\delta}\right\} \end{aligned} \tag{6.14}$$

假定内资企业用字母 H 表示，外资企业用 FDI 表示。当一般贸易用"GT"、加工贸易用"PT"代替后，可以反复使用公式（6.12）至公式（6.13）来计算利润公式。

假定 $B = \alpha_{ik}[(\sigma_{ik}-1)/\sigma_{ik}] Z P_{ik}]^{1-\sigma_{ik}}/\sigma_{ik}$，则公式（6.11）可以先行化简为：

$$\begin{aligned} \pi(\varphi_{ik}, d) &= b_x^{d^x} b_m^{d^m} [B \times I \times A(\varphi_{ik}, 0)^{1-\sigma_{ik}} + d^I B^{\Delta} \times I^{\Delta} \times A^{\Delta}(\varphi_{ik}, 0)^{\sigma_{ik}-1}] \\ &\quad - F(d) \end{aligned} \tag{6.15}$$

将其代入到公式（6.13）中，定义内资出口但不进口中间产品的企业零利润生产率为 φ_{GT}^{*H}，则其零利润条件为：

$$B^H \times I^H \times A(\varphi_{GT}^{*H}, 0)^{1-\sigma_{ik}} + B^F \times I^F \times [\tau_x A(\varphi_{GT}^{*H}, 0)]^{1-\sigma_{ik}} = f + f_x \tag{6.16}$$

定义内资出口且进口中间产品的企业零利润生产率为 φ_{PT}^{*H}，则其零利润条件为：

$$\nu^{\sigma_{ik}-1}\{B^H I^H A(\varphi_{PT}^{*H}, 1)^{1-\sigma_{ik}} + B^F I^F[\tau_x A(\varphi_{PT}^{*H}, 1)]^{1-\sigma_{ik}}\} = f + f_x + f_m \tag{6.17}$$

定义外资出口但不进口中间产品的企业零利润生产率为 φ_{GT}^{*FDI}，则其零利润条件为：

$$B^H I^H A^H(\varphi_{GT}^{*FDI}, 0)^{1-\sigma_{ik}} + B^F I^F[\tau_x A^H(\varphi_{GT}^{*FDI}, 0)]^{1-\sigma_{ik}} + B^F I^F \\ A^F(\varphi_{GT}^{*FDI}, 0)^{1-\sigma_{ik}} + B^H I^H[\tau_x A^F(\varphi_{GT}^{*FDI}, 0)]^{1-\sigma_{ik}} = f + f_x + f_I \tag{6.18}$$

定义外资出口且进口中间产品的企业零利润生产率为 φ_{PT}^{*FDI}，则其零利润条件为：

$$\nu^{\sigma_{ik}-1}\{B^H I^H A^H(\varphi_{PT}^{*FDI}, 1)^{1-\sigma_{ik}} + B^F I^F[\tau_x A^H(\varphi_{PT}^{*FDI}, 1)]^{1-\sigma_{ik}} + B^F I^F \\ A^F(\varphi_{PT}^{*FDI}, 1)^{1-\sigma_{ik}} + B^H I^H[\tau_x A^F(\varphi_{PT}^{*FDI}, 1)]^{1-\sigma_{ik}}\} = f + f_x + f_m + f_I \tag{6.19}$$

假定内资加工贸易满足条件($d^m = 1$, $d^x = 1$, $d^I = 0$)、内资一般贸易满足($d^m = 0$, $d^x = 1$, $d^I = 0$)、外资加工贸易满足($d^m = 1$, $d^x = 1$, $d^I = 1$)、外资一般贸易满足($d^m = 0$, $d^x = 1$, $d^I = 1$)，将其代入到公式(6.16)至公式(6.19)并结合公式 $A(\varphi_{ik}, d^m) \equiv \varphi_{ik}\nu^{d^m}$，可以得出内外资企业分贸易方式后的零利润条件分别为：

内资一般贸易：$(\varphi_{GT}^{*H})^{\sigma_{ik}-1} = \dfrac{f + f_x}{B^H I^H + B^F I^F (\tau_x)^{1-\sigma_{ik}}}$ (6.20)

外资一般贸易：$(\varphi_{GT}^{*FDI})^{\sigma_{ik}-1} = \dfrac{f + f_x + f_I}{[1 + (\tau_x)^{1-\sigma_{ik}}][B^H I^H + B^F I^F]}$ (6.21)

内资加工贸易：$(\varphi_{PT}^{*H})^{\sigma_{ik}-1} = \dfrac{f + f_x + f_m}{B^H I^H + B^F I^F (\tau_x)^{1-\sigma_{ik}}}$ (6.22)

外资加工贸易：$(\varphi_{PT}^{*FDI})^{\sigma_{ik}-1} = \dfrac{f + f_x + f_m + f_I}{[1 + (\tau_x)^{1-\sigma_{ik}}][B^H I^H + B^F I^F]}$ (6.23)

只要 $f > 0$、$f_m > 0$、$f_x > 0$、$f_I > 0$ 成立，则公式（6.20）至公式（6.23）很容易证明出下式成立：

$$(\varphi_{PT}^{*H})^{\sigma_{ik}-1} > (\varphi_{GT}^{*H})^{\sigma_{ik}-1}, \quad (\varphi_{PT}^{*FDI})^{\sigma_{ik}-1} > (\varphi_{GT}^{*FDI})^{\sigma_{ik}-1} \tag{6.24}$$

也就是说，无论内资企业还是外资企业，存在进口中间产品后，其零利润条件应该比不进口中间产品的高，原因就是因为进口存在固定贸易成本和可变贸易成本，使用进口中间产品必然比使用境内中间产品的成本大（这里假定本土中间产品不存在贸易成本），也就要求获得更大利润以便支付相对"高昂"的中间产品进口成本。

又因为 $\sigma_{ik}>1$ 恒成立，且 $f(x)=x^n$（$x>0$，$n>0$）是关于 x 的递增函数，于是有下式成立：

$$\varphi_{PT}^{*H}>\varphi_{GT}^{*H},\ \varphi_{PT}^{*FDI}>\varphi_{GT}^{*FDI} \tag{6.25}$$

公式（6.25）直接表明：无论是外资企业还是内资企业，只要进口中间产品就会出现其获取非负利润的最低生产率条件比不使用进口中间产品大的情况。于是，这里可以得出以下假定：

假定1：存在进口与出口贸易成本后，进口中间产品的企业零利润条件和零利润生产率都应该比不使用进口中间产品的企业大，且无论对外资企业还是内资企业都成立。

倘若把进口中间产品且出口的贸易形式看作"加工贸易"，把不进口中间产品且出口的贸易形式看作"一般贸易"，假定1的直接结论将是：加工贸易的零利润条件比一般贸易更"严格"、最低生产率要求更"高"。倘若出现相反的条件，即加工贸易的零利润条件反而比一般贸易低，零利润生产率水平也更小，就会出现加工贸易出口的企业"生产率悖论"问题。于是，这里也能够得到以下假定：

假定2：如果内外资加工贸易企业追寻的是生产成本最低而非生产率水平更高，加工贸易企业极容易出现"生产率悖论"，即生产率促进一般贸易企业的出口作用大于加工贸易企业。

中国情况是否如此？本章再使用微观企业数据和高位码海关统计数据进行实证检验。

第二节 分企业主体的微观企业检验

一 实证模型

类似于公式（5.21）并考虑数据可获得性，这里设定如下计量方程实证检验分贸易方式的企业出口增长：

$\ln X_{it,m}=\phi_0+\phi_1\ln Y_{jt}+\phi_2\ln\tau_{it,m}+\phi_3\ln mc_{it,m}+\phi_4\ln R_{it,m}+\phi_5\ln f_{it,mx}+$

$$\phi_6 \ln\varphi_{it,m} + \phi_7 \ln(P_{jt}/P_{it}) + \phi_8 \ln(Y_{it}/Y_{jt}) + \phi_9 \ln f_{it,m} +$$
$$\phi_{10} cv_{it,m} + \varepsilon_{it} \qquad (6.26)$$

其中：i 表示国家（或地区），这里仅指中国；j 表示贸易伙伴，这里仅指我国企业出口对象国家（或地区）；t 表示时间；m 表示企业主体，主要是内资企业和外资企业，同时为比较方便，也在部分实证分析中进一步将内资企业划分为内资国有企业和内资民营企业两类，并比较其实际出口之间的差异；$\ln X_{it,m}$ 表示企业实际出口的对数；$\ln Y_{jt}$ 为贸易伙伴总收入对数；$\ln\tau_{it,m}$ 为可变贸易成本对数；$\ln mc_{it,m}$ 为企业边际成本对数；$\ln R_{it,m}$ 为各企业所属行业实际产出的对数；$\ln f_{it,mx}$ 为企业出口的固定贸易成本；$\ln\varphi_{it,m}$ 为企业生产率对数；$\ln(P_{jt}/P_{it})$ 为相对价格表示实际汇率的对数；$\ln(Y_{it}/Y_{jt})$ 为我国实际经济总量与贸易伙伴之比的对数，用以衡量本土市场效应；$\ln f_{it,m}$ 为企业固定生产成本的对数；$cv_{it,m}$ 为控制变量；ε_{it} 为误差项；ϕ_0，…，ϕ_{10} 为待估计系数。

二 数据来源、变量选择与处理

为分析中国不同所有制性质的企业出口增长差异，这里也选择工业企业和海关统计匹配数据进行检验，样本年限为2000—2013年，数据匹配方法与第四章相同。严格按照"1:1"的匹配方式并剔除包括企业产出、劳动投入、固定资产投资等基础变量为零或未统计相关数据后，可以得到内资企业159036个样本，外资企业242744个样本。需要说明的是：这些样本企业数据并非完全按照唯一贸易方式出口，部分企业既做一般贸易也做加工贸易。为比较两者差异，本章进一步将各组样本企业划分为：专门从事一种贸易方式的内资企业138332个样本，其中专门从事一般贸易的内资企业87549个样本、专门从事加工贸易的内资企业49953个样本、专门从事其他贸易的内资企业830个样本；专门从事一种贸易方式的外资企业202494个样本，其中专门从事一般贸易的外资企业115586个样本，专门从事加工贸易的外资企业85662个样本，专门从事其他贸易的外资企业1246个样本。同样按照第五章测算方式，本章还可以把样本企业分为从事多种贸易方式的内资企业20704个样本，其中主要从事一般贸易的内资企业6926个样本、主要从事加工贸易的内资企业13526个样本、主要从事其他贸易的内资企业252个样本，而从事多种贸易方式的外资企业40250

个样本，其中主要从事一般贸易的外资企业 12670 个样本、主要从事加工贸易的外资企业 27180 个样本、主要从事其他贸易的外资企业 400 个样本。[①]

继续将内资企业划分为内资国有企业和内资民营企业后[②]，可以得到内资国有企业 42052 个样本，民营企业 1169844 个样本。同样，为比较不同内资企业出口贸易方式的差异，这里进一步将各组内资企业样本进行如下划分：一般贸易的国有企业 25654 个样本，加工贸易的国有企业 16116 个样本，其他贸易的国有企业 282 个样本；一般贸易的民营企业 68821 个样本，加工贸易的民营企业 47363 个样本，其他贸易的民营企业 800 个样本。当然，这些国有企业和民营企业也并非完全按照唯一的贸易方式出口，部分企业既做一般贸易也做加工贸易，还可以按照上述相同方法划分，暂不赘述。同样需要指出的是，因为工业企业数据库在 2009 年、2010 年没有直接统计相关企业的工资支出等变量，为保持数据的完整性，这里也使用前一章相同的移动平均方式进行处理。以下变量选择和处理，如果未做特殊说明，则数据来源均为上述匹配好的《中国工业企业数据》和《海关统计数据》。

企业出口（$\ln X_{it,m}$）、经济规模[$\ln Y_{jt}$、$\ln(Y_{it}/Y_{jt})$]、贸易成本（$\ln \tau_{it,m}$、$\ln f_{it,mx}$）、企业生产的边际成本（$\ln mc_{it,m}$）与固定成本（$\ln f_{it,m}$）、行业产出（$\ln R_{it,m}$）、实际汇率[$\ln(P_{jt}/P_{it})$]、企业生产率（$\ln \varphi_{it,m}$），以及企业所有制性质、经营年限和地区差异等控制变量的数据选择与处理和第五章相同。这里没有选择内生性检验和滞后变量模型进行分析的原因也同前文一致。

三 初步回归及分析

按照计量公式（6.26），本章使用面板模型对所有样本企业按贸易方式进行初步回归。因为内外资企业分贸易方式后只从事其他贸易行为的样本量偏小，初步回归首先按内外资全部样本企业、一般贸易样本企业和加工贸易样本企业三种类型进行。表 6—2 的回归结果显示，无论是全部内

[①] 多种贸易方式中，企业主要从事某种贸易方式的计算方法是该种贸易方式占总出口的比重超过 50%，下同。
[②] 内资国有企业按照《海关统计数据》中"企业性质"界定由国有企业和集体企业两类构成，而把内资私营企业、内资个体工商户、内资其他企业三类界定为内资民营企业，下同。

外资样本企业,还是分一般贸易或加工贸易的内外资企业,计量结果都较为稳健。

表6—2　　　　　　内外资企业全部样本分贸易方式回归结果

	内资			外资		
	所有	一般	加工	所有	一般	加工
C	3.4614***	3.3765***	3.3775***	5.2239***	4.7615***	5.6361***
	(17.61)	(13.06)	(11.59)	(28.24)	(18.39)	(21.73)
$\ln Y_{jt}$	0.0567***	0.0709***	0.0250	0.0394***	0.0383***	0.0423***
	(4.82)	(4.69)	(1.37)	(3.80)	(2.65)	(2.89)
$\ln(Y_{it}/Y_{jt})$	0.0304***	0.0291**	0.0363**	0.0607***	0.0650***	0.0568***
	(3.20)	(2.37)	(2.49)	(8.37)	(6.18)	(5.87)
$\ln\tau_{it,m}$	-0.0457***	-0.0413***	-0.0562***	-0.0554***	-0.0282**	-0.0897***
	(-4.50)	(-3.14)	(-3.63)	(-6.14)	(-2.25)	(-7.07)
$\ln f_{it,mx}$	-0.0476***	-0.0429***	-0.0589***	-0.0593***	-0.0317**	-0.0944***
	(-4.63)	(-3.23)	(-3.76)	(-6.47)	(-2.48)	(-7.33)
$\ln mc_{it,m}$	-0.0844***	-0.1142***	-0.0087	-0.1697***	-0.2653***	-0.1414
	(-2.58)	(-2.75)	(-0.17)	(-6.04)	(-6.72)	(-1.06)
$\ln f_{it,m}$	-0.1526***	-0.1656***	-0.1171***	-0.1156***	-0.1459***	-0.0784***
	(-12.88)	(-10.54)	(-6.74)	(-9.90)	(-8.74)	(-4.94)
$\ln R_{it,m}$	0.0602***	0.0547***	0.0746***	0.0533***	0.0486***	0.0606***
	(42.03)	(30.10)	(32.44)	(50.84)	(33.76)	(40.11)
$\ln(P_{jt}/P_{it})$	-0.1931***	-0.1995***	-0.1716***	-0.2547***	-0.2386***	-0.2712***
	(-10.13)	(-8.10)	(-5.91)	(-13.17)	(-9.05)	(-9.66)
$\ln\varphi_{it,m}$	0.1689***	0.1645***	0.1702***	0.1168***	0.1084***	0.1244***
	(10.86)	(8.19)	(7.13)	(9.42)	(6.21)	(7.25)
Hausman test	FE	FE	FE	FE	FE	FE
F统计量	425.34	227.29	232.71	516.59	236.97	312.89
组内R^2	0.0961	0.0803	0.1446	0.0739	0.0600	0.1031
组间R^2	0.0460	0.0381	0.0742	0.0370	0.0296	0.0630
总体R^2	0.0512	0.0448	0.0784	0.0404	0.0342	0.0658
Obs	159036	94475	63479	242744	128256	112842

注:各统计含义与前文相同,下同。

1. 经济规模和本土市场效应

$\ln Y_{jt}$ 显著正向影响全部内外资企业出口，一方面符合前文理论预期，另一方面也符合经典贸易理论基本结论，说明贸易伙伴经济规模扩大为我国企业出口提供了更大消费潜力和市场容量，有利于出口规模的增长。

分贸易方式后，$\ln Y_{jt}$ 也同样显著正向影响一般贸易出口，只是在加工贸易内资企业出口上，该系数虽然为正但不显著，说明内资加工贸易企业出口受贸易伙伴经济规模影响没有特别明显的作用，其原因或许与加工贸易本身的"两头在外"性质有关，即海外企业的"专属订购"推动加工贸易企业的对外贸易增长，而这也是造成贸易伙伴实际经济规模不能显著正向影响加工贸易企业出口的重要原因。

$\ln(Y_{it}/Y_{jt})$ 也显著正向影响全部内外资企业出口，同样符合前文理论预期和经典贸易理论有关本土市场效应的基本结论，说明在垄断竞争模型下，生产企业倘若可以做到规模报酬递增，存在贸易成本将会出现本土市场需求扩大后的促进出口增长作用。

分贸易方式后，$\ln(Y_{it}/Y_{jt})$ 还具有显著正向影响内外资企业一般贸易和加工贸易出口的效果，说明本土市场效应也可以促进内外资企业不同贸易方式外贸增长作用。

贸易伙伴经济规模和本土市场效应同时具有正向促进内外资企业以及分贸易方式的企业出口，再次说明中国在进一步扩大开放中，加强和主要贸易伙伴经贸领域合作，努力做大做强彼此经济总量，对企稳我国出口增长有益。

2. 贸易成本

$\ln\tau_{it,m}$ 和 $\ln f_{it,mx}$ 显著负向影响全部内外资企业出口，也符合前文理论预期，说明我国采取切实措施降低与贸易伙伴之间的相互贸易成本，对提高微观企业参与国际市场竞争、提升出口供给能力大有帮助。

分贸易方式后，$\ln\tau_{it,m}$ 和 $\ln f_{it,mx}$ 也显著负向影响内外资一般贸易和加工贸易企业出口，依然说明降低与相关贸易伙伴彼此间可变贸易成本和固定贸易成本，对各贸易方式内外资企业出口增长有利。

从显著性系数相对大小来看，无论是全部样本的内外资企业还是分一般贸易与加工贸易的内外资企业，$\ln f_{it,mx}$ 的负系数都要大于 $\ln\tau_{it,m}$，说明相对可变贸易成本而言，降低固定贸易成本对促进内外资企业以及分贸易方式的企业出口增长更有利。

3. 行业产出

$\ln R_{it,m}$ 显著正向影响全部内外资企业出口，同时显著正向影响分贸易方式的内外资企业出口，也符合前文预期，意味着行业产出增加后整个行业产品的国际市场供给能力将得到增强。如果境外消费者增加该行业产品需求，其他条件保持不变时，行业内生产企业出口增长应该会有所扩大，本国对外贸易流量随之增加。

4. 边际生产成本和固定生产成本

边际生产成本（$\ln mc_{it,m}$）和固定生产成本（$\ln f_{it,mx}$）均负向影响全部内外资企业出口，影响一般贸易与加工贸易的内外资企业出口增长也为负，符合经典生产理论的成本—产出反向变动关系，再次体现出我国采取切实措施降低各类微观企业生产成本，对扩大出口有益。

从系数相对大小上看，降低固定贸易成本无论是对全部样本的内资企业还是分贸易方式的内资企业出口作用，其系数更大。与此相反的是，降低边际生产成本无论是对全部样本的外资企业还是一般贸易或加工贸易的外资出口作用也更大。上述结论说明降低固定贸易成本对促进内资企业出口更有利，而降低边际生产成本对外资企业出口更有利。

5. 汇率

$\ln(P_{jt}/P_{it})$ 均显著负向影响全部样本的内外资企业出口，也显著负向影响分贸易方式后的内外资企业出口，一方面符合前文理论预期，另一方面也说明实际汇率上升对我国企业出口有不利影响。

从系数相对大小上看，外资企业出口受实际汇率的影响明显大于内资企业，且无论是全部样本企业还是分一般贸易和加工贸易的子样本都是如此，说明外资企业出口对人民币实际汇率波动更敏感一些。

6. 企业生产率

$\ln \varphi_{it,m}$ 显著正向影响全部样本的内外资企业出口，也显著正向影响一般贸易和加工贸易的内外资企业出口，一方面符合前文假设 1 的理论预期，另一方面也符合经典新—新贸易理论基本结论。企业生产率显著正向作用其出口扩张，在一定意义上再次说明生产率是决定各类型所有制企业出口与否的重要因素，同类产品企业间相对出口大小与生产率异质性直接相关。生产率与企业出口显著正相关的结论，再次说明国家采取切实措施，鼓励微观企业增加研发支出、扩大人力资本投资，进而提升其实际生产效率，对促进中国外贸健康有序发展有利。

从系数相对大小上看，$\ln\varphi_{it,m}$ 促进内资企业出口增长的作用都高于外资企业，且在全部样本和分贸易方式子样本的稳健性检验中都成立，在一定意义上可以解释我国外贸增长中外资企业占比有所下降的部分原因。资本是"逐利的"，外资更是如此，他们到中国投资的重要原因是追求利润最大化。为克服可变贸易成本和固定贸易成本，外资企业需要在最初时展示出较高生产率以便获取非负利润，但成功进入国际市场后，利润最大化策略使这些外资企业尽可能挖掘各类生产要素的低成本优势，对自身生产效率水平的提升或许没有内资"强烈"，从而出现生产率促进外资企业出口的显著作用没有内资企业大的情况。

表6—3　　　　　　内外资企业仅从事一种贸易方式回归结果

	内资			外资		
	所有	一般	加工	所有	一般	加工
C	3.4981*** (15.89)	3.4630*** (12.69)	3.2517*** (9.13)	5.6181*** (26.25)	5.3065*** (19.00)	5.7796*** (17.75)
$\ln Y_{jt}$	0.0631*** (4.83)	0.0670*** (4.21)	0.0507** (2.31)	0.0319*** (2.68)	0.0368** (2.37)	0.0261 (1.45)
$\ln(Y_{it}/Y_{jt})$	0.0334*** (3.16)	0.0196 (1.51)	0.0782*** (4.44)	0.0653*** (7.53)	0.0793*** (6.77)	0.0443*** (3.62)
$\ln\tau_{it,m}$	−0.0113 (−0.99)	−0.0179 (−1.27)	−0.0049 (−0.25)	−0.0144 (−1.37)	−0.0019 (−0.14)	−0.0331** (−2.06)
$\ln f_{it,mx}$	−0.0123 (−1.06)	−0.0185 (−1.30)	−0.0027 (−0.14)	−0.0168 (−1.57)	−0.0043 (−0.31)	−0.0358** (−2.19)
$\ln mc_{it,m}$	−0.1314*** (−3.57)	−0.1360*** (−3.08)	−0.1118* (−1.70)	−0.1945*** (−6.07)	−0.3002*** (−7.03)	−0.0136 (−0.29)
$\ln f_{it,m}$	−0.1247*** (−9.29)	−0.1360*** (−8.17)	−0.0885*** (−4.08)	−0.0698*** (−5.14)	−0.0889*** (−4.92)	−0.0383* (−1.94)
$\ln R_{it,m}$	0.0587*** (36.25)	0.0553*** (28.33)	0.0707*** (24.87)	0.0506*** (41.34)	0.0470*** (30.17)	0.0588*** (30.14)
$\ln(P_{jt}/P_{it})$	−0.1661*** (−8.14)	−0.1755*** (−6.96)	−0.1352*** (−4.08)	−0.2154*** (−10.12)	−0.2021*** (−7.43)	−0.2348*** (−7.03)

续表

	内资			外资		
	所有	一般	加工	所有	一般	加工
$\ln\varphi_{it,m}$	0.1457*** (8.44)	0.1389*** (6.58)	0.1558*** (5.39)	0.0809*** (5.60)	0.0727*** (3.85)	0.0955*** (4.40)
Hausman test	FE	FE	FE	FE	FE	FE
F 统计量	304.42	188.23	138.88	313.73	176.09	157.30
组内 R^2	0.0897	0.0782	0.1392	0.0638	0.0557	0.0893
组间 R^2	0.0445	0.0383	0.0756	0.0348	0.0280	0.0638
总体 R^2	0.0494	0.0443	0.0812	0.0376	0.0315	0.0668
Obs	138332	87549	49953	202494	115586	85662

四 一种贸易方式与多种贸易方式按主要贸易方式的内外资比较

客观来看，上述企业分类还较为粗糙，毕竟内外资企业中，既有专门做一般贸易的企业，也有专门做加工贸易的企业，还有既做加工贸易也做一般贸易的企业。分内外资企业主要从事单一贸易方式和多种贸易方式的子样本是否会改变上述实证结论，也值得进一步分析。为此这里继续按上一章类似方法对这些分类后的子样本进行实证分析并比较相关结果，以便检验实证结论可靠性。在表6—3和表6—4的估计结果中，除极少数变量外，计量结果较为理想。从估计结果来看，以下影响企业出口的主要结论依然成立：

$\ln Y_{jt}$正向影响专门从事一种贸易方式的内外资全部企业出口，也正向影响从事多种贸易方式的内外资企业出口，说明贸易伙伴经济规模扩大为我国企业出口提供了更大消费潜力和市场容量，有利于各类型贸易企业的出口规模增长。

$\ln(Y_{it}/Y_{jt})$正向影响专门从事一种贸易方式的内外资企业出口，也正向影响从事多种贸易方式按主要方式的内外资企业出口，同样符合本土市场效应的基本结论。

$\ln\tau_{it,m}$和$\ln f_{it,mx}$负向影响专门从事一种贸易方式的内外资全部企业出口，也负向影响从事多种贸易方式按主要方式的内外资企业出口,说明我国采取切实措施降低与贸易伙伴之间的相互贸易成本,对提高微观企业参与国际市场竞争、提升出口供给能力大有帮助。

$\ln R_{it,m}$ 显著正向影响专门从事一种贸易方式的内外资全部企业出口,也正向影响从事多种贸易方式按主要方式的内外资企业出口,再次说明行业产出增加后,整个行业产品的国际市场供给能力增强,其他条件保持不变时,行业内各类型外贸企业的出口随之增加。

$\ln mc_{it,m}$ 和 $\ln f_{it,m}$ 负向影响所有专门从事一种贸易方式的内外资企业出口,也负向影响所有从事多种贸易方式按主要方式的内外资企业出口,再次说明国家采取切实措施降低微观企业生产成本,对扩大出口有益。

$\ln(P_{jt}/P_{it})$ 负向影响所有专门从事一种贸易方式的内外资企业出口,也负向影响所有从事多种贸易方式按主要方式的内外资企业出口,说明为实现对外贸易的稳定增长和发展,一个理想的状态依然是我国应努力维系同各贸易伙伴之间的汇率相对稳定。

$\ln \varphi_{it,m}$ 显著正向作用所有专门从事一种贸易方式的内外资企业出口,也显著正向影响所有从事多种贸易方式按主要方式的企业出口,再次说明生产率是决定企业出口与否的重要因素。

从显著性系数相对大小上看,对比表6—3和表6—4实证结果还可以看出:$\ln \varphi_{it,m}$ 正向影响多种贸易方式的外资企业出口作用比内资企业大,而正向影响专门做一种贸易方式的内资企业出口反而比外资企业大,且这一结论在全部样本和分一般贸易、加工贸易子样本中都是成立的,其直接政策含义是:国家利用新—新贸易相关理论来稳定出口要注重区分不同所有制企业的差异性,对内资企业应该鼓励其专门从事单一贸易方式以便充分利用生产率异质性促进出口规模得到更大程度提高;而对外资企业则要鼓励其从事多种贸易方式,以便发挥生产率越高越有利于扩大出口产品范围的积极效果。

表6—4　内外资企业从事多种贸易方式按主要贸易方式回归结果

	内资			外资		
	所有	一般	加工	所有	一般	加工
C	5.6842*** (10.19)	4.3346*** (4.15)	6.0552*** (9.09)	6.2215*** (13.05)	3.4763*** (3.82)	7.4106*** (13.15)

续表

	内资			外资		
	所有	一般	加工	所有	一般	加工
$\ln Y_{jt}$	0.0055 (0.16)	0.0782 (1.19)	0.0235 (0.56)	0.1073*** (3.93)	0.1979*** (3.80)	0.0696** (2.16)
$\ln(Y_{it}/Y_{jt})$	0.0070 (0.25)	0.0456 (0.93)	0.0123 (0.36)	0.0717*** (4.39)	0.1028*** (3.60)	0.0601*** (2.99)
$\ln \tau_{it,m}$	-0.1581*** (-5.69)	-0.1627*** (-3.26)	-0.1570*** (-4.69)	-0.1055*** (-4.74)	-0.0564 (-1.34)	-0.1284*** (-4.88)
$\ln f_{it,mx}$	-0.1614*** (-5.74)	-0.1678*** (-3.32)	-0.1594*** (-4.70)	-0.1120*** (-4.94)	-0.0595 (-1.39)	-0.1365*** (-5.10)
$\ln mc_{it,m}$	-0.0662 (-0.78)	-0.2144 (-1.47)	-0.2306** (-2.21)	-0.0657 (-0.87)	-0.2792** (-1.98)	-0.0053 (-0.06)
$\ln f_{it,m}$	-0.2204*** (-6.95)	-0.3197*** (-5.29)	-0.1648*** (-4.37)	-0.0865*** (-3.05)	-0.2122*** (-3.92)	-0.0450 (-1.34)
$\ln R_{it,m}$	0.0544*** (13.41)	0.0474*** (7.03)	0.0620*** (11.78)	0.0486*** (18.45)	0.0432*** (8.46)	0.0495*** (15.88)
$\ln(P_{jt}/P_{it})$	-0.3174*** (-4.40)	-0.3527* (-1.90)	-0.3104*** (-4.05)	-0.5784*** (-8.70)	-0.7368*** (-5.00)	-0.5336*** (-7.00)
$\ln \varphi_{it,m}$	0.1837*** (4.01)	0.2482*** (2.98)	0.1373** (2.49)	0.2203*** (7.09)	0.3247*** (5.20)	0.1737*** (4.83)
Hausman test	FE	FE	FE	FE	FE	FE
F 统计量	54.00	18.86	38.45	111.10	38.05	73.16
组内 R^2	0.1434	0.1551	0.1514	0.1259	0.1388	0.1218
组间 R^2	0.0741	0.0916	0.0592	0.0353	0.0447	0.0291
总体 R^2	0.0726	0.0924	0.0568	0.0357	0.0460	0.0295
Obs	20704	6926	13526	40250	12670	27180

五 内资民营企业与国有企业的进一步比较

上述实证结果是否会因为内资民营企业与国有企业属性不同而发生改

变?仍值得进一步分析。这里再使用相同方法对内资民营企业与国有企业全部样本及其分贸易方式子样本进行回归后,详细结果见表6—5、表6—6和表6—7。从估计结果来看,以下影响企业出口的主要结论依然成立:

表6—5　　内资分国有与民营企业全部样本分贸易方式回归结果

	国有			民营		
	所有	一般	加工	所有	一般	加工
C	4.2816***	3.4882***	5.4018***	2.7042***	3.0275***	1.7613***
	(11.29)	(6.99)	(9.48)	(11.08)	(9.42)	(4.91)
$\ln Y_{jt}$	0.0867***	0.0818***	0.1044***	0.0350**	0.0590***	0.0192
	(3.76)	(2.77)	(2.88)	(2.55)	(3.33)	(0.91)
$\ln(Y_{it}/Y_{jt})$	0.0500**	0.0323	0.0838***	0.0127	0.0206	0.0001
	(2.45)	(1.21)	(2.71)	(1.18)	(1.49)	(0.01)
$\ln\tau_{it,m}$	-0.0163	-0.0213	-0.1018***	-0.0631***	-0.0715***	-0.0465***
	(-0.83)	(-0.86)	(-3.23)	(-5.29)	(-4.59)	(-2.63)
$\ln f_{it,mx}$	-0.0194	-0.0181	-0.1045***	-0.0645***	-0.0727***	-0.0483***
	(-0.98)	(-0.72)	(-3.28)	(-5.35)	(-4.61)	(-2.70)
$\ln mc_{it,m}$	-0.1333**	-0.0607	-0.2613***	-0.1902***	-0.2117***	-0.1135*
	(-2.24)	(-0.82)	(-2.64)	(-4.78)	(-4.15)	(-1.83)
$\ln f_{it,m}$	-0.1115***	-0.1713***	-0.0118	-0.1785***	-0.1765***	-0.1685***
	(-4.60)	(-5.32)	(-0.33)	(-13.02)	(-9.70)	(-8.46)
$\ln R_{it,m}$	0.0536***	0.0509***	0.0606***	0.0664***	0.0578***	0.0878***
	(20.98)	(15.65)	(14.78)	(35.13)	(24.04)	(29.29)
$\ln(P_{jt}/P_{it})$	-0.2760***	-0.3347***	-0.2121***	-0.1731***	-0.1799***	-0.1446***
	(-5.48)	(-4.53)	(-3.29)	(-8.59)	(-7.02)	(-4.54)
$\ln\varphi_{it,m}$	0.1201***	0.0775*	0.1908***	0.2087***	0.2123***	0.1950***
	(3.68)	(1.89)	(3.57)	(11.70)	(9.07)	(7.39)
Hausman test	FE	FE	FE	FE	FE	FE
F统计量	121.29	70.20	60.27	289.75	146.62	178.03
组内R^2	0.1012	0.0902	0.1416	0.0910	0.0725	0.1509
组间R^2	0.0636	0.0441	0.1005	0.0339	0.0293	0.0572
总体R^2	0.0669	0.0502	0.0998	0.0394	0.0352	0.0638
Obs	42052	25654	16116	116984	68821	47363

表6—6　　内资分国有与民营企业仅从事一种贸易方式回归结果

	国有			民营		
	所有	一般	加工	所有	一般	加工
C	4.0097***	3.8848***	3.5061***	2.8940***	3.0665***	2.0995***
	(9.48)	(7.42)	(5.05)	(10.51)	(8.99)	(4.70)
$\ln Y_{jt}$	0.1178***	0.0858***	0.2057***	0.0308**	0.0488***	0.0238
	(4.62)	(2.76)	(4.78)	(2.02)	(2.62)	(0.93)
$\ln(Y_{it}/Y_{jt})$	0.0620***	0.0066	0.2138***	0.0132	0.0157	0.0111
	(2.67)	(0.23)	(5.52)	(1.11)	(1.07)	(0.56)
$\ln\tau_{it,m}$	-0.0257	-0.0166	-0.0728*	-0.0294**	-0.0320**	-0.0280
	(-1.14)	(-0.63)	(-1.73)	(-2.20)	(-1.92)	(-1.31)
$\ln f_{it,mx}$	-0.0241	-0.0152	-0.0712*	-0.0302**	-0.0325*	-0.0294
	(-1.06)	(-0.56)	(-1.67)	(-2.22)	(-1.93)	(-1.35)
$\ln mc_{it,m}$	-0.0976	-0.0715	-0.1643	-0.2293***	-0.2330***	-0.1993***
	(-1.42)	(-0.88)	(-1.28)	(-5.18)	(-4.36)	(-2.58)
$\ln f_{it,m}$	-0.0826***	-0.1223***	-0.0014	-0.1518***	-0.1524***	-0.1386***
	(-3.02)	(-3.61)	(-0.03)	(-9.74)	(-7.88)	(-5.51)
$\ln R_{it,m}$	0.0541***	0.0519***	0.0601***	0.0640***	0.0578***	0.0846***
	(18.79)	(14.81)	(12.13)	(29.73)	(22.28)	(22.40)
$\ln(P_{jt}/P_{it})$	-0.2345***	-0.3288***	-0.1202*	-0.1500***	-0.1535***	-0.1244***
	(-4.30)	(-4.39)	(-1.66)	(-6.93)	(-5.83)	(-3.38)
$\ln\varphi_{it,m}$	0.0716**	0.0454	0.1517**	0.1915***	0.1878***	0.1919***
	(1.97)	(1.05)	(2.28)	(9.63)	(7.62)	(6.00)
Hausman test	FE	FE	FE	FE	FE	FE
F 统计量	91.65	58.99	42.10	202.76	118.71	104.53
组内 R^2	0.1009	0.0905	0.1604	0.0827	0.0687	0.1419
组间 R^2	0.0626	0.0385	0.1232	0.0324	0.0303	0.0542
总体 R^2	0.0663	0.0431	0.1267	0.0374	0.0359	0.0608
Obs	35936	23491	12216	102396	64058	37737

表6—7　　　　　内资分国有与民营企业从事多种贸易方式
按主要贸易方式回归结果

	国有			民营		
	所有	一般	加工	所有	一般	加工
C	6.4036*** (6.19)	2.0469 (0.97)	7.6661*** (6.44)	4.7520*** (6.91)	4.9756*** (4.11)	4.4082*** (5.25)
$\ln Y_{jt}$	0.0725 (1.08)	0.1422 (1.15)	0.0967 (1.22)	0.0307 (0.74)	0.0506 (0.67)	0.0511 (1.01)
$\ln(Y_{it}/Y_{jt})$	0.0230 (0.44)	0.1525 (1.48)	0.0702 (1.17)	0.0112 (0.34)	0.0143 (0.26)	0.0332 (0.78)
$\ln\tau_{it,m}$	-0.1368*** (-2.67)	-0.1110 (-1.12)	-0.1523*** (-2.60)	-0.1806*** (-5.38)	-0.2315*** (-4.08)	-0.1580*** (-3.77)
$\ln f_{it,mx}$	-0.1346*** (-2.59)	-0.1132 (-1.13)	-0.1475** (-2.48)	-0.1869*** (-5.50)	-0.2391*** (-4.15)	-0.1635*** (-3.86)
$\ln mc_{it,m}$	-0.0812 (-0.57)	-0.4894** (-2.04)	-0.4408** (-2.52)	-0.0535** (-2.48)	-0.0088** (-2.04)	-0.0482** (-2.35)
$\ln f_{it,m}$	-0.2154*** (-3.47)	-0.5447*** (-4.06)	-0.1084 (-1.56)	-0.2113*** (-5.79)	-0.2368*** (-3.68)	-0.1869*** (-4.15)
$\ln R_{it,m}$	0.0370*** (5.02)	0.0562*** (4.40)	0.0310*** (3.26)	0.0691*** (13.06)	0.0482*** (5.57)	0.0819*** (12.08)
$\ln(P_{jt}/P_{it})$	-0.5235** (-2.42)	-0.2537 (-0.47)	-0.6206*** (-2.72)	-0.2824*** (-4.03)	-0.4380** (-2.45)	-0.2427*** (-3.22)
$\ln\varphi_{it,m}$	0.1138 (1.27)	0.0188 (0.11)	0.1425 (1.35)	0.2390*** (4.60)	0.3983*** (4.34)	0.1457** (2.28)
Hausman test	FE	FE	FE	FE	FE	FE
F统计量	14.03	7.03	10.65	42.87	13.83	31.98
组内R^2	0.1260	0.1738	0.1457	0.1612	0.1690	0.1746
组间R^2	0.0622	0.2041	0.0270	0.0604	0.0419	0.0578
总体R^2	0.0593	0.2103	0.0249	0.0600	0.0421	0.0576
Obs	6116	2163	3900	14588	4763	9626

$\ln Y_{jt}$正向影响内资民营企业与国有企业全部样本及其分贸易方式子样本、专门从事一种贸易方式的全部样本及其分贸易方式子样本,以及从事多种贸易方式的全部样本及其分贸易方式子样本的企业出口。

$\ln(Y_{it}/Y_{jt})$也正向影响内资民营企业与国有企业全部样本及其分贸易方式子样本、专门从事一种贸易方式的全部样本及其分贸易方式子样本,以及从事多种贸易方式的全部样本及其分贸易方式子样本的企业出口。

$\ln\tau_{it,m}$和$\ln f_{it,mx}$负向影响内资民营企业与国有企业全部样本及其分贸易方式子样本、专门从事一种贸易方式的全部样本及其分贸易方式子样本的企业出口。

$\ln R_{it,m}$显著正向影响内资民营企业与国有企业全部样本及其分贸易方式子样本、专门从事一种贸易方式的全部样本及其分贸易方式子样本,以及从事多种贸易方式的全部样本及其分贸易方式子样本的企业出口。

此外,以下影响企业出口的结论也成立:边际生产成本($\ln mc_{it,m}$)和固定生产成本($\ln f_{it,mx}$)均负向影响内资民营企业与国有企业全部样本及其分贸易方式子样本、专门从事一种贸易方式的全部样本及其分贸易方式子样本,以及从事多种贸易方式的全部样本及其分贸易方式子样本的企业出口。

$\ln(P_{jt}/P_{it})$均显著负向影响内资民营企业与国有企业全部样本及其分贸易方式子样本、专门从事一种贸易方式的全部样本及其分贸易方式子样本,以及从事多种贸易方式的全部样本及其分贸易方式子样本的企业出口。

$\ln\varphi_{it,m}$正向影响内资民营企业与国有企业全部样本及其分贸易方式子样本、专门从事一种贸易方式的全部样本及其分贸易方式子样本,以及从事多种贸易方式的全部样本及其分贸易方式子样本的企业出口。

只是企业生产率这一核心变量上,国有企业与内资企业具有差异,表现在:①一种贸易方式中,国有一般贸易企业的$\ln\varphi_{it,m}$均不显著而民营企业均显著(见表6—6);②多种贸易方式中,国有企业所有类型的$\ln\varphi_{it,m}$均不显著而民营企业均显著(见表6—7)。

如果将是否达到显著性水平作为判断企业出口是否存在"生产率悖论"的方法,那么专门从事一种贸易的国有企业,以及从事多种贸易方式的国有企业的确不存在生产率的促进出口作用,即存在"生产率悖论"。

上述比较结果一方面符合假设2的基本结论,另一方面说明我国内资企业的"生产率悖论"更多体现在国有企业上,其政策含义是:为稳定贸易增长,作为共和国"长子"的国有企业更要重视研发和技术更新,切实提高生产效率水平,以真正发挥出自身生产率异质性的稳出口作用。

第三节 内外资加工贸易方式的比较

一 内外资三大类加工贸易方式的比较

上述实证结论反复出现加工贸易企业不完全符合数理模型推理的预期结论,那么到底是哪类加工贸易企业出现问题?是外资企业还是内资企业?仍值得进一步分析。本章再采取和第五章类似的分类方式,先将加工贸易划分为"三料"加工、保税区加工和设备加工三大类①,然后进行稳健性计量检验,具体结果详见表6—8、表6—9和表6—10。

表6—8　　内外资全部样本的细分加工贸易回归结果比较

	内资			外资		
	"三料"	保税区	加工设备	"三料"	保税区	加工设备
C	2.7054*** (7.89)	4.0545*** (3.80)	1.3765 (0.42)	5.7459*** (18.98)	4.5242*** (4.55)	9.9705*** (3.64)
$\ln Y_{jt}$	0.0548** (2.51)	0.0059 (0.09)	0.0705 (0.44)	0.0615*** (3.58)	0.1660*** (2.80)	0.1318 (1.06)
$\ln(Y_{it}/Y_{jt})$	0.0639*** (3.66)	0.0442 (0.74)	0.2165* (1.82)	0.0708*** (6.36)	0.0876* (1.80)	0.0037 (0.03)
$\ln\tau_{it,m}$	-0.0514*** (-2.78)	-0.1027* (-1.88)	-0.1748 (-1.07)	-0.0951*** (-6.40)	-0.0075 (-0.15)	-0.3188** (-2.00)
$\ln f_{it,mx}$	-0.0536*** (-2.87)	-0.1052* (-1.91)	-0.1729 (-1.04)	-0.1006*** (-6.67)	-0.0002 (-0.01)	-0.3350** (-2.06)

① 由于包括边境贸易在内的其他加工贸易所占样本量相对较少,这里不做单独分析,下同。

续表

	内资			外资		
	"三料"	保税区	加工设备	"三料"	保税区	加工设备
$\ln mc_{it,m}$	-0.0894 (-1.42)	-0.0647 (-0.41)	-0.6837 (-1.44)	-0.0810* (-1.80)	-0.2987* (-1.88)	-0.0822 (-0.16)
$\ln f_{it,m}$	-0.1189*** (-5.75)	-0.1576*** (-2.48)	-0.1862 (-1.00)	-0.0532*** (-2.88)	-0.0764 (-1.24)	-0.1560 (-0.81)
$\ln R_{it,m}$	0.0796*** (28.97)	0.0674*** (9.10)	0.0893** (2.23)	0.0629*** (34.91)	0.0541*** (9.97)	0.0458*** (3.52)
$\ln(P_{jt}/P_{it})$	-0.1246*** (-3.81)	-0.2306*** (-2.75)	-0.1748 (-0.96)	-0.2805*** (-8.47)	-0.2661*** (-2.75)	-0.2040 (-0.80)
$\ln\varphi_{it,m}$	0.1562*** (5.51)	0.2206*** (2.62)	0.4174** (1.97)	0.0912*** (4.50)	0.1119 (1.62)	0.1816 (1.04)
Hausman test	FE	FE	FE	FE	FE	FE
F统计量	183.19	21.99	3.61	234.4	22.56	3.38
组内 R^2	0.1586	0.1808	0.2202	0.1073	0.1198	0.1388
组间 R^2	0.0790	0.0402	0.1206	0.0530	0.0484	0.0897
总体 R^2	0.0864	0.0442	0.1418	0.0552	0.0554	0.1168
Obs	42583	4978	916	77554	7820	1236

表6—9　内外资细分加工贸易仅从事一种贸易方式回归结果比较

	内资			外资		
	"三料"	保税区	加工设备	"三料"	保税区	加工设备
C	2.6805*** (6.40)	1.7811 (1.32)	3.3630 (0.79)	6.1169*** (16.08)	5.4410*** (3.91)	10.0912*** (2.56)
$\ln Y_{jt}$	0.0652** (2.45)	0.1824** (2.24)	0.0723 (0.32)	0.0312 (1.48)	0.1646** (2.06)	0.2152 (1.36)
$\ln(Y_{it}/Y_{jt})$	0.0951*** (4.51)	0.0956 (1.22)	0.1535 (0.80)	0.0389*** (2.77)	0.1165* (1.83)	0.0132 (0.09)

续表

	内资			外资		
	"三料"	保税区	加工设备	"三料"	保税区	加工设备
$\ln\tau_{it,m}$	-0.0102 (-0.45)	-0.0064 (-0.09)	-0.1145 (-0.49)	-0.0166 (-0.88)	-0.0025 (-0.04)	-0.2082 (-1.02)
$\ln f_{it,mx}$	-0.0119 (-0.51)	-0.0078 (-0.11)	-0.1069 (-0.45)	-0.0196 (-1.02)	-0.0056 (-0.08)	-0.2287 (-1.10)
$\ln mc_{it,m}$	-0.1181 (-1.51)	-0.3349 (-1.30)	-0.5807 (-0.97)	-0.0749 (-1.40)	-0.1165 (-0.55)	-0.4330 (-0.54)
$\ln f_{it,m}$	-0.0968*** (-3.73)	-0.1628* (-1.88)	-0.4918* (-1.69)	-0.0009 (-0.04)	-0.0666 (-0.73)	-0.1792 (-0.54)
$\ln R_{it,m}$	0.0761*** (22.73)	0.0570*** (5.88)	0.0758 (1.24)	0.0594*** (25.42)	0.0603*** (7.42)	0.0782*** (4.59)
$\ln(P_{jt}/P_{it})$	-0.1096*** (-2.99)	-0.1550 (-1.35)	-0.0826 (-0.29)	-0.2399*** (-6.12)	-0.0512 (-0.41)	-0.1697 (-0.64)
$\ln\varphi_{it,m}$	0.1600*** (4.65)	0.3281*** (3.14)	0.5673** (2.01)	0.0586** (2.29)	0.1175 (1.32)	0.2110 (1.02)
Hausman test	FE	FE	FE	FE	FE	FE
F 统计量	114.13	15.1	3.27	109.24	9.93	3.96
组内 R^2	0.1582	0.2088	0.3118	0.0875	0.1137	0.2365
组间 R^2	0.0784	0.0429	0.122	0.0531	0.0618	0.0798
总体 R^2	0.0857	0.0521	0.1555	0.0549	0.0727	0.1104
Obs	33517	3682	691	58685	5379	923

表6—10　　　内外资细分加工贸易从事多种贸易方式
按主要贸易方式回归结果比较

	内资			外资		
	"三料"	保税区	加工设备	"三料"	保税区	加工设备
C	6.6962*** (8.20)	1.9908 (0.98)	1.9807 (1.32)	6.4829*** (9.84)	6.7350*** (3.58)	7.7550 (1.54)

续表

	内资			外资		
	"三料"	保税区	加工设备	"三料"	保税区	加工设备
$\ln Y_{jt}$	0.0247 (0.49)	0.2235** (2.04)	0.5486*** (4.07)	0.1093*** (2.89)	0.2061* (1.89)	0.1918 (0.85)
$\ln(Y_{it}/Y_{jt})$	0.0312 (0.77)	0.1865** (1.99)	0.1158 (0.24)	0.0870*** (3.72)	0.0208 (0.23)	0.1844 (0.82)
$\ln \tau_{it,m}$	-0.1913*** (-4.56)	-0.1098 (-1.07)	-0.1863 (-0.63)	-0.1555*** (-5.10)	-0.0391 (-0.44)	-0.2052 (-0.77)
$\ln f_{it,mx}$	-0.1945*** (-4.58)	-0.1212 (-1.16)	-0.3041 (-0.68)	-0.1630*** (-5.26)	-0.0357 (-0.39)	-0.2171 (-0.80)
$\ln mc_{it,m}$	-0.0408 (-0.28)	-0.6222*** (-3.31)	-0.5764 (-1.23)	-0.0422 (-0.41)	-0.0419 (-0.15)	-0.7698 (-0.76)
$\ln f_{it,m}$	-0.1113** (-2.38)	-0.5079*** (-4.23)	-0.6596 (-1.57)	-0.0743** (-1.89)	-0.0819 (-0.81)	-0.4026 (-1.33)
$\ln R_{it,m}$	0.0695*** (10.61)	0.0433*** (2.98)	0.0218 (0.19)	0.0560*** (15.00)	0.0409*** (4.60)	0.0183 (0.83)
$\ln(P_{jt}/P_{it})$	-0.2418*** (-2.93)	-0.1929 (-0.97)	-0.2807*** (-3.81)	-0.4214*** (-4.97)	-0.8274*** (-3.45)	-0.5771 (-0.69)
$\ln \varphi_{it,m}$	0.0189 (0.29)	0.4354*** (2.94)	0.4153 (1.38)	0.1687*** (3.97)	0.1343 (0.93)	0.6493 (1.46)
Hausman test	FE	FE	FE	FE	FE	FE
F 统计量	23.83	6.55	7.84	61.22	7.41	0.69
组内 R^2	0.1376	0.2575	0.8248	0.1379	0.1356	0.1579
组间 R^2	0.0520	0.0603	0.0162	0.0434	0.0022	0.0958
总体 R^2	0.0522	0.0614	0.0186	0.0451	0.0020	0.0968
Obs	9066	1296	225	18869	2441	313

从估计结果来看，细分加工贸易具体方式后，无论是内资企业还是外资企业，也无论是专门从事一种贸易方式还是从事多种贸易方式的内外资

企业，以下影响企业出口的主要结论依然成立：①$\ln Y_{jt}$正向影响企业出口；②$\ln(Y_{it}/Y_{jt})$也正向影响企业出口；③$\ln\tau_{it,m}$和$\ln f_{it,mx}$负向影响企业出口；④$\ln R_{it,m}$正向影响企业出口；⑤边际生产成本（$\ln mc_{it,m}$）和固定生产成本（$\ln f_{it,mx}$）均负向影响企业出口；⑥$\ln(P_{jt}/P_{it})$负向影响企业出口；⑦$\ln\varphi_{it,m}$正向影响企业出口。

而对生产率水平来说，外资保税区加工贸易企业的$\ln\varphi_{it,m}$系数都不显著，且在全部样本、单一贸易方式和多种贸易方式子样本都如此，说明这类外资企业具有较为明显的"生产率悖论"问题。此外，内资加工贸易类企业，其生产率（$\ln\varphi_{it,m}$）也没有达到显著性水平（见表6—10），说明这些内资企业也普遍存在"生产率悖论"。

二 内外资进料加工与来料加工的进一步比较

加工贸易企业的生产率悖论来自"三料"加工贸易哪一类？是来自进料加工企业，还是来料加工企业或出料加工企业？也值得进一步分析。

从表6—11的估计结果看，将加工贸易细化为进料加工和来料加工贸易后，无论是内资企业还是外资企业，也无论是专门从事一种贸易方式还是从事多种贸易方式的内外资企业，以下影响企业出口的主要结论依然成立：①$\ln Y_{jt}$和$\ln(Y_{it}/Y_{jt})$正向影响出口；②$\ln\tau_{it,m}$和$\ln f_{it,mx}$负向影响出口；③$\ln R_{it,m}$正向影响出口；④边际生产成本（$\ln mc_{it,m}$）和固定生产成本（$\ln f_{it,mx}$）均负向影响出口；⑤$\ln(P_{jt}/P_{it})$负向影响出口；⑥$\ln\varphi_{it,m}$正向影响出口。

而从生产率影响企业出口的显著性水平上看，表6—11的估计结果表明：①专门从事一种贸易方式的外资来料加工企业可能具有"生产率"悖论，因为其$\ln\varphi_{it,m}$系数虽然为正但没有达到显著性水平要求；②从事多种贸易方式的进料加工与来料加工内资企业也具有"生产率"悖论，因为其$\ln\varphi_{it,m}$系数虽然为正但不显著。

这些结论不仅给出了生产率不能显著促进企业出口的具体形式，更意味着国家应该重视进料加工贸易和出料加工贸易的不同。倘若需要利用进料加工和出料加工来稳定出口，相关职能部门就应该充分分析和研究阻碍其生产率不能显著促进出口增长的具体原因，并给出相应具体针对性对策建议，否则发挥新—新贸易理论的企业异质性来稳定出口增长，将"大打折扣"。

表 6—11　内外资料加工与来料加工的回归结果比较

	所有				从事一种贸易方式				从事多种贸易方式			
	内资		外资		内资		外资		内资		外资	
	进料	来料	进料	来料	进料	来料	进料	来料	进料	来料	进料	来料
C	2.6435*** (6.72)	2.9701*** (4.27)	5.4904*** (16.19)	6.9630*** (10.32)	2.5605*** (5.37)	2.9108*** (3.30)	6.0303*** (14.11)	6.6783*** (7.91)	7.3831*** (7.77)	3.6264** (2.28)	6.3852*** (8.67)	6.9485*** (4.61)
$\ln Y_{jt}$	0.0587** (2.28)	0.0729* (1.77)	0.0550*** (2.83)	0.0927** (2.53)	0.1020*** (3.22)	0.0188 (0.37)	0.0279 (1.17)	0.0477 (1.02)	0.0058 (0.10)	0.1790 (1.52)	0.1042** (2.41)	0.1362* (1.75)
$\ln(Y_{it}/Y_{jt})$	0.0894*** (4.13)	0.0164 (0.58)	0.0604*** (4.88)	0.1275*** (4.99)	0.1550*** (5.64)	0.0067 (0.21)	0.0349** (2.24)	0.0592* (1.81)	0.0007 (0.02)	0.2508** (2.40)	0.0611** (2.31)	0.2003*** (4.00)
$\ln\tau_{it,m}$	−0.0290 (−1.37)	−0.1606*** (−4.20)	−0.0874*** (−5.24)	−0.1354*** (−4.16)	−0.0043 (−0.17)	−0.0636 (−1.31)	−0.0090 (−0.42)	−0.0515 (−1.23)	−0.1811*** (−3.94)	−0.2457** (−2.29)	−0.1426*** (−4.13)	−0.2162*** (−3.26)
$\ln f_{it,mx}$	−0.0319 (−1.49)	−0.1601*** (−4.16)	−0.0928*** (−5.47)	−0.1424*** (−4.30)	−0.0074 (−0.28)	−0.0606 (−1.24)	−0.0117 (−0.54)	−0.0555 (−1.31)	−0.1827*** (−3.92)	−0.2557** (−2.38)	−0.1491*** (−4.25)	−0.2279*** (−3.38)
$\ln mc_{it,m}$	−0.0918 (−1.26)	−0.0981 (−0.78)	−0.0307 (−0.61)	−0.3004*** (−3.07)	−0.1439 (−1.60)	−0.0585 (−0.37)	−0.0327 (−0.54)	−0.2447** (−2.13)	−0.0602 (−0.36)	−0.4444 (−1.54)	−0.0125 (−0.11)	−0.3330 (−1.36)
$\ln f_{it,m}$	−0.1173*** (−4.98)	−0.1155*** (−2.66)	−0.0586*** (−2.82)	−0.0205 (−0.51)	−0.1042*** (−3.56)	−0.0531 (−0.96)	−0.0003 (−0.01)	0.0135 (−0.27)	−0.1209** (−2.28)	−0.0363 (−0.36)	−0.0676 (−1.51)	−0.0679 (−0.80)
$\ln R_{it,m}$	0.0796*** (25.44)	0.0814*** (14.14)	0.0650*** (31.62)	0.0557*** (14.96)	0.0733*** (19.28)	0.0860*** (12.20)	0.0592*** (22.16)	0.0599*** (12.36)	0.0620*** (8.58)	0.1049*** (6.70)	0.0572*** (13.62)	0.0554*** (6.53)

· 284 ·

续表

	所有				从事一种贸易方式				从事多种贸易方式			
	内资		外资		内资		外资		内资		外资	
	进料	来料	进料	来料	进料	来料	进料	来料	进料	来料	进料	来料
$\ln(P_{jt}/P_{it})$	-0.1416***	-0.0638	-0.2863***	-0.2611***	-0.1228***	-0.0562	-0.2396***	-0.2403***	-0.2936***	-0.1280	-0.4680***	-0.1233
	(-3.73)	(-1.01)	(-7.60)	(-3.79)	(-2.90)	(-0.78)	(-5.27)	(-3.14)	(-2.94)	(-0.89)	(-5.08)	(-0.54)
$\ln\varphi_{it,m}$	0.1441***	0.1825***	0.0870***	0.0855*	0.1674***	0.1368**	0.0666**	0.0099	0.0355	0.0204	0.1487***	0.2408***
	(4.40)	(3.27)	(3.83)	(1.89)	(4.21)	(2.00)	(2.33)	(0.17)	(0.48)	(0.13)	(3.10)	(2.60)
Hausman test	FE	FE	FE	FE	FE	FE	FE	FE	FE	FE	FE	FE
F 统计量	145.31	40.63	189.28	47.46	90.97	25.9	83.04	27.09	16.04	10.63	49.57	13.02
组内 R^2	0.1600	0.1636	0.1088	0.1064	0.1608	0.1645	0.0835	0.1066	0.1183	0.2698	0.1417	0.1375
组间 R^2	0.0741	0.0919	0.0552	0.0413	0.0764	0.0821	0.0543	0.0443	0.0338	0.0896	0.0387	0.0990
总体 R^2	0.0812	0.1022	0.0579	0.0420	0.0832	0.0934	0.0559	0.0468	0.0344	0.0912	0.0409	0.0966
Obs	32063	10518	60175	17378	25187	8329	45809	12876	6876	2189	14366	4502

第四节 分区域内外资企业的比较

一 东中西区域内外资企业全部贸易方式的回归及其分析

上述实证结果是否会因为企业所属区域不同而发生改变？仍值得进一步分析。使用相同面板模型对东中西地区的内外资企业进行回归后，详细结果见表6—12至表6—14。

表6—12　　　　　　　分区域内外资全部样本回归结果比较

	东部 内资	东部 外资	中部 内资	中部 外资	西部 内资	西部 外资
C	3.3151*** (12.95)	4.8685*** (20.20)	4.0759*** (4.33)	3.0858*** (3.44)	1.7732 (0.77)	4.9203** (2.20)
$\ln Y_{jt}$	0.0771*** (4.96)	0.0472*** (3.54)	0.0398 (0.64)	0.1169** (2.05)	0.1795 (1.19)	0.0414 (0.29)
$\ln(Y_{it}/Y_{jt})$	0.0400*** (3.20)	0.0590*** (6.19)	0.1035* (1.81)	0.0677* (1.82)	0.2476** (2.34)	0.1309 (1.37)
$\ln\tau_{it,m}$	-0.0727*** (-5.43)	-0.0618*** (-5.31)	-0.0966* (-1.88)	-0.0417 (-0.96)	-0.1941* (-1.87)	-0.1453 (-1.37)
$\ln f_{it,mx}$	-0.0746*** (-5.51)	-0.0657*** (-5.54)	-0.1054** (-2.01)	-0.0408 (-0.92)	-0.1891* (-1.79)	-0.1351 (-1.26)
$\ln mc_{it,m}$	-0.1339*** (-3.01)	-0.1947*** (-5.35)	-0.1722 (-1.06)	-0.0957 (-0.59)	-0.7387* (-1.90)	-0.0976 (-0.37)
$\ln f_{it,m}$	-0.1616*** (-10.42)	-0.1399*** (-9.22)	-0.0833 (-1.44)	-0.0595 (-0.96)	-0.3823*** (-2.56)	-0.2051 (-1.45)
$\ln R_{it,m}$	0.0605*** (33.71)	0.0537*** (40.33)	0.0813*** (10.35)	0.0552*** (9.84)	0.0503*** (3.03)	0.0478*** (4.06)

续表

	东部		中部		西部	
	内资	外资	内资	外资	内资	外资
$\ln(P_{jt}/P_{it})$	-0.1878***	-0.2681***	-0.0854	-0.2978	-0.2772	-0.3882*
	(-7.59)	(-10.94)	(-0.77)	(-3.10)	(-1.26)	(-1.77)
$\ln\varphi_{it,m}$	0.1769***	0.1225***	0.0173	0.2710***	0.9057***	0.0026
	(8.60)	(7.60)	(0.21)	(4.24)	(3.69)	(0.02)
Hausman test	FE	FE	FE	FE	FE	FE
F 统计量	281.29	333.48	23.24	27.75	8.32	5.12
组内 R^2	0.1046	0.0785	0.1431	0.1039	0.1844	0.0862
组间 R^2	0.0497	0.0395	0.0553	0.0334	0.0402	0.0168
总体 R^2	0.0544	0.0424	0.0572	0.0344	0.0408	0.0173
Obs	119072	181389	26647	40657	13113	20392

表6—13　分区域内外资企业仅从事一种贸易方式回归结果

	东部		中部		西部	
	内资	外资	内资	外资	内资	外资
C	3.1188***	5.4621***	4.2062***	3.9575***	-1.2363	2.7422
	(10.90)	(19.49)	(3.82)	(3.75)	(0.46)	(1.04)
$\ln Y_{jt}$	0.0812***	0.0274*	0.0691	0.1024	0.1740	0.0850
	(4.71)	(1.76)	(0.95)	(1.56)	(0.97)	(0.47)
$\ln(Y_{it}/Y_{jt})$	0.0357**	0.0527***	0.1408**	0.0662	0.2121	0.1783
	(2.55)	(4.60)	(2.09)	(1.50)	(1.64)	(1.43)
$\ln\tau_{it,m}$	-0.0163	-0.0217	-0.0968	-0.1956***	-0.1723	-0.2977**
	(-1.08)	(-1.59)	(-1.63)	(-3.88)	(-1.40)	(-2.30)
$\ln f_{it,mx}$	-0.0168	-0.0243*	-0.1054*	-0.1950***	-0.1621	-0.2961**
	(-1.10)	(-1.75)	(-1.74)	(-3.80)	(-1.30)	(-2.26)
$\ln mc_{it,m}$	-0.1647***	-0.2367***	-0.2361	-0.0394	-0.8431*	-0.2284
	(-3.34)	(-5.66)	(-1.18)	(-0.21)	(-1.85)	(-0.49)
$\ln f_{it,m}$	-0.1331***	-0.0849***	-0.0668	-0.0964	-0.2495	-0.1720
	(-7.57)	(-4.78)	(-0.96)	(-1.32)	(-1.37)	(-0.99)

续表

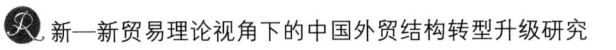

	东部		中部		西部	
	内资	外资	内资	外资	内资	外资
$\ln R_{it,m}$	0.0601*** (29.69)	0.0521*** (33.40)	0.0804*** (8.78)	0.0523*** (7.76)	0.0559*** (2.82)	0.0447*** (3.03)
$\ln(P_{jt}/P_{it})$	-0.1655*** (-6.28)	-0.2285*** (-8.47)	-0.0536 (-0.48)	-0.3102*** (-2.73)	-0.1899 (-0.82)	-0.2721 (-1.02)
$\ln\varphi_{it,m}$	0.1458*** (6.41)	0.0685*** (3.62)	0.0269 (0.28)	0.1923** (2.54)	0.0869*** (2.97)	0.3355 (1.57)
Hausman test	FE	FE	FE	FE	FE	FE
F 统计量	206.28	204.04	16.07	17.53	5.74	4.17
组内 R^2	0.1003	0.0687	0.1337	0.0986	0.1790	0.1062
组间 R^2	0.0467	0.0353	0.0515	0.0155	0.0418	0.0343
总体 R^2	0.0506	0.0374	0.0543	0.0163	0.0422	0.0355
Obs	103580	151260	23137	33821	11429	17143

表6—14　分区域内外资企业从事多种贸易方式按主要贸易方式回归结果

	东部		中部		西部	
	内资	外资	内资	外资	内资	外资
C	5.7426*** (8.15)	5.3458*** (8.43)	8.9610** (2.07)	5.1477* (1.84)	9.8982 (1.08)	24.5643*** (3.86)
$\ln Y_{jt}$	0.0610 (1.30)	0.1324*** (3.94)	0.1657 (0.79)	0.6150*** (3.17)	0.5316 (1.01)	0.2677 (0.67)
$\ln(Y_{it}/Y_{jt})$	0.0384 (1.10)	0.0736*** (3.40)	0.0710 (0.33)	0.2723*** (2.80)	0.0360 (0.10)	0.1390 (0.93)
$\ln\tau_{it,m}$	-0.1626*** (-4.32)	-0.1100*** (-3.86)	-0.3964** (-2.04)	-0.3105** (-2.35)	-0.5886 (-1.34)	-0.0708 (-0.30)
$\ln f_{it,mx}$	-0.1649*** (-4.33)	-0.1143*** (-3.94)	-0.4001** (-2.07)	-0.3193** (-2.37)	-0.6093 (-1.36)	-0.1053 (-0.45)
$\ln mc_{it,m}$	-0.2205* (-1.72)	-0.0065 (-0.07)	-0.3748 (-0.63)	-0.1185** (-2.17)	-0.9315 (-0.55)	-0.4743* (-1.72)

续表

	东部		中部		西部	
	内资	外资	内资	外资	内资	外资
$\ln f_{it,m}$	-0.2614*** (-6.64)	-0.1173*** (-3.11)	-0.2190 (-0.94)	-0.1108 (-0.63)	-0.2135 (-0.40)	-0.5281* (-1.85)
$\ln R_{it,m}$	0.0497*** (10.07)	0.0466*** (13.46)	0.0096 (0.22)	0.0324** (2.25)	0.0743 (1.04)	0.0291 (0.75)
$\ln(P_{jt}/P_{it})$	-0.4067*** (-4.30)	-0.7356*** (-7.97)	-0.7827* (-1.76)	-0.5902* (-1.96)	-0.0325 (-0.91)	-0.5489 (-0.43)
$\ln\varphi_{it,m}$	0.2672*** (4.35)	0.2796*** (6.83)	0.0308 (0.14)	0.0485 (0.27)	0.3546 (0.38)	0.1919 (1.24)
Hausman test	FE	FE	FE	FE	FE	FE
F统计量	39.66	72.68	1.56	4.84	2.28	3.47
组内 R^2	0.1712	0.1366	0.1596	0.1605	0.5618	0.3892
组间 R^2	0.0626	0.0298	0.0000	0.0266	0.0008	0.0469
总体 R^2	0.0642	0.0305	0.0000	0.0259	0.0009	0.0463
Obs	15492	30129	3510	6836	1684	3249

从回归结果上看，以下影响企业出口的主要结论也是成立的：①$\ln Y_{jt}$和 $\ln(Y_{it}/Y_{jt})$ 正向影响企业出口；②$\ln\tau_{it,m}$ 和 $\ln f_{it,mx}$ 负向影响企业出口；③$\ln R_{it,m}$ 的系数也为正。

此外，表6—12至表6—14中，以下影响东中西内外资企业出口增长的结论也大体成立：①边际生产成本（$\ln mc_{it,m}$）和固定生产成本（$\ln f_{it,mx}$）均负向影响企业出口；②$\ln(P_{jt}/P_{it})$ 负向影响企业出口；③$\ln\varphi_{it,m}$ 正向影响企业出口。

从显著性水平上看，西部内外资企业主要解释变量的显著性个数明显低于东中部地区，其原因可能与我国对外开放的次序有关，也与地理位置的"临近"有关。相对陆路运输，海路运输依然是我国对外贸易的主要形式。西部地区相对东中部地区，离海岸线相对较远，相对"高昂"的远距离运输成本不可能不是各类内外资企业进入出口市场要考虑的重要因素，从而导致我国对外贸易主要集中在东中部区域，西部地区发展速度相对较为缓慢。再加上受我国改革开放次序的影响，东部地区率先崛起，中国对外经济交往逐渐形成了"东中西"梯度发展格局，西部地区总体上相对东中部地区发展速度较为滞后，从而导致西部内外资企业无论是专门从事一种贸易方式还是从事多种贸易方式，其出口增长都表现出没有东中部地区快的特征。

而从企业生产率这一核心变量显著性上看，表6—12至表6—14的实证结果中有以下结论成立：①全部样本中，中部地区内资企业的$\ln\varphi_{it,m}$不显著而西部地区外资企业的$\ln\varphi_{it,m}$也不显著（见表6—12）；②专门从事一种贸易方式的子样本中，中部地区内资企业的$\ln\varphi_{it,m}$不显著，而西部地区外资企业的$\ln\varphi_{it,m}$同样不显著（见表6—13）；③从事多种贸易方式的子样本中，中西部内外资企业的$\ln\varphi_{it,m}$都不显著（见表6—14）。

上述结论似乎意味着中部地区的内资企业存在"生产率悖论"、西部地区的外资企业也存在"生产率悖论"、中西部地区多种贸易方式的内外资企业都存在"生产率悖论"。中部地区内资的生产率悖论可能与我国"陆海统筹、东西互济"发展战略有关，毕竟中部地区既不临海也不临近边境，"夹在中间"的区位分布决定了海路外贸发展不如东部地区，陆路的边境贸易发展也不如西部地区，从而出现其内资企业生产率促进出口作用尚不显著的原因。西部地区外资企业生产率也不具有显著作用的原因或许与外资进入中国的先后顺序有关。由于东部地区率先开放，外资首先在东部地区集聚，并通过"极化效应"和"扩散效应"逐渐向外辐射。相对西部地区，中部地区与东部地区地理位置更为临近，文化习俗等差异相对更小，外资梯度转移应该会先到中部再到西部地区，导致西部地区总体上无论是外资数量还是规模相对东中部地区都小很多，从而出现西部地区外资企业生产率促进其出口的作用没有东中部地区显著的情况。

结合中西部多种贸易方式的内外资都存在生产率悖论结论，为实现我国区域外贸的协调均衡发展，其政策含义是：首先应该鼓励中西部企业都发展单一贸易方式而非多种贸易方式，尽最大可能地利用专业化分工促使生产效率改进；其次积极引导外资企业向中西部有序转移，尽量将东部生产率更高的外资企业迁移至中西部，以便利用企业已有的生产率优势带动中西部企业出口增长；再次中部地区要积极与东西部地区对接，努力在内河运输、公路运输、铁路运输等方式上"无缝连接"东部各主要港口的海运贸易和西部边境口岸的陆运贸易，尽可能挖掘"海铁联运""河海联动"中欧班列等运输优势，积极推动本地内资企业融入现有国际分工体系，进而刺激其生产效率内生改进后带动出口增长。

上述东中西地区的实证结论会不会随贸易方式的不同而改变？这里再进行稳健性检验，估计结果详见表6—15至表6—17。从回归结果来看，以下影响企业出口的主要结论也是成立的：①$\ln Y_{jt}$和$\ln(Y_{it}/Y_{jt})$正向影响内外资企业出口；②$\ln\tau_{it,m}$和$\ln f_{it,mx}$负向影响内外资企业出口；③$\ln R_{it,m}$正向影响内外资企业出口；④边际生产成本（$\ln mc_{it,m}$）和固定生产成本（$\ln f_{it,mx}$）均负向影响内外资企业出口；⑤$\ln(P_{jt}/P_{it})$负向影响内外资企业的出口；⑥$\ln\varphi_{it,m}$正向影响内外资企业出口。

从企业生产率的显著性水平上看，分贸易方式后的东中西地区回归结果中也存在一些差异，主要表现在：

东部地区内外资企业无论是一般贸易还是加工贸易，其生产率都显著正向影响出口，且在全部样本、专门从事一种贸易方式的子样本以及从事多种贸易方式的子样本中都成立。

中部地区分贸易方式的全部样本中，内资加工贸易和外资一般贸易也符合生产率异质性要求，但内资一般贸易和外资加工贸易的$\ln\varphi_{it,m}$影响出口作用不显著（见表6—15），出现了"生产率悖论"。

专门从事一种贸易的子样本中，内资一般贸易企业和外资加工贸易企业的$\ln\varphi_{it,m}$系数也不显著（见表6—16），同样呈现出了"生产率悖论"。而在多种贸易方式中，无论是加工贸易还是一般贸易，内外资企业$\ln\varphi_{it,m}$的系数都不显著，都有"生产率悖论"嫌疑（见表6—17）。

西部地区恰好与中部地区相反，全部样本中内资一般贸易企业和外资加工贸易企业符合生产率异质性要求，但内资加工贸易企业和外资一般贸易企业的$\ln\varphi_{it,m}$系数不显著（见表6—15），即出现"生产率悖论"。专门从事一种贸易的子样本中，内资加工贸易企业和外资一般贸易企业的$\ln\varphi_{it,m}$系数也不显著（见表6—16），同样呈现出了"生产率悖论"。和中部地区一样的是，在多种贸易方式中，无论是加工贸易还是一般贸易，内外资企业的$\ln\varphi_{it,m}$系数都不显著，即都有"生产率悖论"问题（见表6—17）。

上述结论也具有重要政策启示：对东部地区的内外资企业，因为其生产率异质性能够促进各类型贸易方式出口增长，稳定出口贸易的重要举措应该是继续鼓励这些企业加大研发投资与高质量人力资本储备，最大限度地发挥其生产率的促进出口作用。而对中西部地区来说，稳定出口的政策

表6—15 分区域内外资一般贸易与加工贸易回归结果比较

	东部 内资 一般	东部 内资 加工	东部 外资 一般	东部 外资 加工	中部 内资 一般	中部 内资 加工	中部 外资 一般	中部 外资 加工	西部 内资 一般	西部 内资 加工	西部 外资 一般	西部 外资 加工
C	3.0181*** (9.02)	3.5513*** (9.27)	4.7534*** (14.08)	4.7557*** (14.08)	4.1274*** (3.32)	3.6600 (2.65)	1.4273 (1.21)	5.2564*** (3.65)	1.4969 (0.16)	5.1294 (1.37)	6.9291** (2.05)	1.6847 (0.57)
$\ln Y_{jt}$	0.0902*** (4.53)	0.0445* (1.84)	0.0307* (1.65)	0.0721*** (3.82)	0.0439 (0.53)	0.0383 (0.39)	0.0746 (0.95)	0.1842** (2.08)	0.2211 (1.03)	0.1025 (0.45)	0.0034 (0.02)	0.0565 (0.30)
$\ln(Y_{it}/Y_{jt})$	0.0288* (1.79)	0.0664*** (3.47)	0.0555*** (4.04)	0.0653*** (5.08)	0.1234 (1.60)	0.0312 (0.38)	0.0601 (1.00)	0.0651 (1.45)	0.3503** (2.34)	0.0538 (0.33)	0.2284 (1.37)	0.0526 (0.51)
$\ln \tau_{it,m}$	−0.0705*** (−4.13)	−0.0796*** (−3.80)	−0.0416** (−2.56)	−0.0833*** (−5.09)	−0.1104* (−1.65)	−0.0589 (−0.74)	−0.0823 (−1.42)	−0.0197 (−0.30)	−0.1763 (−1.08)	−0.2295 (−1.66)	−0.0794 (−0.48)	−0.2427* (−1.90)
$\ln f_{it,max}$	−0.0720*** (−4.16)	−0.0827*** (−3.90)	−0.0452** (−2.74)	−0.0873*** (−5.24)	−0.1192* (−1.75)	−0.0722 (−0.89)	−0.0798 (−1.34)	−0.0185 (−0.27)	−0.1777 (−1.07)	−0.2143 (−1.53)	−0.0716 (−0.42)	−0.2330* (−1.80)
$\ln mc_{it,m}$	−0.2030*** (−3.63)	0.0224 (−0.31)	−0.3170*** (−6.17)	−0.0229 (−0.46)	−0.4429** (−2.05)	0.4468* (−1.85)	−0.4952** (−2.22)	−0.1658 (−0.71)	−0.9247 (−1.57)	−0.8555 (−1.61)	−0.3716 (−0.84)	−0.1443 (−0.48)
$\ln f_{it,m}$	−0.1974*** (−9.65)	−0.0895*** (−3.90)	−0.1614*** (−7.47)	−0.1121*** (−5.41)	−0.1106 (−1.39)	−0.0672 (−0.86)	−0.0799 (−0.88)	−0.0417 (−0.50)	−0.2397 (−1.06)	−0.5941*** (−3.09)	−0.0920 (−0.42)	−0.2757 (−1.57)

续表

	东部 内资 一般	东部 内资 加工	东部 外资 一般	东部 外资 加工	中部 内资 一般	中部 内资 加工	中部 外资 一般	中部 外资 加工	西部 内资 一般	西部 内资 加工	西部 外资 一般	西部 外资 加工
$\ln R_{it,m}$	0.0548*** (24.18)	0.0760*** (26.19)	0.0491*** (27.24)	0.0610*** (31.17)	0.0795*** (7.94)	0.0842*** (6.70)	0.0639*** (8.34)	0.0367*** (4.25)	0.0325 (1.33)	0.0776*** (3.44)	0.0591*** (3.34)	0.0297** (1.96)
$\ln(P_{jt}/P_{it})$	-0.1963*** (-6.18)	-0.1639*** (-4.28)	-0.2605*** (-7.87)	-0.2750*** (-7.62)	-0.0733 (-0.52)	-0.0715 (-0.39)	-0.1528 (-1.43)	-0.3157*** (-5.08)	-0.4395 (-1.26)	-0.1170 (-0.44)	-0.3420 (-1.08)	-0.5409* (-1.82)
$\ln\varphi_{it,m}$	0.1715*** (6.56)	0.1767*** (5.42)	0.0987*** (4.35)	0.1536*** (6.88)	0.0531 (0.50)	0.2560** (1.99)	0.3358*** (4.17)	0.1032 (0.97)	0.1070*** (3.16)	0.8669 (1.40)	0.3820 (1.49)	0.4852*** (2.56)
Hausman test	FE	FE	FE	FE	FE	FE	FE	FE	FE	FE	FE	FE
F 统计量	155.80	149.08	153.66	200.61	13.57	12.15	20.00	12.08	4.32	5.60	2.71	4.25
组内 R^2	0.0894	0.1554	0.0634	0.1101	0.1301	0.2066	0.1229	0.1133	0.1786	0.2632	0.0897	0.1419
组间 R^2	0.0425	0.0755	0.0300	0.0709	0.0508	0.0855	0.0445	0.0031	0.0226	0.0857	0.0031	0.0314
总体 R^2	0.0482	0.0797	0.0336	0.0738	0.0532	0.0879	0.0474	0.0029	0.0230	0.0862	0.0034	0.0323
Obs	70876	47388	96120	84012	15741	10718	21366	19012	7733	5294	10594	9689

表 6—16　分区域内外资企业仅从事一种贸易方式回归结果

	东部 内资 一般	东部 内资 加工	东部 外资 一般	东部 外资 加工	中部 内资 一般	中部 内资 加工	中部 外资 一般	中部 外资 加工	西部 内资 一般	西部 内资 加工	西部 外资 一般	西部 外资 加工
C	2.8200*** (7.97)	3.4565*** (7.47)	5.3065*** (14.44)	5.3259*** (12.64)	4.0541*** (3.00)	4.6962** (2.48)	1.9205 (1.47)	6.3312*** (3.30)	0.3762 (0.11)	7.3322 (1.43)	4.7118 (1.26)	1.0050 (0.25)
$\ln Y_{ji}$	0.0802*** (3.81)	0.0794*** (2.77)	0.0195 (0.96)	0.0432* (1.83)	0.0356 (0.40)	0.1783 (1.35)	0.1229 (1.43)	0.1347 (1.18)	0.2989 (1.24)	0.1343 (0.43)	0.0323 (0.13)	0.1035 (0.34)
$\ln(Y_{it}/Y_{jt})$	0.0077 (0.45)	0.1177*** (5.09)	0.0551*** (3.59)	0.0504*** (3.07)	0.1238 (1.45)	0.1926* (1.82)	0.1431** (2.01)	0.0067 (0.13)	0.4114** (2.27)	0.0226 (0.10)	0.2488 (1.37)	0.0728 (0.44)
$\ln \tau_{ii,m}$	-0.0194 (-1.06)	-0.0136 (-0.52)	-0.0148 (-0.83)	-0.0276 (-1.33)	-0.1234* (-1.65)	-0.0119 (-0.12)	-0.2087*** (-3.30)	-0.1458* (-1.66)	-0.3095 (-1.62)	-0.1328 (-0.75)	-0.2461 (-1.29)	-0.3929** (-2.38)
$\ln f_{ii,mx}$	-0.0194 (-1.05)	-0.0155 (-0.59)	-0.0176 (-0.97)	-0.0300 (-1.42)	-0.1313* (-1.72)	-0.0220 (-0.22)	-0.2055*** (-3.19)	-0.1497 (-1.68)	-0.3101 (-1.60)	-0.1043 (-0.58)	-0.2468 (-1.27)	-0.3885** (-2.31)
$\ln mc_{ii,m}$	-0.1766*** (-3.01)	-0.1594* (-1.77)	-0.3724*** (-6.65)	-0.0042 (-0.07)	-0.4686* (-1.84)	-0.2182 (-0.68)	-0.4131 (-1.69)	-0.1049 (-0.37)	-0.0824* (-1.77)	-0.8334 (-1.15)	-0.0955 (-0.14)	-0.8373 (-1.30)
$\ln f_{ii,m}$	-0.1671*** (-7.67)	-0.0473 (-1.66)	-0.1010*** (-4.25)	-0.0549** (-2.14)	-0.0880 (-1.02)	-0.0318 (-0.28)	-0.0243 (-0.25)	-0.1658 (-1.53)	-0.2332 (-0.94)	-0.4193 (-1.53)	-0.0312 (-0.12)	-0.2843 (-1.30)

续表

	东部 内资 一般	东部 内资 加工	东部 外资 一般	东部 外资 加工	中部 内资 一般	中部 内资 加工	中部 外资 一般	中部 外资 加工	西部 内资 一般	西部 内资 加工	西部 外资 一般	西部 外资 加工
$\ln R_{it,m}$	0.0571*** (23.44)	0.0717*** (20.28)	0.0494*** (25.06)	0.0588*** (23.26)	0.0807*** (7.38)	0.0673*** (3.76)	0.0566*** (6.66)	0.0362*** (3.01)	0.0291 (1.05)	0.1080*** (3.75)	0.0493** (2.37)	0.0455** (2.09)
$\ln(P_{jt}/P_{it})$	-0.1752*** (-5.39)	-0.1415*** (-3.32)	-0.2149*** (-6.23)	-0.2541*** (-6.04)	-0.0718 (-0.52)	-0.0314 (-0.17)	-0.2049* (-1.71)	-0.2828*** (-4.18)	-0.3437 (-0.98)	-0.0314 (-0.11)	-0.2759 (-0.88)	-0.2993 (-0.71)
$\ln\varphi_{it,m}$	0.1373*** (5.01)	0.1578*** (3.98)	0.0499** (2.02)	0.1075*** (3.76)	0.0158 (0.14)	0.0158 (0.09)	0.2782*** (3.13)	0.0834 (0.58)	0.0986*** (2.84)	0.7989 (1.56)	0.0591 (0.17)	0.0740*** (2.90)
Hausman test	FE	FE	FE	FE	FE	FE	FE	FE	FE	FE	FE	FE
F统计量	132.77	91.21	116.73	98.98	11.44	5.15	14.54	6.99	3.65	3.43	2.18	2.96
组内R^2	0.0897	0.1550	0.0608	0.0942	0.1347	0.1507	0.1164	0.1268	0.1838	0.2782	0.0983	0.1747
组间R^2	0.0418	0.0736	0.0285	0.0638	0.0506	0.0681	0.0278	0.0004	0.0254	0.0878	0.0119	0.0333
总体R^2	0.0464	0.0782	0.0313	0.0658	0.0533	0.0716	0.0295	0.0004	0.0259	0.0876	0.0127	0.0344
Obs	65707	37260	86569	63742	14540	8450	19248	14365	7183	4176	9606	7449

表 6—17　分区域内外资企业从事多种贸易方式按主要贸易方式回归结果

	东部 内资 一般	东部 内资 加工	东部 外资 一般	东部 外资 加工	中部 内资 一般	中部 内资 加工	中部 外资 一般	中部 外资 加工	西部 内资 一般	西部 内资 加工	西部 外资 一般	西部 外资 加工
C	3.9694*** (3.08)	6.2691*** (7.39)	2.9065** (2.47)	6.5250*** (8.55)	17.8560* (1.72)	8.0803* (1.74)	1.0724 (0.23)	8.0482** (2.20)	4.7491 (0.56)	5.9802 (1.10)	22.9659 (0.71)	15.8364** (2.26)
$\ln Y_{jt}$	0.0588 (0.71)	0.1173** (2.03)	0.2211*** (3.45)	0.0962** (2.43)	0.3531 (0.65)	0.2149 (0.78)	0.8561*** (2.56)	0.5262** (2.20)	0.5461 (0.98)	0.1851 (0.86)	0.4734 (0.18)	0.1560 (0.40)
$\ln(Y_{it}/Y_{jt})$	0.0652 (1.07)	0.0863** (2.01)	0.1277*** (3.14)	0.0494* (1.93)	0.0987 (0.17)	0.1694 (0.69)	0.1103 (0.67)	0.4542*** (3.45)	0.4254 (0.23)	0.5213 (1.62)	0.6720* (1.77)	0.0358 (0.24)
$\ln\tau_{it,m}$	-0.1778*** (-2.71)	-0.1516*** (-3.30)	-0.0902* (-1.70)	-0.1186*** (-3.50)	-0.4242 (-0.81)	-0.3926* (-1.65)	-0.2397 (-0.96)	-0.2834* (-1.76)	-0.4290 (-1.28)	-0.1519 (-1.05)	-0.3573 (-0.75)	-0.0090 (-0.03)
$\ln f_{it,mx}$	-0.1829*** (-2.76)	-0.1528*** (-3.28)	-0.0926* (-1.71)	-0.1240*** (-3.59)	-0.4219 (-0.79)	-0.4001** (-1.73)	-0.2535 (-1.00)	-0.2960* (-1.81)	-0.6381 (-043.)	-0.1270 (-1.08)	-0.3493 (-0.64)	-0.0358 (-0.13)
$\ln mc_{it,m}$	-0.2368 (-1.03)	-0.4173*** (-2.70)	-0.0665 (-0.35)	-0.0130 (-0.11)	-0.6630 (-1.02)	-0.3284 (-0.42)	-0.6089*** (-3.21)	-0.0802 (-0.11)	-0.9507 (-1.42)	-0.1361 (-0.49)	-0.6307 (-1.44)	-0.1599 (-0.13)
$\ln f_{it,m}$	-0.4088*** (-5.62)	-0.1838*** (-3.89)	-0.2782*** (-4.09)	-0.0575 (-1.25)	-0.3160 (-0.60)	-0.2157 (-0.85)	-0.2101 (-0.56)	-0.0755 (-0.37)	-0.1129* (1.78-)	-0.0692* (-1.87)	-0.0398 (-0.05)	-0.4474 (-1.39)

续表

	东部 内资 一般	东部 内资 加工	东部 外资 一般	东部 外资 加工	中部 内资 一般	中部 内资 加工	中部 外资 一般	中部 外资 加工	西部 内资 一般	西部 内资 加工	西部 外资 一般	西部 外资 加工
$\ln R_{it,m}$	0.0398*** (4.88)	0.0598*** (9.44)	0.0360*** (5.50)	0.0482*** (11.57)	0.0376 (0.43)	0.0221 (0.45)	0.0592** (1.73)	0.0227 (1.27)	0.0643 (0.93)	0.2506 (1.56)	0.0924 (0.59)	0.0192 (0.47)
$\ln(P_{jt}/P_{it})$	−0.2134 (−1.00)	−0.4517*** (−4.32)	−0.1687*** (−5.71)	−0.6448*** (−5.89)	−0.8541 (−0.23)	−0.2242*** (−2.66)	−0.4660 (−0.43)	−0.3691 (−1.13)	−0.2723 (−1.46)	−0.2728 (−0.10)	−0.4547 (−0.37)	−0.2683* (−1.77)
$\ln\varphi_{it,m}$	0.3569*** (3.16)	0.2073*** (2.82)	0.3619*** (4.45)	0.2354*** (4.93)	0.6750 (1.48)	0.3530 (1.34)	0.0820 (0.29)	0.0448 (0.19)	0.3274 (0.02)	0.1682 (1.02)	0.0842 (0.76)	0.1602 (0.34)
Hausman test	FE	FE	FE	FE	FE	FE	FE	FE	FE	FE	FE	FE
F统计量	13.25	30.33	27.23	45.48	0.59	2.85	4.45	2.39	2.36	2.46	5.56	2.18
组内R^2	0.1806	0.1907	0.1584	0.1282	0.1809	0.3845	0.3926	0.1214	1.0000	0.7344	0.8772	0.3801
组间R^2	0.1255	0.0434	0.0267	0.0254	0.0068	0.0001	0.0619	0.0260	0.0007	0.0143	0.0001	0.0044
总体R^2	0.1340	0.0431	0.0272	0.0263	0.0062	0.0001	0.0651	0.0246	0.0005	0.0150	0.0001	0.0046
Obs	5169	10128	9551	20270	1201	2268	2118	4647	550	1118	988	2240

需要尽可能地细化，表现在：

首先，因为中部的内资加工贸易企业和外资一般贸易企业，其生产率尚不具备显著促进出口增长的作用，相反中部地区的内资加工贸易企业和外资一般贸易企业，均符合生产率异质性的基本要求，一个合理状态应该是鼓励该地区的内资企业更多地从事加工贸易而外资更多地从事一般贸易，并出台定向政策吸引更多符合条件要求的境内外一般贸易外资企业来域内投资，实现内资加工贸易和外资一般贸易共同促进本区域外贸发展。

其次，由于西部地区出现了与中部地区完全相反的情况，也就是内资一般贸易企业和外资加工贸易企业符合生产率异质性要求，但内资加工贸易企业和外资一般贸易企业可能有"生产率悖论"嫌疑，为实现西部地区外贸出口的稳定发展，辖区内各省市区应该鼓励本地区内资企业更多地从事一般贸易而外资企业更多地从事加工贸易，各地招商引资政策也应该向这一方面倾斜，尤其是出台定向政策吸引符合本地资源禀赋且满足产业升级方向的高质量外资加工贸易企业入驻，从而带动本地区出口贸易的稳步增长。

二 东中西地区内外资加工贸易企业的再比较

如果单独对分区域后的加工贸易进行分析，又会有何差异？表6—18至表6—21给出了分类计量结果。

表6—18 分区域内外资"三料"加工贸易全部样本回归结果比较

	东部 内资	东部 外资	中部 内资	中部 外资	西部 内资	西部 外资
C	3.0234*** (6.61)	5.0676*** (13.02)	3.6377** (2.36)	7.0281*** (4.01)	5.1976 (1.24)	6.5839* (1.74)
$\ln Y_{jt}$	0.0776*** (2.67)	0.0760*** (3.46)	0.0335 (0.32)	0.1520 (1.44)	0.2012 (0.82)	0.0900 (0.43)
$\ln(Y_{it}/Y_{jt})$	0.0930*** (4.10)	0.0758*** (5.01)	0.1737* (1.81)	0.0442 (0.91)	0.1197 (0.64)	0.2434** (2.05)
$\ln \tau_{it,m}$	−0.0858*** (−3.42)	−0.0983*** (−5.15)	−0.0972 (−1.08)	−0.0366 (−0.49)	−0.4092** (−2.35)	−0.0124 (−0.08)

续表

	东部		中部		西部	
	内资	外资	内资	外资	内资	外资
$\ln f_{it,mx}$	-0.0887*** (-3.50)	-0.1036*** (-5.33)	-0.1150 (-1.25)	-0.0395 (-0.51)	-0.3953** (-2.21)	-0.0117 (-0.08)
$\ln mc_{it,m}$	-0.0394 (-0.45)	-0.1129* (-1.92)	-0.0994 (-0.33)	-0.1579 (-0.61)	-0.4724 (-0.73)	-0.1107 (-0.35)
$\ln f_{it,m}$	-0.0818*** (-2.92)	-0.0876*** (-3.64)	-0.0461 (-0.51)	-0.1226 (-1.28)	-0.6660*** (-3.39)	-0.4073* (-1.70)
$\ln R_{it,m}$	0.0808*** (23.45)	0.0636*** (27.22)	0.1010*** (6.48)	0.0406*** (4.15)	0.0780*** (3.04)	0.0297* (1.84)
$\ln(P_{jt}/P_{it})$	-0.1291*** (-3.01)	-0.3122*** (-7.24)	-0.0655 (-0.27)	-0.9742*** (-3.53)	-0.1647 (-0.64)	-0.5294* (-1.82)
$\ln\varphi_{it,m}$	0.1669*** (4.29)	0.1134*** (4.29)	0.2774* (1.83)	0.1623 (1.30)	0.8275** (2.17)	0.0988 (0.44)
Hausman test	FE	FE	FE	FE	FE	FE
F 统计量	115.11	152.55	11.85	7.53	6.59	3.20
组内 R^2	0.1681	0.1154	0.2656	0.0999	0.3565	0.1447
组间 R^2	0.0753	0.0536	0.0696	0.0028	0.0871	0.0232
总体 R^2	0.0812	0.0558	0.0722	0.0026	0.0891	0.0241
Obs	31949	57959	7048	12881	3540	6613

总体上，即便分地区后将加工贸易细分为"三料"贸易及其组成，以下影响企业出口的主要结论也是成立的：①$\ln Y_{jt}$ 和 $\ln(Y_{it}/Y_{jt})$ 正向影响内外资企业出口；②$\ln\tau_{it,m}$ 和 $\ln f_{it,mx}$ 负向影响内外资企业出口；③$\ln R_{it,m}$ 正向影响内外资企业出口；④边际生产成本（$\ln mc_{it,m}$）和固定生产成本（$\ln f_{it,mx}$）均负向影响内外资企业出口；⑤$\ln(P_{jt}/P_{it})$ 负向影响内外资企业的出口；⑥$\ln\varphi_{it,m}$ 正向影响内外资企业出口。

从生产率的显著性水平上看，全部样本的中西部外资企业 $\ln\varphi_{it,m}$ 都不显著，存在"生产率悖论"（见表6—18）。专门从事"三料"加工贸易子样本中，东部外资企业、西部内资企业和中部内外资企业，其 $\ln\varphi_{it,m}$ 也都不显著，同样存在"生产率悖论"问题（见表6—19）。多种贸易方式中，除东部外资企业达到显著性水平外，其余所有从事"三料"加工贸易的企业，其 $\ln\varphi_{it,m}$ 均不显著，也存在"生产率悖论"（见表6—20）。如果单独考虑生产率悖论，东中西地区加工贸易发展过程中，外资企业似乎都存在"生产率悖论"问题。

表6—19　分区域内外资仅从事"三料"加工贸易企业样本回归结果比较

	东部 内资	东部 外资	中部 内资	中部 外资	西部 内资	西部 外资
C	2.9507*** (5.29)	6.0605*** (12.40)	4.3698** (2.11)	8.5510*** (3.85)	6.2714 (1.07)	1.7816 (0.35)
$\ln Y_{jt}$	0.0986*** (2.82)	0.0263 (0.95)	0.0267 (0.19)	0.1103 (0.87)	0.1113 (0.30)	0.2732 (0.86)
$\ln(Y_{it}/Y_{jt})$	0.1315*** (4.71)	0.0381* (1.95)	0.1838 (1.63)	0.0424 (0.79)	0.0175 (0.06)	0.3079* (1.74)
$\ln\tau_{it,m}$	-0.0540* (-1.73)	-0.0320 (-1.31)	-0.1624 (-1.48)	-0.0286 (-0.30)	-0.2926 (-1.18)	-0.2893 (-1.47)
$\ln f_{it,mx}$	-0.0550* (-1.75)	-0.0356 (-1.43)	-0.1777 (-1.58)	-0.0310 (-0.32)	-0.2700 (-1.06)	-0.2677 (-1.33)
$\ln mc_{it,m}$	-0.1230 (-1.15)	-0.1268 (-1.80)	-0.1522 (-0.35)	-0.0259 (-0.08)	0.0106 (-0.01)	-0.1772 (-1.59)
$\ln f_{it,m}$	-0.0565 (-1.61)	-0.0146 (-0.49)	-0.1263 (-0.90)	-0.3467*** (-2.97)	-0.6096** (-2.19)	-0.4463 (-1.48)
$\ln R_{it,m}$	0.0764*** (18.43)	0.0602*** (19.67)	0.1162*** (5.54)	0.0323** (2.48)	0.0894*** (2.74)	0.0416* (1.87)
$\ln(P_{jt}/P_{it})$	-0.1402*** (-3.00)	-0.2974*** (-5.86)	-0.0239 (-0.09)	-0.2942*** (-4.25)	-0.0668 (-0.23)	-0.3918 (-1.40)

续表

	东部		中部		西部	
	内资	外资	内资	外资	内资	外资
$ln\varphi_{it,m}$	0.1802***	0.0477	0.0067	0.0410	0.8072	0.5006*
	(3.76)	(1.41)	(0.04)	(0.25)	(1.39)	(1.91)
Hausman test	FE	FE	FE	FE	FE	FE
F统计量	74.13	69.55	6.64	5.95	3.30	3.27
组内 R^2	0.1752	0.0935	0.2412	0.1457	0.3588	0.2402
组间 R^2	0.0700	0.0441	0.0462	0.0003	0.0896	0.0110
总体 R^2	0.0756	0.0454	0.0496	0.0003	0.0897	0.0118
Obs	25143	43776	5558	9744	2779	5085

表6—20　分区域内外资主要以"三料"加工贸易的企业样本回归结果比较

	东部		中部		西部	
	内资	外资	内资	外资	内资	外资
C	7.8603***	5.5530***	9.8751	9.0587**	23.7788	12.2055
	(7.44)	(6.42)	(1.55)	(2.10)	(0.87)	(1.29)
lnY_{jt}	0.0945	0.1462***	0.3193	0.3332	0.6177	0.0907
	(1.33)	(3.23)	(1.14)	(0.92)	(0.27)	(0.18)
$ln(Y_{it}/Y_{jt})$	0.0629	0.0957***	0.1371	0.4844***	0.3111	0.0510
	(1.24)	(3.18)	(0.55)	(2.83)	(1.34)	(0.28)
$ln\tau_{it,m}$	-0.1949***	-0.1432***	-0.2454	-0.2058	-0.8123	-0.1465
	(-3.32)	(-3.68)	(-0.90)	(-1.04)	(-1.30)	(-0.43)
$lnf_{it,mx}$	-0.1952***	-0.1481***	-0.2650	-0.2173	-0.7171	-0.1723
	(-3.29)	(-3.74)	(-1.01)	(-1.09)	(-1.31)	(-0.50)
$lnmc_{it,m}$	0.2280	-0.0381	-0.5467	-0.8273	-0.8912	-0.1510
	(-1.19)	(-0.29)	(-0.65)	(-1.04)	(-0.60)	(-0.07)
$lnf_{it,m}$	-0.0788	-0.0761	-0.8702**	-0.0331	-0.4040	-0.0184
	(-1.32)	(-1.44)	(-1.98)	(-0.15)	(-1.32)	(-0.04)

续表

	东部		中部		西部	
	内资	外资	内资	外资	内资	外资
$\ln R_{it,m}$	0.0683*** (8.69)	0.0549*** (11.31)	0.0946 (1.62)	0.0518** (2.49)	0.2025 (1.18)	0.0065 (0.14)
$\ln(P_{jt}/P_{it})$	-0.3793*** (-3.26)	-0.5285*** (-4.50)	-0.1823 (-1.16)	-0.0910 (-0.27)	-0.5972 (-0.22)	-0.0374* (-1.93)
$\ln\varphi_{it,m}$	0.0075 (0.08)	0.2420*** (4.35)	0.3876 (1.03)	0.0983 (0.36)	0.9724 (0.38)	0.0421 (0.07)
Hausman test	FE	FE	FE	FE	FE	FE
F统计量	15.82	39.59	5.89	2.10	2.47	1.59
组内R^2	0.1509	0.1478	0.7362	0.1401	0.7609	0.4048
组间R^2	0.0267	0.0353	0.0085	0.0320	0.0006	0.0003
总体R^2	0.0262	0.0372	0.0079	0.0307	0.0009	0.0004
Obs	6806	14183	1490	3137	761	1528

进一步将加工贸易细分为进料加工和来料加工后，表6—21的估计结果显示：①东部和中部内资企业的$\ln\varphi_{it,m}$显著为正，但西部内资企业的$\ln\varphi_{it,m}$均不显著，说明西部进料加工和来料加工贸易内资企业存在"生产率悖论"；②东部地区的来料加工外资企业、中部地区的进料加工外资企业，其$\ln\varphi_{it,m}$都不显著，西部进料加工贸易和来料加工贸易企业的$\ln\varphi_{it,m}$也都不显著，说明这些企业也可能存在"生产率悖论"。

上述实证检验结果中，尽管能够"基本"满足前文理论模型的推理结论，但不可否认的是分地区和分贸易方式的内外资出口增长中，始终存在部分样本企业的生产率没有显著扩大其出口的作用，意味着我国企业似乎存在不同程度的"生产率悖论"，尤其是中西部的外资加工贸易。如何才能提高内外资企业的生产率水平？这些企业积极参与国际市场竞争，有没有主动提高生产率的动机？国际市场上的同类产量激烈竞争，是否会带来"出口学习效应"？本章再进行实证检验。

第六章　内外资企业出口与外贸主体结构优化升级

表6—21　分区域内外资进料加工与来料加工贸易的回归结果比较

	内资 东部 进料	内资 东部 来料	内资 中部 进料	内资 中部 来料	内资 西部 进料	内资 西部 来料	外资 东部 进料	外资 东部 来料	外资 中部 进料	外资 中部 来料	外资 西部 进料	外资 西部 来料
C	2.8026*** (5.36)	3.8191*** (4.05)	3.8496*** (2.10)	1.0429 (0.29)	4.7052 (0.88)	4.3670 (0.46)	4.8447*** (11.08)	6.1657*** (7.10)	7.0179*** (3.47)	2.0030 (0.54)	5.6165 (1.37)	26.8769** (2.36)
$\ln Y_{jt}$	0.1007*** (2.95)	0.0295 (0.54)	0.0163 (0.13)	0.2320 (0.83)	0.2654 (0.71)	0.4898 (1.19)	0.0781*** (3.12)	0.0641 (1.42)	0.1047 (0.91)	0.6893** (2.55)	0.0690 (0.26)	0.2460 (0.57)
$\ln(Y_{it}/Y_{jt})$	0.1371*** (4.81)	0.0043 (0.12)	0.2031* (1.73)	0.1030 (0.63)	0.1088 (0.41)	0.4999 (1.07)	0.0840*** (4.90)	0.0459 (1.42)	0.0106 (0.21)	0.8468 (3.94)	0.2698** (2.10)	0.2576 (0.80)
$\ln\tau_{it,m}$	-0.0589** (-2.06)	-0.2191*** (-4.24)	-0.0626 (-0.56)	-0.3643** (-2.25)	-0.2996 (-1.49)	-0.4896*** (-2.68)	-0.0962*** (-4.49)	-0.1108*** (-2.62)	-0.0038 (-0.04)	-0.0203 (-0.12)	-0.1022 (-0.58)	-0.2436 (-0.64)
$\ln f_{it,max}$	-0.0631** (-2.18)	-0.2172*** (-4.17)	-0.0750 (-0.66)	-0.4025** (-2.43)	-0.2817 (-1.35)	-0.4570** (-2.64)	-0.1020*** (-4.68)	-0.1143*** (-2.65)	-0.0060 (-0.07)	-0.0253 (-0.15)	-0.0767 (-0.43)	-0.2457 (-0.63)
$\ln mc_{it,m}$	-0.0581 (-0.58)	-0.0160 (-0.09)	-0.3070 (-0.80)	-0.2517 (-0.47)	-0.3990 (-0.52)	-0.6188 (-0.87)	-0.0592 (-0.88)	-0.3210** (-2.68)	-0.3188 (-0.99)	-0.2326 (-0.49)	-0.0509 (-0.16)	-0.2425* (-1.68)
$\ln f_{it,m}$	-0.0857*** (-2.69)	-0.0475 (-0.80)	-0.0064 (-0.06)	-0.0174 (-0.10)	-0.5626** (-2.35)	-0.4402 (-0.81)	-0.0939*** (-3.48)	-0.0449 (-0.84)	-0.1332 (-1.23)	-0.0629 (-0.27)	-0.6338*** (-2.61)	-0.8549** (-2.24)

· 303 ·

续表

	内资 东部 进料	内资 东部 来料	内资 中部 进料	内资 中部 来料	内资 西部 进料	内资 西部 来料	外资 东部 进料	外资 东部 来料	外资 中部 进料	外资 中部 来料	外资 西部 进料	外资 西部 来料
$\ln R_{it,m}$	0.0803*** (20.76)	0.0858*** (11.13)	0.0830*** (3.96)	0.1434*** (6.14)	0.0717** (2.25)	0.1776* (1.79)	0.0651*** (24.13)	0.0595*** (12.82)	0.0539*** (4.82)	0.0150 (0.63)	0.0125 (0.62)	0.0818*** (2.72)
$\ln(P_{jt}/P_{it})$	-0.1283*** (-2.60)	-0.1346 (-1.57)	-0.0060 (-0.02)	-0.0465 (-1.23)	-0.1605 (-0.60)	-0.0806 (-1.20)	-0.3022*** (-6.19)	-0.3539*** (-3.85)	-0.7662** (-2.56)	-0.9361*** (-2.65)	-0.4265** (-2.01)	-0.1593 (-0.49)
$\ln\varphi_{it,m}$	0.1544*** (3.41)	0.2065*** (2.77)	0.3409* (1.73)	0.4862** (2.11)	0.7346 (1.63)	0.0967 (0.07)	0.1180*** (3.98)	0.0720 (1.22)	0.0177 (0.12)	0.5578** (2.03)	0.2704 (1.16)	0.0445 (0.07)
Hausman test	FE	FE	FE	FE	FE	FE	FE	FE	FE	FE	FE	FE
F统计量	93.13	24.78	6.66	10.29	4.00	4.01	119.03	35.19	6.12	4.57	3.25	3.09
组内R^2	0.1721	0.1701	0.228	0.5304	0.3001	0.7203	0.1128	0.1314	0.1041	0.2447	0.1934	0.4166
组间R^2	0.0752	0.0697	0.0863	0.0222	0.0847	0.0132	0.0596	0.0307	0.0037	0.003	0.0047	0.0214
总体R^2	0.0814	0.0763	0.0873	0.0264	0.0860	0.0254	0.0622	0.0317	0.0035	0.0029	0.0051	0.0194
Obs	24105	7844	5260	1786	2663	877	45072	12887	9921	2959	5106	1507

第五节 出口学习效应的内外资企业讨论

一 实证模型

利用上述匹配数据,这里采取如下计量方程检验我国企业的出口学习效应,并讨论内外资差异:

$$\ln TFP_{it,m} = \phi_0 + \phi_1 \ln export_{it,m} + \phi_2 \ln RD_{it,m} + \phi_3 \ln w_{it,m} + \phi_4 \ln k_{it,m} + \phi_5 cv_{it,m} + \varepsilon_{it} \quad (6.27)$$

其中,m 表示内外资企业贸易方式;t 表示时间;i 表示国家(或地区),这里仅指中国;$\ln TFP_{it,m}$ 表示企业生产率对数;$\ln export_{it,m}$ 表示企业实际出口量对数;$\ln RD_{it,m}$ 表示研发支出对数;$\ln w_{it,m}$ 表示劳动生产率对数;$\ln k_{it,m}$ 表示实际人均资本对数;$cv_{it,m}$ 表示控制变量;ε_{it} 表示误差项;ϕ_0,…,ϕ_5 为待估计系数。

二 变量的选择和数据处理

实证公式(6.27)中企业生产率($\ln TFP_{it,m}$)的变量选择与前文相同,使用全要素生产率(TFP)表示,测算方式详见第二章。实际分析中,为避免部分企业全要素生产率过大的"离群值"导致实证结果"失真",这里采用标准化方法先将全部样本企业的TFP统一转变为[0,1]之间的数值,然后再取其自然对数代入计量公式(6.27)中。

各企业实际出口($\ln export_{it,m}$)和前文的处理完全相同。研发投资($\ln RD_{it,m}$)用新产品产值率近似替代,原因是《中国工业企业数据库》(1998—2013)中仅2003年、2004年两年直接有研发投资数据,其余年份均为缺失。由于研发投资极易形成新产品并增加新产品产值率,这里使用新产品产值率代替研发投资,且具体处理方法是:首先获取各企业新产品产值,并用工业品出厂价格指数将其调整为实际值;然后获取各企业工业总产值,并用工业品出厂价格指数将其调整为实际值;最后让两者相除，取其自然对数代入到计量公式（6.27）中。

劳动生产率（$\ln w_{it,m}$）借鉴盛丹等（2011）的方法，使用实际人均工资表示，具体处理方式是：首先在《中国工业企业数据》中获取各样本企业支付的所有劳动报酬，然后使用消费者价格指数将其调整为实际值；再获取各企业实际雇用的劳动者人数，并使用实际全部工资除以全部雇用人员数量得到实际人均工资数据。另外，因为工业企业数据库 2009 年和 2010 年没有直接给出工资支出统计，为保持数据的完整性，这里也采用移动平均方法进行处理。

实际人均资本（$\ln k_{it,mt}$）使用各样本企业实际固定资产与全部雇用人员数量之比表示。雇用人数与上文相同。实际固定资产使用固定资产投资价格指数将各企业名义固定资产调整为实际值。

企业所有制性质、地区差异、经营年限等控制变量的数据处理与第二章相同。

上述企业层面的数据均来自匹配好的《中国工业企业数据库》和《海关统计数据库》。各类价格指数等都源自中经网数据库。

三 全部样本的初步回归

按照计量公式（6.27），这里先使用面板模型对所有样本企业进行回归。初步回归按照全部样本企业、一般贸易样本企业、加工贸易样本企业三种类型进行。同时，为防止企业所有制性质、所在地区和经营年限差异可能存在的影响，本章在每一种类型中都使用添加和不添加上述控制变量的两种方式进行估计，以检验实证结果是否出现变化。表 6—22 的回归结果显示：无论加入还是不加入控制变量，计量结果均较为稳健。

$\ln export_{it,m}$ 显著正向影响全部样本企业全要素生产率增长，且无论是加入还是不加入控制变量均成立。分贸易方式后，无论是加工贸易还是一般贸易的子样本，$\ln export_{it,m}$ 也显著正向影响全部样本企业全要素生产率内生增长，且无论是加入还是不加入控制变量都成立，总体上说明我国出口企业存在出口学习效应，即存在出口促进其生产率内生增长的作用。

劳动生产率的内生增长也能提高微观企业的资源配置效率，进而促进全要素生产率内生增长，于是我们预期 $\ln w_{it,mt}$ 促进企业 TFP 内生增长的系数显著为正。表 6—22 的实证结论证实了这一点，且这一结论无论是在全部样本还是一般贸易或加工贸易子样本,也无论是加入还是不加入控制变量都成立。

表6—22　全部样本及其分贸易方式的出口学习效应回归结果

	全部		一般		加工	
C	0.5419*** (390.06)	0.5424*** (300.44)	0.5323*** (270.11)	0.5318*** (239.11)	0.5526*** (260.89)	0.5626*** (119.72)
$\ln export_{it,m}$	0.0014*** (38.06)	0.0012*** (33.48)	0.0017*** (34.62)	0.0017*** (32.96)	0.0011*** (16.82)	0.0009*** (13.61)
$\ln w_{it,m}$	0.0088*** (53.04)	0.0086*** (51.26)	0.0105*** (43.38)	0.0104*** (42.62)	0.0070*** (29.16)	0.0066*** (26.72)
$\ln RD_{it,m}$	0.0024*** (8.00)	0.0015*** (4.84)	0.0017*** (4.56)	0.0011*** (2.76)	0.0031*** (5.22)	0.0020*** (3.21)
$\ln k_{it,m}$	0.0003*** (3.18)	0.0005*** (4.04)	0.0012*** (7.63)	0.0013*** (8.08)	0.0002 (1.26)	0.0001 (0.01)
region	no	yes	no	yes	no	yes
owner	no	yes	no	yes	no	yes
year	no	yes	no	yes	no	yes
Hausman test	FE	FE	FE	FE	FE	FE
F统计量	1278.20	770.82	866.78	551.64	361.96	218.07
组内R^2	0.0306	0.0307	0.042	0.0441	0.0225	0.0223
组间R^2	0.0641	0.055	0.0588	0.0549	0.0937	0.1225
总体R^2	0.0617	0.0557	0.0579	0.0556	0.0947	0.1168
Obs	214210	194152	118909	108111	95301	86041

$\ln RD_{it,m}$促进企业TFP增长的系数显著为正,体现出扩大研发投资能够显著提高全部样本企业以及分贸易方式子样本企业的全要素生产率水平作用。

$\ln k_{it,m}$显著正向促进全部样本及一般贸易企业子样本全要素生产率增加,说明提高各微观企业实际人均资本密集度以扩大生产规模,能够从规模经济中获取生产效率的内生增长。只是在加工贸易企业中,虽然$\ln k_{it,m}$

为正但不显著，似乎说明这些企业还没有从增加固定资产投资中获取明显生产率增长，原因或许与加工贸易自身规模相对较小相关，即尚未享受到规模经济效应的生产效率改进"好处"。

总之，从出口学习效应这一核心问题上看，尽管全部样本及其分贸易方式的子样本中，$lnexport_{it,m}$都显著促进了企业TFP增加，但这一显著系数依然偏小，说明我国企业积极参与国际市场竞争，主要竞争手段仍是"低成本竞争"，而在出口中获取"技术溢出"并持续改进自身生产效率水平，仍相对有限。

四 分内外资企业的检验

上述实证结果会不会因为内外资不同而发生改变？仍值得进一步分析。分内外资后（见表6—23），回归结果显示以下结论依然成立：①$lnexport_{it,m}$显著正向影响内外资企业全要素生产率增长；②$lnw_{it,m}$的系数显著为正；③$lnRD_{it,m}$的系数也显著为正；④$lnk_{it,m}$的系数同样显著为正。

分内外资后，这里同样能够发现：尽管内外资样本企业及其分贸易方式的子样本企业都具有"出口学习效应"，但其显著性系数依然偏小，依然能够说明我国内外资企业在出口中获取"技术溢出"的程度还有待提高。

五 进一步比较国有企业与民营企业

上述内资企业实证结果有没有可能因为国有企业与民营企业不同而发生变化？表6—24的回归结果中，以下结论依然成立：①同样存在出口学习效应；②提升劳动生产率有助于增进国有企业与民营企业全要素生产率；③增加研发投资是提升国有企业与民营企业生产效率的重要因素；④提高实际人均资本密集度可以让国有企业与民营企业在改进规模经济效益中增进全要素生产率。

分国有企业和民营企业后，这里还能够发现：尽管全部样本企业及分贸易方式的子样本企业都存在"出口学习效应"，但其显著系数依然偏小，再次说明我国国有企业与民营企业在出口中获取"技术溢出"的范围还相对有限。

表6—23　内外资分贸易方式出口学习效应的回归结果比较

	内资 一般		内资 加工		外资 一般		外资 加工	
C	0.5233*** (155.98)	0.5235*** (156.03)	0.5286*** (62.81)	0.5284*** (62.81)	0.5422*** (216.44)	0.5426*** (216.25)	0.5545*** (241.60)	0.5574*** (241.03)
$\ln export_{it,m}$	0.0018*** (22.93)	0.0018*** (22.84)	0.0020*** (9.16)	0.0020*** (9.40)	0.0016*** (23.58)	0.0016*** (23.47)	0.0009*** (13.16)	0.0008*** (11.96)
$\ln w_{it,m}$	0.0107*** (25.99)	0.0107*** (25.88)	0.0084*** (8.41)	0.0085*** (8.48)	0.0101*** (33.44)	0.0101*** (33.28)	0.0068*** (26.57)	0.0065*** (25.11)
$\ln RD_{it,m}$	0.0006 (1.10)	0.0005 (1.08)	0.0039*** (3.52)	0.0040*** (3.60)	0.0018*** (2.85)	0.0017*** (2.83)	0.0014** (1.99)	0.0011 (1.53)
$\ln k_{it,m}$	0.0006** (2.51)	0.0006** (2.38)	0.0041*** (9.37)	0.0042*** (9.52)	0.0029*** (13.00)	0.0030*** (13.37)	0.0005** (2.51)	0.0006*** (3.01)
region	no	yes	no	yes	no	yes	no	yes
owner	no	yes	no	yes	no	yes	no	yes
year	no	yes	no	yes	no	yes	no	yes
Hausman test	FE	FE	FE	FE	FE	FE	FE	FE
F统计量	371.18	297.80	90.29	73.27	468.79	380.27	265.44	225.84
组内R^2	0.0445	0.0446	0.0508	0.0515	0.0450	0.0457	0.0205	0.0218
组间R^2	0.0322	0.0297	0.0629	0.0699	0.0851	0.0843	0.1085	0.1074
总体R^2	0.0382	0.0362	0.0768	0.0838	0.0790	0.0785	0.1057	0.1026
Obs	47623	47610	13666	13665	60545	60501	72417	72376

表6—24　内资分国有与民营企业的出口学习效应比较

	国有 一般	国有 一般	国有 加工	国有 加工	民营 一般	民营 一般	民营 加工	民营 加工
C	0.4871*** (92.40)	0.4871*** (92.42)	0.4916*** (37.24)	0.4919*** (37.26)	0.5449*** (119.05)	0.5476*** (119.17)	0.5663*** (45.51)	0.5648*** (45.35)
$\ln export_{it,m}$	0.0016*** (11.07)	0.0016*** (11.03)	0.0023*** (6.31)	0.0024*** (6.42)	0.0020*** (21.09)	0.0019*** (20.37)	0.0016*** (5.93)	0.0017*** (6.28)
$\ln w_{it,m}$	0.0116*** (19.42)	0.0115*** (19.37)	0.0093*** (6.47)	0.0093*** (6.49)	0.0098*** (16.62)	0.0093*** (15.71)	0.0064*** (4.13)	0.0067*** (4.31)
$\ln RD_{it,m}$	0.0014* (1.86)	0.0014* (1.86)	0.0072*** (4.53)	0.0072*** (4.52)	0.0008 (1.17)	0.0010 (1.45)	0.0038** (2.30)	0.0032* (1.91)
$\ln k_{it,m}$	0.0047*** (11.68)	0.0047*** (11.61)	0.0077*** (10.11)	0.0078*** (10.18)	0.0018*** (5.95)	0.0021*** (7.00)	0.0011** (2.14)	0.0012** (2.32)
region	no	yes	no	yes	no	yes	no	yes
owner	no	yes	no	yes	no	yes	no	yes
year	FE	FE	FE	FE	FE	FE	FE	FE
Hausman test	201.33	161.02	74.03	59.52	203.34	170.20	19.21	16.39
F 统计量	0.0694	0.0695	0.1138	0.1143	0.0376	0.0392	0.0172	0.0183
组内 R^2	0.0654	0.0628	0.1583	0.1672	0.0556	0.0492	0.0352	0.0393
组间 R^2	0.0773	0.0750	0.1660	0.1741	0.0493	0.0438	0.0436	0.0486
总体 R^2	16671	16662	4587	4587	30952	30948	9079	9078
Obs								

表6—25　分区域分贸易方式出口学习效应的回归结果比较

	东部			中部			西部		
	全部	一般	加工	全部	一般	加工	全部	一般	加工
C	0.5403*** (260.03)	0.5284*** (206.49)	0.5617*** (105.17)	0.5530*** (126.58)	0.5411*** (97.94)	0.5933*** (45.64)	0.5435*** (78.42)	0.5441*** (67.86)	0.5467*** (34.42)
$\ln export_{ii,m}$	0.0012*** (29.01)	0.0017*** (28.34)	0.0010*** (12.65)	0.0013*** (14.32)	0.0018*** (14.30)	0.0004** (2.52)	0.0009*** (7.01)	0.0014*** (8.08)	0.0004 (1.54)
$\ln w_{ii,m}$	0.0087*** (44.53)	0.0107*** (37.82)	0.0064*** (22.53)	0.0083*** (20.11)	0.0103*** (17.02)	0.0049*** (7.88)	0.0082*** (13.84)	0.0078*** (9.33)	0.0079*** (8.58)
$\ln RD_{ii,m}$	0.0014*** (3.97)	0.0012*** (2.58)	0.0015** (2.02)	0.0011 (1.42)	0.0002 (0.21)	0.0026* (1.71)	0.0026 (1.42)	0.0020 (1.45)	0.0028 (1.33)
$\ln k_{ii,m}$	0.0005*** (4.08)	0.0014*** (7.36)	0.0002 (0.76)	0.0008*** (3.03)	0.0023*** (5.96)	0.0001 (0.23)	0.0007* (1.90)	0.0012** (2.17)	0.0001 (0.02)
region	no	no	no	no	no	no	no	no	no
owner	yes	yes	yes	yes	yes	yes	yes	yes	yes
year	yes	yes	yes	yes	yes	yes	yes	yes	yes
Hausman test	FE	FE	FE	FE	FE	FE	FE	FE	FE
F统计量	577.53	426.56	155.57	126.33	92.2	48.07	72.77	40.07	29.66
组内R^2	0.0312	0.0461	0.0215	0.0291	0.0423	0.0285	0.034	0.0382	0.0348
组间R^2	0.047	0.0505	0.1179	0.0789	0.0707	0.0744	0.0339	0.0185	0.0926
总体R^2	0.0493	0.0532	0.1122	0.0737	0.0626	0.0805	0.044	0.0255	0.0926
Obs	143257	79644	63613	33643	18868	14775	16491	9157	7334

六 分区域分贸易方式出口学习效应再检验

上述实证结果还会不会因为企业所属东中西地区差异而发生变化？表6—25的回归结果显示以下结论依然成立：①$lnexport_{it,m}$正向影响东中西地区各种贸易方式企业的全要素生产率增长；②$lnw_{it,m}$显著正向影响各区域各种贸易方式企业的TFP；③$lnRD_{it,m}$正向影响东中西地区各种贸易方式企业的生产率水平提高；④$lnk_{it,m}$同样具有正向提升各区域全部贸易方式企业的生产率作用。

从$lnexport_{it,m}$的显著性水平上看，东中部地区各类型贸易方式出口企业都有"出口学习效应"，西部地区一般贸易出口企业也有"出口学习效应"，而西部加工贸易企业的$lnexport_{it,m}$系数虽然为正但不显著，说明对西部加工贸易企业来说，他们没有从出口中获得国际先进技术溢出，进而作用生产率水平的提高，即还暂时没有表现出"明显"的出口学习效应。

七 分区域分贸易方式分内外资的再比较

上述分区域实证结果还会不会因为内外资企业不同而出现差异？表6—26的回归结果显示，以下结论依然成立：①$lnexport_{it,m}$正向影响东中西地区各种贸易方式内外资企业的全要素生产率增长；②$lnw_{it,m}$显著正向影响各区域各种贸易方式内外资企业的TFP；③$lnRD_{it,m}$正向影响东中西地区各种贸易方式内外资企业生产率水平提高；④$lnk_{it,m}$同样具有正向提升各区域全部贸易方式内外资企业的生产率作用。

从$lnexport_{it,m}$的显著性水平上看，表6—26具有以下特点：首先，东部各种贸易方式的内外资企业都有"出口学习效应"，即东部地区各类型内外资企业生产率都会随其出口增加而获得提高。其次，中西部内外资一般贸易也都有"出口学习效应"，表现为促进企业生产率增长的$lnexport_{it,m}$系数都显著为正。中西部加工贸易企业容易出现"出口学习效应"悖论问题，比如西部地区内资加工贸易企业的$lnexport_{it,m}$系数虽然为0.0012，但没有达到显著性水平要求，表现出其增加出口尚未出现促进生产效率改进的作用。最后，相对内资企业，中西部外资加工贸易企业基本都没有"出口学习效应"。

第六章　内外资企业出口与外贸主体结构优化升级

表6—26　分地区分内外资分贸易方式出口学习效应回归结果比较

	东部 内资 一般	东部 内资 加工	东部 外资 一般	东部 外资 加工	中部 内资 一般	中部 内资 加工	中部 外资 一般	中部 外资 加工	西部 内资 一般	西部 内资 加工	西部 外资 一般	西部 外资 加工
C	0.5211*** (133.08)	0.5213*** (56.08)	0.5406*** (187.11)	0.5588*** (208.47)	0.5363*** (63.91)	0.5724*** (27.56)	0.5424*** (87.20)	0.5769*** (98.10)	0.5172*** (49.28)	0.5330*** (10.19)	0.5743*** (63.01)	0.5518*** (66.16)
$\ln export_{it,m}$	0.0018*** (19.76)	0.0023*** (9.31)	0.0016*** (20.05)	0.0009*** (10.95)	0.0018*** (9.78)	0.0014*** (2.60)	0.0017*** (10.22)	0.0002 (1.24)	0.0014*** (5.09)	0.0012 (1.31)	0.0013*** (5.68)	0.0003 (1.31)
$\ln w^j_{it,m}$	0.0111*** (22.91)	0.0097*** (8.72)	0.0104*** (29.62)	0.0062*** (20.99)	0.0092*** (8.85)	0.0032 (1.31)	0.0106*** (14.06)	0.0043*** (6.50)	0.0105*** (8.20)	0.0052 (0.82)	0.0048*** (4.29)	0.0076*** (8.00)
$\ln RD_{it,m}$	0.0007 (1.22)	0.0024* (1.91)	0.0016** (2.27)	0.0010 (1.15)	0.0006 (0.51)	0.0052* (1.98)	0.0011 (0.77)	0.0011 (0.67)	0.0009 (0.52)	0.0106** (2.51)	0.0039* (1.78)	0.0015 (0.64)
$\ln k_{it,m}$	0.0004 (1.53)	0.0027*** (5.29)	0.0030*** (11.57)	0.0006** (2.54)	0.0008 (1.33)	0.0068*** (6.00)	0.0040*** (7.26)	0.0009* (1.71)	0.0036*** (4.73)	0.0119*** (7.69)	0.0017** (2.15)	0.0021*** (2.88)
region	no	no	no	no	no	no	no	no	no	no	no	no
owner	no	no	no	no	no	no	no	no	no	no	no	no
year	yes	yes	yes	yes	yes	yes	yes	yes	yes	yes	yes	yes
Hausman test	FE	FE	FE	FE	FE	FE	FE	FE	FE	FE	FE	FE
F统计量	227.10	53.10	293.63	158.16	45.06	12.85	69.55	57.47	31.38	19.87	26.04	35.05
组内R^2	0.0461	0.0498	0.0478	0.0208	0.0392	0.0537	0.0476	0.0320	0.0549	0.1641	0.0376	0.0381
组间R^2	0.0296	0.0699	0.0821	0.1085	0.0158	0.0517	0.0980	0.0665	0.0144	0.0422	0.0358	0.0892
总体R^2	0.0364	0.0890	0.0788	0.1027	0.0237	0.0562	0.0811	0.0617	0.0208	0.0546	0.0392	0.0905
Obs	35101	10221	44543	53392	8263	2306	10605	12469	4055	1073	5102	6261

八 分区域分贸易方式的内资国有企业与民营企业再检验

上述分区域内资企业实证结果还会不会因为国有企业与民营企业不同而出现差异？

表6—27的回归结果显示，分国有企业和民营企业的再估计结果中，以下结论总体上依然成立：①$lnexport_{it,m}$正向影响东中西地区各种贸易方式国有企业和民营企业的全要素生产率增长；②$lnw_{it,m}$显著正向影响各区域各种贸易方式国有企业和民营企业的TFP；③$lnRD_{it,m}$正向影响东中西各种贸易方式国有企业和民营企业的生产率水平提高；④$lnk_{it,m}$同样正向影响各区域各种贸易方式国有企业和民营企业的生产率。

从$lnexport_{it,m}$系数显著性水平角度看，表6—27还具有以下特点：第一，东中部各种贸易方式的国有企业和民营企业都存在"出口学习效应"；第二，西部从事一般贸易的民营企业也都存在"出口学习效应"；第三，西部从事加工贸易的民营企业不存在"出口学习效应"，一个典型的例子是西部地区民营加工贸易企业的$lnexport_{it,m}$系数尽管为0.0009，但不显著；第四，相对民营企业，西部国有企业更不具有"出口学习效应"，因为在西部国有企业子样本中，$lnexport_{it,m}$无论是在一般贸易还是加工贸易的出口学习效应检验中，其系数都不能满足显著性水平要求。

总之，在上述反复实证检验中，整体上我国企业是存在"出口学习效应"，即样本期内企业出口能带动生产效率的改进，尽管这一正向作用还相对偏小。

这些结论一方面说明我国整体上应该继续扩大开放，放手让各类型生产企业积极参与国际竞争，以便接受国外先进技术的"溢出"而改进企业生产效率，另一方面也说明需要真实区分各区域各贸易方式和各类型企业出口学习效应的差异。

对于上述不存在"出口学习效应"的结合点——中西部外资加工贸易企业，应该采取积极有效措施鼓励其从原本追寻生产成本最低的发展策略向提高生产效率的方向转变，否则随着中西部地区各种生产要素成本也出现大幅上升后，这些外资加工贸易企业就会像从东部转移到中西部一样，转移到生产成本更低的其他发展中经济体，比如东南亚的越南、菲律宾、泰

第六章 内外资企业出口与外贸主体结构优化升级

表6—27 分地区内资国有与民营企业分贸易方式出口学习效应回归结果比较

	东部 国有 一般	东部 国有 加工	东部 民营 一般	东部 民营 加工	中部 国有 一般	中部 国有 加工	中部 民营 一般	中部 民营 加工	西部 国有 一般	西部 国有 加工	西部 民营 一般	西部 民营 加工
C	0.4830***(79.98)	0.4864***(33.67)	0.5483***(100.72)	0.5474***(160.95)	0.5085***(37.45)	0.5492***(16.81)	0.5528***(49.17)	0.5833***(20.75)	0.4737***(26.72)	0.4369***(4.35)	0.5365***(39.78)	0.5207***(5.13)
$\ln export_{it,m}$	0.0015***(9.60)	0.0028***(6.48)	0.0019***(17.79)	0.0013***(15.80)	0.0020***(5.37)	0.0017*(1.97)	0.0018***(8.06)	0.0013*(1.92)	0.0005(1.11)	0.0014(1.13)	0.0017***(5.46)	0.0009(0.61)
$\ln w_{it,m}$	0.0122***(17.90)	0.0102***(6.53)	0.0093***(13.15)	0.0085***(20.83)	0.0097***(6.16)	0.0029(0.80)	0.0085***(5.91)	0.0039(1.10)	0.0112***(5.72)	0.0121(1.07)	0.0110***(6.30)	0.0103(0.81)
$\ln RD_{it,m}$	0.0022**(2.53)	0.0053***(2.87)	0.0013*(1.70)	0.0016**(2.27)	0.0017(0.85)	0.0099***(2.73)	0.0002(0.16)	0.0024(0.59)	0.0010(0.38)	0.0096*(1.70)	0.0003(0.11)	0.0001(0.01)
$\ln k_{it,m}$	0.0046***(9.72)	0.0060***(6.69)	0.0024***(6.54)	0.0009***(3.47)	0.0007(0.63)	0.0096***(4.99)	0.0017**(2.51)	0.0041***(2.83)	0.0107***(9.18)	0.0160***(6.54)	0.0011(1.13)	0.0069***(3.34)
region	no	no	no	no	no	no	no	no	no	no	no	no
owner	no	no	no	no	no	no	no	no	no	no	no	no
year	yes	yes	yes	yes	yes	yes	yes	yes	yes	yes	yes	yes
Hausman test	FE	FE	FE	FE	FE	FE	FE	FE	FE	FE	FE	FE
F统计量	128.56	39.71	126.66	199.85	19.74	11.05	26.07	3.57	25.25	14.90	17.17	3.25
组内 R^2	0.0747	0.1018	0.0396	0.0276	0.0516	0.1398	0.0343	0.0223	0.1178	0.2827	0.0470	0.0496
组间 R^2	0.0646	0.1817	0.0495	0.0767	0.0346	0.0923	0.0394	0.0404	0.0483	0.0966	0.0635	0.0356
总体 R^2	0.0764	0.1968	0.0444	0.0655	0.0506	0.0972	0.0360	0.0456	0.0643	0.1197	0.0546	0.0337
Obs	12329	3478	22772	37210	2804	703	5459	1603	1461	381	2594	692

国等地，从而造成国民经济的"损失"。

第六节 本章主要结论

本章将三要素（劳动、资本、中间产品）理论模型拓展为四要素（劳动、内资、外资、中间产品）后，首先能构建一个包括FDI、贸易方式、企业进口与出口行为的新—新贸易理论模型，然而使用《中国工业企业统计数据库》（1998—2013）与《海关统计数据库》（2000—2015）匹配数据进行实证检验，主要结论如下：

理论上，只要存在进口贸易成本与出口贸易成本，进口中间产品的内外资企业，其零利润条件和零利润生产率都应该比不使用进口中间产品的企业大。倘若把进口中间产品且出口最终产品的贸易形式看作"加工贸易"，把不进口中间产品且出口最终产品的贸易形式看作"一般贸易"，上述理论推理结论就能够说明加工贸易的零利润条件比一般贸易更"严格"、最低生产率要求更"高"。倘若现实经济运行出现了相反情况，即加工贸易的零利润条件反而比一般贸易低，零利润生产率水平也更小，就会出现"生产率悖论"问题。

实证上，中国内外资企业总体上并没有特别明显的"生产率悖论"，但外资加工贸易企业容易出现"生产率悖论"，尤其容易发生在外资加工设备类企业和保税区加工贸易类企业上。将内资企业划分为国有企业和民营企业后，容易出现"生产率悖论"的是国有企业，特别是专门从事一般贸易的国有企业，以及从事多种贸易方式的国有企业。分区域后，中西部地区企业较为容易出现"生产率悖论"。

而我国企业"出口学习效应"的"悖论"，主要有以下特征：首先区域更容易在中西部；其次贸易方式更容易出现在加工贸易；最后企业所有制更容易是外资企业。这些结论也说明国家需要客观准确地区分各区域各贸易方式内外资企业的出口学习效应差异，采取差异化措施促进其生产率水平内生增长。

第七章　人力资本潜在优势与服务贸易出口结构优化升级

与货物贸易相比，我国服务贸易长期以来都是"逆差"，服务出口的国际竞争力"亟待"提高。是什么原因导致的？该如何提高中国服务贸易出口国际竞争力？生产性服务贸易与非生产性服务贸易又有何不同？本章从 Lodefalk（2014）制成品贸易和服务贸易分类视角出发，试图拓展人力资本潜在优势与服务贸易出口增长的新—新贸易理论模型对此进行解释，然后使用中国细分行业的服务数据进行实证检验，并比较生产性服务贸易与非生产性服务贸易的不同。[①]

第一节　人力资本的贸易类型模型拓展

一　消费者偏好

为揭示人力资本潜在优势对服务贸易的影响，本章尝试建立一个简单的 $M \times 2 \times (N+1) \times 2$ 理论模型，用来解释人力资本对服务出口结构演变的作用机理。这个模型包括 M 个国家（或地区）；有农业和服务业两个部门；农业部门生产一种不可贸易的同质农产品，而服务业部门生产可贸易的 N（$N \geq 1$）种服务产品（以下简称为"服务品"），且不同服务品之间

---

① 应该指出的是，由于笔者暂时还无法获取服务贸易微观企业数据，这里的理论与经验分析主要集中在行业层面。

具有水平差异；生产要素包括普通劳动力与富含人力资本的"高端劳动力"。为分析方便，假定农业部门仅投入一种普通劳动要素，而服务业部门投入普通劳动与具有人力资本的"高端劳动"要素。

假定任意国家（或地区）i 消费者消费 q_A 个单位的农产品和 S 个单位服务品的效用函数使用 $C-D$ 形式表示，消费服务业不同产品 k 的效用函数使用 CES 形式表示，总效用函数为：

$$\ln U_i = \alpha_0 \ln q_{iA} + \alpha_s \ln S_i, S_i = \left(\int_{\omega \in \Omega} s_{ik}(\omega)^{\rho_{ik}} d\omega \right)^{1/\rho_{ik}} (0 < \rho_{ik} < 1)$$

其中：$k = 1, 2, \cdots, N$ 表示服务品 N（$N \geq 1$）个细分小行业；Ω 表示服务部门产品空间；ω 表示不同服务品。

假定农产品价格为 P_{iA}，服务品 ω 价格为 $p_{ik}(\omega)$，则服务价格指数 P_{is} 为 $\left[\int_{\omega \in \Omega} p_{ik}(\omega)^{1-\sigma_{ik}} d\omega \right]^{1/(1-\sigma_{ik})}$。若消费者的收入为 Y_i，类似公式（3.2），第 k 种服务品需求函数为：

$$s_{ik}(\omega) = \left[\frac{p_{ik}(\omega)}{P_s} \right]^{-\sigma_{ik}} \frac{\alpha_s Y_i}{P_{is}} \tag{7.1}$$

根据销售收入等于销售价格乘以销售量（$r = p \times s$），服务品行业 k 的市场销售收入为：

$$r_{ik}(\omega) = p_{ik}(\omega) s_{ik}(\omega) = \alpha_s Y_i [p_{ik}(\omega)/P_{is}]^{1-\sigma_{ik}} \tag{7.2}$$

二 生产技术

1. 农业部门的生产行为

与第三章相同，设定农业部门的产出函数为：

$\ln q_{iA} = \ln \varphi_{iA} + \mu \ln L_{iA}$

其中，φ_{iA} 表示国家（或地区）i 农业部门劳动生产率；L_{iA} 为农业部门劳动投入量；$0 < \mu \leq 1$ 表示农业部门劳动产出弹性；农业部门名义工资 $W_{iA} = \mu \varphi_{iA} (L_{iA})^{\mu-1} P_{iA}$。假定国家（或地区）$i$ 的农产品价格为1，农业部门生产率也为1，则农业部门实际工资可以表示为：

$$w_{iA} = \mu (L_{iA})^{\mu-1} \tag{7.3}$$

如果国家（或地区）i 农业剩余劳动力实现完全转移，其农业部门产出函数设定为：

$$\ln q_{iA} = \ln \varphi_{iA} + \ln L_{iA}$$

当 $P_{iA}=1$ 且 $\varphi_{iA}=1$ 时，则农业部门实际工资 $w_{iA}^{*}=1$。

假定存在农业剩余劳动力时，国家（或地区）i 农业部门实际所需有效劳动力为 L_{iA}^{*}，当 $w_{iA} = w_{iA}^{*} = 1$ 有 $L_{iA}^{*} = \mu^{1-\mu}$ 成立。当 $0 < \mu < 1$ 时，因为 $f(x) = x^{\mu-1}$ 为减函数，则有下式成立：

$$L_{iA} > L_{iA}^{*} \Leftrightarrow w_{iA} = \mu(L_{iA})^{\mu-1} < \mu(L_{iA}^{*})^{\mu-1} = \mu(\mu^{1-\mu})^{\mu-1} = 1 = w_{iA}^{*}$$

这样，国家（或地区）i 农业部门待转移的剩余劳动力为 $L_{iA} - L_{iA}^{*}$。

2. 服务部门生产行为

假定服务部门投入两种生产要素：农业领域转移来的普通劳动力与具有人力资本的劳动力。借鉴常进雄等（2019）模型设定思路，假定生产率为 φ_{ik} 的服务行业，当其生产率服从在 $(0, \infty)$ 区间的随机分布时，生产 $s_{ik}(\omega)$ 个单位服务，其产出函数为 CES 形式：

$$s_{ik}(\omega) = \varphi_{ik} [\kappa(EL_{ik}^{h})^{(a-1)/a} + (1-\kappa)(L_{ik})^{(a-1)/a}]^{a/(a-1)} \tag{7.4}$$

其中：L_i 表示投入的普通劳动力数量；L_i^h 表示投入人力资本劳动；κ 表示普通劳动力与具有人力资本劳动力之间的不同组合比例；$E > 1$ 表示具有人力资本的劳动者，其生产效率高于普通劳动者。类似公式（4.4）、公式（4.5），有下式成立：

$$MPL_{ik}^{h} = \frac{s_{ik}(\omega)\kappa E^{(a-1)/a} L_{ik}^{h(a-1)/a-1}}{\kappa(EL_{ik}^{h})^{(\sigma-1)/\sigma} + (1-\kappa)(L_{ik})^{(a-1)/a}} \tag{7.5}$$

$$MPL_{ik} = \frac{s_{ik}(\omega)(1-\kappa) L_{ik}^{(a-1)/a-1}}{\kappa(EL_{ik}^{h})^{(a-1)/a} + (1-\kappa)(L_{ik})^{(a-1)/a}} \tag{7.6}$$

假定人力资本劳动力的工资为 w_i^h，普通劳动力的工资为 w_i，由边际产出之比等于工资之比可知下式成立：

$$\frac{w_{ik}^{h}}{w_{ik}} = \frac{MPL_{ik}^{h}}{MPL_{ik}} = \frac{\kappa}{1-\kappa}(E)^{(a-1)/a}\left(\frac{L_{ik}}{L_{ik}^{h}}\right)^{1/a} \tag{7.7}$$

再由边际成本计算公式（7.5）至公式（7.6），则该服务行业 k 的边际成本为：

$$mc_{ik} = \frac{1}{\varphi_{ik}}[(\kappa)^{a}(w_{ik}^{h}/E)^{1-a} + (1-\kappa)^{a}(w_{ik})^{1-a}]^{\frac{1}{1-a}} \tag{7.8}$$

将公式（7.7）代入公式（7.8）中，并令 $b_i = w_{ik}^h / w_{ik}$、$\theta_i = [(\kappa)^a(b_i/$

$E)^{1-a} + (1-\kappa)^a]^{1/(1-a)}$，则上式可以简写为①：

$$mc_{ik} = \theta_i w_{ik}/\varphi_{ik} \tag{7.9}$$

由边际成本等于边际收益定价法则，则服务行业 k 的价格为：

$$p_{ik}(\omega) = p_{ik}(\varphi_{ik}) = \frac{\sigma_{ik}}{(\sigma_{ik}-1)} mc_{ik} \tag{7.10}$$

假定国家（或地区）i 服务部门 k 有 N 个行业，这些行业的生产率在 $(0, \infty)$ 分布函数为 $g(\varphi_{ik})$，加权平均后的行业价格指数 P_s 就可以表示为 $P_s = [\int_0^\infty p_{ik}(\varphi)^{1-\sigma_{ik}} Ng(\varphi)]^{1/(1-\sigma_{ik})}$。将公式（7.9）代入公式（7.10），则：

$$P_{is} = \frac{\sigma_{ik}\theta_i w_i}{\sigma_{ik}-1} N_i^{1/(1-\sigma_{ik})} \hat{\varphi}, \hat{\varphi} = \left\{ \int_0^\infty \varphi_{ik}^{\sigma_{ik}-1} g(\varphi_{ik}) d\varphi_{ik} \right\}^{1/(\sigma_{ik}-1)} \tag{7.11}$$

根据公式（7.9）和公式（7.10），可以将生产率为 φ_{ik} 的行业，其向市场提供服务的销售收入简写为：

$$r_{ik}(\omega) = r_{ik}(\varphi_{ik}) = \alpha_{ik} Y_i \{ \sigma_{ik}\theta_i w_{ik}/[(\sigma_{ik}-1)\varphi_{ik} P_{is}] \}^{1-\sigma_{ik}} \tag{7.12}$$

进一步计算中，确定普通劳动力工资变为关键。借鉴常进雄等（2019）的研究结论，农业劳动力转移的动力来自收入差，即转移到非农部门收入（w_{ik}）高于农业收入（y_{iA}）。如果劳动力市场完全，转移也没有数量限制，转移劳动力非农工资（w_{ik}）等于非农边际产出（MPL_{ik}）。但是在不完全劳动力市场，转移存在限制，也存在工资"歧视"，转移劳动力在非农部门所获得的工资就可以表示为转移到非农部门的边际产出与农业收入的加权平均，权重是已转移的劳动力占低成本劳动力的比例：

$$w_{ik} = \frac{L_{ik}}{L_{ik} + L_{iA} - L_{iA}^*} MPL_{ik} + \left(1 - \frac{L_{ik}}{L_{ik} + L_{iA} - L_{iA}^*}\right) y_{iA}$$

其中，MPL_{ik} 表示转移劳动力的非农边际产出；y_{iA} 表示农业总收入，其经济意义是：当已转移的劳动力占低成本劳动力的比例较小时，农业剩余劳动力丰富，非农部门工资议价能力更强，支付给转移劳动力的工资更接近其农业收入；当已转移的劳动力占低成本劳动力的比例较大时，农业剩

---

① 公式（7.10），如果 $\kappa = 0$，则 $\theta = 1$，经济含义是全部使用转移劳动力的边际成本满足 $mc_{ik} = w_{iM}/\varphi_{ik}$ 成立；如果 $\kappa = 1$，则全部使用城市劳动力，其边际成本满足 $mc_{ik} = w_{iU}/(E\varphi_{ik})$ 成立。鉴于本书主要分析转移劳动力的影响，故主要分析 $0 \leq \kappa < 1$ 的情况，从而边际成本可以总体表示为公式（7.10）。

余劳动力较少，转移劳动力的工资议价能力更强，非农部门支付给转移劳动力的工资更接近其边际产出。

假定转移劳动力不存在个人土地租金等其他收入后，将其农业总收入看作农业部门实际工资（$y_{iA} = w_{iA}$），令 $\lambda_i = L_{ik}/(L_{ik} + L_{iA} - L_{iA}^*)$ 且 $MPL_i = \phi_i w_{iA}$，则上式可以简化为：

$$w_i = [\lambda_i \phi_i + (1 - \lambda_i)] w_{iA} \tag{7.13}$$

三 服务部门出口决定

假定国家（或地区）i 服务行业 k 的生产既有可变成本也有固定成本，使用 f_{ik}^i 表示固定生产成本后，则该行业的境内销售利润为：

$$\pi_{ik}(\omega) = r_{ik}(\omega)/\sigma_{ik} - f_{ik}^i \tag{7.14}$$

假定国际市场是分割的，服务出口需要支付可变贸易成本。可变贸易成本用冰山形式表示，即国家（或地区）i 出口 $\tau_i^j > 1$ 个单位的产品只能有 1 个单位到达贸易伙伴 j 市场，而在境内市场上销售时 $\tau_i^i = 1$。由 CES 效用函数的加成（mark-up）原理，国家（或地区）i 服务行业 k 的出口价格为：

$$p_{ik,x}^j(\omega) = \tau_i^j p_{ik}(\omega) = \frac{\tau_i^j \sigma_{ik}}{(\sigma_{ik} - 1)} mc_{ik} \tag{7.15}$$

再次根据出口收入等于出口价格乘以出口量，将公式（7.1）中的 i 换成 j，并将公式（7.15）和公式（7.9）代入，则行业收入为：

$$r_{ik,x}^j(\omega) = r_{ik,x}^j(\varphi_{ik}) = \alpha_{jk} Y_j (\tau_i^j)^{1-\sigma_{jk}} \{\sigma_{ik} \theta_{ik} w_{ik}/[(\sigma_{ik} - 1)\varphi_{ik} P_{js}]\}^{1-\sigma_{jk}} \tag{7.16}$$

假定出口固定贸易成本为 f_{ik}^j，按照公式（7.14）类似的方法可以得出行业出口利润为：

$$\pi_{ik}^j(\omega) = r_{ik,x}^j(\omega)/\sigma_{ik} - f_{ik}^j \tag{7.17}$$

对于生产率分别为 φ_{ik}' 和 φ_{ik}'' 的两个服务行业而言，由公式（7.12）和公式（7.16）可知，当替代弹性（$\sigma_{ik}, \sigma_{jk} > 1$）保持不变时，既定生产率水平下，该行业在国外和国内销售收入仅取决于出口可变贸易成本；给定一个市场，不同行业的相对销售收入与其生产率密切相关，即生产率越高的行业，出口获得的收入越大：

$$\frac{r_{ik}''(\omega)}{r_{ik}'(\omega)} = \left(\frac{\varphi_{ik}''}{\varphi_{ik}'}\right)^{\sigma_{ik}-1}, \quad \frac{r_{ik,x}''(\omega)}{r_{ik,x}'(\omega)} = \left(\frac{\varphi_{ik}''}{\varphi_{ik}'}\right)^{\sigma_{jk}-1} \tag{7.18}$$

服务行业在境内市场销售或出口的最低条件应该是利润为零。在此基础上，可以定义利润为零的行业生产率水平为临界生产率。假定消费者偏好相同，即 $\sigma_{ik} = \sigma_{jk} = \sigma$，$\alpha_{ik} = \alpha_{jk} = \alpha_k$。根据公式（7.14）至公式（7.17），则生产率为 φ_{ik} 的行业，其生产和出口的零利润满足以下条件：①

$$\varphi_{ik}^* = \frac{\sigma \theta_i w_{ik}}{(\sigma-1) P_{is}} \left(\frac{\sigma f_{ik}^i}{\alpha_k Y_i} \right)^{1/(\sigma-1)} \tag{7.19}$$

$$\varphi_{ik}^{j*} = \Lambda \varphi_{ik}^*,\quad \Lambda = \frac{\tau_i^j P_{is}}{P_{js}} \times \left[\frac{f_{ik}^j}{f_{ik}^i} \times \frac{Y_i}{Y_j} \right]^{1/(\sigma-1)} \tag{7.20}$$

显然公式（7.20）中，只要 τ_i^j 或 f_{ik}^j 足够大，$\Lambda > 1$ 就会出现，从而 $\varphi_{ik}^{j*} > \varphi_{ik}^*$ 成立。

因为存在进口，贸易伙伴 j 的行业价格指数应该为其境内服务品价格与进口服务品价格的加权平均，即 $P_{js} = \left[\int_{\omega \in \Omega_{jk}} p_{jk}(\omega)^{1-\sigma} d\omega + \sum_{i=1, i \neq j}^{M} \int_{\omega \in \Omega_{ik}} p_{ik,x}^j(\omega)^{1-\sigma} d\omega \right]^{1/(1-\sigma)}$。当满足生产率要求时，利用公式（7.8）、公式（7.9）、公式（7.10）、公式（7.15）可以得出，存在进口的国家（或地区）j，其行业价格指数为：

$$P_{js} = \frac{\sigma}{(\sigma-1)} \left[(\theta_j w_{jk})^{1-\sigma} N_j \hat{\varphi}(\varphi_{jk}^*) + \sum_{i=1, i \neq j}^{M} (\tau_i^j \theta_i w_{ik})^{1-\sigma} N_i \hat{\varphi}(\varphi_{ik}^{j*}) \right]^{1/(1-\sigma)} \tag{7.21}$$

其中：$\hat{\varphi}(\varphi_{jk}^*) = \int_{\varphi_{jk}^*}^{\infty} \varphi^{\sigma-1} g(\varphi) d\varphi$；$\hat{\varphi}(\varphi_{ik}^{j*}) = \int_{\varphi_{ik}^{j*}} \varphi^{\sigma-1} g(\varphi) d\varphi$。

上述分析中，行业生产率分布构成了后续分析的关键障碍。假定生产率服从 Pareto 分布（Chaney，2008；Arkolakis et al.，2008），则分布函数可以表示为：

$G(\varphi) = 1 - (\varphi_{\min}/\varphi)^m$，$g(\varphi) = m \varphi_{\min}^m \varphi^{-(m+1)}$

其中，m、$\varphi_{\min}$ 为分布函数的参数。

四 人力资本对服务行业出口的影响

上述分析中，我们还没有将人力资本这一重要变量纳入其中。将公式

---

① 计算公式（7.20）需要将公式（7.11）的 i 换成 j。

(7.3)、公式（7.7）和公式（7.13）代入到公式（7.19）、公式（7.20）中，则有下式成立：

$$\varphi_{ik}^{*} = \frac{\sigma}{(\sigma-1)P_{is}}\left(\frac{\sigma f_{ik}^{i}}{\alpha_{k}Y_{i}}\right)^{\frac{1}{\sigma-1}}\frac{\kappa}{1-\kappa}E^{\frac{a-1}{a}}\frac{w_{ik}\theta_{i}}{b_{i}}\left(\frac{L_{ik}}{L_{ik}^{h}}\right)^{\frac{1}{a}} \quad (7.22)$$

$$\varphi_{ik}^{j*} = \frac{\Lambda\sigma}{(\sigma-1)P_{is}}\left(\frac{\sigma f_{ik}^{i}}{\alpha_{k}Y_{i}}\right)^{\frac{1}{\sigma-1}}\frac{\kappa}{1-\kappa}E^{\frac{a-1}{a}}\frac{\theta_{i}w_{ik}}{b_{i}}\left(\frac{L_{ik}}{L_{ik}^{h}}\right)^{\frac{1}{a}} \quad (7.23)$$

公式（7.22）和公式（7.23）中，显然有 $\partial\varphi_{ik}^{*}/\partial L_{ik}^{h}<0$ 和 $\partial\varphi_{ik}^{j*}/\partial L_{ik}^{h}<0$ 成立，意味着人力资本越丰富的国家（或地区），服务业出口临界条件越低。于是，这里能够得到如下假定：

假定1：人力资本越多的国家（或地区），服务业生产率水平越高，从而超过最低零利润生产率的可能性越大，服务贸易出口会随着人力资本潜在优势的逐渐发挥而不断壮大。

五　服务贸易的行业出口简化方程

定义市场中所有满足零利润生产率条件的服务出口为总出口，根据条件概率计算公式 $g(\varphi_{ik})/[1-G(\varphi_{ik}^{*})]$ 可知，国家（或地区）i 出口到贸易伙伴 j 的服务为：

$$S_{ik}^{j} = X_{ik}^{j} = \int_{\varphi_{ik}^{*}}^{\infty} r_{ik,x}^{j}(\omega)\frac{g(\varphi_{ik})}{1-G(\varphi_{ik}^{*})}d\varphi_{ik} \quad (7.24)$$

将生产率 Pareto 分布代入公式（7.21）并使用公式（7.19）和公式（7.20）可以得到贸易伙伴 j 的服务价格指数为：$(P_{js})^{\sigma-m} = \gamma_{j}\eta_{j}(Y_{j})^{-1+m/(\sigma-1)}$，其中 $\gamma_{j} = [\sigma/(\sigma-1)]^{-m}(\sigma/\alpha_{k})^{1-m/(\sigma-1)}[m\varphi_{\min}^{m}/(\sigma-m-1)]$；$\eta_{j} = (\theta_{j}w_{jk})^{-m}N_{j}(f_{jk})^{1-m/(\sigma-1)} + \sum_{i=1,i\neq j}^{M}(\tau_{i}^{j}\theta_{i}w_{ik})^{-m}N_{i}(f_{ik}^{j})^{1-m/(\sigma-1)}$。假定 j 和 i 经济规模成比例，即 $Y_{j} = \eta_{1}Y_{i}$，再将其代入公式（7.24）并反复使用公式（7.16）、生产率 Pareto 分布、公式（7.19）、公式（7.20）、公式（7.13）、公式（7.3），则可以将其简化为：

$$S_{ik}^{j} = \zeta(Y_{i})^{m-\sigma+1+m/(\sigma-1)}L_{ik}^{hm(\sigma-1)/a} \quad (7.25)$$

其中：$\zeta = [(f_{ik}^{i}/Y_{i})^{m/(\sigma-1)}(P_{ik})^{\sigma(m-\sigma+1)-m}]/[(m-\sigma+1)(\varphi_{\min})^{m}]$ $f_{ik}^{j-[m/(\sigma-1)-1]}\eta_{1}^{m-\sigma+1+m/(\sigma-1)}\zeta_{1}\zeta_{2}\zeta_{3}\zeta_{4}$，$\sigma m(P_{js}/P_{is})^{\sigma(m-\sigma+1)}\tau_{i}^{j-m}\gamma_{j}^{\sigma-1}$，$\zeta_{1} =$

· 323 ·

$\{(\theta_i w_i)^m N_j(f_{jk})^{1-m/(\sigma-1)} + \sum_{i=1,i\neq j}^{M}(\theta_j w_{jk}/\tau_i^j)^{-m}N_i(f_{ik}^j)^{1-m/(\sigma-1)}\}^{\sigma-1}$, $\zeta_2 = \{\theta_i[\lambda_i\phi_i + (1-\lambda_i)]/\{\theta_j[\lambda_j\phi_j + (1-\lambda_j)]\}^{-m(\sigma-1)}$, $\zeta_3 = L_j^{m(1-\mu)(1-\sigma)}L_i^{m(1-\sigma)/a}$, $\zeta_4 = \{(1-\kappa)b_i[\lambda_i\phi_i + (1-\lambda_i)]\mu\}^{m(\sigma-1)}[E^{(a-1)/a}w_{ik}\kappa]^{m(1-\sigma)}$。

当 $m > \sigma - 1 > 0$，上式中显然有 $\partial S_i^j/\partial Y_i > 0$、$\partial S_i^j/\partial L_{ik}^h > 0$ 成立，即服务出口随本土需求经济规模、人力资本扩大而增加。于是，这里还能得出如下假定：

假定 2：人力资本潜在优势越大的国家（或地区），如果本土需求规模能得到充分发挥，本土市场效应和人力资本优势将促进服务贸易的国际竞争力增强，服务出口随之扩张。

上述理论模型推理结论是否成立？本章使用 1997—2018 年中国细分行业的服务贸易数据进行实证检验。

第二节 服务贸易出口的检验

一 实证模型

结合假设 1 和假设 2，对公式（7.25）取自然对数并考虑数据可获得性，这里设定如下计量方程进行实证检验：

$$\ln S_{ikt}^j = \phi_0 + \phi_1 \ln Y_{it-1} + \phi_2 \ln L_{ikt-1}^h + \phi_3 \ln\varphi_{ikt-1} + \phi_4 cv_{it-1} + \varepsilon_{it} \quad (7.26)$$

其中：t 表示时间；$t-1$ 为滞后一期；i 表示出口国（或地区），这里仅指中国；j 表示进口贸易伙伴，这里仅指中国服务贸易的全球贸易伙伴整体；k 表示行业，指前文中服务贸易细分行业；$\ln S_{ikt}^j$ 表示服务贸易的行业出口对数；$\ln Y_{it}$ 为出口方经济规模对数；$\ln L_{ikt}^h$ 为服务部门细分行业的人力资本对数；$\ln\varphi_{ikt}$ 表示服务部门细分行业的生产率水平对数；cv_{it} 表示其他控制变量；ε_{it} 为误差项；ϕ_0，…，ϕ_4 为待估计系数。根据假设 1 和假设 2 的推理结论，这里预期 $\phi_1 > 0$、$\phi_2 > 0$ 和 $\phi_3 > 0$ 成立。

二 变量选择、数据来源与处理

为分析需求规模、人力资本对我国服务贸易行业出口的影响，本章选择 Wind 数据库统计的中国服务部门 12 个细分行业出口数据为基础展开分析。这 12 个细分行业分别是：运输，旅行，通信，建筑，保险，金融，电信、计算机和信息，知识产权的使用费，咨询，广告与宣传，电影和音像，其他商业服务。值得注意的是，因为国家统计局在 2015 年调整了统计口径，将通信服务归为信息服务，而将咨询归为其他服务，为保持数据一致性，这里也将 2015 年之前的通信服务纳入信息服务中，同时将 2015 年之前的咨询服务纳入其他服务中。

为比较生产性服务贸易出口与非生产性服务贸易出口的差异，在借鉴陈明与魏作磊（2018）、李平等（2017）、陈启斐与刘志彪（2014）、宣烨与陈启斐（2017）等研究文献基础上，本章将运输、保险、金融、信息（包括通信）、知识产权这六类界定为生产性服务贸易，而将旅行、建筑、广告、影音、其他（包括咨询）界定为非生产性服务贸易（或者称为生活性服务贸易）。计量公式（7.26）相关变量选择、数据来源与处理如下：

行业服务出口。上述 12 个服务业出口原始数据源自 Wind 统计数据库。获取各服务业名义出口后，借鉴王燕武等（2019）方法，使用第三产业 GDP 平减指数调整为实际值，并取其自然对数作为 $\ln S_{ikt}^{j}$。第三产业 GDP 平减指数原始数据来自中经网统计数据库。应该指出的是，因为 2015 年之后没有"广告/影音"服务出口，为保持数据完整性，这里在 2015—2018 年对其取 $\ln(1 + S_{ikt}^{j})$ 进行近似替代。

需求规模。现有研究表明：一国（或地区）服务出口会随着需求规模扩大而增加，比如陈启斐与刘志彪（2014）基于联合国贸发会议统计数据库，对 41 个国家（或地区）2000—2011 年跨国面板数据进行的分析，以及陈启斐等（2014）以 OECD 数据库为基础，对中国和 23 个 OECD 国家（或地区）的对比分析，等等。这里借鉴他们的研究思路，将我国服务业需求规模纳入计量公式（7.26）中。

正如李平等（2017）指出的那样，中国服务业主要是第三产业，可以用第三产业占国民经济比重与最终消费的乘积近似表示服务总需求。为此，这里使用第三产业消费需求作为服务需求规模代入其中，相关数据的具体处理方法是：先获取历年第三产业增加值占 GDP 比重，然后获取历年构成国民经济的最终总消费，两者乘积为相应第三产业名义消费需求，最后用消费者价格指数进行平减，并取其自然对数作为 $\ln Y_{it}$ 代入计量公式（7.26）中。历年 GDP、第三产业增加值、最终消费、消费者价格指数等原始数据来自中经网统计数据库。

服务业人力资本。现有研究已经表明：人力资本也是决定出口与否的重要变量，比如张杰等（2011）对中国工业企业的实证研究。借鉴盛斌等（2011）的方法，这里使用受教育年限占全部雇用劳动力比重的加权平均数表示人力资本数量。

具体来说，为获取各细分行业人力资本数量需要先确定上述 12 个行业所属的 2 位码服务业部门。借鉴王燕武等（2019）、陈明与魏作磊（2018）、黄玉霞与谢建国（2019）研究思路，本章首先将建筑服务纳入《国民经济行业分类》中 E 门类建筑业；运输服务纳入 G 门类交通运输、仓储和邮政业；通信/信息纳入 I 门类的信息传输、计算机服务和软件业；旅行纳入 H 门类住宿、餐饮业和旅游业；保险/金融服务纳入 J 门类的金融业；咨询/其他服务纳入 L 门类租赁和商务服务业；知识产权纳入 M 门类科学研究和技术服务业；广告/影音纳入 R 门类文化、体育和娱乐业。

值得注意的是：有关建筑业是否属于服务业，现有研究存在争议，比如陈景华（2014）的分析。由于本章细分行业数据量相对较小，而建筑服务出口又是服务贸易出口的重要组成部分，故将其纳入其中。

将上述细分行业服务贸易划归为二位码行业门类后，本章从历年《中国劳动统计年鉴》中获取各行业城镇职工就业的学历构成，并将其分为"未上过学""小学""初中""高中""中等职业教育""高等职业教育""大学专科""大学本科""研究生"九种类型。

同时，借鉴陈启斐与刘志彪（2014）研究方法，这里将"未上过学"的受教育年限定为 0 年、"小学"与"初中"分别为 6 年和 9 年、"高中"与"中等职业教育"确定为 12 年、"高等职业教育"与"大学专科"为 15 年、"大学本科"为 16 年、"研究生"因有"硕士"和"博士"区分则按中位数确定为 20.3 年。

确定各受教育年限后，这里可以再分别乘以各部分城镇就业人员数量作为各行业人力资本数量，并取其自然对数作为 $\ln L_{ikt}^{h}$ 代入计量公式（7.26）中。上述各受教育阶段城镇职工分行业就业比重、就业数量均来自各年《中国劳动统计年鉴》。

服务业生产率水平。新—新贸易理论认为：生产率是决定出口与否的重要因素。现有很多研究都在分析和讨论中国服务业TFP变动问题，尤其是进入服务业为主的经济发展模式下，如何促进我国服务业的生产率提升。国内现有测算服务业TFP的方法主要包括基于数据包络的非参数DEA方法（陈启斐、刘志彪，2014；张素庸等，2019；曾燕萍，2019；陈明、魏作磊，2018；黄玉霞、谢建国，2019；杨廷干、吴开尧，2017；陈景华，2014)、基于索罗剩余的乔根森指数增长方法（李平等，2017；石奇、万建飞，2019；王燕武等，2019）、基于Olley和Pakes（1996）或Levinsohn和Petrin（2003）的半参数方法（夏杰长等，2019），即可以分别简称为OP与LP方法。

因为考虑到如何处理生产函数变量假设及较强的约束和测算误差等方面的缺陷，尤其是OLS面临的样本选择误差和模型内生性等问题，半参数的OP或LP方法逐渐成为目前测算TFP的主流（夏杰长等，2019）。盛丹等（2011）也认为使用增加值方法（LP方法）测算全要素生产率，可以有效避免直接使用OLS方法出现劳动要素向上偏倚和资本要素向下偏倚的问题。为此，这里也使用LP方法测算各细分服务业的全要素生产率。

LP方法计算各细分服务业的TFP（$\ln\varphi_{ikt}$）时，产出变量一般用增加值表示，资本变量用物质资本表示，自由变量用雇用劳动人数表示，多项式变量用各行业中间投入表示（均为自然对数）。和上文类似，这里首先从中经网统计数据库获取12个服务行业（合并后为8个）所属二分位部门的行业增加值；然后利用第三产业GDP平减指数平减为实际值（杨廷干、吴开尧，2017）；再获取各行业固定资产投资与新增投资后，使用固定资产投资指数将其调整为实际值，并使用永续盘存法确定其物质资本（其中折旧率确定为5%、初始年限确定为1995年）。

各服务业雇用劳动数量用全国城镇居民分部门就业人数近似表示。各服务业名义中间产品投入按GDP收入法获取，同时使用固定资产投资价格指数将其调整为实际值。各服务业部门的行业增加值、固定资产投资、新增投资、城镇就业人数、各种价格指数原始数据均来自中经网，而中间投入原始数据源自Wind数据库。

控制变量。除上述主要解释变量外，还有很多其他因素影响服务贸易的行业出口，比如服务开放度、农业剩余劳动力数量、外部经济冲击、行业属性等（陈启斐、刘志彪，2014）。为此，这里将上述因素都作为控制变量纳入其中。

服务开放度。一般而言，一国（或地区）服务业开放程度越高，相关服务贸易成本越低，对外服务出口越大。为衡量这种效应，这里使用服务进出口额占 GDP 比重作为服务贸易开放度，然后取其自然对数作为 $\ln open_{it}$ 纳入计量方程。中国服务业进出口和 GDP 原始数据源自 Wind 数据库。

农业剩余劳动力数量。因为不少服务业属于劳动密集型行业，如果一国（或地区）农业剩余劳动力大量向服务业部门非农转移，且该服务部门对技术要求不高尤其是非生产性服务行业，则相对低的劳动力使用成本也会促进服务出口发展。为此，这里也将农业剩余劳动力数量作为控制变量纳入其中。同前文类似，为衡量农业剩余劳动力多少对中国服务行业出口的影响，这里使用第二章相同的方法来确定我国农业剩余劳动力的比重，相关数据来源和处理与第二章完全相同，并取其自然对数启用 $\ln L_{it}$ 表示。[①]

外部经济冲击（shock）设定方法与第三章相同，行业属性用虚拟变量 industry 表示，其中 industry = 1 表示生产性服务业，否则为非生产性服务业。

值得注意的是：之所以在公式（7.26）的实证检验中使用滞后项，是因为本章对收集好的样本数据进行内生性检验后，尽管主要变量的内生性问题并非十分"严重"，但服务贸易开放度、农业剩余劳动力数量等变量都"或多或少"地存在一定内生性问题。相反滞后一期的变量检验后，均明显克服了变量内生问题，意味着使用滞后变量模型应该是合理的。同时，过度识别的 GMM 检验结果显示：这里采取的滞后变量模型也可"恰好"识别（见表7—1）。

表7—1　　　　　　服务贸易主要解释变量内生性检验

变量名	经济含义	统计量	p 值	LM 值	Sargan p 值
$\ln\varphi_{ikt}$	全要素生产率	2.5500	0.7689	119.6680	0.0000***
$\ln Y_{it}$	需求规模	0.4900	0.9923	24.8360	0.0000***
$\ln L_{ikt}^{h}$	人力资本	2.7900	0.7319	100.9730	0.0000***

---

① 尽管是三种计算方案得到的三个 $\ln L_{it}$ 数据，但为便于后续实证结果的列表，这里统一用一个变量表示，不同方案的实证分析在结果中加以区分。

续表

变量名	经济含义	统计量	p 值	LM 值	Sargan p 值
$\ln open_{it}$	开放度	4.6281	0.0330**	28.4820	0.0000***
$\ln L_{it}$	农业剩余劳动力	5.8528	0.0167**	51.0680	0.0000***
$\ln \varphi_{ikt-1}$	滞后全要素生产率	0.8944	0.3458	116.5190	0.0000***
$\ln Y_{it-1}$	滞后需求规模	1.2418	0.2669	40.1070	0.0000***
$\ln L^h_{ikt-1}$	滞后人力资本	0.2300	0.9938	99.4220	0.0000***
$\ln open_{it-1}$	滞后开放度	2.2800	0.6839	35.2230	0.0000***
$\ln L_{it-1}$	滞后农业剩余劳动力	6.7000	0.2441	61.4290	0.0000***

注：各统计检验的含义与前文相同，下同。

三 初步回归及分析

按照计量公式（7.26），这里也使用面板模型对全部样本数据进行回归，仅报告结果。同时，为体现实证结果的稳健性，初步回归分两种方式进行：首先按照公式（7.26）进行回归，检验主要解释变量对服务出口的影响；接着逐步添加其他控制变量，检验相关控制变量对服务行业出口是否有影响。

表 7—2 的初步回归结果显示：无论是对主要解释变量进行回归还是逐步加入控制变量进行回归，全部 12 个模型的实证结果均不会发生太大改变，计量结果较为稳健。

1. 生产率水平

$\ln \varphi_{ikt-1}$ 都显著正向影响中国服务出口，一方面符合前文理论预期，另一方面也符合经典新—新贸易理论基本结论，说明促进服务业生产率内生增长对扩大我国服务出口具有重要作用，其政策启示是：在创新发展战略指导下，国家采取切实有效措施促进我国服务贸易企业增加研发投资，进而提升自身生产效率，并带动行业整体的全要素生产率增进，对扩大服务出口有利。各级职能部门鼓励服务生产企业采用新技术、新模式以增强国内服务的创新能力和竞争力，牢牢抓住数字经济、消费升级和技术创新这三大驱动力给中国服务贸易带来的重大机遇，可以起到优化服务外贸结构的作用，既对提升我国服务业的国际竞争力有益，也对扩大服务出口规模有益。

表7—2　服务贸易全部样本初步回归结果

	模型 1	模型 2	模型 3	模型 4	模型 5	模型 6	模型 7	模型 8	模型 9	模型 10
C	−9.1263*** (−3.98)	−11.1068*** (−3.48)	−11.0158*** (−3.40)	−10.9161*** (−3.36)	−11.0324*** (−3.43)	−10.9369*** (−3.35)	−10.8364*** (3.31)	−11.0324*** (−3.43)	−10.9369*** (−3.35)	−10.8364*** (−3.31)
$\ln\varphi_{idt-1}$	0.4420** (2.06)	0.5156** (2.24)	0.5114** (2.22)	0.5075** (2.20)	0.5095** (2.20)	0.5050** (2.18)	0.5010** (2.16)	0.5095** (2.20)	0.5050** (2.18)	0.5010** (2.16)
$\ln Y_{it-1}$	0.4802** (1.97)	0.5275** (2.12)	0.5267** (2.11)	0.5246** (2.10)	0.5294** (2.12)	0.5286** (2.11)	0.5265** (2.10)	0.5294** (2.12)	0.5286** (2.11)	0.5265** (2.10)
$\ln L^h_{idt-1}$	0.0383** (2.06)	0.0478** (2.23)	0.0470** (2.20)	0.0465** (2.17)	0.0476** (2.21)	0.0468** (2.18)	0.0463** (2.16)	0.0476** (2.21)	0.0468** (2.18)	0.0463** (2.16)
$\ln open_{it-1}$	0.1963*** (3.04)	0.1726** (2.47)	0.1739** (2.48)	0.1754** (2.50)	0.1720** (2.45)	0.1733** (2.47)	0.1747** (2.49)	0.1720** (2.45)	0.1733** (2.47)	0.1747** (2.49)
$\ln L^{250}_{it-1}$		0.0277 (0.89)	0.0261 (0.83)		0.0262 (0.83)			0.0262 (0.83)		
$\ln L^{300}_{it-1}$						0.0246 (0.77)			0.0246 (0.77)	

续表

	模型 1	模型 2	模型 3	模型 4	模型 5	模型 6	模型 7	模型 8	模型 9	模型 10
$\ln L_{it-1}^{320}$				0.0246 (0.78)			0.0230 (0.72)			0.0230 (0.72)
shock					0.0594 (0.28)	0.0621 (0.30)	0.0643 (0.31)	0.0594 (0.28)	0.0621 (0.30)	0.0643 (0.31)
industry	no	no	no	no	no	no	no	yes	yes	yes
Hausman test	FE	FE	FE	FE	FE	FE	FE	FE	FE	FE
F 统计量	80.74	80.57	80.50	80.46	80.10	80.04	80.00	80.10	80.04	80.00
组内 R^2	0.5983	0.6003	0.6000	0.5998	0.6005	0.6003	0.6001	0.6005	0.6003	0.6001
组间 R^2	0.1609	0.1544	0.1551	0.1555	0.1537	0.1544	0.1547	0.1537	0.1544	0.1547
总体 R^2	0.3054	0.3092	0.3092	0.3091	0.3087	0.3087	0.3086	0.3087	0.3087	0.3086
Obs	168	168	168	168	168	168	168	168	168	168

注：各变量统计检验含义见前文，下同。

2. 需求规模

货物贸易领域，有关本土市场效应促进出口的结论，无论是基于行业层面的新贸易理论还是基于企业层面的新—新贸易理论，已经有众多经验研究文献得到了证实。在服务业领域，有关本土市场效应促进出口的实证研究正在发展中，比如陈启斐与刘志彪（2014）就认为，随着信息通信技术尤其是计算机技术的发展，服务业已经实现了生产与消费在空间和时间上的双重分离，突破本地化特征建立起来的生产消费与全球需求密切联系，能够发挥出规模经济的作用，进而带动服务贸易出口。而在实证检验上，他们以2000—2011年41个国家（或地区）的面板数据为基础，也得到了实证结论的支持。此外，还有陈启斐等（2014）以OECD数据库为基础，对23个OECD国家（或地区）的分析等。

只不过这些研究大多以跨国面板为基础，讨论本土市场效应对中国服务出口的研究还鲜有涉及。以1997—2018年我国12个服务行业（合并后为8个行业）进行实证检验后，表7—2的估计结果表明：无论是加入还是不加入控制变量，lnY_{it-1}显著正向影响服务业出口的结论都是成立的，且其显著性系数在全部解释变量中最大，说明本土市场效应的确对中国服务出口有促进作用，其政策含义是：在我国逐步进入以服务业为主的经济结构转型中，国家一方面要采取有效措施鼓励制造业与先进生产性服务业之间的深度融合、与数字经济之间的深度融合、与城市化之间的深度融合、与生态文明之间的深度融合、与全方位国际合作之间的深度融合，从而产生对国内服务业和全球现代工业服务的巨大需求；另一方面要在推动经济建设高质量发展中满足人民对美好生活日益增长的需要，抓住新生代对个性化、多样性、高品质、虚拟化、重主观体验等消费需求的转变，做大做强市场成长性最好最快的健康养老、医疗、旅游休闲前三个行业，不仅对企稳中国整体经济发展有利，而且能带动服务出口的扩张，在扩大居民服务消费需求规模中推动生活类服务业和跨境服务贸易的快速发展，缓解业已存在且规模不小的服务逆差。

3. 人力资本

服务贸易往往具有知识、技术、信息、人才等密集使用特点，尤其是生产性服务业更是如此。Francois和Hoekamn（2009）认为：服务贸易存在人力资本的促进作用，且主要发达国家人力资本每提高1%，带动出口增加的作用会达到6.56%。陈启斐与刘志彪（2014）也认为：与货物贸易相比，服务贸易面临更为苛刻的产品质量、安全、行业规则和版权保护等进入壁垒，因此较高的人力资本可以保证服务业出口产品在质量和安全等方面的各项要求；此外，丰裕的人力资本还有助于推动创新活动，带动服务出口。于是，这里预期人力资本促进中国服务出口的作用也显著为正。

表7—2的估计结果也证实了这一点，因为无论是加入还是不加入控制变量，全部样本的$\ln L_{ikt-1}^{h}$显著为正，说明人力资本促进服务出口的作用在中国同样是适用的。只不过，表7—2中$\ln L_{ikt-1}^{h}$的显著性系数均不超过0.05，即我国服务业人力资本每提高1%，带动出口增加的作用不超过5%。这一实证结果显然低于Francois和Hoekamn（2009）的结论，其政策含义是：在逐步接近服务业为主的经济发展阶段，尽管中国服务行业也具有扩大人力资本的促进服务出口作用，但这一作用仍低于主要发达国家（或地区）的平均水平，一方面意味着我国服务贸易行业人力资本仍需持续增加，另一方面意味着国内人力资本可能存在部分错配问题，毕竟类似知识产权等科学研究和技术服务业，其行业人力资本在2001年曾一度达到了558.83，之后波动下降，到2018年才为440.01，下降了21.3%，而中国多年来高等教育的扩张不太可能出现幅度如此之大的人力资本下降。

4. 开放度

一般而言，一国或一个地区的服务业开放程度越高，服务出入境壁垒越少，与服务有关的贸易成本会降低，进而对促进服务出口有利。表7—2的估计结果也能说明这一点，因为$\ln open_{it-1}$显著为正的系数无论是加入还是不加入控制变量都成立，说明加大服务业开放程度，对增加中国服务出口也有利。但不能忽视的是，在受到严格监管的行业中，比如金融、保险、专业服务、电信业等领域，中国服务业的进出口相对较低，开放度有待提高。近年来我国对一些重要领域的监管规则进行了修订或变更，提高了政策透明度。尽管监管政策的变革并不简单，也许还会经历一个非常复杂的过程，但由于加快服务业改革开放、消除出入境壁垒可以继续推动中国服务贸易发展，决定了提高我国服务贸易国际竞争的一个基本方向依然是：将我国服务贸易和全球服务贸易进行更多对接，毕竟满足国内需求的服务进口既可以提升中国自身价值链，同时也是促进知识转移的有效手段。

5. 农业剩余劳动力

$\ln L_{it-1}$对我国服务出口没有显著影响，且无论是按照每个劳动力每年劳动250日还是按照300日或320日计算的农业剩余劳动力，都是如此。也就是说，同制成品贸易相比，中国长期以来农业剩余劳动力非农转移带来的低劳动成本竞争优势，对服务贸易出口似乎没有体现出明显的效果（尽管其估计系数为正），其原因或许一方面与我国长期以来坚持以制成品开放为主的发展战略有关，另一方面或许也与过去不少服务贸易始终存在各种显性或隐性壁垒有关，结果导致相比制成品贸易而言，服务业开放始终略显不足。相信随着近年来中国服务业开放步伐加快，放松股权比例要求等开放措施的落地，未来或有改观可能。

6. 外部经济冲击

外部冲击是否对我国服务出口具有负面影响？答案是否定的，因为表7—2的估计结果表明：shock 影响服务出口的作用不仅不显著，而且系数还为正。如果不考虑显著性水平，shock 为正的系数似乎说明服务出口还具有一定程度的"抗外部需求不利冲击"特点，其政策启示是：危机也许是中国外贸结构由货物贸易为主向服务贸易为主优化调整的"大好时机"，毕竟货物贸易在危机中极易出现负增长（钱学锋、熊平，2009），而服务贸易对外部需求冲击"不敏感"，说明在进一步扩大服务业开放中，我国应该注重加强同主要贸易伙伴的服务合作，积极参与以服务贸易为主的高标准经贸规则谈判，在促进国内自贸试验区服务贸易优惠政策落地的同时，寻求主要贸易伙伴较为平等的"让步"，对进一步提升我国服务出口有利。

四 改变估计方法的稳健性再检验

鉴于表7—1相关主要变量存在内生性问题，这里再使用面板模型工具变量的估计方法进行再检验，详见表7—3。

与表7—2进行对比，使用工具变量估计方法后以下重要结论依然成立：①$\ln\varphi_{ikt-1}$都显著正向影响中国服务贸易出口，一方面符合前文理论预期，另一方面也符合经典新—新贸易理论基本结论，说明促进服务业生产率的内生增长对扩大我国服务出口具有重要作用；②$\ln Y_{it-1}$正向影响服务出口的结论都成立，说明本土市场效应对全部样本服务出口有一定促进作用。当然，因为部分模型不满足显著性水平要求，在一定意义也说明发挥本土市场效应以扩大服务出口尚不具备特别"显著"的作用，毕竟中国目

第七章 人力资本潜在优势与服务贸易出口结构优化升级

表7—3 服务贸易全部样本的工具变量估计结果

	250日			300日			320日		
	XTIV(cluster)	IV(2SLS)	IV(GMM)	XTIV(cluster)	IV(2SLS)	IV(GMM)	XTIV(cluster)	IV(2SLS)	IV(GMM)
$\ln\varphi_{idt-1}$	0.5095* (1.93)	0.6361** (2.24)	0.6361** (2.24)	0.5050* (1.91)	0.6306** (2.21)	0.6306** (2.21)	0.5010** (1.89)	0.6255** (2.19)	0.6255** (2.19)
$\ln Y_{it-1}$	0.5294** (2.14)	0.4421 (1.59)	0.4421 (1.59)	0.5286** (2.15)	0.4423 (1.59)	0.4423 (1.59)	0.5265** (2.14)	0.4410 (1.58)	0.4410 (1.58)
$\ln L^h_{idt-1}$	0.0476 (1.17)	0.0522** (2.32)	0.0522** (2.32)	0.0468 (1.16)	0.0514** (2.29)	0.0514** (2.29)	0.0463 (1.15)	0.0508** (2.26)	0.0508** (2.26)
$\ln open_{it-1}$	0.1720*** (3.06)	0.1498** (2.01)	0.1498** (2.01)	0.1733*** (3.05)	0.1513** (2.02)	0.1513** (2.02)	0.1747*** (3.06)	0.1529** (2.05)	0.1529** (2.05)
$\ln I_{it-1}$	0.0262 (0.60)	0.0297 (0.94)	0.0297 (0.94)	0.0246 (0.57)	0.0281 (0.87)	0.0281 (0.87)	0.0230 (0.54)	0.0264 (0.82)	0.0264 (0.82)
shock	0.0594 (1.20)	0.0647 (0.31)	0.0647 (0.31)	0.0621 (1.24)	0.0675 (0.33)	0.0675 (0.33)	0.0643 (1.27)	0.0697 (0.34)	0.0697 (0.34)
industry	no	no	no	no	no	no	no	no	no
Hausman test	FE	FE	FE	FE	FE	FE	FE	FE	FE
F统计量	24.08	38.31	38.31	23.47	38.27	38.27	23.28	38.24	38.24
总体R^2	0.3087	0.5977	0.5977	0.3087	0.5974	0.5974	0.3086	0.5973	0.5973
Obs	168	168	168	168	168	168	168	168	168

注：各变量统计含义与第二章完全相同，下同。

前虽然是全球第二大服务贸易国，但服务进口始终高于出口，服务贸易也长期处于逆差状态；③$\ln L_{ikt-1}^{h}$正向影响全部样本的服务出口，说明人力资本也具有促进中国服务出口作用。只是因为其系数比 Francois 和 Hoekamn（2009）所估计的小，说明国家仍需要采取切实措施，引导富有人力资本的人才向先进服务业领域集中，进而发挥中国低成本研发的人力资源潜在优势，提升服务贸易的国际竞争力；④$\ln open_{it-1}$显著正向影响服务出口，说明加大服务业对外开放程度，对促进中国服务出口也是有利的；⑤$\ln L_{it-1}$在各个模型中均不显著的系数，说明同制成品贸易相比，我国长期以来农业剩余劳动力非农转移带来的低劳动使用成本优势，对服务出口似乎没有体现出明显效果；⑥$shock$为正的系数，似乎也在说明服务出口可能具有部分"抗外部需求不利冲击"的特点，其政策启示依然是：危机也许是中国外贸结构由货物贸易为主向服务贸易为主优化调整的"大好时机"。

第三节　生产性与非生产性服务贸易出口的比较

一　全部样本实证结果及其分析

以上分析结论是否会随生产性服务贸易与非生产性服务贸易划分不同而出现差异？也值得进一步分析。为此，这里按前文生产性服务业与非生产性服务业分类方法，使用面板模型进行再检验，并试图比较两者之间的差异。

表7—4的再检验结果显示：无论采取何种反设事实法计算的控制变量进行回归，所有主要变量系数符号和显著性水平始终保持一致，实证结果较为稳健。

将服务出口划分为生产性服务业与非生产性服务业后，以下重要结论也是成立的：①$\ln\varphi_{ikt-1}$系数显著为正；②$\ln Y_{it-1}$系数也为正；③$\ln L_{ikt-1}^{h}$系数均显著为正；④$\ln open_{it-1}$系数也为正。

表7—4　　生产性服务贸易与非生产性服务贸易全部样本的对比

	非生产性服务出口			生产性服务出口		
	250	300	320	250	300	320
C	-11.5798**	-11.4930**	-11.4180**	-11.7438***	-11.7687***	-11.6421***
	(-2.24)	(-2.19)	(-2.17)	(-4.27)	(-4.22)	(-4.17)
$\ln\varphi_{ikt-1}$	0.7787**	0.7749**	0.7716**	0.8754***	0.8761***	0.8698***
	(2.08)	(2.06)	(2.05)	(4.30)	(4.31)	(4.28)
$\ln Y_{it-1}$	0.1016	0.1020	0.1010	0.4145**	0.4153**	0.4147**
	(0.23)	(0.23)	(0.23)	(2.21)	(2.21)	(2.21)
$\ln L^h_{ikt-1}$	0.1041***	0.1027***	0.1021***	0.0624***	0.0624***	0.0616***
	(3.30)	(3.25)	(3.23)	(2.72)	(2.74)	(2.71)
$\ln open_{it-1}$	0.0963	0.0987	0.1009	0.1527***	0.1525***	0.1535***
	(0.80)	(0.82)	(0.83)	(3.00)	(2.99)	(3.01)
$\ln L_{it-1}$	0.1032**	0.1008**	0.0989**	0.0057	0.0059	0.0043
	(2.09)	(2.00)	(1.96)	(0.21)	(0.22)	(0.16)
shock	0.1029	0.1087	0.1126	-0.0074	-0.0075	-0.0053
	(0.31)	(0.32)	(0.34)	(-0.05)	(-0.05)	(-0.03)
industry	yes	yes	yes	yes	yes	yes
Hausman test	FE	FE	FE	FE	FE	FE
F统计量	9.43	9.32	9.28	114.51	114.51	114.48
组内R^2	0.4332	0.4305	0.4294	0.9028	0.9028	0.9027
组间R^2	0.0712	0.0720	0.0722	0.7328	0.7328	0.7335
总体R^2	0.1524	0.1534	0.1537	0.7521	0.7522	0.7506
Obs	84	84	84	84	84	84

与全部样本相比，分生产性服务业与非生产性服务业差异后，其出口增长也存在一些显著差异，主要表现在：

生产率促进生产性服务出口的作用显著高于非生产性服务出口。这是因为$\ln\varphi_{ikt-1}$促进生产性服务出口的显著作用在0.87以上，而对非生产性服务出口的显著作用仅在0.77左右，这意味着生产率每提高1%，促进生产性服务出口的显著作用要比非生产性服务出口高出1%。造成这一现象的原因，或许还是因为与非生产性服务相比，生产性服务具有知识、技术、信息、人才等密集特点,增加研发投资带来的生产率国际竞争优势要比非生产性服务贸易的"低成本国际优势"更为重要,从而出现 $\ln\varphi_{ikt-1}$ 对前者行业出口增长的显著作用高于后者的情形。尽管增加生产性和非生产性服务出口都需要努力提升行业内各生产企业的实际生产效率,但相比非生产性服务,生产性服务贸易更为"敏感"的特征,说明国家应该采取更为分化的政策支持体系进一步提振中国服务出口的国际竞争力,即允许生产性服务贸易企业的研发人员劳动投入作为中间品投资纳入增值税减税范围、允许生产性服务贸易企业可以使用专利技术等"软资产"作为抵押物获取国家正规金融机构的融资等。这些对生产性服务贸易企业扩大研发投资,带动生产率增长大为有利,也对继续扩大其出口规模有益。

本土市场效应促进生产性服务出口的显著作用也高于非生产性服务。这是因为 $\ln Y_{it-1}$ 促进生产性服务出口的作用均显著为正,而对非生产性服务出口的系数虽为正但不显著,意味着发挥本土市场效应可以进一步扩大中国生产性服务出口而对非生产性服务出口没有统计意义上的促进作用。原因主要是由本土市场效应本身引起的,因为要发挥其作用的前提是母国消费需求持续扩大,进而带动国外消费者跟进并引发出口需求增加。客观来看,中国工业化加速进程中,高耗能、高污染、高投入、低附加值的"三高一低"经济增长方式尽管对加速现代化发挥了至关重要的作用,但其粗放型发展方式始终得不到根本"改观",不仅导致国内部分生态环境出现了"恶化",经济增长带来居民收入水平的提高更是让不少消费服务流失海外,导致发挥非生产性服务国内消费的"示范"作用,以带动境外消费者对境内非生产性服务供给的跟进,客观看还没有"太大"效果,更不用说因为存在类似"雾霾"天气等,国人都不愿外出而"妄想"吸引更多外国友人来华旅游更不现实,从而出现本土市场效应促进非生产性服务贸易出口不具有显著作用的原因。相反,在生产性服务领域,境内消费持续扩大带来境外消费需求增长已有不小"进展",近年来移动互联网、移动支付等服务领域似乎取得了不小突破,比如去日本、韩国、法国、西班牙等国调研时就发现,这些国家的很多地方都可以直接使用"支付宝""微信"结算而无须使用 VISA、Mastercard 卡,更不用说银联的 Union Pay,不仅在乐天、老佛爷、奥特莱斯等大型商场如此,甚至在街边的烟酒小店都可以直接使用。不少曾在中国留学生活工作的受访调查对象更是表示中国移动支付更为便捷、安全,成为日常生产生活的一部分。这些至少可以

第七章 人力资本潜在优势与服务贸易出口结构优化升级

部分说明生产性服务贸易的国内消费引领国际消费已经出现"端倪",从而出现本土市场效应促进其出口具有显著作用。

本土市场效应显著影响生产性服务出口而对非生产性服务出口不具有显著作用,其政策含义依然要求国家采取分化的政策推动不同服务贸易出口的健康有序发展:对于非生产性服务贸易来说,要发挥母国消费带动出口增加的作用,首要前提还是要走集约型创新经济发展方式,采取切实措施保护、修复生态环境,在打赢类似"蓝天保卫战"中增加非生产性服务贸易的吸引力;而对生产性服务贸易来说,国家应该在继续跟进、研判、推动高标准对外自贸区战略中,积极寻求主要贸易伙伴开放我国具有国际比较优势的服务部门,增加自然人移动中感受、体验中国生产性服务贸易的便捷、舒适、高效性,充分发挥出"消费示范"的本土市场效应,以便进一步扩大生产性服务贸易的国际竞争力,促进其出口规模的继续增长。

人力资本促进生产性服务出口的显著作用明显低于非生产性服务出口,似乎意味着中国服务贸易部门的人力资本或有错配可能。这是因为$\ln L_{ikt-1}^{h}$促进非生产性服务出口的显著作用均在0.10以上,而对生产性服务出口增长的显著促进作用只有0.06左右,说明服务部门人力资本每提高1%,扩大生产性服务出口的显著作用要比非生产性服务贸易低4个百分点。客观来看,生产性服务业的知识、技术、信息、人才等密集特点,无论是增加研发投资还是提升生产效率,对人力资本的要求都会高于非生产性服务业,理论上应该出现生产性服务出口对人力资本的"敏感"程度大于非生产性服务的情况。

然而,表7—4的估计结果却出现了与预想相反的结果。本章认为造成这一现象的主要原因或许同中国生产性服务业与非生产性服务业的人力资本错配有关,比如图7—1的统计结果就显示:尽管我国服务业整体的人力资本都呈现增长态势,但与非生产性服务业相比,生产性服务部门的人力资本存量有"相对"下降的趋势。这是因为1995年生产性服务业的人力资本是非生产性服务业的1.33倍,但到2018年不增反降,变为非生产性服务的50%。增速上也是如此,样本统计的1995—2018年,中国非生产性服务业人力资本增长了4.48倍,年均增长6.74%;而生产性服务业人力资本仅增加了1.67倍,24年间年均增速只有2.26%,比非生产性服务部门每年低了4.48个百分点。多年来,中国高等教育的持续繁荣,受教育程度的普遍提高不可谓力度不大,各行业人力资本存量都有所增长也

· 339 ·

是客观事实，但生产性服务部门密集使用人力资本却出现人力资源总量反而低于非生产性服务业，在一定意义上或许意味着人才在生产性与非生产性服务之间存在"错配"问题，比如作为传统服务的建筑业，其人力资本在1995年为2505.27，到2018年猛增到13205.46，结果导致仅此一项非生产性服务的人力资本存量就是整个生产性服务业的1.68倍。

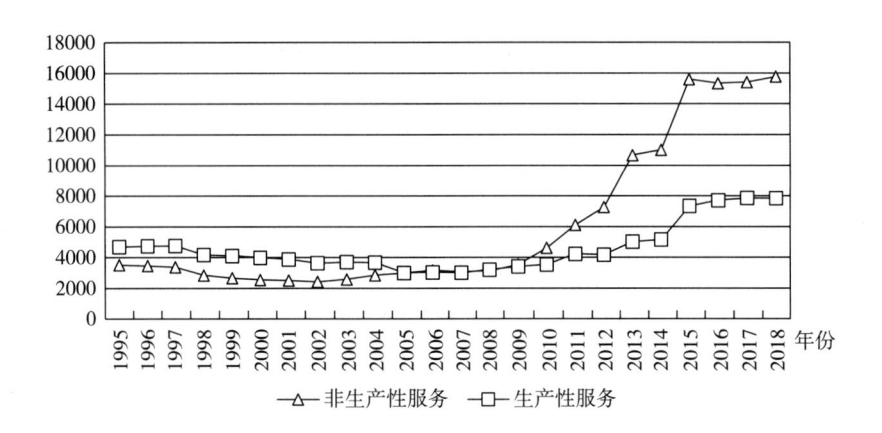

图7—1 生产性与非生产性服务业的人力资本比较

资料来源：历年《中国劳动统计年鉴》，笔者整理。

生产性服务贸易出口"急需"人才支撑而人力资本存量"略显"不够的结论，其政策启示是：随着国家整体进入以服务业为主的经济发展方式，促进服务出口尤其是生产性服务外贸增长，各级政府或许要采取积极措施，扭转生产性服务与非生产性服务间业已存在的人力资源错配，鼓励受过良好教育的高质量人才向生产性服务部门集中，这对促进我国生产性服务出口，意义更为重要。

开放度促进生产性服务出口的显著作用高于非生产性服务，表明服务业开放更有助于中国生产性服务贸易发展。这是因为 $lnopen_{it-1}$ 促进生产性服务出口在各种模型的估计中都显著为正，而对非生产性服务出口的系数虽然为正但不显著，说明加大服务业开放，对促进我国服务贸易出口尤其是生产性服务出口有利，其政策启示依然是：进一步扩大服务业开放度，政府要注重加强同贸易伙伴之间的服务贸易合作，积极参与以服务贸易为主的高标准经贸规则谈判，在促进国内自贸试验区服务贸易优惠政策落地的同时，寻求主要贸易伙伴特别是生产性服务部门较为平等的"让步"，对进一步提升我国总体服务出口有益。

农业剩余劳动力促进生产性服务出口的作用没有非生产性服务显著，进一步表明农业剩余劳动力服务部门非农转移带来的低劳动成本优势对中国非生产性服务出口有利，而对生产性服务贸易出口没有显著作用，且无论是按照每个劳动力每年劳动250日还是按照300日或320日计算的农业剩余劳动力，都是如此。当然，造成这一现象的原因或许依然同金融、保险、知识产权等生产性服务业的知识、技术、信息、人才等密集特点密切相关，而类似旅行、建筑等非生产性服务业或多或少存在劳动密集特点，"低劳动成本国际竞争优势"更为重要。

同前文类似，外部冲击对生产性服务出口与非生产性服务出口都没有显著影响，表明即使区分生产性服务业与非生产性服务业的差异，服务出口与货物出口具有明显不同，尤其是受外部需求冲击不像货物贸易那样具有显著的"敏感"反应。不过，因为生产性服务贸易同实际经济运行更为密切，从而出现其 shock 系数为负但不显著的情形。相反，非生产性服务出口虽不显著但为正的 shock 系数，似乎也可以说明部分服务贸易出口具有一定程度的"抗外部需求不利冲击"的特点。

二　生产性与非生产性服务出口的改变估计方法再检验

同样鉴于表7—1相关主要变量存在内生性问题，这里再使用面板模型工具变量估计方法进行再检验，结果见表7—5。

表7—5　　　　生产性与非生产性服务出口的工具变量估计结果

	非生产性服务出口			生产性服务出口		
	XTIV (cluster)	IV (2SLS)	IV (GMM)	XTIV (cluster)	IV (2SLS)	IV (GMM)
$\ln\varphi_{ikt-1}$	0.7787*** (4.81)	0.9302** (2.13)	0.9302** (2.13)	0.8754*** (2.75)	0.9047*** (4.39)	0.9047*** (4.39)
$\ln Y_{it-1}$	0.1016 (0.31)	0.0979 (0.19)	0.0979 (0.19)	0.4145 (1.40)	0.3409* (1.73)	0.3409* (1.73)

续表

	非生产性服务出口			生产性服务出口		
	XTIV (cluster)	IV (2SLS)	IV (GMM)	XTIV (cluster)	IV (2SLS)	IV (GMM)
$\ln L_{ikt-1}^{h}$	0.1041*** (3.71)	0.1133*** (3.37)	0.1133*** (3.37)	0.0624*** (5.54)	0.0640*** (2.82)	0.0640*** (2.82)
$\ln open_{it-1}$	0.0963 (1.61)	0.0600 (0.47)	0.0600 (0.47)	0.1527*** (4.76)	0.1159** (2.16)	0.1159** (2.16)
$\ln L_{it-1}$	0.1032*** (2.93)	0.1078** (2.20)	0.1078** (2.20)	0.0057 (0.19)	0.0088 (0.33)	0.0088 (0.33)
shock	0.1029 (1.08)	0.0843 (0.26)	0.0843 (0.26)	−0.0074 (−0.13)	−0.0365 (−0.23)	−0.0365 (−0.23)
industry	no	no	no	no	no	no
Hausman test	FE	FE	FE	FE	FE	FE
总体 R^2	0.1524	0.4149	0.4149	0.7521	0.8989	0.8989
Obs	84	84	84	84	84	84

注：受篇幅限制，此处仅列出了以 250 个工作日计算的剩余劳动力估计结果，300 个、320 个工作日的估计结果与此类似，可向笔者索取。

与表 7—4 进行对比，使用工具变量估计方法后，以下重要结论依然成立：①$\ln\varphi_{ikt-1}$都正向影响中国服务贸易出口；②$\ln Y_{it-1}$正向影响服务出口的结论都是成立的；③$\ln L_{ikt-1}^{h}$均正向影响生产性服务贸易和非生产性服务贸易出口；④$\ln open_{it-1}$正向影响各行业服务出口。同表 7—4 相比，采取工具变量对生产性与非生产性服务出口再估计后，以下差异性结论也成立：

生产率促进生产性服务出口都显著为正，再次说明尽管增加生产性和非生产性服务贸易出口都需要努力提升行业内各生产企业的生产率水平，但相比非生产性服务贸易，生产性服务贸易相对"敏感"的特性，要求国家采取融资服务等方面更为分化的政策支持体系，努力增加其研发投入，进而提高其生产率水平。

人力资本促进生产性服务出口的显著作用明显低于非生产性服务出口，似乎意味着中国服务贸易部门的人力资本或有错配可能，其政策启示是：随着国家整体进入以服务业为主的经济发展方式，促进服务出口尤其是生产性服务外贸增长，各级政府或许要采取积极措施，以扭转生产性服务业与非生产性服务业间业已存在的人力资源错配，鼓励受过良好教育的高质量人才向生产性服务部门集中，这对促进我国生产性服务出口，意义更为重要。

开放度促进生产性服务出口的显著作用高于非生产性服务，再次表明扩大服务业开放更有助于我国生产性服务贸易发展。

农业剩余劳动力促进生产性服务出口的作用没有非生产性服务显著，进一步表明农业剩余劳动力服务部门非农转移带来的低劳动成本优势对中国非生产性服务出口有利，而对生产性服务出口没有显著作用。

外部冲击负向影响生产性服务出口、正向影响非生产性服务出口，但都不满足显著性水平的要求，再次表明服务出口与货物出口具有明显不同，尤其是受外部需求冲击不像货物贸易那样具有显著的"敏感"反应。

表7—2至表7—5中，无论是对全部服务出口样本还是区分生产性服务出口与非生产性服务出口差异，也无论是加入控制变量还是不加入控制变量，其结果中都能出现$\ln\varphi_{ikt-1}$显著为正的系数，说明生产率都是中国服务贸易出口的重要影响因素之一，促进服务行业内生产企业生产效率的内生增长对其扩大出口有着重要意义。

如何才能促进服务业生产率水平的内生增长？有哪些因素影响或制约了服务业的TFP增进？也值得进一步分析。本章再使用面板向量自回归（PVAR）方法，试图从数据本身寻找可能蕴含的答案。

第四节 服务贸易生产率内生增长的面板向量自回归

一 实证模型的设计

借鉴Love和Zicchino（2006）的研究思路，并考虑数据的可获得性，这里设定如下面板向量自回归模型（PVAR）进行实证检验：

$$z_{it} = \Gamma_0 + \Gamma_1 z_{it-1} + d_{c,t} + e_t \tag{7.27}$$

其中：i表示服务贸易的细分行业；t表示时间；z_{it}表示三变量

$\{\Delta\ln\varphi_{ikt}, \Delta\ln S^j_{ikt}, \Delta\ln L^h_{ikt}\}$ 或者五变量 $\{\Delta\ln\varphi_{ikt}, \Delta\ln S^j_{ikt}, \Delta\ln L^h_{ikt}, \Delta\ln open_{it}, \Delta\ln Y_{it}\}$；$d_{c,t}$ 表示截面控制变量；e_t 表示误差项；Γ_0 和 Γ_1 表示待估计系数。

二 变量选择、数据来源与处理

生产率的内生增长应该体现为当前 TFP 与前期差额，即 $\Delta\ln\varphi_{ikt} = \ln\varphi_{ikt} - \ln\varphi_{ikt-1}$。为体现这一作用，本章在计量公式（7.27）中，无论是三变量还是五变量，均使用一阶差分的方式进行处理，具体数据来源与处理如下：

$\Delta\ln\varphi_{ikt}$ 表示服务行业全要素生产率自然对数的增加量。各服务部门细分行业生产率水平也使用 LP 方法测算，其中产出变量用增加值表示，资本变量用物质资本表示，自由变量用雇用劳动人数表示，多项式变量用各服务行业中间投入表示（均为自然对数）。计算全要素生产率方法和数据处理与前文完全相同，各种原始数据来自 Wind 数据库。

$\Delta\ln S^j_{ikt}$ 表示服务行业的出口自然对数增加量。各服务行业出口原始数据也来自 Wind 统计数据库，并使用第三产业 GDP 平减指数进行调整。第三产业 GDP 平减指数原始数据源自中经网统计数据库。

$\Delta\ln L^h_{ikt}$ 表示各服务行业的人力资本自然对数扩大量。各服务行业人力资本存量的计算方法与盛斌等（2011）相同，计算人力资本存量的原始数据来自历年《中国劳动统计年鉴》，具体计算方法和处理与第三节相同。

$\Delta\ln open_{it}$ 表示服务贸易开放度自然对数的内生增长量。服务贸易开放度使用服务业进出口总额占 GDP 比重表示，然后取其自然对数并做一阶差分纳入计量方程。中国服务业进出口总额和 GDP 原始数据源自 Wind 数据库。

$\Delta\ln Y_{it}$ 表示服务需求规模自然对数的扩大值。借鉴陈启斐与刘志彪（2014）的方法，使用第三产业占国民经济比重与最终消费的乘积近似表示服务总需求，并使用消费者价格指数将其调整为实际值。计算服务需求规模的原始相关数据来源于中经网统计数据库。

同样为比较生产性服务业生产率内生变化与非生产性服务业的差异，这里也按照前文相同的方法，将原先 12 个细分服务行业合并为 8 个，其中运输、保险或金融、信息（包括通信）、知识产权界定为生产性服务业，而将旅行、建筑、广告或影音、其他（包括咨询）界定为非生产性服务业

（或者称为生活性服务业）。表 7—6 给出了各主要变量对数值的相关描述统计。

表 7—6　　　　生产性与非生产性服务业的主要变量描述统计

	变量名	均值	标准差	25%分位数	50%分位数	75%分位数
非生产性	$\ln S_{ikt}^j$	4.27	1.90	2.89	4.82	5.91
	$\ln \varphi_{ikt}$	3.46	0.99	2.73	3.56	4.33
	$\ln Y_{it}$	11.07	0.96	10.26	10.94	11.81
	$\ln L_{ikt}^h$	63.92	12.48	54.78	58.73	73.20
	$\ln open_{it}$	18.24	1.06	17.44	17.82	18.67
生产性	$\ln S_{ikt}^j$	3.23	1.91	1.76	3.30	4.84
	$\ln \varphi_{ikt}$	3.90	1.01	3.19	4.13	4.70
	$\ln Y_{it}$	11.07	0.96	10.26	10.94	11.81
	$\ln L_{ikt}^h$	66.85	8.67	58.65	67.24	75.20
	$\ln open_{it}$	18.24	1.06	17.44	17.82	18.67

应该指出的是，之所以在公式（7.27）中选择滞后一阶的面板向量自回归模型，是因为这里对采集好的数据进行滞后阶数选择时，表 7—7 中 BIC 与 HQIC 信息准则均要求选择一阶作为滞后阶数。

表 7—7　　　　选择滞后阶数的信息统计

滞后阶	AIC	BIC	HQIC	滞后阶	AIC	BIC	HQIC
1	6.5311	7.8242*	7.0564*	4	6.2862	9.4056	7.5537
2	6.3685	8.2246	7.1227	5	46.9453	50.7781	48.5018
3	6.2186*	8.6815	7.2195	6	54.8081	59.4198	56.6792

注：AIC 为赤池信息准则、BIC 为贝叶斯信息准则、HQIC 为奎因信息准则；* 表示最优滞后阶数选择。

三　三变量回归结果及分析

使用正交分解克服行业—时间虚拟变量作用后，这里采取固定效应模型对全部样本数据进行面板向量自回归，结果详见表 7—8。

表7—8　　生产性与非生产性服务业三变量 PVAR 回归结果比较

生产性服务业

变量名	$\Delta\ln S^j_{ikt-1}$	$\Delta\ln\varphi_{ikt-1}$	$\Delta\ln L^h_{ikt-1}$
$\Delta\ln S^j_{ikt}$	0.3163（3.07）***	0.0021（0.03）	0.0034（0.18）
$\Delta\ln\varphi_{ikt}$	0.0005（0.01）	0.8764（50.44）***	0.0132（2.46）**
$\Delta\ln L^h_{ikt}$	0.2732（0.83）	0.3753（0.98）	0.0663（0.43）
Number Obs		76	
Instrument Obs		9	

非生产性服务业

$\ln S^j_{ikt}$	0.0476（0.87）	0.1227（1.08）	0.0077（0.40）
$\ln\varphi_{ikt}$	−0.0005（−0.05）	0.8736（42.49）***	0.0023（0.57）
$\ln L^h_{ikt}$	0.2295（0.83）	0.1987（0.52）	0.1271（1.14）
Number Obs		76	
Instrument Obs		9	

注：各变量统计检验含义见前文，下同。

区分生产性服务业与非生产性服务业后，尽管有不少滞后一阶自变量尚未达到显著性水平要求，但其大部分为正的系数还是比较符合预期。

应该指出的是，面板向量自回归模型主要是从数据本身体现出自变量与因变量之间的相互关系，没有严格的理论模型推理，出现负系数也是一种较为"自然"的现象，比如 Love 和 Zicchino（2006）经典文献中的自变量负系数就高达6个，占到全部18个自变量的1/3。

从全要素生产率内生增长上看，表7—8 的估计结果具有重要意义。这是因为：如果将促进服务业 TFP 增长的"出口学习效应"（$\Delta\ln S^j_{ikt-1}$）、滞后 TFP（$\Delta\ln\varphi_{ikt-1}$）看作是"共性"因素，则人力资本差异（$\Delta\ln L^h_{ikt-1}$）对生产性服务业生产率增进的影响就和非生产性服务业存在"根本"不同。

实际上，$\Delta\ln L^h_{ikt-1}$ 促进生产性服务业生产率增长的显著作用在三变量 PVAR 中达到了显著的 0.0132，而对非生产性服务业 TFP 增长的系数虽然为正但并不显著。这一结论似乎意味着：人力资本对生产性服务业生产效率改进的作用显著高于非生产性服务业，背后的原因依然同生产性服务业的知识、技术、信息、人才等密集特点密切相关，无论是增加研发投资还是接受同行企业的"技术溢出"以提升生产率水平，对人力资本的要求都会高于非生产性服务业，理论上也应该出现生产性服务业生产率内生增长对人力资本的"敏感"程度大于非生产性服务业的情形。

上述结论的政策启示是：随着国家整体进入以服务业为主的经济增长方式，促进服务业发展尤其生产性服务业发展，使其成为经济高质量增长的主要驱动力，各级政府还是要采取有效措施，以扭转前文中已经分析过的生产性服务业与非生产性服务业间已经存在的人力资源错配，鼓励受过良好教育的高质量人才向生产性服务部门集中。

上述举措对促进我国生产性服务业又好又快发展具有十分重要的现实意义，否则让多年来中国高等教育和科研投入带来的高素质人才流向非生产性服务业，不仅不能显著带来服务业生产效率的改进，而且容易造成人才资源的低效率损失或浪费。

三要素面板向量自回归模型方差分解，也能说明这一问题。表7—9的统计结果显示：对于生产性服务业，出口增长对第一期TFP的贡献为1.1%，第二期降低为1%，之后继续降低，到第七期基本稳定，达到0.8%；滞后TFP对生产率增长的贡献，第一期为98.9%，到第二期降低为97.2%，也直到第七期基本稳定，降低到96.4%；而人力资本对TFP的贡献，其第一期几乎没有作用，到第二期增加到1.9%，之后不断增长，到第七期稳定在2.8%。

表7—9　　　　　生产性与非生产性服务业全要素生产率的
三变量方差分解

时期	生产性服务业			非生产性服务业		
	$\Delta \ln S_{ikt-1}^{j}$	$\Delta \ln \varphi_{ikt-1}$	$\Delta \ln L_{ikt-1}^{h}$	$\Delta \ln S_{ikt-1}^{j}$	$\Delta \ln \varphi_{ikt-1}$	$\Delta \ln L_{ikt-1}^{h}$
1	0.011	0.989	0.000	0.000	1.000	0.000
2	0.010	0.972	0.019	0.000	0.999	0.001
3	0.009	0.968	0.023	0.000	0.999	0.001
4	0.009	0.966	0.025	0.000	0.999	0.001
5	0.008	0.965	0.026	0.000	0.999	0.001
6	0.008	0.965	0.027	0.000	0.999	0.001
7	0.008	0.964	0.028	0.000	0.999	0.001

续表

	生产性服务业			非生产性服务业		
时期	$\Delta\ln S^j_{ikt-1}$	$\Delta\ln\varphi_{ikt-1}$	$\Delta\ln L^h_{ikt-1}$	$\Delta\ln S^j_{ikt-1}$	$\Delta\ln\varphi_{ikt-1}$	$\Delta\ln L^h_{ikt-1}$
8	0.008	0.964	0.028	0.000	0.999	0.001
9	0.008	0.964	0.028	0.000	0.999	0.001
10	0.008	0.964	0.028	0.000	0.999	0.001

资料来源：笔者根据方差分解计算得出。

与生产性服务业几乎完全不同，非生产性服务业 TFP 增长几乎在第一期就稳定，出口基本没有贡献，滞后 TFP 作用达 99.9%，而人力资本仅为 0.1%。也就是说，相比非生产性服务业，人力资本对生产性服务业生产率水平的内生增长作用更为显著。

上述结论是否会随变量数据空间的增加而改变？仍值得进一步研究。为此，这里再使用相同方法对五变量进行类似分析。

四 增加变量的回归结果及分析

表 7—10 给出了五变量的面板向量自回归估计结果。从中可以看出，即使将三变量拓展到五变量情形，以下结论也是成立的：

表 7—10 生产性与非生产性服务业五变量 PVAR 回归结果比较

生产性服务业					
变量名	$\Delta\ln S^j_{ikt-1}$	$\Delta\ln\varphi_{ikt-1}$	$\Delta\ln L^h_{ikt-1}$	$\Delta\ln Y_{it-1}$	$\Delta lnopen_{it-1}$
$\Delta\ln S^j_{ikt}$	0.3201 (3.11)***	0.0027 (0.05)	0.0024 (0.13)	0.0760 (0.53)	0.0100 (0.29)
$\Delta\ln\varphi_{ikt}$	0.0044 (0.13)	0.8766 (54.78)***	0.0132 (2.55)**	−0.0098 (−0.17)	−0.0129 (−1.04)
$\Delta\ln L^h_{ikt}$	0.3452 (0.97)	0.4282 (1.22)	0.0774 (0.56)	0.9450 (1.35)	0.2084 (1.05)
$\Delta\ln Y_{it}$	0.1964 (2.28)**	0.0891 (2.01)**	0.0122 (0.78)	0.1504 (1.35)	0.0314 (0.80)
$\Delta lnopen_{it}$	0.1702 (1.00)	0.1315 (1.05)	0.0531 (1.25)	0.7455 (2.58)***	0.1442 (1.96)**
Number Obs	76				
Instrument Obs	25				
非生产性服务业					
$\ln S^j_{ikt}$	0.0715 (0.97)	0.1109 (1.04)	0.0082 (0.38)	0.2489 (0.06)	0.1136 (1.48)

续表

非生产性服务业

变量名	$\Delta\ln S_{ikt-1}^{j}$	$\Delta\ln\varphi_{ikt-1}$	$\Delta\ln L_{ikt-1}^{h}$	$\Delta\ln Y_{it-1}$	$\Delta\ln open_{it-1}$
$\ln\varphi_{ikt}$	−0.0008（−0.06）	0.8692（40.84）***	−0.0026（−0.60）	0.0672（0.82）	−0.0020（−0.08）
$\ln L_{ikt}^{h}$	0.2934（1.09）	0.2230（0.63）	0.1312（1.16）	0.1976（0.20）	0.2655（0.88）
$\ln Y_{it}$	0.0295（0.67）	0.0975（2.19）**	0.0072（0.73）	0.1574（0.20）	0.0453（1.10）
$\ln open_{it}$	0.0414（0.60）	0.1364（1.25）	0.0067（0.24）	0.6898（2.29）**	0.1287（1.69）*
Number Obs	\multicolumn{5}{c}{76}
Instrument Obs	\multicolumn{5}{c}{25}

区分生产性服务业和非生产性服务业后，人力资本差异（$\Delta\ln L_{ikt-1}^{h}$）对前者具有显著正向影响，而对后者没有显著作用。

这一结论再次说明人力资本积累对生产性服务业 TFP 的正向影响要高于非生产性服务业，其政策含义依然是：在服务业为主的经济发展方式中，国家需要采取切实有效措施，鼓励受过良好教育的高质量人才向生产性服务部门集中，进而可以有效改进其行业内企业生产效率。

第五节　生产性与非生产性服务的脉冲效应函数对比

使用蒙特卡洛模拟方法后，图 7—2 还给出了五变量脉冲响应函数，其中第一排表示生产性服务业，第二排表示非生产性服务业，第三排表示生产性服务业与非生产性服务业的脉冲响应函数差值。

从五变量脉冲响应函数上看，生产性服务业生产率水平受各自变量冲击的响应增长幅度要比非生产性服务业更大、持续时间更长。以均值响应为例，这里可以看出：

第一，出口冲击对生产性服务业 TFP 增长的作用明显为正，且正向效果至少可以持续 2 期。而出口冲击对非生产性服务业 TFP 增长的作用为负，结果导致生产性服务业与非生产性服务业受出口冲击的 TFP 内生增长差额始终为正（图 7—2 的第一列）。

第二，滞后 TFP 冲击对生产性服务业当期 TFP 增长的作用也明显为正，且正向效果持续 6 期。尽管滞后 TFP 冲击对非生产性服务业当期 TFP 增长的作用明显为正，且正向效果也可以持续 6 期左右，但生产性服务业与非生产性服务业受滞后 TFP 冲击的生产率内生增长差额不断减少，直到 6 期后基本消失（图 7—2 的第二列）。

第三，人力资本冲击对生产性服务业 TFP 增长的作用明显为正，且正向效果至少可以持续 2 期。而人力资本冲击对非生产性服务业 TFP 增长的作用开始为负，延续 1 期后基本消失为 0。上述结果直接导致生产性服务业与非生产性服务业受人力资本冲击的 TFP 内生增长差额始终为正，且至少 2 期后才能消失（图 7—2 的第三列）。

第四，需求冲击对生产性服务业 TFP 增长的作用在 1 期后就转变为正，而需求冲击对非生产性服务业 TFP 增长的作用尽管开始为正，但生产性服务业与非生产性服务业受需求冲击的 TFP 内生增长差额在 2 期后基本消失了（图 7—2 的第四列）。

第五，开放度冲击对生产性服务业 TFP 增长的作用也在 1 期后转变为正，之后基本消失，而对非生产性服务业 TFP 增长则始终为负，结果导致两者之间的差异在 1 期后有较大差距，直接表现为开放度对生产性服务业生产率提高更有利（图 7—2 的第五列）。

总之，结合五变量面板向量自回归估计结果和蒙特卡洛的脉冲响应冲击，这里还是可以得出人力资本对生产性服务业全要素生产率增长的作用高于非生产性服务业。上述结论对于回答长期以来"中国服务贸易竞争力从何而来"或许有帮助。

这是因为统计数据显示：自 2014 年以来，中国服务贸易总额一直位居世界第二位；2018 年服务进出口达到 7919 亿美元，同比增长 13.8%，其中出口增长 17%，增速连续两年高于进口，其中知识密集型服务的进出口上升很快，达到了近 2500 亿美元，同比增长 23.2%，高于整体增速 9.4%，在服务进出口中的占比达 32.4%[①]。

然而，在中国服务贸易快速发展过程中，始终存在服务出口低于进口的情况，导致对外贸易一直处于较大逆差状态，比如 2018 年服务逆差超过

[①] 张钰梅：《中国服务贸易竞争力从何而来?》，中国服务贸易指南网，2019 年 12 月 4 日，http://tradeinservic-es.mofco-m.gov.cn/article/yanjiu/pinglun/201912/95275.html，下同。

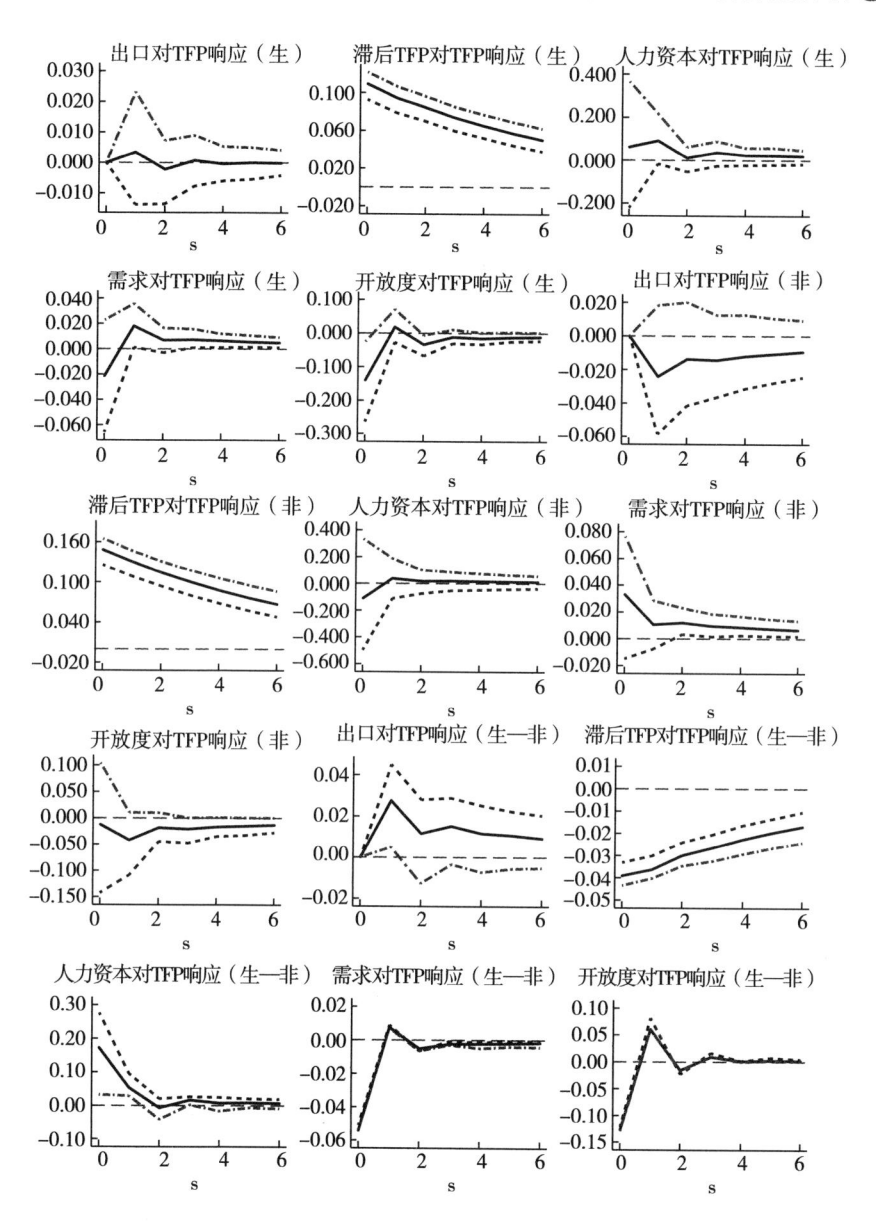

**图7—2　五变量生产性与非生产性服务业全要素生产率
内生变化的脉冲响应函数**

注：(1)(生)表示生产性服务业，即第一行；(2)(非)表示非生产性服务业，即第二行；(3)(生—非)表示生产性与非生产性服务业 TFP 响应函数之差，即第三行。

2580 亿美元，其来源主要集中在旅行服务、知识产权使用费、运输服务等生产性服务业，特别是知识产权使用费，2018 年中国仅这一项的进口额就达到了 2355 亿元。

同制造业相比更是如此，因为中国人均商品出口在 2018 年达到 3000 美元，人均服务出口仅为 300 美元，服务出口的劳均生产率仅为货物出口的 10%。

在此背景下，如何才能提高我国服务贸易的国际竞争力？以中国细分服务贸易行业数据为基础，采取面板向量自回归模型（见表 7—9 和表 7—10）和脉冲响应函数（见图 7—2）后，这里发现：发挥我国人力资本潜在优势对提高服务贸易的生产效率有利，尤其是提高生产性服务业国际竞争力更是如此。只要能将长期以来我国高等教育繁荣带来的潜在低成本研发优势发挥出来，加速多年来国家科研投入基础性研究成果向现实生产力转化，并消除生产性服务业与非生产性服务业之间可能存在的人力资源错配，应该对提升服务业整体国际竞争力有利，也对缩减业已存在的"巨大"服务贸易逆差有帮助。

第六节 本章主要结论

以 1982—2018 年中国外贸数据为基础，本书发现服务贸易出口增速慢、进口增长快，决定了其是目前我国外贸逆差的主要来源。是什么原因导致中国服务贸易始终处于逆差状态而短期内难以根本改变？该如何提高我国服务贸易的国际竞争力？生产性服务贸易与非生产性服务贸易又有何不同？本章试图拓展人力资本潜在优势与服务出口增长的新—新贸易理论模型，并使用 1997—2018 年中国分行业服务贸易出口数据进行实证检验，主要结论如下：

理论上，将服务业劳动投入划分为普通劳动者和富含人力资本的劳动者后，的确能够出现"人力资本越多的国家（或地区），服务业生产率水平越高"的结论，说明人力资本越丰裕的国家（或地区），服务生产企业超过最低零利润生产率的可能性越高，服务出口会随着人力资本潜在优势的逐渐发挥而不断壮大。

实证上，面板模型和工具变量的稳健性检验始终表明，人力资本促进中国服务出口的显著作用的确存在，但分生产性与非生产性服务业后，人力资本促进生产性服务出口的显著作用明显低于非生产性服务出口，似乎意味着我国服务贸易部门的人力资本或有错配可能，说明促进服务业出口尤其是生产性服务出口增长，各级政府要采取切实有效的措施，扭转生产性服务与非生产性服务间业已存在的人力资源错配。

而在促进服务业生产率内生增长上，所有实证结果都显示：人力资本促进生产性服务业生产率内生增长的作用显著高于非生产性服务业，再次说明提高我国服务贸易国际竞争力并非"无法可寻"。国家和各级地方政府加速基础性研究成果向现实生产力转化的同时，采取切实有效措施，鼓励受过良好教育的高质量人才向生产性服务部门集中，是发挥出我国高等教育繁荣带来的潜在低成本研发优势的重要举措之一。

第八章 "一带一路"与货物贸易结构转型升级

促进外贸结构转型升级离不开区域经济合作，而"一带一路"是当前中国倡导的最主要形式。"一带一路"建设对中国和沿线国家（或地区）出口是否具有作用？在经典新—新贸易模型基础上，本章首先在理论上构建了一个可以分析"一带一路"建设对沿线国家（或地区）出口增长二元边际的理论模型，然后使用中国和相关国家（或地区）92136个二元边际数据进行实证检验，以期能从逐渐走向深入的"一带一路"建设促进中国与沿线国家（或地区）贸易畅通提供经验支撑。需要说明的是，因为暂时难以获得我国与沿线国家（或地区）服务贸易往来具体数据，这里主要讨论货物贸易结构的转型升级。

第一节 经贸合作影响贸易增长的模型拓展

为分析"一带一路"建设对沿线国家（或地区）出口增长的影响，在新—新贸易理论分析框架基础上，本章构建了 $N \times 2 \times (N+1)$ 的理论模型，即世界上包括 N 个国家（或地区）、每个国家（或地区）包括农业和工业两个部门、农业部门生产一种不可贸易的同质农产品而工业部门生产可贸易的 $N(N \geqslant 1)$ 种制成品，且不同企业生产的制成品 k 具有水平差异。任意国家（或地区）i 消费者偏好、农业部门与工业部门生产技术的假定同第三章完全一致。于是，国家（或地区）i 企业 ω 的出口收入和利润为：

$$r_{ik}^{j}(\omega) = \tau_{i}^{j\,1-\sigma_{ik}} r_{ik}(\omega) \quad (j=1, 2, \cdots, N) \tag{8.1}$$

$$\pi_{ik}^{j}(\omega) = r_{ik}^{j}(\omega) - W_{jk} f_{ik}^{j} \quad (j=1, 2, \cdots, N) \tag{8.2}$$

上述参数的经济含义详见第三章相关表述,区别在于这里将区域经济合作纳入其中。

一般来说,区域经济一体化对贸易发展具有贸易创造效应和贸易转移效应,前者可以进口其他成员方低成本产品取代本土某些成本较高的产品,后者可以使某些产品的进口从非成员方转向成员方。只是区域经济一体化大体要经历倡议、谈判、签订协议多个发展历程,现在的"一带一路"建设仍处于相对较前阶段。同时,与关税同盟等共同关税约束的区域经济一体化相比,"一带一路"建设还是一个渐进发展的过程,变量属性上应该是连续的,而非要么签订经贸合作协定要么不签订的离散变量。

针对上述问题,这里进行简化处理。假定参加"一带一路"建设的国家(或地区)i,其企业生产制成品ω出口到国家(或地区)j的收入弹性为$\mu(0<\mu\leqslant 1)$,则实际收入$[R^j_{ik}(\omega)]$可以表示为$\ln R^j_{ik}(\omega)=\mu\ln r^j_{ik}(\omega)$,即$R^j_{ik}(\omega)=[r^j_{ik}(\omega)]^{\mu}$。$0<\mu<1$表示尚未达到完全区域经济一体化前,国家(或地区)$i$生产制成品$\omega$的企业,名义出口增加1倍,实际出口增长的比率小于1;而实现了全面经济一体化后,μ则等于1,名义出口增加1倍,实际出口也增长1倍。也就是说,随着"一带一路"建设向前发展,其连续变化的变量会让制成品企业的实际出口和名义出口渐进一致。于是,公式(8.1)和公式(8.2)可表示为:

$$R^j_{ik}(\omega)=\tau_i^{j(1-\sigma_{ik})}[r_{ik}(\omega)]^{\mu} \tag{8.3}$$

$$\pi^j_{ik}(\omega)=R^j_{ik}(\omega)-W_{jk}f^j_{ik}(j=1,2,\cdots,N) \tag{8.4}$$

国家(或地区)i企业在境内市场销售或国际市场出口的最低条件是利润为零。假定消费者的偏好相同,即$\sigma_{ik}=\sigma_{jk}=\sigma$,$\alpha_{ik}=\alpha_{jk}=\alpha_k$。根据公式(3.7)至公式(3.8)和公式(8.3)至公式(8.4),则生产率为φ_{ik}的企业,其生产的零利润条件和出口零利润条件分别满足:

$$\varphi^*_{ik}=\{\sigma/[(\sigma-1)P_{ik}]\}W_{ik}^{\frac{\sigma}{\sigma-1}}[(\sigma f^i_{ik})/(\alpha_{ik}Y_{ik})]^{1/(\sigma-1)} \tag{8.5}$$

$$\varphi^{j*}_{ik}=\Lambda\varphi^*_{ik},\Lambda=\tau^j_i(P_{ik}/P_{jk})(W_{jk}/W_{ik})^{\frac{\sigma}{(\sigma-1)}}[(f^j_{ik}/f^i_{ik})(Y_{ik}/Y_{jk})]^{\frac{1}{(\sigma-1)}}\sigma^{\frac{1}{1-\sigma}}$$
$$W_{jk}^{\frac{1-\mu}{(\sigma-1)\mu}} \tag{8.6}$$

只要$\Lambda>1$,就有$\varphi^{j*}_{ik}>\varphi^*_{ik}$成立,即存在生产率越高的企业越倾向于出口的自我选择效应。潜在生产者观察国内外市场生产活动以决定是否进入市场。一旦进入市场,潜在生产者就可以从分布函数中观测到自身生产

率水平是否符合 φ_{ik}^* 和 φ_{ik}^{j*} 的最低要求：大于前者在本土市场销售，在此基础上如果大于后者则在国际市场出口，否则退出市场。于是，潜在生产者进入市场的概率也可以用公式（3.13）表示。

假定国家（或地区）i 生产企业数量 M_i 与经济规模成比例，则 $M_i = \lambda Y_i = L_i W_i$ 成立。根据公式（3.21），有下式成立：

$$EM_i^j = A_0(\tau_i^j)^{-m}(L_i/L_j)(f_{ik}^j)^{-m/(\sigma-1)}(Y_{jk}/Y_{ik})^{-\sigma/(\sigma-1)}$$
$$(P_{jk}/P_{ik})^m e^{a_0 f(\mu)} \tag{8.7}$$

$$IM_i^j = B_0 \alpha_k^\mu \tau_i^{j-[m+(\sigma-1)(1-\mu)]} f_{ik}^{j-[m-(\sigma-1)\mu]/(\sigma-1)} Y_{jk}^{\mu+m/(\sigma-1)}$$
$$(P_{jk}/P_{ik})^{m-(\sigma-1)\mu}(L_i/L_j)^\mu \tag{8.8}$$

其中，$A_0 = \lambda W_i L_j \{[(W_{jk}L_{jk})/(W_{ik}L_{ik})]^{m/(\sigma-1)}(f_{ik}^i \sigma)^{m/(\sigma-1)}\}^m W_{jk})(L_{jk}/L_{ik})^{\sigma/(\sigma-1)}$，$f(\mu) = (1-1/\mu)$。$a_0 = \ln W_{jk}$，$B_0 = b_0 \kappa W_{ik}^{b_1} W_{jk}^{b_1}(W_i/W_j)^\mu(P_{ik}Y_{ik})^{-\mu}(f_{ik}^i/Y_{ik})^{m/(\sigma-1)} \varphi_{jk}^{*[m-(\sigma-1)]\mu}$，$\kappa = M_{jk}^{-\mu}\left\{1 + \sum_{i=1, i\neq j}^{N}[\tau_i^j(W_{ik})^{1-\sigma}M_{ik}\varphi_{ik}^{j*(\sigma-1)-m)}]/[(W_{jk})^{1-\sigma}M_{jk}\varphi_{jk}^{*[(\sigma-1)-m]/(1-\sigma)}]\right\}^{-\mu}$ 表示多边阻力；$b_0 = \varphi_{\min}^{-m\mu}\sigma^{m/(\sigma-1)+\mu}\{m/[m-(\sigma-1)]\}^{1-\mu}/[(\sigma-1)\mu]\alpha_{ik}^{-\mu}$、$b_1 = \sigma[m-(\sigma-1)\mu+\mu]/(\sigma-1)$、$b_2 = -m\sigma\mu/[(\sigma-1)\mu] + \{\sigma\mu^2(\sigma-1)(2-\sigma) - (1-\mu)[m-(\sigma-1)\mu]\}/[(\sigma-1)\mu]$ 表示参数。

公式（8.7）中，当 $\sigma > 1$ 时，很容易证明出 $\partial EM_i^j/\partial \tau_i^j < 0$、$\partial EM_i^j/\partial f_{ik}^j < 0$、$\partial EM_i^j/\partial(Y_{jk}/Y_{ik}) < 0$、$\partial EM_i^j/\partial(P_{jk}/P_{ik}) > 0$、$\partial EM_i^j/\partial(L_i/L_j) > 0$ 成立，特别是 $\partial EM_i^j/\partial \mu = a_0 EM_i^j/\mu^2 > 0$ 也成立。所以，这里可以得出以下假定：

假定1：固定和可变贸易成本减少，有助于中国与沿线国家（或地区）出口增长的扩展边际；相对经济规模表示的本土市场效应对出口增长的扩展边际有直接作用；相对价格表示的汇率升值对扩展边际有负面效应；相对劳动力较多的贸易伙伴国家（或地区），出口增长的扩展边际相对越小。

假定2：随着中国和沿线国家（或地区）经贸合作逐渐走向深入，出口增长的扩展边际作用将逐渐体现。

同样公式（8.8）中，只要生产率分布函数峰度 $m > \sigma - 1$，在 $0 < \mu \leq 1$ 时，就有 $m > (\sigma-1)\mu$ 成立，于是很容易证明出 $\partial IM_i^j/\partial \tau_i^j < 0$、$\partial IM_i^j/\partial f_{ik}^j < 0$、$\partial IM_i^j/\partial Y_{jk} > 0$、$\partial IM_i^j/\partial(P_{jk}/P_{ik}) > 0$、$\partial IM_i^j/\partial(L_i/L_j) > 0$ 成立，特别是 $\partial IM_i^j/\partial \mu > 0$ 也成立，这里同样能得出以下假定：

假定3：固定和可变贸易成本减少，有助于中国与沿线国家（或地区）

出口增长的集约边际；贸易伙伴绝对经济规模增长有利于出口增长的集约边际；相对价格表示的汇率升值对集约边际有负面效应；相对劳动力较多的国家（或地区），出口增长集约边际相对强劲。

假定4：随着中国和沿线国家（或地区）经贸合作逐渐走向深入，出口增长的集约边际作用将逐渐体现。

从上述理论模型的推理过程中，本章预期随着中国和沿线国家（或地区）经贸合作的加深，各国（或地区）出口增长中的集约边际、扩展边际都会扩大。现实情况是否如此？上述假定能否成立？这里使用中国和沿线国家（或地区）有关数据进行实证检验。

第二节 中国与沿线国家（或地区）货物出口的检验

一 实证模型

加入时间变量后，取公式（8.7）和公式（8.8）自然对数并考虑实际数据的可获得性，这里设定如下计量方程进行实证检验：

$$\ln IM_{it}^{j} = \beta_0 + \beta_1 \ln \mu + \beta_2 \ln \tau_{it}^{j} + \beta_3 \ln f_{it}^{j} + \beta_4 \ln Y_{jt} + \beta_5 \ln(P_{jt}/P_{it}) + \beta_6 \ln(L_{it}/L_{jt}) + \varepsilon_{it} \tag{8.9}$$

$$\ln EM_{it}^{j} = \gamma_0 + \gamma_1 \ln u + \gamma_2 \ln \tau_{it}^{j} + \gamma_3 \ln f_{it}^{j} + \gamma_4 \ln(Y_{it}/Y_{jt}) + \gamma_5 \ln(P_{jt}/P_{it}) + \gamma_6 \ln(L_{it}/L_{jt}) + \varepsilon_{it} \tag{8.10}$$

其中：t 表示时间；$\beta_0 - \beta_6$ 和 $\gamma_0 - \gamma_6$ 表示待估计系数；ε_{it} 表示误差项。根据前文分析结论，本章预期各待估计参数的符号为：$\beta_1 > 0$，$\beta_2 < 0$，$\beta_3 < 0$，$\beta_4 > 0$，$\beta_5 < 0$，$\beta_6 > 0$；$\gamma_1 > 0$，$\gamma_2 < 0$，$\gamma_3 < 0$，$\gamma_4 < 0$，$\gamma_5 < 0$，$\gamma_6 > 0$。

二 变量选择、数据来源与处理

计量公式（8.9）、公式（8.10）中，集约边际（$\ln IM_{it}^{j}$）、扩展边际

($\ln EM_{it}^i$)、贸易伙伴经济规模($\ln Y_{jt}$)、本土市场效应[$\ln(Y_{it}/Y_{jt})$]、实际汇率[$\ln(P_{jt}/P_{it})$]、相对劳动力比重[$\ln(L_{it}/L_{jt})$]，以及外部经济冲击($shock$)、减少交流障碍的语言相通性（$comlang$）等其他控制变量同第三章数据与处理方法相同。

"一带一路"合作倡议（$\ln\mu$）是这里的核心变量，但考虑到该倡议提出的初始时间是2013年下半年，而本章样本的数据是从1995—2015年，距离样本期末的实践只有两三年。为分析方便，这里先用虚拟变量 dt 表示实施"一带一路"建设之后的时期，即设定2013年及其以后年份的 $dt=1$，其他为0。然后使用另一个虚拟变量 du 表示参与"一带一路"倡议建设，两者相乘所得到的虚拟变量作为计量公式（8.9）、公式（8.10）中"一带一路"合作倡议 $\ln\mu$。

同时，为比较"丝绸之路经济带"和"21世纪海上丝绸之路经济带"之间的差异，这里将公式（8.9）和公式（8.10）中的 du 细分为 du_1 和 du_2，前者表示"陆丝"国家组，后者表示"海丝"国家组（详见表8—1），具体划分方法见项松林（2019）的文献。需要特别说明的是，此处的样本全部是独立主权的国家，故无特殊说明，本章后续内容都是针对国家进行的分析（下同）。

表8—1　　　　　　　　　一带一路样本国家构成

丝绸之路经济带（29国）	东亚1国： 蒙古
	独联体7国： 亚美尼亚、阿塞拜疆、白俄罗斯、格鲁吉亚、摩尔多瓦、俄罗斯联邦、乌克兰
	中东欧16国： 阿尔巴尼亚、保加利亚、波黑、捷克、爱沙尼亚、克罗地亚、匈牙利、立陶宛、拉脱维亚、马其顿、黑山、波兰、罗马尼亚、塞尔维亚、斯洛伐克、斯洛文尼亚
	中亚5国： 哈萨克斯坦、吉尔吉斯斯坦、塔吉克斯坦、土库曼斯坦、乌兹别克斯坦

续表

21世纪 海上丝绸 之路（36国）	东盟10国： 文莱、印度尼西亚、柬埔寨、老挝、缅甸、马来西亚、菲律宾、新加坡、泰国、越南
	南亚8国： 阿富汗、孟加拉国、不丹、印度、斯里兰卡、马尔代夫、尼泊尔、巴基斯坦
	西亚18国： 阿拉伯联合酋长国、巴林、塞浦路斯、埃及、希腊、伊朗、伊拉克、以色列、科威特、黎巴嫩、阿曼、卡塔尔、沙特阿拉伯、叙利亚、土耳其、约旦、河西岸和加沙、也门、巴勒斯坦
附加带上其他 国家（11国）	奥地利、比利时、德国、丹麦、西班牙、法国、英国、荷兰、挪威、葡萄牙、瑞典
附加路上其他 国家（23国）	阿根廷、澳大利亚、巴西、加拿大、智利、古巴、阿尔及利亚、埃塞俄比亚、斐济、几内亚、日本、肯尼亚、韩国、墨西哥、尼日利亚、新西兰、秘鲁、巴布亚新几内亚、苏丹、东帝汶、坦桑尼亚、美国、委内瑞拉

注：（1）一带一路65国根据2015年发改委、外交部、商务部联合发布的《"一带一路"的愿景与行动》划分；（2）附加带路国家根据丝绸之路经济带往西延伸至主要西欧国家和21世纪海上丝绸之路沿主要航道和海岸线划分。

鉴于"一带一路"建设的"中国倡议、全球共享"发展理念，并没有限定哪些国家不能参与，这里继续将 du 细分为 du_3 和 du_4，前者简记为"附加带上其他国家"；后者简记为"附加路上其他国家"（详见表8—1）。

这样，再把中国加在其中，就可以将样本期的全部国家划分为"一带一路65国""中国""路""带""附路+附带""附路""附带"和"一带一路65国+附带+附路"八种类型。

与第三章不同的是，这里的可变和固定贸易成本不再使用双边与多边阻力表示，而是借鉴项松林等（2014）的方法，即可变贸易成本使用出口国 i 和进口国 j 首都之间的距离表示，并取其自然对数作为 $\ln\tau_{ij}^t$ 代入计量公式（8.9）和公式（8.10），各国首都间距离原始数据源自 CEPII BACI 国际贸易数据库；固定贸易成本采用1995—2018年 The Heritage Foundation 出版的涵盖商务自由、贸易自由、财政自由、政府规模、货币自由等9方面的 Index of Economic Freedom 评价得分表示。应该指出的是：该评分数值越大，表示的固定贸易成本越小。为此，这里先取其倒数表示反向变化关系，然后再取其自然对数作为 $\ln f_{it}^j$ 代入计量方程。

另外，为考察不同政治体制可能对"一带一路"贸易畅通的影响，这里还使用 political 作为虚拟变量衡量国家 i 和国家 j 是否具有相同的政治体制结构，相同则 political = 1，否则为 0，相关数据也源自 The CEPII Gravity Dataset。

此外，这里也没有采用滞后变量模型，因为样本数据年限相对较少，选择滞后 1 期会大量消耗样本数量。我们期待未来能获得更多、更长年限数据进行再检验。

三 初步回归及分析

借鉴钱学锋与熊平（2010）研究思路，初步回归使用设限数据的 Tobit 模型进行估计。另外，如果样本数据存在异方差，估计结果很可能不再是一致估计量。为检验实证结果的稳健性，这里先对公式（8.9）、公式（8.10）中使用贸易成本、经济规模、实际汇率、劳动力相对比重等主要变量进行初步回归，然后加入"一带一路"建设倡议、外部冲击、签订 FTA、语言相通性、政治体制类似性等变量进行再估计，最后再加入全球价值链地区分布和收入等级等控制变量进行再检验，以判断实证结果是否稳健，结果见表 8—2 和表 8—3。从估计结果来看，三次实证模型的初步回归结果较为稳健。

1. 集约边际的影响

从绝对经济规模来看，表 8—2 中 $\ln Y_{jt}$ 显著正向影响出口增长的集约边际，符合理论预期，说明各方形成合力，努力推动沿线国家经济总量做大做强，能带动老产品向老市场出口，对促进中国和沿线国家经济整体"崛起"具有重要推动作用。

固定贸易成本 $\ln f_{it}^j$ 显著负向影响出口的集约边际，同样符合前文理论预期，反映出沿线国家自由度评分越高，固定贸易成本不断变小后，越有利于中国和沿线国家既有产品的出口扩张。可变贸易成本 $\ln \tau_{it}^j$ 显著负向影响出口增长的集约边际，既符合经典贸易模型的分析结论，也同近年来国内研究文献的结论类似，比如廖泽芳等（2017）、张雨佳等（2017）等。固定和可变贸易成本反向作用集约边际，说明减少贸易成本有助于增加中国与沿线国家的老产品出口能力。根据孙瑾和杨英俊（2016）的研究成果，

表 8—2 中国与沿线 65 国出口增长的集约边际实证结果

	一带一路65国		中国		路		带	
C	-0.262*** (-9.69)	-0.469*** (-16.13)	-0.664*** (-22.34)	0.275*** (2.61)	0.203* (1.65)	0.242* (1.83)	-0.570*** (-15.58)	-0.713*** (-18.42)	-0.495*** (-13.03)	0.677*** (14.66)	0.379*** (6.45)	0.284** (2.34)
$\ln Y_{ft}$	0.092*** (61.69)	0.096*** (64.13)	0.098*** (64.97)	0.055*** (14.96)	0.058*** (15.66)	0.053*** (14.22)	0.086*** (47.30)	0.088*** (48.43)	0.093*** (52.45)	0.102*** (36.59)	0.113*** (36.94)	0.123*** (40.33)
$\ln \tau^j_{it}$	-0.017*** (-15.35)	-0.016*** (-14.55)	-0.015*** (-14.07)	-0.025*** (-3.83)	-0.031*** (-4.62)	-0.020*** (-3.03)	-0.001*** (-2.61)	-0.001*** (-2.64)	-0.005*** (-3.86)	-0.022*** (-10.40)	-0.025*** (-11.66)	-0.013*** (-4.52)
$\ln \tau_{it}$	-0.072*** (-27.83)	-0.052*** (-18.91)	-0.043*** (-15.56)	-0.034*** (-3.24)	-0.026** (-2.10)	-0.027** (-2.07)	-0.024*** (-6.50)	-0.026** (-2.48)	-0.048*** (-11.79)	-0.214*** (-49.35)	-0.190*** (-36.73)	-0.174*** (-34.25)
$\ln(L_{it}/L_{ft})$	0.004*** (2.46)	0.006*** (4.07)	0.010*** (6.19)	0.026*** (3.63)	0.034*** (4.63)	0.027*** (3.72)	0.013*** (7.54)	0.010*** (6.18)	0.016*** (9.51)	0.096*** (30.36)	0.099*** (30.98)	0.026*** (6.85)
$\ln(P_{ft}/P_{it})$	-0.005*** (-7.65)	-0.005*** (-7.61)	-0.003*** (-5.03)	-0.004 (-1.55)	-0.004 (-1.64)	-0.003 (-1.19)	-0.005*** (-5.95)	-0.005*** (-6.23)	-0.014*** (-15.91)	-0.019*** (-16.08)	-0.019*** (-16.19)	-0.011** (-2.39)
$\ln \mu$	0.104*** (17.05)	0.103*** (16.99)		0.092*** (6.08)	0.085*** (5.67)		0.103*** (13.59)	0.099*** (13.32)			0.124*** (11.35)	0.112*** (10.45)

续表

	一带一路65国		中国		路		带	
shock	-0.013** (-2.01)	-0.012* (-1.86)	-0.016 (-1.01)	-0.015 (-0.95)	-0.008 (-0.99)	-0.006 (-0.81)	-0.021* (-1.91)	-0.022** (-2.03)
comlang	0.056*** (6.52)	0.044*** (5.07)		0.130*** (3.77)	0.078*** (8.70)	0.113*** (12.77)	0.023 (0.59)	0.030 (0.82)
political	0.017*** (3.40)	0.028*** (5.53)		0.096 (1.09)	0.049*** (8.33)	0.034*** (5.91)	0.063*** (5.78)	0.088*** (8.21)
地区	no	no	no	no	no	yes	no	yes
收入	no	yes	no	no	no	yes	no	yes
对数似然值	-36676.2	-35704.7	-29.2	23.2	-20626.0	-19196.3	-12106.5	-10704.5
Pseudo R^2	0.073	0.092	0.121	0.140	0.167	0.076	0.117	0.179	0.183	0.221
Obs	60801	60801	1952	1952	34324	34324	24525	24525
左设限Obs	35240	35240	31	31	18931	18931	16278	16278

注：(1) ( ) 为z值；(2) yes为加入了控制变量，no表示没有加入；(3) 其余统计检验含义同前文，下同。

第八章 "一带一路"与货物贸易结构转型升级

表 8-3　中国与沿线 65 国出口增长的扩展边际实证结果

	一带一路 65 国		中国		路			带	
C	0.473*** (32.19)	0.537*** (34.02)	0.526*** (32.76)	-0.091 (0.73)	-0.193 (1.27)	0.007 (0.04)	0.475*** (22.15)	0.538*** (23.49)	0.518*** (22.33)	0.354*** (16.40)	0.315*** (12.24)	0.341*** (12.27)
$\ln(Y_{it}/Y_{jt})$	0.011*** (7.44)	0.011*** (7.52)	0.011*** (6.95)	0.036** (2.41)	0.054** (2.59)	0.062*** (2.98)	0.004** (2.15)	0.005*** (2.65)	0.004** (2.20)	0.014*** (5.43)	0.013*** (4.98)	0.022*** (6.29)
$\ln f_{it}^j$	-0.005*** (-6.61)	-0.005*** (-6.41)	-0.004*** (-5.55)	-0.055*** (-3.60)	-0.075*** (-3.48)	-0.070*** (-3.27)	-0.004*** (-4.65)	-0.005*** (-4.94)	-0.003*** (-3.35)	-0.008*** (-5.14)	-0.008*** (-5.48)	-0.015*** (-6.03)
$\ln \tau_{it}^j$	-0.017*** (-10.22)	-0.009*** (-5.29)	-0.011*** (-5.89)	-0.049*** (-3.79)	-0.054*** (-3.53)	-0.033** (-2.01)	-0.015*** (-6.21)	-0.007*** (-2.66)	-0.010*** (-3.83)	-0.034*** (-13.43)	-0.038*** (-12.81)	-0.037*** (-12.31)
$\ln(L_{it}/L_{jt})$	-0.009*** (-6.83)	-0.010*** (-7.36)	-0.012*** (-8.44)	-0.031*** (-3.40)	-0.032*** (-3.49)	-0.024** (-2.64)	-0.006*** (-3.83)	-0.008*** (-4.84)	-0.010*** (-5.76)	-0.010*** (-3.96)	-0.007*** (-2.99)	-0.006** (-2.18)
$\ln(P_{jt}/P_{it})$	0.003*** (8.08)	0.003*** (8.25)	0.004*** (9.90)	-0.007** (-2.58)	-0.008*** (-2.66)	-0.006** (-2.22)	0.003*** (4.62)	0.002*** (4.02)	0.003*** (5.01)	0.005*** (6.61)	0.005*** (6.96)	0.003*** (4.25)
$\ln \mu$	0.001 (0.15)	0.002 (0.50)			0.040 (1.52)	0.040 (1.56)		0.003 (0.66)	0.004 (0.92)		0.010 (1.54)	0.008 (1.24)

· 363 ·

续表

	一带一路65国		中国		路		带	
shock	0.001 (0.21)	0.001 (0.16)	0.024 (1.25)	0.024 (1.26)	0.006 (1.16)	0.006 (1.26)	0.009 (1.33)	0.008 (1.23)
comlang	0.034*** (6.31)	0.030*** (5.64)		0.244*** (5.70)	0.056*** (10.19)	0.057*** (9.97)	0.037** (2.48)	0.042* (1.68)
political	0.019*** (6.23)	0.021*** (6.55)		0.056*** (2.86)	0.018*** (4.68)	0.016*** (4.17)	0.059*** (9.25)	0.056*** (8.65)
地区	no	no	no	no	no	yes	no	yes
收入	no	yes	no	no	no	yes	no	yes
对数似然值	-25189.5	-25008.2	-443.9	-441.9	-417.5	-12674.7	-12527.5	-12445.4	-11579.0	-11490.9	-11466.2
Pseudo R^2	0.005	0.010	0.012	0.025	0.026	0.049	0.003	0.011	0.016	0.013	0.019	0.021
Obs	62885	62885	62885	2038	2038	2038	35399	35399	35399	25448	25448	25448
左设限 Obs	3305	3305	3305	4	4	4	1759	1759	1759	1542	1542	1542

中国与沿线 14 国二十年来双边贸易成本总体表现为下降趋势，伊朗、哈萨克斯坦、乌兹别克斯坦、俄罗斯和沙特阿拉伯下降幅度最大，这对促进中国和沿线国家相互间集约边际出口扩张有利。

反映经济结构转型变量的相对劳动力 $\ln(L_{it}/L_{jt})$ 显著正向影响出口增长的集约边际，也同前文理论分析结论一致，在一定意义上可部分体现出：包括中国在内的不少沿线国家工业化进程中，农业部门剩余劳动力向工业部门转移带来的成本优势，可以起到减缓制成品部门工资成本上涨压力，压低出口企业的生产成本。对于已经出口的老产品企业来说，低成本竞争优势可以让即便生产率不符合出口条件的异质性老企业也具有产品价格的国际竞争优势，这些老产品的出口继续存在，集约边际随之扩张。

$\ln(P_{jt}/P_{it})$ 表示实际汇率，数值上升表示本币升值，一般而言对出口增长具有消极影响。表 8—2 中，$\ln(P_{jt}/P_{it})$ 显著负向影响沿线国家（除中国外）出口增长的集约边际，既符合前文理论分析，也是国际贸易理论基本结论之一，说明本币升值对既有产品出口增长具有不利影响。这是因为：在同等条件下，如果本国和他国在既定第三方市场同时出口老产品，价格国际竞争优势就会减弱，由此带来出口增长的集约边际会减小。同时值得注意的是，$\ln(P_{jt}/P_{it})$ 对中国出口增长集约边际的作用虽然为负但并不显著，似乎在一定意义上也表明，"汇率贬值"不具备促进我国现有产品向既定主要贸易伙伴市场扩大出口的效应，所谓"操纵人民币"并不存在，至少在样本期的贸易数据体现了这一点。

实际上，货币贬值促进集约边际出口只具有"局部"效应，毕竟如果所有贸易伙伴都"竞争性贬值"，结局就是大家都没有贬值，结果对出口增长也没有太大效果。从这个意义上说，中国和沿线国家共同维护货币币值稳定，防止实际汇率出现大幅波动对于稳定中长期的出口贸易发展应该具有重要意义。

从其他控制变量来说，外部经济冲击（shock）显著负向影响沿线 65 国和"带"上国家出口增长的集约边际，在一定意义上体现出：经济全球化下外部经济的巨大波动，任何国家都不能"独善其身"，只有遵循共商、共建、共享原则，才能推进中国和沿线国家朝贸易的共同繁荣方向不断迈进。

语言相通性（comlang）显著正向影响中国和沿线国家出口增长的集约边际，说明随着本国与出口对象国之间说一种共同语言人数的增加，对出口增长有利。这也部分体现了文明互鉴的重要价值，即语言因素对"一带一路"具有重要作用（俞路，2017），其政策启示是：通过语言相通，能够降低交易成本，进而可以促进双边贸易。加快语言传播力度与广度（姜慧、张志醒，2018），并合理配置语言推广的教育资源，既对促进贸易畅通有利（苏剑、葛加国，2018），也是实现民心相通的重要手段。

只是对于"陆上丝路"的带上国家而言，语言相通性（comlang）的系数虽然为正但并不显著，一个可能的原因是包括中亚、独联体等在内的国家，以前都是苏联的加盟共和国，相互交流主要使用俄语。客观来说，如果这些国家经济发展前景相对较好，以俄语为主要交流方式应该也会起到促进集约边际增长的作用，但现实是这些国家经济发展并不很好。相反集中于英语等其他语言交流的国家，相互贸易间却出现大幅增长。这至少说明沿着陆路运输通道国家更需要重视语言交流的重要性，努力推动相互间语言沟通以降低相应交流成本，促进出口增长沿集约边际方向发展。

political 显著为正的系数（除中国外），说明沿线国家加强"政治互信"对促进本国现有产品向对方国家出口有推动作用，也体现出沿线国家相互间消除可能存在的"政治歧视"，可以不断释放"和平红利"，促进贸易共同繁荣。

"一带一路"倡议实施以来是否促进了中国和沿线国家的集约边际扩张？答案是肯定的，因为表8—2中，无论是沿线65国还是中国，也无论是"带"上国家还是"路"上国家，$\ln\mu$ 的系数都显著为正，充分说明"一带一路"建设的价值意义。这一结论的启示是：面对境外部分媒体质疑，可以用事实来弘扬"一带一路"倡议建设以来取得了积极成果，尤其是在集约边际方面的重要贡献。

2. 扩展边际的影响

$\ln(Y_{it}/Y_{jt})$ 显著正向影响中国和沿线国家出口增长的扩展边际，既符合本土市场效应的理论预期，也符合前文理论分析，即本土市场经济规模越大，生产能力就会越强，研发、生产新产品的各种投资自然增加，向既有目标市场出口新产品的供给能力越有保障，存在母国市场放大本国出口增长扩展边际的效应。这一结论的重要政策启示是：各国发挥自身经济发展主观能动性，母国市场规模扩大后，本土企业研发的新产品不仅能在国内市场有广阔销售空间，还能把本土市场效应扩大到彼此国际市场，增加扩展边际的出口规模。

固定贸易成本（$\ln f_{it}^i$）显著负向影响中国和沿线国家出口增长的扩展边际，同样符合前文理论预期，说明降低固定贸易成本对促进沿线国家间新产品、新市场相互出口具有重要意义。然而，可变贸易成本（$\ln \tau_{it}^i$）显著为负的系数，似乎在说明国家间距离越远越不利于出口增长的扩展边际。

表8—3中$\ln(L_{it}/L_{jt})$显著为负的系数，也同前文理论预期一致。由于$\ln(L_{it}/L_{jt})$用各国间农业劳动力的相对比重衡量，比值越大，本国农业劳动力越多。随着本国农业劳动力逐步向工业部门转移，低成本优势让老产品制造企业即便不采取新技术、生产新产品也可以享受到"低成本红利"，带来集约边际扩大，表8—3的实证结论正是如此。

但对新产品来说，因为创新具有不确定性，如果没有切实有效的方法降低创新风险，创新活动或许不会太过"高涨"，所以潜在生产者进入市场优先选择的经营策略还是现有企业生产的老产品，从而出现新产品创新不足，出口增长的扩展边际不高这一问题。

集约边际中，$\ln(P_{jt}/P_{it})$显著为负的系数说明实际汇率下降后对老产品出口增长有利，但是在扩展边际中$\ln(P_{jt}/P_{it})$显著为正的系数（除中国外）似乎说明本币贬值对新产品出口增长不利。或者说，本币升值对现有市场既定产品出口有负面影响。

造成这种现象的原因应该与各国贸易市场主体的理性选择相关。也就是说，一旦本币对特定国家升值，老产品企业对既定国家出口的国际竞争力就会下降，自然会选择其他新市场来增加出口。而对新产品企业来说，本币升值恰好是一种机会，因为升值后，老产品企业对特定市场设置的"进入壁垒"就会降低，新产品企业会选择合适机会进入该国市场销售新产品。

其他控制变量中，外部经济冲击（*shock*）系数为正但不显著，至少说明外部经济冲击对出口增长的扩展边际没有负面影响。

语言相通性（*comlang*）显著正向影响中国和沿线国家出口增长的扩展边际，表明中国和沿线国家增加语言等人文领域相通，对提升新产品出口有积极作用。

和集约边际一样，扩展边际中*political*显著为正的系数，再次说明沿线国家加强"政治互信"，对促进新产品出口有推动作用。

3. 二元边际比较

尽管在上述分析中，本章已经在理论和实证检验中分析了各因素影响中国和沿线国家出口增长的情况，但"一带一路"建设是更有利于中国还是沿线国家的出口增长？"带"上国家和"路"上国家又有何不同？具体影响因素的方向和大小有何差异？等等问题，还没有进行比较分析。通过对比表8—2和表8—3，这里可以发现：

第一，就促进贸易增长的源泉来说，"一带一路"建设具有"差异性"。$\ln\mu$ 显著正向影响中国和沿线国家对外贸易的集约边际，而对扩展边际不显著，意味着目前"一带一路"建设是更有利于中国和沿线国家的老产品老市场出口增长而非老产品新市场、新产品老市场、新产品新市场出口扩张。

中国和沿线相关国家出口增长的扩展边际总体不足，意味着现有贸易畅通仍需持续推进，沿线国家要在"造出来""走出去""融进去""请进来"中下足功夫。

"造出来"就是形成新产品。新产品是贸易增长潜力的载体，任何形式的扩展边际都是通过新产品来体现的。否则，出口增长主要沿扩展边际实现就是一句空话。这就要求各国微观企业都要有国际视野，扑下身子，精益求精，认真研究，深度发掘，打造众多贸易新精品，为扩展边际提升做好铺垫工作。

"走出去"就是强化新产品交流互鉴。推动贸易增长沿扩展边际实现并非易事，这需要多方联动，共同努力，表现在：一是政府推动，让商品走出国门；二是国际展览，把新商品"带出去"；三是企业参与，使新产品"走进去"。

"融进去"就是通过"政府搭台，投资唱戏"，不断实现跨境投资自由有序流动，吸收外商投资的"技术溢出"，发挥"干中学"和"出口中学"的积极作用，加快新商品的全方位传播。

"请进来"就是善于吸收外来。由于部分国家新产品、新技术发展速度较慢，它们更需要在优化投资环境中"请进来"，因为只有"请进来"才能滋养生产创造能力，进而形成更加健康强劲的"走出去"，以促进出口贸易的扩展边际增加。

第二，就国别和地区分布来说，"一带一路"促进中国和沿线国家出口增长具有"非对称性"，倡议似乎更有利于中国和"带"上国家。这是因为从集约边际看，虽然"路"上国家 $\ln\mu$ 显著为正，但中国和"带"上国家的显著性系数更大；而扩展边际上，虽然 $\ln\mu$ 的系数均没有显著性，但中国和"带"上国家的正系数也比"路"上国家大，且这些结论无论是加入控制变量还是不加入控制变量都是成立的。

第三，从具体影响因素上看，"带"上国家需要做的建设任务超过"路"上国家，这是因为无论是集约边际还是扩展边际，"带"上国家相关系数都要高于"路"上国家，比如表8—2中的 $\ln Y_{jt}$、$\ln f_{it}^j$、$\ln \tau_{it}^j$、$\ln(L_{it}/L_{jt})$、$\ln(P_{jt}/P_{it})$ 等主要变量系数都要高于"路"上国家。

表8—2的回归结果也是如此。相对"海上丝路"国家来说，上述结论说明"带"上国家作为一个整体，因为这样或那样的原因，让本可以发挥更好作用的因素没有发挥出来，比如减少固定贸易成本（$\ln f_{it}^j$）促进集约边际增长上，加入全部控制变量的"带"上估计负系数达到0.013，而"路"上国家只有0.005。

上述结论体现出"陆上丝路"沿线国家经济自由化程度仍然不高，仍然存在"内嵌于"其国内经济自由发展的障碍因素，甚至还有国家存在某些"故意保护"本国市场的行为，导致受到保护的老产品企业因为长期缺乏创新精神出现生产效率的下降。倘若能够继续加强包括基础设施互联互通、资金、贸易、投资、财政、货币等方面自由化建设，"带"上国家不仅能降低可变贸易成本以促进本国出口贸易增长，更能加强同其他沿线国家展开包括贸易畅通、资金融通等重点领域合作，真正把"一带一路"建设成为"开放之路、创新之路、繁荣之路"。

第四，反映经济结构转型变量的相对劳动力 $\ln(L_{it}/L_{jt})$ 的作用也是如此，"带"上国家在集约边际的作用显然高于"路"上国家，说明身处"陆上丝路"的不少国家还处于工业化起飞阶段，农业劳动力就业比重较高，可以充分发挥农业劳动力非农业转移的成本优势。只是这些国家新产品、新企业发展不足，它们更需要主动放松外商直接投资的管制，尽量减少外资相关国家安全审查的范围和力度，主动吸引更多外资进驻，并采取有效措施尽量减少投资风险、劳务侵袭、国际联运风险，切实解除外商投资的"后顾之忧"。

第五，对中国和所有沿线国家来说，本币贬值 $[\ln(P_{jt}/P_{it})]$ 虽有利于出口增长的集约边际，但对扩展边际却有不利影响，说明样本期内各国货币币值变动对出口增长的二元边际影响较为复杂，既有消极一面，也有积极一面。为实现各国贸易的稳定增长和发展，一个理想状态依然是各方均努力维持本币币值稳定。这不仅有助于缓解市场主体对东道国货币贬值可能遭受汇率风险的担忧，也在某种程度上可以助推"货币流通"或"资本融通"。

上述结论是否会随"一带一路"建设相关国家划分的范围不同而有所不同？这里再扩大样本国家范围进行再估计，以检验实证结果的稳健性。之所以要扩大样本国家范围，一方面是因为目前"一带一路"建设并没有限定在65国范围内，另一个重要的原因是学界就"一带一路是否需要扩围建设""扩围建设是否有合理性"等问题仍未得到妥善解决。

第三节 扩展样本范围的稳健性检验

按照表8—1的样本国家范围分类，这里同样使用Tobit模型对"附带""附路"国家组，以及加上中国和65国的全部国家组进行再估计，详细结果见表8—4和表8—5。

从集约边际的估计结果来看，即使将样本国家拓展到"附带"和"附路"国家，以下结论依然成立：①$\ln Y_{jt}$显著正向影响出口增长的集约边际，意味着国家间绝对经济规模的增长对促进相互间老产品老市场出口有推动作用；②$\ln f_{it}^j$、$\ln \tau_{it}^j$显著负向影响出口增长的集约边际，说明减少固定贸易成本和可变贸易成本有助于增加这些国家的老产品出口能力；③反映经济结构转型的相对劳动力 $[\ln (L_{it}/L_{jt})]$ 显著正向影响出口增长的集约边际，体现出工业化进程中的低生产成本可以让老产品生产企业具有价格的国际竞争优势，集约边际随之增加；④$\ln (P_{jt}/P_{it})$ 显著负向影响沿线国家（除"附带+附路"外）出口增长的集约边际，说明本币升值对既有产品出口增长有不利作用；⑤控制变量也是如此，包括shock的负系数、comlang以及political的正系数。

从扩展边际的估计结果来看，以下结论也是成立的：①本土市场效应的 $\ln (Y_{it}/Y_{jt})$ 显著正向影响出口增长的扩展边际；②$\ln f_{it}^j$显著负向作用出

表8—4　扩展合作倡议国家范围的集约边际实证结果

	附带+附路			附加的路			附加的带			一带一路65国+中国+附带+附路		
C	-0.127*** (-3.36)	-0.368*** (-9.05)	-0.447*** (-8.84)	-0.322*** (-6.56)	-0.835*** (-14.87)	-0.265*** (-4.08)	0.513*** (7.35)	0.497*** (6.89)	0.488*** (6.88)	-0.439*** (-19.37)	-0.677*** (-27.93)	-0.591*** (-24.70)
$\ln Y_{ji}$	0.095*** (51.98)	0.100*** (53.85)	0.100*** (56.37)	0.114*** (51.17)	0.118*** (52.68)	0.119*** (55.46)	0.057*** (16.35)	0.051*** (14.30)	0.055*** (15.71)	0.093*** (77.18)	0.097*** (80.27)	0.097*** (80.64)
$\ln j_{it}^{j}$	-0.025*** (-16.31)	-0.028*** (-17.93)	-0.033*** (-13.60)	-0.016*** (-7.32)	-0.017*** (-7.87)	-0.027*** (-8.31)	-0.046*** (-12.30)	-0.007** (-2.37)	-0.046*** (-12.34)	-0.001** (-2.27)	-0.002* (-1.73)	-0.008*** (-8.64)
$\ln \tau_{it}$	-0.065*** (-17.05)	-0.042*** (-10.33)	-0.065*** (-14.83)	-0.064*** (-12.15)	-0.012** (-1.99)	-0.108*** (-16.92)	-0.057*** (-9.28)	-0.067*** (-10.31)	-0.056*** (-8.79)	-0.043*** (-19.59)	-0.020*** (-8.76)	-0.029*** (-12.61)
$\ln(L_{it}/L_{ji})$	0.109*** (56.94)	0.112*** (57.71)	0.063*** (22.37)	0.106*** (42.37)	0.105*** (41.71)	0.071*** (19.36)	0.049*** (9.50)	0.011** (2.40)	0.048*** (9.27)	0.058*** (48.78)	0.058*** (49.52)	0.055*** (44.61)
$\ln(P_{ji}/P_{it})$	-0.001 (-1.13)	-0.001 (-1.64)	-0.002 (-1.62)	-0.001** (-2.16)	-0.003** (-2.47)	-0.003** (-2.28)	-0.003* (-1.74)	-0.010*** (-5.24)	-0.005** (-2.45)	-0.006*** (-10.96)	-0.006*** (-11.24)	-0.006*** (-10.59)
$\ln \mu$		0.087*** (11.41)	0.065*** (8.85)		0.076*** (8.44)	0.077*** (8.89)		0.050*** (3.55)	0.035** (2.55)		0.096*** (19.27)	0.094*** (19.19)

续表

	附带+附路		附加的路		附加的带		一带一路65国+中国+附带+附路	
shock	-0.023*** (-2.96)	-0.007* (-1.89)	-0.017* (-1.77)	-0.017* (-1.86)	-0.005 (-0.40)	-0.019 (-1.43)	-0.020*** (-3.83)	-0.019*** (-3.70)
comlang	0.046*** (5.89)	0.075*** (9.24)	0.057*** (6.42)	0.052*** (5.74)	0.133*** (5.79)	0.064*** (2.76)	0.057*** (9.63)	0.086*** (14.56)
political	0.040*** (6.60)	0.043*** (6.52)	0.047*** (6.89)	0.048*** (6.52)	0.123*** (7.03)	0.086*** (4.80)	0.008** (2.00)	0.022*** (5.36)
地区	no	yes	no	yes	no	no	no	yes
收入	no	yes	no	yes	no	yes	no	yes
对数似然值	-20181.6	-16808.7	-15960.6	-13244.2	-3337.6	-3303.7	-60920.4	-57939.7
Pseudo R^2	0.140	0.214	0.132	0.209	0.116	0.125	0.081	0.111
Pseudo R^2	0.147		0.142		0.092		0.091	
Obs	31335	31335	24563	24563	6585	6585	92136	92136
左设限Obs	11249	11249	10480	10480	582	582	46489	46489

注：（1）附带指的是11个西欧国家；（2）附路指的是南美洲、北美洲、大洋洲、东亚等沿海岸线23个国家，下同。

表 8—5　扩展合作倡议国家范围的扩展边际实证结果

	附带+附路		附加的路			附加的带		一带一路 65 国	一带一路 65 国+中国	一带一路 65 国+中国+附带+附路
C	0.203*** (7.07)	0.272*** (8.78)	0.308*** (8.69)	0.454*** (12.93)	0.566*** (14.23)	0.575*** (13.37)	−0.431*** (−7.32)	−0.379*** (−6.15)	−0.384*** (−6.21)	0.446*** (33.56)	0.525*** (36.91)	0.199*** (9.37)
$\ln(Y_{it}/Y_{jt})$	0.012*** (6.27)	0.012*** (5.94)	0.029*** (10.36)	0.006*** (2.85)	0.006*** (2.69)	0.016*** (6.43)	0.012* (1.93)	0.017*** (2.72)	0.037*** (4.11)	0.009*** (7.84)	0.009*** (7.77)	0.012*** (8.24)
$\ln\tau_{it}^j$	−0.017*** (−12.65)	−0.017*** (−12.33)	−0.021*** (−14.02)	−0.010*** (−6.08)	−0.010*** (−5.60)	−0.012*** (−6.61)	−0.004** (−2.06)	−0.009*** (−2.59)	−0.027*** (−4.36)	−0.007*** (−10.35)	−0.007*** (−9.96)	−0.004*** (−4.93)
$\ln\tau_{it}$	−0.042*** (−12.90)	−0.034*** (−9.81)	−0.036*** (−10.19)	−0.013*** (−3.37)	−0.001** (−2.15)	−0.003** (−2.56)	−0.122*** (−18.28)	−0.114*** (−16.18)	−0.114*** (−16.31)	−0.018*** (−12.11)	−0.009*** (−5.70)	−0.028*** (−15.77)
$\ln(L_{it}/L_{jt})$	−0.009*** (−3.69)	−0.008*** (−3.53)	−0.020*** (−7.28)	−0.013*** (−5.39)	−0.01*** (−5.44)	−0.018*** (−6.95)	−0.018*** (−2.64)	−0.017** (−2.36)	−0.016** (−2.21)	−0.010*** (−8.69)	−0.011*** (−8.81)	−0.012*** (−9.12)
$\ln(P_{jt}/P_{it})$	0.003*** (4.43)	0.003*** (4.15)	0.005*** (6.58)	0.005*** (6.32)	0.005*** (6.38)	0.002*** (2.58)	0.006*** (2.78)	0.006*** (2.62)	0.006*** (2.66)	0.004*** (9.73)	0.004*** (9.64)	0.003*** (6.30)
$\ln\mu$		0.027 (1.21)	0.008 (1.31)		0.003 (0.37)	0.001 (0.16)		0.036 (1.22)	0.023 (1.40)		0.008 (1.43)	0.003 (0.77)

续表

	附带+附路		附加的路		附加的带		一带一路65国+中国+附带+附路	
shock	0.010	0.013 (1.03)	0.011 (1.70)	0.005 (0.68)	0.003 (0.34)	0.022 (1.47)	0.015 (0.97)		0.005 (1.30)	0.003 (0.81)
comlang		0.021*** (3.22)	0.026*** (3.86)	0.011* (1.69)	0.005* (1.66)	0.075*** (2.93)	0.071*** (2.78)		0.011*** (2.64)	0.040*** (9.45)
political		0.003 (0.60)	0.004 (0.65)	0.001 (0.01)	0.005 (0.80)	0.024 (1.20)	0.005 (0.22)		0.013*** (4.69)	0.015*** (5.34)
地区	no	no	no	no	yes	no	yes	no	no	yes
收入	no	no	yes	no	yes	no	yes	no	no	yes
对数似然值	-19268.2	-19223.3	-18726.2	-13505.9	-13472.6	-12742.9	-4912.9	-4895.9	-4884.8	-45544.4	-45347.4	-43486.6
Pseudo R^2	0.010	0.013	0.016	0.006	0.009	0.020	0.050	0.055	0.058	0.005	0.009	0.025
Obs	33253	33253	33253	25904	25904	25904	7162	7162	7162	96138	96138	96138
左设限Obs	1907	1907	1907	1526	1526	1526	194	194	194	5212	5212	5212

口增长的扩展边际；③可变贸易成本（$\ln\tau_{it}^{j}$）显著为负的系数；④$\ln$（L_{it}/L_{jt}）显著为负的系数；⑤$\ln$（P_{jt}/P_{it}）显著为正的系数；⑥其他控制变量中，外部经济冲击（shock）系数为正但不显著、语言相通性（comlang）系数为正且显著。

唯一不同是"政治互信"（political）影响扩展边际的系数在"附带"和"附路"上不再显著，原因可能是由部分国家的经济政治体制"高度"类似造成的，比如"附带"国家的构成基本都是主要西欧国家（实际也大多是欧盟成员国），相互间政治互信程度已经很高，从而出现影响出口增长扩展边际的作用虽为正但不显著这一结果。

除了上述结论外，通过比较表8—4和表8—5，这里也能得出扩大样本国家范围后的三个重要结论，具体为：

第一，扩围建设具有"合理性"。这是因为在集约边际的再估计中，$\ln\mu$在"一带一路65国+中国+附带+附路"国家组中的显著正系数达到0.096和0.094，远远大于单独"附加的路"和"附加的带"上国家。

这种作用不言而喻，即随着参与合作倡议国家数量的增多，原本存在障碍货物流动的各种因素和"藩篱"将逐步减少，任何沿线国家产品进入其他国家市场更为容易。也就是说，如果将"一带一路"建设扩围，也有更多国家自主自愿地加入合作倡议，对任意一国而言，出口增长的集约边际都会得到扩大。这一结论的政策含义是："一带一路"建设扩围中，各方采取切实有效政策措施加强政策沟通，出台促进共同发展的政策，将极大程度地促进各国现有产品向既定目标市场出口增长的能力，让相互贸易繁荣起来。

第二，促进贸易增长的源泉也具有"差异性"。这是因为扩大样本国家范围后，$\ln\mu$只显著正向影响集约边际，对扩展边际没有显著影响，说明"一带一路"建设是更有利于出口增长的集约边际而非扩展边际。

第三，分"附带"和"附路"国家组后，依然存在"非对称性"。这是因为对集约边际来说，"附加的路"中$\ln\mu$显著正系数高于"附加的带"，而扩展边际恰好相反，说明"一带一路"扩围建设将对老产品出口增长更有利，对新产品出口不利。

这一结论虽然与"65国"分析结论不同，但也具有重要政策含义：对于"附带"上西欧等发达国家来说，高福利带来的高生产成本虽然对老产品出口有负面影响，但创新创业长时间的历史沉淀，让它们在新产品研发、设计、生产上仍存在一定优势，完全可以在加强贸易畅通中促进本国扩展边际的出口增长；对于"附路"国家来说，尽管该区域内有美国、日本、加拿大、澳大利亚等发达国家，但更多的是位于南美洲、非洲的发展中国家或转型国家，拥有相对较大的低生产成本优势。也就是说，这些发展中国家现有老产品的国际竞争力是客观存在的，只要能降低阻碍产品相互间国际流动的体制机制障碍，集约边际拉动出口增长的作用会不断凸显。

鉴于不同国家出口增长具有"非对称性"，"一带一路"未来建设还是应该重视多样性，真正做好"包容性发展"超越"文明隔阂"。如何才能做到这些？首先，"一带一路"建设不应该过度强调主导权之争，不能硬碰硬，未来发展还是需要选择适当战略，用变通的方式，求得最大公约数；其次，尊重产品交流、文明互鉴的规律性，"一带一路"建设必须强调一个"渐"字，潜移默化，久久为功，只要政策包容性足够强，创新创造的活力就会无限；最后，强化方案是中国的，但使全世界受益，各国都可以在贸易上取长补短、增信释疑，取得共同繁荣。

上述实证结论是否会随估计方法的改变而发生变化？本章再使用双重差分方法与配对样本进行再检验。之所以选择双重差分和配对样本方法进行再检验，是因为中国和沿线国家的出口规模、经济总量、地理距离、贸易自由度等存在很大差异，只有借鉴 PSM 方法才能控制处理组与对照组不同（蒋殿春和谢红军，2018）。当然，鉴于中国和沿线国家的政策变动会影响国际贸易的运行，这里也可以把"一带一路"倡议看成是一个"准自然实验"（郑佳佳，2016），即将没有参加或介入程度低的国家近似看成对照组，参与程度高的国家看成处理组。通过处理组与对照组的对比，我们应该能够观察到"一带一路"建设的实际净效应（Ashenfelter and Card, 1985）。当然，考虑到基于自然实验的双重差分模型具有非常严格的假设条件，既要满足随机性假设，又要满足同质性假设（陈林和伍海军，2015）。这里的实证检验能否符合上述严格假定，可能需谨慎对待，毕竟基于国别间的大量数据或多或少难以达到完全相似的程度。

第四节 双重差分法的再检验

一 双重差分模型

类似包群等（2011）研究思路，这里先使用双重差分模型分析"一带一路"倡议对包括中国在内的沿线国家出口增长二元边际的影响，具体处理方法为：将"一带一路"沿线国家集合视为处理组，将其他国家视为对照组，构造一个二元虚拟变量 du，其中 $du=1$ 表示国家 i 为"一带一路"沿线国家，否则 $du=0$ 表示国家 i 为对照组国家。同时构造另一个二元时间虚拟变量 dt，设定 $dt=1$ 表示"一带一路"提出及其之后的时期，而 $dt=0$ 表示之前时期。令 y_i 表示集约边际或扩展边际，Δy_i 应该就是 $dt=1$ 和 $dt=0$ 两个时期二元边际的实际变化。如果国家 i 加入"一带一路"倡议，则将其在两个时期内的二元边际实际变化记作 Δy_i^1。同时，如果我们能够通过某种方法"估算"出该国不参加"一带一路"倡议的二元边际变化，即假定将该国没有加入"一带一路"倡议的二元边际变化记作 Δy_i^0，那么国家 i 参加"一带一路"倡议之后的二元边际"真实"变化（δ）就可表示为：

$$\delta = E(\delta_i \mid du=1,\ dt=1) = E(\Delta y_i^1 \mid du=1,\ dt=1) - E(\Delta y_i^0 \mid du=1,\ dt=0) \quad (8.11)$$

公式（8.11）的估计难度在于 $E(\Delta y_i^0 \mid du=1,\ dt=0)$ 是不可观测的，因为在实际经济活动中，国家 i 要么参加了"一带一路"倡议，要么就没有参加，不可能出现"加入"的同时又"不加入"的情况。这里可以借助双重差分模型的思路加以解决，即如果假定样本期内始终存在没有加入"一带一路"倡议的国家，则可以将其出口增长二元边际的实际变化 Δy_i^0 看成是假定加入国家没有"加入"的替代值，即 $E(\Delta y_i^0 \mid du=1,\ dt=0) = E(\Delta y_i^0 \mid du=0,\ dt=0)$。也就是：

$$\delta = E(\delta_i \mid dx=1,\ dm=1) = E(\Delta y_i 1 \mid du=1,\ dt=1) - E(\Delta y_i^0 \mid du=0,\ dt=0) \quad (8.12)$$

只要将样本期内连续在"一带一路"倡议内的国家视为处理组，将样本期内始终没有加入"一带一路"倡议的国家视为对照组，式（8.12）中的系数 δ 就可以看成该倡议的实际政策净效应。于是，这里设定以下的估计方程来测算沿线国家加入"一带一路"倡议后出口增长二元边际的实际变化 δ：

$$\ln y_{it} = \alpha + \beta \times du + \gamma \times dt + \delta \times du \times dt + \varepsilon_{it} \tag{8.13}$$

公式（8.13）中相关变量设置及其含义与上文相同，其中 i 表示国家、t 表示时间。当扰动项 ε 满足 $E(\varepsilon_{it}) = 0$ 时，对于 $du = 1$ 的处理组来说，出口增长二元边际为 $E(\ln y_{it}^1 | du = 1) = \alpha + \beta + (\gamma + \delta) \times dt$，加入后为 $\alpha + \beta + \gamma + \delta$，之前为 $\alpha + \beta$。因此，处理组国家的出口增长二元边际变化为 $\Delta \ln y_{it}^1 = \gamma + \delta$。对于对照组 $du = 0$ 的国家来说，出口增长二元边际为 $E(\ln y_{it}^0 | du = 0) = \alpha + \gamma \times dt$，同样前后变化可以记作 $\Delta \ln y_{it}^0 = \gamma$。由公式（8.12）及其假定，沿线国家出口增长二元边际实际变化就可以表示为：$\delta = \Delta \ln y_{it}^1 - \Delta \ln y_{it}^0$。

也就是说，公式（8.13）的交互项估计系数 δ 反映了国家 i 参与"一带一路"倡议建设对其出口增长二元边际的真实影响：δ>0 意味着处理组二元边际的增加程度大于对照组，即"一带一路"倡议建设有利于沿线国家出口贸易二元边际的增加；相反，δ<0 意味着处理组反而不利于对照组实际二元边际的增长。

将被解释变量依次换成集约边际和扩展边际，并分别使用 $\ln IM_{it}$ 和 $\ln EM_{it}$ 表示，将其代入公式（8.13）后，沿线国家贸易增长的双重差分基础模型可以设定为：

$$\ln IM_{it} = \alpha + \beta \times du + \gamma \times dt + \delta \times du \times dt + \varepsilon_{it} \tag{8.14}$$

$$\ln EM_{it} = \alpha + \beta \times du + \gamma \times dt + \delta \times du \times dt + \varepsilon_{it} \tag{8.15}$$

比较公式（8.14）和公式（8.15）估计系数 δ 的显著性、正负号、相对大小，就能判断出"一带一路"是更有利于集约边际还是扩展边际。

二　实证模型

为比较"陆上丝路"（"丝绸之路经济带"）和"海上丝路"（21 世纪海上丝绸之路经济带）之间的差异，这里将公式（8.14）和公式（8.15）中的 du 细分为 du_1 和 du_2，前者表示"陆丝"国家组，后者表示"海丝"国家组，具体划分方法见表8—1。

这样，再把中国加在其中，还可以继续将样本期的全部国家划分为

"中国""带路""中国+带路""附带路""中国+附带路""带路+附带路"和"中国+带路+附带路"等多种类型,可以统一用du_i($i=1$,2,3,4,5,6,7,8,9,10,11)表示。于是,检验出口增长二元边际的公式(8.14)、公式(8.15)可以表示为:

$$\ln IM_{it} = \alpha + \beta \times du_i + \gamma \times dt + \delta \times du_i \times dt + \varepsilon_{it} (i=1,2,3,4,5,6,7,8,9,10,11) \tag{8.16}$$

$$\ln EM_{it} = \alpha + \beta \times du_i + \gamma \times dt + \delta \times du_i \times dt + \varepsilon_{it} (i=1,2,3,4,5,6,7,8,9,10,11) \tag{8.17}$$

综合借鉴经典引力模型方程和已有文献中给出的影响出口增长二元边际相关因素,并考虑其他因素影响,这里可以在公式(8.16)和公式(8.17)中加入反映本土市场效应的相对经济规模[$\ln(Y_{it}/Y_{jt})$]、目标市场需求能力的外国经济规模($\ln Y_{jt}$)、固定与可变贸易成本($\ln f_{it}^j$、$\ln \tau_{it}^j$)、PPP相对价格衡量的汇率变动[$\ln(P_{jt}/P_{it})$]、反映经济结构转型的农业劳动力相对大小[$\ln(L_{it}/L_{jt})$]、减少交流障碍的语言相通性(comlang)、外部经济冲击(shock)、各国家所属地区和收入等级差异等控制变量,并统一用cv_{it}表示。加入这些控制变量,一方面是为了检验实证结论的稳健性,另一方面是为了说明影响沿线国家出口增长的其他因素也可能影响到集约边际和扩展边际。于是,最终实证模型可以表示为:

$$\ln IM_{it} = \alpha + \beta \times du_i + \gamma \times dt + \delta \times du_i \times dt + \eta \times cv_{it} + \varepsilon_{it} (i=1,2,3,4,5,6,7,8,9,10,11) \tag{8.18}$$

$$\ln EM_{it} = \alpha + \beta \times du_i + \gamma \times dt + \delta \times du_i \times dt + \eta \times cv_{it} + \varepsilon_{it} (i=1,2,3,4,5,6,7,8,9,10,11) \tag{8.19}$$

三 变量选择

虚拟变量du_i和dt。按照表8—1的分类方法,这里设定参与"一带一路"倡议的国家,其虚拟变量du_i($i=1$,2,3,4,5,6,7,8,9,10,11)=1,否则为0。"一带一路"倡议初始提出时间是2013年,这里设定2013年及其以后年份的$dt=1$,否则为0。

其他变量。二元边际测算与处理方法同前文。经济规模[$\ln(Y_{it}/Y_{jt})$、$\ln Y_{jt}$]、实际汇率[$\ln(P_{jt}/P_{it})$]、相对农业劳动力[$\ln(L_{it}/L_{jt})$]、贸易成本($\ln \tau_{it}^j$、$\ln f_{it}^j$)、外部冲击(shock)、减少交流障碍的语言相通性

(comlang)等都和前文一致。

此外,为分析国家 i 收入等级差异和所属全球价值链地区差异,这里还将它们作为控制变量纳入计量方程。收入等级用四个虚拟变量表示:Hincome = 1 表示高收入国家、UHincome = 1 表示中高收入国家、DLincome = 1 表示中低收入国家、Lincome = 1 表示低收入国家,划分方法与数据处理同第三章。地区控制变量设置方法也与第三章相同。

应该指出的是:这里虽然获取了 1995—2017 年 CEPII BACI 数据库的数据,但相关解释变量的数据只到 2016 年之前。为保持一致性,本章也采用 1995—2016 年的样本数据进行检验。

四 初步回归

表 8—6 和表 8—7 给出了初步计量的结果。从集约边际的估计结果来看,以下结论依然成立:①$\ln Y_{jt}$ 正向影响出口增长的集约边际,意味着国家间绝对经济规模的增长对促进相互间老产品老市场出口有推动作用;②$\ln f_{it}^j$、$\ln \tau_{it}^j$ 负向影响出口增长的集约边际,说明减少固定和可变贸易成本有助于增加这些国家的老产品出口能力;③反映经济结构转型的相对劳动力 [$\ln(L_{it}/L_{jt})$] 正向影响出口增长的集约边际,体现出工业化进程中的低生产成本可以让老产品生产企业具有价格国际竞争优势,集约边际随之扩张;④$\ln(P_{jt}/P_{it})$ 总体上负向影响沿线国家(除"附带路""带路+附带路""中国+带路+附带路"外)出口增长的集约边际,说明本币升值对既有产品出口增长有不利作用;⑤控制变量也是如此,包括 shock 的负系数、comlang 的正系数等。

从扩展边际的估计结果来看,以下结论也是成立的:①$\ln(Y_{it}/Y_{jt})$ 正向影响扩展边际,再次说明各国发挥自身经济发展主观能动性,能通过本土市场效应扩大新产品出口;②$\ln f_{it}^j$ 负向影响扩展边际;③扩展边际的 $\ln \tau_{it}^j$ 系数显著为负;④$\ln(L_{it}/L_{jt})$ 显著为负的系数,再次表明农业劳动力非农转移带来的"低劳动成本红利",可能对研发和生产新产品不利,扩展边际出口增长反而没有集约边际大;⑤$\ln(P_{jt}/P_{it})$ 显著为正的系数,体现出本币升值后,"盯住"国际市场的生产企业为保持出口市场份额,一方面会将部分老产品出口到新市场,另一方面也会有新企业生产新产品向老市场和新市场出口,扩展边际随之增加;⑥其他控制变量中,外部经济冲击

表 8—6 倍差分集约边际实证结果

	一带一路 65 国						扩展带路 34 国				
	中国 + 带路	中国	带路	带	路	中国 + 附带路	附带路	附带	附路	带路 + 附带路	中国 + 带路 + 附带路
C	5.686*** (29.23)	6.798*** (35.45)	6.117*** (32.05)	7.604*** (39.64)	7.082*** (37.60)	6.965*** (36.18)	6.437*** (34.34)	6.871*** (35.81)	6.939*** (36.21)	5.507*** (29.50)	6.121*** (32.05)
du	0.583*** (15.90)	1.882*** (20.97)	0.464*** (12.97)	−0.661*** (−11.61)	0.596*** (12.30)	0.077 (0.72)	0.208** (2.16)	−0.510*** (−6.12)	0.427*** (4.45)	0.717*** (20.03)	0.367*** (6.69)
dt	0.489*** (9.70)	0.421*** (10.45)	0.393*** (8.02)	0.374*** (9.10)	0.455*** (10.32)	0.384*** (8.46)	0.394*** (8.80)	0.351*** (8.06)	0.337*** (8.56)	0.499*** (8.06)	0.512*** (7.92)
$du \times dt$	0.133* (1.70)	0.768*** (4.11)	0.556*** (7.14)	0.253** (2.26)	0.090 (1.03)	0.457*** (5.59)	0.291*** (3.39)	0.876*** (10.00)	0.535*** (2.69)	0.148* (1.91)	0.131* (1.66)
$\ln Y_{jt}$	0.589*** (59.90)	0.649*** (66.04)	0.463*** (47.95)	0.500*** (52.25)	0.620*** (64.59)	0.631*** (65.68)	0.607*** (63.08)	0.492*** (51.60)	0.483*** (50.89)	0.572*** (59.13)	0.614*** (63.56)
$\ln(L_{it}/L_{jt})$	0.077*** (4.57)	0.088*** (5.21)	0.061*** (3.70)	0.062*** (3.85)	0.107*** (6.42)	0.064*** (3.81)	0.072*** (4.34)	0.086*** (5.26)	0.069*** (4.27)	0.085*** (5.14)	0.088*** (5.33)
$\ln \tau_{it}^{j}$	−0.403*** (−22.02)	−0.563*** (−30.57)	−0.348*** (−19.17)	−0.626*** (−32.40)	−0.696*** (−37.49)	−0.686*** (−36.08)	−0.649*** (−35.09)	−0.531*** (−28.10)	−0.541*** (−28.80)	−0.489*** (−27.09)	−0.624*** (−32.99)

续表

	一带一路65国					扩展带路34国				
	中国+带路	中国	带路	带	路	中国+附带路	附带路	附带	附路	带路+附带路	中国+带路+附带路
$\ln f_{it}^j$	-0.023** (-2.43)	-0.021** (-2.21)	-0.027*** (-2.97)	-0.010 (-1.08)	-0.025** (-2.67)	-0.045*** (-4.66)	-0.034*** (-3.88)	-0.006 (-0.63)	-0.011 (-1.11)	-0.027*** (-3.08)	-0.027*** (-3.10)
$\ln(P_{jt}/P_{it})$	-0.023*** (-5.38)	-0.002 (-0.42)	-0.005 (-1.18)	-0.018*** (-4.07)	-0.009** (-1.98)	-0.003 (-0.65)	0.006 (1.32)	-0.011*** (-2.61)	-0.015*** (3.40)	0.006 (1.40)	0.002 (0.51)
shock	-0.108*** (-2.62)	-0.117*** (-2.83)	-0.069* (-1.71)	-0.067* (-1.70)	-0.099** (-2.46)	-0.104*** (-2.60)	-0.101** (-2.49)	-0.070* (-1.77)	-0.072* (-1.82)	-0.104** (-2.57)	-0.100** (-2.47)
comlang	0.125*** (3.05)	0.052 (1.31)	0.140*** (3.48)	0.029 (0.75)	0.144*** (3.67)	0.120*** (3.02)	0.060 (1.53)	0.202*** (5.11)	0.171*** (4.39)	0.255*** (6.46)	0.160*** (3.95)
地区	yes	yes	yes	yes	yes	yes	yes	yes	yes	yes	yes
收入	yes	yes	yes	yes	yes	yes	yes	yes	yes	yes	yes
Obs	43104	43806	39904	39601	42992	43064	43316	39816	39532	42862	43501
F统计量	507.68	630.88	325.04	312.70	522.40	470.31	592.87	328.80	299.32	552.66	629.31
R^2	0.18	0.21	0.13	0.15	0.21	0.22	0.20	0.15	0.14	0.18	0.21

第八章 "一带一路"与货物贸易结构转型升级

表8—7 倍差分扩展边际实证结果

	一带一路65国					扩展带路34国				
	中国+带路	中国	带路	带	路	中国+附带路	附带路	附带	附路	带路+附带路	中国+带路+附带路
C	6.799*** (62.35)	11.570*** (92.14)	8.552*** (76.10)	9.941*** (79.11)	8.666*** (83.12)	9.539*** (88.29)	13.875*** (96.93)	8.343*** (76.30)	7.768*** (72.65)	10.983*** (82.24)	12.197*** (53.35)
du	0.806*** (41.53)	3.897*** (48.70)	0.553*** (29.19)	0.099*** (3.34)	0.444*** (17.77)	0.502*** (13.35)	0.657*** (16.34)	0.871*** (34.65)	0.744*** (16.27)	0.630*** (25.45)	0.663*** (15.79)
dt	0.546*** (19.39)	0.509*** (21.03)	0.538*** (18.53)	0.541*** (20.02)	0.535*** (22.49)	0.533*** (21.37)	0.484*** (18.68)	0.563*** (23.81)	0.431*** (19.44)	0.580*** (16.45)	0.550*** (16.09)
$du \times dt$	0.100** (2.31)	0.934*** (5.22)	−0.004 (−0.08)	−0.265*** (−4.01)	0.123** (2.57)	0.096* (1.85)	0.157** (2.53)	0.127** (2.18)	0.166* (1.65)	−0.055 (−1.16)	−0.063 (−1.38)
$\ln(Y_{it}/Y_{jt})$	0.074*** (8.17)	0.005 (0.46)	0.389*** (49.75)	0.376*** (40.55)	0.064*** (7.39)	0.313*** (40.81)	0.057*** (4.96)	0.036*** (3.92)	0.128*** (14.44)	0.141*** (12.61)	0.009 (0.78)
$\ln(L_{it}/L_{jt})$	−0.198*** (−23.51)	−0.183*** (−19.25)	−0.075*** (−8.84)	−0.009 (−0.97)	−0.163*** (−20.37)	−0.063*** (−7.59)	−0.130*** (−13.27)	−0.189*** (−22.53)	−0.180*** (−21.85)	−0.176*** (−17.83)	−0.187*** (−18.22)
$\ln \tau_{it}^{j}$	−0.716*** (−65.91)	−0.987*** (−80.71)	−0.688*** (−60.93)	−0.937*** (−72.37)	−0.951*** (−90.96)	−0.865*** (−78.69)	−1.013*** (−79.39)	−0.890*** (−81.35)	−0.733*** (−68.63)	−0.887*** (−70.81)	−1.045*** (−83.75)

383

续表

	一带一路 65 国					扩展带路 34 国				
	中国+带路	中国	带路	带	路	中国+附带路	附带路	附带	附路	带路+附带路	中国+带路+附带路
$\ln f_{it}^{ij}$	−0.106*** (−21.61)	−0.027*** (−4.67)	−0.070*** (−15.39)	0.119*** (22.90)	−0.046*** (−9.81)	−0.058*** (−13.08)	−0.111*** (−16.46)	−0.071*** (−14.19)	−0.123*** (−25.37)	−0.133*** (−21.50)	−0.007 (−1.00)
$\ln(P_{jt}/P_{it})$	0.014*** (5.65)	0.004 (1.50)	0.009*** (3.46)	0.045*** (16.07)	0.042*** (17.42)	0.016*** (6.32)	0.031*** (10.76)	0.013*** (5.42)	0.016*** (6.51)	0.041*** (14.51)	0.031*** (10.89)
shock	0.103*** (4.38)	0.094*** (3.63)	0.079*** (3.24)	0.072*** (2.69)	0.096*** (4.32)	0.092*** (3.87)	0.086*** (3.37)	0.097*** (4.15)	0.080*** (3.53)	0.095*** (3.62)	0.088*** (3.52)
comlang	0.248*** (10.53)	0.109*** (4.27)	0.216*** (8.84)	0.209*** (7.67)	0.147*** (6.61)	0.034 (1.45)	0.188*** (7.11)	0.027 (1.16)	0.087*** (3.81)	0.294*** (11.04)	0.285*** (11.01)
地区	no	yes	no	yes	yes	yes	yes	yes	yes	yes	yes
收入	yes	yes	no	yes	yes	no	yes	no	no	yes	yes
Obs	138693	108725	138576	107537	135528	138693	107537	137505	131497	107537	107537
F 统计量	3048.97	2386.40	2775.95	1880.93	3164.60	3361.65	1286.85	2993.31	2304.36	1678.58	1182.17
R^2	0.26	0.29	0.19	0.25	0.31	0.24	0.32	0.27	0.22	0.28	0.35

· 384 ·

（shock）系数为正、语言相通性（comlang）的显著正系数都和前文一致。

尽管上述控制变量解释沿线国家出口增长二元边际都有合理性，但这些效应是否与"一带一路"建设有关？或者说，沿线国家加入"一带一路"倡议后，出口增长二元边际的实际变化δ是否具有差异？什么样的国家能更收益？扩围建设是否有合理性？等等问题，仍未得到妥善解决，毕竟如果δ不具有显著正向作用，则意味着即便不参加"一带一路"倡议，也不会有太大影响；相反，不参加就可能存在贸易增长方面的损失。

总体上看，我们应该客观评价"一带一路"建设的价值所在，因为倡议的确促进了沿线国家出口增长，比如在"中国+沿线65国"的总样本中，$du \times dt$ 促进集约边际显著作用（δ）达到0.133，促进扩展边际显著作用（δ）也达到0.100。这些结果的政策启示是：面对境外部分媒体质疑，我国或许可以理直气壮地弘扬"一带一路"倡议提出以来所取得的积极成果，尤其是在贸易增长方面的贡献。

扩围建设有意义。集约边际上，将"一带一路"扩围到其他34个国家后，无论是加入中国作为样本还是不加入，或者是加入现有65个国家作为样本还是不加入，$du \times dt$ 的系数都显著为正，说明扩围后"一带一路"建设存在明显的政策净效应（δ）。即便是单独对扩展边际进行分析，扩围到其他34个国家后，$du \times dt$ 的系数也都显著为正，表明扩围建设对新产品新市场的出口增长也有利。

不过，表8—7中"带路+附带路"和"中国+带路+附带路"两个子样本的扩展边际并不显著，这是否与控制组样本差异较大有关，这里再进行样本配比的方法进行稳健性再检验。

第五节　PSM 稳健性再分析

一　PSM 倾向因子匹配处理

需要指出的是，设定双重差分模型，很大程度上要求 $E(\Delta y_i 0 | du = 1, dt = 0) = E(\Delta y_i 0 | du = 0, dt = 0)$ 成立，即要求对照组国家 $E(\Delta y_i 0 |$

$du=0$，$dt=0$）在多大程度上能反映出控制组国家的 E（$\Delta y_i 0 \mid du=1$，$dt=0$）。这是因为我们只能采用 E（$\Delta y_i 0 \mid du=0$，$dt=0$）作为 E（$\Delta y_i 0 \mid du=1$，$dt=0$）的唯一反设事实数据。倘若反设事实数据设置出现错误，双重差分法的实证结果将会受到挑战。解决之道就是要用样本匹配的方法来控制误差，即使用倾向因子匹配方法（PSM）加以处理。而在样本匹配指标的选择上，可以基于以下两方面进行考虑：

一是影响出口增长的总量指标，包括：①贸易总量，因为控制组和处理组国家的贸易总量如果差异很大，实际测算的二元边际差异可能也会较大；②经济规模，因为经济规模如果差异很大，控制组和处理组的生产制造能力或许会有较大差异，即便目标市场有需求，制造能力的限制也会制约外贸增长。

二是成本指标，包括：①衡量经济距离的可变贸易成本，毕竟控制组和处理组国家对同一目标市场国家出口，远距离运输成本可能会阻碍某一组国家的出口增长能力；②反映本国自由度的固定贸易成本，因为一国经济自由度越高，固定贸易成本就会越小（钱学锋、熊平，2010），控制组和处理组国家经济自由度差异太大，或许也有不利影响。

选择上述匹配指标后，借鉴包群等（2011）方案，这里初步将配比比例确定为1:3[①]，并采取严格的逐年匹配方案进行处理。表8—8给出了匹配前后控制组国家和对照组国家的统计比较。表中样本均值的 t 检验统计结果显示：配比前四个主要变量每年基本都存在显著差异，而配比后尽管部分年份部分匹配变量仍存在差异，但具有显著差异的匹配变量从原来的57个降至配比后的2个，占比由71.25%下降到2.50%。虽然总体效果不是十分理想，但确有改善。应该指出的是，本章也尝试过1:2、1:1等其他配比方案，也更换过其他变量作为匹配变量，均不能完全消除掉配比前后的差异，其中原因或许是与样本期内衡量"一带一路"控制组的时间太短有关。未来，我们期望能获取更全面的数据进行类似处理。

二 样本匹配的稳健性再检验

表8—9和表8—10给出了倾向因子匹配方法的实证检验结果，从中可

---

① 实际上，笔者也尝试过1:2、1:1的配比结果，影响和差异并不大，可向笔者索取。

第八章 "一带一路"与货物贸易结构转型升级

表8—8 配对前后主要指标比较（1:3）

年份	比较指标	配对前 du=1	配对前 du=0	t值	配对后 du=1	配对后 du=0	t值
1996	观测值	3649	24335	—	2867	5173	—
	贸易量	21150	31292	-1.69*	21150	25815	-1.05
	经济规模	6.860	8.159	-2.77***	6.8595	7.0473	-0.40
	自由度	8.676	7.814	1.42	8.6764	7.7725	1.44
	贸易距离	7206.9	7762.7	-5.26***	7206.9	7072.6	1.11
1997	观测值	4127	23857	—	3186	5688	—
	贸易量	34728	48673	-1.24	34728	35637	-0.12
	经济规模	6.892	8.344	-3.15***	6.8924	7.4468	-1.26
	自由度	7.572	7.429	0.28	7.572	7.0284	1.07
	贸易距离	7179.6	7745.7	-5.62***	7179.6	7072.6	0.93
1998	观测值	4238	23746	—	3401	5631	—
	贸易量	30241	60708	-2.00**	30250	43807	-1.00
	经济规模	7.3287	9.1181	-3.57***	7.3159	7.5543	-0.55
	自由度	8.188	7.680	0.98	8.0028	7.8224	0.33
	贸易距离	7287.700	7645.100	-3.65***	7286.6	7085	0.82

年份	比较指标	配对前 du=1	配对前 du=0	t值	配对后 du=1	配对后 du=0	t值
1999	观测值	4398	23586	—	3616	5574	—
	贸易量	39699	76296	-1.87*	39699	50729	-0.80
	经济规模	7.781	10.183	-4.33***	7.7811	7.9806	-0.43
	自由度	8.756	8.868	-0.18	8.7564	8.3281	0.68
	贸易距离	7227.5	7656.5	-4.42***	7227.5	7137.6	0.84
2000	观测值	4991	22993	—	4195	6434	—
	贸易量	70809	100000	-1.24	70843	88491	-0.82
	经济规模	7.512	9.897	-4.84***	7.5158	7.99	-1.09
	自由度	8.185	8.819	-1.25	8.1892	7.9531	0.44
	贸易距离	7138.6	7116.5	-6.45***	7141.9	7050.1	0.93
2001	观测值	5128	22856	—	4326	6752	—
	贸易量	67977	89978	-0.99	68024	65501	0.15
	经济规模	6.915	9.593	-5.87***	6.9193	7.0158	-0.25
	自由度	7.812	9.547	-3.16***	7.817	7.9801	-0.30
	贸易距离	7183.2	7752.4	-6.45***	7188.1	7163.9	0.25

续表

年份	比较指标	配对前 du=1	配对前 du=0	t值	配对后 du=1	配对后 du=0	t值	年份	比较指标	配对前 du=1	配对前 du=0	t值	配对后 du=1	配对后 du=0	t值
2002	观测值	5658	22326	—	4690	7270	—0.20	2006	观测值	5128	22856	—	4326	6752	0.15
	贸易量	81022	95986	—0.65	81074	85163	—0.93		贸易量	67977	89978	—0.99	68024	65501	—0.25
	经济规模	7.339	10.110	—5.89***	7.3434	8.1559	—1.46		经济规模	6.915	9.593	—5.87***	6.9193	7.0158	—0.30
	自由度	8.314	10.145	—3.24***	8.3192	9.1789	1.57		自由度	7.812	9.547	—3.16***	7.817	7.9801	0.25
	贸易距离	7064.3	7806.3	—8.70***	7069.1	6923.7			贸易距离	7183.2	7752.4	—6.45***	7188.1	7163.9	—
2003	观测值	3649	24335	—	4947	8046	—0.59	2007	观测值	5658	22326	—	4690	7270	—0.20
	贸易量	120000	140000	—0.61	120000	140000	—1.07		贸易量	81022	95986	—0.65	81074	85163	—1.03
	经济规模	7.280	10.523	—6.89***	7.2842	7.7165	—0.39		经济规模	7.339	10.110	—5.89***	7.3434	8.1559	—1.46
	自由度	8.627	10.019	—2.53**	8.632	8.8628	0.84		自由度	8.314	10.145	—3.24***	8.3192	9.1789	1.57
	贸易距离	6964.3	7746.7	—9.53***	6968.4	6893.3			贸易距离	7064.7	7806.3	—8.70***	7069.1	6923.7	
2004	观测值	6049	21935	—	5461	8721	—0.93	2008	观测值	3649	24335	—	4947	8046	—0.59
	贸易量	160000	200000	—1.05	140000	160000	—1.28		贸易量	120000	140000	—0.61	120000	140000	—1.07
	经济规模	7.551	10.483	—6.21***	7.5534	8.0742	—0.97		经济规模	7.280	10.523	—6.89***	7.2842	7.7165	—0.39
	自由度	8.310	9.900	—3.02***	8.3127	8.8462	1.00		自由度	8.627	10.019	—2.53**	8.632	8.8628	0.84
	贸易距离	6960.1	7754.5	—10.18***	6960.5	6875.3			贸易距离	6964.3	7746.7	—9.53***	6968.4	6893.3	
2005	观测值	6244	21740	—0.59	5664	9191	—0.87	2009	观测值	6049	21935	—	5461	8721	—0.93
	贸易量	220000	240000	—7.41***	220000	260000	—1.63		贸易量	160000	200000	—1.05	140000	160000	—1.28
	经济规模	8.255	9.563	—2.69***	8.2559	7.7289	—0.42		经济规模	7.551	10.483	—6.21***	7.5534	8.0742	—0.97
	自由度	6994.1	7761.3	—10.03***	6995.3	8.4718	1.39		自由度	8.310	9.900	—3.02***	8.3127	8.8462	1.00
	贸易距离					6877.6			贸易距离	7754.5	—10.18***	6960.1	6960.5	6875.3	

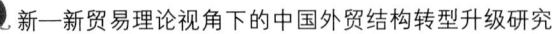

· 388 ·

第八章 "一带一路"与货物贸易结构转型升级

续表

年份	比较指标	配对前 du=1	配对前 du=0	t值	配对后 du=1	配对后 du=0	t值	年份	比较指标	配对前 du=1	配对前 du=0	t值	配对后 du=1	配对后 du=0	t值
2010	观测值	6244	21740	—	5664	9191	—	2013	观测值	6971	21013	—	6087	10307	—
	贸易量	220000	240000	-0.59	220000	260000	-0.87		贸易量	510000	490000	0.28	510000	580000	-0.71
	经济规模	7.039	10.369	-7.41***	7.0407	7.7289	-1.03*		经济规模	3.907	7.181	-11.65***	3.9073	4.4385	-1.80*
	自由度	8.255	9.563	-2.69***	8.2559	8.4718	-0.42		自由度	4.999	5.985	-3.40***	4.9994	5.0297	-0.10
	贸易距离	6994.1	7761.3	-10.03***	6995.3	6877.6	1.39		贸易距离	6896.5	7771.1	-12.13***	6897.6	6701.0	0.48
2011	观测值	6843	21141	—	6133	10308	-1.11	2014	观测值	6848	21136	—	5959	10047	—
	贸易量	490000	470000	0.19	490000	590000	-0.86		贸易量	540000	500000	0.46	540000	600000	-0.57
	经济规模	4.507	7.858	-11.08***	4.5078	4.8985	-0.20		经济规模	3.762	6.739	-11.72***	3.7624	4.1945	-1.37
	自由度	6.101	6.528	-1.31	6.0976	6.1712	1.62		自由度	4.903	5.705	-2.90***	4.9033	4.9752	-0.24
	贸易距离	6997.6	7795.3	-11.00***	6998.7	6860.0	-0.36		贸易距离	6894.4	7773.1	-12.08***	6895.6	6724.1	1.14
2012	观测值	6830	21154	0.38	5935	10093	—	2015	观测值	6851	21133	—	5984	9887	—
	贸易量	500000	470000	-10.96***	500000	530000	-2.10**		贸易量	470000	410000	0.74	470000	510000	-0.37
	经济规模	4.170	7.185	-3.37***	4.1703	4.5959	-0.13		经济规模	3.620	6.606	-12.42***	3.6203	3.8701	-1.48
	自由度	5.142	6.133	-11.40***	5.1432	5.1846	1.09		自由度	4.597	5.411	-3.27***	4.5978	4.7386	-0.52
	贸易距离	6967.4	7801.4		6968.6	6823.4			贸易距离	6898.7	7800.3	-12.35***	6899.8	6789.9	1.37

注：(1) "du=1"表示一带一路构成国家；(2) "du=0"表示一带一路构成国家的匹配对比国家；(3) "—"表示没有t值统计量，下同。

· 389 ·

表 8—9 匹配样本集约边际实证结果

	中国+带路	中国	带路	带	路	中国+附带路	扩展带路 附带路	扩展带路 34 国 附带	附路	带路+附带路	中国+带路+附带路
C	6.836*** (34.26)	6.501*** (27.36)	8.456*** (35.23)	7.673*** (33.58)	6.995*** (35.24)	7.593*** (31.65)	6.885*** (29.38)	7.547*** (32.54)	7.622*** (31.92)	6.991*** (30.02)	7.153*** (29.74)
du	0.385*** (10.47)	1.946*** (21.06)	−0.813*** (−13.24)	0.645*** (11.82)	0.200*** (5.20)	0.323** (2.55)	0.640*** (5.69)	−0.509*** (−4.63)	0.484*** (3.38)	0.438*** (9.33)	0.271*** (3.99)
dt	0.402*** (5.86)	0.319*** (6.33)	0.328*** (6.15)	0.333*** (5.55)	0.364*** (5.77)	0.305*** (5.69)	0.489*** (9.37)	0.297*** (5.74)	0.280*** (5.73)	0.414*** (4.61)	0.396*** (4.01)
$du \times dt$	0.162* (1.86)	0.836*** (4.42)	0.296** (2.54)	0.211** (2.19)	0.159* (1.92)	0.869*** (7.88)	0.231* (1.84)	0.862*** (6.56)	0.564* (1.87)	0.227** (2.17)	0.213* (1.91)
$\ln Y_{jt}$	0.600*** (56.72)	0.669*** (55.68)	0.508*** (42.94)	0.629*** (53.37)	0.629*** (61.53)	0.592*** (50.26)	0.572*** (48.31)	0.485*** (41.28)	0.479*** (40.85)	0.548*** (46.04)	0.613*** (51.50)
$\ln(L_{it}/L_{jt})$	0.027* (1.65)	0.016 (0.76)	0.015 (0.76)	0.053*** (2.59)	0.141*** (8.58)	0.013 (0.64)	0.003 (0.15)	0.035* (1.72)	0.018 (0.89)	0.014 (0.66)	0.033 (1.61)
$\ln \tau_{it}$	−0.433*** (−23.02)	−0.689*** (−30.93)	−0.763*** (−32.52)	−0.831*** (−36.85)	−0.555*** (−30.25)	−0.759*** (−32.95)	−0.700*** (−31.03)	−0.648*** (−28.49)	−0.651*** (−28.58)	−0.592*** (−26.90)	−0.729*** (−31.90)

第八章 "一带一路"与货物贸易结构转型升级

续表

	一带一路 65 国					扩展带路 34 国				
	中国+带路	中国	带路	带	路	中国+附带路	附带路	附带	附路	带路+附带路	中国+带路+附带路
$\ln f_{it}^j$	-0.043*** (-4.95)	-0.028** (-2.47)	-0.001 (-0.07)	-0.021* (-1.85)	-0.033*** (-3.50)	-0.012 (-1.05)	-0.079*** (-7.44)	-0.018 (-1.61)	-0.026** (-2.27)	-0.061*** (-5.69)	-0.072*** (-6.64)
$\ln(P_{jt}/P_{it})$	-0.027*** (-5.71)	-0.001 (-0.18)	-0.027*** (-4.90)	-0.006 (-1.10)	-0.034*** (-7.08)	-0.012** (-2.14)	-0.025*** (-4.63)	-0.019*** (-3.48)	-0.023*** (-4.14)	-0.017*** (-3.10)	-0.015*** (-2.76)
shock	-0.122*** (-2.69)	-0.131** (-2.57)	-0.061 (-1.25)	-0.105** (-2.12)	-0.129*** (-2.96)	-0.110** (-2.23)	-0.113** (-2.27)	-0.067 (-1.36)	-0.068 (-1.40)	-0.106** (-2.12)	-0.116** (-2.29)
comlang	0.118** (2.45)	0.156*** (2.93)	-0.016 (-0.29)	0.218*** (4.13)	0.183*** (3.91)	0.194*** (3.61)	0.116** (2.19)	0.250*** (4.66)	0.207*** (3.91)	0.295*** (5.48)	0.219*** (3.93)
地区	no	yes	yes	yes	yes	yes	yes	yes	yes	yes	yes
收入	no	yes	yes	yes	yes	yes	yes	yes	yes	yes	yes
Obs	40855	28834	25699	28164	40385	27594	27734	25725	25609	27610	28443
F 统计量	584.37	484.62	228.71	379.81	575.05	294.95	373.99	221.63	209.97	359.78	438.87
R^2	0.15	0.24	0.16	0.23	0.20	0.22	0.20	0.16	0.15	0.18	0.22

表 8—10　匹配样本扩展边际实证结果

	中国+带路	中国	一带一路 65 国 带路	带	路	中国+附带路	附带路	扩展带路 34 国 附带	附路	带路+附带路	中国+带路+附带路
C	6.796*** (49.67)	9.204*** (61.27)	8.838*** (63.60)	10.743*** (68.28)	8.837*** (67.67)	9.649*** (71.63)	14.296*** (74.74)	8.035*** (58.56)	10.844*** (81.76)	8.503*** (54.40)	14.525*** (49.32)
du	0.768*** (30.53)	3.623*** (43.64)	0.426*** (17.85)	−0.152*** (−4.45)	0.420*** (14.89)	1.044*** (24.12)	0.772*** (12.24)	0.788*** (20.42)	1.070*** (15.76)	0.246*** (7.25)	0.665*** (10.32)
dt	0.554*** (12.26)	0.490*** (15.89)	0.583*** (12.80)	0.553*** (15.10)	0.531*** (16.12)	0.542*** (17.82)	0.473*** (14.80)	0.590*** (20.37)	0.420*** (14.98)	0.653*** (11.94)	0.572*** (10.44)
$du \times dt$	0.081 (1.44)	0.940*** (5.22)	−0.039 (−0.68)	−0.291 (−1.10)	0.149*** (2.79)	0.214*** (2.78)	0.222** (2.29)	0.142 (1.53)	0.028 (0.18)	0.169** (2.57)	0.103 (1.60)
$\ln(Y_{it}/Y_{jt})$	0.020* (1.71)	0.037*** (2.72)	0.314*** (30.59)	0.392*** (31.54)	0.055*** (5.00)	0.254*** (25.09)	0.031** (2.08)	0.012 (1.02)	0.096*** (8.50)	0.137*** (9.38)	0.003** (2.19)
$\ln(L_{it}/L_{jt})$	−0.150*** (−14.07)	−0.119*** (−9.78)	−0.013 (−1.26)	−0.067*** (−5.49)	−0.118*** (−11.65)	−0.015 (−1.42)	−0.051*** (−4.04)	−0.145*** (−13.66)	−0.146*** (−14.02)	−0.133*** (−10.37)	−0.142*** (−10.82)
$\ln \tau_{it}^{j}$	−0.727*** (−54.53)	−1.040*** (−69.00)	−0.712*** (−51.69)	−1.023*** (−63.74)	−0.995*** (−77.11)	−0.843*** (−62.08)	−1.068*** (−68.24)	−0.849*** (−63.16)	−0.710*** (−54.04)	−0.974*** (−62.55)	−1.093*** (−71.05)

第八章 "一带一路"与货物贸易结构转型升级

续表

	一带一路65国					扩展带路34国				
	中国+带路	中国	带路	带	路	中国+附带路	附带路	附带	附路	带路+附带路	中国+带路+附带路
$\ln f_{it}^{j}$	-0.097*** (-15.67)	-0.013* (-1.79)	-0.023*** (-4.13)	-0.126*** (-18.59)	-0.044*** (-7.49)	-0.015*** (-2.75)	-0.107*** (-12.46)	-0.062*** (-9.87)	-0.111*** (-18.43)	-0.139*** (-17.86)	-0.011 (-1.25)
$\ln(P_{jt}/P_{it})$	0.003 (0.83)	0.025*** (7.19)	0.001 (0.41)	0.065*** (17.98)	0.053*** (16.99)	0.009*** (2.84)	0.053*** (14.61)	0.004 (1.25)	0.010*** (3.14)	0.058*** (16.11)	0.046*** (12.70)
shock	0.114*** (3.84)	0.096*** (2.96)	0.083*** (2.72)	0.066* (1.93)	0.110*** (3.91)	0.094*** (3.14)	0.095*** (2.92)	0.118*** (4.01)	0.090*** (3.15)	0.110*** (3.28)	0.097*** (3.05)
comlang	0.279*** (8.64)	0.123*** (3.50)	0.166*** (5.01)	0.104*** (2.71)	0.082*** (2.70)	-0.048 (-1.51)	0.205*** (5.56)	0.042 (1.34)	0.075** (2.41)	0.255*** (6.85)	0.306*** (8.38)
地区	no	yes	yes	yes	yes	yes	yes	yes	yes	yes	yes
收入	yes	yes	yes	yes	yes	yes	yes	yes	yes	yes	yes
Obs	90481	68919	90404	68411	88479	90481	68411	89973	84990	68411	68411
F统计量	1687.30	1601.98	1549.23	1185.85	1831.95	1805.17	814.40	1663.17	1206.46	1060.63	726.06
R^2	0.23	0.31	0.17	0.25	0.28	0.21	0.32	0.24	0.19	0.28	0.34

以看出：主要变量的系数符号和显著性水平均没有出现太大变化，实证结果较为满意。

观察表 8—9 和表 8—10，这里可以发现影响沿线国家出口增长二元边际的以下结论依然成立：①$\ln Y_{jt}$ 正向影响集约边际；②本土市场效应 $[\ln(Y_{it}/Y_{jt})]$ 正向影响扩展边际；③经济结构转型 $[\ln(L_{it}/L_{jt})]$ 正向影响集约边际、负向影响扩展边际；④贸易成本 $[\ln(\tau)、\ln f_{it}]$ 负向影响集约边际、扩展边际；⑤实际汇率 $[\ln(P_{jt}/P_{it})]$ 影响集约边际显著为负，影响扩展边际显著为正；⑥shock 负向影响集约边际、正向影响扩展边际；⑦comlang 同时正向影响集约边际和扩展边际。

"一带一路"促进沿线国家出口增长集约边际和扩展边际的净效应（δ）是否会发生改变？答案是否定的。主要表现在以下方面：

$du \times dt$ 促进集约边际增长的积极作用在各个类型中都是成立的，促进扩展边际增长的作用在"中国+带路""中国""路上 36 国"也都是成立的。

如果"一带一路"倡议扩围到新的 34 国，促进扩展边际的作用在"中国+附带路""附带路" 34 国以及"带路+附带路" 99 国中也都是成立的。

"一带一路"扩围建设有利于沿线国家出口增长的二元边际，因为扩围到 34 国后，集约边际的 $du \times dt$ 系数均显著为正，扩展边际的 $du \times dt$ 系数也均为正。

第六节 本章主要结论

在经典新—新贸易模型基础上，本章首先在理论上构建了一个可以分析"一带一路"建设影响沿线国家（或地区）出口增长二元边际的理论模型，然后从全球 521915 个集约边际、扩展边际样本数据中，挑选出 92136 个数据作为样本，并使用 Tobit 模型、双重差分模型、倾向因子配比模型进行实证检验，得出以下结论：

首先，"一带一路"建设具有差异性。样本期的回归结果显示，"一带一路"是更有利于集约边际增长而非扩展边际扩张，且这一结论无论是仅分析沿线 65 国还是延伸到其他国家都是成立的。

其次,"一带一路"扩围建设具有合理性。将中国和沿线 65 国拓展到新的 34 国(共 100 国)后,"一带一路"倡议能够明显促进所有国家集约边际增长,即便是对于扩展边际而言,"一带一路"倡议对大多数国家出口增长也有积极作用。

最后,"一带一路"建设具有非对称性。从中国和沿线 65 国来看,"一带一路"更有利于中国和"带"上国家出口增长的集约边际和扩展边际,而扩大到包括中国在内的 100 个国家后,"一带一路"对"附路"国家集约边际出口更有利,而对"附带"国家扩展边际出口的作用更大。

除单纯的经贸联系外,"一带一路"建设的目标还包括建设辐射"一带一路"的高标准自贸区。高标准、高质量对外自贸区战略是否具有促进外贸增长结构转型的作用?本书将在下一章进行系统分析和论证。

第九章 自贸区质量与外贸结构转型升级的全球经验

高标准自贸区战略是当前世界各国（或地区）发展对外经济合作的重点内容之一。实施高质量自贸区战略能否起到稳定外贸增长作用？对出口贸易结构转型升级又有何影响？在新—新贸易理论模型基础上，本章先拓展了一个自贸区质量与贸易增长的理论分析框架，然后使用面板模型对全球 188 个经济体 1995 年以来的 521915 个样本数据进行检验后，以期能对上述问题展开分析，并提供全球性经验证据。

第一节 自贸区战略对贸易增长的影响

积极参与高标准自贸区合作是当前国际经济合作新趋势，也是我国新一轮扩大开放的重要内容，尤其是在中美经贸纠纷不断加剧的背景下，人们寄希望于通过加强双边或多边经济合作提升出口产品的深度和广度，实现外贸的平稳有序发展。统计资料显示，中国已签署了 19 个对外自贸协议（FTA），大体可以分为四类：第一类是多边合作，包括中国—东盟自贸区和 2015 年升级版，以及 2020 年签署的区域伙伴关系协定（RCEP）；第二类是与发达国家的 7 个双边合作①；第三类是与发展中国家建立的 8 个双边自贸合作②；第四类是与港澳独立关税区的合作，即 CEPA。自贸区

---

① 分别是与新西兰、新加坡、冰岛、瑞士、澳大利亚、韩国、中国—新加坡升级 7 个自贸区。
② 分别是与哥斯达黎加、秘鲁、智利、巴基斯坦、格鲁吉亚、马尔代夫、中国—智利升级版、中国—巴基斯坦升级版 8 个自贸合作。

第九章　自贸区质量与外贸结构转型升级的全球经验

建设已经取得了诸多成果，包括贸易创造效应，自贸伙伴是中国贸易成长最快的外贸市场；为中国企业走出去创造了良好条件，自贸伙伴是我国"走出去"企业的首选之地；有利于促进区域经济协调和西部大开发战略的实施，等等。例如，扣除港澳和重复计算，中国与签署自贸协定的国家或地区双边贸易额在 2017 年就超过 1 万亿美元，占中国总贸易额的 26.2%。

中国与有些国家（或地区）双边贸易额虽然不大但增速很快，在贸易保护主义有所抬头的大环境下，自贸区战略有助于中国出口的市场多元化和产品多样化顺利实施，比如与瑞士签署 FTA 后，中国的出口就增长了 736 倍①，此外还有新加坡、澳大利亚、巴基斯坦、哥斯达黎加、智利、韩国等。这对破除国外"双反"调查或许有重要意义，比如中国贸易救济网数据显示，2010—2018 年针对中国的反倾销反补贴调查共有 684 次，年均 76 次，占全球的 42%。目前，我国正在谈判的自贸区有 13 个，其中多边层次包括与海合会的 GCC 自贸区、中日韩 CJK 自贸区；双边谈判达到 10 个；正在研究的自贸区也有 8 个②。倡议和发起的自贸区还包括中国—中东欧合作机制（"16 + 1"）以及中欧自贸区、中国—欧亚经济联盟自贸区远景、金砖国家自贸区等。

中美贸易纠纷不断发酵给双方经贸合作带来严峻挑战。商务部多次表示：面对贸易摩擦"办法总比困难多"③。客观来看，中国对美国的出口占比相对较高。在中美摩擦大背景下，能否用其他办法找到美国类似的市场。自贸区战略或许有帮助。使用 1975—2017 年的 61 万多条国家（或地区）间的数据进行估计，我们发现总贸易增长效应能达到 25% 以上。也就是说，如果能同现有谈判、研究、倡议的全部 80 个国家都达成自贸合作，预期能让中国出口增长 3900 多亿美元，基本能够覆盖现有对美出口总额；即便是把目前正在谈判的顺利完成，自贸区也能产生 2400 亿美元的出口促进作用④，覆盖对美出口的一半以上，应该对企稳我国贸易增长大有帮助。

从全球经贸格局上看，多边贸易体制和区域贸易协定就像一对孪生兄

---

① 数据来源：联合国贸易统计数据库，截至 2017 年。
② 分别是哥伦比亚、斐济、尼泊尔、巴西、加拿大、孟加拉、蒙古、中国—瑞士升级 8 个。
③ 商务部：《面对贸易摩擦"办法总比困难多"　呼美企多做美方工作》，财新网，2018 年 7 月 12 日，http://internatio - nal. caixin. com/2018 - 07 - 12/101301229. html。
④ 详细数据可以向笔者索取。

弟，成为主导国际经济活动的两个主旋律。但近年来，多边贸易体系存在更深层次的挑战，表现在：首先是世界贸易组织的自身制度缺陷，主要是由协商一致和"一揽子"承诺方式引起的，导致在一百多个成员方都不反对的情况下，为促成谈判，只能选择最大公约数的议题，所包含的谈判议题进展不快，竞争政策、电子商务、跨境投资等新议题很少涉及；其次是来自全球贸易发展新范式的挑战，主要是全球价值链下的贸易可被称为任务贸易，使一国（或生区）生产的商品不再仅仅是一国（或生区）制造，更多地表现为世界制造。这要求WTO扩大和增加相关谈判范围，而现有WTO回合谈判的主要议题仍然集中在传统贸易领域，甚至像农产品关税进一步减免也很困难。

正因为WTO规则制定的速度过于保守和缓慢，一些国家（或地区）试图通过区域或双边贸易投资谈判，进一步推动自由化发展。数量上，区域自贸协定在世贸组织成立后发展迅速，比如1995年全球自贸协定数目只有34个，但到2018年9月则增加到305个。内容上，谈判的议题不断深化和广化，除了14个传统边境措施谈判的议题之外，还有38个境内措施谈判的议题。

当然，谈判议题不断深化和广化也与本轮经济全球化利益格局分配重大调整有关，即全球经贸格局的"南升北降"被看作发展中国家获益更多的表现，而美国等其他发达经济体认为其获益有限，并认为全球化失控是世界贸易利益分配不均的原因，也是当前国际经贸规则不公平竞争的结果，要求建设高标准经贸规则，TPP和TTIP就是典型例证，比如前者当时达成框架性协议时对外就宣称是一"高质量、高标准且平衡的协定"。究竟高在何处？经过比较可以轻易发现，其覆盖了现有谈判52个议题中的45个，广度达到87%，比以前最高的欧盟和阿尔巴尼亚自贸协定还要多3个；有37个议题具有法律约束力，法律承诺率达到71%，仅略低于加拿大—秘鲁的72%[①]。尽管特朗普上台后废除了TPP，但剩余11个经济体还是签署了一个名为CPTPP的协定，美欧还在为"零关税、零补贴、零壁垒"的"三零"自贸协定展开谈判。

---

① 所谓广度是指TPP对现有区域贸易协定谈判的覆盖率，哪些议题涉及了，哪些没有，比较对象是WTO 2011年《世界贸易报告》14个边境措施和38个境内措施；强度是指TPP对所关注议题的法律承诺率，反映了已达成协议的数量是否都对成员方具有法律效应，详细比较结果可向笔者索取。

这样就提出了一个新问题：备受关注的高标准自贸协定除了各方拟抢夺国际经贸新规则制度性话语权之外，是否真的有促进贸易增长的作用？如果有，是对集约边际更有利，还是对扩展边际更有利？

梳理国内外的文献，这里可以轻易发现大量研究讨论自贸区的贸易效应（Grossman and Helpman，1995；Yang et al.，2014），大体可以分为两类：一是研究数量增长，包括Clausing（2001）与Baier和Bergstrand（2007）对美加自贸区、Dai等（2014）对1990—2002年40个国家（或地区）、Saucier和Rana（2017）对1960—2010年188个国家（或地区）优惠贸易协定的讨论；二是研究自贸区提升出口产品的质量，包括Bas和Strauss-Kahn（2015）对中间品贸易、Amiti和Khandelwal（2013）对进口关税的分析等。具体到中国，谢建国与谭利利（2014）认为自贸区贸易创造效应适应于中国；余淼杰（2011）发现缔结自贸协定有助于促进出口产品的质量升级。此外，还有Martin（1993）、Hallak和Sivadasan（2006）、Missios等（2016）、Fan等（2018）、王明涛与谢建国（2019）等类似研究。

应该说，上述研究对正确理解自贸区战略具有重要参考价值。只是在内容上，上述文献基本没有关注到出口增长的源泉，也没有细分集约边际和扩展边际的差异；方法上仅使用虚拟变量表示双边或多边自贸区，基本没有讨论到自贸区质量问题。相反，Scott等（2014）使用1962—2000年195个国家（或地区）SITC-4位码数据，发现经济合作对出口增长的集约和扩展边际同时起作用，且随着时间的推移，国际经贸合作对扩展边际的促进作用会达到0.247，远高于集约边际的0.110。只是该文章数据相对较早，既没有关注到高标准自贸规则影响贸易增长的内生理论机制，更没有在实证分析中讨论议题覆盖率、法律承诺率的有效性等问题，应该依然有必要进行全面而细致的研究。

全球范围内自贸区质量与贸易增长的二元边际效应到底如何？本章以CEPII BACI数据库给出了联合国贸易统计署统计的全部HS-6位码数据为基础，实际测算了全球所有国家（或地区）的二元边际［具体测算方法见第一章公式（1.8）］。

图9—1给出了部分经济体的情况[1]，从中可以看出：总体上，所选样

---

[1] 限于篇幅，这里仅列出了部分代表性发达和发展中经济体，其余情况可以向笔者索取。

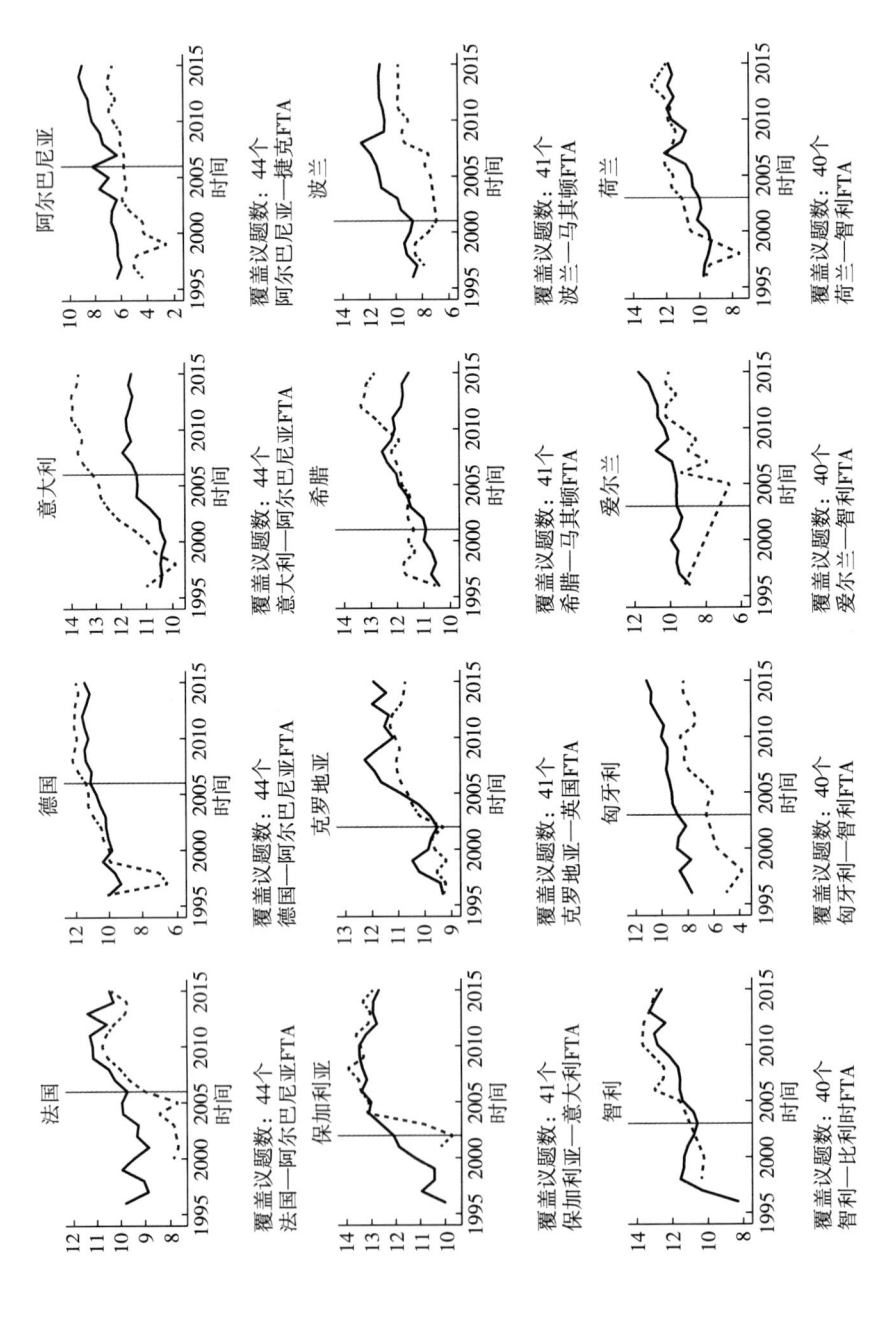

图9—1 若干经济体自贸区质量与贸易增长的二元边际变动

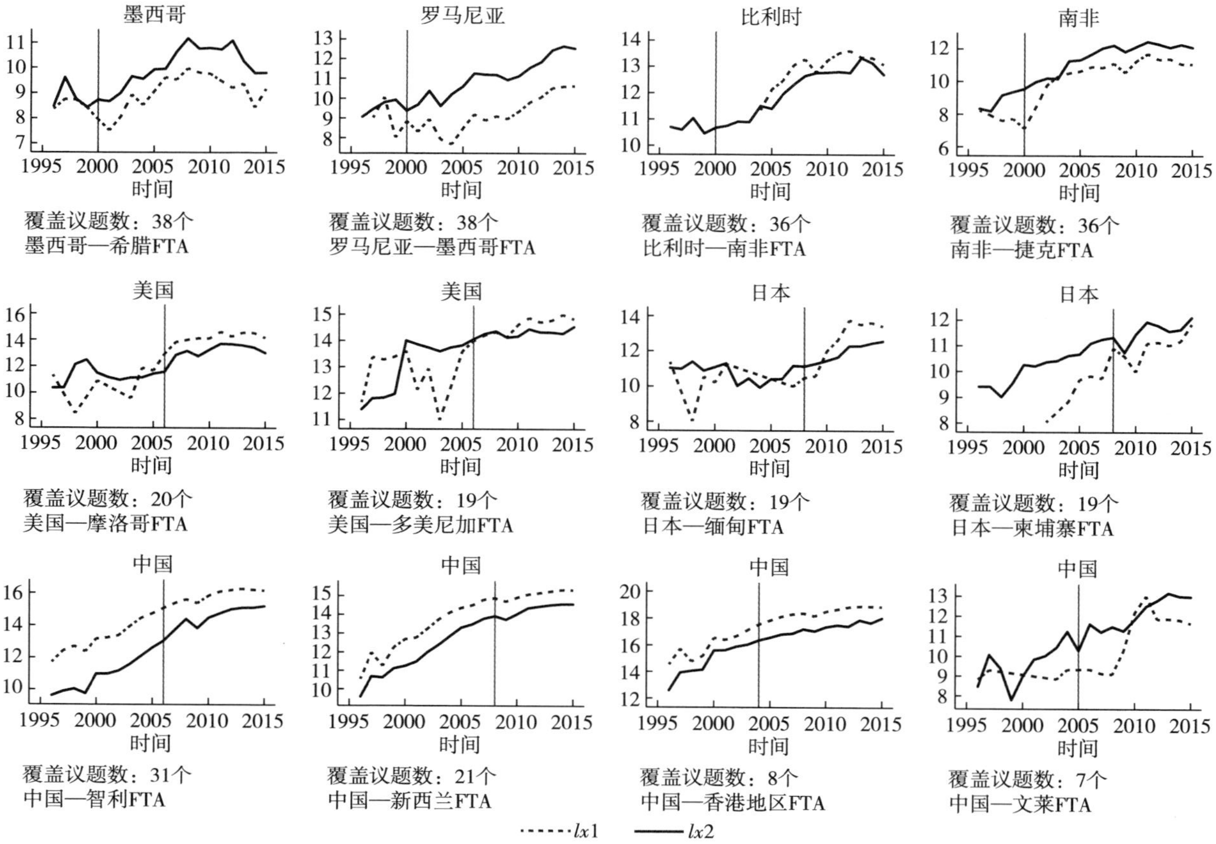

第九章 自贸区质量与外贸结构转型升级的全球经验

图 9—1 若干经济体自贸区质量与贸易增长的二元边际变动（续）

注：lx1 表示集约边际的对数；lx2 表示扩展边际的对数；竖线表示签订自贸协定的初始时间；覆盖议题数指 52 个议题包括具体议题数。

本国家（或地区）的集约边际、扩展边际都得到了增长；部分国家（或地区）在签订自贸协定之前，确有出口增长二元边际的下降趋势，但签订之后，集约边际与扩展边际都得到显著提高，比如日本对缅甸、克罗地亚对英国、墨西哥对希腊等；自贸协定覆盖议题越多，提升二元边际的效果似乎更好；有区域差异，欧洲的德国、希腊等经济体外贸增速似乎没有中国、南非高。

本章试图解释这一现象，其核心思想是：区域经济合作具有贸易增长效应，当一国可贸易部门生产效益提升时，自贸协定可以起到繁荣出口增长二元边际的作用；高标准自贸协定进一步强化 WTO 和 WTO + 规则中有关边境与境内措施的约束，法律承诺率还有助于破除"潜规则"的贸易侵蚀效应，让新老产品的集约边际和扩展边际同时增长。与已进入目标市场的老产品相比，新产品因为"新进入"身份容易遭遇环境标准、海关程序、卫生检疫等壁垒限制，需要更多议题与更高法律承诺为进入目标市场"保驾护航"，市场规模扩大和海外利益也会吸引更多市场主体创立新企业、生产新产品以进入自贸伙伴市场，出现自贸区质量促进扩展边际的作用高于集约边际情形。

第二节 自贸区质量影响出口的模型拓展

为了揭示自贸区质量影响贸易增长二元边际的作用机制，本章建立了一个简单的 $2 \times 2 \times (N+1)$ 理论模型加以分析。这个模型包括两个国家（或地区）两个部门 $N+1$ 种商品，即每个经济体都有农业和工业两个部门；农业部门生产一种不可贸易的同质农产品而工业部门生产可贸易的 N ($N \geq 1$) 种制成品，且不同企业生产的制成品具有水平差异。任意经济体 i ($i \in H, F$) 消费者消费 q_A 个单位的农产品和 C_k ($k=1, 2, \cdots, N$) 个单位制成品的效用函数使用 C-D 形式表示，消费工业产品 k 不同品种 $q_k(\omega)$ 的效用函数使用 CES 函数形式表示。

类似于公式（3.7）和公式（3.8）计算方法，生产率为 φ_k^H 的企业生产品种 ω 在境内销售收入和利润可以简写为：

$$r_k^H(\omega) = \alpha_k^H Y^H \{\sigma_k^H W_k^H / [(\sigma_k^H - 1)\varphi_k^H P_k^H]\}^{1-\sigma_k^H} \tag{9.1}$$

$$\pi_k^H(\omega) = r_k^H(\omega) - W_k^H L(\varphi_k^H) = (\alpha_k^H Y^H / \sigma_k^H) \{\sigma_k^H W_k^H / [(\sigma_k^H - 1) \varphi_k^H P_k^H]\}^{1-\sigma_k^H} - W_k^H f_k^H \tag{9.2}$$

假定国际市场是分割的,企业出口需要同时支付可变贸易成本和固定贸易成本。可变贸易成本使用冰山形式。固定贸易成本用实际投入的劳动衡量,可以表示为 f_k^F。由 CES 效用函数的加成 (mark-up) 原理,企业 ω 的出口收入 $[er_k^H(\omega)]$ 和利润 $[e\pi_k^H(\omega)]$ 分别为:

$$er_k^H(\omega) = \tau r_k^H(\omega) \tag{9.3}$$

$$e\pi_k^H(\omega) = er_k^H(\omega) - W_k^F f_k^F \tag{9.4}$$

上述分析还没有将自贸区质量纳入其中。由于国家(或地区)间要么签订经贸合作协定要么不签订,让自贸区在变量属性是离散的,如孙忆与孙宇辰(2017)的研究等。只是因为离散变量属性决定了难以体现自贸区质量高低的作用和影响,现有研究也大多仅从定性角度加以实证检验,比如邓富华与霍伟东(2017)等。相反,关于制度质量影响封闭条件下宏微观经济实际运行的相关文献大多采取连续变量形式,例如文雁兵和陆雪琴(2018)对中国劳动收入份额变动的研究等。为此,这里从制度质量作用出口份额入手,试图探寻自贸区质量对贸易增长的作用。

具体来说,在各国(或地区)自贸区战略的实施过程中,虽然都需要经历倡议、研究、谈判多个阶段,但最终签订的协议由于各方对外开放做出的承诺具有差异,覆盖现有 52 个议题的数目有高低之分,即便包含的议题数量相同,各方还存在谈判议题仅仅"涉及"与在法律上保证强制执行的差异,导致各个自贸区有不同的制度质量[①]。高标准自贸协定,覆盖的议题既多,法律承诺率也强,相应的产品出入境检验透明度高,原产地证书认证等边境措施较为规范,如果再引入类似专利知识产权保护、监管一致性、公平竞争政策、环境、劳动等规范、透明、非歧视的境内标准,贸易自由化和便利化将进一步加强,有助于凝聚创新要素、强化企业创新意愿、提升创新效率,应该对签订自贸协定双方的新老产品出口增长有利。

---

① 制度质量指的是自贸区边境措施和境内措施制度的完善程度,是一个涉及政府偏好、制度规范、实施环境、法规执行等许多方面的综合指标,决定在实证检验中较难衡量,本章将在变量选择中再详细描述。

鉴于此,在考虑自贸区质量作用的情况下,借鉴陶长琪与彭永樟(2018)思路,这里将企业的出口份额函数设定为公式(9.3)的加成,相应地企业 ω 的出口收入和利润为:

$$f - er_k^H(\omega) = \tau [r_k^H(\omega)]^{1+\phi} \tag{9.5}$$

$$f - e\pi_k^H(\omega) = f - er_k^H(\omega) - W_k^F f_k^F \tag{9.6}$$

其中,$\phi(\phi>0)$ 表示制度质量,且 $\partial f - er_k^H(\omega)/\partial \phi = \partial f - e\pi_k^H(\omega)/\partial \phi = \tau(1+\phi)[r_k^H(\omega)]^\phi > 0$ 表示签署自贸区后,随着高标准自贸制度质量增加,企业实际出口份额越大。

企业在本土市场销售或出口的最低条件是利润为零。假定所有消费者的选择偏好均相同,即 $\sigma_k^H = \sigma_k^F = \sigma$。根据公式(9.1)和公式(9.2),则生产率为 φ_{ik} 的企业,其生产和出口的零利润,要求满足以下条件:

$$\varphi_k^{H*} = \{\sigma/[(\sigma-1)P_k^H]\} W_k^{H\frac{\sigma}{\sigma-1}}[(\sigma f_k^H)/(\alpha_k^H Y^H)]^{1/(\sigma-1)} \tag{9.7}$$

$$\varphi_i^{F*} = \Lambda \varphi_k^{H*}, \ \Lambda = (\tau W_k^F)^{\frac{1}{(1+\varphi)(\sigma-1)}} (P_k^H/P_k^F)(W_k^F/W_k^H)^{\frac{\sigma}{\sigma-1}}[(Y^H f_k^F)/(\sigma Y^F f_k^H)]^{\frac{1}{(\sigma-1)}} \tag{9.8}$$

只要 $\Lambda>1$,就有 $\varphi_k^{F*} > \varphi_k^{H*}$ 成立,即存在自我选择效应。潜在生产者通过观察市场竞争以决定是否进入市场。一旦进入市场,潜在生产者就可以从分布函数中观测到自身生产率水平是否符合 φ_k^{H*} 和 φ_k^{F*} 的最低要求:大于前者本土市场销售,在此基础上如果大于后者则在国际市场出口,否则退出市场。于是,潜在生产者进入市场的概率也可以用公式(3.13)表示。

再根据公式(3.21)计算方法,有下列公式成立:

$$x_1^H = B_0 \alpha_k^{1+\phi} \tau^{-m-(\sigma-1)\phi} f_k^{-\frac{m-(\sigma-1)(1+\phi)}{\sigma-1}} Y^{F\frac{1+\phi}{1+\sigma}+\frac{m}{\sigma-1}} \left(\frac{Y^H}{Y^F}\right)^{1+\phi} \left(\frac{L^F}{L^H}\right)^{\sigma(1+\phi)}$$
$$\left(\frac{P^F}{P^H}\right)^{m-(\sigma-1)(1+\phi)} \tag{9.9}$$

$$x_2^H = A_0 \tau^{-\frac{m}{\sigma-1}} \left[\frac{L^H}{L^F}\right]^\phi (f_k^F)^{-\frac{m}{\sigma-1}} Y^F \left[\frac{Y^F}{Y^H}\right]^{-\sigma/(\sigma-1)} \left[\frac{P^F}{P^H}\right]^m e^{a_0\phi} \tag{9.10}$$

其中,$A_0 = \lambda W^H L^H \{[(W_k^F L_k^F)/(W_k^H L_k^F)]^{m/(\sigma-1)} (f_k^H \sigma)^{m/(\sigma-1)}\}^m$ $(W_k^F)^{-(1+\phi)} (L_k^F/L_k^H)^{\sigma/(\sigma-1)}$,$a_0 = \ln W_k^F$;$B_0 = b_0 \kappa W_k^{Hb_1} W_k^{Fb_1} (W^H/W^F)$ $(P^H Y^H)^{-1} (f_k^H/Y^H)^{m/(\sigma-1)} \phi_k^{F*[m-(\sigma-1)]}$;$\kappa = M_k^{F-1} \{1 + \sum_{i=1,i\neq j}^N [\tau(W_k^H)^{1-\sigma}$

$M_k^H M_k^H \phi_k^{F*(\sigma-1)-m)}]/[(W_k^F)^{1-\sigma} M_k^F \phi_k^{F*[(\sigma-1)-m]/(1-\sigma)}]\}^{-1}$; $b_0 = \phi_{\min}^{-m} m/[m-(\sigma-1)]\}/[(\sigma-1)(1+\phi)]\alpha_{ik}^{-1}$、$b_1 = \sigma[m-(\sigma-1)]/(\sigma-1)$、$b_2 = -m\sigma/[(\sigma-1)(1+\phi)] + \{\sigma(1+\phi)^2(\sigma-1)\sigma^{m/(\sigma-1)+(1+\phi)}(2-\sigma)[m-(\sigma-1)]\}/[(\sigma-1)]$。

公式（9.9）中，因为 $\frac{\partial x_1^H}{\partial \phi} = \frac{(1+\phi)x_1^H}{[m-(\sigma-1)(1+\phi)]}$ $\{\frac{\tau^{(1-\sigma)}m(\phi_k^{H*}/\phi_k^{F*})^m[m-(\sigma-1)(1+\phi)]}{[m-(\sigma-1)](1+\phi)x_1^H} + (\sigma-1)\}$，所以只要生产率分布函数峰度 $m > (\sigma-1)(1+\phi)$，这里可以证明出 $\partial X_1^H/\partial \phi > 0$ 成立，同时也可以证明出 $\partial x_1^H/\partial Y^F > 0$、$\partial x_1^H/\partial \tau < 0$、$\partial x_1^H/\partial f_k^F < 0$、$\partial x_1^H/\partial(Y^F/Y^H) > 0$、$\partial x_1^H/\partial(P^F/P^H) > 0$、$\partial x_1^H/\partial(L^H/L^F) > 0$ 成立。于是，这里能得出以下假定：

假定1：可变贸易成本和固定贸易成本减少，有助于签署自贸协定国家（或地区）的出口贸易集约边际增长；贸易伙伴绝对经济规模增长和相对经济规模表示的本土市场效应，对集约边际有直接作用；相对价格表示的汇率贬值，对集约边际有正面效应。

假定2：随着自贸区质量提高，自贸协定促进出口增长集约边际的作用将逐渐体现。

公式（9.10）中，当 $\sigma > 1$ 时，也可以很容易证明出 $\partial x_2^H/\partial Y^F > 0$、$\partial x_2^H/\partial \tau < 0$、$\partial x_2^H/\partial f_k^F < 0$、$\partial x_2^H/\partial(Y^F/Y^H) < 0$、$\partial x_2^H/\partial(P^F/P^H) > 0$、$\partial x_2^H/\partial(L^H/L^F) > 0$ 成立，特别是 $\partial x_2^H/\partial \phi = a_0 x_2^H > 0$ 也成立。所以，这里同样也可以得出以下假定：

假定3：可变贸易成本和固定贸易成本减少，有助于签订自贸协定国家（或地区）的出口贸易扩展边际增长；目标对象绝对经济规模增长和相对经济规模表示的本土市场效应，对扩展边际有直接作用；相对价格表示的汇率贬值，对扩展边际有正面效应。

假定4：随着自贸区质量提高，自贸协定促进出口增长扩展边际的作用将逐渐体现。

现实情况是否如此？上述假定能否成立？这里再使用1995—2016年全球贸易数据进行实证检验。

第三节　全球贸易数据检验

一　实证模型

对公式（9.9）和公式（9.10）取其自然对数并考虑实际数据的可获得性，这里设定如下计量方程进行实证检验：

$$\ln x_{1t}^H = \beta_0 + \beta_1 \ln\phi_{t-1} + \beta_2 \ln f_{t-1}^F + \beta_3 \ln Y_{t-1}^F + \beta_4 \ln(Y_{t-1}^H/Y_{t-1}^F) + \beta_5 \ln(P_{t-1}^F/P_{t-1}^H) + \beta_6 \ln(L_{t-1}^H/L_{t-1}^F) + \beta_7 \ln\tau_{t-1} + \varepsilon_{t-1} \quad (9.11)$$

$$\ln x_{2t}^H = \gamma_0 + \gamma_1 \ln\phi_{t-1} + \gamma_2 \ln f_{t-1}^F + \gamma_3 \ln Y_{t-1}^F + \gamma_4 \ln(Y_{t-1}^H/Y_{t-1}^F) + \gamma_5 \ln(P_{t-1}^F/P_{t-1}^H) + \gamma_6 \ln(L_{t-1}^F/L_{t-1}^H) + \gamma_7 \ln\tau_{t-1} + \varepsilon_{t-1} \quad (9.12)$$

其中：t 表示时间；$\beta_0 - \beta_7$ 和 $\gamma_0 - \gamma_7$ 表示待估计系数；ε_t 表示误差项。根据前文分析结论，预期各待估计参数的符号为：$\beta_1 > 0$，$\beta_2 < 0$，$\beta_3 > 0$，$\beta_4 < 0$，$\beta_5 < 0$，$\beta_6 > 0$，$\beta_7 < 0$；$\gamma_1 > 0$，$\gamma_2 < 0$，$\gamma_3 > 0$，$\gamma_4 < 0$，$\gamma_5 < 0$，$\gamma_6 > 0$，$\gamma_7 < 0$。

二　变量选择、数据来源与处理

计量公式（9.11）、公式（9.12）的变量涉及国家（或地区）间出口增长的集约边际、扩展边际、自贸区质量、可变贸易成本与固定贸易成本、经济规模、实际汇率、农业劳动力相对比重，以及外部经济冲击、减少交流障碍的语言相通性。上述变量的数据来源与处理同第三章完全一致。

自贸区质量（$\ln\phi_t$）是核心变量，这里分三个层次进行度量：首先，使用虚拟变量 $fta_t = 1$ 表示两个经济体第 t 年之后签有自贸协定，否则 $fta_t = 0$。其次，测算已经签订自贸协定的边境议题数占全部 14 个"WTO+"的比重作为边境措施覆盖率指标，取其对数后用 $\ln WTO+_{ac,t}$ 表示，然后测算这些议题的法律承诺数量占全部 14 个议题的比重作为边境措施法律承诺率指标，并取其对数后用 $\ln WTO+_{le,t}$ 表示。这两个指标越大应该意味着自贸区边境措施的制度质量越高。最后，测算已经签订自贸协定的境内议题数占全部38个"$WTO-X$"的比重作为境内措施覆盖率指标,取其对数后用 $\ln WTO-X_{ac,t}$ 表示,再测算这些境内措施议题的法律承诺数量占全部38个议题的比重作为边境措施法律承诺率指标,取其对数后用 $\ln WTO-X_{le,t}$ 表示。上述两个指标越大应该意味着自贸区境内措施的制度质量越好。边境措施和境内措施的划分详见2011年WTO《世界贸易报告》,全部国家(或地区)签订的自贸区时间、边境措施覆盖率与法律承诺率、境内措施覆盖率与法律承诺率原始数据源自"Asia – Pacific Trade Research Reports, Results and Data"网站①。

为分析各国(或地区)收入等级差异和所处全球价值链位置的差异,这里还按收入等级划分五类,具体划分方法参见第八章,同时也按各国(或地区)所属亚洲、欧洲、非洲、美洲、大洋洲进行分类,详细划分方法与数据来源参见世界银行网站。

特别指出的是:这里使用滞后项模型的原因与内生性相关;相反使用滞后一期模型不具有内生问题。同时,GMM过度识别检验结果表明,使用滞后一期变量可以"恰好"识别(见表9—1),即使用滞后变量模型应该是合理的。

表9—1　　　　　自贸区质量的变量内生性和过度识别检验

变量名	Hausman Test	DM Test	2SLS Test	GMM Test
fta_t	0.0000***	0.6897	0.6896	0.0000***
$\ln WTO+_{ac,t}$	0.0000***	0.1390	0.1388	0.0000***
$\ln WTO+_{le,t}$	0.0000***	0.1769	0.1767	0.0000***
$\ln WTO-X_{ac,t}$	0.0000***	0.1390	0.1388	0.0000***
$\ln WTO-X_{le,t}$	0.0000***	0.1769	0.1767	0.0000***
fta_{t-1}	0.4800	0.4873	0.4870	0.0000***
$\ln WTO+_{ac,t-1}$	0.9807	0.1132	0.1131	0.0000***
$\ln WTO+_{le,t-1}$	0.9875	0.1364	0.1362	0.0000***
$\ln WTO-X_{ac,t-1}$	0.9807	0.1132	0.1131	0.0000***
$\ln WTO-X_{le,t-1}$	0.9875	0.1364	0.1362	0.0000***

注:(1)各统计检验含义同前文;(2)仅报告自贸区质量检验结果,详细结果可向笔者索取。

---

① 详见 http://asiapacifictrade.org/。

三 初步回归及结果分析

首先使用面板模型进行初步回归①。为检验实证结果的稳健性，这里对每一种类型均采用三种工具变量估计方法进行处理，即 cluster 面板、2SLS、GMM 工具变量估计方法，具体结果见表 9—2 和表 9—3。

1. 经济规模

$\ln Y_{t-1}^F$ 显著正向影响出口增长的二元边际，与前文结论相同。$\ln(Y_t^H/Y_t^F)$ 也正向影响出口增长的二元边际，再次体现出本土市场经济规模越大，生产能力就会越强，向既有目标市场出口产品的供给能力越有保障。

2. 经济结构转型

经济结构转型变量 $\ln(L_{t-1}^H/L_{t-1}^F)$ 反映的是出口方同进口方农业劳动力的相对比例，在一定意义上可部分体现工业化进程中农业部门劳动力向工业部门转移带来的成本优势，可压低出口制造企业的生产成本，出口增长的集约边际随之扩张。表 9—2 中，尽管 $\ln(L_{t-1}^H/L_{t-1}^F)$ 没有达到显著性水平要求，但其正系数在所有样本回归中都成立，"恰好"说明了这一点。但是老产品企业出口市场地位巩固后，对潜在生产者进入市场研发和出口新产品可能具有"抑制"作用，从而不利于扩展边际增加。表 9—3 中，尽管 $\ln(L_{t-1}^H/L_{t-1}^F)$ 同样没有达到显著性水平要求，但其负系数在所有样本回归中都成立，也"恰好"说明了这一点。

3. 贸易成本

可变贸易成本（$\ln\tau_{t-1}$）显著负向影响二元边际，固定贸易成本（$\ln f_{t-1}^F$）也负向影响二元边际，符合理论模型预期。

4. 实际汇率

$\ln(P_{t-1}^F/P_{t-1}^H)$ 上升实际是本币升值，对外贸出口应该有消极影响，但实际情况可能更为复杂。这是因为：同等条件下，如果本国和他国在既定第三方市场同时出口现有老产品，价格竞争优势会减弱，由此带来出口增长的集约边际会下降。但也正因为本币升值对现有市场既定产品出口有负面影响，对于那些瞄准国际市场的潜在微观主体来说，实际汇率上升一

---

① 这里仅给出了面板模型估计结果，类似第八章的设限数据 Tobit 估计结果可向笔者索取。

第九章 自贸区质量与外贸结构转型升级的全球经验

表 9—2 自贸区质量全球样本集约边际估计结果

	自贸协定虚拟变量			边境措施覆盖率			边境法律承诺率			境内措施覆盖率			境内法律承诺率		
	XT (cluster)	IV (2SLS)	IV (GMM)	XT (cluster)	IV (2SLS)	IV (GMM)	XT (cluster)	IV (2SLS)	IV (GMM)	XT (cluster)	IV (2SLS)	IV (GMM)	XT (cluster)	IV (2SLS)	IV (GMM)
fta_{t-1}	0.3533*** (3.230)	0.4635*** (4.630)	0.4635*** (4.630)												
$\ln WTO+_{ac,t-1}$				0.0943*** (5.160)	0.1132*** (4.740)	0.1132*** (4.740)									
$\ln WTO+_{le,t-1}$							0.0656** (1.990)	0.0896*** (2.780)	0.0896*** (2.780)						
$\ln WTO-X_{ac,t-1}$										0.0598*** (3.360)	0.0711*** (4.090)	0.0711*** (4.090)			
$\ln WTO-X_{le,t-1}$													0.0359*** (3.120)	0.0429*** (3.770)	0.0429*** (3.770)
$\ln(Y_t^H/Y_t^F)$	0.2916*** (3.090)	0.2890*** (5.270)	0.2890*** (5.270)	0.2883*** (3.050)	0.2863*** (5.210)	0.2863*** (5.210)	0.3035*** (3.220)	0.3065*** (5.590)	0.3065*** (5.590)	0.2781*** (2.920)	0.2751*** (4.980)	0.2751*** (4.980)	0.2798*** (2.940)	0.2772*** (5.020)	0.2772*** (5.020)
$\ln Y_t^F$	0.1035*** (13.610)	0.1051*** (20.010)	0.1051*** (20.010)	0.1044*** (13.620)	0.1068*** (20.380)	0.1068*** (20.380)	0.1048*** (13.650)	0.1071*** (20.430)	0.1071*** (20.430)	0.1038*** (13.540)	0.1059*** (20.190)	0.1059*** (20.190)	0.1039*** (13.560)	0.1061*** (20.220)	0.1061*** (20.220)
$\ln t_{t-1}^F$	-0.2126** (-2.400)	-0.2137*** (-4.010)	-0.2137*** (-4.010)	-0.2082** (-2.340)	-0.2102*** (-3.940)	-0.2102*** (-3.940)	-0.2135** (-2.390)	-0.2153*** (-4.040)	-0.2153*** (-4.040)	-0.2044** (-2.300)	-0.2057*** (-3.850)	-0.2057*** (-3.850)	-0.2060** (-2.310)	-0.2074*** (-3.890)	-0.2074*** (-3.890)

续表

	自贸协定虚拟变量			边境措施覆盖率			边境法律承诺率			境内措施覆盖率			境内法律承诺率		
	XT(cluster)	IV(2SLS)	IV(GMM)	XT(cluster)	IV(2SLS)	IV(GMM)	XT(cluster)	IV(2SLS)	IV(GMM)	XT(cluster)	IV(2SLS)	IV(GMM)	XT(cluster)	IV(2SLS)	IV(GMM)
$\ln(L^H_{t-1}/L^F_{t-1})$	0.0537 (0.920)	0.0481 (1.090)	0.0481 (1.090)	0.0497 (0.850)	0.0442 (1.000)	0.0442 (1.000)	0.0561 (0.960)	0.0513 (1.160)	0.0513 (1.160)	0.0502 (0.860)	0.0450 (1.020)	0.0450 (1.020)	0.0507 (0.870)	0.0454 (1.030)	0.0454 (1.030)
$\ln\tau_{t-1}$	-0.2611^{***} (-4.660)	-0.2481^{***} (-7.230)	-0.2481^{***} (-7.230)	-0.2626^{***} (-4.690)	-0.2468^{***} (-7.180)	-0.2468^{***} (-7.180)	-0.2668^{***} (-4.760)	-0.2519^{***} (-7.330)	-0.2519^{***} (-7.330)	-0.2666^{***} (-4.770)	-0.2512^{***} (-7.320)	-0.2512^{***} (-7.320)	-0.2664^{***} (-4.760)	-0.2512^{***} (-7.320)	-0.2512^{***} (-7.320)
$\ln(P^F_{t-1}/P^H_{t-1})$	-0.0019 (-0.060)	-0.0009 (-0.060)	-0.0009 (-0.060)	-0.0025 (-0.080)	-0.0024 (-0.160)	-0.0024 (-0.160)	-0.0022 (-0.070)	-0.0017 (-0.120)	-0.0017 (-0.120)	-0.0012 (-0.040)	-0.0009 (-0.060)	-0.0009 (-0.060)	-0.0014 (-0.050)	-0.0011 (-0.070)	-0.0011 (-0.070)
shock	-0.2173^{***} (-6.820)	-0.2166^{***} (-6.510)	-0.2166^{***} (-6.510)	-0.2152^{***} (-6.770)	-0.2150^{***} (-6.460)	-0.2150^{***} (-6.460)	-0.2161^{***} (-6.790)	-0.2169^{***} (-6.520)	-0.2169^{***} (-6.520)	-0.2140^{***} (-6.730)	-0.2147^{***} (-6.450)	-0.2147^{***} (-6.450)	-0.2144^{***} (-6.740)	-0.2151^{***} (-6.460)	-0.2151^{***} (-6.460)
comlang	0.2462^{***} (7.670)	0.2369^{***} (11.210)	0.2369^{***} (11.210)	0.2457^{***} (7.660)	0.2344^{***} (11.060)	0.2344^{***} (11.060)	0.2489^{***} (7.720)	0.2376^{***} (11.160)	0.2376^{***} (11.160)	0.2498^{***} (7.830)	0.2390^{***} (11.310)	0.2390^{***} (11.310)	0.2502^{***} (7.840)	0.2394^{***} (11.330)	0.2394^{***} (11.330)
Obs	11158	11057	11057	11158	11057	11057	11158	11057	11057	11158	11057	11057	11158	11057	11057
Hausman检验	FE	FE	FE	FE	FE	FE	FE	FE	FE	FE	FE	FE	FE	FE	FE
F统计量	86.24	298.68	298.68	104.03	298.55	298.55	84.38	296.54	296.54	93.73	297.78	297.78	92.64	297.44	297.44
R^2	0.2246	0.2116	0.2116	0.2213	0.2109	0.2109	0.2184	0.2099	0.2099	0.2246	0.2106	0.2106	0.2245	0.2104	0.2104

注:省略常数项及各统计含义与前文一致,下同。

第九章 自贸区质量与外贸结构转型升级的全球经验

表9—3 自贸区质量全球样本扩展边际估计结果

	自贸协定虚拟变量			边境措施覆盖率			边境法律承诺率			境内措施覆盖率			境内法律承诺率		
	XT (cluster)	IV (2SLS)	IV (GMM)	XT (cluster)	IV (2SLS)	IV (GMM)	XT (cluster)	IV (2SLS)	IV (GMM)	XT (cluster)	IV (2SLS)	IV (GMM)	XT (cluster)	IV (2SLS)	IV (GMM)
fta_{t-1}	0.5103*** (5.550)	0.6708*** (7.840)	0.6708*** (7.840)												
$\ln WTO + ac_{,t-1}$				0.1300*** (5.310)	0.1558*** (7.030)	0.1558*** (7.030)									
$\ln WTO + le_{,t-1}$							0.1369*** (4.710)	0.1914*** (6.870)	0.1914*** (6.870)						
$\ln WTO - X_{ac,t-1}$										0.0652*** (3.380)	0.0753*** (5.040)	0.0753*** (5.040)			
$\ln WTO - X_{le,t-1}$													0.0426*** (3.500)	0.0495*** (5.000)	0.0495*** (5.000)
$\ln (Y_t^H/Y_t^F)$	0.0359 (0.560)	0.0371 (1.040)	0.0371 (.040)	0.0359 (0.560)	0.0359 (1.010)	0.0359 (1.010)	0.0278 (0.430)	0.0258 (0.730)	0.0258 (0.730)	0.0397 (0.620)	0.0389 (1.090)	0.0389 (1.090)	0.0394 (0.610)	0.0387 (1.080)	0.0387 (1.080)
$\ln Y_t^F{}_{-1}$	0.0890*** (16.080)	0.0893*** (24.910)	0.0893*** (24.910)	0.0903*** (16.300)	0.0913*** (25.550)	0.0913*** (25.550)	0.0908*** (16.330)	0.0918*** (25.690)	0.0918*** (25.690)	0.0897*** (16.130)	0.0906*** (25.310)	0.0906*** (25.310)	0.0897*** (16.130)	0.0906*** (25.320)	0.0906*** (25.320)
$\ln f_{t-1}^F$	-0.0413 (-0.670)	-0.0437 (-1.250)	-0.0437 (-1.250)	-0.0397 (-0.650)	-0.0426 (-1.220)	-0.0426 (-1.220)	-0.0403 (-0.650)	-0.0429 (-1.230)	-0.0429 (-1.230)	-0.0384 (-0.620)	-0.0411 (-1.180)	-0.0411 (-1.180)	-0.0389 (-0.630)	-0.0416 (-1.190)	-0.0416 (-1.190)

续表

	自贸协定虚拟变量			边境措施覆盖率			边境法律承诺率			境内措施覆盖率			境内法律承诺率		
	XT (cluster)	IV (2SLS)	IV (GMM)	XT (cluster)	IV (2SLS)	IV (GMM)	XT (cluster)	IV (2SLS)	IV (GMM)	XT (cluster)	IV (2SLS)	IV (GMM)	XT (cluster)	IV (2SLS)	IV (GMM)
$\ln(L_{t-1}^H/L_{t-1}^F)$	-0.0461 (-1.040)	-0.0393 (-1.350)	-0.0393 (-1.350)	-0.0457 (-1.030)	-0.0401 (-1.380)	-0.0401 (-1.380)	-0.0497 (-1.120)	-0.0443 (-1.520)	-0.0443 (-1.520)	-0.0439 (-0.990)	-0.0384 (-1.320)	-0.0384 (-1.320)	-0.0439 (-0.990)	-0.0384 (-1.320)	-0.0384 (-1.320)
$\ln \tau_{t-1}$	-0.2010*** (-5.720)	-0.1966*** (-9.610)	-0.1966*** (-9.610)	-0.1993*** (-5.620)	-0.1936*** (-9.460)	-0.1936*** (-9.460)	-0.1991*** (-5.600)	-0.1932*** (-9.430)	-0.1932*** (-9.430)	-0.2034*** (-5.740)	-0.1983*** (-9.690)	-0.1983*** (-9.690)	-0.2032*** (-5.740)	-0.1981*** (-9.680)	-0.1981*** (-9.680)
$\ln(P_{t-1}^F/P_{t-1}^H)$	0.0072 (0.500)	0.0074 (0.780)	0.0074 (0.780)	0.0073 (0.510)	0.0069 (0.730)	0.0069 (0.730)	0.0076 (0.520)	0.0076 (0.790)	0.0076 (0.790)	0.0080 (0.560)	0.0077 (0.810)	0.0077 (0.810)	0.0080 (0.550)	0.0077 (0.810)	0.0077 (0.810)
shock	0.1178*** (6.580)	0.1154*** (5.250)	0.1154*** (5.250)	0.1157*** (6.480)	0.1146*** (5.210)	0.1146*** (5.210)	0.1175*** (6.570)	0.1161*** (5.280)	0.1161*** (5.280)	0.1151*** (6.440)	0.1148*** (5.220)	0.1148*** (5.220)	0.1153*** (6.450)	0.1149*** (5.220)	0.1149*** (5.220)
comlang	0.2868*** (13.650)	0.2843*** (22.460)	0.2843*** (22.460)	0.2854*** (13.510)	0.2811*** (22.150)	0.2811*** (22.150)	0.2832*** (13.330)	0.2785*** (21.870)	0.2785*** (21.870)	0.2900*** (13.730)	0.2857*** (22.560)	0.2857*** (22.560)	0.2900*** (13.730)	0.2857*** (22.560)	0.2857*** (22.560)
Obs	24922	24765	24765	24922	24765	24765	24922	24765	24765	24922	24765	24765	24922	24765	24765
Hausman 检验	FE	FE	FE	FE	FE	FE	FE	FE	FE	FE	FE	FE	FE	FE	FE
F 统计量	190.03	645.18	645.18	189.63	643.74	643.74	187.16	643.07	643.07	184.63	640.57	640.57	185.06	640.46	640.46
R^2	0.2337	0.2026	0.2026	0.2304	0.2025	0.2025	0.2311	0.202	0.202	0.2305	0.2018	0.2018	0.2306	0.2018	0.2018

方面会让部分老产品出口企业"转战"新国际市场,另一方面部分低效率老产品出口企业设置的"国际市场进入门槛"被打破后,可以起到鼓励新企业出口增长的作用。于是,这里预期 ln(P_{t-1}^F/P_{t-1}^H) 影响出口增长的集约边际为负,对扩展边际的影响为正。实证结果部分证实了这一点,即表 9—2 和表 9—3 中实际汇率负向影响集约边际而正向影响扩展边际。

5. 其他控制变量

集约边际 *shock* 的系数为负,而扩展边际 *shock* 的系数为正,也与前文一致,既说明外部需求冲击对老产品出口增长有不利影响,又说明外部冲击可能"蕴含着"扩大新产品出口增长的"机遇"。

comlang 显著正向影响出口增长二元边际,也同前文一致,说明加快语言传播力度与广度(姜慧、张志醒,2018),能够降低交易成本,进而可以促进双边贸易增长。

6. 自贸区质量促进集约边际、扩展边际的效应

尽管上述变量解释出口增长二元边际有其合理性,但这些效应是否与自贸区质量本身有关?或者说,全球范围内的自贸区战略是否显著促进了各参与方出口增长的二元边际?高标准自贸协定的制度质量是对集约边际增长有利还是扩展边际?边境措施和境内措施存在哪些不同?表 9—2 和表 9—3 的对比结果显示以下结论成立:

首先,应该看到自贸区战略的确促进了出口增长的二元边际,因为在全部样本中,fta_{t-1} 促进集约边际增长的显著作用达到 0.3533—0.4635,促进扩展边际增长的显著作用也达到 0.5103—0.6708。

其次,也应该客观公正评价高标准自贸协定的价值所在,因为从边境措施来看,议题覆盖率 $\ln WTO+_{ac,t-1}$ 显著促进集约边际增长在 0.0943—0.1132,促进扩展边际的作用也在 0.1300—0.1558。边境措施上,议题覆盖率 $\ln WTO-X_{ac,t-1}$ 促进集约边际增长的作用在 0.0598—0.0711,促进扩展边际增长的作用也在 0.0652—0.0753。

再次,还应该注意到差异性,即自贸区质量越高越有利于出口增长的扩展边际而非集约边际。这是因为表 9—2 和表 9—3 的估计结果中,无论是 fta_{t-1} 虚拟变量,还是 $\ln WTO+_{ac,t-1}$ 或 $\ln WTO+_{le,t-1}$ 或 $\ln WTO-X_{ac,t-1}$ 或 $\ln WTO-X_{le,t-1}$ 四种制度变量,其促进扩展边际增长的显著作用都高于集约边际,至少说明签订高标准自贸协定对实现出口产品多样化和国别(或地区)多元化更为有利。

最后，从抗外部冲击性来看，要发挥扩展边际的稳出口作用，自贸区战略建设更应该重视边境措施的法律承诺率，以保证达成议题的可执行性。这是因为从边境措施来看，议题覆盖率 $\ln WTO+_{ac,t-1}$ 促进扩展边际增长的作用为 0.1300—0.1558，低于其法律承诺率 $\ln WTO+_{le,t-1}$ 促进扩展边际增长的 0.1369—0.1914。相反，境内措施议题覆盖率 $\ln WTO-X_{ac,t-1}$ 促进扩展边际增长的作用也能达到 0.0652—0.0753，高于其法律承诺率 $\ln WTO-X_{le,t-1}$ 所具有的 0.0426—0.0495。

当然，无论是议题覆盖率还是法律承诺率，边境措施促进扩展边际增长的显著作用均高于境内措施。造成这种现象的原因或许与边境措施主要解决外贸产品的出入境问题，而境内措施主要应对跨境投资问题有关。这些结论说明：要发挥高标准自贸区制度质量的稳定出口作用，边境措施比境内措施重要，边境措施的法律承诺率也比其覆盖率重要。

第四节 分收入等级和地区的稳健性再检验

上述结论是否会随被分析对象收入水平差异或地区不同而有所改变？这里区分收入等级和地区差异进行稳健性再检验。

一 分收入等级

表 9—4 报告了分收入等级差异的计量结果。[①] 分收入等级后，自贸区制度质量影响二元边际增长的确存在不同，主要表现在：

1. 总体上，对高收入、低收入国家（或地区）集约边际与扩展边际出口增长的拉动作用不理想，相反促进中高收入、中低收入国家（或地区）集约边际与扩展边际出口增长更为有利。

2. 对中高和中低收入国家（或地区）而言，自贸区质量依然存在更有利于扩展边际出口增长而非集约边际，这不仅表现在衡量自贸区制度质量的五种变量显著性水平上，更表现在同一制度变量促进扩展边际出口的

---

① 受篇幅限制，这里仅列出最关心的自贸区质量实证结果，其余变量可向笔者索取，下同。

系数明显高于集约边际。

3. 自贸区质量更有利于中等收入国家出口增长而非高收入国家，意味着就参与区域经济合作的意愿上，中等收入国家（或地区）更强烈，而高收入国家（或地区）参与高标准自贸协定制定可能具有"保守性"，尤其表现在高收入国家（或地区）"抢占"高标准国际经贸规则制度性话语权的同时，要求中等收入国家（或地区）必须让渡部分主权，一旦得不到满足就可能"退出"业已达成的框架性协议。特朗普上台后，美国退出TPP就是一个典型例证，欧美力求达成所谓"三零"经贸协定目前也仅停留在口号而未付诸实际行动，或许也与此有关。

二 分地区的再检验

高收入经合组织国家（或地区）大多分布在欧美，为检验实证结果的稳健性，这里再进行分地区回归，详细结果见表9—5①。

除部分变量的系数和显著性水平发生变化外，贸易伙伴绝对经济规模、本土市场效应、可变贸易成本和固定贸易成本、结构转型变量、实际汇率、外部冲击以及语言相通性等影响出口增长二元边际的主要结论依然基本成立，暂不赘述。

分地区后，因为无论是 fta_{t-1} 虚拟变量，还是 $\ln WTO+_{ac,t-1}$ 或 $\ln WTO+_{le,t-1}$ 或 $\ln WTO-X_{ac,t-1}$ 或 $\ln WTO-X_{le,t-1}$ 四种制度变量，对欧洲国家（或地区）的影响均显著为负，意味着欧洲国家（或地区）对构建高质量自贸区具有更大"保守性"，毕竟经验数据表明这些国家（或地区）很难在贸易增长上获取高标准自贸协定的"制度红利"。当然，这或许也和欧洲国家（或地区）主要以区内贸易而非区外贸易为主的发展格局有关。

尽管对美洲国家（或地区）来说，自贸区质量能促进其集约边际与扩展边际出口，但是拉动作用（自贸区制度质量相对系数）显然是低于处于大洋洲与非洲的经济体（除 fta_{t-1} 集约边际系数外），尤其是大幅低于亚洲地区。

自贸区制度质量对美洲和非洲国家（或地区）的扩展边际作用更大，而对大洋洲国家（或地区）的集约边际效果更强，说明跨洲际建设高质量

---

① 详细结果可向笔者索取。

表9-4　分收入等级GMM工具变量估计结果

	高收入经合 集约	高收入经合 扩展	高收入非经合 集约	高收入非经合 扩展	中高收入 集约	中高收入 扩展	中低收入 集约	中低收入 扩展	低收入 集约	低收入 扩展
fta_{t-1}	0.1507 (0.930)	-0.1015 (-1.050)	0.6539 (1.130)	2.6492*** (5.390)	0.3615** (2.120)	0.6324*** (4.260)	0.7633*** (4.220)	1.0288*** (5.780)	0.0529 (0.090)	0.5616 (1.210)
$\ln WTO+_{ac,t-1}$	0.0853 (1.440)	0.0316 (0.850)	0.0094 (0.070)	0.3635*** (3.710)	0.1234 (1.300)	0.2423*** (3.130)	0.1393*** (4.850)	0.1370*** (4.710)	0.0287 (0.240)	0.2209 (1.580)
$\ln WTO+_{le,t-1}$	-0.1887 (-0.980)	0.1024* (1.670)	-0.0196 (-0.130)	0.3208*** (2.580)	0.0233 (0.390)	0.1375*** (2.780)	0.1923*** (3.980)	0.2147*** (4.830)	0.0169 (0.220)	0.1404 (1.600)
$\ln WTO-X_{ac,t-1}$	-0.0252 (-0.870)	-0.0410** (-2.450)	0.0094 (0.070)	0.3635*** (3.710)	0.0621* (1.970)	0.0992*** (3.640)	0.1393*** (4.850)	0.1370*** (4.710)	0.0287 (0.240)	0.2209 (1.580)
$\ln WTO-X_{le,t-1}$	-0.0189 (-0.980)	-0.0292*** (-2.630)	0.0084 (0.090)	0.2939*** (3.970)	0.0308 (1.510)	0.0623*** (3.520)	0.0911*** (4.870)	0.0913*** (4.700)	0.0169 (0.220)	0.1404 (1.600)
Obs	3067	1707	1275	890	3039	4491	2361	849	1315	3057

注：各统计检验含义与前文相同，下同。

表9—5 分地区等级GMM工具变量估计结果

	亚洲		欧洲		美洲		大洋洲		非洲	
	集约	扩展	集约	扩展	集约	扩展	集约	扩展	集约	扩展
fta_{t-1}	1.0630*** (2.700)	2.0024*** (6.390)	−0.4836** (−1.960)	−0.3819*** (−2.770)	0.4061*** (3.390)	0.3196*** (3.330)	0.7410** (2.070)	0.1881 (0.570)	0.0190 (0.060)	1.2203*** (5.210)
$\ln WTO+_{ac,t-1}$	0.3367*** (3.240)	0.3391*** (4.720)	−0.1073 (−0.800)	0.1528* (1.880)	0.0205 (0.730)	0.0436* (1.810)	0.1303** (2.140)	0.0315 (0.560)	0.1057 (1.660)	0.2426*** (4.490)
$\ln WTO+_{le,t-1}$	0.1765*** (2.670)	0.2264*** (4.580)	−0.6177** (−2.360)	−0.5267*** (−3.550)	0.1697 (1.270)	0.2489** (2.330)	0.7888** (2.080)	0.1981 (0.570)	0.0581 (1.320)	0.1830*** (4.620)
$\ln WTO-X_{ac,t-1}$	0.3367*** (3.240)	0.3391*** (4.720)	−0.0800** (−2.100)	−0.0719*** (3.270)	0.0279 (1.350)	0.0384** (2.320)	0.1303** (2.140)	0.0315 (0.560)	0.1057 (1.660)	0.2426*** (4.490)
$\ln WTO-X_{le,t-1}$	0.1765*** (2.670)	0.2264*** (4.580)	−0.0618** (−2.360)	−0.0527*** (−3.550)	0.0170 (1.270)	0.0249** (2.330)	0.0789** (2.080)	0.0198 (0.570)	0.0581 (1.320)	0.1830*** (4.620)
Obs	1707	4090	890	1650	4491	7193	849	1861	3057	9676

自贸区需要重视"利益"差异性：既要尤为关注美洲和非洲国家（或地区）在新产品、新市场的利益诉求，也要满足大洋洲国家（或地区）扩大老产品向老市场出口的强烈愿望。只有采取"分化"策略才能在高质量自贸协定取得新突破，否则采取"大一统"的谈判框架尽管意愿和出发点是好的，但实际效果并不理想，比如 RCEP 跨区域的"10+6"谈判，尽管2019 年已经结束 15 个经济体的全部文本谈判，但日本还是以印度不参加而不完善为由提出"新要求"，即便是剔除印度后签署了谈判文本，日本依然强烈要求对印度持"完全开放"态度。只有早日让 RCEP 落地，才能消除各参与方的"后顾之忧"。

第五节　交叉项的可能影响

以上分析并没有考虑交叉项的共同作用。实际上，关于自贸区影响贸易发展的研究中，最近的一些文献将自贸区虚拟变量同贸易伙伴收入水平、地理临近、地区差异等影响因素结合起来（王明涛和谢建国，2019；孙忆和孙宇辰，2017）。引入上述交叉项的好处是：一是可以近似解释为何大多数经济体都希望同高收入国家（或地区）建立双边或区域经济合作；二是探寻地理临近的自贸区战略是否可以更容易实施。为此，这里在基本公式（9.11）、公式（9.12）中加入 $\ln\varphi_{t-1} \cdot X$ 交叉项做进一步分析：

$$\ln x_{1t}^H = \beta_0 + \beta_1 \ln\phi_{t-1} \cdot X + \beta_2 \ln f_{t-1}^F + \beta_3 \ln Y_{t-1}^F + \beta_4 \ln(Y_{t-1}^F/Y_{t-1}^H) + \beta_5 \ln(P_{t-1}^F/P_{t-1}^H) + \beta_6 \ln(L_{t-1}^H/L_{t-1}^F) + \beta_7 \ln\tau_{t-1} + \varepsilon_{t-1} \quad (9.13)$$

$$\ln x_{2t}^H = \gamma_0 + \gamma_1 \ln\phi_{t-1} \cdot X + \gamma_2 \ln f_{t-1}^F + \gamma_3 \ln Y_{t-1}^F + \gamma_4 \ln(Y_{t-1}^F/Y_{t-1}^H) + \gamma_5 \ln(P_{t-1}^F/P_{t-1}^H) + \gamma_6 \ln(L_{t-1}^F/L_{t-1}^F) + \gamma_7 \ln\tau_{t-1} + \varepsilon_{t-1} \quad (9.14)$$

公式（9.13）和公式（9.14）中，β_1 和 γ_1 是检验自贸区质量交叉项的关键因素，其经济含义为：衡量交叉项放大还是削弱贸易增长的二元边际效应，即如果 $\beta_1>0$ 和 $\gamma_1>0$ 同时成立，那就意味引入交叉项后，高标准自贸区促进贸易增长的集约边际与扩展边际更"强劲"，更能起到稳定出口的作用。

提升自贸区制度质量过程中，是自贸伙伴绝对经济规模更有利出口增长的二元边际还是母国本土市场效应？表 9—6 的估计结果显示是前者而非后者，因为五种自贸区制度质量同贸易伙伴绝对经济规模的交叉项都能显著提高集约边际和扩展边际①，而本土市场效应仅与边境措施覆盖率、境内措施覆盖率和法律承诺率这三项指标联系在一起，才具有显著作用。这或许是现实世界中大部分经济体都期望同经济规模更大的国家（或地区）商谈建设高标准自贸区的重要原因。

绝对经济规模相对较大的经济体主要集中在欧美这些高收入的发达国家（或地区）。将欧美国家（或地区）纳入交叉项进行回归后，表9—6的估计结果显示：交叉项仅仅对集约边际出口增长有利，对扩展边际增长没有显著作用，再次体现出"欧美"国家（或地区）制定高标准自贸协定的"保守性"，即一方面强调所谓经济自由化、便利化，另一面又不断以"国家安全"名义出台各种"进口和出口管理条例"，预防自贸伙伴"颠覆性"技术取得突破后，对它们高新技术产业可能带来的负面冲击。

进一步对高收入国家（或地区）进行检验后，$\ln WTO - X_{ac,t-1} \cdot X$ 和 $\ln WTO - X_{le,t-1} \cdot X$ 的系数甚至显著为负，意味着边境措施覆盖率和法律承诺率提高后，同高收入国家（或地区）结成高标准自贸协定，反而对出口增长的二元边际带来"负担"，进而不利于对外贸易的稳定发展。这也体现出高收入国家制定自贸协定的"局限性"。它们试图将自贸协定升级到包括境内条款在内的更宽泛协议，目的是为了分享"非中性"制度"红利"，所谓强调"市场至上"和"效率优先"的国际经贸规则新理念，本质上是否定了多边贸易体系中对发展中国家（或地区）有重要益处的特殊和差别待遇原则。

所幸的是，地理临近交叉项无论对集约边际出口还是扩展边际出口都表现出显著的正向作用，说明加强与地理临近国家（或地区）的自贸合作对稳定出口十分有利。

当然，分收入等级、地区差异和交叉项的稳健性再检验后，以下结论总体上都是基本成立的：首先，自贸区战略可以从集约边际和扩展边际两方面起到稳定贸易增长的作用；其次，就自贸区制度本身来说，边境措施和境内措施的覆盖率越高，二元边际出口增长效果越明显；再次，高标准自贸区协定具有非对称性，无论是边境措施还是境内措施，对提升新产品新市场的扩展边际出口增长都更有利；最后，就实现出口稳定增长来说，边

---

① 表9—6仅列出交叉项，其余变量实证结果可向笔者索取。

表9—6　目标对象收入与本土市场效应交叉项GMM工具变量估计结果

	经济规模 集约	经济规模 扩展	本土市场效应 集约	本土市场效应 扩展	欧美国家 集约	欧美国家 扩展	高收入国家 集约	高收入国家 扩展	地理临近 集约	地理临近 扩展
$fta_{t-1} \cdot X$	0.0572*** (5.180)	0.0740*** (7.960)	−0.0213 (−0.450)	−0.0156 (−0.380)	1.2587*** (4.300)	0.4231 (1.600)	0.2115 (1.170)	−0.1165 (0.850)	0.6303*** (4.300)	1.1510*** (8.080)
$\ln WTO + ac,t-1 \cdot X$	0.0115*** (4.250)	0.0176*** (7.210)	−0.0245** (−2.230)	−0.0292*** (−3.060)	0.5057*** (2.820)	0.7003 (1.010)	0.1024 (1.530)	0.0330 (0.620)	0.1064*** (3.280)	0.1673*** (5.160)
$\ln WTO + le,t-1 \cdot X$	0.0070** (2.160)	0.0184*** (6.760)	−0.0154 (−1.010)	−0.0071 (−0.600)	0.6321*** (2.710)	0.4782 (1.020)	−0.1493 (−0.690)	0.1055 (1.200)	0.1059 (1.060)	0.5544*** (6.530)
$\ln WTO − X_{ac,t-1} \cdot X$	0.0074*** (3.790)	0.0084*** (5.120)	−0.0173** (−2.110)	−0.0241*** (−3.500)	0.2506*** (2.820)	0.0700 (1.010)	−0.0195 (−0.590)	−0.0410* (−1.720)	0.0999*** (4.020)	0.1296*** (5.380)
$\ln WTO − X_{le,t-1} \cdot X$	0.0046*** (3.570)	0.0055*** (5.060)	−0.0128** (2−.340)	−0.0154*** (−3.330)	0.1632*** (2.710)	0.0478 (1.020)	−0.0149 (−0.690)	−0.0293* (−1.850)	0.0622*** (3.880)	0.0871*** (5.580)
Obs	11034	24700	11052	24739	10994	24470	11057	24765	11024	24663

境措施的有效性要高于境内措施。这些结论同上一节完全一致，暂不赘述。

第六节 本章主要结论

按照自贸区质量与贸易增长关系进行统计后，本章发现：像美国、日本、中国等不少国家（或地区）签署高质量自贸协定后，对外贸易的二元边际得到了增长。为分析这一现象，本章将自贸区制度质量纳入新—新贸易理论框架，并使用全球188个经济体相互间贸易增长的相关数据进行实证检验后，主要结论如下：

理论上，简单的数理模型进行论证后，本章能够得出"高标准经济合作具有贸易增长效应，提升自贸协定制度质量可以起到繁荣出口增长二元边际"的初步结论。这是因为高标准自贸协定能够强化WTO和WTO+规则中有关边境措施与境内措施的约束，有助于破除"潜规则"的贸易侵蚀效应，让集约边际与扩展边际同时扩张。更高法律承诺还能为新产品进入新市场"保驾护航"，减轻其"新进入市场"身份可能遭遇到的环境标准、海关程序、卫生检疫等壁垒限制，吸引更多潜在生产者创立新企业、生产新产品以进入自贸伙伴市场，出现自贸区质量促进扩展边际出口增长的作用高于集约边际情形。

实证上，自贸区战略确实有利于各国（或地区）出口增长的二元边际，且自贸制度质量越高，促进集约边际与扩展边际出口增长的效应越明显。进一步比较后，本章还能发现高标准自贸协定促进扩展边际增长的作用高于集约边际，且边境措施比境内措施更有利于提升扩展边际。

交叉项的进一步检验结果还表明，发展中经济体"希望"同高收入发达国家（或地区）签订高标准自贸协定的一个重要原因是自贸伙伴绝对经济规模促进贸易增长的显著作用明显高于本土市场效应。只是自贸区质量对高收入国家（或地区）出口增长的拉动作用没有发展中国家（或地区）理想，对欧美国家（或地区）的效果也没有亚非国家（或地区）明显，似乎表明这些高收入国家（或地区）在签订高标准自贸协定可能具有"保守性"和"局限性"，尤其表现在"抢占"高标准国际经贸规则制度性话语权的同时，要求中等收入国家（或地区）必须让渡部分国家主权，以获取更多"制度红利"。所幸的是，地理临近的高标准自贸区协定无论对集约边际出口还是扩展边际出口都表现出显著正向作用，说明广大发展中经济体选择与其地理临近的国家（或地区）展开高标准自贸区合作，也许是一种"次优"选择。

第十章 优化外贸结构的主要结论与政策启示

当前，中国外贸增长的压力加大，主要发达国家为实现国内经济发展目标相继出台的再工业化、加征关税等去全球化或逆全球化举措，更是给我国出口贸易稳定发展带来挑战。中国外贸增长存在哪些结构性特征？是什么原因造成的？又该采取哪些有效措施实现我国对外贸易的可持续发展？等等问题，值得认真分析。本书选择"新—新贸易理论视角下的中国外贸结构转型升级研究"为题，试图沿用并拓展新—新贸易理论分析框架，深入探析我国对外贸易结构的演进方向和路径，以期能对上述问题提供合理的解释，并提出有针对性的政策建议。

第一节 稳外贸依然是未来一段时间对外开放的重点

一 对外开放的重要性

中国作为世界第二大经济体，综观1978年以来的对外开放战略，成就非凡，人均收入更是在2019年达到10276美元（宁吉喆，2020），主动开放进入新历史方位。站在世界经济发展的历史舞台，我们可以用很多维度来判断中国对外开放奇迹，这里仅列举最初与中国经济总量"相差无几"的国家（或地区）进行对比，主要表现在：

首先，经济总量起点低，但速度快、占世界比重大。改革开放之初，全球范围内和中国当时经济体量大体相当的国家（或地区）有14个。^① 到2019年，中国经济总量达到14.4万亿美元，41年间扩大了96.3倍，年均增速高达11.8%。^② 与中国1978年经济总量相当的国家（或地区）只能"望其项背"，这些国家（或地区）经济总量大多只扩大了4—8倍，年均增速多在4%—6%。与这些起点同样较低的国家（或地区）相比，中国经济总量明显具有速度快、比重大的特点。与美国经济力量对比更是如此。1978年中国经济总量相当于美国的6%，但到2019年扩大到美国的67.2%，而同时期与中国起步大体相同的国家（或地区），其变化幅度都不大。

其次，货物贸易发展迅猛。当时与我国经济总量大体相当的14个国家（或地区）中，其货物贸易总量大多是改革开放之初中国的1—5倍。2019年，中国货物贸易总额达到4.58万亿美元，41年内的年均增速超过14%，不仅比同起点国家（或地区）增速高，而且绝对规模远远甩出很多，比如比利时、加拿大、荷兰三国1978年的货物贸易分别是中国的4.23倍、4.28倍、5.35倍^③，现在只是相当于中国的零头。目前，中国货物贸易已经连续多年蝉联世界第一。

最后，吸引外资成效显著。2018年，中国吸引外资高达1349.7亿美元，40年间年均增速达到12.3%。速度上，当时与中国处于大体相当的经济体中，只有印度吸引外资的增速超过中国，达到20.2%，但由于其前期基数比中国小，以至于到2018年其吸引外资才为377.6亿美元，仅相当于中国的28%。2019年1—11月，中国又实现吸引外商直接投资1243.9亿美元，同比增长2.6%，非常接近美国吸引外资的1430亿美元。

所以，外资外贸对中国经济发展的意义不言而喻，不仅缓解了我国经济起飞阶段的外汇、资金、市场、技术、企业家精神、管理效率等各种条件"瓶颈"，而且成功地促进了中国经济从"站起来"到"富起来"再到"强起来"不断腾飞，对世界经济增长的贡献率也从1978年的2.4%上升到2019年的接近30%（项松林，2019）。

---

① 分别是：伊朗、比利时、瑞典、沙特、荷兰、墨西哥、澳大利亚、西班牙、撒哈拉以南非洲、加拿大、巴西、印度、阿盟国家、南亚国家。
② 数据来源：国家统计局，下同。
③ 数据来源：世界银行，下同。

二 外需萎缩是当前我国对外开放面临的较大难题之一

相对于20世纪80年代以来中国15.3%的出口增速，尤其是加入世贸组织之后十年来高达21.7%的增长速度而言，2012年之后随着中国经济整体进入"新常态"，外贸也进入"新常态"，连续多年出现外贸低于GDP增速的个位数增长情况，发展压力持续扩大，直到2017年我国外贸增长开始出现"转机"，出口贸易终于从连续多年"下降"趋势改为"上升"通道，成为恢复外贸企业信心的关键年份，但2018年中美经贸摩擦又开始显现，并一直持续到2019年。国家也接连召开中央政治局会议，把"稳外贸"作为稳定当前国民经济六项重点工作之一，并延伸到2020年，要求"引导企业开拓多元化出口市场"。相关部门狠抓支持外贸发展系列政策，各项工作取得积极成效，2019年货物出口17.23万亿元，相较2018年增长5%。[①] 但中国外贸发展可能依然面临四大挑战：一是世界经济下行风险加大；二是美国单边主义使全球贸易发展蒙上阴影；三是国际贸易规则重塑的规则压力加大；四是中国出口企业预期"低迷"，信心受到打击（李前，2019）。

尽管当前中国外贸增长实际数据好于预期，但不排除有海外客户在征收新关税之前"抢订单"、国内企业"抓出口"的嫌疑。一个利好消息是：2020年1月15日中美第一阶段经贸协议正式签署，美方暂停包括原定2019年12月15日要加征的关税、将2019年9月1日生效的对华加征关税税率从15%降至7.5%等多项承诺，中美双方就汇率问题也达成平等互利的共识，为企稳中国出口、维护中美正常经贸关系、实现世界经济稳定发展奠定重要基础。只是随着中国国力的增强，不排除未来中美经贸领域的纷争或有增加的可能。由此可见，实现外贸出口的稳定发展依然会是相当长时间内的共性问题。

---

① 数据来源：海关总署，截至2010年1月14日。

第二节　中国外贸结构的自身特征

在美国单边主义和全球经贸摩擦加剧背景下,"稳外贸"需全面认识中国出口增长的结构特征。本书以联合国贸易统计数据库、中国海关统计数据库、工业企业数据库和国家统计局等相关数据为基础,对我国出口贸易的宏观结构、产品结构、要素密集度结构、企业结构、贸易方式结构、贸易类型结构进行统计分析,结果发现:

一　产品结构

以标准化逆赫芬达尔指数(HHI)计算方法为基础,本书首先对1995—2017年中国出口的HS-6位码产品进行结构分解,结果发现我国出口产品集中度依然"较高",产品多样化目标仍"任重道远",表现在:1995年中国出口产品HHI集中度指数为0.001,2017年的集中度增加到0.022,扩大了2.2倍。使用泰尔指数进行测算后,同样能说明中国出口产品集中度"较高"问题:1995年中国出口产品总泰尔指数为1.8392,到2017年达到2.2663,增长了1.23倍。造成这一现象的原因,就是传统产品出口比重大、新产品出口比重有待增强。

为准确衡量出口增长的传统产品与新产品作用,本书还选择1995年为基础进行动态比较,结果发现:1995—2017年传统产品出口占比平均达到98.92%,而新产品仅占1.08%;从时间上看,虽然总体上中国传统产品出口比重有下降趋势,新产品出口比重有所上升,但变化幅度不明显,且2017年的传统产品出口占比又有所增加。

当然,中国货物贸易出口增长主要以传统产品为主并非具有"唯一性"。这是因为选择相同时间段的部分发达经济体和发展中经济体进行国际比较后,结果发现:无论是出口标准化逆赫芬达尔(HHI)指数还是$H-K$指数,美日德等发达经济体的出口增长以"新产品"为主,而"金砖五国"和越南、泰国、罗马尼亚、阿尔巴尼亚、保加利亚等发展中经济体,其出口增长主要以"传统产品"为主,似乎表明这些国家(或地区)同中国类似，也存在出口产品集中度高、出口多样化尚未根本实现的矛盾和困难。

二 国别（或地区）结构

总体上看，中国出口贸易国别（或地区）结构逐渐优化的客观事实不容置疑。以1995年为基础进行比较后，到2017年占中国总出口前20的国家（或地区），出口占比降低了约20个百分点。只是从相对大小来看，中国出口贸易的国别（或地区）集中度依然较高，前20个贸易伙伴占总出口比重在2016年之前一直高于70%，2017年更是比上年增长了0.44个百分点。

从具体国别（或地区）来看，1995—2017年中国仅对美国的货物出口占比就高达19.90%。从平均出口占比上看，更容易看出我国出口增长的国别（或地区）集中度相对较高，因为1995—2017年中国对美国的出口平均占比最高，达到21.52%，出口到中国香港地区、日本、德国、韩国、英国、法国、加拿大、荷兰、新加坡的占比达到67.41%。

国别（或地区）集中度相对较高已经给中国外贸持续增长带来了一些压力。以全部209个贸易伙伴平均进口为横坐标，中国对其出口为纵坐标，简单的散点图和拟合曲线表明：我国外贸国别（或地区）集中度高对出口增长总体呈现出负相关关系。这一趋势结论似乎暗示着：集中于少数发达国家（或地区）为主的出口增长方式极易受到外部需求冲击的影响，一旦这些国家（或地区）发生经济危机，出口贸易国别（或地区）集中度过高极易因外部需求减弱出现大幅波动；相反，如果中国出口增长能实现更大范围的国别（或地区）多元化，可减少贸易增长对少数发达国家（或地区）的过分依赖。

国际比较也能够得到不少发展中经济体，其出口增长的国别（或地区）结构同中国有类似特点，比如中国、巴西、印度三个大的发展中国家，其出口增长国别（或地区）结构的集约边际总体呈现上升趋势，而扩展边际呈现下降态势，同时俄罗斯和南非的集约边际也不断增加，且出口贸易的国别（或地区）集中度过高也对稳定贸易增长似乎不利。相反，希腊、爱尔兰、比利时、匈牙利等经济结构"大体"完成转型后的欧洲国家，其出口增长的国别（或地区）结构"正从"集约边际为主向扩展边际为主转变。美国、日本等发达经济体出口增长的国别（或地区）结构中，更是出现集约边际呈现下降趋势、扩展边际呈现上升趋势的现象。

三 比较优势结构

将 CEPII BACI 数据库提供的出口产品数据转变为 SITC – 3 位码后，中国出口产品的要素密集度具有以下显著特点：资源密集型产品的出口所占比重很小，从1995年的8.67%下降到2017年的3.56%，减少了5.11个百分点，说明我国对外贸易已经成功摆脱了依赖资源出口的老路，悄然从"资源相对丰裕"的国家转变为"资源相对稀缺"的国家；劳动密集型产品的出口所占比重减小幅度很快，从1995年接近"半壁江山"（49.21%）下降到2017年的23.20%，减少了26.01个百分点；资本密集型产品的出口一直保持"稳中有进"，从1995年的11.82%增加到2017年的12.28%，增长了0.46个百分点；技术密集型产品的中国出口"突飞猛进"，从1995年占比为30.05%增长到2017年的61.00%，增加了30.95个百分点，几乎增加了2倍以上。

应该指出的是：尽管我国劳动密集型产品出口所占比重逐年下降，但就其抗外部需求冲击的作用上，贡献不容"忽视"，尤其是在2008年国际金融爆发之后，资本密集型产品受主要发达国家国内需求不振以及"再工业化"等不利影响，2009年首次出现下降，相反劳动密集型产品出口占比在危机之后的2009年不降反增，似乎说明：尽管我国劳动力使用成本正不断攀升，但与其他国家（或地区）相比，劳动密集型产品或许仍存在较大比较优势。

再通过出口产品的显示性技术复杂度（*RTV* 指数）进行测算和比较后，尽管从平均值的排序上，中国资源密集型产品出口技术复杂度依然最高，劳动密集型产品出口技术复杂度其次，资本和技术密集型产品出口的平均技术复杂度依然最小，但与统计初始的1995年相比，后两者 *RTV* 指数增长的幅度最大，23年内分别增长了0.18和0.1，而资源密集型产品几乎没有增长，劳动密集型产品也仅增长了0.06。更为重要的是，与统计初始的1995年相比，资本、技术密集型产品出口技术复杂度与资源、劳动密集型产品的差距不断缩小，尤其是技术密集型产品，比如与劳动密集型产品相比，技术密集型产品的出口技术复杂度在1995年低了0.1，而到

2017年两者几乎相当，差距仅为0.05，即缩小了近一半。这些结论在一定程度上可能暗含着我国鼓励创新政策带来的技术进步部分体现在出口贸易的动态比较优势上，带来出口产品的显示性技术复杂度指数（RTV）不断提升。

上述特征在一定意义上应该也可以说明：中国"基本"实现了外贸出口产品的技术升级，动态比较优势不断"凸显"。

四 贸易方式结构

分贸易方式划分后，本书发现：第一，一般贸易和加工贸易始终是我国外贸增长的主力，两者之和几乎占据了全部进出口贸易总量，相反"其他贸易"所占份额很低，其进出口占全部贸易的比重最高也仅为4%；第二，相比一般贸易，加工贸易曾占中国对外贸易比重大，自1995年起一直超过50%，直到2009年仍然占到51%；第三，一般贸易是近年来我国进出口增长的主要形式，其占全部外贸的比重在2019年达到61%，而加工贸易下降到仅为38%；第四，单独从出口贸易增长上看，加工贸易作为我国对外出口最主要形式所持续的时间相对"较长"，占比在1995—2013年都超过50%，直至2014年之后"一般贸易"才开始超过"加工贸易"；第五，从顺差上看，自1999年以来，加工贸易顺差对全部顺差的贡献始终超过一半以上，即便是到2019年依然能够贡献41%的贸易顺差。

进一步将加工贸易划分为包括"来料""进料""出料"的"三料"加工贸易，以及其他加工贸易形式后，本书还发现："三料"加工贸易几乎占据了加工贸易的全部进出口，占比从1995年的86.20%增加到2018年的96.25%，相反"其他类型加工贸易"所占份额相对较小，2010年之后"跌到"4%及以下；贸易顺差更是如此，从1997年开始，"三料"加工贸易顺差增加了21.00倍，几乎是其他形式加工贸易的三倍。

"来料""进料"和"出料"加工内部上，我国外贸增长的主要形式是"进料加工"，进出口占比超过69%，出口所占比重超过70%，贸易顺差占比均在67%以上。此外，中国"三料"加工贸易还具有"进料加工"所占比重高、顺差贡献大的特点，说明为稳定外贸发展，依然需要采取针对性有效措施促进"进料加工""来料加工"和"出料加工"均衡协调发展。

分东中西区域后，本书发现：首先，中国货物贸易主要集中在东部地区，中部次之，西部有待提高，但中西部发展速度相对较快；其次，尽管中西部相对东部而言，其一般贸易所占比重略大，但包括进料、来料与出料在内的"三料"加工贸易也主要集中在东部；最后，各地区外贸增长同样主要是进料加工和来料加工，出料加工无论是绝对出口交货值还是所占份额都很小。

也就是说，无论是对中国对外货物贸易整体进行分析，还是分东中西区域差异或者各区域不同省市区差异，本书都发现：加工贸易曾对我国外贸持续稳定发展做出过重要贡献，更贡献了样本期内至少62%的平均贸易顺差；而在加工贸易内部，最主要的贸易形式是"进料加工"，其贡献了样本期内超过69%进出口、70%的出口和67%的贸易顺差。

五 贸易主体结构

区分企业主体结构后，外资外贸对中国货物贸易发展做出过"历史性"贡献。1995—2018年我国外贸进出口年均增长12.95%，外资外贸增长的贡献相对较大，其年均增速达到13.26%，而内资企业仅为12.74%，年均低了近0.52个百分点。货物出口更是如此，1995—2018年总外贸出口年均增长13.03%，外资企业相对内资企业而言，增长速度更快，前者年均达到14.22%，后者为12.37%，即内资企业出口增速比外资企业年均低了1.85个百分点。

当前，我国货物贸易的内外资企业发展相对均衡，但不排除未来外资外贸发展规模有"萎缩"迹象。这是因为从1995—2018年的平均值上看，内外资企业占全部货物贸易出口的比重均为50%，出口也大体如此，内资企业占全部出口比重的平均值为51%，外资企业为49%，货物贸易的内外资占比相对均衡。但从发展趋势上，内资企业无论是货物贸易进出口还是单项出口，其占全部贸易的比重尽管在2000年左右有所下降，但2008年国际金融危机爆发之后开始稳步上升；与之相反的是，无论是外贸总额或出口交货值，外资企业占比在经历1995—2009年相对快速增长之后，于2010年开始下降，且这一下降趋势持续至今。

而进一步将内资企业划分为国有企业和民营企业后，采取切实有效措施保障民营企业外贸增长对稳定中国内资企业货物贸易发展具有重要意义。1995—2018年内资企业进出口贸易增长的15.76倍中，民营企业是"主力军"，其外贸增长了276.82倍，年均增长30.48%。出口贸易中，1995—2018年内资企业增长的14.62倍中，民营企业更是扩大了454.30倍，平均每年都会增长30.48%。也就是在平均增速上，民营企业进出口贸易年均增速会比全部内资企业高出15.33个百分点，单纯出口的年均增速更是比全部内资企业高出23.29个百分点。

将贸易方式与企业主体结合起来后，本书还发现：首先，内资企业货物贸易增长速度高于外资企业；其次，内资民营企业货物贸易增速远超过国有企业。民营企业作为内资企业对外贸易发展的主体，且加工贸易份额高于一般贸易的客观统计事实，表明在当前"稳外贸"发展大背景下，政府依然需要采取切实措施，有效维护民营企业外贸增长的动力机制。

六　贸易类型结构

将我国对外贸易划分为货物贸易与服务贸易两大类后，本书可以很容易得出以下结论：改革开放以来，我国服务贸易出口增长慢、进口增长快，决定服务贸易是目前中国外贸逆差的主要来源。

区分生产性服务贸易与非生产性服务贸易后，本书还可以得到：改革开放以来，我国服务贸易主要以非生产性服务贸易为主，但近年来生产性服务贸易增速更快。如果这样的发展趋势持续下去，未来中国生产性服务贸易"有望"率先实现贸易顺差。相反，随着国人对高品质生活质量需求的增加，非生产性服务贸易的逆差可能会进一步放大。

在生产性服务贸易内部，尽管运输服务贸易依然是中国生产性服务贸易的最主要组成部分，但其余细分行业的生产性服务贸易进出口增速都超过两位数，尤其是信息和知识产权生产性服务贸易平均每年以20%以上的速度增长，未来有可能超越运输服务业成为服务贸易增长的最主要构成。更为重要的是在出口市场上，高新技术生产性服务贸易已经超越传统生产性服务贸易，成为当前中国生产性服务贸易出口的主要动力。未来，倘若我国"低成本研发"和"低成本复杂制造"优势能够充分发挥出来，高新技术生产性服务出口或会有更快发展。在贸易盈余上，尽管知识产权和运输服务贸易的逆差规模仍在不断扩张，但保险服务贸易的逆差正不断"收窄"，而信息和金融生产性服务贸易已经从原本的逆差转变为顺差。

在非生产性服务贸易内部，尽管样本期内所有非生产性服务贸易进出口年均都能保持两位数增长，但旅行始终是样本期内所有非生产性贸易进出口的最主要构成部分。而在出口市场上，与进出口贸易总额表现不一致性的是：中国旅行出口增速近年来有所放缓，规模也有所下降，广告、影音、咨询出口正不断增加。贸易差额上，正是因为旅行进口增速大幅快于出口，结果导致旅游成为我国当前非生产性服务贸易的最大逆差，相反建筑和其他类服务贸易出口速度高于进口速度，目前已经成为我国非生产性服务贸易顺差的主要来源。只是因为旅游服务逆差十年间扩大了58.95倍，结果导致中国非生产性服务贸易总体上呈现出非常大的"逆差"状态，其逆差额更是超过生产性服务贸易，是我国服务贸易逆差的最主要"贡献"者。未来，随着中国人均实际收入的不断增加，对外经济交往的自由化与便利化持续发展，人们对美好生活的向往会推动更多国人赴境外旅行，旅游服务逆差规模或许还会持续扩大。

第三节 本书主要结论

为分析我国外贸结构形成的上述特征，本书在经典新—新贸易理论基础上，先后引入发展中经济体普遍存在的农业剩余劳动力转移、要素偏向性技术变迁、吸引外资、进口中间产品出口最终产品、人力资源错配、国际经济合作等变量，对现有部分经典新—新贸易理论模型进行拓展，然后使用中国微观企业数据、海关编码数据、全球HS-6位码贸易数据、细分行业数据，以及分地区与分所有制子样本数据进行实证检验后，主要结论如下：

一 产品多样化与出口产品结构

为解释包括中国在内的众多发展中经济体出口增长主要以传统产品为主的原因，本书使用农业剩余劳动力非农转移作为结构转型变量，对Mayer等（2014）单要素产品结构新—新贸易理论模型进行拓展。理论模型推理的结论显示：发展中转型经济体，农业剩余劳动力非农转移降低了传统产品生产企业的出口零利润条件,这些企业出口随之扩张,传统产品出口规模不断增长;与此相反,农业剩余劳动力非农转移提高了潜在生产者进入市场生产新产品的出口零利润条件,进而会抑制新产品出口速度的扩张;两方面的共同作用导致发展中经济体出口增长存在以少数传统产品为主的固有特征,理论上是不利于出口产品多样化战略的实施。

使用1998—2013年中国微观企业数据和1995—2017年HS–6位码产品数据进行多种实证检验后,农业剩余劳动力非农转移的确具有显著促进"老"企业传统产品出口作用,不利于潜在生产者进入市场成立"新"企业、研发和出口新产品扩张,致使样本期内我国出口增长的产品结构存在以传统产品为主的特征。这种以少数传统产品为主的贸易增长方式在世界经济健康发展前提下没有太大"问题";相反,一旦世界经济陷入危机,尤其是发达经济体出现危机,就极易受外部需求冲击的影响而出现大幅波动,本轮国际金融危机就是典型例证。相反,如果中国出口增长能实现以大量差异化的新产品出口为主,这不仅有助于增加出口量,更能提高抗外部冲击的稳定性。

二 市场多元化与出口国别(或地区)结构

为什么其他发展中经济体也会和中国类似,存在外贸增长方式主要以少数传统产品向部分发达国家(或地区)大量出口的事实?为解释这一现象,本书将农业剩余劳动力非农转移再次融入Lawless和Whelan(2014)国别(或地区)结构模型中,并对新—新贸易理论经典二元边际理论分析框架进行相应修改。一个简单的$M \times 2 \times (N+1)$数理模型进行论证能够得出"经济结构转型国家(或地区),农业劳动力相对越多,越有利于出口增长集约边际而不利于扩展边际"的初步结论,即处于经济结构转型过程中的发展中国家(或地区),农业剩余劳动力相对越多,出口增长的扩展边际越小、集约边际越大,即存在以少数传统产品向少数贸易伙伴大量出口的现象,从而不利于出口增长国别(或地区)多元化的顺利实施。

使用中国1995—2017年出口到209个国家(或地区)的二元边际数据进行实证检验后,农业剩余劳动力非农转移有利于集约边际出口增长,不利于扩展边际提升的结论是成立的,表明我国过去以少数传统产品向少数发达国家(或地区)大量出口的增长模式应该与当时所处的经济结构转型相关，尤其是在过去长期存在的二元经济结构中，农业领域大量剩余劳动力向制造业部门非农转移所带来的"低劳动成本"竞争优势密切相关。

进一步使用设限数据的 Tobit 模型和面板模型及其工具变量估计方法对全球 155 个经济体相互间贸易数据进行实证检验后，处于经济结构转型的发展中国家（或地区），其农业劳动力的非农转移确实有利于集约边际出口，不利于扩展边际增长，且这一结论无论是在全部样本、分收入等级、分地区的估计中，还是加入或不加入控制变量的稳健性检验中，或者采取工具变量的再估计中都是成立的，而对完成经济结构转型的发达经济体不具有这样的效应。

三 要素密集度与比较优势结构

目前来看，中国外贸增长呈现较为典型的"动态比较优势"。为解释这一现象，本书将 Acemoglu 等（2003）的要素偏向性技术进步研究思路融入 Barnard 等（2007）模型中，理论模型推理后的结论显示：企业异质性发生在偏向性技术进步和中性技术进步的结果不同；偏向于密集使用要素的技术进步与比较优势一起使本国（或地区）不同行业的企业相对销售收入更大，相反偏向于原本稀缺要素的技术进步可能带来比较优势的升级；而中性技术进步时，不管存在还是不存在比较优势，对企业相对销售收入没有影响。

使用 1995—2017 年中国出口的 HS-6 位码贸易数据、2000—2013 年工业企业与海关统计的匹配数据进行检验后，本书首先发现生产率水平依然是决定企业或行业出口的重要因素之一。这一结论一方面符合理论模型预期，另一方面也符合经典新—新贸易理论的基本结论。

与全要素生产率代表的中性技术进步不同，相对资本密集度代表的偏向性技术进步在全部行业、劳动和资本技术密集型行业中出现较为明显的差异，表现在：偏向资本的技术进步促进资本技术密集型企业和行业出口为正，但对劳动密集型企业与行业出口却为负，一方面符合理论模型推理的"要素密集型行业偏向密集使用要素的技术进步有助于扩大相对出口规模"的基本结论，另一方面也说明偏向资本的技术进步对资本技术密集型产品出口增长有利，而对劳动密集型产品出口增长构成"负担"。如果不考虑加工贸易的可能影响，这一结论或许可以解释中国劳动密集型产品出口增长放缓、资本技术密集型产品出口不断"扩张"的原因。

四 加工贸易与贸易方式结构

中国加工贸易在2008年国际金融危机之后出口占比持续减少。为解释这一现象，本书再将双要素分析框架拓展为三要素（劳动、资本、中间产品），构建三要素中间产品的新—新贸易理论模型，并试图说明进口中间产品、出口最终产品的贸易增长规律，结果发现：理论上，由于存在进口贸易成本，为获取非负利润，应该只有生产率高的企业才能把进口中间产品作为生产最终产品的中间投入；如果对外出口还存在出口贸易成本，也应该只会出现生产率更高的企业才有可能把进口中间产品作为生产最终产品的中间投入并向海外市场出口。倘若把进口中间产品又出口最终产品的企业界定为加工贸易企业，则其生产率要求更高。相反如果加工贸易企业追寻的是生产成本最低而非生产率水平更高，极容易出现"生产率悖论"问题，即出现生产率促进企业从事一般贸易的影响效应大于加工贸易的情况。

使用《中国工业企业统计数据库》（1998—2013）与《海关统计数据库》（2000—2015）匹配数据进行实证检验后，从一般贸易、加工贸易和其他贸易三大类上看，"生产率悖论"总体上更容易出现在其他类型贸易上；分东中西区域后，"生产率悖论"总体上更容易出现在中西部地区生产企业采取多种贸易方式出口上，尤其是中西部的加工贸易企业更表现如此。而将加工贸易划分为包括来料、进料、出料的"三料"加工贸易，以及保税区、加工设备和其他加工贸易四类后，"生产率悖论"首先更容易出现在包括边境贸易在内的其他加工贸易类型上；其次容易出现在加工设备的加工贸易上；最后再将"三料"加工贸易细分为进料加工和来料加工后，"生产率悖论"在来料加工贸易企业表现得更为明显。分区域后，"生产率悖论"还能出现在东部地区从事保税区加工贸易的企业上，更能出现在中西部进料加工和来料加工贸易企业上。

尽管在上述分类检验中，本书可以发现中国部分生产企业存在"生产率悖论"问题，但无论是一般贸易还是加工贸易，也无论是东部地区还是中西部地区，或者是专门从事一种贸易方式的企业或者从事多种贸易方式的企业，其是否选择海外出口，总体上都与其生产率水平正相关（尽管不

· 435 ·

少情况并不能达到显著性水平要求），这一结论应该也能够为"企业生产率是决定我国企业出口与否"提供重要证据，即同类产品企业间出口相对大小与他们生产率的异质性直接相关。

五　内外资企业与贸易主体结构

当然，中国外贸增长在很大程度上与外资企业相关，加工贸易繁荣更是离不开"外资外贸"的贡献。不同企业主体的贸易增长如何？新—新贸易理论又能提供何种解释？本书再将三要素（劳动、资本、中间产品）理论模型拓展为四要素（劳动、内资、外资、中间产品），构建一个FDI、贸易方式、企业进口与出口的新—新贸易理论模型。理论上，只要存在进口与出口贸易成本，内外资进口中间产品的企业零利润条件和零利润生产率都应该比不使用进口中间产品的企业大。倘若再次把进口中间产品且出口最终产品的贸易形式看成是"加工贸易"，把不进口中间产品且出口的贸易形式看作"一般贸易"，上述结论就要求内外资加工贸易企业的零利润条件比一般贸易更"严格"、最低生产率要求更"高"。倘若出现相反情况，即内外资加工贸易企业的零利润条件反而比一般贸易低，零利润生产率水平也更小，也就会出现"生产率悖论"。其原因或许就是内外资加工企业本身并非"追求"生产率更高而是成本"更低"，即"刻意"寻求生产成本最低尤其是劳动力使用成本低的"洼地"效应，然后在交通、物流等较为便利的沿海或沿江、沿边地区"集聚"。

使用《中国工业企业统计数据库》（1998—2013）与《海关统计数据库》（2000—2015）匹配数据进行实证检验后，样本期内的内外资企业总体上并没有明显"生产率悖论"，无论是全部样本还是分贸易方式的子样本都是如此。

不过，如果将是否达到显著性水平作为判断内外资企业是否存在"生产率悖论"的方法，本书很容易得出以下结论：外资加工贸易企业存在"生产率悖论"，尤其是外资加工设备类加工贸易和保税区加工贸易。在"三料"加工贸易上，"生产率悖论"主要集中在外资来料加工贸易企业上。

将内资企业划分为国有企业和民营企业后，容易出现"生产率悖论"是国有企业，特别是专门从事一般贸易的国有企业，以及从事多种贸易方式的国有企业。

分区域后,样本期内东部地区的内外资企业都会满足自我出口效应的要求,即其生产率水平具有显著促进企业出口增长的作用,而中部的内资加工贸易企业和外资一般贸易企业,其生产率水平尚不具备显著促进出口增长的作用,而西部地区内资加工贸易企业和外资一般贸易企业可能也有"生产率悖论"嫌疑。

六　人力资本与贸易类型结构

服务贸易情况又如何?本书进一步从 Lodefalk (2014) 制成品贸易和服务贸易分类视角出发,试图拓展一个人力资本潜在优势与服务贸易出口增长的新—新贸易理论模型。结果显示:理论上,将服务业劳动投入划分为普通劳动者和富含人力资本的劳动者后,的确能够出现"人力资本越多的国家(或地区),服务业生产率水平越高"的结论,说明人力资本越丰裕的国家(或地区),其超过最低零利润生产率的可能性越高,服务贸易出口会随着人力资本潜在优势的逐渐发挥而不断壮大。进一步构建服务贸易出口增长的引力模型后,本书还发现:人力资本潜在优势越大的国家(或地区),如果本土消费需求规模能得到充分发挥,本土市场效应和人力资本优势相结合,将促进本国(或地区)服务贸易的国际竞争力增强,服务出口应该会随之扩张。

使用 1997—2018 年中国分行业服务贸易出口数据进行实证检验后,人力资本促进我国服务贸易出口的显著作用的确存在,但是分生产性服务业与非生产性服务业后,人力资本促进生产性服务出口的显著作用明显低于非生产性服务出口,似乎意味着中国服务贸易部门的人力资本或有错配可能。而在促进服务业生产率内生增长上,无论是三变量还是五变量的面板向量自回归模型,也无论是方差分解还是脉冲响应函数,所有实证结果都在显示:人力资本促进生产性服务业生产率内生增长的作用都应该高于非生产性服务业。

七　"一带一路"与货物贸易出口结构

稳外贸离不开区域经济合作,尤其是当前中国主导建设的"一带一路"倡议。为此，本书再次使用国际经济合作变量对出口增长二元边际新—新贸易理论模型进行了拓展，探寻"一带一路"倡议是否具有促进中国和沿线国家（或地区）外贸增长结构转型的作用。理论上，一个简单的模型推理能够得出：随着中国和沿线国家（或地区）经贸合作逐渐走向深入，出口增长的扩展边际作用将逐渐体现，集约边际作用也将逐渐体现。

使用中国和沿线国家（或地区）的92136个数据作为样本进行实证检验后，"一带一路"建设的确有利于中国和沿线国家（或地区）出口增长，但具有差异性，即更有利于集约边际而非扩展边际。同时，"一带一路"建设还具有扩围合理性，因为将中国和沿线65国（或地区）拓展到新的34个经济体（即共100个经济体）后，"一带一路"倡议能够明显促进所有国家（或地区）的出口增长。

八 自贸区质量与全球外贸结构转型升级

"一带一路"倡议的重要目标之一是：建设辐射"一带一路"的高标准自贸区。高标准、高质量对外自贸区战略是否具有促进外贸增长结构转型升级的作用？本书再从制度质量作用出口份额入手，进一步拓展了一个理论模型，以便能在全球范围内讨论"自贸区质量与贸易发展"的相互关系。结果发现：理论上，将自贸区制度质量纳入新—新贸易理论框架，一个简单的数理模型进行论证后，本书能够得出"高标准经济合作具有贸易增长效应，提升自贸协定制度质量可以起到繁荣出口增长二元边际"的初步结论。这是因为高标准自贸协定能够强化WTO和WTO+规则中有关边境与境内措施的约束，让集约边际与扩展边际同时扩张；更高法律承诺还能为新产品进入新市场"保驾护航"，减轻其"新进入市场"身份可能遭遇环境标准、海关程序、卫生检疫等壁垒限制，吸引更多潜在生产者创立新企业、生产新产品以进入自贸伙伴市场，出现自贸区质量促进扩展边际的作用高于集约边际情形。

使用全球188个经济体相互间贸易增长数据进行实证检验后，本书发现：自贸区战略确实有利于各经济体出口增长的二元边际；自贸区制度质量越高，促进集约边际与扩展边际出口增长的效应越明显，且高标准自贸协定促进扩展边际增长的作用高于集约边际，边境措施比境内措施更有利于提升扩展边际。这些结论在全部样本、分收入等级和分地区的稳健性检验中基本都成立。

交叉项的进一步检验结果还表明：发展中经济体"希望"同高收入发达经济体签订高标准自贸协定的一个重要原因是自贸伙伴绝对经济规模促进贸易增长的显著作用明显高于本土市场效应。只是自贸区质量对高收入国家（或地区）出口增长的拉动作用没有发展中经济体理想，对欧美国家（或地区）的效果也没有亚非国家（或地区）明显，似乎表明这些高收入国家（或地区）在签订高标准自贸区可能具有"保守性"和"局限性"。所幸的是，地理临近的高标准自贸区协定无论对集约边际出口还是扩展边际出口都表现出显著正向作用，选择与地理临近经济体展开高标准自贸区合作，也许是一种"次优"选择。

第四节　促进外贸结构转型升级的政策建议与启示

通过上述理论与实证分析，本书可以得出以下对外对内两方面政策建议与启示：

一　对外应以"一带一路"建设为重点，构建辐射全球的高标准自贸区网络

1. 以"一带一路"建设为重点，努力推动形成全面开放新格局

如果将1978年看作是对外开放的起点，40多年中国开放历程如同一幅波澜起伏的历史画卷，伟大成就毋庸置疑，但也不应忽视两个基本事实：首先，开放不是万能的，没有"一开就灵"万能良方，国内外历史比较均是如此。例如从国内来看，晚清到南京国民政府，开放并未让中国崛起，普通民众更难从中获益，毕竟历史数据显示1895—1947年我国出口贸易增长了8倍，但人均收入只从38元提高到51.51元，59年才提高了13.51元，外贸上更是出现了连续长达72年的逆差，在世界贸易史上也实属罕见；其次，改革开放以来，中国开放型经济取得成功，本身得益于经济发展目标、产业支撑体系、相对友好国际环境三者统一，毕竟任何脱离

比较优势的"拔高"开放或"抑制"开放只能适得其反。比如世界经济史上著名的"进口替代"与"出口促进"之争，最终以南美洲国家陷入中等收入陷阱、东亚四小龙、四小虎的崛起收场，根本原因在于巴西、阿根廷等"刻意拔高"对外开放层次，试图在轻工业尚未走完的征程上，利用外债"创立"重工业体系，不仅未能充分融入世界分工体系，反而因过度外债引发了银行危机或货币危机。四小龙、四小虎后来发展历史同样如此。劳动密集型产业的繁荣，让泰国、印度尼西亚等忽视了产业升级重要性，一味压低汇率的货币贬值，本身就有系统性金融风险，在面对量子基金等货币攻击下，也以危机终止高增长。相反，韩国在东南亚金融危机后，痛定思痛，走出了一条从轻工业到重工业、从制造业到服务业、从实体生产到创新驱动发展的新路，成为为数不多的跨越中等收入陷阱、跻身发达国家俱乐部的成员。

中国开放型经济取得的成功，同样得益于经济发展目标、产业支撑体系、相对友好国际环境的匹配。然而，2008年美国次贷危机引爆国际经济危机后，世界开放型经济发展受到负面影响，我国也难独善其身，尤其国际金融危机和后危机时期，世界经济呈现出典型的亚健康和弱增长状态，全球局部冲突和动荡频发更是如此。即便2017年全球展现出危机以来"前所未有"的复苏迹象，但特朗普接连对包括中国、欧盟、日本、加拿大等经济体发起"232""301"调查，国际贸易摩擦似乎愈演愈烈，今后一段时间可能要面对一个与过去40年不太一样的世界。未来如果有更多国家（或地区）表现出更多权力政治的倾向、更多相互竞争的心态，采取更多退向自我的政策，必然会构成全球治理更为复杂的时代。

怎么办？中国是被动等待美国完成全球经济秩序重构还是在扩大开放中完善开放型经济新体系，积极争取全球制度性话语权？答案不言而喻！怎么干？党的十九大明确做出部署：要以"一带一路"建设为重点，推动形成全面开放新格局。

自2013年"一带一路"倡议提出以来，"源自中国但属于世界"的共商、共建、共享发展原则，引起了国内外广泛关注，一个各方共同打造的开放包容的经贸合作平台逐步完善，其全球公共产品属性正不断释放活力，不仅有助于实现沿线国家（或地区）优势互补、互利共赢，还能开创发展新机遇、扩展增长新空间。

客观来看，中国与沿线国家经济合作前景十分广阔。"五通＋七路"

倡议提出以后，得到沿线国家（或地区）的积极响应，相互贸易投资的拉动作用已经显现。比如对外投资上，2018年中国企业对沿线国家（或地区）直接投资156亿美元，新签承包工程1690亿美元，分别比2014年增长了24.6%和18.7%；沿线国家（或地区）对华新设立企业4479家，直接投资424亿美元，也分别比2014年增长了1.4倍和5.3倍。[①] 贸易畅通更是如此，2018年中国与沿线国家（或地区）进出口贸易总额83657亿元，比2015年增长了34.5%，其中出口46478亿元，进口37179亿元，也分别比2015年增长了21.9%和54.3%。而在政策实施上，2017年首届高峰论坛统计的76大项代表性合作成果中，仅贸易畅通就达到13项，占比17.1%，其中就包括同巴基斯坦、越南、格鲁吉亚等众多经济体的政府间经贸合作协议或谅解备忘录。2019年4月召开第二届高峰论坛，代表性合作成果更加丰硕。

在贸易畅通上，本书结果表明，"一带一路"建设有利于中国和沿线国家（或地区）贸易增长的结论始终成立，其政策含义是："一带一路"从"大手笔"向"工笔画"深入推进中，不应该过度强调主导权之争，需要选择适当的战略，用变通的方式，求得最大公约数。只要始终坚持方案是中国的，智慧是国际的，就会让不同国家（或地区）在长期不断的相互交流、碰撞、吸收、融合和创新中共同发展，也会在贸易上取长补短、增信释疑、共同繁荣。

只是样本期实证研究结论还显示，"一带一路"建设更有利于沿线国家（或地区）传统产品出口增长而非新产品出口扩张，其政策含义是：现有贸易畅通仍需持续推进，各方仍需要在"造出来""走出去""融进去""请进来"中下足功夫，即"造出来"，形成新产品；"走出去"，强化新产品交流互鉴，一方面发挥政府推动作用，让商品走出国门，另一方面发挥国际展览作用，把新商品"带出去"，让企业新产品"走进去"；"融进去"，通过"政府搭台，投资唱戏"，不断实现跨境投资自由有序流动，加快新商品的全方位传播；"请进来"，善于吸收外来，优化投资环境中"请进来"，因为有"请进来"滋养才能创造出更加健康强劲的"走出去"，从而扩大新产品出口增长。

而从扩围建设上看，"一带一路"似乎更有利于中国和"带"上国家

---

① 数据来源：根据历年中华人民共和国国民经济和社会发展统计公报整理得出，下同。

"新产品"出口增长,而对"附路"国家"传统产品"出口更有利。这一非对称性意味着在未来合作中要充分重视差异性:对于"陆上丝路"29国的发展重点任务应该是建立全球价值链分工体系,可以在加强基础设施互联互通的同时,各方在沿陆上交通线、陆路口岸等共同出资建立保税港、保税区,逐步建立起新的全球价值链分工体系,带动新产品和传统产品的共同增长;对于聚集在全球价值链之中的"海上丝路"36国来说,传统产品出口的作用相对更大,发展重点应该是重塑全球价值链分工体系,充分利用各方在劳动、资本、技术、管理经验等要素禀赋差异,进一步放大老产品在出口增长中的作用,再逐步过渡到扩展边际,实现贸易的共同繁荣;对于"附带"上西欧等发达国家来说,新产品出口作用更大,可以进一步发挥它们新产品研发、设计、生产的历史沉淀优势,加强贸易畅通中如果能尽量减少高新技术出口管理限制措施,新产品新市场的扩展边际出口增长也能带来贸易繁荣;而对"附路"上的南美、非洲等发展中经济体,低生产成本优势相对较大,现有老产品出口国际竞争力还是客观存在的,降低阻碍相互间产品国际流动的体制机制障碍,传统产品拉动出口的作用应该也会不断凸显。

当然,推动"一带一路"建设,中国也需要树立正确义利观,因为在控制变量的实证分析上,本书还有以下结论成立:

目标市场绝对经济规模显著正向影响沿线国家(或地区)出口增长,意味着各方加强政策沟通,采取切实有效的政策措施,实现共同发展,将极大程度地促进各方出口增长。相对经济规模显著正向影响出口增长的扩展边际,符合本土市场效应的理论预期,表明各方发挥自身经济发展主观能动性,不仅能带动其他经济体的出口增长,也能促进自身出口贸易沿新产品、新市场的扩展边际扩张。

经济结构转型同时显著正向影响沿线国家(或地区)出口增长,意味着很多沿线国家(或地区)的工业进程中,可以继续发挥低劳动成本优势。只要各方加强资本流通,减少阻碍资本自由流动的制度障碍,"干中学"和"出口中学习"的技术溢出效应,不仅有利于彼此间扩大出口贸易的集约边际,更有利于增加扩展边际。

可变贸易成本显著负向影响出口增长,说明中国和各贸易伙伴如果能够继续加强包括基础设施、资金、贸易、投资、财政、货币等方面互联互通和自由化建设,不仅能降低阻碍贸易增长的多双边阻力,更能把沿线地区建设成为共同的开放市场、创新市场。固定贸易成本在大多数子样本的回归中同样负向影响出口增长的集约边际和扩展边际。只是对"陆上丝路"国家有些出入,原因可能与这些国家的经济自由化程度仍然有待提高有关,甚至还与某些"故意保护"本土市场的行为有关,导致受到保护的老产品企业因为长期缺乏创新精神带来生产效率的下降。这意味着沿陆上交通线的国家(或地区),其"隐性"贸易成本还较高,需要继续加强包括基础设施互联互通、资金、贸易、投资、财政、货币等方面自由化建设,加强同其他沿线国家(或地区)开展包括贸易畅通、资金融通等为主要内容的重点领域合作,才能把"一带一路"真正建设成为共同的"开放之路、创新之路、繁荣之路"。

实际汇率影响沿线国家(或地区)出口增长的机制较为复杂。只在部分国家(或地区)中出现汇率升值不利出口增长的集约边际,有利于扩展边际的结论。鉴于汇率变动对贸易增长的不确定性,建议沿线各方仍需要维持本币币值稳定,毕竟竞争性贬值等同于没有贬值,结果对出口增长也没有太大效果。不过,实际汇率影响中国出口增长的机制较为复杂,表现在:实际汇率上升后,对传统产品出口构成了障碍,而对新产品出口有推动作用,其政策含义依然要求我国应维持汇率稳定。在当前世界主要经济体就"汇率是否存在操控"有较大意见分歧背景下,中方维护人民币汇率稳定还具有重要现实意义,不仅有助于化解国际社会可能存在的中国"操纵"人民币汇率的无谓"担忧",而且能最大限度上缓解微观企业经营主体始终存在可能发生"汇率战"的心理预期担忧,提振贸易增长的市场信心。

外部冲击显著负向影响中国出口增长的集约边际、显著正向影响扩展边际,一方面说明外部需求冲击对我国传统产品出口不利,符合我国对外贸易每次遇到国际社会大的需求冲击后都会出现较大幅度下降的客观事实;另一方面也说明外部需求冲击往往"蕴含"着新科技革命即将获得新突破的大好时机,只要微观生产企业能把握消费时代变革的历史潮流,外部需求冲击也酝酿着中国出口增长由传统产品为主向新产品为主过渡的有利机遇,进而促进我国新产品出口快步提升。

减少交流障碍的语言相通性同样有助于扩大沿线国家(或地区)的二元边际,说明随着本国(或地区)与出口对象国(或地区)之间说一种共同语言人数的增加,对出口增长有利。这也充分体现了文明互鉴的重要价值：加快语言传播力度与广度，能够降低交易成本，不仅能在文化互通有无中提高传统产品和新产品出口比重，也是推动我国与相关国家（或地区）实现民心相通与贸易繁荣的重要手段。

政治互信对沿线国家（或地区）出口增长二元边际均为正的系数，在一定意义上也体现出沿线国家（或地区）消除相互间可能存在的"政治歧视"，可以不断释放"和平红利"，促进共同繁荣。

2. 构建辐射全球的高标准自贸区网络，争取制度性话语权

当前，中国出口增长"遭遇"国际贸易规则重塑的规则压力正不断加大，尤其国际金融危机以来，主要发达经济体试图在重塑国际经贸新规则中分享更多"全球化红利"成为新趋势，TPP 和 TTIP 就是典型例证。尽管特朗普上台以后，废除了 TPP，但是除去美国后的剩余 11 个经济体还是签订 CPTPP 并于 2018 年 12 月 30 日生效，此外还有美欧同意开展的"三零"贸易谈判、新加坡与欧盟经贸合作、日欧经济合作协定（EPA）签订……在发达经济体之间陆续开展的区域和双边贸易谈判，将给包括中国在内的众多发展中国家（或地区）带来更大的规则压力。

实际上，全球化不会让任何国家（或地区）所有人都获益，必然会让一部分人出现"受损"的情况，比如发达经济体始终存在的制造业失业问题、年轻人贫困化问题、财富的代际鸿沟问题等。正因为如此，以美国为首的发达国家（或地区）认为这是"全球化失控"的结果，于是"公平贸易"主张压倒了"自由贸易"，并开始在全球蔓延。尽管"公平贸易"更多主张关税平等、国有企业竞争中立、公平竞争政策、劳动标准、环境标准、扁平化的进出口检验检疫机制等具有一定合理性，但也在不断否定一国（或地区）想利用边境政策和境内政策维护本国（或地区）经济发展权利，即减弱相关国家（或地区）的经济主权，背后则是要求重新分配全球化红利，让收益向发达经济体倾斜。

目前来看，高标准自贸协议正成为新一轮全球化的趋势，中国也要建设辐射"一带一路"的高标准自贸区，尤其是高标准、高质量为主要特征的自贸协定，并于 2013 年开始在国内建立了多个自由贸易试验区[①]，率先试用国际经贸新规则并积极向其他地区形成可复制、可推广的经验。

客观来看，高标准自贸协定，因为其覆盖的议题既多、法律承诺率也

---

① 数据来源：中国自由贸易试验区官网，截至 2020 年 2 月 1 日。

强，相应的产品出入境检验透明度高，原产地证书认证等边境措施较为规范。如果再引入类似专利知识产权保护、监管一致性、公平竞争政策、环境、劳动等规范、透明、非歧视的境内标准，贸易自由化和便利化将进一步加强，将有助于凝聚创新要素、强化企业创新意愿、提升创新效率，应该对签订自贸协定双方的新老产品出口增长有利。本书的理论与全球数据的实证检验结论也能说明这一点，表现在各国（或地区）自贸制度质量越高，促进新老产品出口增长的效应越明显，说明中国应该重视自贸区战略的稳定出口作用，毕竟自贸区战略不仅有助于破除国外"双反"调查，而且有助于实现出口的市场多元化和产品多样化。

自贸区战略实施还能"摆脱"中国对美出口集中度过高问题。如果未来中美经贸纠纷再次发生或发酵，大力实施自贸区战略，努力开拓第三方市场，或许对缓解中国对美市场"过度依赖"具有重要意义。这是因为：目前中国对美出口4300亿美元，占比14%。如果中国能同全部谈判、研究、倡议的80个经济体都达成自贸合作，预期能让出口增长3900多亿美元，基本能够覆盖现有对美出口总额；即便是把目前正在谈判的顺利完成，也能产生2400亿美元的出口促进作用，覆盖对美出口的一半以上。也就是说，实施自贸区战略至少可以部分缓解中国出口贸易对美国市场的过度依赖，防止以后一旦美方经贸合作出现"风吹草动"，中国就"有些紧张"这一情形反复出现。

当然，发挥自贸区战略的稳定中国出口作用，本书结论还表明应做好先后次序的准备工作：一要在"亲诚惠容"中加快构建周边自由贸易区，力争与毗邻国家（或地区）不断深化经贸关系，构建合作共赢的周边大市场；二要积极同亚非拉发展中经济体商建自由贸易区，努力形成"一带一路"大市场；三要积极同发达经济体展开自贸谈判，逐步形成面向全球的高标准自由贸易区网络。

鉴于提升自贸区质量更有利于出口增长的扩展边际，能够更好地发挥老产品新市场、新产品老市场、新产品新市场的稳定贸易发展作用，中国实施自贸区战略可在确保国内经济安全前提下努力提高边境措施和境内措施的覆盖率与法律承诺率。而在压力保障方面，则要继续深化国内已有的自由贸易试验区试点工作，条件允许可进一步批复其他自贸试验区、自由港，以便探索最佳开放模式，为对外谈判提供实践依据。

二 对内应以供给侧结构改革为主线，推动外贸高质量发展

1. 深入推进城乡二元结构的改革进程，创造对外贸易稳步发展的条件

不可否认的是，传统产品大量出口的繁荣，给中国解决就业和提高资本积累等发挥了重要作用，但也会给持续提升出口产品技术复杂度带来问题。随着国内经济结构转型逐渐完成，农业剩余劳动力转移逐渐进入尾声，对实现出口增长向新产品为主"变迁"应该是有利的，但低劳动成本竞争力逐渐式微可能会对已经出口的传统产品企业带来相对较高的成本负担，如果新产品出口得不到及时补充，传统产品出口增速减缓可能对未来企稳出口构成新挑战。

这就需要深入推进城乡二元结构的改革进程，创造对外贸易稳步发展的条件。实际上，城乡二元经济结构、城乡分割政策的制度背景是城市单方面拥有优先发展的决定权，当前城乡融合只是初步阶段。目前虽然中国农业剩余劳动力非农转移的规模持续增长，但城市化水平依然滞后，城乡分割的经济增长内生机制决定了城乡工资差异不断扩大（陈钊、路铭，2008），而农业部门工资水平相对较低已经对中国出口产品多元化带来负面影响。只有城乡深度融合，才能解决低劳动成本竞争优势延长"低效率"传统产品出口始终存在的问题，促进更多微观主体敢于成立新企业、研发并出口新产品，进而给中国外贸可持续增长创造条件。

2. 大力实施创新驱动发展战略，提高新产品出口份额

目前来看，以创新驱动突破长期以来中国出口增长的低成本路径依赖，进而提高企业生产率水平以稳定出口，在学术界基本达成共识。人们预期：2020年及之后一段时间内，出口贸易平稳发展只有靠质量的"进"方能实现长期的"稳"。

就创新的来源，可以是制度创新，还可以是贸易方式创新，当然更可以是贸易模式创新，比如积极推动跨境电子商务健康有序发展，采取有效措施推进边境贸易转型升级等，以此带动中国特色商品的出口。

不过，宏观体制机制创新或是"表象"，微观企业才应该是创新外贸发展方式的"实质"，是实现中国出口稳定发展的前提，否则可能会是无源之水、无本之木。本书的实证结果不断显示：生产率水平依然是决定我

国企业出口与否的重要因素之一，潜在生产者增加研发投资促进新产品出口作用甚至是传统产品企业的3—5倍，说明大力实施创新驱动发展方式，完全有可能促进中国出口贸易增长方式从原来的"低成本生产优势"向"低成本研发、低成本复杂制造国际竞争新优势"转变。而实现这一转变，不仅有利于减缓出口增长因过于集中少数传统产品而极易受外部经济冲击出现大幅波动的情况发生，而且有助于出口产品多样化战略实施以积极应对低成本竞争优势逐渐式微的挑战，起到稳定出口增长的作用。

在此背景下，政府继续采取切实措施鼓励创新，促进各行业生产企业积极增加研发投资、提升生产率水平，可以为对外贸健康有序发展创造有利条件。而在具体措施上，各级政府一方面应该继续完善鼓励企业研发创新的制度，从直接激励向服务引导转变，加大知识产权保护力度；另一方面也要在宏观层面提供资金供给、税收优惠等配套政策措施，营造尊重研发创新的社会氛围，通过培育研发创新能力实现企业在全球价值链地位上的攀升。

3. 继续推动市场多元化战略，尽量降低出口增长国别（或地区）集中度

目前来看，中国对美国、中国香港地区、日本、韩国和德国这前五位传统市场出口份额占比从2001年的63.2%下降到2016年的45.9%，下降了17.3个百分点，而对东盟10国、印度、俄罗斯、非洲、拉丁美洲这前五位新兴市场国家（或地区）的出口比重从2001年的14.9%上升到2016年的26.6%，上升了11.7个百分点。相反，美国对加拿大、墨西哥、日本、中国、英国这前五个传统市场出口份额占比只从2006年的50.6%下降到2016年的50.4%，仅仅下降了0.2个百分点。[①] 纵向和横向的数据对比，无不显示出中国出口贸易实行市场多元化战略取得的巨大成就。

不过，需要同样看到的是我国出口产品的传统市场集中度仍然很高，尤其是中国仅出口到美国的市场集中度就超过了19%。2008年美国次贷危机引发国际金融危机以来，世界经济发生深刻调整，全球贸易随之进入中低速增长"新常态"，这对我国外贸增长和出口市场多元化发展又造成很大冲击。各种因素叠加，中国外贸出口及出口市场多元化发展战略日益受到严峻的挑战。鉴于此，只有优化对外贸易布局、推动出口市场多元化、提高新兴市场比重，才能完善对外开放战略布局，加快出口贸易结构

---

① 以上数据源自国家统计局，笔者整理。

优化升级。

4. 支持资本技术密集型部门偏向性技术变迁形成比较优势升级，但劳动密集型部门要区别对待

已有的国际贸易理论多数以中性技术变迁来研究技术进步对不同国家（或地区）不同行业比较优势的影响，很少考虑偏向性技术变迁对行业间出口差异的作用。现实世界中，处于转型背景的发展中经济体，行业间技术培育和技术发展都可能是"有偏的"，这就可能会影响发展中国家（或地区）不同行业的出口差异，进而传导并影响这些国家（或地区）行业内生产企业的发展不平衡。本书的研究结论显示，中国行业或企业间的出口差异很大程度上是由偏向性技术变迁引起的，而偏向性技术变迁某种程度上又是劳动密集型产品相对出口减少、资本技术密集型产品相对出口扩大的重要原因。

资本技术密集型企业或行业偏向资本的技术进步值得鼓励，因为其持续扩张有助于进一步扩大该行业的绝对出口量和相对出口规模，使之成为拉动我国出口增长的主要驱动力，推动中国出口贸易的动态比较优势不断升级，其政策含义是：政府继续完善多层次资本市场体系，给予资本技术密集型行业或企业更多融资支持，鼓励他们不断采取偏向资本的技术进步，有助于持续扩大我国资本技术密集型产品出口总量，并持续提振这类外贸产品的显示性技术比较优势。

劳动密集型企业也采取偏向资本的技术进步值得"忧虑"，因为其可能不仅未能起到持续扩大劳动密集型产品出口增长的作用，相反还有"削弱"中性技术进步带来的正向作用，进而可能不利于持续提升该类产品的显示性技术优势。其政策含义是：改变劳动密集部门的资本偏向性技术变迁为劳动偏向性技术变迁，不仅有利于扩大劳动密集型行业的出口能力，而且有助于缓解偏向资本的技术变迁带来的失业问题。试想如果存在偏向资本的技术进步也能发挥出劳动密集型产品的国际竞争优势，发达经济体的资本应该不会向发展中经济体进行跨国投资并转移劳动密集型生产环节，毕竟发达经济体的资本相对丰裕度普遍比发展中国家（或地区）高。

边际生产成本和固定生产成本负向影响企业出口、行业出口与显示性技术比较优势，说明政府采取切实措施降低各行业生产企业的边际成本和固定成本对扩大出口有利，也对提升外贸产品的显示性技术优势有利。值得注意的是，同诸如新建厂房、添置新生产设备、增加新固定资产投资等固定生产成本相比，边际生产成本是由劳动、资本的要素价格构成。降低企业边际生产成本更有利于提高其出口规模，并提升出口产品显示性技术比较优势，其政策含义是：政府尽最大限度减轻各种生产要素价格的不同部门间、行业间、所有制企业间扭曲，尤其是资本要素价格在国企与民企之间的扭曲、大企业大集团与中小企业之间的扭曲，进而降低各行业微观企业边际生产成本，不仅对企稳中国外贸又好又快发展有利，还对提高外贸产品的技术复杂度有益。

5. 理性看待"生产率"悖论，稳定企业出口还需扩大全要素生产率水平

我国出口企业的"生产率悖论"还较为复杂，尚不能简单粗暴地将其就看成是加工贸易造成的，必须具体问题具体分析。具体来看，分企业所有制性质差异后，外资企业容易出现"生产率悖论"，而"内资企业生产率是决定其出口与否的重要因素，且同类产品企业间出口相对大小与生产率异质性直接相关"是成立的，说明国家采取切实措施，鼓励微观企业尤其是内资企业增加研发投资，进而提升其实际生产效率，对促进外贸发展应该有利。

将内资企业划分为国有企业和民营企业后，容易出现"生产率悖论"是国有企业，特别是专门从事一般贸易的国有企业，以及从事多种贸易方式的国有企业，这些结论表明为稳定贸易增长，作为共和国"长子"的国有企业更要重视研发和技术更新，切实提高生产效率水平，以真正发挥出自身生产率异质性的出口促进作用。

分区域后，东部地区的内外资企业都能满足自我出口效应的要求，即其生产率水平具有显著促进企业出口增长的作用，其政策含义是：国家应该继续鼓励东部内外资企业加大研发投资与高质量人力资本储备，最大限度发挥其生产效率改进的拉动出口作用。

尽管与东部相比，中西部企业较为容易出现"生产率悖论"，但也有完全相反的变化关系，表现在：中部的内资加工贸易企业和外资一般贸易企业，其生产率尚不具备显著促进出口作用，而西部内资加工贸易企业和外资一般贸易企业可能有"生产率悖论"嫌疑。这意味着对中西部地区来说，稳定出口的政策可能需要细化：

首先，因为无论是一般贸易还是加工贸易，内外资企业从事多种贸易方式都有"生产率悖论"嫌疑，至少表明其生产率还没有显著促进其出口增长

的作用，合理状态应该是鼓励企业进行专业化分工以便提升生产效率。

其次，因为中部地区的内资加工贸易企业和外资一般贸易企业符合生产率异质性的基本要求，合理状态应该是鼓励该地区的内资企业更多地从事加工贸易而外资更多地从事一般贸易，并出台定向政策更多吸引符合条件要求的境内外一般贸易外资企业入驻，进而实现内资加工贸易和外资一般贸易协调均衡发展。

最后，由于西部地区内资一般贸易企业和外资加工贸易企业符合生产率异质性要求，为实现西部地区外贸出口的稳定发展，辖区内的各省市区应该鼓励本地区内资企业更多地从事一般贸易而外资企业更多地从事加工贸易，各地招商引资政策也应该向这方面倾斜，尤其是出台定向政策吸引符合本地资源禀赋且满足产业升级方向的高质量外资加工贸易企业入驻，从而带动本地区出口增长。

此外，我们还需要特别重视中西部外资企业不同贸易方式可能带来的差异化政策效果。鉴于中部地区外资一般贸易企业和西部地区加工贸易企业均满足新—新贸易理论的生产率异质性要求，为稳定全国范围内的外贸增长，国家应该对各区域吸引外资给予相应政策指导，即鼓励中部地区更多吸引外资一般贸易企业而西部地区更多吸引外资加工贸易企业。应该说，目前东部地区的部分外资外贸企业因为生产成本和环境规制加强后，始终存在部分企业准备搬迁。引导外资企业的国内"东中西"梯度转移，大方向无疑是正确的，但梯度转移的优先顺序可能需要调整，即出台具体政策鼓励外资加工贸易企业优先转移到西部，而将外资一般贸易企业优先转移至中部，否则统一性的"先中部再西部"，只会让政策实施效果打"折扣"。

6. 减轻人力资本错配，促进服务贸易尤其是生产性服务贸易快速扩张

目前，中国经济已进入以服务业为主的发展阶段，应该出现服务出口的快速扩张，但现实是我国服务贸易逆差不断扩大。分生产性服务贸易与非生产性服务贸易后，尽管改革开放以来，我国服务贸易增长主要以非生产性服务贸易为主，生产性服务贸易在总服务贸易中的比重有待提高，但相较非生产性服务贸易，近年来生产性服务贸易增速更快，未来具有成为中国服务贸易增长主要动力的可能，"有望"会率先实现贸易"顺差"。

人力资本促进中国服务贸易出口具有显著作用，意味着在逐步进入服务业为主的发展阶段，国家应该采取切实措施，在引入国际先进管理经验、加强立法中，注重知识产权、商标权、版权、地域权等方面的保护，

并引导富有人力资本的人才向先进服务业领域集中，进而发挥中国低成本研发的人力资源潜在优势，带动服务贸易出口的整体增长。

但是分生产性服务业与非生产性服务业后，人力资本促进生产性服务出口的显著作用明显低于非生产性服务出口，似乎意味着中国服务贸易部门的人力资本或有错配可能。实际上，中国以计算机信息服务、咨询服务为代表的新兴服务贸易发展速度加快，但比重仍然较低，同时也还存在产业融合不够深入、数字化转型新动能没有被激发等问题。解决这些问题还需要不断汲取智慧，加强人力资本建设。然而，现实是：尽管我国服务业整体的人力资本都呈现增长态势，但与非生产性服务业相比，生产性服务部门的人力资本存量有"相对"下降的趋势。生产性服务贸易出口"急需"人才支撑而人力资本存量"略显"不够，意味着促进服务出口尤其是生产性服务外贸增长，各级政府或许要采取切实有效的措施，以扭转生产性服务业与非生产性服务业间业已存在的人力资源错配，鼓励受过良好教育的高质量人才向生产性服务部门集中，否则容易造成人才资源的低效率损失或浪费。

第五节　未来研究展望

以新—新贸易理论和相关研究文献为基础，本书从中国出口增长的特点出发，分别从产品结构、国别结构、比较优势结构、贸易方式结构、贸易主体结构、贸易类型结构，以及"一带一路"建设和高质量对外自贸区战略等方面考察了优化外贸结构升级的途径，并使用微观企业数据、海关编码数据、HS-6位码贸易数据、分行业和分地区货物贸易与服务贸易数据进行实证检验。但由于自身水平和知识结构有限，本书仍有很多内容需要改进。总结起来，大体包括以下两方面：

一　理论模型分析方面

尽管本书沿用经济学研究的一般分析范式，使用结构转型变量、要素密集型偏向性技术变迁、吸引外资、进口中间产品出口最终产品、人力资源错配、国际经济合作等变量，对 Mayer 等（2014）单要素产品结构、Lawless 和 Whelan（2014）国别（或地区）结构、Barnard 等（2007）比较优势结构、Rodrigue（2014）贸易方式与企业主体结构、Lodefalk（2014）贸易类型结构、Chaney（2008）与 Arkolakis 等（2008）贸易增长二元边际结构等进行拓展，但稍加思索就会发现，本书构建的新—新贸易理论模型仍然沿用现有分析思路，没有进行根本的实质性扩展。限于本人纯理论建模的功底和数学运算、数值模拟编写程序的能力，尽管尝试过多次努力，却依然无法对诸如"拟线性和二次效用函数的使用""多种最终产品""区域经济合作"等现实经济问题进行深入思考。希望以后有机会继续学习，努力提高理论建模水平，进一步关注新—新贸易理论的新近发展方向。

另外，中国出口贸易结构优化升级的背后，始终有政府"看得见的手"不断引导和指挥。本书从生产率异质性出发，拓展的新—新贸易理论模型忽视了政府的作用。如何将政府作为模型的一方，完善和拓展上述理论模型？也值得关注。同时，本书也只是分析了消费者和生产者直接联系的理论模型，没有体现出贸易中介的作用。如何将消费者和生产者之外的第三方——"贸易中介"融入理论模型，分析中国外贸结构转型升级，也将是未来需要关注的重点内容。

二 实证方面

货物贸易上，受数据限制，本书仅使用了 1998—2013 年中国工业企业数据、1995—2017 年 HS-6 位码数据、2000—2015 年海关统计数据库，以及工业企业数据与海关统计数据的匹配数据对中国外贸结构转型升级进行实证分析，但这些数据的样本年限还是相对"较早"，所得到的结论是否符合当前我国外贸发展的客观现实，需要谨慎对待。虽然我们曾试图获取《中国工业企业统计数据库》和《海关统计数据库》最新数据，但结果并不理想，今后争取获得更新的相关微观企业数据，对上述实证结论进行再验证。

服务贸易也是如此，因为无法获取从事服务贸易的微观企业数据，本书才"间接"使用生产率的 Pareto 分布，将服务企业出口信息转化为行业累计出口方程进行实证检验。显然，缺乏直接企业层面的服务贸易实证结论也需要谨慎对待。期待未来能够获得更细的服务贸易微观企业数据再进行实证分析。

参考文献

安虎森等:《市场规模、贸易成本与出口企业生产率"悖论"》,《财经研究》2013年第5期。

安志等:《技术创新、自主品牌与本土企业出口参与》,《当代经济科学》2018年第6期。

包群、邵敏、Ligang Song:《地理集聚、行业集中与中国企业出口模式的差异性》,《管理世界》2012年第9期。

包群等:《出口改善了员工收入吗?》,《经济研究》2011年第9期。

包群等:《出口学习、异质性匹配与企业生产率的动态变化》,《世界经济》2014年第4期。

蔡昉等:《中国工业重新配置与劳动力流动趋势》,《中国工业经济》2009年第8期。

曹驰:《中国制造业企业"出口自我选择效应"再研究——基于新—新贸易理论的实证分析》,《国际贸易问题》2015年第12期。

曾燕萍:《中国文化服务业企业全要素生产率变动及其异质性——基于DEA-Malmquist指数法的分析》,《经济问题探索》2019年第7期。

常进雄等:《劳动力转移就业对经济增长、投资率及劳动收入份额的影响》,《世界经济》2019年第7期。

陈景华:《服务业全要素生产率与服务贸易出口——基于新—新贸易理论的视角》,《山东财政学院学报》2014年第1期。

陈景华:《企业异质性、全要素生产率与服务业对外直接投资——基于服务业行业和企业数据的实证检验》,《国际贸易问题》2014年第7期。

陈丽丽:《国际贸易理论研究的新动向——基于异质企业的研究》,《国际贸易问题》2009年第3期。

陈明、魏作磊:《生产性服务业开放对中国服务业生产率的影响》,

《数量经济技术经济研究》2018年第5期。

陈启斐、刘志彪:《需求规模与服务业出口:一项跨国的经验研究》,《财贸经济》2014年第7期。

陈启斐、刘志彪:《生产性服务进口对我国制造业技术进步的实证分析》,《数量经济技术经济研究》2014年第3期。

陈启斐等:《扩大内需战略能否扭转我国服务贸易逆差——来自我国和23个OECD国家的面板数据分析》,《国际贸易问题》2014年第2期。

陈蓉、许培源:《产品多样化与国际贸易收益:研究述评》,《国际贸易问题》2014年第6期。

陈维涛等:《地区出口企业生产率、二元劳动力市场与中国的人力资本积累》,《经济研究》2014年第1期。

陈旭等:《城市蔓延、动态外部性与企业出口参与——基于中国制造业企业数据的经验研究》,《财贸经济》2018年第10期。

陈勇兵等:《中国企业出口动态:事实与解释》,《产业经济研究》2012年第5期。

戴觅、余淼杰:《企业出口前研发投入、出口及生产率进步:来自中国制造业企业的证据》,《经济学(季刊)》2012年第1期。

戴觅、余淼杰:《中国出口企业生产率之谜:加工贸易的作用》,《经济学(季刊)》2014年第2期。

邓富华、霍伟东:《自由贸易协定、制度环境与跨境贸易人民币结算》,《中国工业经济》2017年第5期。

丁一兵、刘紫薇:《制造业企业国际化是否提高了企业生产率——基于上市公司的面板分位数研究》,《国际商务(对外经济贸易大学学报)》2018年第5期。

东艳、李春顶、马盈盈:《2018年国外国际贸易学术研究前沿》,《中国流通经济》2019年第12期。

段连杰:《中国工业企业最优出口阈值的估计——基于非参的ROC方法》,《国际贸易问题》2018年第12期。

樊纲等:《国际贸易结构分析:贸易品的技术分布》,《经济研究》2006年第8期。

樊娜娜、李荣林:《融资约束、企业动态与行业生产率——基于中国工业企业数据的分析》,《当代经济科学》2017年第2期。

范剑勇、冯猛:《中国制造业出口企业生产率悖论之谜:基于出口密度差别上的检验》,《管理世界》2013 年第 8 期。

方虹、王旭:《马克·梅利茨对异质性企业贸易理论的贡献——科睿维安"引文桂冠奖"得主学术贡献评介》,《经济学动态》2018 年第 4 期。

高凌云等:《中国工业企业规模与生产率的异质性》,《世界经济》2014 年第 6 期。

耿伟、廖显春:《贸易自由化、市场化改革与企业间资源配置——基于生产率分布离散度的视角》,《国际贸易问题》2017 年第 4 期。

宫旭红、蒋殿春:《生产率与中国企业国际化模式:来自微观企业的证据》,《国际贸易问题》2015 年第 8 期。

郭俊芳、武拉平:《世界鸡肉主要出口国的竞争优势及发展潜力》,《世界农业》2013 年第 11 期。

洪世勤、刘厚俊:《出口技术结构变迁与内生经济增长:基于行业数据的研究》,《世界经济》2013 年第 6 期。

洪占卿、郭峰:《国际贸易水平、省际贸易潜力和经济波动》,《世界经济》2012 年第 10 期。

黄建忠等:《加工贸易转型升级的路径研究——基于劳动力成本上升的视角》,《国际商务研究》2017 年第 2 期。

黄先海等:《中国出口企业阶段性低加成率陷阱》,《世界经济》2016 年第 3 期。

黄先海等:《中国中间品进口企业"低加成率之谜"》,《管理世界》2016 年第 7 期。

黄新飞、高伊凡、柴晟霖:《中间投入品进口与企业生产率:短期效应与长期影响》,《国际贸易问题》2018 年第 5 期。

黄玉霞、谢建国:《垂直专业化分工与服务业全要素生产率——基于中国服务业分行业的实证研究》,《财经论丛》2019 年第 5 期。

霍伟东、王明彬:《中国出口企业"生产率悖论"的比较检验与修正》,《财经科学》2015 年第 9 期。

姜慧、张志醒:《孔子学院对"一带一路"沿线国家贸易便利化影响的实证分析》,《经济经纬》2018 年第 6 期。

蒋殿春、谢红军:《外资并购与目标企业生产率:对中国制造业数据的因果评估》,《世界经济》2018 年第 5 期。

金秀燕、许培源：《企业出口自选择效应与出口学习效应研究述评》，《国际商务（对外经济贸易大学学报）》2016年第4期。

荆逢春等：《中国企业存在出口学习效应吗？基于所有制结构角度的实证研究》，《世界经济研究》2013年第3期。

李兵、李柔：《互联网与企业出口：来自中国工业企业的微观经验证据》，《世界经济》2017年第7期。

李春顶：《中国出口企业是否存在"生产率悖论"：基于中国制造业企业数据的检验》，《世界经济》2010年第7期。

李春顶：《中国企业"出口—生产率悖论"研究综述》，《世界经济》2015年第5期。

李春顶、东艳：《2013年国际贸易国外学术研究前沿》，《国外社会科学》2014年第4期。

李春顶、尹翔硕：《我国出口企业的"生产率悖论"及其解释》，《财贸经济》2009年第11期。

李军、刘海云：《生产率异质性还是多重异质性——中国出口企业竞争力来源的实证研究》，《南方经济》2015年第3期。

李坤望等：《信息化密度、信息基础设施与企业出口绩效——基于企业异质性的理论与实证分析》，《管理世界》2015年第4期。

李磊等：《企业异质性与中国服务业对外直接投资》，《世界经济》2017年第11期。

李丽丽：《中间品进口多样化与企业创新二元边际——基于中国微观企业的证据》，《财经论丛》2020年第1期。

李平等：《生产性服务业能成为中国经济高质量增长新动能吗》，《中国工业经济》2017年第12期。

李前：《2019年外贸企业生存现状调查报告》，《进出口经理人》2019年第9期。

李淑云、慕绣如：《中间品进口与企业生产率——基于进口产品异质性的新检验》，《国际经贸探索》2017年第11期。

李淑贞：《出口与中国工业企业生产率：机理分析与实证检验》，博士学位论文，浙江大学，2010年。

李小平、李小克：《偏向性技术进步与中国工业全要素生产率增长》，《经济研究》2018年第10期。

梁会君、史长宽：《中国制造业出口"生产率悖论"的行业分异性研究》，《山西财经大学学报》2014年第7期。

梁琦、吴新生：《双边贸易影响因素研究——基于拓展引力方程的实证检验》，《经济学家》2016年第12期。

廖泽芳等：《中国与"一带一路"沿线国家贸易畅通障碍及潜力分析》，《上海经济研究》2017年第1期。

刘斌等：《出口目的地与出口企业生产率》，《财经研究》2015年第11期。

刘斌、王乃嘉：《制造业投入服务化与企业出口的二元边际——基于中国微观企业数据的经验研究》，《中国工业经济》2016年第9期。

刘丹鹭：《中国服务业生产率及其影响因素研究》，博士论文，南京大学，2012年。

刘海洋等：《中间品贸易自由化、技术溢出与企业生产率提升》，《现代经济（天津财经大学学报）》2016年第10期。

刘晴、张源媛：《中国出口企业"生产率之谜"研究进展与启示》，《国际经贸探索》2014年第7期。

刘竹青、佟家栋：《要素市场扭曲、异质性因素与中国企业的出口—生产率关系》，《世界经济》2017年第12期。

柳荻、尹恒：《企业全要素生产率估计新方法——全要素生产率估计的结构方法及其应用》，《经济学动态》2015年第7期。

逯宇铎等：《行业进入成本是否影响中国工业企业生产率——基于中国微观企业的经验研究》2013年第2期。

马相东等：《中国企业出口增长的决定因素：生产率抑或企业规模》，《改革》2019年第4期。

毛其淋：《要素市场扭曲与中国工业企业生产率——基于贸易自由化视角的分析》，《金融研究》2013年第2期。

毛其淋：《贸易自由化与异质性企业生产效率变动：来自中国制造业的微观证据》，《当代经济科学》2015年第1期。

毛其淋、盛斌：《贸易自由化与出口动态、企业异质性——来自中国微观企业数据的证据》，《管理世界》2013年第3期。

毛其淋、盛斌：《中国制造业企业的进入退出与生产率动态演化》，《经济研究》2013年第4期。

毛其淋、许家云：《中间品贸易自由化、制度环境与生产率演化》，《世界经济》2015年第9期。

聂文星、朱丽霞：《企业生产率对出口贸易的影响——演化视角下"生产率悖论"分析》，《国际贸易问题》2013年第12期。

宁吉喆：《中国经济运行呈现十大亮点》，《求是》2020年第3期。

彭馨、蒋为：《税收竞争、企业生产效率与出口行为》，《世界经济研究》2019年第7期。

齐俊妍、王岚：《贸易转型、技术升级和中国出口品国内完全技术含量演进》，《世界经济》2015年第3期。

钱学锋：《企业异质性、贸易成本与中国出口增长的二元边际》，《管理世界》2008年第9期。

钱学锋、熊平：《中国出口增长的二元边际及其因素决定》，《经济研究》2010年第1期。

钱学锋、梁琦：《测度中国与G-7的双边贸易成本——一个改进引力模型方法的应用》，《数量经济技术经济研究》2008年第2期。

钱学锋等：《出口与中国工业企业的生产率——自我选择效应还是出口学习效应？》，《数量经济技术经济研究》2010年第2期。

钱学锋、熊平：《中国出口增长的二元边际及其因素决定》，《经济研究》2010年第1期。

阮文婧、韩玉军：《生产率、要素禀赋与中国企业出口行为选择——理论与经验研究》，《国际经贸探索》2016年第3期。

盛斌、吕越：《对中国出口二元边际的再测算：基于2001—2010年中国微观贸易数据》，《国际贸易问题》2014年第11期。

盛斌、毛其淋：《贸易开放、国内市场一体化与中国省际经济增长：1985—2008》，《世界经济》2011年第11期。

盛丹：《地区行政垄断与我国企业出口的"生产率悖论"》，《产业经济研究》2013年第4期。

盛丹等：《基础设施对中国企业出口行为的影响："集约边际"还是"扩展边际"》，《世界经济》2011年第1期。

盛丹、李蕾蕾：《地区环境立法是否会促进企业出口》，《世界经济》2008年第11期。

石奇、万建飞：《服务业全要素生产率增长率测算方法的比较研究》，

《南京财经大学学报》2019年第4期。

史恩义：《实际汇率、进出口贸易与创新驱动经济发展》，《中央财经大学学报》2017年第7期。

史青：《出口和生产率：基于异质性企业的实证研究综述》，《国际经贸探索》2012年第8期。

苏丹妮等：《产业集聚与企业出口产品质量升级》，《中国工业经济》2018年第11期。

苏剑、葛加国：《"一带一路"倡议背景下双边贸易的语言效应：抑制还是促进》，《学术月刊》2018年第9期。

苏启林等：《市场冲击、要素扭曲配置与生产率损失——基于出口企业订单波动的经验研究》，《经济研究》2016年第8期。

苏振东等：《政府生产性补贴是否促进了中国企业出口？——基于制造业企业面板数据的微观计量分析》，《管理世界》2012年第5期。

孙楚仁等：《最低工资一定会减少企业的出口吗？》，《世界经济》2013年第8期。

孙浦阳等：《产品替代性与生产率分布——基于中国制造业企业数据的实证》，《经济研究》2013年第4期。

孙浦阳、彭伟瑶：《外商直接投资、资源配置与生产率提升——基于微观数据的验证》，《中南财经政法大学学报》2014年第6期。

孙忆、孙宇辰：《自由贸易协定能提升国家间亲密度吗？——基于中国周边FTA的实证分析》，《世界经济与政治》2017年第4期。

孙玉琴、郭惠君：《全球价值链背景下我国制造业出口技术结构升级的思考》，《国际贸易》2018年第7期。

唐宜红、林发勤：《异质性企业贸易模型对中国企业出口的适用性检验》，《南开经济研究》2009年第6期。

唐宜红、林发勤：《内需的扩大是增加还是减少出口？——基于异质企业视角的理论模型和实证研究》，《国际商务研究》2016年第2期。

陶攀等：《贸易方式与企业出口决定》，《国际贸易问题》2014年第4期。

陶长琪、彭永樟：《从要素驱动到创新驱动：制度质量视角下的经济增长动力转换与路径选择》，《数量经济技术经济研究》2018年第9期。

佟家栋、刘竹青：《地理集聚与企业的出口抉择：基于外资融资依赖角度的研究》,《世界经济》2014 年第 7 期。

佟家栋等:《不同发展阶段出口学习效应比较——来自中国制造业企业的例证》,《经济评论》2014 年第 3 期。

佟家栋等:《人民币汇率、企业出口边际与出口动态》,《世界经济研究》2016 年第 3 期。

王明涛、谢建国:《自由贸易协定与中国出口产品质量——以中国制造业出口产品为例》,《国际贸易问题》2019 年第 4 期。

王燕武等:《对服务业劳动生产率下降的再解释——TFP 还是劳动力异质性》,《经济学动态》2019 年第 4 期。

王永进、冯笑:《中国混合出口企业生产率研究：经验事实与理论解释》,《世界经济》2019 年第 7 期。

王泽填、姚洋:《结构转型与巴拉萨—萨缪尔森效应》,《世界经济》2009 年第 4 期。

王正新、朱洪涛:《创新效率对高技术产业出口复杂度的非线性影响》,《国际贸易问题》2017 年第 6 期。

魏浩等:《中国制成品出口比较优势及贸易结构分析》,《世界经济》2005 年第 2 期。

文雁兵、陆雪琴:《中国劳动收入份额变动的决定机制分析——市场竞争和制度质量的双重视角》《经济研究》2018 年第 9 期。

伍德里奇:《计量经济学：现代观点》,中国人民大学出版社 2003 年版。

夏杰长等:《中国服务业全要素生产率的再测算与影响因素分析》,《学术月刊》2019 年第 2 期。

项松林:《国际货币政策对中国贸易顺差影响研究》,《财贸研究》2010 年第 5 期。

项松林:《内需扩大、消费习惯与贸易顺差》,《当代财经》2011 年第 9 期。

项松林:《异质性企业、结构转型与稳定出口》,《经济评论》2011 年第 4 期。

项松林:《中国企业进出口贸易的工资溢价》,《经济评论》2013 年第 1 期。

项松林:《"一带一路"对中国与沿线国家贸易增长的影响》,《当代经济科学》2019 年第 4 期。

项松林：《金融发展、创新驱动与企业出口——微观数据的经验分析》，《现代经济探讨》2019 年第 8 期。

项松林、马卫红：《出口企业具有学习效应吗？——基于中国企业微观数据的经验分析》，《世界经济研究》2013 年第 10 期。

项松林等：《农业劳动力转移与发展中国家出口结构：理论与中国经验研究》，《世界经济》2014 年第 3 期。

谢建国、谭利利：《区域贸易协定对成员国的贸易影响研究——以中国为例》，《国际贸易问题》2014 年第 12 期。

徐榕、赵勇：《融资约束如何影响企业的出口决策？》，《经济评论》2015 年第 3 期。

许昌平：《基于集聚效应的企业研发、创新、生产率和出口——来自结构模型的证据》，《当代财经》2016 年第 4 期。

许德友、梁琦：《中国对外双边贸易成本的测度与分析：1981—2007 年》，《数量经济技术经济研究》2010 年第 1 期。

许家云、毛其淋：《人民币汇率水平与出口企业加成率——以中国制造业企业为例》，《财经研究》2016 年第 1 期。

许家云等：《人民币汇率变动、产品排序与多产品企业的出口行为——以中国制造业企业为例》，《管理世界》2015 年第 2 期。

宣烨、陈启斐：《生产性服务品进口技术复杂度与技术创新能力——来自全球高科技行业的证据》，《财贸经济》2017 年第 9 期。

严兵等：《企业异质性与对外直接投资——基于江苏省企业的检验》，《南开经济研究》2014 年第 4 期。

杨高举、黄先海：《中国会陷入比较优势陷阱吗？》，《管理世界》2014 年第 5 期。

杨明、张诚：《动态比较优势与政策干预》，《技术经济与管理研究》2012 年第 11 期。

杨汝岱、李艳：《区位地理与企业出口产品价格差异研究》，《管理世界》2013 年第 7 期。

杨汝岱、朱诗娥：《中国对外贸易结构与竞争力研究：1978—2006》，《财贸经济》2008 年第 2 期。

杨廷干、吴开尧：《服务业全要素生产率变化及其驱动因素》，《统计研究》2017 年第 6 期。

杨翔等：《中国工业偏向性技术进步的演变趋势及影响因素研究》，《数量经济技术经济研究》2019 年第 4 期。

叶娇等：《生产率、资本密集度对企业国际化模式选择决策的影响》，《统计研究》2018 年第 1 期。

叶宁华等：《进入、退出与中国企业出口的动态序贯决策》，《世界经济》2015 年第 2 期。

叶宁华、张伯伟：《企业异质性与国内市场进入——来自中国出口企业的微观证据》，《经济学动态》2017 年第 9 期。

易靖韬：《企业异质性、市场进入成本、技术溢出效应与出口选择决定》，《经济研究》2009 年第 9 期。

易靖韬、傅佳莎：《企业生产率与出口：浙江省企业层面的证据》，《世界经济》2011 年第 5 期。

于建勋：《生产补贴对出口的促进作用》，《统计研究》2012 年第 10 期。

于津平：《中国与东亚主要国家和地区间的比较优势与贸易互补性》，《世界经济》2003 年第 3 期。

余娟娟、余东升：《政府补贴、行业竞争与企业出口技术复杂度》，《财经研究》2018 年第 3 期。

余淼杰：《中国的贸易自由化与制造业企业生产率：来自企业层面的实证分析》，《经济研究》2010 年第 12 期。

余淼杰：《加工贸易与中国企业生产率——企业异质性理论和实证研究》，北京大学出版社 2013 年版。

余壮雄等：《企业的"国外关系"与出口——内销定位》，《世界经济》2015 年第 7 期。

俞路：《语言文化对"一带一路"沿线各国双边贸易的影响——基于扩展引力模型的实证研究》，《世界地理研究》2017 年第 5 期。

喻志军：《中国外贸竞争力评价：理论与方法探源——基于"产业内贸易指数"与"显示性比较优势指数"的比较分析》，《统计研究》2009 年第 5 期。

张海波：《ODI 二元边际如何影响制造业跨国企业出口》，《财贸经济》2018 年第 2 期。

张杰：《进口行为、企业研发与加工贸易困境》，《世界经济研究》2015年第9期。

张杰等：《进口与企业生产率——中国的经验证据》，《经济学（季刊）》2015年第2期。

张杰等：《出口与中国本土企业生产率：基于江苏制造业企业的实证分析》，《管理世界》2008年第11期。

张杰等：《出口促进中国企业生产率提高吗？——来自中国本土制造业企业的经验证据：1999—2003》，《管理世界》2009年第12期。

张杰等：《出口与企业生产率关系的新检验：中国经验》，《世界经济》2016年第6期。

张杰等：《进口与企业生产率——中国的经验证据》，《经济学（季刊）》2015年第3期。

张杰等：《进口是否引致了出口：中国出口奇迹的微观解读》，《世界经济》2014年第6期。

张杰等：《要素市场扭曲是否激发了中国企业出口》，《世界经济》2011年第8期。

张坤等：《中国企业存在"出口—生产率悖论"吗？——基于不同贸易状态的比较分析》，《产业经济研究》2016年第1期。

张明志等：《工资扭曲对中国企业出口的影响：全球价值链视角》，《经济学动态》2017年第6期。

张素庸等：《生产性服务业集聚对绿色全要素生产率的空间溢出效应》，《软科学》2019年第11期。

张夏等：《汇率制度、要素错配与中国企业出口绩效》，《中南财经政法大学学报》2019年第6期。

张雨佳等：《中国与"一带一路"沿线国家贸易依赖度分析》，《经济地理》2017年第4期。

赵鹏豪、王保双：《出口贸易对异质性企业生产率的影响——基于不同行业类别和企业类别的实证研究》，《经济经纬》2016年第4期。

赵瑞丽等：《最低工资与企业出口持续时间》，《世界经济》2016年第7期。

赵文军、于津平：《中国贸易顺差成因研究》，《经济研究》2008年第12期。

赵永亮、李文光:《"邻居"异质性对出口企业生产率的影响——基于知识溢出效应的分析》,《国际贸易问题》2017 年第 5 期。

赵永亮等:《出口集聚企业"双重成长环境"下的学习能力与生产率之谜——新—新贸易理论与新—新经济地理的共同视角》,《管理世界》2014 年第 1 期。

赵玉奇、柯善咨:《市场分割、出口企业的生产率准入门槛与"中国制造"》,《世界经济》2016 年第 9 期。

赵自芳、史晋川:《中国要素市场扭曲的产业效率损失——基于 DEA 方法的实证分析》,《中国工业经济》2006 年第 10 期。

郑小碧:《贸易中介空间集聚如何提升出口边际沟通外溢性视角》,《世界经济研究》2019 年第 9 期。

周茂等:《企业生产率与企业对外直接投资进入模式选择——来自中国企业的证据》,《管理世界》2015 年第 11 期。

周世民等:《生产补贴、出口激励与资源错置:微观证据》,《世界经济》2014 年第 12 期。

祝树金、张鹏辉:《出口企业是否有更高的价格加成:中国制造业的证据》,《世界经济》2015 年第 4 期。

Acemoglu, D., "Labor - and Capital - Augmenting Technical Change", *Journal of the European Economic Association*, 2003, 1: 1 - 40.

Alcalá, F. and P. J. Hernández, "Firms' Main Market, Human Capital, and Wages", *Journal of the Spanish Economic Association*, 2010, 1 (4): 433 - 458.

Altomonte, C., et al., "Internationalization and Innovation of Firms: Evidence and Policy", *CEP Special Papers*, 2014, No. 032.

Alvarez, R. and R. A. López, "Exporting and Performance: Evidence from Chilean Plants", *The Canadian Journal of Economics*, 2013, 38 (4): 1384 - 1400.

Amiti, M. and A. K. Khandelwal, "Import Competition and Quality Upgrading", *The Review of Economics and Statistics*, 2009, 95 (2): 476 - 490.

Amiti, M. and C. Freund, "An Anatomy of China's Trade Growth", Paper presented at the Trade Conference, IMF Working Paper, 2007.

Amiti, M., and D. R. Davis, "Trade, Firms, and Wages: Theory and Evidence", NBER Working Paper, 2008, No. 14106.

参考文献

Amiti M., and J. Konings, "Trade Liberalization, Intermediate Inputs and Productivity", *American Economic Review*, 2007, 97 (5): 1611–1638.

Amurgo–Pacheco, A., "Preferential Trade Liberalization and the Range of Exported Products: The Case of the Euro–Mediterranean FTA", HEI Working Paper, 2006, No: 18/2006.

Amurgo–Pacheco, A. and M. D. Pierola, "Patterns of Export Diversification in Developing Countries: Intensive and Extensive Margins", World Bank Policy Research Working Paper, 2008, No. 4473.

Antràs, P., "Firms, Contracts, and Trade Structure", *Quarterly Journal of Economics*, 2003, 118 (4): 1375–1418.

Antràs, P., and E. Helpman, "Contractual Frictions and Global Sourcing", NBER Working Paper, 2006, No. w12747.

Antràs, P., and E. Helpman, "Global Sourcing", *Journal of Political Economy*, 2004, 112 (3): 552–580.

Antràs, P., and E. Rossi–Hansberg, "Organizations and Trade", *Annual Review of Economics*, 2009, 1: 43–64.

Antràs, P., L. et al., "Offshoring in a Knowledge Economy", *Quarterly Journal of Economics*, 2006, 121 (1): 31–77.

Antràs, P., "Incomplete Contracts and the Product Cycle", *American Economic Review*, 2005, 95 (4): 1054–1073.

Arkolakis, C., et al., "Endogenous Variety and the Gains from Trade", *American Economic Review*, 2008, 98 (2): 444–450.

Arnold, J. M. and K. Hussinger, "Export Behavior and Firm Productivity in German Manufacturing: A Firm–level Analysis", *Review of World Economics*, 2005, 141 (2): 219–243.

Ashenfelter, O. and Card, D., "Using the Longitudinal Structure of Earning to Estimate the Effect of Training Programs", *The Review of Economics and Statistics*, 1985, 67 (4): 648–660.

Atkeson, A. and A. Burstein, "Innovation, Firm Dynamics and International Trade", Federal Reserve Bank of Minneapolis, Research Department Staff Report, 2010, No. 444.

Aw, B. Y., S. Chung and M. J. Roberts, "Productivity and Turnover in the Export Market: Micro – level Evidence from the Republic of Korea and Taiwan (China)", *World Bank Economic Review*, 2000, 14 (1): 65 – 90.

Badinger, H. and Türkcan, K. , "Currency Unions, Export Margins, and Product Differentiation: An Empirical Assessment for European Monetary Union", Paper presented at the 5th FIW Research Conference "International Economics", Vienna University of Economics and Business, 13 April 2012.

Baier, S. . L, Bergstrand, J. H. , "Do Free Trade Agreements Actually Increase Members' International Trade?", *Journal of International Economics*, 2007, 71 (1): 72 – 95.

Balassa, B. , "The Purchasing – Power Parity Doctrine: A Reappraisal", *The Journal of Political Economy*, 1964, 72 (6): 584 – 596.

Baldwin, R. E. , and F. Robert – Nicoud, "The Impact of Trade on Intra – Industry Reallocations and Aggregate Industry Productivity: A Comment", NBER Working Paper, 2004, No. 10718.

Bas, M. , Strauss – kahn, V. , "Input – trade Liberalization, Export Prices and Quality Upgrading", *Journal of International Economics*, 2015, 95 (2): 250 – 262.

Bernard, A. and J. B. Jensen, "Entry, Expansion, and Intensity in the US Export Boom, 1987 – 1992", *Review of International Economics*, 2004, 12 (4): 662 – 675.

Bernard, A. B. , et al. , "Two – sided Heterogeneity and Trade", *The Review of Economics and Statistics*, 2018, 100 (3): 424 – 439.

Bernard, A. B. , et al. , "Trade Costs, Firms, and Productivity", *Journal of Monetary Economics*, 2006, 53 (5): 917 – 937.

Bernard, A. B. , et al. , "Firms in International Trade", *Journal of Economic Perspectives*, 2007, 21 (3): 105 – 130.

Bernard, A. B. , et al. , "Plants and Productivity in International Trade", *American Economic Review*, 2003, 93 (4): 1268 – 1290.

Bernard, A. B. , et al. , "Comparative Advantage and Heterogeneous Firms", *Review of Economic Studies*, 2007, 74 (1), 31 – 66.

Bernard, A. B. , et al. , "Multi – product Firms and Product Switching", *American Economic Review*, 2010, 100 (1): 70 – 97.

Bernard, A. B. , et al. , "Multi-product Firms and Trade Liberalization", CEP Discussion Paper, 2006, No. 769.

Berthou, A. and L. Fontagne, "The Euro and the Intensive and Extensive Margins of Trade: Evidence from French Firm Level Data", CEPII Working Papers, 2008, No. 06, April.

Besedes T. and T. J. Prusa, "The Role of Extensive and Intensive Margins and Export Growth", *Journal of Development Economics*, 2011, 96 (2): 371-379.

Burstein, A. , and A. Monge-Naranjo, "Foreign Know-How, Firm Control and the Income of Developing Countries", *Quarterly Journal of Economics*, 2009, 124 (1): 149-195.

Cadot O, C. Carrère and V. Strauss-Kahn, "Export Diversification: What's behind the Hump?", *Review of Economics and Statistics*, 2011, 93 (2): 590-605.

Cebeci, T. and A. M. Fernandes, "Micro Dynamics of Turkey's Export Boom in the 2000s", The World Bank Policy Research Working Paper, 2013, No. 6254.

Cebeci, T. , et al. , "Exporter Dynamics Database", The World Bank Policy Research Working Paper, 2012, No. 6229.

Chaney, T. , "Distorted Gravity: The Intensive and Extensive Margins of International Trade", *American Economic Review*, 2008, 98 (4): 1707-1721.

Clausing, K. A. , "Trade Creation and Trade Diversion in the Canada-United States Free Trade Agreement", *Canadian Journal of Economics*, 2001 (34): 677-696.

Constantini, J. and M. J. Melitz, "The Dynamics of Firm-Level Adjustment to Trade Liberalization", INSEAD, Princeton University, CEPR and NBER, Unpublished, 2007.

Costinot, A. and J. Vogel, "Matching and Inequality in the World Economy", *Journal of Political Economy*, 2010, 118 (4): 747-786.

Crowley, M. , et al. , "Tariff Scares: Tradepolicy Uncertainty and Foreign Market Entry by Chinese Firms", *Journal of International Economics*, 2018, 114: 96-115.

Dai, M., et al., "On the Trade – diversion Effects of Free Trade Agreements", *Economics Letters*, 2014, 122 (2): 321 – 325.

Dasgupta, K., "Learning, Knowledge Diffusion and the Gains from Globalization", University of Toronto, Unpublished, 2010.

David, P. A., "A Reply to Professor Balassa", *The Economic Journal*, 1973, 83 (322): 1267 – 1276.

Davies, R. B., et al., "Knocking on Tax Haven's Door: Multinational Firms and Transfer Pricing", *The Review of Economics and Statistics*, 2018, 100 (1): 120 – 134.

Del Gatto, M., et al., "Trade Integration, Firm Selection and the Costs of Non – Europe", CEPR Working Paper, 2007, No. 03.

Dixit, A. and J. Stiglitz, "Monopolistic Competition and Optimum Product Diversity", *American Economic Review*, 1977, 67 (3): 297 – 308.

Du, J., et al., "Do Domestic and Foreign Exporters Differ in Learning by Exporting? Evidence from China", *China Economic Review*, 2012, 23 (2): 296 – 315.

Dunne, T., et al., "The Growth and Failure of U. S. Manufacturing Plants", *Quarterly Journal of Economics*, 1989, 104 (4): 671 – 98.

Dutt, P., et al., "Does WTO Matter for the Extensive and the Intensive Margins of Trade?", CEPR Discussion Papers, 2011, No. 8293.

Eaton, J., et al., "The Margins of Entry into Export Markets: Evidence from Colombia", *In The Organization of Firms in a Global Economy*, ed. Elhanan Helpman, Dalia Marin and Thiery Verdier, Cambridge, Harvard University Press, 2008: 231 – 272.

Eckel, C., and J. P. Neary, "Multi – product Firms and Flexible Manufacturing in the Global Economy", *Review of Economic Studies*, 2010, 77 (1): 188 – 217.

Falk, M., "Quantile Estimates of the Impact of R&D Intensity on Firm Performance", *Small Business Economics*, 2012, 39 (3): 19 – 37.

Fan, H., et al., "On the Relationship between Quality and Productivity: Evidence from China's Accession to the WTO", *Journal of International Economics*, 2018, 110: 28 – 49.

Feenstra, R and H. L. Kee, "Export Variety and Country Productivity: Estimating the Monopolistic Competition Model with Endogenous Productivity", *Journal of International Economics*, 2008, 74 (2): 500–518.

Feenstra, R. and J. Romalis, "International Price and Endogenous Quality", *The Quarterly of Economics*, 2014, 129 (2): 477–527.

Felbermayr, G. J. and W. Kohler, "Exploring the Intensive and Extensive Margins of World Trade", *Review of World Economics*, 2006, 142 (4): 642–674.

Felbermayr, G. J. and W. Kohler, "Does WTO Membership Make a Difference at the Extensive Margin of World Trade?", CESifo Working Paper, 2007, No. 1898.

Fieler, A. C., et al., "Trade, Quality Upgrading, and Input Linkages: Theory and Evidence from Colombia", *American Economic Review*, 2018, 108 (1): 109–146.

Fitzgerald, D. and S. Haller, "Exporters and Shocks", *Journal of International Economics*, 2018, 113: 154–171.

Francois, J. and B. Hoekamn, "Service Trade and Policy", NBER Working paper, 2009.

Frensch, R., "Trade Liberalization and Import Margins", *Emerging Markets Finance and Trade*, 2010, 46 (3): 4–22.

Girma, S., et al., "Subsidies and Exports in Germany: First Evidence from Enterprise Panel Data", IIA Discussion Paper, 2009, No. 4076.

Greenaway, D. and R. Kneller, "Exporting and Productivity in the UK", *Oxford Review of Economic Policy*, 2004, 20: 358–371.

Grossman, G. M., and E. Helpman, "The Politics of Free Trade Agreements", *American Economic Review*, 1995, 85 (4): 667–690.

Grozet, M. and F. Trionfetti, "Comparative Advantage and Within-Industry Firms Performance", CEPREMAP Working Paper, 2011, NO. 12.

Hallak, J. C. and J. Sivadasan, "Firms' a Exporting Behavior under Quality Constraints", NBER Working Paper, 2009, No. 14928.

Halpern L., et al., "Imported Inputs and Productivity", Central European University, Unpublished, 2009.

Hausmann, R. and D. Rodrik, "Economic Development as Self-discovery", *Journal of Development Economics*, 2003, 72: 603-633.

Hausmann, R., et al., "What You Export Matters", *Journal of Economic Growth*, 2007, 12 (1): 1-25.

Helmers, C. and N. Trofimenko, "Export Subsidies in a Heterogeneous firms Framework", Kiel Working Paper, 2009, No. 1476.

Helpman, E., et al., "Estimating Trade Flows: Trading Partners and Trading Volumes", *Quarterly Journal of Economics*, 2008, 123 (6): 441-487.

Helpman, E., "Trade, FDI, and the Organization of Firms", *Journal of Economic Literature*, 2006, 44 (3): 589-630.

Helpman, E., et al., "Estimating Trade Flows: Trading Partners and Trading Volumes", *Quarterly Journal of Economics*, 2008, 123 (2): 441-487.

Hillberry, R. H. and C. A. McDaniel, "A Decomposition of North American Trade Growth since NAFTA", US International Trade Commission Working Paper, 2002, No. 2002-12-A.

Hummels, D. and P. Klenow, "The Variety and Quality of a Nation's Exports", *American Economic Review*, 2005, 95: 704-723.

Kang, K., "The Path of the Extensive Margin (Export Variety): Theory and Evidenc", University of California, Davis Working Paper, Mimeo, 2004.

Kasahara, H and B. Lapham, "Productivity and the Decision to Import and Export: Theory and Evidence", CESifo Working Paper, 2008, No. 2240.

Kasahara, H and B. Lapham, "Productivity and the Decision to Import and Export: Theory and Evidence", CESifo Working Paper, 2008, No. 2240.

Kimura, F. and A. Obashi, "International Production Networks: Comparison between China and ASEAN", 2ERIA Discussion Paper, 2009, ERIA-DP-2009-01.

Krugman, P. R., "Scale Economies, Product Differentiation, and the Pattern of Trade", *American Economic Review*, 1980, 70 (5): 950-959.

Krugman, P. R., "Increasing Returns and Economic Geography", *Journal of Polotical Economy*, 1991, 99 (3): 483-499.

Krugman, P. R., "The Increasing Returns Revolution in Trade and Geography", *American Economic Review*, 2009, 99 (3): 561 – 571.

Lall, S., "The Technological Structure and Performance of Developing Country Manufactured Exports, 1985 – 1998", *Oxford Development Studies*, 2000, 28 (2): 377 – 369.

Lawless, M. and K. Whelan, "Where do Firms Export, How Much and Why?", *The World Economy*, 2014, 37 (8): 1027 – 1050.

Levinsohn, J. and A. Petrin, "Estimating Production Functions Using Inputs to Control for Unobservables", *Review of Economic Studies*, 2003, 2: 317 – 341.

Li, B. J., "Export Expansion, Skill Acquisition and Industry Specialization: Evidence from China", *Journal of International Economics*, 2018, 114 (9): 346 – 361.

Lileeva, A. and D. Trefler, "Does Improved Market Access Raise Plant – Level Productivity", *Quarterly Journal of Economics*, 2010, 125 (3): 1051 – 1099.

Lodefalk, M., "The Role of Services for Manufacturing Firm Exports", *Review of World Economics*, 2014, 150 (1): 59 – 82.

Lopez, R. A., "Trade and Growth: Reconciling the Macroeconomic and Microeconomic Evidence", *Journal of Economic Surveys*, 2005, 19 (4), 623 – 648.

Love, In and L. Zicchino, "Financial Development and Dynamic Investment Behavior: Evidence from Panel VAR", *The Quarterly Review of Economics and Finance*, 2006, 46: 190 – 210.

Lyon, S. G. and M. E. Waugh, "Redistributing the Gains from Trade through Progressive Taxation", *Journal of International Economics*, 2018, 115: 185 – 202.

Ma, Y., Tang, et al., "Factor Intensity, Product Switching and Productivity: Evidence from Chinese Exporters", *Journal of International Exporters*, 2014, 92 (2): 349 – 362.

Markusen, J., et al., "Trade and Direct Investment in Producer Services and the Domestic Market for Expertise", *Canadian Journal of Economics*, 2005, 38 (3): 758 – 777.

Martin, R., "Endogenous Protection and Trade Diversion", *Journal of International Economics, 1993, 34: 309 – 324.

Martínez – Zarzoso, I., et al., "Central East European Countries' Accession into the European Union: Role of Extensive Margin for Trade in Intermediate and Final Goods", Empirica, 2015, 42 (4): 825 – 844.

Mayer, T., et al., "Market Size, Competition, and the Product Mix of Exporters", American Economic Review, 2014, 104 (2): 495 – 536.

Mccalman, P., "International Trade, Income Distribution and Welfare", Journal of International Economics, 2018, 110: 1 – 15.

Melitz, M. J., "The Impact of Trade on Intra – Industry Reallocations and Aggregate Industry Productivity", Econometrica, 2003, 71 (6): 1695 – 1725.

Melitz, M. J. and G. Ottaviano, "Market Size, Trade, and Productivity", Review of Economic Studies, 2008, 75 (1): 295 – 316.

Mengistae, T. and C. Pattillo, "Export Orientation and Productivity in Sub – Saharan Africa", IMF Staff Working Paper, 2004.

Missios, P., et al., "External Trade Diversion, Exclusion Incentives and the Nature of Preferential Trade Agreements", Journal of International Economics, 2016, 99: 105 – 119.

Ohnsorge, F. and D. Trefler, "Sorting it out: International Trade with Heterogeneous Workers", Journal of Political Economy, 2007, 115 (5): 868 – 892.

Olley, G. S. and A. Pakes, "The Dynamics of Productivity in the Telecommunications Equipment Industry", Econometrica, 1996, 64 (6): 1263 – 1296.

Pavcnik, N., "Trade Liberalization, Exit, and Productivity Improvement: Evidence from Chilean Plants", Review of Economic Studies, 2002, 69 (1): 245 – 276.

Redding, S. J., "Theories of Heterogeneous Firms and Trade", NBER Working Paper, 2010, No. 16562.

Rodrigue, J., "Multinational Production, Exports and Aggregate Productivity", Review of Economic Dynamics, 2014, 7 (2): 243 – 261.

Saucier, P. and A. T. Rana, "Do Preferential Trade Agreements Contribute to the Development of Trade? Taking into Account the Institutional Heterogeneity", *International Economics*, 2017, 149: 41 – 56.

Scott, L. S. L., et al., "Economic Integration Agreements and the Margins of International Trade", *Journal of International Economics*, 2014, 93 (2): 339 – 350.

Shirotori, M., et al., "Revealed Factor Intensity Indices at the Product level", Policy Issues in International Trade and Commodities Study Series, 2010, No. 44.

Trefler, D., "The Long and Short of the Canada – U. S. Free Trade Agreement", *American Economic Review*, 2004, 94 (4): 870 – 895.

Tybout, J. R., "Plant – and Firm – Level Evidence on 'New' Trade Theories", In *Handbook of International Economics*, ed. E. K. Choi and J. Harrigan, 2003, 13: 388 – 435.

Van Biesebroeck, J., "Firm Size Matters: Growth and Productivity Growth in African Manufacturing", *Economic Development & Cultural Change*, 2005, 53 (3): 545 – 583.

Verhoogen, E. A., "Trade, Quality Upgrading, and Wage Inequality in the Mexican Manufacturing Sector", *The Quarterly Journal of Economics*, 2008, 123 (2): 489 – 530.

Yang, S. and I. Martinez – Zarzoso, "A Panel Data Analysis of Trade Creation and Trade Diversion Effects: The Case of ASEAN – China Free Trade Area", *China Economic Review*, 2014, 29: 138 – 151.

Yang, C. and C. Huang, "R&D, Size and Firm Growth in Taiwan's Electronics Industry", *Small Business Economics*, 2005, 25 (5): 477 – 487.

Yeaple, S. R., "A Simple Model of Firm Heterogeneity, International Trade, and Wages", *Journal of International Economics*, 2005, 65 (1): 1 – 20.

索 引

（按音序排列）

B

本土市场效应　137，139，141，145，147，157－160，162，165，171，172，186，189，190，193，200，202，203，205，206，219－222，225，227，236，241，246，253，265，268，271，323，331，333，337，338，355，357，365，379，393，404，414，417，418，420，436，438，441

比较劣势　9，13，48，52，53，192－194

比较优势　8，13－15，17，20，47－49，51－53，55，90，178，181－184，188，191－194，200，201，204－206，209－211，338，427，428，433，438，447，448，450，451

边际成本　9，94，96－98，130，134，180，182，183，186，187，203，210，215，216，219，261，265，266，318，319，447

边际收益　130，134，319

边境措施　397，402，405，406，412，413，418，420，437，444

C

差异化产品　7，92－94，96，129，131，179

产品多样化　6，17，23，25，30，43，90，92，107，117，119，126，396，412，425，431，432，444，446

出口学习效应　9－11，126，301，304－307，311，313，315，345

错配　332，338，339，341，342，346，351，352，431，436，449，450

D

低成本复杂制造　4，20，81，82，107，108，430，446

低成本研发　4，20，81，82，107，108，335，351，352，430，446，450

E

二元边际　11，17，19，43，45，46，

90, 128, 135, 137 – 142, 145 – 147, 151, 159, 160, 162, 165, 172, 176, 353, 367, 368, 376 – 378, 384, 385, 393, 398, 401, 407, 412 – 414, 417, 418, 420, 432, 437, 442, 443, 451

F

反设事实法 103, 116, 118, 335
方差分解 346, 347, 436
Feenstra 指数 22, 24, 25, 27, 28
服务贸易 2, 12, 14, 18 – 20, 73 – 91, 316, 322 – 328, 331 – 333, 335 – 343, 349, 351 – 353, 430, 431, 436, 449 – 451

G

规模报酬 94, 95, 129, 130, 179, 190, 222, 268
国际比较 20, 25, 30, 35, 39, 425, 426
国有企业 20, 67, 69, 71, 90, 104, 221, 265, 266, 273, 274, 277, 278, 307, 313, 315, 429, 430, 435, 436, 443, 448

H

Hausman 检验 105, 106, 120, 142, 170, 188
行业出口 56, 59, 82, 87, 100, 101, 116, 120, 122 – 124, 126, 185, 197, 200 – 206, 209 – 211, 320 – 324, 326 – 328, 337, 343, 433, 447
货物贸易 1, 2, 14, 19, 20, 67 – 76, 81, 90, 91, 316, 331, 333, 335, 340, 342, 353, 423, 425, 429, 430, 436, 450, 451
$H-K$ 指数 22, 24, 25, 28, 30, 35 – 37, 425

J

集约边际 8, 11 – 13, 17, 39, 43, 45, 46, 128, 135 – 138, 142, 145 – 147, 151, 157 – 160, 162, 165, 170 – 172, 176, 177, 356, 359, 364 – 369, 374 – 379, 384, 393, 394, 398, 401, 404, 405, 407, 412 – 414, 417, 418, 420, 421, 426, 427, 432, 433, 437, 438, 441, 442
技术进步 13, 14, 178 – 180, 183 – 185, 188, 191, 192, 194, 197, 198, 200, 201, 203, 205, 206, 209, 211, 428, 433, 447
加成原理 97, 130
加工贸易 2, 10, 14, 16, 18, 60 – 67, 90, 211, 212, 214, 218 – 222, 225, 227, 231, 232, 235, 236, 240, 241, 244 – 257, 260, 262 – 269, 271, 272, 278 – 282, 290, 297 – 301, 305 – 307, 311, 313, 315, 428 – 430, 433 – 436, 448, 449
交互项 162, 165, 170, 377
经济规模 6, 11, 135, 137, 139, 141, 145, 147, 157 – 160, 162, 165, 172, 186, 189, 193, 200, 202, 205, 206, 220 – 222, 225, 227, 236, 241, 246,

253，266，268，271，322，323，355 -
357，359，365，369，378，379，385，
404，405，407，414，417，418，420，
438，441

境内措施　397，401，402，406，412，
413，418，420，437，444

K

扩展边际　8，11 - 13，17，39，43，44，
46，135 - 138，142，145 - 147，151，
158 - 160，162，165，170 - 172，176，
177，355，356，365 - 369，374 - 379，
384，393，394，398，401，404，405，
407，412 - 414，417，418，420，421，
426，427，432，433，437，438，441，
442，444

L

利润最大化　94，95，187，270
临界生产率　96，131，133 - 135，
181，321
零利润条件　95，96，98，99，126，
131，132，134，135，181，218，262 -
264，315，354，432，435
垄断竞争　6，94，130，132，187，190，
222，268

M

脉冲效应　348 - 351，436
贸易成本　7，11，96，97，99，107，
116，118，119，122 - 124，126，127，
130，138，145 - 147，157 - 160，162，

165，170，172，180，186，190，194，
196，198，200，201，203 - 206，215，
216，218 - 222，225，227，231，232，
235，236，241，247，253，256，261，
263 - 266，268 - 270，272，315，320，
327，332，355，358，359，364，366，
368，369，374，378，379，385，393，
402，404，405，407，414，434，435，
441，442

贸易方式　2，3，10，11，14，18，22，
60 - 63，65，90，212 - 214，219 - 222，
225 - 227，231，232，235，236，240，
241，244，246 - 253，255 - 257，259，
263 - 272，274 - 277，279 - 282，285 -
287，289，290，299，301，304 - 307，
311，313，315，425，428，430，434，
435，445，448 - 451

面板模型　19，105，109，111，120，
140，142，147，151，170 - 172，177，
188，192，196，201，206，222，241，
266，285，305，328，333，335，340，
352，395，406，433

民营企业　20，67，69 - 71，90，104，
265，266，273 - 277，307，313，315，
429，430，435，448

N

内资企业　2，67，69 - 71，90，104，
221，259，260，262 - 266，268 - 270，
272，277，278，281，282，289，290，
297，299，301，307，311，313，315，
429，430，435，448，449

逆赫芬达尔指数　22，25，26，30，425
农业剩余劳动力　17，69，81，95 - 101，

103，107，110，112，115，116，118，122，124，126，127，129，134－136，139，142，145，157，162，170，172，176，177，198，219，317－319，326－328，332，333，335，340，342，431，432，445

P

Pareto 分布　11，134－136，184，321，322，451

偏向性技术进步　14，17，178，179，181－183，185，186，188，191，194，195，197，200，205，209－211，433

PRODY 指数　48，49

Q

潜在生产者　6，94，98，99，107，110，112，115，123，126，127，131－135，142，145，146，354，355，366，403，407，420，432，437，446

倾向因子匹配　384，385

R

RCA 指数　48，52，53，192

人力资本　4，19，49，107，108，190，226，235，269，290，316－318，321－323，325，327，328，331，332，335，338，339，341，343，345－349，351，352，436，448－450

RTV 指数　48，49，54，55，59，427

S

生产率悖论　10，11，14，218，219，226，235，245，247，251，256，257，264，277，278，282，289，290，297，299，301，315，434－436，448

双重差分　20，375－377，384，385，393

T

泰尔指数　22，26，27，117，119，120，122，425

Tobit 模型　157，158，177，359，369，393，433

W

外贸结构　2－5，13－17，19，20，22，328，333，335，353，395，422，424，431，437，438，450，451

外资企业　2，11，14，20，67－69，71－73，90，104，112，114，221，258－260，262－272，278，281，282，285－290，297－299，301，304，307，311，315，429，430，435，436，448，449

X

向量自回归　342，344－347，349，351，436

Y

要素密集度　2，14，17，22，49－52，90，178，179，181－183，185－187，191，194，195，201，203，425，427，433

一般贸易 2，60-62，212，214，218-220，222，227，231，232，235，240，256，257，260，262-269，271，272，277，290，297，305，306，311，313，315，428-430，434-436，448，449

一带一路 14-16，19，20，86，353，354，357-359，365，367-369，374-378，384，385，393，394，436-444，450

异质性 4-6，8，9，14，16，102，109，112，124，131，184，190，194，211，213，214，226，232，244，247，255，269，272，278，282，290，297，364，433，435，448，449，451

语言相通性 140-142，158，160，162，165，172，176，357，359，364-366，374，378，384，405，414，442

Z

中间产品 7，8，14，18，212-218，235，256，258-264，315，326，431，434，435，450

准自然实验 375

自贸区 14-16，19，20，338，394-396，398，401-406，412-414，417，418，420，421，437，438，443，444，450

自我选择效应 6，9，10，99，126，196，354，403

自由进入市场 94，131，133

第十批《中国社会科学博士后文库》专家推荐表1

《中国社会科学博士后文库》由中国社会科学院与全国博士后管理委员会共同设立，旨在集中推出选题立意高、成果质量高、真正反映当前我国哲学社会科学领域博士后研究最高学术水准的创新成果，充分发挥哲学社会科学优秀博士后科研成果和优秀博士后人才的引领示范作用，让《文库》著作真正成为时代的符号、学术的示范。

推荐专家姓名	陈建奇	电 话	
专业技术职务	教授	研究专长	世界经济
工作单位	中央党校国际战略研究院	行政职务	院科研秘书（正处）
推荐成果名称	新—新贸易理论视角下的中国外贸结构转型升级研究		
成果作者姓名	项松林		

（对书稿的学术创新、理论价值、现实意义、政治理论倾向及是否具有出版价值等方面做出全面评价，并指出其不足之处）

长期以来，贸易结构转型升级是中国经济学家们最关心的问题之一，大量研究对这一主题进行了深入思考。书稿《新—新贸易理论视角下的中国外贸结构转型升级研究》试图在新—新贸易理论框架下，从理论和实证两个方面探求优化贸易结构、实现出口增长稳定发展的重要原因，具有重要理论与现实意义，主要体现如下：

其一，对中国传统贸易结构的成因提出了自己的学术主张，学术理论创新点较突出。主要体现在，成果引入农村剩余劳动力转移的变量，拓展了新—新贸易理论，较好地解释了中国出口产品结构的形成的深层原因。

其二，内容充实、逻辑清晰、论证充分，研究扎实。从全书结构和内容来看，项目成果从贸易产品结构、贸易国别结构、比较优势结构、贸易方式结构等多方面，探讨优化贸易结构的途径。这些视角的分析既具有一定的理论基础，也同时考虑了现实的复杂性，比较全面。每一部分的分析，都比较深入，研究扎实，工作量较大。

其三，研究方法规范合理，研究结论比较可靠。从理论方法来看，项目成果主要拓展了新—新贸易理论；从实证方法来看，项目成果根据需要，利用当前文献中常用的模型设定方式，如普通面板回归、受限数据估计方法、参数与半参数估计、GMM、DID 等，也较好地考虑了内生性等问题，实证结论较为可靠。

其四，研究建议具有一定的现实性。书稿结合我国经济发展、外贸的现实情况，提出的进一步推进我国经济开放的政策建议，具有一定的现实性和可操作性。特别是结合了"一带一路"建设和自贸区建设，对中国贸易结构转型升级具有一定的参考价值。

尽管书稿在整体结构和内容方面比较完善，但也有一些地方需要进一步深入研究，主要体现在中国贸易结构转型升级的具体举措有待深化与明晰，细致讨论中国贸易结构转型升级的具体举措有待深化。

签字：陈建奇

2021 年 3 月 7 日

说明：该推荐表须由具有正高级专业技术职务的同行专家填写，并由推荐人亲自签字，一旦推荐，须承担个人信誉责任。如推荐书稿入选《文库》，推荐专家姓名及推荐意见将印入著作。

第十批《中国社会科学博士后文库》专家推荐表 2

《中国社会科学博士后文库》由中国社会科学院与全国博士后管理委员会共同设立，旨在集中推出选题立意高、成果质量高、真正反映当前我国哲学社会科学领域博士后研究最高学术水准的创新成果，充分发挥哲学社会科学优秀博士后科研成果和优秀博士后人才的引领示范作用，让《文库》著作真正成为时代的符号、学术的示范。

推荐专家姓名	陈积敏	电话	
专业技术职务	教授	研究专长	全球治理
工作单位	中央党校国际战略研究院	行政职务	世界思潮所副所长
推荐成果名称	新—新贸易理论视角下的中国外贸结构转型升级研究		
成果作者姓名	项松林		

（对书稿的学术创新、理论价值、现实意义、政治理论倾向及是否具有出版价值等方面做出全面评价，并指出其不足之处）

该书稿基于新—新贸易理论视角，从货物贸易、服务贸易等多个层面探讨了中国外贸结构转型升级问题，分析视角和研究结论有一定创新性，其突出特色和主要建树集中体现为：

第一，对既有理论模型进行拓展，从双要素（劳动；资本）、三要素（劳动；资本；中间产品）、四要素（劳动；内资；外资；中间产品）等不同层次探讨了外贸企业的表现及特点，得出了一些具有启发意义的研究结论，如"'生产率悖论'容易出现在加工贸易上"、"内外资企业总体上没有表现出明显的'生产率悖论'，但外资加工贸易企业很容易出现'生产率悖论'"，等等。

第二，扩展探讨了服务贸易相关问题，特别是我国人力资本对服务贸易出口的促进作用，指出"我国人力资本对生产性服务出口的促进作用明显低于非生产性服务出口，意味着中国服务贸易部门的人力资本存在错配可能"，该结论可为相关政策调整提供理论依据。

第三，将"一带一路"、自贸区质量引入分析视野，研究了"一带一路"倡议、自贸协定制度质量在我国出口中的作用，相关探索体现了一定的创新意识。

总体而言，该成果在新—新贸易理论基础上对我国外贸结构转型升级所做的研究，具有较重要的学术价值和现实意义，部分结论可以作为决策参考。

不足之处主要是将"一带一路"和自贸区质量引入分析确有创新意识，但由于"一带一路"倡议涉及国家和地区众多、实施时间也不算长，自贸区制度质量的测度和区分并不细致，影响了这两个部分研究结论的说服力。

签字：陈积敏

2021 年 3 月 8 日

说明：该推荐表须由具有正高级专业技术职务的同行专家填写，并由推荐人亲自签字，一旦推荐，须承担个人信誉责任。如推荐书稿入选《文库》，推荐专家姓名及推荐意见将印入著作。